好望角

在这里，看见新世界

铁血与橄榄，铸就伊比利亚千年史诗

BREVE HISTORIA DE ESPAÑA

好望角

桅杆上的帝国
西班牙史

[西班牙] 费尔南多·加西亚·德·科尔塔扎尔

[西班牙] 何塞·曼努埃尔·冈萨雷斯·维斯加

著

刘洋　苗雨暄　译

浙江人民出版社

Breve historia de España
by Fernando García de Cortázar and José Manuel González Vesga
ISBN:978-84-1362-826-4

浙江省版权局
著作权合同登记章
图字:11-2023-082号

图书在版编目（CIP）数据

桅杆上的帝国 ： 西班牙史 / （西） 费尔南多·加西亚·德·科尔塔扎尔， （西） 何塞·曼努埃尔·冈萨雷斯·维斯加著 ； 刘洋，苗雨暄译. -- 杭州 ： 浙江人民出版社，2025．7．-- ISBN 978-7-213-11868-5

Ⅰ．K551

中国国家版本馆CIP数据核字第2025G93W39号

桅杆上的帝国：西班牙史
WEIGAN SHANG DE DIGUO: XIBANYA SHI

[西班牙] 费尔南多·加西亚·德·科尔塔扎尔
[西班牙] 何塞·曼努埃尔·冈萨雷斯·维斯加　著
刘洋　苗雨暄　译

出版发行：浙江人民出版社（杭州市环城北路 177 号　邮编　310006）
　　　　　市场部电话：(0571) 85061682　85176516

责任编辑：方　程	营销编辑：陈雯怡　张紫懿
特约编辑：落　剑	责任校对：何培玉
责任印务：幸天骄	
封面设计：张庆锋	

电脑制版：北京之江文化传媒有限公司
印　　刷：杭州富春印务有限公司

开　　本：880 毫米 ×1230 毫米　1/32	印　　张：27
字　　数：621 千字	插　　页：6
版　　次：2025 年 7 月第 1 版	印　　次：2025 年 7 月第 1 次印刷
书　　号：ISBN 978-7-213-11868-5	
定　　价：198.00 元	

如发现印装质量问题，影响阅读，请与市场部联系调换。

目　录

第一章

未竟的西班牙

我不会为书上陈词滥调的历史而歌唱，也不会颂扬那些一将功成而万骨枯的荣光。西班牙就在我们身上！

——欧亨尼奥·德·诺拉（Eugenio de Nora）

历史属于西班牙还是西班牙人？处于20世纪末的历史学家，早已摆脱了19世纪全球"统一性"框架的束缚，但是对于他们来说，选择一个合适的词来概括伊比利亚半岛3000年的历史却不容易。地理空间、人类的主角身份、民族意识，这些词汇之前对西班牙这个国家来说都没有太大分别，但是对于居住在这片被称为西班牙的领土之上的人们来说，由于地理和历史原因，他们的情感并不一致。有时，这种感情是属于同一个家族的意识以及为了捍卫这个家族而与外人的斗争高于一切的想法；而其他一些时候，在打破多年来伊比利亚半岛各种文化之间密切联系的过程中，彼此之间的差异被夸大。在一个时代，对于操不同语言和信奉不同宗教的人们来说，和平共处几乎是自然而然的；而到了另一个时代，这种和平共处的观念却被认为极其愚蠢。

自19世纪以来，民族主义作为一种意识形态，在构建出一些排他性术语的同时，也在不断扩大人们之间本就存在的分歧。这些术语是：西班牙之于加泰罗尼亚、巴斯克和加利西亚。由于受这种意识形态的影响，政治家和知识分子并不甘愿接受既有的历史遗产，而是对我们祖先的过往加以涂改，使他们变成了被现代人所关注的主角。

为了避开这些偏见，本书只打算展示我们的历史所流经的那些岁月，展示曾经的危机四伏与踌躇不前，也展现曾经的社会经济成就与改善未来的美好希望。同时，我们还会突出展现思想家们为了将分裂的西班牙变成一个统一的国家而付出的努力，这种努力也为我们今天的历史所证实。当然，《西班牙史》不仅仅是国王和英雄的历史，还有耕犁和绵羊、海上航行和官僚政治、法律和书籍。最重要的是，那些曾历经奴役、剥削和痛苦的人们的回忆……恰恰是那些"爱国"的言论遗漏掉的。我们不可能实现的愿望，与阿克顿勋爵（Lord Acton）接受领导《剑桥近代史》编纂工作任务时所表达的内容是一样的，正如他所说——"我们笔下的滑铁卢必定要使法国人和英国人满意，同时也要使德国人和荷兰人满意"。

伊比利亚半岛四周环绕大海，远离欧洲中心。这样的地理位置决定了其历史路径的特别，尤其是在人类克服自然困难能力有限的古代。由于比利牛斯山脉所形成的巨大阻碍，伊比利亚半岛似乎注定要独善其身，不能兼容来自北方的文化。然而，事实并非如此，尽管"欧洲化"的滚滚洪流在"定居"伊比利亚之前有一些延迟和经历了重大转变，但"洪流"还是设法越过了这个边界：来自欧洲大陆的遗产终会到达，但原始的印记也为古代和中世纪的西班牙强加了许多的添加物与混合物。当现代化的运输工具在19世纪和20世纪彻底改变交通状况时，物理障碍最终被消除，只变为人们心中的边界。虽然"非洲之界，始于比利牛斯"①的箴言，表现出了我们北方的邻居们甚至是国内的一些知识分子对西班牙的轻蔑，但这句话也确认了这样一个事实：伊比利亚半岛地区的文化具有特殊性，难以被发达国家的文化同化。

之所以这么说，是因为西班牙不仅具有欧洲国家的身份，也一直与非洲大陆联系在一起。直到现代，直布罗陀海峡一直是与非洲联系的桥梁。伊比利亚人对本国之南永远怀有疑虑，这源于历史上接连不断来自南方的入侵和掠夺，也促使统治者对北非秉持一种干涉主义态度。通过把摩洛哥变为被保护国，西班牙把从罗马、科尔多瓦和卡斯蒂利亚继承的北非遗产，延续到了20世纪。而在21世纪初，面对马格里布移民的叨扰，我们再次扮演了类似中世纪"信仰捍卫者"的角色，只不过今天所捍卫的是经济信仰。

一方面，因为囿于欧洲之南和非洲之北，伊比利亚半岛曾不幸成了两个世界的战场，但也幸运地在一个未结束的文明和血液混合过程中，成为两个世界人民的交汇点。而且这种混合后来扩展到了美洲的土地。

尽管只是在广阔的海洋中占据了一个远离文明中心的偏僻位置，但是从远古时代开始，伊比利亚就尽享地中海的物华天宝，丰富的地下宝藏和丰饶的土地吸引了腓尼基、希腊、迦太基、罗马和穆斯林的航海家们。这些航海家们赋予伊比利亚半岛直到现代都一直享有的荣誉地位——西方文明的焦点。由于商人、战士和牧师们的冒险旅行，伊比利亚半岛与中东、爱琴海和地中海中部地区都保持着

————————

① 这句话出自法国作家大仲马。——译者注

往来关系，并从这些地方引入了当地的文化创新和人类智慧结晶。在中世纪，阿拉贡王国一度称雄地中海，而阿拉贡的这种雄心也感染了后来的西班牙哈布斯堡王朝。

另一方面，西班牙人和葡萄牙人在15世纪的努力，提升了伊比利亚半岛在大西洋的地位，并通过打开一个不为人知的世界——美洲，向欧洲展示了一个新的前景，也证明了"地球是圆的"这一学说。东方各族人民使伊比利亚融入了地中海，伊比利亚则通过让欧洲融入大西洋对这种善意姿态进行了回报。在这个过程中，伊比利亚依靠的是其人民的牺牲和文艺复兴时期的技术改进。在四个世纪的时间里，对美洲的垂青成为伊比利亚半岛历史的重心，连地中海甚至大陆都被弃之一边。19世纪，殖民地的独立打破了西班牙和美洲的血肉联系：一个迷失方向的国家在退缩，空洞的言论耗尽了以前的收获。到了20世纪，这种关系似乎变得更加紧密，但随着加入欧洲经济共同体（EEC），西班牙人对拉丁美洲采取了听之任之的态度，因为他们更关注的是融入欧洲——自19世纪以来，一直着迷于欧洲工业化和发展的西班牙人，浪费了自己在大西洋和地中海的遗产，这曾是上天赐予西班牙的最佳礼物。因此，变得内敛之后的西班牙成了一个内向的"迷你欧洲"。

伊比利亚半岛的位置对其历史产生了重大影响，其内部地理结构也深刻影响了其历史。伊比利亚半岛的内陆地势陡峭，一直到19世纪，交通状况都十分恶劣，地理障碍阻碍了外部潮流进入岛内，也阻碍了经济和政治的协调发展。与沿海地区相比，梅塞塔高原地区长期处于孤立状态，受到伊比利亚山脉、贝蒂科山脉以及坎塔布连山脉和加利西亚山脉的阻挡，使得南北部之间以及东西部之间的交流不畅。这种地形将伊比利亚半岛分割成了不同的地理区域——

梅塞塔高原、坎塔布连山区、加利西亚、埃布罗河河谷和瓜达尔基维尔河河谷、东部海岸、加泰罗尼亚，随着历史的推移，这些地方最终形成一个个各具特色的文化区域。

半岛的高原和山地，气候恶劣，降雨稀少，土壤贫瘠，而埃布罗河和瓜达尔基维尔河的肥沃低地，从第一批地中海殖民者到来开始，农业就蓬勃发展。在伊比利亚半岛内陆，畜牧业是凯尔特人、罗马人、西哥特人和北方各民族赖以生存之道。之后，卡斯蒂利亚－莱昂王国及阿拉贡王国与穆斯林的斗争为这种生产方式提供了新的动力，使得绵羊成了"动物之王"。近代以来，由于政府希望借助欧洲羊毛需求的拉动作用，投资养羊业，一直到18世纪，与种植业相比，牧羊业都是主导产业。因此，牲畜转场的道路成为该国最繁忙的交通路线。

与此同时，面向农业生产的谷地深受外国的影响。在这些地方，来自地中海的文化潮流占据主导地位，农业倾向于适应来自东方的人们的喜好和口味。迦太基人引入了一些果树，也推动了谷物和纤维作物的种植。罗马人引入了来自地中海周围的作物——葡萄、橄榄、小麦，并在安达卢西亚、东部沿海地区和埃布罗谷地广泛种植，甚至延伸到梅塞塔高原地区。最后，穆斯林统治时期从亚洲和北非引入了新的水果和蔬菜物种，加强了伊比利亚半岛南部和东部的农业活动，与基督教诸王国形成竞争之势。而基督教诸王国在光复的地区努力模仿罗马帝国的农业，即使是在最不适合的区域，也力求农业的自给自足。

随着美洲新大陆的发现，大西洋两岸的作物——玉米、土豆、番茄、甘蔗、棉花和葡萄产生了交流，催生了农业的第一次大革命。彼时，殖民地受益最多，但新的美洲物种也使得伊比利亚半岛越来越多的土地可以进行耕种，产量也得到了提高，并开启了区域种植专业化的历程。这个历程直到19世纪"商业化"农业取得胜利才停止。伊比利亚半岛的每一个区域都知道有必要集中精力种植其所擅长的作物，其中比较突出的有安达卢西亚的橄榄、卡斯蒂利亚的谷物、巴伦西亚的水果、赫雷斯和拉里奥哈的葡萄、格拉纳达平原上的甘蔗和坎塔布连山脊上的玉米。

也许在过去2000年当中，农业发展的最大障碍是：在西班牙内陆、安达卢西亚和东南沿海许多地区，降雨量很少，但与之相反的是，地中海地区的洪水却常常造成破坏性的影响。因此，抗旱是伊比利亚半岛居民的一项艰巨任务，特别是在水资源丰富的地区，如埃布罗河和瓜达尔基维尔河流域，在梅塞塔高原上也是如此。罗马在西班牙的东南沿海地区继承了迦太基人的水利工程，并将这些工程扩展到了贝提卡（Bética）①地区和埃布罗河谷地。而穆斯林各政权也深得其法，通过运用新的东方技术和兴建更多的沟渠推进水利事业。基督教诸王国从中世纪起就关心水利，但直到19世纪，随着开明君主的登基，其水利政策才重新焕发活力：灌溉是西班牙农业现代化项目的核心所在，对于普列托（Prieto）和第二共和国来说也是如此。

19世纪中叶，随着城市的扩张，工业化和专业化农业的发展，"缺水"变得更加严重，因为这些城市和工农业不计成本地大量消耗水资源。尽管连普里莫·德·里维拉（Primo de Rivera）和佛朗哥（Franco）通过兴建水库，建立了对各流域的调水工程，但是都没有阻止这种情况的恶化。然而，值得赞扬的是，在我们这个时代，大

---

① 　西班牙古代地区，古罗马的省份，即今安达卢西亚地区。——译者注

家正在努力打破过去的区域化政策——只关注在有限区域内水资源的利用，转而采取一种实现整个伊比利亚半岛各流域之间平衡的政策。塔霍河（Tajo）–塞古拉河（Segura）跨流域调水工程的建设标志着水利建设目标的变化，实施社会化的水利法规，以增加其他一些水利建设目标。

　　然而，当看到自己所拥有的商品被以极低的价格转移到其他因工业发展而成为水资源净消耗者的富裕地区时，阿拉贡等自治区对政府的计划表现出了抵触情绪，更何况这种商品可用于本地发展且十分有限。现在似乎应该是衡量水资源真正价值的时候了，水资源虽然稀缺，却是工业、服务业和农业不可或缺的原材料。在将盈余水资源从贫困自治区转移到富裕自治区的同时，政府必须将一些大型的水资源消耗者从富裕自治区转移到贫困自治区，以避免可能出现的荒漠化。同样重要的是要评估某些农业模式的实际效益，因为这些农业模式通常会过度地消耗水资源，并会通过阻止地下水再生或增加水的盐度而破坏地下水的含水层。

　　连绵的大山虽然给交通造成了重重阻碍，但是也为伊比利亚半岛提供了西欧最丰富的矿藏。银、铜、铅、汞、铁等都储量丰富。在银和铜的辉煌时代过去之后，腓尼基人和希腊人争夺与古典世界"黄金国"的贸易；迦太基人在安达卢西亚和穆尔西亚的矿山中发现了铸就自己力量的基础；罗马帝国则用从这里开采的黄金给自己的军队开饷。到了中世纪，采矿业萎缩，因为帝国把目光转向了美洲，尽管那时比斯开铁矿周围的炼铁厂还在生产，阿尔马登（Almadén）水银矿的奴隶和囚犯还在工作，但是大量采矿和冶炼工具已经跟着大帆船一起漂洋过海，去开采秘鲁和墨西哥的银矿。也正是在19世纪，比斯开、阿斯图里亚斯、桑坦德和安达卢西亚土地上的矿产开采使得西班牙成为欧洲的主要生产国。

经济发展和人口增长让伊比利亚半岛千疮百孔。采矿业摧毁了那些山脊和斜坡原有的景象，在西班牙的各个山脉留下了一个个"火山口"。很多地方的景象让人看过之后都难以忘记：阿尔马登矿井和比斯开的特里亚诺（Triano）山脉呈现出月球表面一样的景观；从迦太基和罗马时代开始就在穆尔西亚地区堆积矿渣，在阿斯图里亚斯山谷开采煤炭时也遗弃了大量废物；在加利西亚，罗马奴隶的活动使得许多山脉整体变为了废墟；铅冶炼厂产生的气体摧毁了利那雷斯（Linares）和普埃尔托利亚诺（Puertollano）的植被；矿物的洗涤使廷托河（Tinto）和奥迭尔河（Odiel）变红，也使得坎塔布连的溪流变黑，而废物在不到一个世纪的时间里就填满了穆尔西亚的波特曼（Portmán）湾。化学和造纸工业对巴斯克、加利西亚和加泰罗尼亚的河流造成了危险，而由于20世纪农业的过度扩张，硝酸盐和杀虫剂企业给地下水增加了新的影响。

另外两个密切相关的现象导致了伊比利亚半岛的生态衰退，如大片原始森林的死亡和持续的水土流失。2000多年前，希腊和罗马作家就描绘了覆盖伊比利亚半岛的大片森林。在伊比利亚半岛潮湿的北部地区，森林主要由落叶阔叶树山毛榉、栎树、栗树构成；在地中海沿岸地区，森林主要由橡树、栓皮槠、野草莓构成；而在梅塞塔高原或东南沿海地区，植被主要是灌木丛。但是伊比利亚半岛的丛林很快就会被文明的力量所侵蚀，随着农业活动的发展和公元前1000年大规模冶炼活动的进行，森林的毁坏首先在安达卢西亚发生。土法冶炼厂大量消耗木材，这使得莫雷纳山脉（Sierra Morena）的植被消失了，土壤被雨水和瓜达尔基维尔河河水冲走，直至填满河口的沿海潟湖，并形成了今天的多尼亚纳（Doñana）沼泽地。罗马帝国时期的农业活动也对贝提卡、东南沿海地区、埃斯特雷马杜拉、埃布罗河河谷以及梅塞塔高原的城市和村庄周围未开垦土地造成了破坏，因为原有的自然生态系统被种植物所取代了。

由于敌对双方在卡斯蒂利亚和阿拉贡均采取"焦土"政策，伐木活动在中世纪迅速发展，杜罗河（Duero）北部的自然景观逐步受到人类活动的影响，而在穆斯林政权控制的安达卢西亚、巴伦西亚和阿拉贡山谷，橄榄树园、果园和菜园快速扩张。尽管随着人口的增长，伊比利亚半岛北部的自然区域也遭到了破坏，但特有的土地分配模式保证了这些自然区域的存续，因为大部分森林区域都被用于公共用途，以防止其遭到破坏。中世纪，在南方大型贵族庄园也保持了耕地和未开垦土地之间的平衡，由于缺乏劳动力和牲畜，保留了部分自然区域。因此，在莫雷纳山脉或托莱多山脉上保留了很多自然区域，而植物物种的丧失和森林砍伐的风险使得中世纪即将结束时，出现了第一批旨在保护森林的法案。

随着光复运动的发展和帝国的崛起，大自然再次受到人类的掠夺性攻击。由于对食物需求的不断增长以及与美洲贸易的日益拉动，人们在安达卢西亚、新旧卡斯蒂利亚、东南沿海地区、加泰罗尼亚等地区的边缘土地上进行了新的开垦，却没有考虑土壤肥力下降的问题，而绵羊对牧草日益增长的需求，则牺牲了更多的树木。在坎塔布连山脉、比利牛斯山脉和伊比利亚山脉，造船业的需求和冶铁工业的消耗使得大片森林化为灰烬。为了给其他速生树木腾地方，山毛榉、橡树等生长缓慢的树木不断被砍倒，所以通常要从美洲大陆进口木材。只有17世纪的危机暂时阻止了这种肆意扩张：卡斯蒂利亚人口的减少甚至导致一些地区退化成森林。安达卢西亚、拉曼却和埃斯特雷马杜拉那些未被开垦的土地，因为养牛业和养猪业而幸运地没遭到破坏。然而，这种幸运随着卡洛斯三世（Carlos Ⅲ）的土地分配政策而消失，在埃斯特雷马杜拉，橄榄树、葡萄藤、谷物和果树取代了森林，而在巴伦西亚和加泰罗尼亚，这些作物也成了池塘和滨海湖的终结者。

19世纪，伊比利亚半岛的森林遭受了巨大的破坏，特别是在马多斯（Madoz）首相颁布出售教会财产政策之后。在最有利可图的农业区域，随着公有土地的私有化，大量繁茂的树木倒在了耕犁之下。在群山陡峭的地区，安达卢西亚、巴斯克和加泰罗尼亚的钢铁业与造纸业对树木的需求，迫使加利西亚、坎塔布里亚、巴斯克和贝提卡山脉的辐射松和桉树遭到砍伐。尽管有自然保护区，但纵观整个20世纪，自然生态仍然是灾难性的。公共工程的基本政策——修建水库、道路、铁路线，使得伊比利亚半岛的地表支离破碎，而大城市的增长和旅游业的发展吞噬了大片的自然景观。为了立即提高生产力，有关北方"耕地集中化"的法律杀死了在卡斯蒂利亚田埂边、庄园外和道路旁的森林和灌木丛。不仅如此，夏季的火灾，加上干旱、人类的疏忽和商业开发，每年都会毁掉卡斯蒂利亚、巴伦西亚、加利西亚和东南沿海的大量植被。

自20世纪80年代以来，人们日益清醒的生态意识迫使他们捍卫西班牙领土上的自然景观，这些自然景观虽然很少，却是西欧保存最完好的自然景观。尽管推行了一些环保项目，使西班牙成为欧洲的"生态保护区"，但是我们不应该忘记，西班牙在自然保护方面的优先性是过去两个世纪经济不发达的结果，任何生态保护政策都必须考虑到保护区居民的合法利益。根据欧共体的新农业政策，通过旧有人类迁徙路线将这些自然飞地连接起来以及在一些不适合耕种的农田重新植树造林，是朝着正确方向迈出的重要一步，欧共体也因此给予农民补贴支持。

　　西班牙土壤侵蚀的增加主要是由于森林砍伐、干旱和暴雨交织造成的雨量分配不均，以及人类的破坏性活动。由于缺乏植物的保护，土地受到水和风的无情惩罚，这些水和风摧毁了梅塞塔高原与南部山脉的一部分，将生产性土壤沉积在山谷和海岸上。自10世纪以来，埃布罗河三角洲和瓜达尔基维尔河不断扩张，加的斯（Cádiz）湾以及所有其他腓尼基和罗马时期的港口被堵塞，现在甚至已经完全关闭了。此外，自18世纪以来，由于沿海池塘和潟湖的干涸，河流的引流以及道路和建筑物建设不顾自然排水状况，安达卢西亚南部、伊比利亚半岛东南沿海和坎塔布连海域时常发生的洪水加剧了水土流失。

　　由于其特殊的地理位置和大部分地区所拥有的半干旱气候，西班牙的荒漠化风险更大。受到荒漠化威胁的地区就是那些集中了农业和畜牧业的地区，荒漠化使得阿尔梅里亚东南部或纳瓦拉巴德纳斯（Bardenas）自然公园的一些自然景观消失，并威胁到了安达卢西亚东南部、卡斯蒂利亚和阿拉贡。灌溉不足也导致了土壤的破坏，并且专注与干旱作斗争的农民们往往不关心排水，使得土壤表面积累的盐分最终破坏了他们的农场。

　　伊比利亚半岛的景观在过去3000年中经历了深刻的变化，而半岛居民的精神也是如此。对于文化和传承来说，3000年的经历都不是白费的。无论每一个区域是多么孤立，它们都或多或少地吸收了信仰、技术、创造性精神……最后，它们克服了地理条件所带来的区域多样性，促进了西班牙文明的同质性。

　　在公元前1000年即将来临之际，东方各民族和冶铁文化将伊比利亚半岛带入了历史，并具有两种不同的文化个性。加泰罗尼亚和埃布罗河河谷很快就融入了欧洲中部的"骨灰瓮文化"大潮，这些潮流在随后几个世纪内将其生活方式和墓葬方式延伸到了梅塞塔高原地区。与此同时，在安达卢西亚和东南沿海地区，腓尼基人和希腊人的存在推动了地中海东部文化模式的发展，在融合的过程中最终创造了塔特西的辉煌。

　　两条同质化的道路在巨大的部落差异性中得以共存。一方面，地中海文化在东南沿海区域、安达卢西亚和加泰罗尼亚海岸建构了伊比利亚-图尔德塔尼亚部落共同体。所有这些部落在政治和文化上都是独立的，但具有共同的特征——发达的城市建设；农业和矿业经济；非常相似的字母；相关的信仰，这些特征使他们联系在一起。另一方面，在梅塞塔高原和伊比利亚半岛北部则相反，不断自欧洲涌入的移民带来了欧洲大陆的文化元素。这些新移民将他们的语言和习俗强加于原始居民，也带来了一种新的集体和个人的组织形式。他们通常也会袭击和掠夺富有的贝提卡、东南沿海地区或埃布罗河河谷的村庄。在这里，我们也不能说各种文化模式是一样的，因为除了阿斯图里亚斯和加利西亚的卡斯特罗文化[1]之外，也存在着与加泰罗尼亚"骨灰瓮文化"相关的塔霍河文化或介于两者之间的杜罗河文化。在争夺伊比利亚半岛和地中海统治地位的战争中，迦太基和罗马迫使这些部落聚集在一系列军事首领周围，而面对帝国的强大战争机器，这些部落无能为力。

　　在这两个伊比利亚地区——一个是"地中海的"伊比利亚，另一个是"梅塞塔高原-大西洋的"伊比利亚，罗马帝国以残酷和血腥的方式实施了一项融合政策，使整个伊比利亚半岛屈服于其文化

---

[1]　建立在山岗岩石上的一种凯尔特文化。——译者注

模式。在罗马帝国的手中，古典世界在城市规划、经济、文化、宗教等方面的进步性在伊比利亚半岛得到了发扬光大，并使我们称之为"西班牙"的这个区域更加统一。罗马帝国为殖民地建设了城市、军事定居点和农场，这是现在一些具有 2000 年历史城市的起源。罗马帝国建造道路和港口，克服了地理障碍，使得军队、官员和商人将拉丁文明的进步性从农业最发达的地区——贝提卡、东南沿海地区、加泰罗尼亚海岸、埃布罗河河谷，扩展到了内陆地区，加速了土著居民与外来移民的融合。除了城市和道路，行政、军事和宗教组织不仅促进了大都市的治理，而且加强了统一感，即使在罗马化不那么深刻的地区也是如此。

罗马帝国不仅在多个世纪里维持了伊比利亚半岛许多地区的领土完整性（例如，当今的教会教区一直沿袭古老的罗马司法管辖区范围），也留下了文化遗产。语言、法律、某些艺术规范和古典文化的书面纪念碑丰富了知识体系，促进了伊比利亚半岛各部落人民之间的思想交流，并成为凝聚精英的重要因素。然而，尽管处于统治阶级的拉丁化洗礼之下，在伊比利亚半岛北部也可以发现本土模式对宗教、生活方式或语言的影响，这些模式在几个世纪后登上历史舞台。即使在罗马帝国开始衰落之时，它仍然将基督教传播到了非洲北部。

与其他文化影响相关的是，基督教在贝提卡和塔拉戈纳最富裕的地区生根发芽，并从那里开始向梅塞塔高原传播。在罗马帝国灭亡之前的不稳定时期，由于世俗领域的混乱以及深刻的社会两极分化，西班牙—罗马教会的社会经济和政治作用得到了加强。在《米兰敕令》颁布之后，西班牙的罗马教会开始染指权力。随着时间的推移，"政治"逐步让位于作为文明因素的"宗教"，而希腊-罗马文化和基督教一起开始变得神圣，并成为伊比利亚半岛身份最明显的标志。

在罗马衰落之后的动荡时期，西班牙的重心脱离了地中海，这片土地迎来了定居的日耳曼部落。政治上的统一被打破了，西班牙分裂成了几个相互冲突的王国。但是，从长远来看，西哥特人取得胜利后，除了对艺术领域施加轻微影响之外，其他的领域都保留了罗马的遗产。尽管西哥特的君主们想要与罗马的遗产分开点距离，以保持本民族纯洁性和更好地维持政治统治，但他们的人民却被更先进的生活方式和文化所吸引：雷卡雷德（Recaredo）皈依天主教——西班牙罗马的信仰，标志着西哥特人适应西班牙生活的开始。在交通条件较差的北部山谷，罗马帝国统治的结束和经济危机的发生，促进了"土著"生产和生活方式的重生。当"西哥特王国"重新考虑其对外政策的重点，并想要介入那些罗马帝国时期在名义上接受统治的"西班牙行省"时，这些土著的生活就受到了来自托莱多的干涉。因此，随着西哥特人的到来，西班牙逐渐变得独立，并获得了直到现代仍然存在的地理边界。此外，哥特人接受洗礼和托莱多议会（Concilios de Toledo）保证了教会与国家的持久共生：西哥特王国继续在伊比利亚半岛北部和农村地区传播基督教；而教会，则捍卫帝国统治下的社会和经济结构。这种结构被强加于征服者民族，也被强加于被征服的民族。

公元711年的失败使得伊斯兰教成了民众的救命稻草，"寡头"国家与社会的分离导致王国的毁灭。由于受到吸引，西班牙西哥特人通过皈依征服者的信仰而成为西班牙裔穆斯林。这个少数群体在原则上似乎也会受到哥特人文化的吸引。

因此，我们必须反对那种认为这是"入侵"的看法，而应该认为这是社会革命：农奴在伊斯兰化之后，摆脱了压迫者，同时穆斯林政权统治下的西班牙人与其北方邻国之间保持了种族上的亲属关系。

随着塔里克（Tarik）和穆萨（Muza）的胜利进军，伊比利亚半岛的历史叙事重心又转向了地中海。尽管伊斯兰国家的宽容使得希腊罗马和基督教播下的种子能够在接下来的几个世纪里继续存活，但在相当长的一段时间里，巴格达（Bagdad）和麦加（Meca）还是取代了托莱多和罗马的地位。伊比利亚半岛为再次"东方化"也付出了代价；在普瓦提埃（Poitiers）之战后，基督教和伊斯兰教之间的对抗影响了西班牙这片土地，使之成了两种相互对立和相互排斥思想的战场。这场斗争在伊比利亚半岛人民当中传播"十字军东征"和"圣战"的想法，打破了共存的一切可能性。正如双方诗人所唱：

今天，魔鬼已经从敌人的事业当中退缩。

无论是东边还是西边的异教徒都已经知晓拜物教不过是谎言胡说。

在圣地亚哥当你到达之时，佩剑闪着白光，如夜空星星间徘徊的月亮……

……与敌人的丑陋相比，我们的宗教是多么美丽；面对敌人的激情似火，安拉信徒的信仰冷静沉着……

伊本·达拉伊（Ibn Darray），《阿尔曼苏尔圣地亚哥大捷赞歌》（*Loas a Almanzor por su su victoria en Santiago*）

吉时出生的人大声呼唤：

"以造物主之名，

骑士们，要果敢杀敌，毫不留情，

我就是比瓦尔的熙德鲁伊·迪亚斯！"

佚名，《熙德之歌》（*Poema de Mio Cid*）

尽管并非有意，但当伊斯兰世界用其在亚洲的经验使得安达卢西亚、西班牙东部沿海地区和埃布罗河河谷的城市生活变得富裕之时，却使得伊比利亚半岛南北的差异被扩大了。这与杜罗河北部和比利牛斯山脉的农业社会形成鲜明的对比。

当上述情况在南方发生之时，反对摩尔人入侵的抵抗力量在坎塔布连、阿斯图里亚斯和比利牛斯错综复杂的山谷中找到了避难之所，他们在政治上团结当地的居民并将他们纳入自己的军事抵抗大业。借此方式，西哥特人的种子在几乎从未拉丁化和基督教化的地区生根发芽。来自托莱多的抵抗者们通过吸收一些土著元素的方式，完成了已灭亡的罗马帝国在坎塔布连山脉未竟的事业。一方面，由于各个抗敌根据地隔绝程度的不同以及各地土著支持程度的差异，各个根据地的治理模式千差万别。在坎塔布连核心区域，通过与土著部族联姻，权力和光复事业的合法化使得阿斯图里亚斯君主加强了其作为军事首领的地位。尽管军事是日耳曼君主的分内之事，但是阿斯图里亚斯君主的这种做法也确保了其追随者的忠诚，而与此同时，教会也在意识形态方面给予支持。随着熟识拉丁传统的南方莫扎勒布人①的到来以及奥维耶多的宫廷知识分子们在编年史方面所取得的进展，最终恢复了阿斯图里亚斯王国的历史脉络，使之成为西哥特王国的合法继承者。另一方面，科瓦东加（Convadonga）之

---

① 指9至15世纪摩尔人统治下的西班牙基督教徒。——译者注

战的胜利以及耶稣门徒圣地亚哥（Santiago）墓的发现，使得一切看上去就像天意。而在比利牛斯地区，抵抗力量的存在则是由于外部利益相关者的介入——加洛林王朝需要建立防御性区域以保护自己的南翼。

公元9至10世纪，亚琛（Aquisgrán）[1]对于加泰罗尼亚事务的介入以及比利牛斯地区社会的推动使得该地区重新焕发了生机，并使其日渐具有法兰克帝国其他地区的形象和特点。与此同时，潘普洛纳（Pamplona）地区所进行的种种类似尝试却以失败告终，首要因素就是阿里斯塔（Arista）家族受到当地土著部族的支持，他们在图德拉（Tudela）穆德哈尔人[2]的帮助下建立了纳瓦拉王国。对于伊斯兰势力覆盖下的埃布罗河河谷的觊觎以及后来法兰克王国对埃布罗河河谷的渴望，都隐藏在了他们面对查理大帝（Carlomagno）却要保持独立的神话中：纳瓦拉的龙塞斯瓦耶斯（Roncesvalles）很快就像阿斯图里亚斯的科瓦东加一样，成为基督教诸王国追求自由的里程碑。

光复运动的发展以及人口重新迁入从伊斯兰势力手中夺取的土地，使得基督教诸王国的差异性扩大了。由于埃布罗河河谷城市的抵挡以及11世纪赋税的沉重，加泰罗尼亚和阿拉贡的领主们无法向南挺进，他们从农民阶级手中夺走了自由和财产，这片"无人居住的土地"就像"杜罗河沙漠"一样，成了前往卡斯蒂利亚和莱昂的逃生阀门。与加泰罗尼亚-阿拉贡人遭受的横征暴敛不同，梅塞塔高原的人们保留了相当大的自由，特别是在卡斯蒂利亚。在那里，

---

① 　此处代指法兰克帝国。——译者注
② 　指基督教徒复国后仍被允许留在西班牙的伊斯兰教徒。——译者注

由于穆斯林军队的不断进攻，人们不得不一手持剑一手扶犁，既要战斗也要耕作。从杜罗河流域到塔霍河流域，王国对于边境区域市政府以及给予其居民的特许经营权和豁免权的管辖越来越弱。

一方面，哈里发（Califato）统治的解体和阿尔−安达卢斯王国（Al-Andalus）分裂成诸泰法王国所产生的政治后果非常重要。哈里发们有关政治和宗教主权的宣言强调了伊比利亚半岛领土对于欧洲−北非体制的重要性，科尔多瓦的危机则表明，当捍卫共同体的领导人消失时，西班牙寡头集团的离心诱惑同样会影响边界的两边。公元9世纪，这发生在加泰罗尼亚与加洛林王朝之间；在10世纪末，这发生在莱昂与卡斯蒂利亚之间，并于10世纪葡萄牙脱离卡斯蒂利亚−莱昂时再次发生。现在，危机使伊斯兰社会受到其好战北方邻国的任意摆布，这些邻国从其弱点中获得最大收益。

由于向南方的进攻进展迅速，卡斯蒂利亚−莱昂君主获得大量的资源，并拥有了无与伦比的法律武器——使土地占有合法化的权力，这使他超越其他王国；而在阿拉贡，国王们很快就耗尽了他们的财产，不得不与寡头集团达成协议。在国家的领土形式方面，出现了两种完全相反的情形：卡斯蒂利亚−莱昂君主成功地克服了地区差异，将他们的王国与伊比利亚半岛南部的土地融为一体；然而，在伊比利亚半岛东部，精英们从未向统一进程屈服，他们对阿拉贡王国施加了压力和猜疑，因为阿拉贡王国无法调和其各领土组成部分寡头集团之间的利益纷争。

尽管内部存在差异，但随着各种语言——西班牙语、加泰罗尼亚语、加利西亚语、葡萄牙语、阿拉贡语的形成，基督教诸王国保留了对共有的过去记忆的某种归属感，而教会活动、君主之间的联姻，尤其是面对共同敌人时的合作，都对这种归属感起到了推动作用。在某些情况下，继承权问题以及君主对邻国内政的介入成功地恢复了往昔"失去的团结"。卡斯蒂利亚拥有悠久的哥特式传统，其君主阿方索七世（Alfonso Ⅶ）曾自称为"西班牙皇帝"。然而，当卡斯蒂利亚这样的宣布自己是阿斯图里亚斯和托莱多的继承人时，最终完成西班牙重建的历史使命就落在了卡斯蒂利亚身上。

　　当卡斯蒂利亚人从杜罗河跨越到塔霍河，而阿拉贡人来到埃布罗河的另一边时，这两个王国的距离拉近了，使得纳瓦拉陷入困境并受到强大邻居的摆布。卡斯蒂利亚和阿拉贡都采取相同的激励措施来吸引定居者，颁布相同的宗教命令并发展牲畜业活动。在输入欧洲文化潮流的同时，圣地亚哥之路和雅各布朝圣之路也发挥了相同的作用。例如，人们只需要观察阿拉贡、卡斯蒂利亚和加利西亚之间相似的罗马式风格之处，或者城市市政法的雷同性，就可以证明这一点。此外，由于深受法国的影响，特别是受到克吕尼（Cluny）运动的影响，在11世纪高卢封建主义的浪潮穿越比利牛斯山脉，加速了纳瓦拉、阿拉贡、葡萄牙和卡斯蒂利亚社会的政治和经济军事化。随之而来的是对战利品的渴望，这非常不利于早已陷入僵化社会环境中的本土资产阶级的崛起。只有在加泰罗尼亚，资产阶级才能有活力。封建的欧洲与南部诸泰法王国之间的贸易以及伊比利亚半岛腹地和东方生产者之间的贸易都使得加泰罗尼亚的资产阶级变得更加富有。但是，朝圣者带来了各种各样的偏见，加深了基督教诸王国与穆斯林政权之间的鸿沟，为那些对西班牙现实抱有扭曲观点的故事提供了素材。这些观点毒害了与欧洲大陆其他地区的关系。

　　经历了12世纪在拉曼却、安达卢西亚和东南沿海地区的快速进军之后，伊比利亚半岛社会面临着新的挑战，此时的卡斯蒂利亚先后处于费尔南多三世（Fernando Ⅲ）和阿方索十世（Alfonso X）的统治之下，而阿拉贡的君主则是海梅一世（Jaime Ⅰ）。劳动力的缺乏和军事阶级的压力使得土地被大量分配，而贵族群体和教会则从中受益，这增加了他们的政治和社会权力。在以往的区域多样性之外，现在出现了一个由采邑和大型庄园主导的南方，无论是在卡斯蒂利亚人、葡萄牙人还是在阿拉贡人控制的南方都是如此。采邑和大型庄园都随着中世纪晚期王国和市政府对财产的掠夺以及19世纪现代君主制的危机及解体而扩大，这导致了当代大地产主义的产生。除了自由人和塔霍河以北的小型卡斯蒂利亚庄园外，被剥夺权利的西班牙人数量正在增加。

另一方面，从13世纪开始，由于光复运动，在吸收了西班牙穆斯林和犹太人之后，卡斯蒂利亚人和阿拉贡人面对的是一个"多种族"的社会。基督徒突然发现自己需要与其他人一起生活，他们在安达卢西亚和巴伦西亚是少数族群。尽管自诩为各种宗教捍卫者的罗马帝国和阿尔-安达卢斯都对信仰采取了宽容的态度，但基督教社会却对其他宗教报以敌意或猜疑。然而必须承认，在中世纪，不同族群都受到了国王和贵族的保护，免受教会的喧嚣和民粹主义的暴力：穆斯林受到保护，是因为他们成了廉价和顺从的农作劳动力；而犹太人，作为基督教世界和伊斯兰世界的中间人，能够有效地从事皇家的行政和财政工作，最重要的是他们对君主绝对忠诚。

在阿方索十世和海梅一世的宫廷文化复兴以及托莱多的翻译学校中，基督徒、穆斯林和犹太人自由共存的可能性得到了完美体现，但这种尊重在14世纪被打破了。经济和人口危机，加上王国无法维持公共秩序，导致了在加泰罗尼亚、阿拉贡和卡斯蒂利亚发生了针对犹太教徒的暴力事件。由于受到煽动性布道所引发的群体性攻击，犹太人和穆斯林开始了无休止地外流，这导致他们最终移居他国。此时，许多犹太家庭离开加泰罗尼亚的城市前往卡斯蒂利亚寻求庇护，而安达卢西亚的穆斯林则逃往格拉纳达。在"天主教双王"（Reyes Catóicos）统治时期，他们的情况变得更糟，1492年光复运动结束时，成百上千的穆斯林家庭越过海峡并定居在北非，而那些决定留下来的人很快就受到了教会当局的骚扰。

同一个世纪的两次叛乱和17世纪对摩尔人的驱逐，让西班牙抹去了伊斯兰教的痕迹。在格拉纳达陷落的那一年，很多犹太人也被驱逐出境，宗教团结是通过清除不同信仰的人实现的，对于这些人来说，要想继续留在西班牙，就必须接受洗礼。许多人选择离开伊比利亚半岛，而其他人则选择改变宗教信仰，但对于皈依者来说，曾经的异教信仰历史总是伴随着沉重的社会和文化负担。尽管宗教不容忍问题在当时的整个欧洲都很常见，但在西班牙却因曾经七个世纪的融合而变得复杂，甚至阿拉贡的费尔南多（Fernando）也有着犹太血统。驱逐穆斯林和犹太人以及对改信基督教者的迫害使得西班牙社会陷入贫困，因为源自东方的影响波及社会生活的各个方面，特别是在饮食、生活、衣服或语言习惯，并且也不乏许多皈依的知识分子忍不住对教会和所建立的政权进行抨击谩骂。

中世纪晚期，五个王国出现了其他重大变化，征服阿尔－安达卢斯为卡斯蒂利亚带来了穆斯林城市的财富。这里的城市凭借众多的手工艺品和商业活动，加入了巴利亚多利德（Valladolid）集市的"黄金三角"，也加入了北方港口的羊毛出口，构成了王国的经济核心。由于羊毛的出口，卡斯蒂利亚北部向欧洲开放，经济利益加强了梅塞塔高原与安达卢西亚和坎塔布连海沿岸城市的联系。同样的事情也发生在阿拉贡王国，加泰罗尼亚创造了巴塞罗那和托尔托萨

（Tortosa）的商业辉煌并推动了工艺协会的发展，这将公国推向了地中海。阿拉贡的国王们结束了在伊比利亚半岛的扩张，对比利牛斯山脉北部也不再感兴趣，开始向地中海的岛屿寻求未来，以推动巴塞罗那资产阶级的事业。因此，这增加了他们与巴黎的摩擦及对贵族的依赖。贵族们提供支持是为了国王的"恩泽"和特权法律地位，这是王权的弱点，并随着特拉斯塔马拉（Trastámara）家族登上王位而加剧，他们更关心的是对卡斯蒂利亚的干预而不是加强本国的实力。

在卡斯蒂利亚，君主也失去了一些特权，因为征服的势头停止了，资源也耗尽了。由于缺乏用来奖赏追随者的土地，王国不得不用金属货币来支付，并对手工艺品、贸易和教会的收入征税。在19世纪的改革之前，这些税收构成西班牙财政的基础，而在改革之后，财政基础则变成了消费税和增值税。作为补偿，全国主要城市的代表被纳入皇家委员会（Consejos Reales），从而产生了国会（Cortes）。然而，在卡斯蒂利亚，面对臣属的监督行动，君主保留了很大的权力回旋余地，而这在阿拉贡则是永远不会发生的。此外，面对贵族的干涉，君主寻求与城市资产阶级建立联盟，以保障他们渴望开展商业活动所需的和平，有时也寻求与厌倦了贵族掠夺的教会建立联盟。最后，在几个世纪的空缺之后，罗马法得到了复兴，这加强了国王作为法律源泉的形象。虽然在当时还为时尚早，许多地方仍然不在皇家司法管辖范围之内，但罗马法已经通过为所有王国建立一个共同的模式来加强不同王国领土之间的联系。在中世纪如此普遍的法律准则就变得非常特殊，那些留存下来的法律准则能够适应非常具体的情况：地域的贫困；与宫廷的沟通困难，有利于次要问题的解决；不同的历史发展；等等。

从中世纪晚期的情形来看，我们就能够理解15世纪末卡斯蒂利亚王国和阿拉贡王国的融合了。那个时候，两个王国都面临着十分困难的局面。尽管经济繁荣，卡斯蒂利亚还是在完全无序的状态下消耗着国力；而在阿拉贡，紧张局势升级为内战，对生机勃勃的加泰罗尼亚造成了致命打击，统治权力在向巴伦西亚转移。在这种情况下，特拉斯塔玛拉王朝两个分支后裔的婚礼就不仅仅是一个家庭问题，而是满足了两个王国的愿望和利益。阿拉贡的胡安二世（Juan Ⅱ）看好伊莎贝拉（Isabel），是因为觉得她可以成为一个有用的盟友，甚至不惜以介入梅塞塔高原事务并征服他这个未来儿媳的王国为代价；未来的"天主教女王"则可以借此向她的支持者传递卡斯蒂利亚人恢复旧日西班牙的愿望。然而，随着各王国之间关系的变化，阿拉贡的愿望得到了实现。这种愿望就是实现两个王室的联姻和两个王国的联盟。中世纪古老的遗产主义在理论上幸存下来，但在实践中伊比利亚半岛各个王国仍然因为不可分割的关系而联系在一起。没有什么比伊莎贝拉和费尔南多所拥有的一长串头衔更能代表这种传统主义了，但他们拒绝了皇家委员会在统一了伊比利亚半岛大部分地区后所提出的"西班牙国王"的称号，因为没有纳瓦拉和葡萄牙，西班牙是不完整的。

由于其在经济和人力方面的潜力巨大，议院对王室的行动自由限制极少，以及其贵族地位和地理位置具有特殊性，卡斯蒂利亚很快成为新国家的领导者。"天主教双王"希望巩固伊比利亚半岛各地区之间的关系，从历史中找到了最好的旗帜——反对穆斯林政权的斗争，这成为其积极遵循的对外政策，也成了将所有臣民聚集在一个共同目标下的手段。格拉纳达成为第一个集中全国力量要攻取的目标，这个目标凝聚了卡斯蒂利亚完成光复运动的愿望。下一个目标是在意大利采取军事干预措施，虽然它是以与法国进行对抗为代价，但是满足了加泰罗尼亚人的愿望。之后的目标便是征服纳瓦拉和海外扩张。只有葡萄牙人远离了战争政策；为了保持"统一伊比利亚"的火焰永不熄灭，他们与卡斯蒂利亚的旧日怨仇让位给了睦邻友好和秦晋之好。

　　将十字架安放在阿尔罕布拉宫之后，伊莎贝拉和费尔南多就将宗教多元化视为政治的障碍。在经历了14世纪贵族们发起的攻击之后，作为新王朝的公证人，西班牙教会的权力获得了重生。教会的权力包括征收什一税，在国家统治系统中占据高位，以及凭借宗教裁判所施加意识形态统治。但教会的好日子并没有持续多久，王国很快就从教皇那里获得控制西班牙教会的手段，并实施改革计划，要求教会放宽在中世纪晚期广受批评的限制。

　　由于随后对布阿卜迪勒（Boabdilo）的战争及对意大利的征服，王国也为好战的贵族们提供了一个"光荣的出路"，而神圣兄弟会（Santa Hermanidad）则维持了国家内部的和平。由于因长子继承制而被剥夺了生计手段，西班牙的老二老三们最终加入了王国在意大利建立的军队——可怕的西班牙大方阵的起源，或者加入肮脏的宫廷官僚机构，以寻求经济利益和社会地位。高级贵族也没有对伊莎贝拉和费尔南多的改革表示出过度的厌恶，因为虽然他们被赶出了国家的决策圈，但在社会中的首要地位却从未被撼动。此外，这些贵族还是他们所掌控地区的话事人，王国通常不会过多干涉这些地区。同时，伊比利亚半岛诸王国的大贵族们不断联姻，产生了西班牙的贵族阶层。这个贵族阶层也接纳意大利人和佛兰德斯人。通过这种方式，克服了各王国狭隘的条条框框，这些精英正在走向一个统一的西班牙。

加利西亚、安达卢西亚、巴伦西亚和阿拉贡农民的命运更糟，他们的生活条件没有随着统一而改善。相反，在加泰罗尼亚，瓜达卢佩（Guadalupe）的判决终结了封建依赖模式中最应受谴责的过分行为。尽管发生频率低于西欧国家，但在经济和政治不稳定的时期，西班牙农业仍然存在潜在的萎靡不振，公共和私人慈善机构的兴起或许与这种情况有关。

最后，通过与资产阶级少数派和周边商人开展合作，天主教王国扩大了伊比利亚半岛的经济利益：卡斯蒂利亚通过羊毛交易，使得布尔戈斯（Burgos）到毕尔巴鄂（Bilbao）一线都变得更富有；随着美洲的开放，塞维利亚得到了发展，并在16世纪和17世纪成为一个国际化的城市；托莱多和意大利的陆路交通关闭后，巴伦西亚成了西班牙在地中海的港口。

1492年，美洲的发现及其随后的征服和殖民，成功地加强了西班牙王国的力量。伊比利亚半岛上的所有弊病——宗教的非包容性、对财富的渴望、不公正的社会经济分配，最终都出口到了美洲，并将其塑造成了宗主国的双胞胎兄弟。但这些并不会掩盖殖民者的英雄事迹或所取得的一些成就，例如混血、为印第安人的法律辩护以及对天主教和欧洲古典文化的传播。

"天主教双王"的统治十分辉煌。这种荣耀在西班牙的集体潜意识中持续了几个世纪。尽管帝国曾经辉煌一时，但在后来的几个世纪中却失败了。由于伊莎贝拉和费尔南多所采取的联姻政策，西班牙王国失去了独立地位，被纳入了哈布斯堡王朝的欧洲大家庭。卡斯蒂利亚要保持其领导者地位，就要付出经济毁灭的代价和冒着艰难维持的统一被破坏的风险。卡洛斯一世和费利佩二世（Felipe Ⅱ）满怀普救主义的理想，却没有注意到他们为此所需要付出的昂贵代价。卡斯蒂利亚公社和巴伦西亚兄弟会起义失败后，西班牙人也无法阻止王室的一系列操作。比利亚拉尔（Villalar）之战后，卡斯蒂利亚作为帝国的第一个受害者，丧失了政治地位，其议院也完全失去了控制权。因此，哈布斯堡王朝可以自由自在地滥用资源了。但这并非皇家军队胜利所带来的唯一后果。面对冲突的风险，王国的所有精英都将目光投向了国王，并视其为维持内部和平与社会经济现状的保障。尽管他们不在国家行政部门之中，但国王为了奖励他们的忠诚，让他们享有税收和法律特权，并承认他们在西班牙社会中享有与大公一样的地位。

卡洛斯一世是中世纪西班牙军阀的神圣继承者，这位君主所秉承的恺撒主义增加了维持帝国理想的巨大花费；而费利佩二世则坚持将西班牙王国变成"信仰之剑"。这两位君主的做法吞噬了来自西属美洲的收入。这些收入使得欧洲的银行家们变富了，却没有给西班牙带来好处。此外，国库日益增长的需求对生产者和贸易商造成了巨大压力，导致本土资产阶级的毁灭。随之而来的，是伊比利亚半岛的工业和手工业逐渐被外国制造商挤出西班牙市场和美洲市场。因此，这就产生了一个悖论：最大帝国的宗主国最终沦为其他欧洲国家的商业殖民地。

商业资产阶级的逃亡也受到中世纪晚期贵族心态的兴起及其对商业和生产活动蔑视的显著影响。一旦变得富有，西班牙资产阶级就会将其资金投入到土地或公共债务上，之后他们会变成贵族，并放弃贸易。在没有衡量风险的情况下，17世纪的西班牙王国通过出售大量的职位、开采权和头衔获得利益。在资产阶级对商业的背叛中，有些人希望看到的是天主教对西班牙公共和私人生活的间接影响，而不希望看到"新教伦理"的激进主义或"犹太实用主义"成为经济进步的推动者，但在大西洋两岸的西班牙商人当中，也有一些人采取与此相反的做法。

作为欧洲天主教的"骑士"，费利佩二世的君主国将教会变成皇家堡垒的另一个盾牌，并握紧其缰绳，利用宗教思想干涉伊比利亚半岛的生活。当新教在伊比利亚半岛第一次大规模出现时，卡洛斯一世治下的西班牙崩溃了。虽然献身上帝的信仰主导了全国的思想，但宗教裁判所（Inquisición）完全扼杀了一切在文化、宗教或性别方面反叛的图谋，伊比利亚半岛也因此远离了从欧洲大陆开始的科学、技术和道德革命。智力的落后永远不会恢复，这再次展现了一个由令人窒息的宗教所主导的黑色西班牙的形象，正是这种宗教阻碍了它的进步。

西班牙继承了"天主教双王"时期的经济核心区域，但此外，阿拉贡缓慢的人口减少使得其经济愈加卡斯蒂利亚化，也使得葡萄牙愈加融入西班牙，卡斯蒂利亚和里斯本之间的联系也日益加强——商业的西班牙领先于政治的西班牙。

在西班牙的后续统治中，哈布斯堡王朝所创立的马德里官僚机构——法律大学和神学大学，在沟通伊比利亚半岛各地的道路交通和控制措施方面起到了突出作用。官僚化的国王取代了军阀式的国王，在尊重其管辖权的情况下，承认各地的财政、军事和司法自治权，但国王并不会因此而放弃通过官员在危急情况下进行干预的做法。其中，所起作用比较突出的是巴斯克的贵族们，即"比斯开人"，他们是第一批提出强制实施"血统纯正法"的人，并将其用于要获得公职人员的身上。通过这种方式，他们摆脱了那些后来皈依天主教的书记员们的危险竞争，否则这些人将使他们在马德里面前黯然失色。通过由君主选出的主教所实施的牧灵行动和宗教裁判所做的工作，教会帮助西班牙维持了领土统一，清除了内部障碍。

正是在这些支柱之上才产生了国王和贵族们所获得的特权和地位的源泉。通过臣属对王国的个人依附以及政治和宗教忠诚，西班牙哈布斯堡王朝能够确保自己牢牢掌握西班牙的一切。在各种统治工具当中，巴洛克风格及其戏剧发挥了重要作用，王国用这种艺术风格来表现自己的角色和身份的神圣化，并出于宣传性目的，借此对艺术和文学进行操纵，使其为塑造君主及其家人的宏伟形象服务，使得君主成了整个国家的同义词。

同样，卡斯蒂利亚语作为行政管理和精英间交流的通用语言，其作用日益扩大，为统一做出了新的贡献。虽然官僚机构的极力推广、内布里哈（Nebrija）所著的《卡斯蒂利亚语语法》以及所处的黄金时代都有利于卡斯蒂利亚语的普及，但是所采取的双语制教育课程〔包括根据卡蒙斯（Camoens）著作所教授的葡萄牙语课程〕为伊比利亚半岛各语言之间的相互理解开辟了道路。当《塞莱斯蒂娜》（*La Celestina*）的语言在宫殿中作为文化语言被使用时，或者当西班牙使者打破了只能用拉丁语同教皇讲话的传统，使这种语言在罗马教廷被用作外交语言时，这种内部对语言的推动力开始在国外发挥作用。

帝国的模式在17世纪油尽灯枯了：经济、人口和金融危机摧毁了卡斯蒂利亚，逐渐被其他国家超越。奥利瓦雷斯伯爵（conde-duque de Olivares）想要重新加强在财政和军事领域的政治团结，但这种努力却遭到了那些反对卡斯蒂利亚地区的强烈抵制。尽管最终只有葡萄牙人脱离了西班牙王国并投入英国人的怀抱，但17世纪40年代的分裂几乎将"天主教双王"的功业毁灭殆尽。在加泰罗尼亚，精英们为了推动自己的分离主义事业发展，也积极寻求外部支持。

但法国与加泰罗尼亚的历史矛盾、皇家军队的大力镇压以及费利佩四世（Felipe Ⅳ）将加泰罗尼亚视为其君主国不可分割部分的决心，使得这种分离企图没有得逞。与此同时，经济日益崩溃，流氓无赖和被误解的贵族正在扼杀社会结构，寡头集团掌握了权力，无法自保的国王难以抑制他们的胃口。然而，大公们（los Grandes）所组成的政府证明了官僚机构的强大能力，让国家在没有强大君主的情况下继续运转，并形成了一种历史性的荒谬结论——王国在自己的无能中幸存下来。

面对种种内部问题，西班牙逐渐在欧洲人心中塑造了一个缺乏多样性的整体形象。通过黑色传说，西班牙好战和野蛮的形象被传播到佛兰德斯、德国、大不列颠、法国……在意大利，这种形象所带来的影响促进了一种有关西班牙文化模式的诞生，这种模式通过使用源于西班牙语的新术语来表达，以代指伊比利亚半岛的各种事物。而这种好战和野蛮却在伊比利亚半岛增加了亲和力，因为其结合了帝国的骄傲与对在陆地边界、在殖民地和在欧洲施加压力的那些敌人的抵抗。

在经历了1640年的一系列痛苦事件，并在世纪之交被欧洲列强残酷践踏之后，西班牙在17世纪开始改变方向，进入了一个充满欧洲化思想的时期。卡洛斯二世（Carlos Ⅱ）王位继承人选之争引发了内战。西班牙虽然最终摆脱了这场内部冲突，同时也摆脱了欧洲大陆的冲突，但被彻底改变了。由于前往美洲的航线遭到破坏，西班牙的经济受到严重破坏，所采取的与法国结盟的外交政策也使其受到束缚，这对伊比利亚半岛和美洲造成了灾难性的影响。根据历史化标准，战争将西班牙划分为由卡斯蒂利亚和加泰罗尼亚分别领导的两个集团，这不是因为哪个地区想要分裂出去，而是因为对君主国存在两种不同的理解方式，也叠加了其他一些社会经济冲突。阿拉贡集团积极捍卫从奥地利人那里继承的联邦概念，因为联邦制为他们带来了巨大的红利，而他们相信在联邦制下将完成自17世纪末以来的经济复苏。面对这种情况，最终是费利佩五世（Felipe Ⅴ）及其所秉持的法国集权理论取得了胜利。

这也是旧日卡斯蒂利亚统一大业的胜利，尽管这个大业在下一个世纪由于外围寡头集团的上下其手而失败。卡斯蒂利亚在15世纪凭借经济和人口实力没有完成的事情，通过武力实现了：农业的卡斯蒂利亚将其模式强加于最具活力的西班牙沿海各地，使这些地区完全衰落了。尽管在奥地利太子的支持者被清除后，最终是波旁王朝恢复了王室——寡头集团之间的协定，并将其作为国家的基础，但是我们不能忘记农民和城市群众为维护自身利益而在这个转变中所做出的贡献。

在有力地解决了税收和军事问题之后，加泰罗尼亚的资产阶级——公国的灵魂也没有提出他们的不满。自这个世纪中叶起，对美洲开放交通以及伊比利亚半岛市场的刺激很快就平息了批评。波旁王朝学会了微妙的平衡游戏，这也是他们祖先的惯用手法。通过让巴塞罗那的富人们从美洲赚得盆满钵满，波旁王朝成功废除了加泰罗尼亚旧有的政治制度。只有巴斯克地区各省和纳瓦拉游离于波旁王朝治理模式之外，忠诚于费利佩五世会使他们受益。例如，巴斯克的特权模式自古以来就融入了卡斯蒂利亚的政治治理当中而没有引起任何问题，证明了其在过去几个世纪中的良好运行。此外，波旁王朝总是威胁改变通往桑坦德（Santander）的商业交通路线，这迫使商人们变得规矩起来。

因此，《新基本法令》（*Decretos de Nueva Planta*）的颁布成为西

班牙"行政"机构改革的重要一步。新王朝推行集权化政策，为西班牙大部分地区规定了权利，并建立了没有阿拉贡阻碍的议院。这大大有利于东部地区皇家代表的工作，同时"地籍册"的扩大为王国增加了收入，但又不会造成过度繁重的税收负担。而政府本身受到了这个世纪上半叶的波旁改良主义的冲击，反对国王的贵族堡垒消失了，各个委员会（Consejos）由各个国务秘书处（Secretarías）和地方行政长官（Intendentes）——驻各地的特别代表对国家进行管理。

在签署了《乌得勒支和约》之后，西班牙将欧洲大陆的事情放在了一边，开始专注于美洲事务。西班牙在美洲推动更深化的改革，但常常会引起土生白人精英的敌意。军队从丧失的佛兰德斯撤回伊比利亚半岛，并承担了维护公共秩序的职责，在宫廷、大城市和边境附近驻扎了部队。尽管通过义务兵役制和募兵制建设国家军队的想法由于东部领土的抵制戛然而止，但是军区司令（Capitanía General）的设立还是加强了王国的统一战略。由于巴斯克地区各省的特权以及阿拉贡地区服兵役名额问题，军队还是主要由卡斯蒂利亚人和梅塞塔高原地区的小贵族组成。在缺乏资金和战略的情况下，军队对外部挑战的应对能力很差。在这一世纪结束的时候，军队屡遭败绩。相反地，在美洲，海军的建设被加强了；依靠西班牙和殖民地的造船厂，王国设法维持了大西洋航线并捍卫其中等强国的地位。

在卡洛斯三世统治期间，官僚阶级、王室和知识分子默契地形成了一个充满启蒙思想的联盟，使得国家走上了一个意想不到的方向。在少数拥护启蒙运动群体的心目中，王国应该是撬动西班牙实现现代化和人民获得福祉的伟大杠杆。相对来说，没有什么事物可以逃脱知识分子的法眼，如经济的落后、农业的欠佳表现、梅塞塔高原的沉重负担、贵族的僵化等，而知识分子的反思则指导人们采取实际行动摆脱所继承的落后，同时采用现代的爱国主义或个人权利来取代旧的神圣合法性。然而，知识分子们很快就会碰壁，因为他们无法在不触动现有社会秩序的情况下推进改革进程。卡洛斯四世（Carlos Ⅳ）王朝的弱点及其为巩固自身统治的倒行逆施，扼杀了改革的萌芽。由于法国大革命（Revolucioón Francesa）的爆发，这个萌芽早已遭受了严重打击，因为西班牙不得不采取措施捍卫旧政权和王室统治，并恢复与旧精英的关系。

王室背离改革的初衷，使得安达卢西亚和埃斯特雷马杜拉农民群众的悲惨局面更加恶化。王室威信扫地，让人们更加坚定了一个信念，即只有在爆发革命之后才能实现变革。因此，随着启蒙运动的失败，在追求变革的人们与顽固捍卫自己旧日特权的人们之间的裂隙扩大了，尽管只是在非常有限的领域发生。

两个西班牙之间的冲突开始爆发了。在18世纪末，胜利的天平偏向了秉持政治反动主义的一方，但是他们却将国家的精英都推向了支持启蒙和革命的一方，让自己的威信大为下降。这种态势没有持续很长时间。

在塑造新西班牙的过程中，波旁王朝很快就与教会产生了冲突，他们不仅要求教会绝对忠诚和进行政治合作，而且要求教会像国家的一只胳膊一样顺从。在"西班牙"这个天主教国家，从不缺乏对教会所积累的过渡权力持有批判性态度的知识分子，但在18世纪，教会成了那些探究西班牙落后根源的人们的靶子。教会与国家之间的紧张关系在卡洛斯三世时期加剧了，在埃斯基拉切骚乱（motín de Esquilache）之后，驱逐耶稣会表明了王室要求精神世界的代表履行尊重自己的承诺。但这些精神世界的代表并不总是保持沉默，在宗教裁判所的打击阴谋中和最反动神职人员的著作中，启蒙运动者、共济会成员和革命者取代了自然论支持者、路德派成员、寂静教派信徒和隐藏的犹太人。教会感兴趣的工作还包括把所有持不同政见者塞进异端邪说的口袋，并将西班牙衰落和地位下降的责任推给他们。

无处不在的波旁王朝将触角伸向了经济。在经历了17世纪的衰落之后，按照开明思想家的提议，并根据国家的政治需要，18世纪的各届政府承担起了刺激工业和商业的使命，以使西班牙追赶上周边邻国。虽然有时付出了取代私有经济的代价，但西班牙对基础产业和奢侈品工业的发展平衡了国际收支，提高了本国的生产和技术水平，使得加泰罗尼亚成为工业化的先锋。在商业领域也是如此，波旁王朝引入了享有特权的公司模式，以刺激本土资本主义发展，增加西班牙商品在殖民地的比重。然而，自18世纪中叶以来，自由竞争的支持者取得了胜利，结束了加的斯对美洲交易的垄断，进一步刺激了西班牙的贸易。

西班牙对大庄园和永久占有产业的扩张却无计可施，安达卢西亚正在成为19世纪的"全国矛盾发生地"。在加利西亚，以小庄园制为主的地产分配制度迫使人们移民，在塔霍河以南，农民群众的无产阶级化是不可阻挡的。相比之下，在东南沿海地区和加泰罗尼亚，由于与美洲的联系促进了农业专业化发展，因此相对成功地避免了这些问题。原则上，卡洛斯政府选择不干涉西班牙农村的社会经济结构，以免损害其与乡村贵族的关系，仅仅采取了一系列的发展水利政策和食品市场自由化的措施。当然，这是一种天真的观点，因为其没有考虑到土地所有者操纵价格和继续掠夺土地的能力。在

1766年的暴力事件之后，埃斯特雷马杜拉、安达卢西亚、拉曼却等地区土地的分配以及市政土地的开发，莫雷纳山脉人口的重新迁入，给加利西亚纳税者的赦令，都是为摆脱西班牙农村最困难情况所做的努力。然而，国家的惴惴不安与有权势者的因循守旧和相关利益的冲突，使得土地改革的计划陷入瘫痪，也使得通过地籍册对地产征收税款的打算落空。鉴于潜在的巨大社会冲突，这是一场危险的游戏，却为特权阶层带来了巨大的利益，促使他们不断重复这种做法以阻止约瑟夫·波拿巴（José Bonaparte）的改造计划。

最初，教会和贵族为捍卫特权而对法国人的入侵无动于衷，但1808年的反法战争加强了西班牙民族的归属感。由于1789年法国大革命的继承者们威胁了西班牙的民族自由，威胁了国王的地位，也威胁了西班牙的信仰，保守的西班牙再次发挥了光复运动的精神。在对抗这种反动"十字军东征"的过程中，加的斯议会（Cortes de Cádiz）高举自由主义和民族主义的旗帜，这是争取个人权利和集体权利进步斗争的两个方面，也是打倒特权社会和重塑新西班牙的有效手段。通过加的斯代表们的努力，在向所有公民赋予同样的权利和义务时，西班牙克服了文化和政治差异，再次崛起。然而，加的斯模式仍然过于精英化。与18世纪一样，反对派和进步人士仍然都是少数群体，既没有足够的力量相互斗争，也无法达成妥协，这导致整个19世纪西班牙普遍处于不稳定状态。而且，王室也不会袖手旁观，将根据其自身利益和富裕阶层的利益，诋毁加的斯议会并试图对其进行扼杀。

独立战争的结束也意味着拿破仑改革中所涉及的进步部分被剔除。作为18世纪启蒙运动的继承人，法国人认为波拿巴是这个国家期待已久的从上至下的推动者，但这是前一个世纪的想法，在他失败被放逐后，一切也就终结了。这也是忠于自己政治思想的西班牙人所遵循道路的开始，但这条道路不久之后被加的斯自由主义者使用，并在1939年伴随着内战受害者的痛苦而终结。

然而，这些变化太过于深刻，不可能不留下痕迹。一方面，由于美洲自由主义的发展和克里奥尔精英反对费尔南多的专制主义，美洲殖民地丧失了，西班牙的帝国阶段结束了。在1833年，自由主义取得"胜利"之后，帝国开始向现代国家转型。由于爆发了反对由唐·卡洛斯王子（infante don Carlos）所领导的专制主义的内战，这就要求自由主义者们找到一个只有推行国家现代化才能提供的替代方案。另一方面，采邑和特权阶层的解体使王室无法在伊比利亚半岛上与贵族结合在一起，而因为出售教会的财产，王室最终与教会也形同陌路，这都证明了王室在融入资产阶级秩序方面的困难。

不幸的是，随着时间的流逝，与西班牙民族主义一起在加的斯湾诞生的进步精神逐渐消失了，权力落入了伊莎贝拉时代的温和派资产阶级手中。胜利的资产阶级将自己的利益置于人民利益之上，尽管改革可以使在1855年前占西班牙人口66%以上的农民摆脱落后、屈服和贫困的局面，但是他们阻碍继续推进经济和社会的改革。面对农民阶级，资产阶级决定与维护旧秩序的世俗精英达成妥协：贵族很乐意接受资产阶级伸出的橄榄枝，以保持自身的经济实力和社会地位。少数人顽固地反对资产阶级西班牙的"进步"，但在韦拉加（Vergara）的拥抱之后，卡洛斯派秉持一种基于神学的政治反动主义，成了现有制度的真正反对者。

根据这些意识形态前提，19世纪的西班牙以宪法和法典所赋予的权利为基础，在行政集权和现代省级组织方面，由市政当局和议会所组成的官僚结构填补了领主消失所带来的空白；在1841年巴斯克海关搬迁到海岸后，市场得到了统一。随着加泰罗尼亚和巴斯克的资产阶级以及安达卢西亚和卡斯蒂利亚的地主纷纷投资经商，西班牙的理想迅速发展，并且显著加速。到19世纪中叶，铁路的铺设成为团结的动力，打破了地理障碍，拉近了各地之间的距离，并刺激了人员流动以及资本和思想的传播。最后，被加以适当利用的教育和文化使统一的努力更加成功。

然而，像欧洲其他地区一样，西班牙缺乏一个能够激发本国各地区热情的共同事业，没有意大利或德国民族主义所具备的吸引力，也没有法国、英国和比利时所面临的殖民挑战。恰恰相反，此刻正是旧的美洲梦折戟沉沙之时，使得两个讲西班牙语大陆之间的关系在这个世纪荡然无存。在非洲的战争或许可以激发全国的热情，但西班牙的军事和财政实力却无法支持这种军事冒险。

在温和派与伊莎贝拉二世（Isabel Ⅱ）的共同操纵之下，进步派被踢出了政治中枢，只能在咖啡馆、秘密社团和军队中躲避一时，伺机利用革命运动或政变实现其目标。由于政治家们的无所作为，内战的发生及军人对维护公共秩序所做出的重要贡献，将军们对国事的干涉程度日益加重。在王室、政党和新闻界的支持下，无力攘外的军阀们取代了政治家。在虚假的舆论面具下，报纸从未拥有过像19世纪下半叶时期这么大的政治权力（也许1975年至1985年的民主过渡时期除外）。

教会与费尔南多的专制主义政权同流合污之后，重新定义教会与国家的关系成了一个紧迫的问题。1833年，玛丽亚·克里斯蒂娜（María Cristina）与温和派的结盟使得教会在世俗和意识形态方面都陷入了无依无靠的境地。此时的教会受到了复辟希望的诱惑，因此出现了一个与卡洛斯派有关的加泰罗尼亚暴乱者神父的形象。这种形象传递到了20世纪，成为宗教狂热主义和乐于提出政治要求神职人员的象征。

教会的努力最终化为泡影，西班牙重申国家的世俗性并推动对教会财产的终结。这种浪潮甚至体现在审美上，1834年的反教权热浪以及出售教会财产，使得西班牙的城市和乡村清除了大量的宗教建筑。这些建筑曾每时每刻都让人想起教会的无处不在，如今在这些宗教建筑的旧址之上，即使不建设工厂，也兴建了新的广场、大道或房屋。这也宣告了资产阶级对其旧时竞争对手的胜利。资产阶级的理性、卫生、"品位"等现代概念的传播，改变了西班牙城市的面貌。

尽管因为不断发生的内战和政变，19世纪成了一个充满矛盾的世纪，但它也是一个经济起飞的世纪。例如，征用和出售教会财产以及兴修铁路促进了农村的繁荣，农村开始从事面向国内市场和欧洲市场的专业化生产。虽然落后于先驱国家，但西班牙的工业化资本主义诞生了，并深深扎根于加泰罗尼亚、巴斯克地区、阿斯图里亚斯和安达卢西亚。然而，由于对外国资本的经济依赖过深，只有加泰罗尼亚和巴斯克地区成功地创造了充满活力的资产阶级。这些资产阶级专注于纺织、采矿、冶金领域。随着时间推移，其涉足的领域逐渐多样化并在全国其他地区扩大其影响力。

由于工业的发展，在西班牙南部的矿山和北部的工厂，与工人阶级相关的冲突日益增多，而在安达卢西亚和埃斯特雷马杜拉的乡村由雇工所引发的骚乱也时有发生。然而，这不是之前那个时代偶然发生的事件——被剥夺权利的人已经在一些改革方案的基础之上提出了政治和经济要求。除了加强镇压措施之外，意识形态手段是无法消弭这些要求的。西班牙第一共和国的落幕，使得工人和手工业者们深感遗憾。在此之后，君主专制复辟开始重登历史舞台，其目标是重塑一个这样的西班牙——超越温和自由主义和共和主义，阻止一切改革，使保守的资产阶级受益。

维护和平与控制老百姓的需要推动了西班牙在政治和行政上的统一性的形成，同时也借此在巴斯克地区和纳瓦拉消除了旧有的特权。欧洲19世纪法律的权威和巴斯克资产阶级的经济利益都促进了这一目标的实现，但上述经济利益一直受到反资本主义势力的限制。复辟帝制的集权主义者完全不顾西班牙各地的差异，假借避免地方分裂主义造成国家解体的名义，非常目光短浅地扼杀了西班牙人民的文化多样性。通过这种方式，右派操纵了西班牙的民族主义情绪，目的是破坏六年的社会革命，就像在1936年加泰罗尼亚和巴斯克的要求引发对分离主义的恐惧之时，他们的所作所为一样。由于摄政政府的集权政策，以及工业经济的发展和中产阶级的出现，外围民族主义诞生了。这种外围民族主义与西班牙民族主义同根同源，并与其保持着密切的意识形态联系。萨比诺·阿拉纳（Sabino Arana）从传统主义思想当中继承了存在悲观主义和对进步的恐惧，这与加泰罗尼亚民族主义的乐观情绪形成鲜明的对比。巴塞罗那资产阶级为其工厂势不可当的发展感到自豪，并向西班牙施加压力，以便将自己的产品行销至整个落后的西班牙。与主教托拉斯·伊·贝格斯（Torras i Bages）一同登上加泰罗尼亚民族主义战车的主教们高唱这首赞美诗："加泰罗尼亚和教会是我们过去历史中不可分割的两件事物；如果有人想要拒绝教会，那他们也会同时拒绝祖国。"而在同一时期，其他主教则歌颂西班牙国家的天主教荣耀。

同样，一方面卡诺瓦斯（Cánovas）治下的西班牙加强了对历史的宣扬；昔日的桂冠装饰了政治家的话语、历史学家的作品、教科书的页面和官方的绘画。在寻找一个适应新时代的历史模式（一个团结、信奉天主教、保守与和平的西班牙）的过程中，西班牙最终又沦为了帝制国家。另一方面，"天主教双王"和哈布斯堡王朝前几位国王对西班牙的规划与15世纪末知识分子们有关黄金时代的古老传说相吻合，而在美洲新大陆发现后的第四个世纪里，又为此作了完美的纪念。

最后，自批准关税政策以来，生产部门、农业部门和实业部门的利益引导西班牙走向了闭关自守，这是摆脱公开竞争危险的唯一途径。那些稳赚的利润和上涨的农业收入吸引了资产阶级和大地主进入政权，并习惯于躲在国家对商业的保护伞下——这种畸形状态，虽然偶有变化，但是一直持续到了今天。

最引人注目的消息是面对无政府主义者、共和派或单纯自由进步主义者的窥伺，资产阶级重新投入了教会的怀抱。19世纪末的西班牙，在社会和道德方面都深度保守，教会重新获得了在西班牙历史上的主角地位。虽然在过去的几十年里，教会一直充当着看客的角色，但是这并不意味着其置身事外。由于受到因对国家依赖而产生财政问题的困扰，以及在某种程度上被无产阶级群众所鄙夷，教会不得不投入有产者的怀抱中，专门从事替人赎罪、教育精英、填补医疗系统空白等工作。为了捍卫卡诺瓦斯主义的西班牙，教会重返战斗，这是由卡诺瓦斯政权中的某些知识分子导师所主导的，他们把天主教变为了西班牙最真实的思想文化标志。

随着无产阶级的出现和加泰罗尼亚民族主义在中产阶级中的扩张，整个20世纪初的西班牙都动荡不安。卡诺瓦斯政权由于经济危机的重创和美西战争的溃败而垮台，这也揭示了由王室统治的西班牙与政治家操控的西班牙之间存在着差距。由于迷失在过去的荣耀之中，"1898年一代"①眼中的西班牙问题掩盖了一个非常明确西班牙概念的破裂。尽管如此，这个概念还是持续到了20世纪50年代。西班牙，我们可以称之为集权主义的、农业的、修士的、地方寡头的、军国主义的、对当代文化的艺术和科学新奇事物不感兴趣的西班牙。西班牙更关注对过去的忠诚，而不是现在的压力和精英主义的挑战。街头的无家可归者，工厂里的罢工、示威、骚乱以及政治-行政机构中，外围民族主义资产阶级的频繁活动所带来的威胁与日俱增。

　　面对这种压力，寡头集团毫不犹豫地通过抓住军队来巩固自身统治，军队成了唯一一个守护秩序的强大力量。随着时间的推移，19世纪社会变革的发生以及受过教育的国王登上王位，君主制也陷入了泥潭。军国主义接管了西班牙社会，它无视政治规则，只关注国家统一面临的危险，与加泰罗尼亚资产阶级和巴斯克中产阶级的自治愿望势不两立。通过这种方式，军队成为新出现的西班牙"民族主义"的基石。马德里的官僚机构、南方的大地产主、教会传统主义者和巴斯克大资产阶级都害怕无产阶级的热情和萨宾努斯学派主张的发展，纷纷高举民族主义大旗。对于西班牙来说，没有什么比这些"爱国者"的"西班牙主义"更悲哀的了，因为就像黄金时代的排他性和18世纪反动主义的反对启蒙一样。

　　在普里莫·德·里维拉时代，西班牙资产阶级宣称自己是自由主义者，并要求实行科斯塔（Costa）所提出的"铁血外科医生"式统治，这暴露了其自身的不确定性。他们虽然要求从上至下进行改革，结束专制政权并促进经济增长，但不想向工人让步。在阿萨尼亚

---

①　"1898年一代"也称"苦难一代"，是西班牙文学史上的一个重要流派。——译者注

（Azaña）或奥尔特加（Ortega）等自由派思想者的作品中可以看到他们迷失了方向，他们害怕"群众的反抗"。他们像对待古代脊椎动物一样对西班牙进行考古分析，并得出结论说西班牙是由于塔里克的入侵而失去了历史意识；而处于流亡中的克劳迪奥·桑切斯–阿尔伯诺斯（Claudio Sánchez-Albornoz）和阿梅里科·卡斯特罗（Americo Castro）则沉迷于研究西班牙的永恒之谜。前者认为，可以从阿斯图里亚斯和卡斯蒂利亚反抗科尔多瓦权力的渴望中解读西班牙；后者则认为，可以从中世纪基督徒、犹太人和穆斯林的共存中解读西班牙。

在西班牙第二共和国的六年（1931—1936年）中，由于公民的参与和决策，废除了阿方索十二世（Alfonso XII）。在此之后，知识分子们努力创造一个多元化、民主和公正的西班牙。这种乌托邦既没有考虑到内部障碍的力量，也没有考虑到外部极权主义的胜利。内战消除了两个西班牙的相互对立，持有剑、十字架和金钱的一方最终取得胜利。在内战中，造成了大量的物质破坏和人员死亡，但冲突最持久的后果是自由主义知识分子的流亡，随之一起消失的还有19世纪经济复苏所带来的真正好处。在内战中，冲突和敌意放大了两个马查多风格的西班牙的形象，而在漫长的佛朗哥之夜中，相互不容忍和仇恨则一直持续。

在佛朗哥时代，作为战争的胜利者，一方面外围工业的西班牙战胜了农业的西班牙。20世纪60年代的第二次工业化吸收了农村的剩余劳动力；另一方面，这种没有受控的经济开放，并不能解决对世界资本和技术市场的依赖，更不必说没有大量的游客在地中海沿岸和岛屿寻找廉价的阳光。为了吸引游客，旅游行业的官员和商人将用弗拉门戈和公牛作为装饰，重新塑造了一个民间传说中的西班牙形象。这种形象印在了欧洲大众的头脑当中，同时，带有这种形象的西班牙隐藏了其社会经济变化，解释了人们对未来、对政治过渡时期（Transición）的好奇。

外国人的大量涌入导致了传统道德和习俗的相对松弛，这也有助于大众媒体，特别是电影和电视的发展。尽管审查或控制制度对电视、电影和报纸设置了严格的束缚，但政府无法阻止某种知识层面的开放。此外，经济需求迫使对教育计划进行改革，以使教育更向整个社会普及，从而大大提高了人口的识字率，也增加了大学毕业生的人数。随着教育的发展和经济的增长，越来越多的人放弃了宗教活动。等到教会想要离开国家的怀抱，参与到社会或民族主义的运动当中去时已经晚了，它的时代已经过去。

面对这些结构性变化，佛朗哥统治下的西班牙继续保持了19世纪的形象，严格控制政治制度，以避免出现"民众的无政府状态"；采取压迫性的民族主义，带来的结果却是造成了埃塔组织恐怖主义的产生和西班牙的声望下降；工业资产阶级和大地主控制权力；受到指控的军国主义大行其道，应该忏悔的国家丝毫没有改变。所有这些行径都受到从"天主教双王"和哈布斯堡王朝各位国王古老神话中挖掘出来的只言片语的影响，而在母国与美洲关系的方面，则遵循了拉米罗·德·马兹图（Ramiro de Maeztu）的思想。在佛朗哥去世后，一个不真实的西班牙陪伴着他长眠于烈士谷（Valles de los Caídos）的坟墓中。

和平过渡证明了保守的和卡纳瓦斯主义的西班牙已经在1975年死亡。然而，国家仍然面临着使政治和社会结构适应新现实的任务。三年后，在政治共识基础上制定的宪法将塑造另一个西班牙。这个西班牙的特点是建立自由的制度和公民民主地参与公共生活。通过扩大巴斯克人和加泰罗尼亚人所要求的自治制度，在现代国家的需求和这些地区的自治愿望之间建立了一种平衡。由于西班牙中间民主联盟（Unión de Centro Democrático）政府的弱点而带来的这种"人人享有咖啡"的制度，使政府服务的预期性改善产生了大量不合理的支出，而因为担心外围民族主义对宪法缺乏忠诚度，这种模式何时能够终结却仍然悬而未决。随着区域自治制度的推行，也承认文化的多元与开放，将现代性与西班牙各种语言和传统的共存和相互尊重结合在一起。然而，由于一些自治区域的诉求当中存在地方主义以及为"恢复"语言而采取的强制做法，摩擦仍然普遍存在。

虽然曾携手走过1500年，但宪法载明了教会与国家之间存在严格的分离以及公共权力的非宗教性：天主教失去了其作为国家灵魂的特征，而教会失去了其合法化功能。但是，随着政治过渡的完成，教会高层并不会心甘情愿地退居幕后。在最保守组织怀抱当中的他们，乐此不疲地展开宣传活动，以便将其信仰强加给世俗政府。与教会一样，西班牙民主中间联盟（UCD）政府启动了西班牙社会的非军事化进程。这项工作一直持续到社会主义者掌权的20世纪80年代。由于军队先前的干涉主义做法，反对义务兵役制度的理论在年轻人中广泛传播。这种理论是19世纪自由主义革命的成果之一，但阿斯纳尔（Aznar）的保守政府在20世纪90年代阻断了这种理论的传播。最后，政治改革试图促进适应现代化生活的经济改革，这是中间派政府的特征。改革的重点是采取累进的税收政策，即根据收入和财富征税，而不是像现在这样对消费征税。

在阿道弗·苏亚雷斯（Adolfo Suárez）政府拉开改革的序幕之后，1982年西班牙工人社会党（PSOE）获得国家领导权，为西班牙的现代化进程和缩小现有的经济差距提供了希望。费利佩·冈萨雷斯

（Felipe González）赢得大选，并且推动了改革的进程。西班牙工人社会党从程序上放弃了该党成立以来所坚持的马克思主义原则。然而，改革的道路很快就会耗尽了。凭借赢得选举所赋予的合法性，工人社会党暗地里采取了一种在原则上排除任何协商一致做法的治理形式，而议会的作用则延伸到国家的其余领域。工人社会党垄断了公共机构，不给反对派留下任何机会，这使得他们掩盖了在该党所控制的第三届立法机构结束任期时的腐败现象。

尽管在选举时，承诺将就业作为政府的首要任务，但经济政策陷入了极端的货币主义。这种货币主义无法控制过度公共赤字所引发的通货膨胀。由于油价下跌和外国资本涌入，五年的经济繁荣令人眼花缭乱，西班牙工人社会党政府失去了振兴工业结构的历史性机会。与17世纪美洲白银流入所带来的后果一样，资金流入提高了价格，刺激了奢侈品的进口，并使西班牙成了投机和轻松赚钱的天堂。

随着世界经济的衰退，所有的一切在1992年崩溃了：处于欧洲联盟领导下的西班牙嘴上所说的言论与严酷的现实情况毫不相符。现实情况是工业被拆除，农业迷失方向以及失业增长不可阻挡。此时此刻，商业胜利者的形象与中产阶级或长期失业者的困境形成鲜明的对比。面对专业化工人生活条件的恶化或年轻人就业的严重滑坡，20世纪90年代普遍存在的社会冲突令人惊讶。这种奇怪的态势反映了一个缺乏乌托邦理想的物质主义社会的衰退，也反映了这个社会的衰老以及弱势青年群体中的人造毒品天堂的破坏性。

经济困难也是推动民族主义运动激进化的有利基础，是"人各为己"的前提条件；特别是在坎塔布连海岸。其与新的经济增长中心（巴塞罗那–萨拉戈萨–马德里–巴伦西亚–穆尔西亚）的差距以及重工业、采矿和资本货物经济的单一性，促进了经济的衰退、交通的落后或政治恐怖主义。但是，这个地区的潜力仍然大于被遗忘的加利西亚、埃斯特雷马杜拉或卡斯蒂利亚。就其本身而言，加泰罗尼亚正处于过渡阶段：其多样化的工业、与欧洲的毗邻以及熟练的劳动力，预示着其光明的未来。未来可以预见，民主联合党（CiU）的政治家们知道如何待价而沽，以便在马德里获得更多的自治权利，特别是在税收方面。

政府无视曾经富裕的北方的不满，将其集中精力在地中海沿岸地区和安达卢西亚，以避免前者的经济陷入困境，并解决后者的历史不平衡问题。在世博会（EXPO）期间，对基础设施的巨额投资是政府所做出的最大努力，以使南部摆脱传统的孤立境地，并为西班牙最大的贫困人口地区带来希望。毫无疑问，在意识到南方也存在问题的同时，政府希望防止这片领土像意大利南方一样变成一个无法控制的地区。虽然政府的努力未能充分地刺激整个国家，但这是解决各自治区域之间严重不平衡的良好起点，也是建立真正团结西班牙的重要一步。但是，由费利佩·冈萨雷斯所启动的努力都徒劳无益，因为后来由于野心勃勃的外围民族主义贪得无厌和不团结，以及西班牙工人社会党无法就西班牙的未来达成一致和统一，西班牙政治再次遭受震动。

作为对"光明"社会主义的回应，在20世纪80年代，一种也叫作"光明"的文化不断发展。在这种文化所提出的民粹主义或挑衅性主张下，隐藏着其缺乏创造力和承诺的实质。"行动"取代了反思，人们不读书，而是沉迷于视听节目或电子游戏；艺术在画廊老板和拍卖行手中落入俗套或变成商品；报纸的文学和艺术成为官方大众媒体文化的堡垒。中央政府和各自治区域政府在文化方面也更加平庸，其所采取的文化政策像橱窗一样，只不过是想通过展示昂贵的工程为当权的政治家们脸上贴金，所以他们大兴土木，建造宏伟的礼堂、国会大厦或最先进的博物馆，而没有精确地面向未来的计划。

在没有其他救命稻草可以抓住的情况下，20世纪80年代的政治家将欧洲和欧洲的一切奉为政治和意识形态话语的圭臬。因此，尽管在某些地区有人试图用西班牙的特殊传说来重申西班牙的荣耀，但欧洲的法典和理念还是进入了西班牙，并击败了西班牙旧有的一切。西班牙工人社会党及之后的人民党（PP）或民族主义政党使西班牙社会的动员性完全消失了，这是佛朗哥政权最持久和最危险的遗产之一。处于一个永恒幼稚时期的社会被政治家随意操控，没有人会为推动西班牙走向成熟而操心，因为公共活动都由国家垄断了。21世纪西班牙的谜题之一，就是恢复被战争和独裁统治所摧毁的公民社会，并将其纳入国家的日常生活之中。

在过去的几年中，由于其意识形态基础被摧毁，西班牙民族主义衰退了；在剥去了传统的精华时，西班牙的理念也得到了解放。因此出现了一个具有多重性和多样化而又充满活力的西班牙，这不是因为所谓的数千年历史，而是因为人民的民主意愿——他们在不受任何压迫的情况下，承认一个共同的历史和文化：毕竟，塞万提斯（Cervantes）、委拉斯开兹（Velázquez）、戈雅（Goya）、毕加索（Picasso）或安东尼奥·洛佩斯（Antonio López），就像马拉加尔（Maragall）、高迪（Gaudí）、罗萨莉娅·德·卡斯特罗（Rosalía de Castro）、米罗（Miró）或加布里耶·阿雷斯地（Gabriel Aresti）一样，是他们的共同遗产。

在西班牙这种现代的重新国有化过程中，在1996年上台的由何塞·马里亚·阿斯纳尔（José María Aznar）所领导的人民党发挥了重要作用。在保守派政府执政期间，西班牙努力完成了使用欧元所要求的经济复苏。这也证明了从布鲁塞尔（Bruselas）所获得的巨额资金转移是合理的。正是由于这种觉醒，政府和私人资本积极合作，使得西班牙的大公司成为能够与欧洲最大公司竞争的国际公司，结束了西班牙在经济方面无所作为的古老神话。

正是这个世纪之交，国家在过去40年中第一次先行采取措施以消灭恐怖主义暴力。尽管存在野兽的卑劣行径或其受益者的勒索，但是政府通过运用法律武器和动员全社会从道德上摒弃恐怖主义，才能够包围埃塔组织（ETA）及其同谋，而不会陷入妥协的捷径，更不会恐惧民族主义先知所预测的大灾难。

由于西班牙的重生，人民党还试图在国际政治方面采取新的立场，更加独立于欧洲的同时更靠近美国。不幸的是，这种转变所带来的军事冒险，并不总是被公众舆论很好地理解，因为公众习惯了过去几个世纪的孤立。2004年3月11日，在马德里发生的恐怖袭击事件结束了这种重塑西班牙的努力。在重塑西班牙的过程中，人们曾坚信西班牙可能会成为21世纪欧洲最伟大的国家之一。

八年来，罗德里格斯·萨帕特罗（Rodríguez Zapatero）首相一直在不顾一切地努力扭转人民党给西班牙留下的不利局面。在其政府任期的前四年，由于所继承的经济发展成果和采取的有效社会措施，首相的激进"善意"得以维持，并获得了广大民众的同情。人民愿意原谅萨帕特罗在与埃塔组织谈判时或在处理有关加泰罗尼亚新自治法规问题时所犯的错误。然而，2008年全球经济危机的爆发揭示了工人社会党高层之间缺乏统一性，其无视也无法预测国际动荡给西班牙带来的可怕后果。处于深渊边缘的萨帕特罗，迫于外部压力，采取了其第一个也是唯一一个不受欢迎的措施来防止国家破产，这最终打破了其与公众舆论的甜蜜关系，并最终导致人民党的马里亚诺·拉霍伊（Mariano Rajoy）在2011年的大选中以绝对多数赢得胜利。

　　尽管在议会处于优势地位，但从那时起，新政府还是走上了一条充满荆棘之路。新政府必须应对深刻的国家危机。在这场危机中，经济混乱与其他的人口、社会、领土甚至道德问题混合在了一起，而腐败案也接连爆发。这削弱了政党和政府的形象，促进了民粹主义运动的兴起。这些运动往往由遭遇减薪、失业和对前景失去希望的中产阶级和工人阶级所发起。这种在各部门和各地发生的破坏性潮流导致了严重的社会不稳定。2015年12月的选举无法解决这些问题，因为各方未能组建政府。在近九个月的过渡期结束后，经过2016年6月举行的第二次选举，人民党以简单多数获得胜利。马里亚诺·拉霍伊艰难地组建了一个少数派政府。但是经历了2018年6月的罢免投票后，马里亚诺·拉霍伊结束了执政，工人社会党党魁佩德罗·桑切斯（Pedro Sánchez）被任命为政府首相。

　　这是一个新时代的开始，政府和所有党派不得不达成实质性协议，以应对即将到来的巨大挑战。这些挑战包括：巩固不稳定的经济复苏，尽管经济复苏成功地降低了失业率；消灭加泰罗尼亚最危险的独立运动，因为他们质疑西班牙国家的存在；应对欧洲和北美民粹主义崛起的威胁，因为它们会给欧盟带来不可预测的经济和政治后果。随着俄乌冲突爆发，战争又回到了欧洲大陆。简而言之，这些挑战和威胁只不过是我们在这个不断加速变革的年代里所必须经历的新问题，处理不好这些问题很可能会导致我们的社会失去历史意义。这本书从西班牙的起源讲起，唯一的希望就是西班牙能够以史为镜，跨越21世纪，毕竟历史是一个承载着未来和乌托邦的武器。

费尔南多·加西亚·德·科尔塔扎尔

何塞·曼努埃尔·冈萨雷斯·维斯加

2022年春于毕尔巴鄂

第二章

初登历史舞台

在公元前第二个千年即将结束的时候，来自中欧地区和东方的人开始分别从北部和南部进入伊比利亚半岛。在他们的帮助下，伊比利亚半岛像咿呀学语的婴儿，初登历史舞台。随着外部移民的前进步伐，伊比利亚半岛开始出现新的文化和经济迹象；随着新居民们的相遇，伊比利亚半岛变得更加丰富多彩。虽然外来移民在伊比利亚半岛周边地区十分活跃，但梅塞塔高原地区远离了这种融合，仍然自我封闭在传统之中。西班牙北部的加泰罗尼亚和埃布罗河河谷，主要受到印欧人的影响，而南部的安达卢西亚则不同，在那里由来自东方的人们主导着文化融合过程。而在这个融合过程中，出现了塔特西人。

来自中欧的风

依靠偶然间找到的陶皿和铜器遗物，历史学家总是想在地图上标出那些连迁徙部族自己都无意识的迁徙路线……

——豪尔赫·路易斯·博尔赫斯（Jorge Luis Borges），

《密谋者》（*Los conjurados*）

从公元前13世纪至前12世纪起，印欧人开始抵达伊比利亚半岛，这是中欧地区的人们向西南方向迁移的一个时期。为了给这种人和文化的流动下一个定义，史学界使用了"入侵"一词。然而，考古发现表明，这是超越了家庭范围的小型群体所进行的一种非暴力性迁入。他们穿越比利牛斯山口，定居在附近的山谷之中。之后，从定居地继续迁移，选择在那些不太引人注意或不太容易进入的地区栖身，并继续在周围寻找适合之地。

公元前12世纪至前9世纪，来自法国南部、瑞士和意大利北部的人们开始从东部进入伊比利亚半岛，在加泰罗尼亚定居下来，并创立了"骨灰瓮文化"。之后，在公元前9世纪至前6世纪，来自莱茵河（Rhin）和法国西南部的男男女女们定居在埃布罗河流域，并由此进入梅塞塔高原地区。公元前11世纪至前10世纪，沿着特尔河（Ter）的流向和鲁西永河（Rosellón）沿岸平原，古老的"骨灰瓮文化"到达了加泰罗尼亚。这种文化的核心区域主要集中在乌赫尔（Urgel）和塞格里亚（Segriá）平原，以及上安普尔丹（Ampurdán）和塔拉戈纳（Tarragona）的乡村，并在这些区域向埃布罗河河谷、下阿拉贡（bajo Aragón）和东南沿海地区（Levante）缓慢发展。除了塞格雷河（Segre）上游平原之外，人们并没有稳定的定居地，只留下了一些移民和游牧者用有机材料建造的小屋，但也有一些用来作为住宅和墓地的洞穴〔如佛德博斯洞穴（la Fou de Bos）、托罗留魔法洞穴（Les Encantades de Toloriu）〕。

公元前900世纪至前700年，"骨灰瓮文化"开始遍布伊比利亚半岛西北部。文化融合过程从三个古老的大型核心区域——塞格雷、上安普尔丹和加泰罗尼亚海岸向外蓬勃发展，并产生了几个区域中心。在这个时期，第一次出现了拥有中央街道和矩形房屋的定居点

〔如瓦尔福戈纳采石场（Pedrera de Valfogona）〕，也在塞格雷出现了平坦的墓穴和带有坟头的墓穴，这里成了辐射点，向加泰罗尼亚内陆和下阿拉贡〔如莫利恩山（Cabezo Monleón）、罗基萨尔德尔鲁洛（Roquizal del Rullo）〕扩大影响。从这里开始，"骨灰瓮文化"传播到了巴伦西亚（公元前800—前600年）和埃布罗河河谷，并在那里融合了来自阿拉瓦地区〔纳瓦拉的科尔特斯（Cortes de Navarra）、埃尔雷达尔（El Redal）〕和法国南部的文化。

　　经历了多次的融合，印欧化使埃布罗河河谷的文化更加丰富多彩。各地逐渐呈现出城市化的特点，这也成了进步的基本要素。这在许多的定居地点〔如莫利恩山、拉斯埃斯孔德里亚斯（Las Escondrillas）〕都可以观察到。无论是定居位置的选择，还是城墙、护城河和栅栏的设置都具有明确的防御性目的〔如托萨尔雷多（Tossal Redo）、纳瓦拉的科尔特斯〕。从第一个铁器时代到第二个铁器时代的过渡是一个关键的时期。埃布罗河〔如埃尔斯卡斯特兰（Els Castellans）、圣安东尼奥德卡拉赛特（San Antonio de Calaceite）〕和阿拉瓦〔如阿尔齐斯（Arkiz）、拉奥亚（La Hoya）〕周围的土地非常坚固，所以这些地区采取了矩形或方形的城市规划，所有房屋都朝向一个广场或中央街道，房屋的后墙则构成了村庄的围墙。这些房屋都有一个向立面倾斜的平坦屋顶，炉灶周围有两三个房间，在房屋的一侧还有用来存放家什的长案板。建筑中使用的材料包括砌在地基上的石头、堆在墙面上的砖坯或土坯。即使在石头充足的地方，筑墙的过程中也会使用融合了外来技术的砖坯和木头柱子。

　　在埃布罗河流域蓬勃发展的外来文化开始进入梅塞塔高原，但是由于从埃布罗河到梅塞塔高原地区的交通条件实在是太差了，所以外来文化并没有带来显著的变化。此时的梅塞塔高原地区，仍然保留着原有的村落模式——卡斯特罗（castros），圆形房屋也错落分布。但是值得注意的一个例外是，当阿拉瓦与埃布罗河河谷地区交往频繁时，也采用了矩形的房屋规划以及有组织的村落。

随着城市化的发展，一些新的陶瓷技术——指印、切花装饰、点线绘图取代了传统的陶瓷抛光技术，而与铁有关的冶金活动则主要受到引进材料的影响。然而在丧葬方面，当地逐渐开始采用遗体火化的形式时，发生了一场巨大的习俗革命。尽管伊比利亚半岛西北部文化出现了明显的统一性，但墓地形式的差异反映了印欧传统和土著传统的不同以及发展阶段的不一致。

在加泰罗尼亚以及埃布罗河河谷、上阿拉贡和纳瓦拉，移民所带来的"骨灰瓮文化"成了丧葬仪式的主流形式。焚烧遗体后，骨灰被收集在陶瓷骨灰瓮中。之后，将骨灰瓮放置在挖好的坑内，并用石头和泥土掩埋，表面不留任何标记。因此，这里留下了大量的墓地，如阿古拉纳墓地（Angullana）、阿塔利亚墓地（Atalaya）。而在下阿拉贡地区，虽然丧葬仪式当中也包括焚烧遗体，但青铜时代起坟头和使用棺材的丧葬形式仍然盛行一时。坟墓主要是埋在土里，墓穴四周使用石板进行保护。这种墓葬形式的重要代表包括皮乌罗－德尔－巴兰克丰多（Piuró del Barranc Fondo）、阿塞拉（Azaila）和圣克里斯托瓦尔德马萨莱翁（San Cristóbal de Mazaleón）。这些单独的坟墓，数量非常有限，规模也异于其他坟墓，这表明由于城市防御和城市规划的需要，开始出现了一定的社会等级。

到这个时候，西班牙的大部分地区还都是未经开垦的土地。人们现在了解到，当时的耕种劳作总是要适应当地的土地条件。因此，埃布罗河流域和塞格河流域肥沃的土地孕育了高产的谷物农业，也就是后来的伊莱杰提亚粮仓；而地势较高的地区——比利牛斯山脉、梅塞塔高原等则以迁徙畜牧业、养马和养猪为主业，也采集栗子和橡子。

在冶金方面，当时的人们充分利用了外来的技术，使那些衰退的矿区重新得到了振兴，也促进了冶金活动向专业化的发展。尽管由于原材料供应问题，特别是锡的缺乏，报废产品的数量不断增加，但最常见的冶炼工作还是青铜冶炼。在这个时期结束时，冶铁活动的分布日趋合理，主要在靠近矿床的城镇〔纳瓦拉的科尔特斯、蒙卡约（Moncayo）〕展开。

一扇朝向地中海的窗户

当第一波印欧移民大潮涌过比利牛斯山的时候，来自地中海东部的人们先是零星地造访伊比利亚半岛南部，之后就在这里永久地定居了。因金属供应缺乏问题而困扰的希腊人和腓尼基人在伊比利亚半岛发现了一个"黄金国"（El Dorado），这里能够为他们提供珍贵的原材料：铜、锡、金，其中最重要的金属是银。

依靠顺风航行的便利条件，现今黎巴嫩的沿海城市——西顿（Sidón）、提尔（Tiro），因为从事高附加值产品贸易而发家致富，并开始建立他们的海外帝国。斯特拉波（Estrabón）和波希多尼（Posidonio）认为，地中海沿岸的殖民化起源于公元前12世纪，当时来自提尔的商人们建立了利克苏斯（Lixus）、乌蒂卡（Utica）和加的斯。三座城市都扼守通向直布罗陀海峡的道路，而它们的建立也表明了腓尼基人十分青睐安达卢西亚地区的金属原料。

尽管不能否认具体发生年代的不确定性，但是在公元前9世纪，北非的奥扎（Auza）和迦太基开启了第二个殖民时代。公元前8世纪至前7世纪，殖民逐渐扩展到西西里岛、马耳他岛、潘泰莱里亚岛、兰佩杜萨岛、撒丁岛、苏尔特湾、安达卢西亚东部海岸等地，诞生了众多的城市。有人认为这些闪米特人[①]向外扩张是因为他们的城市遭受了来自亚述帝国（Imperio asirio）骚扰的压力。尽管从收税的角度来看，腓尼基人的向外扩张影响了以色列（Israel）和叙利亚的大部分地区，但这并不会破坏腓尼基各城市的活力。相反，腓尼基各城市从竞争对手的混乱和亚述帝国对金属的需求当中受益，并因为自己的供应商身份而保持住了独立地位。

腓尼基各城市的地理分布是为了满足商业和物流的双重需求，其中一些城市（最重要的是加的斯）已经成为腓尼基人与土著居民交流的场所，其他一些城市则发展为控制和支撑主要海上航线航行的中心。这些航线主要是利用海流和风向的便利条件，将塞浦路斯和克里特岛海岸与直布罗陀海峡连接起来。提尔和加的斯之间最合适的航线必须经过撒丁岛、伊维撒岛和安达卢西亚的地中海海岸，而返回的航行则要么是停留在非洲，要么是经巴利阿里群岛穿越第勒尼安海。这些"殖民地"总是保持着极大的相似性，会优先选择具有良好锚地的小岛、半岛和避风港，也易于防守并能为水手提供便利条件。在选择建立城市地点的过程中，是否存在淡水资源，靠近河口以及其他交通条件也是需要重点考虑的内容。通常，古典史学认为提尔商人垄断了直布罗陀海峡，但是在加的斯和韦尔瓦（Huelva）的考古发掘揭示了希腊人也曾在伊比利亚半岛南部活动。在城镇和墓地中发现的大量希腊陶瓷证实了尽管安达卢西亚海岸不是雅典商人的主要商业活动区域，但是他们曾在这些地区进行活动。

---

① 此处的闪米特人代指腓尼基人。——译者注

加的斯的使命

加地尔[①]（Gadir）是腓尼基人在地中海西部建立的最大商业中心。早期，他们在阿尔穆涅卡尔（Almuñecar）建设城市的计划落空了，因为那里距离安达卢西亚的矿山太远，而在塔特苏斯（Tartessos）王国故地韦尔瓦的努力也失败了。他们在第三次旅行中，找到了理想的地点：瓜达莱特（Guadalete）河口的三个小岛，这里靠近瓜达尔基维尔（Guadalquivir）河下游以及韦尔瓦周边蕴藏银、金和铜的山脉。在这个时候，金属的主要产区位于里奥廷托（Riotinto）和阿斯纳科利亚尔（Aznalcóllar）地区。在里奥廷托，金属锭通过廷托河和奥迭尔河被运往韦尔瓦。在韦尔瓦，金属贸易使奥努瓦[②]（Onuba）的小村庄变成了一个繁荣的商业港口，并使其精英致富〔如发现的拉霍亚（La Joya）墓地就证实了这一点〕。加的斯使韦尔瓦获得了出口的通道，又不干扰其生产和利润分配体系，这就避免了在土著地区定居时引发当地人的猜疑。

此外，由于靠近瓜达尔基维尔河河谷，加地尔成了第二条商业路线的端口。这条商业路线穿越埃尔罗西奥（El Rocío）、阿尔蒙特（Almonte）、特哈达拉别哈（Tejada la Vieja）等城镇，到达阿斯纳科利亚尔和莫雷纳山脉。而阿尔蒙特的圣巴尔托洛梅镇（San Bartolomé de Almonte）则成了这条线路的关键节点，这里从公元前8世纪至前7世纪一直是铸造业中心。两条商业路线不是竞争关系，而

---

① 加的斯的旧名。——译者注
② 韦尔瓦的旧名。——译者注

是一起充分利用了安达卢西亚地区的矿产财富。

　　直到公元前7世纪末，伊比利亚半岛的白银贸易一直是一个重要的利润来源，除去建设港口的费用还绰绰有余。这些财富主要的获利者是提尔的寡头集团（通过充当商业中介和转移加地尔的神庙而获利）、加地尔的商人和南方的精英。这些收入加速了瓜达尔基维尔山谷和邻近地区埃尔卡拉姆伯洛（El Carambolo）、阿斯塔雷吉亚（Asta Regia）、奥农巴（Onoba）的社会分化，促进腓尼基奢侈品在这些地区的销路。随着逐渐深入内陆，加的斯人开始与多纳布兰卡城堡（Castillo de Doña Blanca）的土著居民接触，该地区成了加的斯的殖民地和主要登船港，直到公元前4世纪海湾被填平时才被永久放弃。早在公元前7世纪，由于锡贸易的陆路和海路运输，加的斯的影响力开始波及埃斯特雷马杜拉和葡萄牙；而为了寻找更好的渔场以及黄金和象牙供应地，加的斯也开始将触角伸向了摩洛哥的大西洋沿岸〔利克苏斯、莫加多尔（Mogador）〕。

腓尼基的遗迹

　　书面记载和考古发现都表明古代腓尼基人在安达卢西亚东部海岸所建定居地点具有极高的密度。现今所发现遗址之间的平均距离通常不超过七至九公里，彼此之间鸡犬相闻。这些定居点都具有提尔城的特征：其缺点是沿海岬角只比瓜达兰克（Guadarranque）河、瓜达尔霍斯（Guadalhorce）河、瓜达尔梅迪纳（Guadalmedina）河、贝莱斯（Vélez）河、阿尔加罗沃（Algarrobo）河、贝尔德（Verde）河、阿德拉（Adra）河等众多河流的河口高一点儿，而优点是具有适合农业的肥沃内陆腹地。这些地区的劣势是缺乏金属资源，但优势是具有可以停泊商业船舶的天然港口，控制与内陆地区的交通线路，发展陶瓷、紫色布、腌制品等商品的生产活动以及在低地开展种植业，这些优势足以抵消劣势。这个沿海地区最著名的城镇包括托斯卡诺斯（Toscanos）、乔雷拉斯（Chorreras）、莫罗德梅斯基蒂利亚（Morro de Mequitilla）和塞罗德尔比亚尔（Cerro del Villar），而留存至今的坟墓包括塞罗德尔玛（Cerro del Mar）墓地、特拉亚马尔（Trayamar）墓地，还有塞斯－阿尔穆涅卡尔（Sexi Almuñecár）遗迹和阿布德拉（Abdera）遗迹。最著名的是托斯卡诺斯殖民点（公元前740年）。这里从建立之日起就具有正规化的城市规划和建筑。这些建筑物由建立在石头地基上的砖坯墙构成。托斯卡诺斯殖民点具有强大的防御系统，并在公元前7世纪用方石墙面进行了加固。其城市规划和建筑与传统上意义的贸易殖民点不同，从一开始就表现出明确的社会结构。

公元前7世纪，这个殖民地经历了显著的人口和经济增长，出现了工业和商业设施，显示了其作为核心地区的重要性和自主性：不仅有大型的仓库，还有从事金属加工以供自己消费的塞罗德尔佩尼翁（Cerro del Peñón）街区……与此同时，人们分散居住在阿拉尔孔（Alarcón）山上，并把生意做到了伊比利亚半岛内陆和地中海中部。从公元前6世纪开始，这里衰落了，直到迦太基人来了才得到复苏。与托斯卡诺斯一样，安达卢西亚东海岸的其他城镇，如撒丁岛西北部的城镇等都希望实现永久定居、生产自给和控制领土的目的。

在殖民过程中，人们还需要建立防御系统，以抵御可能的攻击并控制交通线路。在社会方面，公元前8至前7世纪的墓地呈现出复杂的结构和文化统一性。而这种文化统一性与提尔城高度相关。墓葬以火葬为主，并使用陶瓷和珠宝作为葬礼祭品。挖掘的大型岩石墓室或地下墓室如特拉亚马尔墓地和阿尔穆涅卡尔墓地，完美地体现出社会精英由于农业和商业的蓬勃发展而积聚了大量财富。通过这些墓地常年使用的情况可以看出，这里存在一个非常专业的纳税商业阶层，并形成了真正的氏族。

殖民者或商人

考古发掘证实了腓尼基人在伊比利亚半岛南部的存在，但是从书面记载的只言片语可以看出，希腊人的情况则大不相同。史书作者提到的定居地点数量很多，包括恩波里翁（Emporion）、罗得（Rhode）、麦纳克（Mainake）、奥义努萨（Oinussa）、塞普塞拉（Cypsela）等，但是可怜的考古材料能够证实的定居地点只有前两个。两者之间的差异归因于对文本的错误解释，将希腊人在大希腊（Magna Grecia）[①]或西西里地区采用的殖民模式与在伊比利亚半岛所采用的商业模式混淆了。事实上，地中海西部弗凯亚人（foceo）所建立殖民体系最典型的例子是马萨利亚（Massalia）[②]。马赛（Marsella）的诞生与贸易有关（与塔特苏斯的贸易及与布列塔尼的锡贸易），这种模式不需要控制领土，但是需要安全且不受阻碍地开展贸易。这些贸易或"市场"区域与地中海岛屿的开放港口具有相同的功能，经常被那些从事贸易的城镇光顾，殖民者通过这些区域与土著人民建立联系，直至建立永久的定居点。

正是在这些"易货市场"和"交通停泊处"的基础之上，希腊

---

① 公元前8世纪至前6世纪古代希腊人在意大利半岛南部建立的一系列城邦的总称。——译者注

② 马赛的旧称。——译者注

商人于公元前6世纪对在航行中所发现的沿海地区进行了简单名义上的希腊化，如经典著作中所说的"建城"。根据希罗多德的观点以及考古发现，希腊商人进行这些航行是为了塔特苏斯所产的金属。这些考古发现显示，公元前6世纪在伊比利亚半岛南部有大量高质量的希腊陶瓷。由于在公元前6世纪最后30多年的商业波动，希腊人的殖民开始转向资源丰富的东南部和奥里塔尼亚（Oretania）的采矿区〔靠近现今利那雷斯的卡斯图罗（Cástulo）以及卡塔赫纳（Cartagena）〕。

希腊人的加泰罗尼亚

历史学家斯特拉波和蒂托·李维（Tito Livio）认为安普里亚斯（Ampurias）的建立可以追溯到公元前600年。该城的建立时间稍晚于马赛，其建立之时恰逢弗凯亚人在法国南部、墨西拿海峡（estrcho de Mesina）和锡拉库萨（Siracusa）的贸易蓬勃发展。他们所选择的这个地区极其具有经济吸引力，有盐场、矿山和农业，还有易于进入海洋的罗达诺（Ródano）河通道。罗达诺是对地中海西部——马赛进行殖民的关键。现今所发现的从东方来的伊特鲁里亚人（estruco）、布匿人（púnico）、弗凯亚人所留下的许多遗迹，代表了对塔特苏斯交通产生多重影响的第一个阶段。在这个阶段之后，这座核心城市变得稳定了，成为一个拥有自己个性的希腊城市。在圣马丁（San Martín）岛上建设城市〔帕拉奥波利（Palaiapolis）〕是由于对未知事物的恐惧和为了对海湾进行控制。这也是安普里亚斯海岸为数不多的天然避难所之一。自公元前7世纪以来，希腊人一直与当地定居的土著人民共同居住在这座城市里，和平共处使希腊人和当地人的融合成为可能。不久，在这两个族群融合之后，为了提高港口的便利性，便转移到大陆并建立一个新的城市〔那不勒斯（Neapolis）〕。

在安普尔丹，墓葬方式的演变表明在这个城市里，殖民者和土著居民经历了文化共生的历程。目前所发现的第一个土著墓葬群——巴拉伊（Parralli）墓地，呈现出众所周知的"骨灰瓮文化"结构的特征。尽管没有受到希腊的影响，遗体火化仍然在原地进行，但在该墓地的东北墙，在骨灰瓮旁边已经出现了一些地中海风格的金属武器和装饰品以及希腊和伊特鲁里亚的陶瓷。这些多样又丰富的随葬品，表明了土著社会的深刻变化。这种变化的原因是自公元前575年以来，土著居民与外来移民的关系日益密切，墓葬开始模仿波蒂特索尔（Portixol）希腊人墓地的样式：采取埋葬形式并随附陪葬品，还出现了以前不为人知的酒杯和香料。这两样陪葬品都是精致的希腊社会的典型陪葬品，所以公元前6世纪至前4世纪希腊人的墓葬形式还在被模仿，如马蒂（Martí）墓地。在这个时候，希腊的随葬品开始超越原有的"骨灰瓮文化"，而这些随葬品表明了墓主家庭的社会地位。与此同时，移民的坟墓——旁楚（Bonjou）、马特乌（Mateu）、格拉纳达（Granada）、马蒂墓地与地中海其他殖民地区的坟墓日趋相似。

至于罗得，斯特拉波和传说中的西姆努斯（Pseudo Escimno）将其建立归功于比弗凯亚人早许多的罗得人（Rodio），而考古发掘并不能证明希腊人在公元前6世纪之前曾来过此地。罗得应该是一个各族人杂居的小地方，因为这里不仅发现了伊比利亚的陶瓷，也有来自伊特鲁里亚、阿提卡和马西利亚的物品。而这里发现的大量公元前4世纪至前3世纪来自马赛的餐具，则表明面对安普里亚斯的独立，马赛逐步对罗得进行了干涉，但最终还是由安普里亚斯控制了这里。

共存的文化

在古代的安普尔丹，由于沼泽遍地，居民们不得不居住在高处，而在青铜时代末期和铁器时代之间的那段时期，沼泽缓慢地自然干燥，驱使居民们开始向平原迁移，并受到了来自比利牛斯山脉另一侧"骨灰瓮文化"区域的影响。这个时候，腓尼基人在公元前7世纪末带来的东方化潮流以及希腊安普里亚斯人在公元前6世纪中叶带来的潮流，共同为一种完全伊比利亚化的文化铺平了道路。

乌拉斯特雷特（Ullastret）镇对于理解安普尔丹的这种文化融合，具有重要意义。考古发掘证实了两个居住中心的存在：最古老的一个位于伊亚登来伊撒奇（Illa d'en Reixach）村，是沼泽地上著名的高地土著中心。这里的第一个遗迹可以追溯到公元前7世纪末，有手工制作的陶器和一些腓尼基的双耳瓶。公元前6世纪中叶，从伊特鲁里亚和希腊进口的商品大量增加，城市规划采用矩形平面图，用石头地基和土坯建设房屋，而伊比利亚陶瓷的出现是与安普里亚斯密切联系的结果。与此同时，普伊格德圣安德鲁（Puig de Sant Andreu）镇诞生了，这是一个根据时兴的希腊规划而建设的定居点，拥有大量的粮仓。公元前6至前5世纪，其经济实力非常雄厚，能够从其邻居——安普里亚斯那里大量购买雅典的产品。而其在政治上也依赖安普里亚斯。

至少从公元前6世纪上半叶开始，安普里亚斯与周围的土著居民定居点进行贸易，以便为自己寻找农产品的供应商。因此诞生了一场大规模的贸易，其中安普里亚斯出售以前从爱琴海进口的希腊陶瓷。由于这种贸易，周围的土著人民开始希腊化，即使在最终的政治和社会经济一体化之后，他们仍然保留着自己的文化特征。通过向其他希腊地中海城市的开放以及相对土著人民的文化优势，安普里亚斯显示了自己保留希腊传统的能力。安普里亚斯的推动作用不仅存在于加泰罗尼亚地区，还将走入政治组织最为发达的伊比利亚半岛其他地区，直到创造一个易于接受地中海影响的区域，加速了伊比利亚文化的诞生。

第三章

白银之国

塔特苏斯的传说

无论是传说还是历史，有关塔特苏斯（Tartessos）王国存在情况的诸多内容直到今天还是尚未揭晓的奥秘。人们常常提到有关塔特苏斯王国的两件事：一是对其物质财富的痴迷；二是导致其衰落而又无人知晓的魔法咒语。考古学家被塔特西人那些用黄金制作的精美物品迷住了双眼，长期以来一直忙于寻找这个文明的中心。他们聚焦于一些所发掘物品的光辉，却忽视了确定"塔特西人"的地理、种族和文化概况的必要性。

"塔特苏斯"这个名字第一次出现是在与腓尼基人和希腊人前往地中海西部旅行有关的希腊著作之中。其中，诗人阿维努斯（Avieno）在《海岸纪行》（*Ora Marítima*；成书于公元4世纪，其资料可能来自更早期的旅程）中使用"塔特苏斯"这个名字来命名一座城市、一条河流、一条山脉、一个地区和一个采矿商业中心。这证明了有关塔特苏斯的内容在那时就已经存在混乱了。学者埃福罗斯（Eforo）认为其位于距离加的斯有半天航程的地方，而吕克昂学院的创立者（Escoliasta de Lycophoi）亚里士多德则认为它位于海洋中间的一个岛屿上，靠近赫拉克勒斯（Hércules）之柱；学者帕萨尼亚斯（Pausanias）和拜占庭的埃斯特万（Esteban de Bizancio）则指出塔特苏斯位于同名河流的河口。因此，使用这些信息的人所指出的塔特苏斯位置千差万别也就不足为奇了。他们说过的位置包括多尼亚纳国家公园、瓜达尔基维尔河口和韦尔瓦。塔特西文化影响区域处于现今的韦尔瓦、塞维利亚和科尔多瓦三省之间。塔特苏斯的辉煌成就包括在里奥廷托山区和莫雷纳山区发现的矿产财富，以及瓜达尔基维尔河下游——迪亚纳河（Guadiana）低地的农业。

从公元前7世纪开始，由于定居于梅塞塔高原印欧各民族的辛勤努力以及其与地中海各民族的联系，两个地区的文化统一变为了可能。当在从科尔多瓦（Córdoba）到韦尔瓦的山区矿藏中进行冶金活动时，北方内陆的人民改变了传统的生活方式，并建立了新的定居点以保护出口路线，如里奥廷托和特哈达拉别哈。梅塞塔高原地区零星出现的文化代表包括产自阿特瓜（Ategua）、拉埃斯佩兰萨山（Cabezo de la Esperanza）和卡莫纳（Carmona）的带有几何图案的手工陶器，以及建筑的矩形房屋。这些矩形房屋的墙是由大块毛石料干砌而成，而地面则铺有石板或卵石。这些新的定居点四周修筑了坚固的围墙，不仅是一种防御措施，更是一种军事思维的体现。

安达卢西亚的宝藏

可以预见的是，由于塔特苏斯地区与安达卢西亚海岸的那些腓尼基城市之间有道路连接，因此产生了一种社会习惯逐渐同化的现象，他们逐渐成了闪米特传统的子孙。因此，基于经济利益，贸易成了一种凝聚力量，并最终为文化统一作好了准备。通过从亚洲带来或在沿海殖民地制造的礼物——陶器、布料、象牙、金银手工艺品，腓尼基商人成功地将土著精英融入了商业系统，而其所获得的报酬包括垂涎已久的金属或者在交通要道通行的自由。这些来自异国的物品有助于巩固当地首领的地位和声望，进而巩固他们在政治和社会上的崇高性。从严格意义来讲，随着时间的推移，交换物品打开了贸易的大门，影响着特权阶层的喜好，进而影响所有居民的喜好。这种"东方化"现象产生了许多明显的结果，其中之一便是由考古所揭示的土著城镇向城市的转型以及坟墓的铺张奢华。这个社会的特征是财富掌握在军事贵族手中。

随着引入陶工用转盘和模仿腓尼基餐具式样（红色清漆、灰色调），陶器技术进步了，并很快就将当地原有的陶瓷淘汰出局。在金银制品的制造中，拉阿利塞达（La Aliseda）、卡拉姆伯洛（Carambolo）和科尔蒂霍-德-埃武拉（Cortijo de Évora）的工匠采取进口装饰图案花纹——花朵和夜莺侧翼，而其他的装饰图案花纹则完全具有当地风格，非常精致细巧。从公元前7世纪开始，由于本土作坊模仿外来象牙制品的工艺，以及其中可能还有来自东方的工匠在此工作，所以很难区分伊比利亚半岛的本土制品与进口的产品，如塞特菲利亚（Setefilla）和本卡伦（Bencarrón）的制品就基本与进口的制品没有差别。

塔特苏斯的三位一体

腓尼基人对伊比利亚半岛南方的兴趣主要体现在三个区域：奥努瓦地区、与埃斯特雷马杜拉有道路相通的瓜达尔基维尔河下游地区以及上安达卢西亚地区。

·富饶的韦尔瓦

自从腓尼基人抵达地中海沿岸之后，韦尔瓦就成了塔特苏斯各地区的"领头羊"。韦尔瓦能够成为主角，是因为其拥有矿物财富。另外，人们还因为可以通过廷托河和奥迭尔河与韦尔瓦港湾相连通，将金属迅速运至加的斯。公元前9世纪至前7世纪，第一批受东方影响而建立的定居点（拉埃斯佩兰萨山和拉霍亚墓地都在这里）都位于同一个地点，因为这里是两个世界相遇的地方。地中海陶瓷的进口日益增多，与冶金活动也同步增加。公元前7世纪至公元前6世纪，冶金活动成为优先采取的经济措施。定居点还有阿尔蒙特的圣巴尔托洛梅镇，这里遵循土著风格的城镇规划，以部分在岩石和植被上挖掘的圆形小茅屋为主。塞罗所罗门（Cerro Salomón）定居点则主要从事银的加工。在这些从事生产的城镇中，同样脱颖而出的还有特哈达拉别哈，它是从里奥廷托和阿斯纳科利亚尔通往韦尔瓦和阿尔蒙特冶炼工厂道路上的交通枢纽，城墙在超过500年的时间里被持续加固。

从社会的角度来看，拉霍亚墓地非常有意思，它是一个高度等级化村庄的肖像画。这里由一个痴迷于东方品味的少数群体做主，甚至在死亡后也遵从来自东方的习俗，采取火化的方式处理遗体，而奢侈的随葬品则有雪花石膏、象牙和油膏。

·贝蒂斯河（Betis）两岸

卡拉姆伯洛（塞维利亚）、卡莫纳、塞罗马卡莱诺（Cerro Macareno）、塞特菲利亚、科里纳－德－罗斯盖马多斯（Colina de los Quemados；科尔多瓦）等城镇建立在瓜达尔基维尔河河谷的农业、畜牧业和采矿业基础之上，它们构成了塔特苏斯的第二个中心。自公元前7世纪以来，所有来到这里的人都与殖民者有关，他们一点一点地建设矩形房屋。这些房屋建立在毛石地基之上，并有砖坯围墙。他们还仿制带有红色釉底料并使用灰色或多色浆料的陶瓷。这里的贵族们因为掌握大量的财富，所以能建造巨大和经典的塞特菲利亚陵墓，其不同寻常的豪华奢靡表明出现了一个以家族或部族为基础的复杂社会。

·走向海洋

塔特苏斯的影响从这两个主要的中心，延伸到了埃斯特雷马杜拉以及其他通向梅塞塔高原和大西洋沿岸的道路。自公元前7世纪以来，根深蒂固的东方化一直影响着麦德林（Medellín）镇，这里有来自加的斯的珠宝和少量的冶金活动。就像在塔霍河口所发现的考古遗迹那样，这个东方化也是寻找将塔特苏斯和加的斯与锡生产中心连接起来的陆路和海上通道的过程。

·革律翁（Geryon）、加戈里斯（Gárgoris）和阿甘索尼奥斯（Argantonio）

考古发现描述了一个具有等级制度的社会，希腊罗马的记载则又迈出了一步，将塔特苏斯的政治组织定义为君主国。根据这些资料，两组王朝在政府中相互交替：一组是神话的王朝，具有神圣的性质；而另一组是历史的王朝，既象征着塔特苏斯的经济繁荣，也象征着其与希腊人的关系。神话的君主国包括两对国王，其联系是未知的。革律翁及其后裔诺拉克斯（Norax）与赫拉克勒斯的传统相关，诞生自印欧文化的概念——拥有三个脑袋，掌握神话般的宝藏，崇尚和平主义。这些文化概念是促成塔特苏斯文化形成的根源之一。

加戈里斯和他的孙子哈比斯（Habis）则是文明的英雄，发现了农业和城市。他们对应于在中东传播的创始神话。因此，塔特苏斯王国的起源应该是印欧元素与古代地中海元素融合的产物，这些元素从沿海–河流地区结合在一起。哈比斯的统治时期恰逢土著人民和腓尼基商人的第一次交流，这种交流巩固了部落向"文明"形式的演变，也增强了王国的力量。

虽然在靠近海岸地区的情况如此，但内陆地区仍然存在着领主性质的体制。随着塔特苏斯王国走向巅峰，这些首领最终通过联盟或联邦的形式归附于塔特苏斯。由于腓尼基人需要让金属的供应常态化，因此他们的努力似乎是依靠王位夺取权力的主要因素。由于塔特苏斯王国的整合作用使国内和平繁荣，因此，腓尼基人的贸易扩展到了阿利赛达（Aliseda）、卡斯图罗和卡莫纳。

历史悠久的阿甘索尼奥斯王朝时期，其政治实力达到了顶峰。希罗多德、阿那克瑞翁（Anacreonte）和普林尼都大力赞颂这位君主所秉持的和平主义和所享有的福寿绵长。他的统治持续到公元前6世纪。经常光顾安达卢西亚的希腊旅行者〔如来自萨摩斯（Samos）岛的科莱奥斯（Colaios）〕曾面见过这位君主。阿甘索尼奥斯在自己的领土上接见希腊商人并以珍贵的礼物巩固他们之间的友谊，很可能是想促进本国在金属贸易中的竞争力，以增加国家的基础财富。

锡的崩溃

公元前6世纪末，塔特苏斯从书面记载中消失了。为了探究其消失的原因，人们开始考虑这是否由于迦太基人对土著王国的干预而造成的。然而，在同一时期，腓尼基沿海商铺所遭受的衰退以及里昂湾（Golf de León）希腊殖民地的动荡表明当时的环境并非战火连天。

　　因此，必须在近东（Oriente Próximo）寻找能够解释其消失原因的第一条线索。公元前6世纪，尼布甲尼撒（Nabucodonosor）的新帝国猛烈地打击了由提尔城所创立的贸易系统。财源受到影响的黎巴嫩沿海各城市既无法负担与西方交往的费用，也无法抵御巴比伦的扩张。经过长达13年的围困，旧提尔城落入尼布甲尼撒的手中（公元前573年），地中海的贸易陷入混乱，加的斯和沿海殖民地受到危机的严重影响。

　　与亚洲贸易的关闭对希腊人的影响较小，因为自阿甘索尼奥斯时代以来，他们已经不再依赖腓尼基人的贸易供应。而马赛蓬勃发展起来，甚至创造了一条新的贸易路线，即通过塞纳（Sena）到高纳（Gaona）再到罗达诺，最后到达布列塔尼（Bretaña）的锡生产中心。这条贸易路线与塔特苏斯到腓尼基的贸易路线形成了公开竞争的关系。

　　对于塔特苏斯来说，金属市场的混乱是一个致命的打击。由于出口放缓和在锡的生产方面为马赛所取代，塔特苏斯的冶金业崩溃了，并加剧了其主要制造业供应商加的斯的困难。在经济陷入瘫痪之后，社会和政治混乱也随之而来。由于缺乏致富的手段，精英们失去了权力地位，面对分裂的局面，贫穷困顿和声名狼藉的王室无法维持团结。为了争夺田地、矿山和村庄的控制权，酋长们和贵族之间发生多次冲突，导致了领土的分裂。而希腊在伊比利亚半岛东南部和东南沿海的影响加剧了这种分裂，同时也唤醒了伊比利亚－图尔德泰尼王国。

　　伊比利亚－图尔德泰尼王国产生于由希腊"酵母"所发酵的塔

特苏斯文化"面团"之中。当提尔城的征服和希腊人的实力增强预示着地中海西部的新秩序诞生之时，土著人民意识到了这些变化，并试图攻击富裕的加的斯。

地中海西部这种新秩序的诞生，使迦太基成为闪米特传统的堡垒。

文化和伊比利亚半岛文化

从公元前5世纪开始，伊比利亚半岛东南沿海地区和埃布罗河河谷的土著部落，深受外部影响，文化交流日益加深。东南部沿海地区、加泰罗尼亚、埃布罗和安达卢西亚很快就成了被称为"伊比利亚文化"的这种物质和精神网络的一部分；而北部和梅塞塔高原则保留了其深受凯尔特人影响的特质。在西班牙历史上，沿海地区和内陆地区的差异一直持续到19世纪，也就是说，直到现代化的交通方式出现的时候这种差异才逐渐减小。

在"伊比利亚文化"这个大伞之下，有许多不同的民族。这些民族诞生于不同的地理、文化和社会条件。尽管塔特苏斯的衰落再次展示了瓜达尔基维尔河河谷和地中海沿岸地区与山区之间存在着差异，但安达卢西亚可能是差异最小的地方。瓜达尔基维尔河河谷和地中海沿岸地区以农业为主，居住着图尔杜利亚人（Túrdulos）和图尔德泰尼人（Turdetanos）；而山区则以畜牧业为主，是奥雷塔尼亚人（oretanos）的天下，并与拉曼却和伊比利亚半岛东南部沿海地区联系密切。而加泰罗尼亚则完全相反，印欧人的入侵和希腊人的融入所造成的文化分裂使其成为一个深度分裂的区域。地形的特殊性使得部落分布变得多样化：如比利牛斯山谷中的塞雷塔诺（cerretanos）、安多西诺斯（Andosinos）、阿雷诺西奥斯（Arenosios），北部海岸的因迪塞特斯（Indicetes），现今巴塞罗那附近的莱塔诺斯（laietanos），塔拉戈纳北部的科塞塔诺斯（Cossetanos）。在伊比利亚半岛东南部海岸也是如此，其人口的分布要适应地形的特殊性，如巴伦西亚平原上的埃德塔诺斯–孔特斯塔诺斯（Edetano-Contestanos）；穆尔西亚平原上的迪塔诺斯（Beitanos）和马斯蒂诺斯（Mastienos）或莫雷纳山脉斜坡上的巴斯特塔尼亚（Bastetanos）。埃布罗河河谷的特征则更为统一，在这里生活的伊尔盖特斯人（Ilergetes）知道如何利用自己富饶的土地来统治该地区，并且成了沿海地区与内陆的凯尔特各民族之间的中间人。

三位夫人的伊比利亚

在易于防御的地点，伊比利亚人在各个山顶上建立了一种定居点模式：奥皮杜姆（Oppidum）。虽然最接近腓尼基和希腊殖民地的地区采用了希腊加东方城市的规划模式，如伯里亚赫（Burriach）、杰伦达（Gerunda）和奥萨（Ausa）。但除了乌拉斯特雷特和萨贡托（Sagunto）之外，其余的定居点都不能被视为真正的城市。在加泰罗尼亚，靠近沿海平原的山丘是首选，在这些区域划定肥沃的种植用地，或利用水网进行运输。城市规划采用格栅和带围墙锥体的形式，如圣胡利亚德拉米斯（Sant Julià de Ramis）、乌拉斯特雷特、普格卡斯特拉（Puig Castellar）等城市。根据这种规划，房屋适应地形变化，建筑在纵向街道周围。这些房屋由石头和土坯建成，采用矩形或方形形式。伊比利亚半岛东南部的定居点，复制了加泰罗尼亚的建筑风格，在巴伦西亚–阿利坎特（valenciano-alicantina）平原上建设起来，并建造了伊比利亚半岛最完美的奥皮杜姆。这些定居点包括拉巴斯蒂达–德莫根特（La Bastida de Mogente）、萨贡托、普格德阿尔科伊（Puig de Alcoy）、利里亚（liria）等。

最能描述伊比利亚宗教的两个方面，一是其融合性——采用了殖民者的神灵和祭礼，二是其强大的实用主义。在围绕人类和动物健康信念的信仰之下隐藏着一种深刻的自然主义实质。南部和东部神庙所发现的大量黏土和青铜祭品证实了这种观点，即人们想通过这些祭品让众神为自己及家人赐福——治愈疾病，促进生育，在战争中提供保护。同时，伊比利亚的神庙成了与自然交流的场所，人们也将一些洞穴、坑或矿井神化成了祭祀祖先之地，如科古尔洞穴（Cogu Ⅱ）、蒙弗拉圭洞穴（Monfragüe）、奇迹洞穴（Les Maravelles）等。这些洞穴通常无法进入，其中的水或钟乳石唤起神圣的存在，流行的宗教信仰使这些地方一直保持活力，直到罗马化开始后才结束。

除了这些有神迹的自然场所之外，伊比利亚宗教还在一些乡村的神庙之中发展了其礼拜仪式。尽管对这些神庙的影响力大小尚不清楚，但其声望超出了当地的范围。在这些访客较多的神庙当中，塞雷塔（La Serreta）〔阿尔科伊（Alcoy）〕、埃尔西加拉莱霍（El Cigarralejo）〔穆拉（Mula），穆尔西亚（Murcia）〕、卢斯圣母（Nuestra Señora de la Luz）〔阿尔格扎雷斯（Algezares），穆尔西亚〕、亚诺德拉孔索拉西翁（Llano de Consolación）以及塞罗德洛斯桑托斯（Cerro de los Santos）〔蒙特阿列格雷（Montealegre）、阿尔巴塞特（Albacete）〕、科亚多德洛斯哈丁斯（Collado de los Jardines）〔圣埃伦娜（Santa Elena），哈恩〕等神庙提供了各种各样与宗教有关的材料。其中，哈恩和穆尔西亚的神庙因为贡献了大量的男性战士和骑士青铜雕像尤为突出；阿尔巴塞特的神庙则因为其家园和家庭生活的女性守护神而闻名；亚诺德拉孔索拉西翁和埃尔西加拉莱霍（公元前5世纪至前3世纪）属于较为特殊的例子，因为在这两处有大量的小型动物青铜器，让人们猜测是否存在牲畜的保护神；而在塞雷塔，布匿风格泥塑的数量也非常令人惊讶。

伊比利亚葬礼仪式的侧重点是遗体的火化，当人们对遗体进行了火化并清理了遗骸之后，死者的骨灰就会被放入骨灰瓮中，陪葬品和祭品一起存放在一个洞里。根据地区不同，骨灰瓮或是排列放置，或是在其埋葬之处的地面之上起坟头。为了避免因与土壤接触而造成污染，人们使用木材和树脂燃烧后的净化黏土对墓葬进行覆盖，在焚烧之前，会用最好的珠宝和生前未用过的武器对遗体进行装饰，同时还会用马和其他家畜进行献祭，让它们在地下陪伴自己的主人。

在加泰罗尼亚地区，"骨灰瓮墓地"〔如卡布雷拉玛塔罗（Cabrera Mataró）、坎坎伊斯（Can Canyis）、卡尔德尔莫罗（Coll del Moro）、佩德雷拉－德－巴拉格尔（Pedrera de Balaguer）〕长期占据主导地位是因为当地宗教信仰的墨守成规。但是，在安普里亚斯附近的地区，"骨灰瓮文化"开始逐渐消失，取而代之的是土葬。在埃布罗河河谷地区也没有什么变化，仍然采用的是在矩形箱子上面焚烧遗体的传统墓葬形式，主要有罗基萨尔德鲁洛（Roquizal de Rullo）、圣克里斯托弗－德－马萨莱昂（San Cristóbal de Mazaleón）等墓地；而在穆尔西亚和阿尔巴塞特，则用的是在骨灰瓮上堆积石板形成椭圆形或矩形墓葬，主要有亚诺德拉孔索拉西翁、卡白西科德特索罗（Cabecico de Tesoro）以及圣安娜洞（Hoya de Santa Ana）等墓地。

上安达卢西亚地区的酋长们建造了巨大的陵墓，以显示自己的财富和力量。这些陵墓所使用的雕花柱子、人造拱顶和半雕刻方石，显示出其建造有明确的建筑计划，也向人们描绘了一个深受地中海奢华潮流影响的社会阶层的形象。最引人注目的墓地主要有比亚利科斯（Villaricos）〔阿尔梅里亚（Almería）〕、巴斯蒂（Basti）〔巴萨（Baza）〕、图图基（Tutugi；格拉纳达）、卡斯特约内斯德尔赛阿尔（Castellones del Ceal）〔哈恩（Jaen）〕，而其中最独特的是拉托亚（La Toya；哈恩）。在拉托亚墓地，游客在穿过两侧由两块巨石支撑门楣的大门之后，可以发现一个梯形墓室，其有三个中殿和五个小室；在其内部，一条长凳上放置着富丽堂皇的装饰品，有石雕、武器、金色的金属奖章、珠宝和一个带有相应马具的马车残骸。

　　伊比利亚的雕塑诞生于公元前5世纪，吸收了希腊和腓尼基艺术的精华。伊比利亚雕塑继承了希腊人和腓尼基人突出仿古风格的特征，即正面描绘、缺乏活力、动物和人类图像相交替。融合了现实主义和幻想的动物雕塑在安达卢西亚和伊比利亚半岛东南沿海地区蓬勃发展起来，狮子、公牛、马和鹿与斯芬克斯、女海妖或狮鹫兽均是这些雕塑的主题。这些雕塑也借鉴了亚洲文化。通过这些塑像，艺术家们在性别的分化中重新创造自己，并用花环和花朵装饰自己的身体。这些雕像的主题展示了一系列非常丰富的符号，都具有葬礼性质：逝者的保护神、更高力量的代表以及生命在另一个世界的重新创造。

　　作为富丽堂皇的墓葬纪念碑的装饰品，这些兽形神像的雕塑是为贵族服务的，以延长他们在来世的声望并提升他们的世俗形象。由于具有宣传性质，所以这些雕像常常矗立在战略要地和交通要道旁，如波尔库纳（Porcuna）和波佐莫罗（Pozo moro），以宣扬坟墓主人的丰功伟绩。这些纪念碑反映了一种依靠强力维持的不平等。当传统结构的破裂与宗教观念的丧失叠加在一起的时候，这些纪念碑中的大多数在公元前4世纪上半叶爆发社会冲突之时就被荒废了。

　　关于人类的雕塑则较少，主要分布在安达卢西亚和穆尔西亚地区。这些雕塑具有用简单线条勾勒的程式化特征和紧凑的形状。其中最具希腊化特征的雕塑甚至可以与希腊的艺术原型相媲美，如卡白西科德尔特索罗、亚诺德拉孔索拉西翁、塞罗德洛斯桑托斯等地的人物坐像。大约在公元前5世纪至前4世纪，一些彩饰作品中的土著雕像达到了艺术顶峰，如塞罗德洛斯安赫莱斯（Cerro de los Ángeles）夫人、巴萨夫人和埃尔切（Elche）夫人。其继承了希腊化特征的模型化面庞在华丽的装饰元素中脱颖而出。到公元前3世纪，雕塑家们将古意大利的艺术风格融入了塞罗德洛斯桑托斯的雕像、科尔迪霍德提塞（Cortijo de Tixe）的雕像群和奥苏纳（Osuna）的雕像群之中。在奥苏纳保存的考古遗迹以细致的构图展示了战争场景和仪式场景。由于过分强调仿古风格，其构图以垂直性为主，缺乏透视性。

　　这一时期，伊比利亚本地的陶瓷与进口的陶瓷均占据着当地的市场。与陶瓷进口相关的产品有来自腓尼基的红色清漆或灰色泥膏，有公元前6世纪来自希腊的杯子，还有公元前3世纪至前1世纪来自罗马的陶瓷制品。这也推动了当地的工匠模仿殖民者区域陶瓷的造型，也使用殖民者区域陶瓷所用的黏土和装饰。这种陶瓷以其像红葡萄酒一样的颜色而闻名于世，其造型独一无二，如在陶瓷制品上部采用大礼帽式的造型以及双体杯的造型都别具一格。这些陶瓷是埃尔卡拉姆伯洛和卡莫纳地区土著的杰作。随着时间的推移，先后有过四种装饰风格。其中最简单的风格是重复条纹、弧形和圆圈的那种风格。这些条纹、弧形和圆圈分布在排档间隙中，以获得节奏感。

　　这些陶瓷样式在上安达卢西亚地区扎根之后，很快就到达了穆尔西亚和巴伦西亚，并在公元前4世纪取得了巨大的辉煌〔如拉巴斯蒂达-德-罗斯阿尔古塞斯遗址（La Bastida de los Alcusses）〕。后来其风格演变成了采用自然的图像——草叶、花朵、藤本植物的卷须、石榴等，并与几何图案和动物交织运用。这种风格在拉埃斯古艾拉（La Escuela）、埃尔西加拉莱霍、拜尔多拉伊（Verdolay）和奥利瓦（Oliva）有很好的代表性，并在公元前3世纪达到了顶峰。随着时间的推移，在陶瓷制品中，人物形象成了叙事风格的伟大主角。在陶瓷的带状装饰上，描绘的是人类战斗、行进、聚会和狩猎的场景。也许拉塞雷塔、奥利瓦和利里亚的艺术家们有一种真正的"对空间的恐惧"，所以在人物周围的空白处，填满了鱼、鸟或螺旋形状。最后，在公元前3至前1世纪，巴伦西亚的一些城镇——埃尔切、阿尔切纳（Archena）、拜尔多拉伊，穆尔西亚人和阿尔梅里亚人展示了一种神奇的装饰，用日常的陶瓷诠释了复杂的宗教世界。

在这些区域之外的埃布罗河河谷区域——阿赛拉（Azaila）、卡斯特约内斯德阿洛萨（Castellones de Alloza）、卡拉塞特（Calaceite）等地的作品中，运动和抽象图案的结合表明了凯尔特人对伊比利亚-地中海陶瓷的影响。在加泰罗尼亚的乌拉斯特雷特和安普里亚斯，于公元前5世纪至前4世纪生产出了"因迪凯特"（Indikete）陶瓷。这种陶瓷采用了希腊陶瓷的造型和伊比利亚陶瓷的几何或植物装饰图案。

除了物质文化遗产之外，伊比利亚人还为后代留下了难以估量的非物质文化遗产：字母表和土著文字。这种文字诞生自伊比利亚半岛南部的塔特苏斯（混合音节）文字与伊比利亚半岛东南沿海的加泰罗尼亚文字和腓尼基海岸字母的结合。当前所发现的铭文遗迹——位于阿尔科伊的铅箔，展示了一个有五个元音和六个辅音的字母表。这些相互之间具有关联性书写符号的使用是伊比利亚人民文化统一的有力论据。

在伊比利亚，人们会根据土壤条件选择农业发展的类型，如谷物、葡萄园、橄榄或发展畜牧业。农业是下安达卢西亚地区和埃布罗河河谷的主要财富来源，而在内陆和山区，则更适合发展畜牧业。原有的采矿工作最终都集中在莫雷纳山区（卡斯图罗）。这里有丰富的矿脉，在伊利帕（Ilipa）、阿西（Aci）和卡塔赫纳主要是银，在西西博-阿尔马登（Sisipo-Almadén）主要是硫化汞，而在蒙卡约主要是铁。亚麻等新作物的出现以及西班牙细茎针茅所具有的战略重要性，促进了强大纺织工业的发展〔在萨贡托、哈迪瓦（Játiva）、卡塔赫纳、安普里亚斯等地〕。从公元前5世纪开始，纺织业与重新发展起来的食品腌制业（如加的斯的鱼酱）及武器用冶金业共同成为当地的支柱产业。

尽管产生了财富，但收入的分配不均导致了贫困人口的大量增加。大部分人口不得不为地中海国家，如希腊、迦太基和罗马，以及瓜达尔基维尔河河谷和上安达卢西亚地区的各城市充当雇佣军。民众的心态、薄弱的政治结构以及各种社会关系的错综复杂，但伊比利亚的信仰和奉献精神导致了伊比利亚的这种战争倾向。

社会经济平衡的难处和固有传统也反映在政治领域。在瓜达尔基维尔河流域，尽管割据势力的日益增长阻碍了和平稳定，但是塔特苏斯人留下的遗产巩固了君主制的政府形式。然而深受希腊人影响的巴伦西亚和穆尔西亚地区缺乏这种传统，这里的小城镇相互独立。自公元前2世纪以来，一直受到暴君的控制。因此，面对外部威胁，伊尔盖特斯人强大而结构合理的君主制度使得埃布罗河流域的其他部落不得不持续与之结盟。

第四章

从狄多到罗慕洛

非洲的记忆

当提尔被巴比伦大军击败之后，他们在伊比利亚半岛的殖民地似乎注定要受到内陆土著部落的劫掠。然而，迦太基很快就接过了扩张的接力棒。迦太基横扫北非、地中海中部和安达卢西亚海岸，并在这些地区传播闪米特人的影响。然而，确定迦太基执掌伊比利亚半岛的时间绝非易事，西西里的狄奥多罗斯（Diodoro de Sicilia）认为这一时间应该与受地中海贸易路线影响而在伊维萨岛（Ibiza）建立第一个布匿定居点的时间（公元前654年）相吻合。考古学家发现巴利阿里群岛上有迦太基人的遗迹，如普拉纳岛（Isla Plana）上的神庙和墓地与德埃斯古伊拉姆洞穴（cueva d'Es Cuyram）。而早在公元前6世纪就存在于海岸边的腓尼基遗址，如比利亚里科斯（Villaricos）的哈尔丁（Jardín）墓也有迦太基人的遗迹。大型地下墓葬中的丧葬文化和城市化现象的进步都揭示了新迦太基社会的轨迹。但直到公元前5世纪，迦太基所采取的行动才奠定了其在伊比利亚半岛统治的基础，因为起初迦太基仍然专注于地中海中部，并未把伊比利亚半岛放在心上。

为了保障贸易的自由和保护岛屿港口入口的畅通无阻，在西西里岛的斗争持续不断。这些斗争对迦太基有关伊比利亚半岛的政策产生了重大影响。随着伊比利亚半岛城市与提尔宗主国的联系消失，布匿人开始着眼于防卫这些古老的腓尼基商业中心。迦太基首都与加的斯之间的紧密联系使得迦太基人为防御安达卢西亚南部土著人民的进攻而采取的干预措施变得合法化，这些土著人民对加的斯城市的袭击阻碍了贸易流通。

在整个公元前5世纪，迦太基组织了各种海洋探险，目的是重建旧的贸易路线并扩大其经济活动的范围。汉农（Hannon）航行的目标是南大西洋的非洲海岸，因为那里是通往几内亚黄金市场的必经之路；希米尔科（Himilcón）在北大西洋的航行则是为了从马赛手里重新夺回锡制品的贸易路线。这份事业想必是取得了成功，因为考古学证明了在公元前5世纪迦太基青铜产业的进步以及加的斯经济的复苏，也揭示了由于安普里亚斯的逐渐销声匿迹，马赛也日渐式微了。随着布匿人的到来，马拉加、格拉纳达和阿尔梅里亚的海岸，尤其是加的斯的海岸繁荣发展起来。这也使得比利亚里科斯和伊维萨岛成为其货物的分销中心和银矿业的管理中心。

解决了公元前6世纪存在的各种问题之后，加的斯依靠布匿人而发展起来，垄断了下安达卢西亚地区的白银和欧洲北部的锡。公元前6世纪末，加的斯湾又增加了一批小型腌制品工厂——位于现今的圣玛丽亚港（Santa María），以巩固其在伊比利亚半岛南部的经济领导地位。多处万神殿和无与伦比的人形石棺是安达卢西亚城市繁荣的最佳标志，经济增长也留下了众多见证，如古老迦太基人定居点的城墙——公元前5世纪的多尼亚布兰卡塔（Torre de Doña Blanca）用于镇压内部叛乱和抵御外部土著侵略的瓜达尔基维尔河左岸道路上的堡垒。

随着安达卢西亚的白银落入加的斯资产阶级手中，迦太基将注意力转移到卡塔赫纳和卡斯图罗的生产地区。在这些地区，公元前4世纪布匿人的攻击、来自梅塞塔高原的袭扰和内部的摩擦，一起扰乱了伊比利亚半岛的秩序。所有这些政治和经济变革——包括西西里岛的贸易自由，都体现在第二次《罗马-迦太基条约》（*El segundo tratado romano-cartaginés*，公元前348年）中。两个大国都划定了各自的势力范围：罗马的势力集中在亚平宁半岛；迦太基据有伊比利亚半岛南部以及卡塔赫纳的矿山。在确保了北非和伊比利亚半岛的安全之后，迦太基人才能够致力于加强与埃及和西西里岛的贸易关系。而罗马的盟友马赛，保留了其在高卢南部和加泰罗尼亚-伊比利亚半岛东南海岸的影响力。

这次条约所带来的保障使得迦太基统治者与伊比利亚半岛土著人民之间的关系发生了变化。为了避免不必要的摩擦，迦太基与附近的土著势力进行谈判，并与土著精英建立了新的关系。为此，迦太基也曾于公元前306年和公元前279年与罗马签订了合约。从实力的角度来看，迦太基在穆尔西亚和阿利坎特扩大了自身影响力，能够更好地为经济发展寻找资源。

胡萝卜和大棒

罗马和迦太基在整个公元前4世纪所秉持的冷战政策不可能持续太久，因为这两个大国都渴望成为伟大的帝国，而他们的地缘战略目标和经济目标却又相互冲突。公元前264年至前241年，对抗演变成了战争。对于被击败的迦太基人来说，《卢塔丢斯条约》（*La paz* de Lutacio）是一个重大的挫折。他们不仅失去了一些最珍贵的殖民地——西西里岛和撒丁岛，还必须得放弃他们最好的船队，接受罗马人自由进入他们的市场，并支付大量的赔偿金。他们只能龟缩在北非、巴利阿里群岛和伊比利亚半岛内部。在迦太基内部，雇佣军所发动的叛乱（公元前240年）加强了由哈米尔卡·巴卡（Amílcar Barca）将军领导的迦太基元老院殖民主义院外活动集团的力量。对于这位将军来说，保持独立的唯一方法是尽可能快地控制原材料生产中心。夺取伊比利亚半岛南部和东南部成为巴卡家族的首要目标。

公元前237年，哈米尔卡在加的斯登陆，并准备由此开始重新征服伊比利亚的伟业。他选择这座古老的腓尼基城市作为起点，是因为这里拥有优良的港口和通往内陆的道路，并与土著部落保持着良好的关系。这能保证一定程度的和平。通过武力和外交手段，这位迦太基将军收服了下安达卢西亚地区的大多数土著人民，并征服了沿海的图尔德塔尼亚人和伊比利亚人。而在莫雷纳山区，哈米尔卡对凯尔特人进行了第一次惩罚性的突袭。迦太基的将军们发动对赫里克（Helike）的远征轰动了伊比利亚半岛东南沿海地区。他们还在阿克拉莱乌克（Akra leuke）①建立了军事基地。

在哈米尔卡去世后，哈斯德鲁巴（Asdrúbal）的统治为伊比利亚半岛的布匿霸权增添了力量。在这种霸权的加持之下，伊比利亚半岛的资源促进了迦太基的经济复兴，也增加了对本土雇佣兵的招募。科尔多瓦——哈恩的防御工事控制着梅塞塔高原和安达卢西亚之间的通道，哈斯德鲁巴在卡塔赫纳和阿克拉莱乌克也新建了战略设施。这使巴卡家族的力量快速增强，树立了极富魅力的形象，也使得许

---

① 即今阿里坎特（Alicante）。——译者注

多西班牙部落的酋长纷纷依附他们。城市、城堡和市场共同将伊比利亚半岛各地联系在一起，而其中的翘楚便是卡塔赫纳。这里既是布匿人在伊比利亚半岛的首都，也是因为细茎针茅和矿业而兴起的主要经济中心。迦太基在西班牙的统治区域甚至可以依据地理条件或自然条件分为三个主要部分：上安达卢西亚、下安达卢西亚和东南沿海地区。

"必先备战"

　　一旦有效控制了伊比利亚半岛最富裕的地区，迦太基军队就会在被征服地区进行经济开发，尽管他们为了获取最大利益而更新了生产技术，但他们将南方和东南沿海地区变成了一个真正的剥削殖民地。在优良的采矿区，卡塔赫纳、卡斯图罗和埃雷里亚斯（Herrerías）放弃了过时的土著方法，采用了国家主导的垄断制度，并将奴隶劳工和希腊化的工艺结合。除了卡塔赫纳的细茎针茅等一些原材料之外，其他领域没有受到国家的干预，农业进步使安达卢西亚，更具体地说是瓜达尔基维尔河河谷成为迦太基的应急粮仓，就像西西里以前所扮演的角色。同样，渔业和盐滩在加的斯海岸和马拉加（Málaga）、阿德拉（Adra）或阿尔穆涅卡尔的海滩上快速发展。渔业和盐滩的生产总是处于迦太基政府的监督之下，政府拥有盐矿的垄断权。卡塔赫纳拥有武器工厂、海军和军事装备制造厂、农业仓库和冶金铸造厂，将长期保持其作为伊比利亚半岛工业首都的地位。

　　无论战争所造成的不稳定性如何，迦太基享有过商业辉煌岁月。在迦太基占领时期，国家贸易领先于私人贸易，这很快就引起一系列反应。通过出口腌制品、骨螺、布料或细茎针茅，伊比利亚半岛的布匿商人恢复了与意大利以及法国南部希腊殖民地的联系，为首次发行西班牙－迦太基货币创造了有利环境。

然而，作为战争的最高领导人以及迦太基和土著精英之间的调解者，无论是哈米尔卡还是哈斯德鲁巴，都不会与宗主国分离。他们会随时向迦太基元老院汇报他们的作战情况。从社会角度来看，迦太基的统治几乎没有带来任何实质性的变化，因为殖民政府与伊比利亚本土的统治阶级达成了协议，以维持现有的秩序。作为一个少数群体，迦太基人集中在闪米特沿海城市和内陆的战略城市。他们的统治并没有影响旧的等级制度，反而也融入了这种等级制度之中。随着经济的繁荣发展，一个非常富裕的商业阶层占据了一席之地。这个阶层的人数越来越多，并与自由工匠共同享有大都市。

牺牲的萨贡托

罗马不会欢迎迦太基的扩张主义。哈米尔卡在伊比利亚半岛东南沿海地区所取得的胜利引发了罗马及其希腊诸盟友的猜忌，而这位布匿将军想要通过证明其扩张是为了筹集资金偿还罗马的债务来消除猜忌。为了澄清误解，两个帝国在公元前226年签署了《埃布罗条约》（*El tratao de Ebro*）。这个条约首次限制了迦太基军队在伊比利亚半岛的扩张野心。通过禁止迦太基人越过埃布罗河，罗马捍卫了马赛在加泰罗尼亚地区的利益，并使迦太基统治者保持中立，以免其与窥伺意大利的高卢人建立可能的联盟。

依靠这个协议，哈斯德鲁巴的继任者汉尼拔（Aníbal）发起了一波针对瓜达拉马（Guadarrama）山以南的梅塞塔高原村镇的远征，以惩罚其对贝提卡山谷的持续袭扰，并控制古老的塔特西金属之路，即后来所谓的"白银之路"（Vía de la Plata）。取得上述成功之后，汉尼拔开始征服伊比利亚东南沿海地区。根据公元前226年所签署的条约，这个地区属于迦太基。但是汉尼拔没有注意到罗马所发生的变化，所取得的军事胜利，使得迦太基的敌人艾米利乌斯（Emilios）家族和西庇阿（Escipiones）家族在元老院的作用日益突出，因为迦太基人的所作所为阻碍了罗马在地中海的野心。汉尼拔对萨贡托所采取的武力政策，成了罗马阻止迦太基计划的一个良好借口，尽管这会导致新的战争。

在围困萨贡托时，汉尼拔封锁了所有罗马人可以进行干预的缺口。通过这种方式，迦太基人发挥了全部军事潜力，以抵消罗马在外交上所取得的进展。罗马人无视协议的规定，加强了与萨贡托的联系，并点燃了其对独立的渴望。汉尼拔不得不在公元前219年对这座城市进行了第一次打击，并将其夷为平地。萨贡托被献祭在罗马战略的祭坛之上。民族主义史学将这座城市与努曼西亚（Numancia）一起进行了神化，作为西班牙对外国统治进行英勇抵抗的象征。

第二次布匿战争证实了伊比利亚半岛在地中海西部的重要性。汉尼拔在伊比利亚半岛拥有了物资供应基地和强大的进攻平台，麾下军队可以由此通过法国南部和意大利，直达罗马的门户。

西班牙的西庇阿

在同一年，罗马对迦太基宣战。尽管汉尼拔穿越阿尔卑斯山对其构成了威胁，但罗马还是首次侵入了伊比利亚半岛。在攻击西班牙的后方之时，罗马的战略家们认识到了伊比利亚半岛对迦太基的重要性。格奈乌斯·西庇阿（Cneo Escipión）所指挥的两个军团，利用与马赛的联盟，在安普里亚斯建立了一个桥头堡。这里远离迦太基的各个权力中心，并且有很好的防御措施来提供安全保障。然而，由于哈斯德鲁巴将军对罗马舰队的破坏，以及加泰罗尼亚内陆和埃布罗河河谷支持迦太基的各土著部落——伊尔该特斯（Ilergetes）、奥塞塔诺斯（ausetanos）和拉塞塔诺斯（lacetanos）的袭扰，在公元前217年，罗马对塔拉戈纳的第一次进攻不得不中止。

在确认了塔拉戈纳的立场之后，并经过罗马和伊比利亚－图尔德塔尼亚人的种种努力，西庇阿将进攻的矛头对准了迦太基的各个战略中心。哈斯德鲁巴在埃布罗河的失败以及罗马攻占萨贡托为进入瓜达尔基维尔河地区上游扫清了道路，这里是双方的必争之地。然而，随着军事力量的集结和外交努力的奏效，布匿的反击成功地改变了战争的进程，并击败了罗马的众将领，导致他们的部队撤往埃布罗河以北地区。至此，罗马人的第一次尝试以失败而告终。

在大败之后（公元前210年），普布利乌斯·科尔内利乌斯·西庇阿（Escipión el Africano）被选中成为军事进攻的领导人。西庇阿力避直面阿尔加维（Algarve）、卢西塔尼亚（Lusitania）、卡尔佩塔尼亚（Carpetania）等地的迦太基军队主力，计划采取小规模作战的战略，目的在于切断敌军的后勤供应。

征服卡塔赫纳，可以获得丰富的白银和细茎针茅，安全的海军基地和重要的原材料储备，罗马军队达成目标后迅速占领了整个东部海岸和莫雷纳山脉区域。除了军事活动之外，罗马人还实施了一项吸引土著酋长的政策，导致哈斯德鲁巴在巴埃库拉（Baecula）又遭新败。

公元前207年至前206年，迦太基人在伊利帕遭遇完败，加的斯的陷落，为迦太基人在西班牙的统治画上了一个句号。从这时开始，罗马成为伊比利亚半岛历史上唯一的仲裁者。

菲尼斯特雷之路

相较于腓尼基人所建立的社会和文化基础来说，西庇阿在伊比利亚半岛所取得的胜利并不意味着任何的进步。由于罗马并未制定系统的征服方案和土地开发计划，在一个多世纪的时间里，伊比利亚半岛仍保留了迦太基所创立的生产体系，而罗马统治者在西班牙的掠夺行为也持续了很长一段时间。在早期阶段，这里的环境条件使罗马人把眼光瞄准了开发程度最高和殖民化程度最深的地区——安达卢西亚和伊比利亚半岛东南沿海地区。对于其他地区，罗马人进军的步伐则非常缓慢，他们对每个地区的关注程度也大相径庭。因此，在早期历史阶段，这些地区之间的差异继续存在。

这一时期所发生的各种历史事件很快就表明，罗马人的利益与土著人民的利益是不可能相互协调的。梅塞塔高原各部落和埃布罗河河谷各部落不断袭扰加泰罗尼亚地区。当时整个伊比利亚半岛都在反抗罗马统治者的横征暴敛，因此，公元前194年，执政官马尔库斯·波尔基乌斯·加图（M.P.Catón）不得不在莫雷纳山脉和安达卢西亚采取行动。在强行维持和平并拆除了被征服者的城堡和城墙之后，罗马扫清了埃布罗河河谷、梅塞塔高原等地的障碍，为伊比利亚半岛东南部和加泰罗尼亚沿海地区提供了保护措施。然而，内部的叛乱以及凯尔特人和卢西塔尼亚部落对埃布罗河河谷和贝蒂斯河河谷的攻击并没有停止，第一次凯尔特战争（Ia primera celtibérica，公元前181年）爆发。由于缺乏耕种的农田，牲畜又被部落精英独霸，贫穷的当地人不得不落草为寇，以劫掠为生。因此，新的执政官提比略·塞姆普罗尼乌斯·格拉古（T.Sempronio Graco）刚柔并济，既安抚当地人，也使用雷霆手段，最终使得埃布罗河地区归于稳定。通过给罗马军队的仆人分配土地并给予他们公民身份，格拉古（Graco）减轻了这些城镇的贫困，消除了他们落草为寇的源头，而在上游谷地所建立的格拉古利斯（Graccurris）成为罗马在该地区的城镇典范。作为回报，凯尔特人承诺向罗马缴纳赋税和提供辅助部队，不再建造城市。

通过这些措施，罗马人对西班牙的占领区域达到了最大，尽管在西班牙土地上驻扎军队的成本很高，但出于战略原因的临时占领变成了永久据守。

在罗马，对伊比利亚半岛的征服有助于资本主义的发展，因为谷物、金属和奴隶劳动力的输入，从事商业、海关、赋税或矿业事务的阶层变得富有。在政治上，军事需要扼杀了原有的政府模式，常备军所产生的军阀主义，刺激了独裁统治通过军队干涉公共生活。

西班牙的《内战记》

格拉古对和平的希望受挫了，而罗马和伊比利亚半岛之间的和解也是不可能的。罗马军团遭遇了梅塞塔高原人民的激烈抵抗，他们拒绝接受征服者的生活方式。不断发生的流血事件证明了罗马解决问题的政策具有相当的局限性，因为他们无法包容凯尔特部落的一些文化习惯，例如将武器和战士融为一体的习俗。因此，解除武装的要求总是导致战争或集体自杀。在第二次凯尔特战争期间（前154—前133年）以及在第一次卢西塔尼亚战争期间，罗马元老院的帝国主义野心昭然若揭，因为他们要求所有起义的人民投降却不向他们提供有尊严的解决方案。对凯尔特部落的征服和努曼西亚的毁灭，使得罗马人从哈隆河（Jalón）进入埃布罗河中游地区，并到达凯尔特平原，这里有帕伦西亚（Palencia）的粮仓。这一胜利进一步加剧了罗马殖民主义者的独裁，他们的目光转向卢西塔尼亚，这里是对贝提卡进行攻击的缓冲地带，许多卢西塔尼亚城镇的社会结构有利于罗马人的征服——他们与拥有土地和养牛业的当地精英结盟，共同对付大量的贫困人口。

卢西塔尼亚部落领袖维里阿修斯（Viriato）的死亡没有带来稳固的和平，实施恐吓和进行土地分配的双重政策也没有带来稳固的和平。不断的起义反叛接踵而至，显示出罗马所谓的胜利并不是尽善尽美的。虽然在公元前83年达到高潮的征服所带来的战果不会与所付出的人类鲜血成比例，但征服对经济产生了重要的作用，因为它促进了沿海省份的谷物种植和采矿业发展，也获得了大量的奴隶劳动力。此外，因为需要打通到首都的陆路交通，所以罗马征服了法国南部，为未来的纳博讷–高卢省奠定了基础。

罗马在西班牙的缓慢进军以及军队的大量存在使得新省份不可避免地参与了公元前1世纪的内战。其在塞多留（Sertorio）与独裁者苏拉（Sila）的冲突（前83—前73年）之中以及后来庞培（Pompeyo）与恺撒的斗争之中发挥着决定性作用。在塞多留的斗争中，伊比利亚半岛是武装抵抗罗马贵族权力的主要核心，也是政府光复的行动基地。战争也揭示了仍然存在的巨大文化不平等性——虽然塞多留得到了一小部分西班牙裔罗马人以及新归顺凯尔特部落和卢西塔尼亚部落的支持，但苏拉集团的上层人士得到了最富有和最罗马化西班牙人的支持。塞多留由于军事劣势而被迫采取游击战略，无法将凯尔特人城镇乌克萨马（Uxama）、克鲁尼亚（Clunia）、卡拉奥拉（Calahorra）和韦斯卡（Huesca）从罗马的毁灭性行动中解救出来。塞多留在意大利卡（Italica）和塞哥布里加（Segobriga）被击败，之后他死在了自己的支持者手中，荣耀最终归于庞培。

> ……在征服了湍急埃布罗河周围的部族，打败了逃亡者塞留多的起义并安抚了西部之后，庞培变得令人尊敬了，无论他是身着白色长袍还是身着装饰着胜利战车的长袍，都是如此……
>
> ——卢加努斯（Lucano），《法尔萨莉亚》（*La Farsalia*）

20年后，西班牙再次成了战场。庞培和恺撒在路卡（Luca）会议上所达成的协议落空了。原来根据这个协议，伊比利亚半岛本应由庞培进行统治，但是高卢的征服者恺撒进入了伊比利亚半岛，以消除庞培的六个军团和两万名土著士兵所带来的威胁。双方人数相当，但恺撒的部队在技能和经验方面略胜一筹，因为他们在最近征服高卢的过程中得到了锻炼。伊莱尔达（Ilerda）之战的胜利以及与科尔多瓦、加的斯、卡莫纳、伊斯帕利斯（Hispalis）等主要南方城市的结盟加速了庞培军队的投降，但没有给胜利者带来和平。恺撒离开伊比利亚半岛去了高卢，而其所派代表卡西乌斯·朗吉努斯（Casio Longino）所统领的政府却非常无能，这使得恺撒的支持者被疏远了。与此同时，军队发生分裂的状况，一些部队投向了小格涅乌斯·庞培（Cneo Pompeyo）——恺撒敌人的儿子。当北非的萨普苏斯（Tapso）战役失败之后，庞培去世，其追随者想要在伊比利亚半岛定居，恺撒借机再次干预西班牙，以蒙达（Munda）之战的胜利结束了内战并巩固了自己在罗马的声望。

　　多年的战争只能为西班牙各个省份带来灾难，人力和物力损失增加了当地人及其生产中心的税收负担。相反，获胜阵营的支持者通过建立第一个退伍老兵殖民地并向一些土著城镇授予"自治市"地位而获得了一些好处。内战结束后，西班牙也没有得到安宁，因为罗马军团正在对北方城镇进行艰苦的作战，直到公元前29年才结束。奥古斯都（Augusto）决定完成对整个西班牙领土的征服。这位皇帝亲自领导他的部队，通过代表与坎塔布里亚人签署了和平协议，以实现第一个目标。然而，坎塔布里亚人正在准备新的起义，七个军团和大量辅助部队投入了坎塔布里亚战争。这场战争带来巨大的人口损失，因为达到入伍年龄的年轻人被消灭或沦为奴隶。此外，罗马人通过摧毁山区的旧村庄，发展货币经济以及开采矿山和田地来改变征服的地区。

第五章

土著的日薄西山

喋喋不休的罗马

罗马的时代到来了，伊比利亚半岛的历史开启了一个富有成果的新篇章。从这时开始，被征服的土地要为军事征战、领土开发和行政体系的需要而服务，推动了西班牙对庞大罗马战车的依附。城市成为伊比利亚半岛经济和政治生活的主角，在尚未建立城市的地方，则由矿山、大庄园、军营和旧的土著社区主导经济和政治生活。他们为了将上述地点通过陆路或海路和内河水路连接起来，开始创建密集的交通网络。

在其历史发展进程中没有出现过帝国主义的念头，罗马让殖民地人民恢复了自己旧有的主导权、土地和发展模式。然而，新的政治格局使罗马对不断扩大的占领区域进行领土统治，并采取有效的管理措施，最终将西班牙领土并入帝国当中。虽然起初在被征服的地区安达卢西亚、伊比利亚半岛东南沿、梅塞塔高原、加利西亚、坎塔布里亚山脉之间存在着巨大的差异，但是，在罗马的统治之下，这些地区开始缓慢地走向社会文化的统一。（P94）

尽管每个地区的情况各不相同，但在罗马的统治之下，这些地区产生了共同体意识。当统一的国家消失并再次出现分裂的紧张局势时，这种意识使得西班牙成功地克服历史突变，算是罗马对伊比利亚半岛未来最有价值的贡献之一。

从第二次布匿战争（Ia segunda guerra púnica）期间罗马军团登陆伊比利亚半岛到结束坎塔布连战争，历经近三个世纪，"罗马的一切"都渗透到伊比利亚半岛各部落的生活方式和文化之中，并最终成为这里的行动模式和社会行为准则。由此，当罗马统治者采取了一些哪怕只是外部层面的融合措施，西班牙各族群旧有的分裂局面就开始被融合了。

然而，罗马化既不是狂风暴雨也不是润物无声。即使当罗马的政治结构本身消失时，罗马化仍在继续下去。土著文化的差异性、在公元1世纪缺乏指导准则、对领土占领的延迟等，都使得不同地理区域之间的差异仍然存在。从历史上看，贝提卡、伊比利亚半岛东南沿海海岸、埃布罗河河谷和阿拉贡是罗马化程度最深的地区。罗马化的影响在北部和西部逐次递减。矛盾的是，罗马带来的新奇事物在内陆地区梅塞塔高原、加利西亚和坎塔布连海岸所引起的反响，比在伊比利亚半岛东南沿海或安达卢西亚更为强烈，其发展是逐步的。在伊比利亚半岛最北部，土著传统难以与外来文化结合在一起，因此这里形成了深刻的文化二元性。因此，即使归附于帝国的统治或说着罗马人的语言也不会使当地人放弃罗马人到来之前的生活方式。

多种因素共同推动了文化的融合，西班牙各部落与征服者军队的长期共存以及城市和殖民地的建立，向当地人展示了罗马人在组织方面的优越性。罗马向当地的统治阶级赋予了公民权，同时使伊比利亚半岛的居民融入了贸易往来和农业殖民化的洪流之中。由于国家把拉丁语作为官方语言，受过良好教育的社会阶层也使用拉丁语，人与人之间的关系变得更加紧密，基督教则是将所有人联系在一起的重要一环。

从乡村到城市

在罗马人到来之前，伊比利亚半岛的城市化因地区而异，在文化发达的地区，可以寻找到一些人类定居的踪迹。根据其建设性或组织性特征，我们可以称其为真正的城市，如新迦太基（Carthago Nova）、加的尔、罗德（Rhode）、伊波利亚（Emporiae）、萨贡托。而在伊比利亚半岛内陆，这种城市集群是不存在的。在加利西亚和阿斯图里亚斯，第一个铁器时代所建立的古城堡得以保存下来。从这个时代开始，分布在整个伊比利亚半岛的新城市肩负着罗马人所赋予的融合使命，其城市战略与行政管理和经济文化政策联系在了一起。

然而，历史上所留下的差异是不可能完全消除的。随着忠诚土著城市的融入（它们获得了拉丁或罗马法律地位），以及军队和商人进入当年腓尼基人或希腊人所建立的地中海城市，贝提卡-伊比利亚半岛东南沿海地区恢复了生机，足以吸引罗马人在这里建立第一批自己的城市。相反，从塔霍河到坎塔布连河，土著部落仍然存在，只是通过一些具有管理性质的城市与整个罗马联系在一起。作为广阔领土的守护者，面对星罗棋布的城堡和村庄，这些城市成了帝国政治的主线，在城堡和村庄行使管理职权。在坎塔布连海岸地区，由于城市的稀缺，一个中间机构——"市场"成了连接公共权力与各个城堡之间的纽带。因为在这里，由于有基于大规模采矿活动的管理模式，并不需要进一步采取行政措施。

直到恺撒时代，罗马才有了合理的殖民政策。在此之前，共和国在给予西班牙各城市拉丁公民权或罗马法律地位时表现得十分小气，而在给土著人民分配土地方面也非常不慷慨。但是，由于迫切的需要安置退伍军人，保护瓜达尔基维尔河流域免受卢西塔尼亚人的袭击以及保护埃布罗河流域免受北方部落的袭扰，共和国建立了第一批罗马城市。这些城市之后被纳入殖民地或城市序列，包括塔拉戈纳、卡拉奥拉、科尔多瓦、巴伦西亚、潘普洛纳和意大利卡。

面对意大利卡的遗址，诗人罗德里戈·卡罗（Rodrigo Caro）不禁唱出了如下的挽歌：

> 土地凄凉又萧瑟，
>
> 法比乌斯在此铁马金戈；
>
> 田野荒芜土丘破，
>
> 旧日意大利卡声名远播；
>
> 遥想当年西庇阿，
>
> 开疆拓土征战无数城郭；
>
> 只留下巨石破墙，
>
> 令人生畏也把悲伤诉说。

在西班牙，三种类型的城市比比皆是："同盟城市"，通过盟约加入罗马但保持独立；"自由城市"，免于缴纳赋税并享有自治权；"支俸城市"，拥有自己的组织但要承担纳税义务和维持驻军供给。在少数情况下，同盟城市一直以自征服初期以来就与罗马合作为荣：加的斯、马拉加，伊维萨、塔拉戈纳等城市政策有助于恺撒将西班牙大部分地区收入囊中，并可以借此补偿其在内战中的支持者。之前建立的一些城市现在也被纳入殖民地范围，如塔拉戈纳、阿斯塔雷吉亚、伊斯帕利斯；新建立的城镇安置了罗马军团的退伍军人，如安普里亚斯；旧的同盟城镇通过获得罗马城市的法律地位来提高其声望，如加的斯；另外还有27个贝提卡地区的城市也获得了拉丁城市的法律地位。

恺撒在伊比利亚半岛开疆拓土之后，将权杖交到了奥古斯都手里。奥古斯都在伊比利亚半岛上新建了20个城镇，如梅里达（Mérida）、萨拉戈萨（Zaragoza）、布拉加（Braga）、卢戈（Lugo）、阿斯托加（Astorga）、萨萨蒙（Sasamón）等。在这些地区建立城镇既有经济原因——推动西班牙省份经济发展带来利益，所以将城市集中在贝提卡和伊比利亚半岛东南沿海的富裕地区；也有战略原因——从布拉加到萨拉戈萨或到卢西塔尼亚的梅里达形成北部弧形。进入公元1世纪后，由于帝国的政治原因，统治者们主要在贝提卡地区特别是在瓜达尔基维尔河的边缘布局城市，使那里的地貌迅速发生了变化。作为罗马权力的展示，安达卢西亚地区的城市分布复制了宗主国的布局，如伊斯帕利斯和卡莫纳，同时建造了大规模的豪华公共建筑。

几乎所有的城市，都在广场附近或靠近城墙的地方建立起华丽的神庙，还有宽敞的剧院、圆形剧场或温泉浴场。最具有这种特点的典型城市是意大利卡，它是罗马人在伊比利亚半岛上建立的第一个定居点，承担着保卫瓜达尔基维尔河河谷的驻军任务。图拉真（Trajano）和哈德良（Adriano）两位皇帝使这座城市的发展达到了进步和奢华的顶峰。意大利卡坚固的城墙，更多是为了划定城市区域而不是保卫城市。而在贝提卡行省，元老院贵族的豪宅四处分布，还有四座神庙；由一个巧妙设计的35公里长渡槽网络供水的两个温泉浴场；一座在圣安东尼奥（San Antonio）山的东坡挖掘建立的，覆盖着异国情调的多色大理石的剧院；最后还有一座巨大的圆形剧场。

> 这边曾是广场，
> 那边有过神庙，
> 早已不见往昔辉煌；
> 无论体育场馆，
> 还是温泉浴场，
> 都不过是灰飞烬扬；
> 高塔巍峨堂皇，
> 也曾俯视苍茫，
> 现今得受雨打风狂；
> 破败热闹剧场，
> 黄花爬满高墙，
> 好似无声表达反抗；
> 一出时间寓言，
> 空留悲剧天堂，
> 何其伟大多么受伤。

> ——罗德里戈·卡罗，
> 《献给意大利卡废墟的挽歌》(*Canción a las ruinas de Itálica*)

塔拉戈纳行省的城市分布则要糟糕得多，它的城市多分布在海岸边，以利用海运的便利条件。在卡塔赫纳、塔拉戈纳和安普里亚斯周围，一系列的城市沿着伊比利亚半岛东南沿海地区建立起来，如萨贡托、巴伦西亚、托尔托萨、巴塞罗那……而到了梅塞塔高原地区，这种城市化就会失去力量。当然，它们在埃布罗河河谷城镇仍然很重要，那里有萨拉戈萨和卡拉塔尤德（Calatayud），以及卡拉奥拉、莱里达（Lérida）、韦斯卡和卡斯坎特（Cascante）。塞尔梯贝里亚（Celtiberia）和伊比利亚半岛北部几乎没有吸引定居者——为数不多的城镇建立的原因也是出于军事原因，如莱昂（León）、卢戈、克鲁尼亚和弗拉维奥布里加（Flaviobriga）。不过也有例外，阿斯托加就是为了控制矿区而建立。

在卢西塔尼亚的土地上，罗马对梅里达的建设投入了大量的精力，但忽视了该行省的其他地区。为了安置坎塔布连战争之后退伍的军人，新的城市出现在梅塞塔高原和瓜达尔基维尔河河谷之间的广阔土地上，并成为西方世界最辉煌的城市之一。城市主要街道的两侧分布着宏伟的狄安娜神庙（Templo a Diana）和马特瑞斯神庙（Templo a Marte）以及奥古斯都的协和神殿（Concordia de Augusto），还建有表演场地、剧院和圆形剧场。三条渡槽从北部的水源地向城市供水，而完美的污水管网则将废水从住宅区排出。

随着土地的开发和分配，罗马将相当多的人口迁移到西班牙，将梅里达周围方圆120公里内的地方都变为了耕地。同样的事情也发生在埃西哈（Écija）、巴萨、胡米利亚（Jumilla）和耶克拉（Yecla），罗马分了超过2000公顷的土地。当罗马士兵解甲归田成了农民之后，他们与土著妇女结婚，加速了该地区的文化融合。这种事与16世纪至17世纪美洲的种族融合益于巩固新大陆西班牙文化有异曲同工之妙。

历史走向了罗马

共和国实施了与城市密切相关的基础设施建设政策，兴建了赫拉克利亚大道（Vía Hercúlea）的第一段。这条大道沿着地中海沿岸，从比利牛斯山脉通向佩尼贝蒂科（Penibética）山脉的采矿区，并经由高卢南部通往罗马。在恺撒时代，这条大道的路线是经过科尔多瓦和伊斯帕利斯通往迦太基和加的斯。从这条大道开始，道路的建设随着征服的步伐而前进。自从有了新建的道路，罗马的统治者们就能够在危急时刻运送人员和物资来支持征服。这之后很快就出现了分支道路，通过埃布罗河河谷将省会塔拉戈纳和萨拉戈萨连接到一起。恺撒皇帝完成了这个计划，将道路扩展到在梅塞塔高原和加利西亚－葡萄牙地区新建的城镇，如克鲁尼亚、阿斯托加、卢戈、布拉加，从而改善了伊比利亚半岛内部的交通状况。梅塞塔高原的道路建设也完成了，这条二级道路通过潘普洛纳和奥亚尔孙（Oyarzun）将埃布罗河河谷与阿基坦－伊比利亚（Aquitania Aquitanoibérica）的道路连接起来。

罗马道路系统的第二个支柱是白银大道（Vía de Plata），它沿着古老的塔特西锡路将梅里达与阿斯托加连接在一起，加强了卢西塔尼亚首府的战略重要性。它的规模之庞大，将所有二级道路连接到了一起，这些二级道路又通过科尔多瓦，将赫拉克利亚大道与巴达霍斯（Badajoz）到里斯本（Lisboa）、圣塔伦（Santarem）的道路，以及特鲁希略（Trujillo）到塔拉维拉迪雷那（Talavera de la Reina）再到托莱多的道路都连接起来，并由托莱多连接到埃布罗河及梅塞塔高原。

　　罗马不仅建设陆地道路，也充分利用伊比利亚半岛一些河流所提供的便利，在瓜达尔基维尔河上进行工作和贸易，并通过小型驳船航行到科尔多瓦或进入瓜迪亚纳河。此外，小型船只还被允许在杜罗河、米纽河（El Miño）、塔霍河和埃布罗河航行。

　　在城市和道路的有力支持下，罗马的官僚机构将罗马的影响力延伸到伊比利亚半岛最偏远的地方。根据一个金字塔式的结构图，最底层是市政当局，其同级是驻军，而在其上，则是省级行政和司法机构。在罗马和西班牙城市，地方权力的最高层是执政官（diunviros）。他统辖众多官员，包括公共建筑官、军事长官、财政官、书记官，以便处理城市的各种事务。虽然执政官的服务是无偿的，但这个职位对大家族来说非常具有吸引力，因为具有相当的荣誉性和属于国家"晋升体系"中的重要一步。

　　除了民事官僚机构之外，城市行政体系中还有一个宗教机构，最初由若干大祭司和鸟相占卜官组成，在帝国时期又加入了司祭，而这些司祭精通祭拜皇帝的礼仪。

　　在韦帕芗（Vespasiano）授予伊比利亚半岛"拉丁公民权"之后，城市生活得到极大的推动。由于西班牙游说团体在元老院所施加压力以及在西部省份寻求支持，推动了起草规范公民关系的法律。通过这些法律，我们才能在今天了解当时这些官僚机构的运作方式。

　　自公元前205年至前197年开始，伊比利亚半岛就划分为两个主要省份：近西班牙省，即未来的塔拉戈纳西班牙行省；远西班牙行省，即后来的贝提卡行省。后来梅塞塔高原和北方领土被纳入版图，这两个省份也都随着地理区域变化和对土著部落的征服而变大。坎塔布连战争结束后，奥古斯都将西班牙划分为三个行省：塔拉戈纳行省，首府在塔拉戈纳；卢西塔尼亚行省，首府在梅里达；最后是贝提卡行省。作为西班牙罗马化最深的地区，贝提卡行省被移交给元老院管理，而另外两个行省仍然处于帝国政府管辖之下。这不仅是因为严格的政治原因（维持强大的军事力量），还因为皇帝认为保留加利西亚的矿区对经济有重要影响。由于北方征战的原因，贝提卡行省将卡塔赫纳和阿尔梅里亚之间的地带，包括西西博、卡斯图罗和卡塔赫纳在内都转让给了塔拉戈纳行省。为了便于统治，这些行省又被细分为较小的实体——"司法区"（conventu），每个司法区也是一个行使税收、征兵、司法和帝国祭礼职权的区域。朱里亚－克劳狄（Julio-Claudia）王朝建立了14个司法区，其中，7个司法区在塔拉戈纳行省，如塔拉戈纳、卡塔赫纳、萨拉戈萨、卢戈、布拉加、阿斯托加、克鲁尼亚；三个在卢西塔尼亚行省，如梅里达、斯卡拉比斯（Scalabis）、贝雅（Beja）；四个在贝提卡行省，如伊斯帕利斯、科尔多瓦、埃西哈和加的斯。

税收和百夫长

从公元19年起，西班牙开始平静下来，在征服战争中投入的军队减少到三个军团，即第四马其顿军团（Macedónica Ⅳ）、第六凯旋军团（Victrix Ⅵ）和第十合组军团（Gémina Ⅹ），均驻扎在伊比利亚半岛西北部。到了公元74年，只有第七军团（Legio Ⅶ）驻扎在那里。驻军的目标也随着和平的稳固而改变，主要的任务是控制采矿场雇用的奴隶劳动力，同时也从事工程工作以及维持农村治安。从公元1世纪开始，加入罗马军队的西班牙士兵人数不断增加。得益于社会经济条件的支持，这种增长对较晚加入帝国的地区产生了重大影响，因为军队成了罗马化的载体。这些地区包括卢西塔尼亚、坎塔布里亚、杜罗河地区和巴斯克地区。随着罗马对伊比利亚半岛的控制日益增强，对所占领土实施必要的统治使得军事中心向北移动。因此，在伊比利亚半岛南部和东南部，构成瓜达尔基维尔河河谷保护线的大多数军营最终被移交给退伍军人；而在北部，则出现了莱昂、阿斯托加和卢戈等防御梅塞塔高原的前哨。

除了建设公共工程之外，为了维持上述管理计划，奥古斯都改革了西班牙省份的税务部门。恰好为此而结束了共和时代的违规行为。在此之前，收入更多地取决于地方长官的随意决定或来自战争战利品，而不是来自有效的税收计划。此后，全国进行了人口普查，以审查所有居民的纳税能力。在最初的几个世纪里，国库收入主要有两个来源：贡税和帝国财产的收益。奥古斯都仍收取共和时代的一些税种——"贡赋""矿山税""五十分之一税""捐税"，但也增加了新的税种，如对向高卢的出口收税、向继承遗产者收税以及对释放的奴隶收税。但最重要的是，他放弃了包税制度，专注于直接管理营业性税种，如海关税、城市收入税和通行费。为了实现更严格的控制，国家官僚机构设置在主要的生产和出口中心，如在伊利勃里斯（Iliberis）、伊利帕、埃西哈、科尔多瓦、伊斯帕利斯周围，也设置在大型商业化产品的装卸港口，如卡塔赫纳。

在帝国鼎盛时期，帝国的财产来自征服权。其中，较为突出的是卡塔赫纳和加莱基亚（Gallaecia）的金银矿区、塞普蒂米乌斯·塞维鲁（Septimo Severo）皇帝没收的大型橄榄树庄园和大多数"公有地"（ager publicus），以及角斗士表演的收入。自公元2世纪以来，国家逐渐加大了干预并放弃了从共和国时代继承的包税模式，新的税收制度迅速地在市政财政中得到了实施，如收取商业税、资产租赁税，而破产往往也需要缴纳特别的捐税。从公元3世纪开始，富人们的逃离，导致当地大多数庄园的破产。在尼禄（Nerón）登上皇位之后，首都也经历了艰难时期；其继任者韦帕芗实施了一项非常严厉的补充性政策，如通过派遣官员控制矿业来增加收入，通过授予拉丁身份终结免税，实施新的人口和财产普查以打击欺诈、瞒报等。

象征丰饶的羊角

在不稳定时期过去之后，罗马就开始系统地利用西班牙的资源。斯特拉波、波西佐尼奥斯和狄奥多罗斯（Diodoro）所撰写的历史记录证明了当时伊比利亚半岛向罗马输送了各种金属产品——银、金、锡、铅、朱砂、铜和铁，以及其他的稀有矿物，如黑曜岩、雪花石膏和孔雀石。很久以前，莫雷纳山脉、里奥廷托和卡塔赫纳的矿山就享有盛誉，随着征服的推进，阿斯图里亚斯和加利西亚的黄金矿和锡矿以及加泰罗尼亚的铁矿和盐矿也加入了这一行列。通过使用奴隶劳动力（仅在卡塔赫纳就有4万人）以及采取新的地下巷道排水技术，罗马加强了矿区的采掘工作。更重要的是，在矿山脚下建立冶炼厂对矿物进行初步加工。这些冶炼厂多建在拉特艾卢埃拉（La Tejeruela）、塞罗德尔布罗莫（Cerro del Plomo）等银矿，阿尔莫多瓦–德尔里奥（Almodóvar del Río）铅矿与拉德雷多（La Deleito）金矿。整个伊比利亚半岛处处是熔炉。

私营企业继续开采大多数矿山，他们或是由卡塔赫纳的商人单独构成，或是通过税收官的公司运营，就像自公元前195年以来，承包卡斯图罗矿山的那些公司一样。与此同时，由于其政治和财政重要性，国家负责管理加莱基亚的金矿。尽管对于阿尔马登的水银矿，宗主国罗马拥有提炼、贸易和报价的垄断权，但水银产品还是通过水路和海路出口到北非和地中海岛屿。

根据卢卡努斯（Lucano）的说法，在帝国的第一个世纪，采矿活动达到了生产上限，因此，东南部地区的资源枯竭可以通过奥努瓦地区的财富和从阿斯图尔-加利西亚矿山开采的大量资源来弥补，那里每年有两万磅黄金的产量。资源枯竭地区的产量下降并未影响矿工的生活条件，大量的自由劳动力将继续从伊比利亚半岛西北部和梅塞塔高原流入生产地区。资本公司独占矿山，但向国库缴纳的税款从未超过其利润的50%。为了协调国家和企业主的利益，第一批采矿法令因此颁布。这些保存在阿尔茹斯特雷尔（Aljustrel）和毕巴斯卡（Vipasca）的法令，确认了政府的最高权威并承认了企业公司的权利。同时，罗马着手开发马卡埃尔（Macael）、阿尔马登德拉普拉塔（Almadén de la Plata）、阿尔梅纳拉（Almenera）等采石场。这些地方出产的大理石和其他精美的石头用于建设安达卢西亚、埃斯特雷马杜拉等地的纪念碑。

从公元1世纪开始，共和国和恺撒所推行的土地分配政策对贝提卡和埃布罗河河谷农业的复兴就起了作用。作为谷物之王，小麦在贝提卡和富饶的埃布罗平原以及古老的瓦凯伊（Vaccea）部落、伊尔盖特斯（Ilergeta）部落的土地被广泛种植。然而，采用罗马犁和灌溉技术并不能提高每公顷的产量，其产量仍然很低。伊比利亚半岛开始种植进口的葡萄藤，但只有加的斯生产的葡萄酒能够走出国门，其余地区如拉塞塔诺斯、劳索、塔拉戈纳与伊比利亚半岛东南沿海所出产的葡萄酒都是在本地消费。

整个贝提卡、梅里达周围的塔霍河沿岸与伊比利亚半岛东南沿海海岸也都分布着橄榄树林，高品质的西班牙橄榄油占据了罗马市场。此外，西班牙在林产品和蔬菜种植方面也种类丰富，如卡塔赫纳的松露、科尔多瓦的洋蓟、加的斯的莴苣……许多产品甚至出口到日耳曼"长城"一带。

在梅塞塔高原等不利于农业发展的地区，畜牧业得到了优先发展，成为凯尔特伊比利亚人和卢西塔尼亚人经济的真正支柱。人们在埃斯特雷马杜拉的土地上放牧猪群，在瓜达尔基维尔沼泽地放牧大型牛群，而贝提卡的牧场主们则对绵羊进行实验，用它们与北非的绵羊杂交，以繁育能够产出更优质羊毛的绵羊。

> 我的天然羊毛，从未用染料改过颜色。
> 用来制作推罗短披风。
> 而我自己做衣服用的绵羊毛却不得不染色。
> ——马库斯·瓦列里乌斯·马提亚尔（Marco Valerio Marcial），
> 《隽语》（*Epigramas*）

> 伊比利亚半岛的骏马，无论是来自贝提卡、塔霍河还是加利西亚，其雄姿和美丽都会激发拉丁诗人的创作灵感。

> 这匹小阿斯图里亚斯马，
> 四蹄有节奏地飞奔，
> 来自盛产黄金的国度。
> ——马库斯·瓦列里乌斯·马提亚尔《隽语》

斯特拉波和普林尼（Plinio）则盛赞西班牙海岸捕获的各种海产，如海鳗、海鳝、鱿鱼、金枪鱼、牡蛎等等。

西班牙始终是纯粹的殖民地，出口原材料和半成品，进口奢侈品。因此，手工业仅限于加工农业和渔业资源，仅仅能满足当地对织物、冶金和陶瓷的需求。由于帝国的统一，市场扩大了。马拉加、阿尔穆涅卡尔（Almuñécar）、加的斯、卡塔赫纳等地旧有腌制品工厂的规模得到了大规模扩张，这得益于从公元前1世纪中叶就十分融洽的商业环境。卡塔赫纳对鲶鱼捕捞的垄断加强了其独特的地位，为罐头行业的私营企业公司提供了丰厚的利润。

出口商对包装的需求推动了陶瓷工业的发展。陶瓷工业的中心主要在贝提卡的科尔多瓦、滨河洛拉（Lora del Río），为腌制品工厂和橄榄制品工厂提供包装。然而，在西班牙罗马餐桌上，高卢餐具替代了当地的赭色黏土陶器。当地原有的赭色黏土陶器质量较差，继承了阿贝拉（Abella）、索尔索纳（Solsona）、特里西奥（Tricio）等地的土著传统。由于叙利亚艺术家的聪明才智，玻璃在瓜达尔基维尔河流域闪闪发光，而图尔德泰尼与伊比利亚半岛东南沿海（Levinas）——安普里亚斯、塔拉戈纳、卡塔赫纳等地的布料则充分利用当地过剩的羊毛和染料制成。

自公元1世纪末以来，建筑业和石雕业推动了手工业活动的发展。在两位贝提卡皇帝——图拉真和哈德良登上皇位后，建筑业的发展达到了顶峰。这个时期，一些后世著名的古迹相继建成，如贝拉（Bara）拱门和梅迪纳塞利（Medinaceli）拱门、阿尔科内塔（Alconetar）桥和阿尔坎塔拉（Alcántara）桥、奥古斯都布里加（Augustobriga）神庙与迪安娜德梅里达（Diana de Mérida）神庙、巴埃洛（Baelo）卡皮托里尼三神庙（capitolium）、圣拉撒路（San Lázaro）的渡槽以及梅里达的奇迹输水道（los Milagros）……

罗马的粮仓

由于奥古斯都所带来的和平以及陆地和海上道路网络的发展，西班牙完全融入了地中海贸易。意大利、北非沿海地区以及一些岛屿（规模较小）是伊比利亚半岛产品的消费市场。公元1世纪至2世纪，人员和货物的往来使得伊比利亚半岛东南沿海和安达卢西亚地区古老的港口加的斯、安普里亚斯、卡塔赫纳和塔拉戈纳重新焕发了生机。尤其是加的斯，恢复了其在迦太基时期的荣光，始终掌控着海洋贸易及与北非的贸易。同时，有超过500名罗马骑士驻守在此，宣示了这座城市的繁荣。

在伊比利亚半岛内陆，一些城市逐渐建立。在这些城市里，来自帝国各地的货物被重新销售，也集中了周围地区的手工艺品。市场沿着贝提卡和伊比利亚半岛东南沿海分散开来，其中最繁忙的是意大利卡、卡莫纳、埃西哈、阿尔穆涅卡尔、萨贡托、托尔托萨等地的市场，它们通过罗马道路相互连接。梅塞塔高原和伊比利亚半岛西北部的城市并不那么富裕，贸易主要集中在军事营地和行政中心，当地经济封闭，进口也仅限于奢侈品。

经济的初步专业化使金属和食品原料贸易发展起来。小麦以及拉耶达尼亚、塔拉戈纳、加的斯等地的葡萄酒和一些蔬菜、美味的鱼露和橄榄油被运往意大利和法国南部。如此，西班牙在公元1世纪至2世纪成了宗主国的米袋子和菜篮子。

在橄榄油市场上，西班牙取代了意大利。帝国初始之时，贝提卡的橄榄油包揽了高卢、日耳曼地区、不列颠甚至罗马本土的供应，并在公元140年至165年达到了顶峰。由于其独特的地位，加的斯最终成为伊斯帕利斯和科尔多瓦的工厂与消费中心之间的中转站：其船只将装满橄榄油的双耳瓶运送到帝国的首都，并通过海运和河运路线运送到不列颠和日耳曼"长城"一带。军事供应将安达卢西亚经过特殊改进之后的橄榄油带到了欧洲中部和北部的军营，而加的斯和卡塔赫纳的盐滩则向亚历山大、巴勒斯坦和叙利亚输送食盐。

　　这种大规模的贸易依赖于一个复杂的组织结构。这个组织结构将自营贸易商、国家供应公司、港口代理–谈判商以及航运协会联系在一起。在整个商业组织中，贝提卡的橄榄油商业组织是最著名的。直到公元3世纪，它一直掌握在私人手中，没有国家的大规模干预。运输商和橄榄油分销商一起承担了出口的重任，并在消费港口建立了商业走廊。在普特奥利（Puteoli）、奥斯提亚（Ostia）、纳博讷（Narbona）及尼姆（Nimes）等港口，有众多的西班牙商人行会和聚集地，这证明了商业活动的活力。然而，橄榄油的战略价值导致国家最终选择对其贸易进行干预。通过实物税收，官僚机构控制了其中的一部分产品，并将其转运到指定的城镇。韦帕芗采取了授予拉丁权利的政策以及塞普蒂米乌斯·塞维鲁于公元193年没收阿尔比努斯（Albino）支持者们的橄榄种植园后，财政政策取得了显著成效。

　　大量的出口货物产生了巨大的财富。仅是泰斯塔西奥（Testaccio）山上的罗马垃圾填埋场，就堆放着曾经使用过的大约4000万件西班牙双耳瓶的碎瓷片。像阿艾理·奥普塔提（Aelii Optati）这样的家族因此而致富，大量的资金流入为富人们购买奢侈品提供了便利条件。进口的商品包括卡拉拉（Carrara）和希腊的大理石、罗马的瓷砖、东方的马赛克瓷砖、帕加马（Pérgamo）、萨摩斯（Samos）和波河（Po）河谷的石棺、青铜器、纺织品、香水、玻璃、陶瓷，罗德和坎帕尼亚（Campania）的葡萄酒……尽管这些产品的价格很高，而且因为购买这些产品需要进行的财政转移支付也很多，但在帝国鼎盛时期，贸易平衡仍然有利于伊比利亚半岛。宗主国贵金属的大量流失可以通过一部分伊比利亚贵族搬迁到首都进行抵消，因为这些贵族在罗马消费和购买意大利田地的支出可以平衡交易。

卡比多利诺的阶层

共和国时期，尽管土著的治理结构在伊比利亚半岛北部和西北部仍然保持着活力，但罗马人的社会组织进入了各省，并与旧的土著结构重叠：本土精英、外国雇佣军和城市承担了推动罗马组织结构进入本地的任务。由于本土贵族获得了罗马公民的地位，罗马法律地位的授予推动了同化。

法律将自由人与奴隶区分开来。由于征服战争所带来的结果，奴隶的数量在公元1世纪至2世纪不断增加，大约有20万人在贝提卡的大庄园及图尔德泰尼和卡塔赫纳的金属矿山做工。这些人的身份根据所从事工作的不同而各异，有些人从事采矿、农业或家庭服务，有些人甚至成为别墅或国家财产的管理者。

社会的上层要求至少有100万塞斯特斯的财产才能进入元老院，而土地财产是这些人所有收入的最重要来源。在整个帝国的所有元老院席位当中，西班牙被分配了大约200个席位。直到公元1世纪，西班牙所占席位的数目还受到严格限制：加的斯的巴尔博（Balbo）家族、意大利加的图拉真家族和哈德良皇帝的祖先——乌尔皮（Ulpii）家族成了西班牙的第一批元老院成员。元老院之下是骑士阶层，这个阶层是省一级最重要的阶层，他们在社会中占据着承上启下的地位，能获得西班牙所提供的致富机会。除了土地开发和贸易以外，骑士阶层还控制着税收的业务，这是他们权力的跳板。在一个由大将军或直接由皇帝本人提供庇护支持的近亲繁殖体系中，骑士阶层垄断了军队和官僚机构的次要职位，这促进了他们在社会中的晋升。骑士们与西班牙紧紧捆绑在一起，是土著寡头和意大利殖民者的融合体，主要居住在古老的腓尼基城市和商业港口。社会特权阶层的最后一个级别是市议会成员，是一个控制城市政府的小资产阶级。

自公元3世纪以来，平民占城市和乡村西班牙罗马人口的大多数。他们的职业各不相同，从熟练的工匠到小农应有尽有；工作地点也各不相同，有的人在矿山从事劳动，也有的人在富人的住宅提供服务。当经济变得困难时，参军或垦荒是这个群体最简单的出路，获得自由的奴隶也会加入这个群体。而皇家的奴隶在获得自由之后，会成为较为富裕的人和进入高的阶层，如国家资产的管理者和皇帝的专属仆人。

哈德良的荣耀

奥古斯都及其朱里亚·克劳狄王朝（Julio-Claudia）家族的继任者将西班牙融入了宗主国的政治之中。第一位皇帝奥古斯都定义了联合的基础，提比略（Tiberio）、卡里古拉（Calígula）和尼禄则通过道路兴建、司法机构和商业发展推进了西班牙领土的融入。随着提比略采取向西班牙人授予罗马公民身份的政策，贵族的迁移被加速，在罗马诞生了第一批西班牙骑士阶层和元老院议员，如卢卡努斯、塞涅卡（Séneca）兄弟、科鲁麦拉（Columela）、蓬波尼乌斯·梅拉（Pomponio Mela）等，他们确保了伊比利亚半岛对宗主国官僚机构和文化的影响。因此，在尼禄被谋杀后的骚乱中，西班牙发挥了决定性的作用，支持第七军团在克鲁尼亚宣布苏尔皮基乌斯·加尔巴（Sulpicio Galba）为皇帝。随着韦帕芗的任命，危机解决了，伊比利亚半岛因其忠诚而获得了拉丁身份的权利，尽管作为回报，不得不用人员和资金支持罗马的帝国主义。日复一日，西班牙的各个小集团从弗拉维王朝（Flavios）领取俸禄，主要包括贝提卡总督马尔库斯·乌尔皮乌斯·图拉真（M.Ulpius Traianus）和未来皇帝的父亲卡尔佩塔努斯·兰提乌斯·奎里纳利斯（Calpetanus R.Quirinalis）以及李锡尼乌斯·希尔瓦努斯·格拉尼亚努斯（Licinius Silvanus Granianus）、麦奇乌斯（Maecius）、艾莉亚（Aelii）和瓦莱里亚（Valerii）家族。在图拉真、利西尼奥·苏拉（Licinio Sura）、米尼修斯·纳塔利斯（Minicio Natalis）等家族领导下，有影响力的氏族在涅尔瓦（Nerva）死后，将马尔库斯·乌尔皮乌斯·图拉真推上王位，成为第一位并非来自罗马或意大利的皇帝。这激发了西班牙诗人昆体良（Quintiliano）和马提亚尔（Marcial）的创作灵感。

　　哦，莱茵河，你是山林水泽仙女之父！你是奥德里西亚王国众河之父！愿你永远奔流不息，不要被傲慢牛车的野蛮轮子碾压！你的金角被束缚之后，你的两岸将归属罗马。相反，台伯河先生，请你把图拉真送还他的人民和他的城市。

　　　　　　　　　　——马库斯·瓦列里乌斯·马提亚尔《隽语》

　　征服达契亚（Dacia）之后，西班牙成为图拉真展示其帝国扩张政策的橱窗。在政府的经济措施刺激下，贝提卡的贸易焕发了生机，而皇帝的慷慨大方则使得各个省会都得到了改善：梅里达修建了剧院，意大利卡修建了圆形剧场，并利用先进的工程技术更新了公路网。随着其继任者哈德良（117—138年）登上皇位，西班牙的发展达到了顶峰。由于国家干预橄榄工厂和矿业公司，各个企业蓬勃发展。各省在保卫边界方面密切合作，城市也实现了现代化：卢戈、阿斯托加和莱昂建立了城墙。然而，安托尼乌斯·披乌斯（Antonio Pío）和马尔库斯·奥勒里乌斯（Marco Aurelio）都不能阻止伊比利亚半岛失去主导地位，而贝提卡则受到北非入侵的严重打击。由于受到竞争和税收的困扰，无尽的掠夺给橄榄油出口留下了严重的后遗症——商业流动枯竭，资本外逃加剧，破坏了市政生活及对公共工程的投资。当科莫德斯（Cómodo）皇帝去世时，内战将矛头指向了贝提卡的贵族，而大地主们作为阿尔比努斯的支持者们，失去了他们的财产——被胜利者塞普蒂米乌斯·塞维鲁没收了。

基督的士兵

　　没有什么能帮助征服者将自己的想法与当地民众的思想联系起来，也无法将他们的神灵与当地人崇拜的神灵联系在一起。由于都受到希腊化形式宗教的影响，在迦太基和加的斯，罗马的神灵与腓尼基人所崇拜的神祇出现了融合共生。人们将腓尼基人的神与卡尔普奥（Esculapio）和赫拉克勒斯–梅尔卡特（Hércules-Melkart）的塑像联系起来。在整个古代，加的斯的赫拉克利斯神庙成为无数朝圣者的目标，甚至恺撒本人也曾拜访这里。

　　以卡比多利诺神庙——朱庇特（Júpiter）、朱诺（Juno）和密涅瓦（Minerva）为核心的罗马宗教，在共和国时期被引入西班牙，并在西班牙被同化为某些当地信仰。朱庇特代表北方男性诸神；朱诺代表贝提卡的女性诸神，她们是布匿人的坦尼特（Tanit）女神的继承人。除了这些公共宗教之外，人们私下里也通常会向维斯太（Vesta）女灶神以及家神和阴间诸神祈祷，以求得对家庭和逝者的保佑。其他在极乐世界的诸神——天上的、水里的、保护战争的，也在农民阶层和市民阶层的宗教信仰中占据一席之地。

帝国很快就发现对皇帝的崇拜是使君主权力合法化的最佳手段，并可以防止政治版图的分裂。在奥古斯都时期，塔拉戈纳就开始采取这种做法了。然而，在公元15年，当提比略建了一座供奉其嗣父的神庙并将皇室神圣化时，他将这种做法常规化。从公元2世纪开始，一些来自东方的神话和神灵侵入帝国，它们往往与植物世界有关，如狄俄尼索斯（Dionisios）、西贝莱斯（Cibeles）和依西斯（Isis）；有的神灵也与太阳有关，如密特拉（Mitra）。这些神话和神灵传播到了伊比利亚半岛西北部，并沿着白银大道传入军事和商业定居点。直到公元3世纪中叶受到德乔（Decio）和戴克里先（Dioclecia）迫害之时，伊比利亚半岛才有基督徒的存在，主要是在阿斯托加、莱昂、梅里达等地。所有的消息来源都证实了基督教进入伊比利亚半岛与北非有关，商人和士兵从北非带来了福音的种子，并播撒到了伊比利亚半岛。在尼西亚（Nicea）理事会成立之前，大约在公元306年，西班牙的主教们在埃尔韦拉所召开的会议，显示了基督教已经在这里获得了生机。不久后，这里又向教会贡献了科尔多瓦主教——奥西奥（Osio）、圣帕西亚诺（san Paciano）、教皇圣达玛苏（San Dámaso）等人物。教皇圣达玛苏的登位当时在罗马引起了流血冲突。当西班牙教会建立其分支机构时，帝国采用罗马各省和司法区的模式；在省会城市驻节大主教，而在司法区中心城市则驻节副主教。

塞涅卡主义

罗马在统治伊比利亚半岛的七个世纪留下了一笔遗产。依托拉丁语、基督教和法律，这笔遗产在20世纪仍然存在。许多年轻的西班牙人被罗马的辉煌所吸引，在他们的学校里寻求罗马文化的滋养。这个文化的代表是一份有着诸多令人钦佩的作家、哲学家和学者的名单。在奥古斯都统治期间，诗人奥维德（Ovidio）的朋友巴伦西亚人盖乌斯·尤利乌斯·许癸努斯（Cayo Julio Higinio）负责管理宫廷图书馆。在那里，他撰写了许多历史和宗教的作品以及其专著《天文诗歌》（Astronomical Poetry）。而西班牙罗马的著名知识分子有修辞学大师——塞涅卡、马库斯·波尔西乌斯·拉特罗（M.Porcio Latrón）、图里努斯·克洛迪乌斯（Turrino Clodio）和法比乌斯·路斯提库斯（Fabio Rustico）以及后来的吕齐乌斯·安涅·塞涅卡（Lucio Anneo Séneca）、诗人卢卡努斯和地理学家蓬波尼乌斯·梅拉。

作为卡利古拉（Calígula）大清洗的幸存者，梅拉（Mela）在其《地方志》（Chorographia）中描述了公元1世纪的世界，以及有关罗马帝国时期居住在西班牙人们的新闻。出自同一个家族的两个科尔多瓦人——塞涅卡和卢卡努斯将人文学科与反对尼禄的宫廷阴谋结合起来，这最终导致他们在公元65年自杀。

这就是斯多葛学派哲学大师的结局。作为皇帝的家庭教师，在斯多葛的作品——《自然问题》（Quaestiones Naturales）、《道德书简》（Epistolae Morales ad Lucillium）和其他几部悲剧中，塞涅卡从斯多葛学派泛神论转向与基督教平行的一神论，同时他还赞扬智者（强大的人）的不断斗争，并以此作为人类的指南；他还认为人应该是独立的，能够克服宿命。虽然生活和塞涅卡作品之间的差异是显而易见的，但塞涅卡主义深深植根于罗马思想之中，并在被阿隆索·德马德里加尔（Alfonso de Madrigal）、克维多（Quevedo）、葛拉西安（Gracián）及萨维德拉·法哈多（Saavedra Fajardo）等名家再次解读之后，在卡斯蒂利亚文学中得到了很好的体现。

卢卡努斯则留下了丰富而精致的作品——《法尔萨利亚》（Farsalia）。马提亚尔高度赞扬了卢卡努斯。

> ……肥沃的科尔多瓦传颂着当地两位特立独行的诗人——塞涅卡和卢卡努斯；俏皮的加的斯喜爱当地的卡尼奥斯（Canio）；梅里达有我亲爱的德西亚努斯（Deciano）；而比尔比丽斯（Bílbilis）以你为荣——利西尼亚努斯（Liciano），也将不会忘记我的名字。

进入公元1世纪，昆体良——修辞学的更新者，诗人卡尼奥斯·鲁夫斯（Canio Rufo）和德西亚努斯，法学家卢西亚诺（Luciano）和马德尔诺（Materno）以及农学家科鲁麦拉均是这个时代杰出的知识分子。最重要的是，马库斯·瓦列里乌斯·马提亚尔——一位出生于卡拉塔尤德的讽刺诗人，在他的500多条隽语中记录下了日常生活，以及罗马帝国时期的公共和私人恶习。作为昆体良、小普林尼（Plino）和尤维纳利斯（Juvenal）的朋友，马提亚尔整合了罗马思想的批判现实主义，而又不放弃对强者的一种活泼而有趣的恭维态度。从他在罗马的住所，这位卡拉塔尤德作家深情地回忆起西班牙的土地，后来他回到那里并在那里死去。

　　阿维都斯，你惊奇我经常谈论远方的人们，而我在拉齐奥
的首都变老了；我渴望喝到含金的塔霍河水，也希望回到哈隆
河边的家园，那里的小房子供应充足，也有荒田几亩。我爱那
片土地，在那里，我拥有的很少却十分富有，物资匮乏却使我
倍感富足。

——马库斯·瓦列里乌斯·马提亚尔《隽语》

第六章

衰落的罗马

混乱的帝国

到了公元3世纪初，罗马帝国迎来了一段政治变革时期，这个时期也伴随着社会和经济变革。自卡拉卡拉（Caracalla）皇帝登上皇位（212—217年）以来，罗马的商业中心向东缓慢移动，对伊比利亚半岛的经济产生了负面影响。在没有太多外部需求的情况下，西班牙的产能不得不转入农村地区，随之而来的是城市权力的衰落，而城市权力对于在远离宗主国的地区实施有效政治统治又是十分必要的。由于官僚机构和军事机构的头目经常被弄下台，当无人服从中央政府之时，往往陷入纷争的局面。军队内部的混乱及其对国家行政的持续干涉，使得帝国司法机构受到了破坏性影响。在很短的时间内（235—268年），共有七位罗马皇帝先后上台，但其中大多数都死于非命。

国家与臣民的关系及国家中心与周边地区的关系的双双破裂对西班牙的经济造成了极大的伤害。但糟糕的事情不仅局限于此，从公元252年开始，瘟疫在伊比利亚半岛蔓延，并在埃布罗河河谷的一些地区（卡拉奥拉、卡拉塔尤德、莱里达）产生恶果。其后，一系列事件的发生更给西班牙带来了沉重的打击。七年后，波斯图穆斯（Póstumo）自立为帝。这位新皇帝的支持者和反对者不断发生冲突，使得日耳曼边境上无人防守，日耳曼人的一个旁支法兰克人由此潜入高卢和西班牙。这些人还作为雇佣军加入了罗马军队，在波斯图穆斯死后发动了一场可怕的掠夺战，摧毁了加泰罗尼亚（安普里亚斯、巴塞罗那、莱里达）、埃布罗河河谷和伊比利亚半岛东南沿海的城市，并严重破坏了内陆的农场。

虽然这些入侵是暂时的，并且很快就会恢复基本的秩序，但它们对政治和经济的影响至关重要。虽然大多数城市人口可以躲在城墙后面使自己免受袭扰，一旦边界被打破，他们就会充满恐惧和对安全的渴望。对于伊利里亚的皇帝们（268—284年），人们几乎不抱什么期望，因为他们忙于绞杀自己军队的起义，而不是遏制外部威胁。

罗马在防御方面的无所作为激发了日耳曼人的扩张欲望，他们所发动的小规模袭扰耗费了罗马帝国的大量人力和物力，使其在防守帝国边界时疲于奔命、力有不逮。这使得乡村经济和城市经济都付出了巨大代价，因为经济已经被财政压力和昂贵的防御工程折磨得不堪了。

公元3世纪结束时，罗马秩序受到了威胁。外围地区正在远离国家中心，帝国决策的传送带正在破裂，国家也无力承担官僚机构的花费，外部侵略激增。人们不禁发出疑问：罗马还会在西班牙统治到什么时候？

乡村的胜利

在日耳曼人的第一次侵略之前，西班牙的城市已经表现出不健康的一面，这些城市日薄西山的生活使得新居民反感而不是吸引。人口的损失使得许多伊比利亚半岛城市的罗马人区域变小，而其经济和政治衰退又让罗马对领土和人口的控制减弱。通过这种方式，新的力量平衡导致一些中立领土的出现。在这些地方，中央的权力微乎其微。而在北方，更是存在着大量这样的地区。与此同时，村庄和农场成倍地增加，看上去有助于维持一个虚构的统一和集权国家，实际上中央政府付出了特权私有化的代价。

然而，在核心城市充满活力和强大的地方，如塔拉戈纳、赫罗纳（Gerona）等地，农业定居点仍然受到城市的影响。尽管地主更喜欢城市的魅力，但这并不妨碍他们建造富丽堂皇的乡村住宅，比如在阿尔塔富利亚（Altafulla）和滨海托萨（Tossa del Mar），地主们通常将乡村住宅的管理权委托给管家。但随着时间的推移，地主长期不在本地居住，领主、佃农和奴隶之间的文化差异就会加深，最终将农村与城市隔离开来。

现今卡斯蒂利亚城市化程度较低的地区，依然可以找到充满活力并实施自治的农业城镇的最好例子。巨大的庄园——杜埃尼亚斯（Dueñas）、佩德罗萨德拉韦加（Pedrosa de la Vega）、金塔尼利亚-德拉库萨（Quintanilla de la Cueza）得益于城市的衰退，而克鲁尼亚的消失使得瓦尔德阿拉多斯（Valdearados）和卡尔德尼亚希梅诺（Cardeñagimeno）的出现成为可能。加利西亚地区也是如此，它唯一的城市——卢戈的发展不仅体现了它的关键地位，也体现了它作为周围区域领导中心的职能。由于其坚固的堡垒，这座城市能够一直保持罗马城市的特色，直到公元5世纪下半叶才被并入苏维汇（suevo）王国和西哥特（visigodo）王国。

在这场罗马化的潮流之中，不同的土著城堡——如比拉东加（Viladonga）、贝尼阿多明加（Peñadominga），由于新的防御政策所要求的军事力量而增加了人口。在梅塞塔高原北部的其他地区也是如此，如耶克拉、希尔达（Cilda）和贝尼亚阿玛亚（Peña Amaya）。在更多的情况下，整个卢戈司法区（Convento Lucensis）大型庄园的扩张也起到了罗马化的作用。希尔河（Gil）河谷和一些沿河城市——贝坦索斯（Betanzos）、科鲁尼亚（Coruña）、蓬特德乌梅（Puentedeume），也为人们提供了最合适的定居地点并成为与北部梅塞塔高原、杜罗河河谷、比尔佐（Bierzo）连通的关键地点。简而言之，其中存在着一个历史悖论：当加利西亚达到了最大程度的罗马化之时，也是连宗主国自己都无法阻止其帝国解体的时候。

城市状况的恶化及其经济衰退并非孤立的，总是伴随着一个政府的解体。贵族和土地所有者由于不堪忍受国防性质公共工程的巨大支出以及国家财政的沉重负担，逃往农村寻求庇护，这也使他们应负的公民责任落空。而不可避免的财政负担落在那些留下来的人的肩上，于是资金的短缺使任何经济复苏的尝试都成为幻想。

城市的崩溃为国家干预主义铺平了道路，为了军事总督的利益而牺牲了城市的自治。地方当局的任命程序改变了，各个职位所需的费用增加了。自治城镇的家庭以世袭的方式向国家承担纳税义务，而负责监督企业成员和增加国家收入的官员数目则大幅增加。

帝国当局在与农村权力机构的关系中采取了截然不同的态度，后者决心不接受罗马的命令。自公元4世纪初以来，农村的胜利使大庄园成为新社会经济秩序的先锋，并迫使公共机构实施了使大地主受益的私有化。其中一些乡镇的富裕体现在大教堂、陵墓、广场、温泉浴场和浴池的建设方面，还有堡垒，真正的私人军队曾在那里承担保卫居民安宁的重任。

总而言之，这些建筑在西班牙保留了罗马的记忆。

孤独的经济

由于城市生活的衰落以及贸易路线存在种种危险，在帝国盛世时期，以原材料和农业食品的生产和销售为基础的繁荣经济急转直下。公元3世纪下半叶，贸易往来遭遇了严重的停滞，随后颁布了相应的关税法令。《最高价格法》（*Edicto de Pretiis*，301年）和《对全世界和外邦人的描述》（*Expositio Totius Mundi et Gentium*，359年）表明了西班牙出口在这个世纪所有贸易中所占份额是微不足道的。伊比利亚半岛输出的货物只有少量的橄榄油和腌制品，以及一些矿物与小麦、纺织品和马匹。同样，进口的产品也仅限于少量的奢侈品。这些奢侈品只是供少数人使用，而这个少数人群体也越来越小。从外部输入的产品主要有来自日耳曼或诺曼底的玻璃，来自多瑙河流域和莱茵河流域的青铜器，来自高卢和北非的陶瓷，来自罗马的石棺以及来自东方的金饰。由于贸易的不平衡，许多产品甚至没有到达西班牙，就因为缺乏现金而被当作礼物或等价物交换出去了，其中就包括一个在阿尔门德拉莱霍（Almendralejo）发现的圆形大银盘——狄奥多西（Teodosio）皇帝的珍贵礼品。

由于国内几乎没有需求，也无法从因战事远离伊比利亚半岛的军队消费中获取利益，更无法从宫廷的开支中收获好处，西班牙的经济陷入了紧缩。此外，由于强制实行实物税收，国家将经济的主导权抓在了手中，其在帝国鼎盛时期就凸显的主导作用愈发突出，但这对重新启动贸易没有任何帮助。官僚主义的统治体制为私营经济关闭了大门，并将航海同业公会转变为政府的傀儡，只负责向首都运送贡品。

实体经济不得不转向农村寻求一线生机，成为成功对抗国家干预主义的唯一堡垒，实体经济虽然在其他领域碰壁，却在农村获得了发展。尽管其没有改变原有地中海作物的生产，但是农业食品贸易的障碍很快就限制了耕地的扩大。另一个变化就是，为适应多样化的耕作方式，单一的农业经济——谷物种植、葡萄培育、橄榄树栽培或畜牧养殖可能会消失，这也意味着人们在封闭的经济中可以寻求自给自足。最为惨淡的则是采矿业，自塞维鲁王朝（Los Severos）以来，许多矿山已经被废弃了，并在公元4世纪停止了开采，只留下了加利西亚的一些金矿和塔拉戈纳的一些盐矿没有被关闭。

为了寻找更好的就业机会，劳动力也转向了农村。在乡村，大量的建房需求使得城市中无事可做的工匠汇集于此，同时民间对纺织品、民用陶瓷和金属锻造的需求量也很大。罐头和橄榄油行业在保持其规模的同时，由于出口瓶颈问题也在不断收缩，关闭了小型工厂，转而支持那些产量更高的工厂〔巴塞罗那、塔拉戈纳、卡塔赫纳〕。陶瓷行业也是如此，仅保留了伊比利亚半岛东部和南部出产高质量瓷器的工厂。

公元4世纪，梅塞塔高原兴建大型别墅也吸引了众多高技术的工匠。其中，流动作坊的镶嵌工艺大师们用高超的技艺征服了整个伊比利亚半岛〔梅里达、佩德罗萨－德－拉韦加、杜埃尼亚斯、弗拉加、列德纳（Liédena）、阿罗尼斯（Arróniz）〕。他们的工艺既有古老的希腊罗马式的设计样式，也有时兴的精心修饰的样式，还有非洲风格或高卢风格以及其他具有更高质量的样式。为满足新城镇的装饰要求，大量的雕塑家投身到了皇帝雕像及花园、广场纪念性雕塑等的雕刻工作之中。公元4世纪末，与基督教有关的图案开始进入墓葬领域，出现在了坟墓和石棺之上。拉布雷瓦（La Bureba）、塔拉戈纳、埃西哈等地的艺术家们已经有能力从意大利同行手中抢夺市场，把客户留在伊比利亚半岛的沿海城镇。

在此期间，私营企业从大型公共工程中获得了大量的好处。富裕的土地所有者参与了堡垒和城墙的建设，对道路的规划和改善需求也因人员和物资的流动而变得迫切起来。因此，在公元5世纪，军队能够通过道路网迅速从高卢调动到西班牙，其他通往梅塞塔高原农业城镇的道路，将经济轴心推进到了伊比利亚半岛的中心地区，削弱了东南沿海或贝提卡的地位。

捆绑在土地上

帝国发生了很多变化，而西班牙社会却没有受到影响。自公元3世纪以来，农村土地所有者以牺牲旧的城市资产阶级为代价而发家致富，旧的城市资产阶级的房地产由旧日的辉煌化为了灰烬。他们还拥有大量的城市财产，甚至还有宝贵的国有土地。有时，他们还会利用土地来偿还民事或军事性质的债务。由于公共财产和私人财产之间没有明确的分别，土地所有者最终将他们手中只有用益权的土地变为了自己的财产，以作为其对土地进行管理的回报。

扩大地产的另一个途径是权贵对渴望安全和保护的小农们施加压榨。农民以土地换取安全，把土地交给大地主，并获得收入和保护。在庄园的围墙之内，地主向那些将土地转让给自己的人们提供良好的保护，并与他们的私人军队一起保护受庇护者，使其免受国家的财政和军事胁迫，并让这些人在兼并的土地甚至是他们自己的土地上劳作，以便维持生计。于是，旨在改变伊比利亚半岛农业生产形式的"委托制"就这样发展起来。

在帝国衰败之时，由于缺乏劳动力以及土地所有者担心庄园撂荒，农民被强制分配了土地。奴隶开始变得稀缺，佃农承担了土地所有者无法再亲自承担的一些任务。这些年来奴隶制急剧萎缩，不仅是因为农业开垦的效率较高，也因为基督教人道主义思想的传播。许多人获得了法律上的自由，成了他们之前主人土地上的佃农，得到分配的土地，并支付租金。

因此，财产的集中和庄园化是同一枚硬币的两面，显著地反映了当时的社会结构。由于各种原因，当时的社会分化为两个截然不同的群体，随着时间的推移，这两个群体的分歧越来越大。"豪强"（potentiores）和"贵族"（honestiores）垄断权力，并享有豁免权，形成了寡头集团。在这个集团中，大地主、高级公务员、军事指挥官和教会高层以内部通婚的方式勾结在一起。教会高层依靠帝国的支持以及信徒的捐赠，势力日趋庞大。而依附于权贵的"下等人"（humiliores）则是由之前的奴隶、自由民、农奴、委托佃农和小工匠组成，这些人的生活水平往往没有差异，他们的法律地位也一样。

社会退化不是以和平方式发生的，总是伴随着社会对立，并引发大规模的动乱。从公元2世纪开始，在阿拉伯人入侵安达卢西亚期间，土匪活动激增就是很好的例子。这个时候，巴高达（bagauda）运动发展起来，成为边缘人民表达对社会不满的载体。这种农民起义与"委托制"相伴而生，其目标和旗帜是攻击富裕的大庄园。在西班牙，巴高达运动与巴斯克人和比利牛斯人结合在一起，他们利用西哥特人的入侵（409年），劫掠了埃布罗河河谷（图德拉、弗拉加）的许多农场，变成了西班牙的一场噩梦。

像巴高达运动一样，普里西利亚诺（Pricilianismo）宗教学说——一种因其宗教融合性而受到谴责的异端邪说，在加利西亚、杜罗河、塔霍河地区等乡村罗马化程度较低的百姓阶层中快速传播。普里西利亚诺学说谴责神职人员的为富不仁，抨击教会寡头集团的沉湎一气，也批判对佃农的残酷奴役。普里西利亚诺学说成了阶级利益对立的催化剂，使教会寡头集团和行政当局第一次结成共同阵线，以对付它。在萨拉戈萨和波尔多（Burdeos）召开的宗教会议将其支持者革除教籍，学说的导师普里西利亚诺（Prisciliano）于公元385年被处决。

尽管如此，普里西利亚诺学说依然一直存在，直到伊比利亚半岛西北部被苏维汇人入侵时压制和革出教门。

帝国的千疮百孔

罗马帝国很快就吸取了曾被法兰克人攻击的教训。为了使其领土结构适应新形势的要求，戴克里先决定将中央权力在两个奥古斯都和两个恺撒之间分配，由其共同负责保卫帝国的各个地区。正是由于对帝国安全极大的关注，才打破了毛里塔尼亚各部落和法兰克各部落的威胁。这些部落的袭扰破坏了地中海贸易并损害了西班牙本已十分艰难的贸易平衡。一个新的行政和军事组织将伊比利亚半岛变成了西班牙主管区（Diocesis Hispaniarum），其管辖范围也包括北非〔廷吉塔纳-毛里塔尼亚（Mauretania Tingitana）〕。该主管区包括六个省，在公元4世纪变为七个省，增加了巴利阿里省。该主管区由总督领导，并在必要时配备一名军事主官，以处理军事事务。划分为省级行政单位，可以有效提高对交通要道的控制，也可以有效平衡总督的政治权重。与此同时，将毛里塔尼亚纳入管辖既保证了罗马在直布罗陀海峡通行的安全，也可以抵挡北非游牧民族的攻击。

自公元1世纪以来，西班牙是由于远离冲突地区而实现了非军事化，戴克里先的政策则使得伊比利亚半岛加强了城市的防御，并设计塔楼和防御网络以控制道路。西班牙军队占据了最具冲突性的地区——毛里塔尼亚和伊比利亚半岛北部。在伊比利亚半岛北部的西班牙军队，很可能是后方部队和防守部队，负责应对在海岸、河流等地可能出现的袭扰。

与之前经常发生的情况一样，行政上的重组导致了税收的变化。然而，尽管引入了新的赋税和更新了旧的赋税，但是税务官员的所有努力都无法弥补帝国支出增加所带来的缺口。然而，在君士坦丁（Constantino）皈依基督教之后，国库和君主的私库之间开始出现了分离，教会也获得了豁免权。

戴克里先的死亡加速了"四帝共治"模式的恶化。在那时，这种模式已经显露了其无用性，只能引起军事干预和内战。这种情况直到君士坦丁即位才有所改观，为了实现具有神圣性质的绝对君主制，这位皇帝恢复了"金字塔"式的权力结构，宣布基督教教义为官方信条。但从长远来看，即使是这种做法也不能平息罗马出现的继位斗争——君士坦丁二世（Constantino Ⅱ）和君士坦斯（Constante）争斗不休，也不能避免篡位事件的发生。尽管皇位有着合法的继承者——霍诺留（Horonio），但在公元407年，拥兵自重的君士坦丁三世（Constantino Ⅲ）依然在不列颠自立为帝。这位伪皇帝知道霍诺留获得了拥有强大军队的狄奥多西家族的支持，但为了获得一片行使皇权的国土，还是率领他的部队进攻了高卢和西班牙。当时，内部的分裂削弱了西班牙集团，无法抵御君士坦丁三世的进攻，他成为左右伊比利亚半岛形势的人。

君士坦丁三世试图占据伊比利亚半岛，因此他招募阿基坦的蛮族战士——苏维汇人、汪达尔人（vándalos）和阿兰人（alanos）为其服务，这些蛮族则可以获得进入西班牙的机会。与此同时，西班牙–罗马寡头集团的一部分人也被其吸引，如其中的马克西姆斯（Máximo）被君士坦丁三世推举为奥古斯都。正是依靠这种结盟，君士坦丁三世摧毁了西班牙的军队，并在阿尔勒（Arlés）对其实施了包围。但这些努力终究落得"竹篮打水一场空"，在意大利实力日益增强的霍诺留利用君士坦丁三世在伊比利亚半岛所造成的权力真空，迅速进军西班牙，消灭了马克西姆斯并击败了君士坦丁三世。君士坦丁三世最终被其部将所杀害。通过上述操作，霍诺留成功地为帝国保留了地中海沿海地区——罗马商业利益最具吸引力的地方，但同时也把蛮族引入了帝国的内部。

蛮族到来

蛮族对伊比利亚半岛的入侵意味着罗马西班牙的灭亡，只有塔拉戈纳仍然服从帝国的命令。自公元411年以来，西班牙分为了在政治上彼此分离的三个主要区域：汪达尔–哈斯丁人（vándalos asdingos）和苏维汇人占据了加利西亚；阿兰人占据了卢西塔尼亚和迦太基省（Carthaginense），汪达尔人则定居在贝提卡。几乎与此同时，另一支日耳曼–西哥特人（visigodio）进入了高卢地区。

西哥特人在两次试图进入罗马控制下的非洲没有成功后，双方签署了一项协议。帝国承诺每年向西哥特人国王瓦利亚（Valia）提供大量的小麦以供养其人民，而西哥特人则承担在西班牙捍卫罗马权利的任务。在第一次清除行动中，西哥特人进入了最罗马化的地区——贝提卡和塔拉戈纳南部，保护当地的财富和贸易，以免遭受汪达尔–西林人（vándalos silingos）和阿兰人的蹂躏。

这一次，汪达尔–西林人被赶出了伊比利亚半岛。

在相关区域被夺回之后，面对西哥特人在西班牙日益坐大的风险，霍诺留皇帝更希望西哥特人远离地中海地区，便为他们提供了高卢–阿基坦（Aquitania gala）及邻近省份的一部分土地。这样做的目的是避免让西哥特人染指西班牙的财富，又能让他们在必要时迅速采取行动。然而，西哥特人将图卢兹定为首都，企图向罗纳河扩张，这使得罗马警惕起来。

这时期，整个西班牙都成了冲突的温床。汪达尔–西林人和阿兰人消失了，其他日耳曼人用武力争夺霸权。在这些日耳曼人当中，帝国倾向于苏维汇人，因为其觉得他们对罗马化省份的威胁较小，而且他们能够在加利西亚重建中央权力机制。最初的一系列冲突使汪达尔人更加胆大妄为，他们利用罗马的极端弱点劫掠了贝提卡。通过在梅里达战胜苏维汇人并与南方寡头集团签署和平协议，以确保后方安全之后，汪达尔人越过海峡，于公元429年在北非建立了一个王国。这个王国一直存活到公元6世纪，直至被查士丁尼（Justiniano）征服。

由于没有了汪达尔人的困扰，罗马重新获得了伊比利亚半岛大部分地区的统治地位，除了加利西亚——在那里，赫尔梅里克（Hermerico）统治下的苏维汇王国政权日益巩固。

不过，即便在伊比利亚半岛那些雄心勃勃的地方贵族眼中，罗马统治也只不过是空中楼阁，其管理的任意性显露了公共权力的模糊性。西班牙西北部的新占据者苏维汇人并未与旧有的行政当局发生大的冲突，因此在加利西亚，罗马人的堡垒和城市〔科英布拉（Coimbra）、卢戈〕较为安全，其行政机构的自治权及其天主教信仰都得到了保留。但是，当438年苏维汇国王雷奇拉（Rekhila）占领了卢西塔尼亚省、迦太基省和贝提卡省并袭扰了埃布罗河河谷之后，这种和谐的局面被打破了。他的继任者雷奇阿尔（Rekhiario）在巴斯克土地上肆虐，并在"巴高达"散兵游勇的支持下，袭击了塔拉索纳（Tarazona）、萨拉戈萨和莱里达，因此西班牙人转而支持罗马军队及其西哥特盟友。

西哥特国王狄奥多里克二世（Teodorico II）的军队在加利西亚对苏维汇人进行军事作战，并在塔拉戈纳清除了曾对生产造成重大破坏的"巴高达"运动的一切痕迹。苏维汇人的抵抗以狄奥多里克在阿斯托加的获胜以及国王雷奇阿尔的死亡而告终。与发生在阿兰人身上的事情一样，哥特人的好战彻底改变了这个王国——在政治领域，权力被他们篡夺；在社会经济领域，加利西亚遭到更多的劫掠。

一旦在西班牙击败了其他的日耳曼蛮族，西哥特人就会凭借罗马盟友的身份，利用帝国的衰落，成为西方的霸主。从那时起，他们在军事上控制加利西亚的苏维汇人，并通过婚姻关系或派遣使节将其纳入自己的轨道。

罗马的权力真空为西哥特人铺平了通往高卢地中海沿岸和塔拉戈纳的道路，而罗马皇帝的废黜（476年）让西班牙的统治权交到了西哥特人的手中。这个时候，西班牙各地的贵族也希望利用这个机会，不受阻碍地行使政府权力，以便为自己的利益服务。

第七章

哥特人的洗礼

在南方的失败

定都于图卢兹（Toulouse）的西哥特王国囊括了与罗达诺河和卢瓦尔河（Loira）接壤的大片领土以及法国的大西洋沿岸、西班牙塔拉戈纳行省等地区。由于不希望西哥特王国取代自己在高卢的首要地位，法兰克人对西哥特王国充满了敌意。公元500年，法兰克人皈依天主教，为他们的国王克洛维（Clodoveo）提供了重要的机会，他赢得了大部分高卢和罗马贵族的同情。与此同时，因为有少量本族人早已在埃布罗河河谷定居，西哥特人在西班牙东北部逐步确立了统治地位。不过，他们在高卢南部的势力却被削弱，法兰克人抓住这个机会，于公元507年在武耶（Vouillé）大败西哥特军队，杀死了他们的国王。

西哥特人遭受了惨败，面临灭国的危险，但在意大利的东哥特王国国王狄奥多里克的干预下，他们得到拯救。利用当时力量的均衡和内部混乱的消弭，这位意大利君主成功地奠定了一个新国家的基础。在他建功立业的过程中，其所采用的罗马式军事训练方法对于恢复高卢行省起到了巨大的作用，这也使得西哥特人忠于拉韦纳

（Rávena）的东哥特朝廷。此时，西哥特王国的领土包括比利牛斯山脉周围法国南部和埃布罗河河谷之间的领土，其教会中心和政治中心都位于阿尔勒，取代了此时已经由法兰克人控制的图卢兹和纳博讷。

与这种自治政策形成鲜明对比的是，狄奥多里克的统治（511—526年）将西哥特贵族置于来自拉韦纳的东哥特统治阶级的管辖之下。这种东哥特统治阶级的优先性持续了半个世纪。公元549—555年，阿希拉（Agila）发动了针对特乌迪塞洛（Theudiselo）的政变并登上王位，从而改变了局面，驱逐了本土的贵族并恢复了丧失的独立性。

由于墨洛温王朝（Merovingio）的武力威慑，西哥特人向北发展的道路被堵死了，不得不逐步向南部进军。西哥特人的军事战略十分卓越，掌握了罗马帝国时期设计的指挥和作战网络，并凭借军事天赋夺取了梅里达、科尔多瓦和塞维利亚。只有这样才能解释，为什么尽管与西班牙–罗马人相比，西哥特人的人数有限，却占据了古代西班牙的大部分领土。然而，持续的国内冲突使得西哥特人试图控制伊比利亚半岛南部的第一次尝试最终落空。而随着在该地区引入新的不稳定因素，种族和政治格局也变得日益复杂。拜占庭皇帝查士丁尼充分利用了这种不稳定局面，向阿塔纳希尔多（Atanagildo）及其在塞维利亚叛乱的追随者提供援助，并在瓜达莱特河口和卡塔赫纳北部之间建立了一个东方行省。

以后的75年中，这种长期的抵抗和冲突造成的混乱局势一直在持续。

一个王国的两个民族

西哥特人与另一个毫不相同的民族共同生活在伊比利亚半岛上，这个民族深受罗马的熏陶。与西班牙本地居民相比，西哥特人的人数处于劣势，而社会的复杂性在于当西哥特人到来之时，恰逢本土主义在各地如雨后春笋般发展，这种思潮在北方各地的萨博人（sappos）、阿斯图尔人（astures）、坎塔布里亚人（cántabros）以及巴斯克人（vascones）中传播很广。

西哥特人所颁布的法律通过严格分离两个族群来弥补这一不足，以确保入侵的统治阶级的优势。从王国的建立初期开始，经各位主教和罗马贵族批准的《亚拉里克法律要略》（*Breviarium de Alarico*）清楚地表明了根据起源分别确立两种公民类别的愿望。

王国（很快成为托莱多王国）的建立几乎没有对从帝国晚期继承的社会结构造成任何改变。大地主们在西哥特君主的统治下享受自己农业上获得的财富。尽管禁止异族通婚，但他们中的许多人最终还是与日耳曼精英联姻，成为拥有强大贵族血统的家族。与可能的假设相反，新政权并没有消除自罗马末期以来一直存在的领主统治现象，因为大地主取代了皇室管理人员并压迫边缘化人口。国家的弱点和穷人的无助促进了"委托制"，使得佃农绝对忠于领主，未经领主同意，佃农不能离开土地，逃跑则被贬为奴隶，等等。

与农村的情形一样，城市生活在混乱和政治不稳定之间挣扎。为此，西哥特人的国王们试图尽快保证前官僚机构的官员在市政事务中发挥作用，尤其是一种国家永远无法放弃的职业：收税官。国王钦达斯文托（Chindasvinto）的眼睛盯着庄园，严厉惩罚违背命令的市民，禁止他们出售货物、逃往农村或寻求教会庇护。

西哥特人沿袭了罗马帝国的行省制度，向各地派遣总督，各个行省听命于宫廷。宫廷早期位于图卢兹，后期迁往托莱多（Toledo）。总督集中了国王授予的所有权力，包括司法行政。但是这种司法职权只适用于西班牙-罗马人，而西哥特人之间的纠纷则以其他方式解决，有时甚至需要国王本人出面。

征税也是总督的重要职责，他们手下的税官通过对葡萄园和耕地征税以及在法国、加利西亚、拜占庭省各港口和边界的海关征税，使得皇家的金库变得充盈起来。

在实施罗马法的同时，哥特人长期以来一直保持着古老的习惯法模式。只有在莱奥波尔多（Leovigildo）和雷塞斯文托（Recesvinto）校订之后，才开始实施国家法规。西哥特法典适用于西哥特堂区罗马人所犯的刑事罪行，并规定了与罪犯和受害者社会地位相称的惩罚措施。在不完全排除临时惩罚措施的情况下，西哥特对贵族的制裁主要通过罚款来解决。一个复杂的经济补偿制度反映了西哥特族群的分层，也为那些无力支付罚款的囚犯打开了通往奴隶制的大门。一旦支付了赔偿金，无论罪行多么严重，法律都禁止再进行家族报复。

西哥特人集中在埃布罗河和塔霍河上游沿岸，他们总是寻找有限的空间来弥补相较于西班牙-罗马人的数量劣势，并保护自己免受他们的融合。大约23.5万名西哥特人选择了塞戈维亚及其周边省份，他们在人烟稀少之地和大型庄园中发展牲畜业，避免因土地分配所产生的摩擦。与此同时，军队和贵族部队占据了战略要地，如托莱多、梅里达和潘普洛纳以及贝提卡行省和纳博讷-高卢行省众多的城市。

与418年在高卢地区发生的情况一样，西哥特人在西班牙的定居是通过"客户法"（hospitalitas）制度进行的。该制度要求土著土地所有者将其三分之二的土地交给新定居者。通过这种方式，西哥特贵族占据了大片土地。因为占有和享受土地带来的利益，他们改变了对财富的看法——认为拥有牲畜、武器或手工艺品都没有拥有土地重要。

为了避免因在一些西班牙-罗马城市的军事驻扎引发冲突，西哥特人建立了两个族群之间各司其职的等级制度。市政卿（comes civitatis）被赋予管理城市西哥特人口的职责，而公爵（dux）则在整个省份行使其权力。不过，尽管存在种族隔离，但一些行使必要防御职能的西班牙-罗马人还是通过军事功绩获得了这种阶级跃升。

在整个公元6世纪中，军队是西哥特人对西班牙行使权力的基石。根据罗马模式，军队接收女兵和城市男子，但只允许一小部分西哥特人之外的族群进入他们的队伍。军队的任务是保护王国免受外部侵略，但他们也有责任监督国内法律的运行情况。

除了西班牙-罗马人和西哥特人，西班牙的人口中还有大量的外国人。为躲避盎格鲁-撒克逊人的征服，布列塔尼人逃出了他们的家园，定居在伊比利亚半岛西北部；东方人因宗教冲突或寻求贸易往来而移民至此；希伯来族群进入商业活动兴盛和具有良好市场的贝提卡地区与伊比利亚半岛东南沿海地区的城市；犹太人在托莱多、梅里达、塔拉戈纳、托尔托萨和萨拉戈萨生根发芽，赚到了全社会都羡慕的财富，而且他们很快就会在西班牙的历史中占据一席之地。

西哥特人的西班牙

公元6世纪，西哥特人的努力方向是抵御外敌以确保安全和恢复罗马－西班牙时期的领土统一。西哥特人选择托莱多作为王国的首都，证明尽管他们没有忽视在高卢的领土，但是核心利益最终转移到了伊比利亚半岛。

西哥特人在高卢的存在对法兰克人的扩张构成了障碍。两国的婚姻联盟，往往以灾难性的结果而告终。西哥特人对墨洛温王朝的军事试探证实了托莱多对其在欧洲大陆遗产的关注。尽管在西哥特人军事力量壮大的同时，法兰克人的实力在削弱，但是西哥特的国王们——阿塔纳希尔多、柳瓦（Liuva）、莱奥波尔多和雷卡雷德没有向北扩张的打算。他们在高卢的军事行动总是防御性的，注意力都放在了西班牙这里。

莱奥波尔多在公元573年登上王位之后，开始实施前任国王统治时期所谋划的领土统一战略，成功地征服了南部的西班牙－罗马城市并包围了拜占庭省的边境省份。为应对任何可能分散权力的企图，这位国王压制了西班牙－罗马贵族的反对和农民的骚乱，这些人都是伊比利亚半岛不同地区分裂主义倾向的代表。但莱奥波尔多与他的儿子埃尔梅内希尔多（Hermenegildo）之间因此产生了不小的矛盾。埃尔梅内希尔多被父亲任命为贝提卡省的总督，但是他背叛了托莱多的王室，自立为王。

埃尔梅内希尔多脱离了阿里乌斯派并改宗天主教，他与父亲的宗教分歧加上南方天主教徒的分离主义倾向，最终引发了一场真正的区域性内战。双方的争斗波及了整个民族和社会范围，最后，埃尔梅内希尔多兵败而死。

　　莱奥波尔多利用苏维汇王国的王位继承矛盾，入侵了加莱基亚，并在公元585年把苏维汇王国纳入版图，使其成为西哥特王国的一个省份。从这时开始，西班牙恢复了真正的完整性。因此，在未来的历史岁月中，所发生的数次起义的目标不再是分裂土地，而是对整个伊比利亚半岛统治权的争夺。

王位和祭坛

　　在托莱多的权杖之下，苏维汇人、西哥特人和西班牙–罗马人在艰难的平衡中共存。这种共存后来因为禁止异族联姻法律被废除而得到了改善。然而，王国的社会结构不是通过民事法庭而是通过宗教信仰提供的内部连贯性来实现的。在莱奥波尔多统治的最初几年，他扩大了西哥特人对天主教传统意义上的宽容，但内战使他发生了改变。因此，虽然托莱多主教会议（Sínodo de Toledo，580年）为以经济激励方式鼓励天主教徒改宗阿里乌斯派打开了大门，但是宗教斗争使两个群体之间的关系依旧紧张。

　　莱奥波尔多让其所有臣民改宗阿里乌斯派（arrianismo）的努力最终失败了。他的儿子雷卡雷德于586年登上王位，并改宗天主教。为此，他镇压了高卢、托莱多及梅里达等地贵族的反对，并缓和了两派教徒之间的宗教矛盾。之后，在托莱多举行的第三次主教会议（589年）上，宣布了西哥特人最终皈依天主教。这对于天主教会来说，是一个极其重要的机会。阿里乌斯派信徒的财产被划归天主教教堂管辖，天主教会因此而致富，并有世俗权力作为后盾。主教们成为王国的真正当权者，他们对民事、财政及司法事务具有管辖权，并有权对西班牙人的私生活进行全面干涉。贵族和高级神职人员都会参加主教会议，而西班牙历史则在王权和教权联盟的共同统治下向前迈进。

天主教战胜阿里乌斯教派引发了一系列反对，反对者当中也包括阿里乌斯教派以外的其他教派和犹太人。为此，天主教会在西班牙北部开展了针对异教徒的传教活动，向他们传授教义并将他们带入教堂和修道院，这些大量建造的教堂和修道院象征着天主教的胜利。凭着依靠政治权力的保护，天主教的各级主教们不断骚扰犹太人并要求他们改宗。虔诚的西塞布托（Sisebuto，612—621 年）颁布强制性皈依法令，而托莱多第四次主教会议（Ⅳ Concilio de Toledo，633 年）则强化了排挤犹太人的决定。尽管许多犹太人设法到达法国边境，但受到当局怀疑的成千上万名皈依天主教的犹太人还是被隔离起来，以阻止他们再次皈依自己原来的信仰。

在后来的统治时期，镇压行动得到了加强，但没有达到教皇奥诺里奥一世（Honorio Ⅰ）所要求的极端状态，因为萨拉戈萨主教布劳里奥（Braulio）和托莱多第四次主教会议放宽了限制。简而言之，教会和国家一致同意采取缓慢整合犹太人的战略，但这并不是放弃强制性皈依的打算，而是放弃使其大规模皈依的想法。钦蒂拉（Chitila）颁布的一项法律禁止非天主教徒生活在西哥特王国，并迫使托莱多所有信奉犹太教的人放弃他们的信仰。这种做法在西欧历史上是第一次出现。除此之外，钦达斯文托也下令处死那些严守礼拜仪式和沐浴仪式，但亵渎了神明的人。

在雷塞斯文托时期，反犹太主义重新焕发活力，就好像这位国王希望政府加强对教会的承诺一样。托莱多第八次主教会议（Ⅷ Concilio de Toledo）加强了强制性措施，以防止皈依者动摇他们时间不长的信仰，并展示了针对信仰动摇者的惩罚措施——这个国家第一次试图系统地在伊比利亚半岛消灭犹太教。

黏土之冠

随着西哥特人实现王国的统一，官僚机构变得更加复杂和集权化。在顶端，宫廷办公室（oficio palatino）负责管理国家机构（财产、军队、财政和外交部），并使用伯爵级官员，类似于旧有的罗马宫廷官员。雷卡雷德和雷塞斯文托通过在全国范围内实施对各族人民无差别性的法律，使统一大业取得了坚定的进展。罗马法被取代了，复制自罗马的政府制度消失了，西班牙–罗马的贵族失去了在城市的权力，因为这些权力归属主教和法官，而总督则让位于西哥特的省长。

然而，西哥特人无法采取和平的方式实现王位的继承，君主和贵族总是愿意用武力解决他们的分歧，这掩盖了他们在国家建设方面取得的进展。因此，选举君主制的支持者和世袭君主制的支持者之间斗争不断，使摄政和篡权成了权力更迭的常用工具。阿塔纳希尔多死后，柳瓦和莱奥波尔多共同执政，埃尔梅内希尔多和雷卡雷德同时成了父亲的继承人，是为数不多的政府权力和平移交的例子。后来，托莱多第四次主教会议所确定的涂圣油仪式成为证明和巩固王权的一个原则。

威严和主权不属于那些形式上的统治者，而属于能够有效控制国家资源的人。只有控制国家的财富才能够维持西哥特军队的核心——强大的禁卫军，以确保被土地和金钱所吸引的贵族能够提供合作。除了纯粹的税收收入外，国王们还拥有大型庄园的收入，这些庄园主要源于从罗马帝国继承的遗产和没收的财产。随着岁月的流逝，所有这些庄园在一定程度上被贵族所侵占，他们成了这些土地的所有者。此外，国王们还拥有皇家宝藏。这些宝藏的起源可以追溯到阿拉里克一世（Alarico Ⅰ）掠夺罗马期间所获得的战利品。莱奥波尔多获得苏维汇人的黄金之后，再次丰富了皇家宝藏。今天的人们在谈到当时皇家的财富时，阿马拉里克（Amalarico）放弃普罗旺斯（Provenza）以换回曾被东哥特王国所带走的奇珍异宝是必然被提起的话题，还有当阿希拉的财宝落入敌人之手的时候被他的军队背叛的惨剧。

公元6世纪之后，西哥特王国的道路似乎是正确的。雷卡雷德采取了向贵族妥协的政策，这对加强王权构成了障碍。贵族们壮起胆子，占据了公职，加强了在贵族会议——特别是皇室会议和主教会议上的话语权。但这引发了一系列血腥冲突，导致一些贵族被废黜和被处死。公元7世纪上半叶，国王的影响力不断提升，多次托莱多会议均主张提升国王的地位及捍卫国王的生命，并宣布将一切攻击国王或王室成员的人逐出教会。第四次主教会议规定了必须采取协商推举的方式确定王位继承人，这与在以前历次的主教会议中，贵族和主教们都设法增加他们的权力有所不同。

即便在政局如此动荡的情况下，西哥特王国的外交政策还是取得了成功，确立了其在西方世界的地位。不过，西哥特人与法兰克人的联姻还是往往以失败而告终。北方各族人民——阿斯图里亚斯人、坎塔布里亚人和鲁科尼人（rocones）所发动的数次起义，最终也都被残酷镇压。西哥特人的军事优势，在公元624年达到了巅峰。在这一年，苏因提拉（Suintila）的军队攻占了卡塔赫纳之后，给伊比利亚半岛的拜占庭省画上了句号。

新官僚

官僚机构的发展和天主教的官方地位改变了原有的行政管理模式，很快就会有一个新的统治阶级执掌国家。西哥特贵族与西班牙－罗马贵族和主教们和谐相处，一起分享政治权力和财富。他们是这个政权的主要受益者，在短时间内从君主制中获得了大量利益，并成了获取权力的帮凶。这些军官、官员和国王的侍从，以为国王服务为荣。他们积累了大量的财产，可以吸引各个强大的部族。然而，只有一小群人会获得推举君主的权利，从而登上社会等级的顶峰。

不幸的是，小农们无法避免危机和税收压力。这迫使他们放弃自己的土地并向有权势者寻求庇护。随着农民的处境逐渐恶化，由于受到处罚，以及财务破产或自我出售等原因，越来越多的农民变为了农奴。而逃离土地的农奴数量不断增加，则清楚地表明了托莱多王国在7世纪末的社会动荡。

在伊比利亚半岛北部，西哥特人大量发展牲畜业。他们继承了罗马的农业结构，并通过饲养绵羊和猪丰富了这种农业结构。为了放牧，他们常在偏远地区之间迁徙，其主要线路与原来的白银大道相吻合。然而，其工业和商业活动则利润较低，还没有从欧洲的冲击中恢复过来。在农村地区建造的少量教堂，表明其建筑业的规模也不大。除了由苏维汇人开采的一些矿山外，其余地区的采矿活动并不活跃。然而，金银手工艺达到了非凡的品质和美感水平，其制品短小而精致，既受到拜占庭影响也带有托莱多的印记。

由于政治波动、经济疲软和城市衰落，贸易活动也不活跃。在国内，当地市场与犹太人所从事的贸易活动共存，主要经营纺织品、珠宝、象牙、玻璃等高附加值产品。在地中海，东方商人垄断了商业贸易，他们享有司法和财政自治权，并在南部和东部的主要港口拥有经营市场。北非、意大利和亚洲航线向西哥特王国提供来自东方的商品，并向外出口原材料，特别是谷物和葡萄酒。因为在伊比利亚半岛南部有拜占庭省，这些贸易往来得到了加强。其他贸易路线——古不列颠和高卢，主要是货物运输，但其贸易量非常小。

脆弱的君主制

　　经过半个世纪的逡巡不前，在公元642年，钦达斯文托登上了王位。鉴于他自己利用了前任国王的屠弱，所以深知王权的脆弱，并试图通过武力加强王权。他对旧贵族进行了大规模清洗，而对忠于他的新贵族则大力扶持，把叛逆贵族被没收的财产分配给他们，将叛逆贵族的遗孀和女儿嫁给他们。源于公元654年《西哥特法典》（*Liber Iudiciorum*）的立法改革以及主教会议给这位国王提供的极大支持，使得他能够加强王权，并确定王权高于教会。因此，通过保留任命主教的权利，钦达斯文托为王权提供了争取政治霸权和控制民间社会的有力武器。神职人员也被剥夺了谋杀罪和巫术罪的豁免权，他们的政治阴谋也受到了谴责。

　　在其他一些情况下，君主无法自己维持局面，不得不求助贵族来应对危险。当得到巴斯克人支持的弗鲁埃拉（Froila）袭击埃布罗河河谷并包围了萨拉戈萨之时，新国王雷塞斯文托别无选择，只能向贵族求助。在托莱多主教会议（653年）上，雷塞斯文托颁布了大赦令，特赦在钦达斯文托时期受到迫害的贵族，并归还被王室没收的一部分财产。这次会议还确定，国王必须经过主教和一些贵族的选举产生。一旦有国王去世，他们必须毫不拖延地聚集在托莱多或国王去世的地方推举新国王。此时的王国迫切需要避免因王位虚悬的时间过长而使贵族势力壮大的情况发生。

672年至711年，国家的民事和军事机构陷于瘫痪状态。在登上王位后不久，万巴（wamba）必须镇压纳博讷–高卢贵族的起义。这些贵族决心实现纳尔榜地区的独立。巴斯克人也起义了，王国的局面日益混乱。这些在一定程度上听命于领主和乡村地主的军队，对于万巴来说远远不够。因此，他颁布了"军事法"，要求所有臣民，包括教会神职人员，在发生叛乱的情况下，要与国王的部队一起为国王而战。这部法律具有削弱权力的性质，激发了贵族发动叛乱的怒火，最终导致万巴辞去王位，削发为僧。为了获得王位，埃尔维希奥（Ervigio）抵押了王权，托莱多大主教胡利安（Julián）获得了大量特权，使教权变得至高无上，并持续了几个世纪。贵族也从王权的脆弱中获益，如国王赦免和大赦的权利被取消、"军事法"允许例外、财政债务得到宽恕等，但最重要的是，朝臣和神职人员获得了人身保护令（habeas corpus），他们只能在廷臣全体会议上接受审判。

公元687年，因为备受压力和深感恐惧，埃尔维希奥把王位交给了自己的女婿埃希卡（Egica）。出于对个人安全的不安，埃希卡垄断了立法，禁止向国王以外的人宣誓效忠。由于他下令招募释奴入伍，王家军队力量得到了大幅增强。很快军队有了用武之地，镇压了一群贵族的反叛，其中包括托莱多大主教西斯贝托（Sisberto）发动的叛乱。流血冲突之后，国王没收了叛乱者的全部财产，贵族们四散奔逃，等待下一次机会反扑。为了镇压叛乱，埃希卡让他的儿子威蒂萨（Witiza）成为摄政王，并分配其掌管原来苏维汇地区的加利西亚政府。

王国的倒计时

世纪之交的到来，并没有解开托莱多王国的重重矛盾。由于担心自己的安危，国王无法承担捍卫西班牙免受外国袭扰的重担。权力的私有化削弱了国家，以至于几乎没有手段或力量来保持其各个地区之间的交通。西哥特王国危如累卵，一触即溃，依靠教会组织在动荡中保持稳定。

农民深受战争和瘟疫之苦，公元707年至709年的三年饥荒、干旱及农作物歉收让他们雪上加霜，因而不满情绪高涨。此外，他们还不得不为贵族的好战付出代价，因为贵族无限制地压榨农民以弥补自己的损失。西哥特王国的最后几年爆发了大规模反犹太主义的示威活动，为托莱多主教会议提供了机会，立法犹太人基督徒永远不得成为犹太人的奴隶，也不允许举行犹太人的宗教仪式。但即便是反犹太立法都无法阻止犹太人的成长。为了破坏他们的商业活动，犹太人被禁止旅行并被指控阴谋反对王国。

国王清算犹太教的想法未能克服受到持续骚扰的局面，这种骚扰遏制了王国的进步，使王国痴迷于西哥特王权，甚至相信伊斯兰军队可以让国家获得解放。

托莱多王国的倒计时始于威蒂萨的死亡。在其死后，国内发生混乱和内战。与其他时候一样，武器被用于解决分歧，支持威蒂萨之子继承王位的人与支持贝提卡省督罗德里戈（Don Rodrig）的人兵戎相见。利用罗德里戈镇压巴斯克地区叛乱之际，威蒂萨家族向外部力量寻求帮助。丹吉尔（Tánger）总督塔里克率领一支7000人的部队越过直布罗陀海峡，到达西班牙南部，队伍中大多数人是柏柏尔人。

公元711年，在瓜达莱特击败罗德里戈后，穆斯林军队向北移动，占领了托莱多，并消灭了西哥特人过时的军事力量。贵族的内部斗争使其他地区也很快土崩瓦解。在西方最强大的日耳曼王国的废墟之上，穆斯林的统治开始兴起。

第八章

西方的门

麦地那的梦想

在进入伊比利亚半岛之前，穆斯林们已经持续扩张了半个多世纪。自公元630年开始，他们从阿拉伯半岛向东方和西方同时进发。战争不仅是前进的矛尖，更是团结不同部落的手段。凭借征服四方，第一批哈里发们能够激发国内各族人民的侵略性，并以分享战利品的方式来确保人民的生计。与此同时，他们对于支付了相应税款的其他一神论宗教信仰者采取宽容的态度，并完全尊重各地人民的不动产产权。这样一来，伊斯兰教很容易在阿拉伯半岛（Península Arábiga）以外的地区占据一席之地，在北非快速传播，几乎没有遇到任何阻碍。而一些阿拉伯人则成功地控制了更多的人口，通过这种方式，柏柏尔人（los bereberes）被伊斯兰化之后，很快就与《古兰经》（*El Corán*）的传播者站在了同一个阵营。

在西班牙，很少有人对西哥特政权陷落于征服者之手感到遗憾。对于弱势群体来说，主人的变化带来了真正的解放——税收负担减轻了，新主人也没有强迫任何人放弃自己的信仰。改宗伊斯兰教也确实为皈依者带来了大量的好处——他们被免除宗教税。

西哥特贵族对此态度各异：一些人选择继续抵抗，藏身于纳博讷省或伊比利亚半岛北部连绵不断的山脉之中；而其他人则更愿意归顺。穆斯林当局承诺尊重合作者的财产和特权，但要求他们向省政府和国家缴税。比较著名的例子就是塞维利亚的奥帕斯（Opas）主教、穆尔西亚的特奥多米罗（Teodomiro）和威蒂萨的儿子阿尔达瓦斯特洛（Ardabastro），他们都选择了归顺。

由于军事力量短缺——公元711年阿拉伯人在整个伊比利亚半岛只有一万名战士，他们不敢在伊比利亚半岛北部进行任何冒险，甚至最初不得不放弃对伊比利亚半岛南部的统治。第二年，事情开始发生变化，因为非洲总督穆萨指挥的近两万增援部队在伊比利亚半岛登陆，他们将占领的城市委托给他们的本土盟友和犹太盟友。

公元713年，穆斯林攻占塔拉戈纳和埃布罗河河谷，并向伊比利亚半岛北部和加利西亚挺进。穆斯林军队的三大主力分别驻扎在阿斯托加（塔里克）、阿拉贡（Aragón）〔改宗者福蒂纳（Fortún）〕和萨拉戈萨（穆萨）。依靠强大的军队，并使用了与罗马人及西哥特人非常相似的战略，穆斯林们逐步实现了领土的统一。穆扎和塔里克的不幸遭遇，使得权力移交给了穆萨的儿子——阿卜杜拉·阿齐兹·伊本·穆萨（Abd al-Aziz Ibn Muza）。阿卜杜拉·阿齐兹继承了其父的战略，将葡萄牙和伊比利亚半岛东南沿海收入囊中，并建立了第一批行政机构。在他去世之时（716年），只有伊比利亚半岛西北部没有纳入阿拉伯人的统治范围之内。

由于阿拉伯帝国征服范围日益扩大，根本不把拜占庭帝国放在眼里，当时半个世界的眼睛都看向了大马士革（Damasco）。在这个庞大帝国的最顶端，是倭马亚家族（la familia Omeya），它的成员被冠以"哈里发"的尊号，并被赋予最高政治和宗教权力。尽管许多位置偏远的地区，例如伊比利亚半岛的各个省份都渴望自治，但是来自大马士革的官员一直与各省的民事总督或军事总督保持着联系，以便控制各个地方——伊斯兰教的官僚机构尊重已有的地方政府，前提是这些政府承担纳税的义务。

东方反对西方

由于受到在西班牙所取得功绩的鼓舞，大马士革军队从公元719年开始准备攻击纳博讷的高卢人，但是他们没有注意到这个高卢省份已经加强了防守，许多居民已经作好迎击阿拉伯人的准备。两年后，总督阿尔萨姆（Al-sahm）的进攻被阿基坦公爵奥多（Eudo）所阻止，证实了地理和气候的变化并不利于军事进攻。墨洛温王朝的查理·马特（Carlos Martel）在普瓦提埃"恭候"他们，让他们感受到了自己的人力匮乏，也使他们品尝到了失败的滋味。穆斯林在公元732年的失败，为伊斯兰教关闭了通往法国的大门，他们只能像哥特人一样，集中全力经营西班牙。

由于在法国遭遇了失败以及哈里发加强中央集权的倾向不断加剧，民众的不满与日俱增。这种不满又因社会差异而变得愈加严重。在征服伊比利亚半岛之时，许多农村土地所有者匆忙逃离，给阿拉伯人留下了大量的土地和房屋。这些土地和房屋是根据政治和种族标准进行分配的，人数所占比例较少的阿拉伯民族占据了瓜达尔基维尔河河谷的肥沃田地和埃斯特雷马杜拉的广阔土地，而作为游牧民族的柏柏尔人却只是分到了卡斯蒂利亚（Castilla）、莱昂和加利西亚的贫瘠土地。

柏柏尔人在这些土著人口稀少的土地上从事传统的农业和畜牧

业，一连串的作物歉收使得他们频繁发生饥荒。与此同时，反对阿拉伯至上主义的哈瓦利吉（Jawarich）原教旨主义在北非开始传播。

　　直布罗陀海峡两岸很快就爆发了动乱。公元740年，北非的柏柏尔人强行接管了丹吉尔的政府，但他们随即遭到了大马士革的残酷镇压。柏柏尔人中充斥着种族主义浪潮，安达卢西亚总督骑在柏柏尔人头上作威作福，柏柏尔人则不断发动叛乱和采取暴力措施进行反抗。为了镇压柏柏尔人，安达卢西亚总督从叙利亚派来了一支强大的部队。

　　这支部队被柏柏尔人包围在了休达（Ceuta），但他们最终成功穿越直布罗陀海峡，以7000名骑兵平息了叛乱。然而，总督不仅无视叙利亚人的需求，还与大马士革相背而行，为阿拉伯人在西班牙的统治埋下动乱的种子，摧毁了公元711年所建立的脆弱社会政治大厦。阿拉伯人选定了科尔多瓦作为首都，撤换了原来的总督，并任命卡勒比（Kalbi）为新的总督，让他成为伊比利亚半岛的最高领导者。

　　来自叙利亚的部队最终驻扎在伊比利亚半岛南部各地——埃尔维拉（Elvira）、塞维利亚、西多尼亚（Sidonia）、阿尔赫西拉斯（Algeciras）、哈恩。这项安排明显偏袒来自中东其他地区的阿拉伯人，却不利于来自阿拉伯半岛的阿拉伯人，其中包括分享权力在内的种种为和平努力的措施被证明是徒劳，并不会阻止阿拉伯人之间的新内战。

　　国内冲突的恶化、哈里发更替问题〔公元750年阿拔斯家族（Los Abasíes）发动政变，而倭马亚家族被屠杀殆尽〕以及柏柏尔人逃往马格里布（Magreb，在公元740年叛乱被严厉镇压后），使得阿尔–安达卢斯的边界被重新调整。不过，后倭马亚王朝实施调整边界新政策主要是为了在伊比利亚半岛北部建立一个无人缓冲区，以阻止敌人进行可能的攻击。

这个无人区的出现使那些弱小的基督教国家获得一线生机，其中就包括阿斯图里亚斯王国〔阿方索一世（Alfonso Ⅰ），公元739—756年〕。

跟巴格达说再见

由于远离帝国权力中心以及内战所引发的嫌隙，伊比利亚半岛的阿拉伯人对宗主国深感不满，对宗主国的依附关系也日渐动摇。但是，从公元750年大屠杀中幸存下来的倭马亚家族后裔彻底改变了局面：阿卜杜勒-拉赫曼（Abd Al-Rahman）到达伊比利亚半岛成了半岛与阿拔斯王朝新首都——巴格达断绝关系的绝佳机会。阿卜杜勒-拉赫曼在伊比利亚半岛南部海滩登陆后（755年）不久，就成功地招抚了遭遇新败的所有也门（Yemen）反对派和柏柏尔人。阿卜杜勒-拉赫曼通过运用巧妙的手段赢得了伊比利亚半岛穆斯林民众的支持，第二年，他成功地攻占了科尔多瓦。

大权在手的阿卜杜勒-拉赫曼选择了"埃米尔"（emir）的称号，他还禁止为阿拔斯王朝哈里发祈祷，穆斯林世界第一个独立的政治实体就这样诞生了。

阿卜杜勒-拉赫曼一世的时代（756—788年）来临，他开始大展宏图，就像当年的莱奥波尔多或奥古斯都等人物一样。而且，他也不得不使用武力镇压贵族和不同种族群体的叛乱。他先后平息了托莱多的加西人（Qaysíes）以及涅夫拉（Niebla）和塞维利亚的也门人所发动的叛乱，也打退了阿拔斯王朝在贝雅所发动的进攻，剿灭了托莱多和科尔多瓦的寡头集团。在各个种族和文化混杂在一起的环境中强加秩序绝非易事，而阿拉伯人与柏柏尔人、穆拉迪人（muladíes；皈依伊斯兰教的西班牙人组成的最大族群）、犹太人的共存也非常困难。与西哥特人统治时期一样，酋长国的巩固取决于建立一个有效的政治结构，这个政治机构必须最终能整合这个多样性的国家并促进对这个国家的控制。

阿卜杜勒-拉赫曼的所有努力都是为了实现这个目标，他通过整合三个基本途径来实现：一是组织一支为埃米尔服务的雇佣军部队；二是重建以科尔多瓦为中心的公共行政系统；三是在尊重其他信仰自由的同时，利用伊斯兰教作为社会融合的手段。这位埃米尔所取得的成功意味着北方各部势力的失败。阿斯图里亚斯人在潘普洛纳的落败、公元788年[①]加罗林王朝在龙塞斯瓦耶斯的溃不成军以及科尔多瓦之前所划定缓冲区域的调整都证明了这一点。

由于不再受到穆斯林内部叛乱的钳制，这位埃米尔开始建立一个领土防御圈，共由三个军事区域构成，其总部分别位于萨拉戈萨（上）、托莱多（中）和梅里达（下）。这些军事区域曾是罗马时期防御轴心的一部分。依靠这些军事区域，这位埃米尔可以每年对北部的敌对势力进行常规的惩罚性进攻。

第一次失误

与西哥特历史上的类似时刻一样，阿卜杜勒-拉赫曼一世的去世使得在其统治期间被掩盖的冲突和不满开始显现。在他去世之后，

---

① 原文如此，历史所载发生时间应为公元778年。——译者注

分裂主义倾向日益严重，未遂政变不断爆发，其中某些政变是由各地的总督所发动的。此时，图德拉的加西（Bani Quasi）家族、梅里达的伊本·伊里奇（Ibn Yilliqi）家族和隆达（Ronda）的乌马尔·伊本·哈夫孙（Umar Ibn Hafsún）家族都处于半独立的状态。同样，政治机器的瘫痪使得血缘关系和利益变得更加重要，这些穆斯林小国家开始与其基督教邻国结盟，如图德拉的班努·加西（Bani Quasi）家族和潘普洛纳的阿里斯塔家族就结成了联盟。

鉴于科尔多瓦的弱点，北方基督教诸王国计划扩大自己的领土范围。他们寄希望于加洛林王朝建造挡土墙来抵御穆斯林，以便为自己提供帮助。然而，法兰克人征服巴塞罗那（801年）并没有激发贝尔穆多一世（Bermundo Ⅰ）和阿方索二世（Alfonso Ⅱ，791—842年）的斗志，他们在阿斯图里亚斯和加利西亚分别败于希沙姆一世（Hisham Ⅰ）和哈卡姆一世（Al-Hakam Ⅰ）。

依靠一个高效间谍系统的支持，哈卡姆一世（796—822年）登上了王国的权力宝座。他所面临的当务之急就是避免自己的酋长国陷入崩溃局面。为了确保军队的绝对忠诚，这位埃米尔的贴身侍卫均由非阿拉伯人担任，同时他还不断削弱伊斯兰教神学家——《古兰经》的解释者对君主的影响，并将王室和朝臣从政府权力系统中移除。因此，托莱多叛乱和随后的内战（820年）并没有击垮他，甚至也没有削弱他。

当阿卜杜勒-拉赫曼二世（Abd Al-Rahman Ⅱ，822—852年）登上王位之时，他的父亲早已为重振科尔多瓦的声望铺平了道路。在梅里达、托莱多和阿尔赫西拉斯发生的部落叛乱以及随后诺曼人（normandos）对塞维利亚和加的斯的袭击，使得阿卜杜勒-拉赫曼二世统治时期冲突不断，但是这位埃米尔成功地恢复了他的力量。因此，他可以应对来自国外的风险和来自北方的威胁——如加西家族的叛乱。他对船队的升级改造足以抵御诺曼人的威胁，而在阿拉瓦（Aláva）、卡斯蒂利亚、加利西亚和巴塞罗那对基督教诸王国的劫掠，又为这个伊斯兰国家的复兴提供了财力支持。

尽管外部形势非常有利，但是国内却因歉收和洪水而饱受饥荒的危害。而基督徒和穆斯林之间的宗教冲突，特别是当科尔多瓦的莫扎勒布人（mozárabes）被欧洛希奥（Eulogio）神父的极端主义所拖累时，这种局面更是雪上加霜。然而，宣称文化复兴的艺术家和诗人却使王国大放异彩，他们在塞维利亚和哈恩建造清真寺，并随着科尔多瓦的扩张而将影响力远播世界各地。

这位埃米尔的死再次证实了这个国家的弱点，使绝对服从欧洛希奥神父旨意的莫扎勒布人奋起反抗迫害，反对将成千上万的人迁移到新的基督教土地上。公元867年和公元874年的饥荒和瘟疫使得这个酋长国的人口锐减，诺曼人的危险再次出现。在基督教诸王国之中，奥多尼奥一世（Ordoño I）与托莱多的穆拉迪人结盟，使安达卢斯处于危险之中。各地的穆斯林总督也蠢蠢欲动，他们在梅里达、隆达和塞维利亚的反叛使得北部各省摇摇欲坠。边境地区的分崩离析刺激着基督教诸王国发动攻势。阿方索二世时期发现的所谓圣地亚哥圣徒墓激发了这些王国的斗志。

光明的科尔多瓦

自10世纪初以来，科尔多瓦酋长国获得了重生，成为整个西欧最强大的王国，其辉煌维持了一个世纪。阿卜杜勒–拉赫曼三世（Abd Al-Rahman Ⅲ，912—961年）这样杰出的人物生逢其时：持续增长的经济以及加洛林王朝解体所带来的有利国际环境，推动了科尔多瓦酋长国的复兴。

　　这位新埃米尔上台伊始，也像其前任一样，忙于平息混乱的局面：中央权力衰弱，分裂主义倾向几近引发叛乱，基督教诸王国伺机侵犯边界。由于依靠欧洲奴隶所组成的雇佣军以及高度服从的政府，后倭马亚王朝吸引了大部分犹豫不决的权贵，并迫使他们宣誓效忠君主。通过对安达卢西亚地区堡垒的进攻，埃米尔的部队夺取了塞维利亚并最终清除了伊本·哈夫孙为首的割据势力。这充分证明了科尔多瓦当局的实力。科尔多瓦酋长国于公元929年宣布阿卜杜勒–拉赫曼三世为哈里发（califa）和宗教领袖。埃米尔改称哈里发永久性地结束了科尔多瓦酋长国对大马士革伊斯兰帝国（Imperio islámico de Damasco）名义上的依附，同时也融入了一种宗教元素，使得相较于国内的敌对势力和北非各自治王国，科尔多瓦哈里发拥有至高无上的合法地位。

　　随着南方日趋安稳，哈里发行动的目标开始转向屯兵的各个城市——巴达霍斯、托莱多、萨拉戈萨，并很快控制了这些地区。领土范围的恢复也带动了权力结构的重新调整，其目的在于使哈里发牢牢掌控对内和对外政策的制定大权、军队的指挥大权以及宗教大权。宫廷充当了王国的引擎，接管了所有的官僚职能，并使君主避免与大臣接触。在梅迪纳亚萨拉（Medina Al-Zahra）建成之后，阿卜杜勒–拉赫曼三世哈里发采取了由大臣或部长组成的内阁，这个内阁由类似总管或首相的"哈伊卜"（hayib）领导。为了解决首都控制周边地区的难题，哈里发将全国领土划分为21个省份，每个省设一名"瓦里"（wali）管辖，但在边境保留了雇佣军屯兵的军事区域。阿卜杜勒–拉赫曼三世依据力量平衡的原则，将其最忠诚的合作者安置在政府或国防机构当中。此外，按照伊斯兰世界的宽容传统，哈里发对那些接受税收官员和司法官员管辖的犹太人和基督徒赋予一定的自治权。

通过在边境地区增加军事人员和保持进攻态势，阿卜杜勒–拉赫曼三世解决了长期存在的边境安全问题。公元920年至924年，科尔多瓦酋长国的军队曾连年进攻莱昂王国。只有拉米罗二世（Ramiro Ⅱ）在西曼卡斯（Simancas）战役中击败了哈里发的军队（939年）之时，才止住了安达卢斯在卡斯蒂利亚平原的前进步伐，并开启了基督教在萨拉曼卡地区扩张的新时期。在拉米罗二世死后的一段时期（951—961年），阿卜杜勒–拉赫曼三世巧妙地利用了基督教诸王国的内部冲突，通过接受莱昂国王、纳瓦拉国王、卡斯蒂利亚伯爵和巴塞罗那伯爵的归附及其每年所缴纳的税赋，巩固了自己在整个伊比利亚半岛的霸权。

虽然理论上获得了伊比利亚半岛的绝对控制权，但科尔多瓦并没有像在埃布罗河河谷那样成功地将穆斯林人口移民到北方土地上。科尔多瓦也没有对这些王国的居民产生任何影响。这些居民与他们的领主建立了从属关系，而这些领主名义上归附于哈里发。哈卡姆二世（Al-Hakam Ⅱ，961—971年）统治时期，迦利布（Ghalib）将军所施加的政治威胁表明，北方基督教诸王国融入倭马亚帝国的程度很低。

与基督教诸王国在边界地区保持冲突的同时，阿卜杜勒–拉赫曼三世将注意力转移到了北非事务上。他希望恢复地中海两岸的友好关系，以防止来自南方的任何危险。突尼斯的法蒂玛王国（reino fatimí de Túnez）的所有行动都在西班牙–穆斯林宫廷那里得到了回应。科尔多瓦酋长国总是嫉妒突尼斯王国在该地区的霸权，并时刻准备用军队捍卫自己在该地区的利益。为此，哈里发的命令为其与摩洛哥海岸的各个小公国和柏柏尔部落结盟铺平了道路。这些小公国和部落成了防御突尼斯进攻的堤坝，经过改造和升级的舰队将完成剩下的工作。然而，从959年开始，科尔多瓦酋长国在非洲的利益受到损害，因为法蒂玛王朝的侵略性削弱了科尔多瓦对休达和丹吉尔的统治。后来，当法蒂玛王朝在埃及建立自己的王国之时，勇敢的迦利布为安达卢斯收复了北非的大部分地区（973—974年）。

各城市的黎明

伊比利亚半岛被纳入穆斯林帝国统治之后，阿拉伯人在中东的行政管理经验解决了自罗马衰落以来困扰西班牙城市的许多困难。通过开放市场和商业网络以及建立工匠行会，政府和市政当局逐步推动了经济进步和城市复兴。地中海地区一些曾被西哥特人所忽略的职业得到了恢复，旧的贸易路线也复兴了起来。商人们前往法国，携带珠宝、纺织品和陶瓷在地中海进行贸易，陶瓷业也开始恢复并不断更新。

尽管在该国北部的这些城市拥有军事、农业和行政性质，但是清真寺旁边的露天市场依然充满了阿拉伯城市的喧嚣。科尔多瓦（10万居民）、塞维利亚、阿尔赫西拉斯、马拉加（2万居民）、阿尔梅里亚（2.7万居民）、格拉纳达（2.6万居民）、巴伦西亚、梅里达、托莱多（3.7万居民）、萨拉戈萨（1.7万居民）等都是最富裕的城市。工匠、店主和农民选择这些地区作为定居地点，因为安达卢斯人对城市的定位与基督徒诸王国形成了鲜明对比，后者更喜欢土地和村庄。

然而，农业或村舍的繁荣以及建立复杂的供应系统不能满足日益增长的物质需要，城市的繁荣也是无法实现的。西班牙农民从罗马继承了土地耕作的主要生产方式，而阿拉伯人的技术大大提高了他们的生产力。安达卢斯和伊比利亚半岛东南沿海地区在灌溉方面的创新不仅提高了作物的产量也提高了作物的质量，并使一些以前被忽视的土壤恢复了耕作。

> 我的天啊！水车在花园里汲水，树枝上挂满了成熟的水果。
>
> 鸽子们向它讲述着不幸之事，而它则向它们回以不变的音符。
>
> ——赛德·哈伊尔（Sad al-Jair），《水车》（*La noria*）

伊比利亚半岛最重要的农产品包括石榴、水稻、甘蔗、棉花和橘子：

> 它们是鲜活颜色在树枝上显示出来的火炭？还是在绿色窗帘中闪闪发光的脸颊？
>
> 它们是摇摆的树枝？还是与我心心相印的纤纤细腰？
>
> 我看到橘子树向我们展示了果实，看起来像因为受到爱的折磨而流出的红色眼泪……
>
> ——本·萨拉·德·桑塔雷姆（Ben Sara de Santarem），
>
> 《橘子树》（*El naranjo*）

对于旱地作物，每年交替进行播种和休耕，与罗马人在伊比利亚半岛北部和欧洲其他地区所采取的种植方式差别不大。瓜达尔基维尔平原变成了大片稻田，但是粮食产量不足以弥补谷物的长期短缺，人们还是得在北非市场购买粮食。在整个安达卢西亚，各地都种植橄榄树，也种植一些供纺织用的作物和能够制造染料的作物，如棉花〔塞维利亚、瓜迪克斯（Guadix）〕、亚麻（格拉纳达）、细茎针茅（穆尔西亚）、桑树〔巴萨、哈恩、拉斯阿尔普哈拉斯（Las Alpujarras）〕。随着非洲牲畜种群的不断引入，牧牛业蓬勃发展，养马业和养羊业也日益丰富起来。

尽管取得了上述进步，但安达卢西亚农民的生活改善则主要归功于收益分成制度所带来的新合同。依据这些合同，在土地所有者和农民之间分配收成，这与在伊比利亚半岛北部基督教诸王国的农民高度受奴役的情况完全不同。

采矿业也延续并丰富了罗马时代的局面，主要包括少量的黄金开采〔塔霍河、达洛河（Darro）等矿场〕以及大量的白银〔穆尔西亚、阿哈马（Alhama）、奥纳丘埃洛（Hornachuelo）〕和铁（科尔多瓦、塞维利亚）的开采。汞矿仍然是在阿尔马登，铜矿则主要分布在托莱多、格拉纳达和里奥廷托。随着这些金属采矿业的发展，金银手工艺行业和冶金工业也得以兴盛起来，其最具活力的中心聚集在阿卜杜勒-拉赫曼三世在梅迪纳亚萨拉附近建立的作坊周围。

除了食品制造业之外，其他得到显著发展的产业有玻璃、陶器、皮革、镶嵌细工、丝绸、皮革、象牙等，而所有产业都是在哈里发保护主义的旗帜下发展起来的。这些产业的发展还受益于罗马时期所修筑道路的改善以及连接科尔多瓦和王国其他城市支线道路的建设。由于这些交通道路，安达卢斯能够从欧洲采购货物和买入奴隶——它们来自经过巴塞罗那的多瑙河和莱茵河一线的犹太人贸易，还可以为阿尔梅里亚和托尔托萨造船厂采购木材。科尔多瓦向东方购买书籍、珠宝、建筑材料，向北非出口多余的橄榄油，并购买谷物，而商队则从苏丹带来了黄金。

安达卢斯的帕纳塞斯山

科尔多瓦依靠繁荣的经济，吸引了大量的科学家和诗人。他们渴望在此分享伊斯兰帝国在埃及或近东等主要世界知识中心所取得的科学和人文成就。因此，阿卜杜勒－拉赫曼三世和哈卡姆二世的宫廷是当时的文化中心，更是智者和哲学家的圣地。随着从东方各个信仰伊斯兰教地区和拜占庭所购买的书籍不断增加，科尔多瓦在科学和哲学方面的创造力日益提高。不过，虽然文化事业总是能得到阿卜杜勒－拉赫曼三世和他儿子的支持，但其中许多内容不被伊斯兰教正统派喜欢，他们对一些宗教思想潮流所预设的猜想感到不安。

哈卡姆去世之后，当捍卫阿尔曼苏尔（Almanzor）独裁统治的法学家指出学术辩论、宗教反思或科学方法有害处时，形势就发生了逆转。在一次令人遗憾的对知识和文化的攻击之中，哈卡姆所收集的一部分图书（超过40万册）被宗教法庭的法官用火烧毁了。在出现这种丧失理性的局面之前，安达卢斯的宫廷已经成了最繁荣的逊尼派（suní）〔马立克派（malikí）〕宗教学校之一，但是也没有忽视其他分支教派，如苏非（safí）派或札希里（zahirí）派。这里是禁欲主义者穆罕默德·伊本·麦赛赖（Muhammad Ibn Massarra）的诞生地。他是希腊思想在伊比利亚半岛的传播者，也是《古兰经》寓言式阅读的支持者，同时鼓励个人进行反思。

经过多年的创作，他们每天都在记录东方的科学进步，在政治、数学和物理学领域取得了鼎盛的成就。公元9世纪末，现在的数字系统从印度（India）到达这里。在接下来的几个世纪中，这个数字系统从科尔多瓦向基督教诸王国传播。随着迪奥斯科里德斯（Dioscórides）的著作《药物志》的翻译完成，君士坦丁七世（Constantino VII）将其送给阿卜杜勒-拉赫曼三世作为礼物，医学因此也发展起来。哈卡姆二世痴迷于天文学，而当时的天文学大师往往也是伊斯兰教法学家，从事对星象的观测。

梅迪纳亚萨拉的宫廷，除了起到宣扬宗教的作用之外，还教导人们欣赏作家和诗人的创作之美。他们经常创作诗歌来赞颂王室的荣耀。许多抒情诗人被科尔多瓦的海纳百川所吸引，从东方来到这里，其中就包括叙利亚人齐里亚伯（Ziryab）和阿布阿里（Abu 'Ali）。他们用自己的诗歌为后倭马亚王朝的诗坛增光添彩。

诗歌的风格开始日渐适应安达卢斯的特点，西班牙-穆斯林诗歌就这样诞生了。其中重要的代表诗人，有哈里发的游吟诗人伊本·阿卜迪·拉比（Ibn Abd Rabbi-Hi）和穆罕默德-哈兹迪·本哈尼（Muhammad el-Hazdi ben Hani）。从传统束缚中解放出来的流行诗歌，在10世纪塑造了伊比利亚半岛文学中最重要的两种创作形式：塞赫尔诗（zéjel）诗体和穆瓦舍赫（muasaja）诗体，第一次出现了浪漫主义的痕迹。

作为王国发展的见证人，历史学家写下了10世纪有关穆斯林征服和哈里发生活的优美编年史。这一时期出于宣传性的设计目的，建筑也着重展示哈里发治下的辉煌和繁荣。在整个10世纪，科尔多瓦是雕塑家和雕刻者的辉煌之地，他们在梅迪纳亚萨拉宫和清真寺留下了大量的作品。为了纪念阿卜杜勒-拉赫曼，穆斯林建筑师们在令人眼花缭乱的创作中将罗马、哥特和东方血统的建筑元素融为一体，既能够展示国王的威严，又将其与臣民区别开来。为了美化清真寺，建筑师们第一次设计出独特的柱头和柱子，并使用了一系列近似拱形的装饰——马蹄形、叶状或纵横交错式，标志着伊比利亚半岛伊斯兰艺术的诞生。

群星闪耀的地区

当安达卢西亚看向东方并注视着大马士革（Damsco）或巴格达之时，它知道自己离欧洲大陆很远，特别是在阿拉伯人进军欧洲大陆的大门在普瓦提埃被关闭之后，离欧洲大陆就更远了。此外，基督教诸王国所秉持的教义和所坚守的事业将他们与欧洲大陆紧密联系在一起，阻碍了阿拉伯人向北进军的道路。边界两侧完全不同的政治和文化氛围，加深了西班牙的多样性，使其人民和土地距离帝国统一的目标越来越远。在伊比利亚半岛分裂之时，边界两侧的经济、宗教和生活方式完全向着相反的方向发展，差距日益增大。

阿拉伯人喜欢城市及城市里的市场，因此他们再次将地缘经济和政治的轴心转移到安达卢西亚、伊比利亚半岛东南沿海和埃布罗河河谷的周边地区。这些地区更富裕，交通更加便利。阿拉伯人通常不会在没有经历苦战的情况下就放弃这些地区，而分布在坎塔布里亚山谷和比利牛斯山谷之中的伊比利亚半岛北部地区日益乡村化。但是在这些地区形成了一种军事化的意识，像欧洲的盾牌一样防御着穆斯林的进攻。

面对穆斯林最初的积极攻势，拒绝合作的西哥特贵族和教士，在逃难过程中发现伊比利亚半岛北部的山脉可以作为战略性的避难所。他们与北部各部落——阿斯图里亚斯人、坎塔布里人和巴斯克人结盟，袭扰科尔多瓦所派遣的部队。西哥特贵族和教士们所选择的这个区域，在传统上一直反对统一政策，并且尚未完全适应罗马帝国时期以来流行的社会经济标准。从这个意义上说，阿斯图里亚斯是土著人适应西哥特人生活方式的一个最明显例子。

> ……西班牙母亲，你真倒霉！你举世闻名，
>
> 你最尽善尽美也最趾高气扬，
>
> 你盛产黄金，也不缺白银，
>
> 你风景优美还英雄辈出；
>
> 但你却被一个叛徒折磨，
>
> 你有富裕的城市和勇敢的人民，
>
> 如果不是阿斯图里亚斯，如果不是因为这片土地如此勇敢，
>
> 你可能会因为我们的过错被摩尔人统治着。
>
> ——无名氏，《堂朱利安的故事》（*Romance de don Julián*）

在佩拉约（Pelayo）所建立王国的刺激之下，阿斯图里亚斯人不断扩大领土。阿方索一世在位期间，利用阿拉伯人与柏柏尔人发生内战之际，不断收复失地，扩大地盘，趁机占领了北部靠近高原的地区，并进入加利西亚山谷地区。在确保南部边境安全的情况下，阿斯图里亚斯人向东部地区梅纳（Mena）山谷、阿拉瓦、卡斯蒂利亚中心区域进军，以将其作为抵挡科尔多瓦沿埃布罗河入侵的前哨基地。

到公元8世纪末，阿斯图里亚斯王国完全建立起来。由于王位世袭的观点占了上风，国王阿方索二世又称"圣洁王"（El Casto）成功即位，并成功推行了加强王权的政策。此时的阿斯图里亚斯王国还是太弱小，无法与科尔多瓦这个庞然大物进行肉搏。为此，阿斯图里亚斯王国采取了与阿拉伯人一样的连年袭扰策略。基督徒们

也采取远征军的形式，以同样的频率袭扰穆斯林控制的地区，并建立了一个城堡网络来监视敌人的动向。根据西哥特人的王位继承传统，阿方索二世组织了他的政府，并利用逃离南方的莫扎勒布人去填充所占领的真空区域，而教会为了建设更多的修道院和促进宗教传播，积极地帮助阿方索二世去实现其目标。

阿方索二世的继承者们——拉米罗一世（Ramiro I）、奥多尼奥一世和阿方索三世（Alfonso Ⅲ，850—911年）设法越过了坎塔布连山脉，直至到达杜罗河，并在那里建立了圣艾斯泰本-歌玛（San Esteban de Gormaz）和奥斯马（Osma）。这片区域适于植物生长和莫扎勒布人民生存，但是由于南部科尔多瓦酋长国的阻碍而改为向北推进，这里构成了未来莱昂王国和卡斯蒂利亚王国的地理基础。由于需要在如此广阔的区域迁入移民，同时又面临穆斯林军队进攻的威胁，阿斯图里亚斯的君主们不得已亲自领导招募和迁入新移民的行动。建立修道院，将大量庄园提供给贵族和教堂（特别是在加利西亚地区），以及从坎塔布里亚和巴斯克向未来的卡斯蒂利亚移民，是促成移民运动顺利实现的根本原因。人口的增加也恢复了之前西哥特王国的经济多样性，在北部山区发展牲畜养殖；而在卡斯蒂利亚-莱昂地区，则发展谷物和葡萄种植。阿斯图里亚斯社会开始复制托莱多的往昔辉煌，人们分成了少量的战士和大量的农民。他们开始走出仍保持着土著传统并且几乎没有经济差异的坎塔布连山脉，定居在整个卡斯蒂利亚地区，过着战时为兵、平时为农的生活。

随着时间的推移，王国的内部复杂性导致形成了不同地缘政治区域，如加利西亚、阿斯图里亚斯-莱昂、坎塔布里亚和卡斯蒂利亚。公元960年左右，卡斯蒂利亚有了自己的边界，领导人和国内的地主们也都希望能够打破传统的继承制度。由于阿斯图里亚斯王国的内部矛盾以及卡斯蒂利亚伯爵费尔南·冈萨雷斯（Fernán González）在莱昂和纳瓦拉（Navarra）之间所取得的政治平衡，卡斯蒂利亚实现了独立。它的北部是巴斯克人，南部是埃布罗河河谷的伊斯兰袭击者。

法兰克王国也关注着伊比利亚半岛的一举一动，并密切注视着自己的南部边界，试图通过支持比利牛斯山脉的抵抗力量来保护自己的边界。查理大帝希望统治穆斯林不感兴趣的潘普洛纳以北地区，因此他与该地区最杰出的家族势力建立了第一批联盟。在公元9世纪初的一系列斗争之后，这位皇帝和南部的埃米尔于公元812年签订合约，使得比利牛斯山脉成了法兰克控制的区域，然而，加洛林王朝在潘普洛纳地区施加管理措施的努力遭到巴斯克地区领导人——阿里斯塔家族及其亲属图德拉的班努·加西家族的反对。他们主张该地区独立。

公元905年，阿里斯塔家族的消失及其被希梅尼斯家族（Jimena）的桑乔·加塞斯一世（Sancho Garcés Ⅰ）所取代，埋葬了巴斯克人旧有的部落秩序，取而代之的是等级社会和加洛林宫廷式的政治结构。面对班努·加西家族的衰落，纳瓦拉王国与莱昂人密切合作，在拉里维拉（La Ribera）和拉里奥哈（La Rioja）地区积极扩张，将这里变成了抵御科尔多瓦人对阿拉瓦和卡斯蒂利亚进攻的堡垒。

对于自8世纪以来在伊比利亚半岛西北部所出现的阿拉贡、索夫拉韦（Sobrarbe）、里瓦戈萨（Ribagorza）等城市来说，法兰克帝国的作用至关重要。公元9世纪初，阿拉贡伯爵领地因为继承问题，落入了阿斯纳尔·加林多（Aznar Galindo）家族之手。阿斯纳尔·加林多家族在积极吸纳移民的同时，面对纳瓦拉的威胁总是试图保持其政治独立性。最后，在公元922年，阿拉贡伯爵领地被置于潘普洛纳的管辖之下。潘普洛纳保留了其政治独特性和农牧业经济。索夫拉韦和里瓦戈萨也是如此，直到公元872年，它们一直处于托洛萨（Tolosa）伯爵的管辖之下。1025年，纳瓦拉的桑乔·加尔塞斯三世（Sancho Garcés Ⅲ，1000—1035年）和帕利亚斯（Pallars）伯爵分裂之后，这两个地区因衰弱无力和资源短缺导致了无法挽回的结果。

加泰罗尼亚则是一个特例，因为它是唯一一个直到公元10世纪还处于法兰克王国正式管辖之下的地区。加洛林王朝对南部始终保持高压态势，在西部却遭遇了失败，但是于公元801年幸运地占领了赫罗纳和巴塞罗那。由于这些胜利，尽管希沙姆一世进行了破坏和镇压，但该地区还是吸引了许多逃离阿卜杜勒–拉赫曼家族统治的基督徒。

在这片飞地，很早就出现了五个伯爵领地——巴塞罗那、赫罗纳、安普里亚斯、鲁西永和乌赫尔–塞尔达尼亚（Cerdaña），其中一些伯爵领地有时在一个当局——公爵或伯爵的管辖之下，以便加强防御。为了实现遏制阿拉伯人入侵的军事目标，伯爵们通过实施合法占领和耕种穆斯林土地的制度，鼓励人口的迁入，而君主则必须确认这种财产占有的有效性。经过长时间的对抗，这些伯爵领地在公元878年落入佛雷多（Vifredo）手中。他是巴塞罗那的第一位伯爵。当他的儿子们继承加泰罗尼亚领地之时，便开始瓜分这片土地。然而，巴塞罗那、赫罗纳、比克（Vic）一线还是蓬勃发展，直到形成加泰罗尼亚。

自公元9世纪起，由于山区居民的数量增加以及安达卢斯的衰落，领土的巩固带动了大量的移民迁入，进而实现了占领比克平原（Vic）的可能性。在这个地区，因为当局经常将大片土地分给少数贵族，合法占领和耕种穆斯林土地并不妨碍贵族和教会占有大量的财产，也不妨碍封建制度的发展。科尔多瓦卷土重来使得巴塞罗那在公元985年陷落，而加洛林王朝也衰落了，这都加强了委托制度，同时这种制度也适应了欧洲的封建等级。

受伤的科尔多瓦

在哈卡姆二世去世之后，科尔多瓦哈里发王国由于继位者年幼以及宫廷侍卫长试图扶植自己中意的人上位而日益衰落。各种反动势力都想利用日益严重的无政府状态在宫廷中占据一席之地。梅迪纳亚萨拉宫各个集团因为争权导致了王国的分裂，贾法尔·穆斯塔菲（Yasar Al-Mushafi）、迦利布将军和他的女婿阿尔曼苏尔〔伊本·阿比·阿米尔（Ibn Abi Amir）〕将军是这些势力的代表。

公元978年，在一场血腥的军事政变之后，阿尔曼苏尔掌握了权力，并自封为"哈伊卜"，并削弱哈里发希沙姆的权力，使其成为一个只具有象征性的人物，完全与政府脱离接触。为了保持权力，阿尔曼苏尔肆无忌惮地与国内最反动的势力结盟。他也毫不客气地清洗军队，为了壮大个人力量，组织了一支由柏柏尔人和基督教徒组成的雇佣兵，然后依靠这支队伍彻底地清洗了政府，将政治中心从皇家宫殿转移到了其在梅迪纳亚萨拉的住所。

阿尔曼苏尔对外也采取强硬的政策，对其所征服的基督教诸王国施加强大的军事压力，先后对莱昂和卡斯蒂利亚发动了战争，袭击巴塞罗那，劫掠圣地亚哥，并在1000年击败了基督教诸王国的联盟。他还征伐北非，将自己的儿子任命为非斯（Fez）的总督。

诗人伊本·达拉伊在自己的诗作中赞颂阿尔曼苏在圣地亚哥所取

得的胜利：

> 虽然异教得到了坚定捍卫，
>
> 你却将其基础彻底打破。
>
> 时间从不打扰任何安静的灵魂，
>
> 也未曾有人听过其不幸诉说。
>
> 魔鬼的信徒因此被选中，
>
> 还坚信持续几千年的异端邪说。
>
> 异端邪说支柱是闪米特人，
>
> 其根源则是罗马、埃塞俄比亚和法兰克。
>
> 异教徒的军队来到那里朝圣，
>
> 乌云密布而又阴暗逼仄。

阿尔曼苏尔死后，其子阿卜杜勒–马立克（Abd Al-Malik）于1002年掌握了政权。他在国内深孚众望，并领导了对北方敌人的作战。

阿卜杜勒–马立克去世后，其弟阿卜杜勒–拉赫曼接过了权力，但是没有继续推行兄长的政策，在国内引发了激烈反对。公元1009年，国内发生叛乱，希沙姆被废黜并惨遭杀害。国内推举了一位新的君主：穆罕默德三世（Muhammad Ⅲ）。之后，全国爆发了针对阿尔曼苏尔家族支持者及其柏柏尔支持者的内战。在完全无政府状态下，任何一个集团都可以推举自己的哈里发，而卡斯蒂利亚的桑乔·加西亚（Sancho García）则借此机会干涉安达卢斯的事务并尽可能地掠夺资源。

此时，各个省份和各个城市之间早已没有了联系，每个地区都根据其种族构成或领导人所能实现的自治程度寻求独立。

科尔多瓦贵族和人民为恢复团结和复兴倭马亚王朝所做的努力因为哈里发们的无能和冲突的升级而落空了。由于种族和社会冲突以及中央政权的孱弱，各省的独立野心日益增大。1031年，一群贵族宣布哈里发国解散，这为各省的独立野心提供了背书。西欧的封建主义通过各个军事区域渗透进来，但是穆斯林无法适应这种新的制度形式。

自11世纪中叶以来，一方面当各泰法王国（reinos de taifa）在与中央政权的角力中不断获胜之时，科尔多瓦就一直受到致命的伤害；另一方面，基督教诸王国的君主们日复一日地扩大其对梅塞塔高原的控制，并通过加重伊斯兰教徒的贡赋和增加奴隶的数量来扩大自己的财产。幸运的是，对于西班牙-伊斯兰世界来说，哈里发王国的崩溃导致了许多小王国和公国的诞生，而各军事区域的权力集中则推迟了其死亡。其中出现了巴达霍斯、托莱多、萨拉戈萨等强大的泰法王国，其驻军对基督徒的进攻实施了顽强的抵抗。在安达卢斯的其他地方，各地的政权组织是基于种族而非战略标准，柏柏尔人主导着从瓜达尔基维尔河到格拉纳达的南部海岸；斯拉夫人控制着沿海城市——阿尔梅里亚、巴伦西亚、托尔托萨；阿拔斯王朝（los abasíes）控制着塞维利亚。

农业王国

与安达卢斯丰富的城市和商业生活不同，基督教诸王国的社会和经济生活仍然集中在农村地区，没有什么起色。在11世纪之前，北部地区没有任何城镇可以与南部最不重要的穆斯林城市相提并论，

因为在阿斯图里亚斯地区和比利牛斯山谷，从未继承罗马的城市
遗产。

公元8世纪至9世纪交替的时候，在各王国发展过程中发生的一
件大事便是收纳了一些城市，如莱昂、阿斯托加、卢戈、潘普洛纳、
赫罗纳和巴塞罗那。但在大多数情况下，这些城市与古罗马时期的
城市相距甚远，只不过是宫廷、行政中心和各级教会的所在地。与
此同时，生产也主要集中在农村。

正是农业奠定了北方的各个小王国在11至12世纪缓慢向南发展
变成大国的经济和社会基础。然而，发展从来不是同质的。从10世
纪开始，每个地区的经济压力、对土地的需求、外国文化影响和生
态差异导致西班牙基督教地区的政治分裂。加泰罗尼亚引进的农业
模式（大规模开垦土地种植谷物和葡萄）取得了胜利是因为较深的
罗马化程度、来自加洛林的社会依赖性和比利牛斯山脉的人口过剩，
而在西部地区，开垦和种植的热情则是被杜罗河"沙漠"的无人区
土地给稀释了。通过在加利西亚、卡斯蒂利亚、列巴纳（Liébana）
等地进行生产活动，北部山谷、阿斯图里亚斯、坎塔布里亚、比斯
开等地区的人口过剩问题得到了缓解。

没有生存手段的家庭、寻找机会的冒险者、从伊斯兰教的禁锢
中解脱出来的基督徒移民，都成了杜罗河废弃土地上的农民。通过
他们的个人或集体努力（土地的占用和耕种），这些无名大军将扩大
自己王国的土地，并且可以保护自己王国免受穆斯林的攻击。新的
农业技术——水力磨坊、轭和工具弥补了耕种土地未增加但人口增
长所带来的产量缺口，在公元9世纪中叶占据旧加泰罗尼亚、拉里奥
哈和杜罗河谷证明了这种做法的可行性。

这些地区的土地耕种使得村庄成为基督教社会最基本的单位，

破坏了北方山区那种根深蒂固的古老家庭关系。村庄为氏族提供了发展邻里关系的纽带，同时在村庄可以建立个人种植的区域——果园、葡萄园、谷物种植，还可以规范山脉、水源和牧场的社区服务。

依靠对空置土地的占用，大型的庄园很快形成，这是给修道院、教堂和贵族家庭提供皇家特许权所带来的结果，与加泰罗尼亚各位伯爵的做法不太一样。在加泰罗尼亚，土地的奖励是依据有爵位的人担任公职的情况。然而，直到11世纪，由战士和农民所构成的二元社会才形成。得益于从哈里发国所夺取的资金，卡斯蒂利亚和莱昂不断开疆拓土，而加泰罗尼亚日益繁荣发展，而且因为葡萄园的成功和农业的商业化，在较长的时间内避免了中小型庄园的最终消亡。

第九章

基督教诸王国

反对圣战的十字军东征

科尔多瓦哈里发王国（Califato de Córdoba）的解体给北方基督教诸王国发出了信号，他们迫不及待地要发起进攻。从这时开始的两个世纪里，卡斯蒂利亚、莱昂、纳瓦拉和加泰罗尼亚－阿拉贡的部队越过了当年所划定的边界，攻入了杜罗河河谷、埃布罗河河谷和维克平原（Plana de Vic），将伊比利亚半岛的大部分地区收入囊中。

在基督教诸王国和各泰法王国关系动荡之时，每个地区存在的穆斯林数量并不相同，因此，依据地区不同，为了光复而付出的努力也并不相同。光复运动在高原地区的进度要快于在埃布罗河河谷和伊比利亚半岛东南沿海地区的进度。西班牙的穆斯林诸王国在四次易主的过程中，意外地遭到了北非伊斯兰世界的干预——为帮助他们在伊比利亚的同胞，阿尔摩哈德（Almohade）王朝和阿尔摩拉维德（Almorávide）王朝先后入侵。

随着征收税赋的增加和封建制度的发展，基督教诸王国开始对穆斯林所占领地区发动军事进攻。纳瓦拉王国在桑乔三世亲自领导下开始了光复领土的征程，并成功地将边界推进到杜罗河－卡梅罗斯山脉（Sierra de Cameros）–里维拉（Ribera）一线。然后是好运临头的卡斯蒂利亚–莱昂王国，控制了从杜罗河到中央山脉（Sistema Central）的通道。在卡斯蒂利亚向南扩张的时候，阿方索六世（Alfonso Ⅵ）占领了托莱多。作为其功业的延续者，阿拉贡的阿方索一世（Alfonso Ⅰ，1110—1134年）利用阿尔摩拉维德王朝的无动于衷成功地进入埃布罗河河谷且吞并萨拉戈萨王国,占领图德拉和马德里（Madrid）之间的广阔疆土，并入韦斯卡和特鲁埃尔（Teruel）的土地以及在吉罗卡（Jiloca）和埃布罗河下游一线构建防御工事，大大拓展了阿拉贡王国的疆域。随后，在并入加泰罗尼亚之后，阿拉贡又接连征服了托尔托萨、莱里达和弗拉加。

12世纪中叶，在卡斯蒂利亚和阿拉贡通过《图德林条约》（*Tratado de Tudillén*，1151年）和《卡索拉条约》（*Tratado de Cazorla*；1179年）划分了势力范围之后，第三次进攻准备就绪。当卡斯蒂利亚进攻塔霍河南部、拉曼却和莫雷纳山脉之时，加泰罗尼亚–阿拉贡人则取得了伊比利亚半岛东南沿海地区的巴伦西亚、德尼亚（Denia）、巴利阿里群岛等地。然而，等待近一个世纪，直到在拉斯纳瓦斯·德·托洛萨（Las Navas de Tortosa，1212年）击败阿尔摩哈德王朝之后，基督教诸王国向南扩张的事业才初见曙光，直至实现最终目标。卡斯蒂利亚的费尔南多三世征服安达卢西亚，占领塞维利亚（1248年）、阿拉贡的海梅一世夺取伊比利亚半岛东南沿海地区——巴伦西亚（1231年）和德尼亚（1245年）都标志着伊斯兰世界在伊比利亚半岛的最终衰落。而与此同时的1249年，随着南部城市法鲁（Faro）的投降，葡萄牙也完成了光复。

海梅一世的征服结束了加泰罗尼亚–阿拉贡依据《阿尔米斯拉条约》（*Tratado de Almizra*）所划定范围而在伊比利亚半岛所进行的

扩张，而依据该条约，穆尔西亚王国于1266年成了卡斯蒂利亚阿方索十世的囊中之物。作为巴利阿里群岛的所有者，出于发展贸易的目的，加泰罗尼亚积极地向地中海进发。但是，卡斯蒂利亚因为人口危机和内部纷争而被削弱，不得不熬过蹉跎岁月才开始伟大的扩张事业。

因此，格拉纳达王国又存在了两百年。

分享战利品

光复运动为基督教诸王国提供了大量土地，而根据传统，这些土地是无法进行种植的。最重要的是，这些地区经常受到穆斯林的骚扰，无法维持稳定的统治，原则上对北方的居民又没有吸引力。北方的第一次进攻也恰逢南部发生内部动乱的时节，这是由于杜罗河流域大家庭的崩溃以及旧有世家大族的社会地位衰落所引起的。自10世纪以来，各种威胁笼罩着这些部族。他们通常是土地、牧场和加工厂的共同所有者。一方面，其中一些成员国正在努力让共同分享资源的制度终结，以便单独占有这些资源；另一方面，世俗领主和教会领主正在努力获得最好的财产，通行权和山脉、磨坊、盐矿、渔业、水资源等让他们陷入战争。凭借技高一筹的谋略，他们取代了以前的所有者并继承了他们的权利，从而获得了最有利可图的生产要素。只有在边境附近的地方，卡斯蒂利亚－莱昂或加泰罗尼亚的农民才设法推迟了封建征服，而在其他地区，这种制度迫使农民提供农业服务。在西曼卡斯战役之后开放的土地为这些游离于封建制度之外的农民提供了空间。

1085年至1109年，第二波移民浪潮从梅塞塔高原上席卷到中央山脉。跋涉而来的人们很快在卡斯蒂利亚–莱昂地区新并入的土地之上兴建了一系列的中心城市。君主为这些中心城市授予特殊的管辖权以承认其独特性。其中最早的一个中心城，是在1076年建立的塞普尔韦达（Sepúlveda）。按照移民承诺，这里的定居者被授予财政豁免权和社会性优待，以及政府的自治权和区域转移的权利。当然，所有这些措施都是为了壮大军事力量，以捍卫王国。攻占托莱多之后，卡斯蒂利亚–莱昂在埃斯特雷马杜拉兴建了一批城市，如萨拉曼卡（Salamanca）、阿维拉（Ávila）、奎亚尔（Cuéllar）、阿雷瓦洛（Arévalo）、塞戈维亚（Segovia）、索里亚（Soria）、贝兰加（Berlanga）、梅迪纳–德尔坎波（Medina del Campo）、奥尔梅多（Olmedo）等。各个城市的成立模式是相同的，但由于有关特许权法律的变化，减少了曾给予塞普尔韦达的慷慨待遇，这不仅给小贵族们增加了负担，还通过皇家代表削弱了各城市的自治权力。

几乎与此同时，由于在向南方进军的过程中受到困难阻碍，阿拉贡王国制定了一项雄心勃勃的内部移民计划。这个计划以圣地亚哥朝圣之路为中心，提供豁免权有助于吸引工匠和商人前来定居。其中许多人来自欧洲，定居在朝圣之路沿线的小城市，如哈卡（Jaca）、潘普洛纳、埃斯特拉（Estella）、洛格罗尼奥（Logroño）和纳赫拉（Nájera）。这里在10世纪至12世纪是伊比利亚半岛北部人口增长和经济增长最显著的地区。

托莱多泰法王国在投降之时，承认被征服领土上穆斯林的财产权和社会多样性对未来的移民行动产生了重要影响。在阿尔摩拉维德王朝失败之后，一部分穆斯林的逃离为更好地开展移民运动提供了必要的空间，而穆斯林所留下的中小型财产以及恢复托莱多教区的财产特许权则更有利于移民。后来，随着12世纪的动荡，大量的王室财产也转移到贵族手中，他们在南方的土地上奠定了自己权力的基础。

这些新的移民方式在12世纪上半叶传到了阿拉贡。在埃布罗河河谷，"斗士"（Batallador）阿方索一世在塞普尔韦达——贝尔奇特（Belchite）、卡拉塔尤德、达洛卡（Daroca）等区域所使用的政府特许权，与在萨拉戈萨、图德拉、托尔托萨等中心城市的土地分配结合起来。为了保护其利益，穆斯林人口被允许保留他们在农村的财产，但当基督徒占领他们的房屋和未开垦的土地之时，他们被驱赶到了郊区。

13世纪上半叶，瓜迪亚纳河、拉曼却和伊比利亚半岛东南沿海北部水患肆虐，阻碍了该地区的一体化。之后，一种混合模式出现，将合法占领和耕种穆斯林的土地与分配土地和给予豁免权交替进行，如在昆卡（Cuenca）和卡塞雷斯（Cáceres）就采取了这种模式。由于人口稀少，伊比利亚半岛的经济向养牛业方向发展以及统治阶级力量日益壮大，使得人口向领主的牧地和大庄园牧场移民。通过委托制度，世俗贵族和骑士团——阿拉贡的圣殿骑士团和圣地亚哥骑士团（santiaguistas）、卡斯蒂利亚-莱昂和葡萄牙的卡拉特拉瓦骑士团（calatravas）、阿尔坎塔拉骑士团（alcántaras）瓜分了拉曼却、埃斯特雷马杜拉和卡斯蒂利亚的大片土地。

13世纪，在向安达卢西亚、伊比利亚半岛东南沿海地区和穆尔西亚的最后一次移民过程中，由于土地面积大幅增加（超过8.5万平方公里）、征服者人数较少以及穆斯林的存在，征服者不得不占领城市作为统治王国的手段。这与之前穆斯林统治这些地方的方式类似，将城市作为经济和政治活动的中心。就像以前的穆斯林土地所有者一样，新的基督教徒土地所有者从城市监控由穆斯林农民为他们耕种的土地。

与阿方索一世在埃布罗河河谷的做法一样，"圣人"（El Santo）费尔南多三世占有穆斯林在城市的财产、无人居住的土地、穆斯林豪强的大地产以及政治和宗教机构的财产。通过适当的分配，他用这些财产奖励在光复运动中与其合作的贵族和自由人。同时，他还将一部分财产分配给王国，也将丰富的财产分配给西班牙的教会，以补偿用于资助君主战争所用去的三分之一的什一税。

费尔南多采取这种分配方式，目的是在分配给教会和贵族的财产与分配给中等规模所有者的财产之间实现一种平衡。但在1262年的叛乱之后，穆斯林被驱逐，使得劳动力短缺，这有助于在安达卢西亚推广大庄园制。而阿拉贡王国和穆尔西亚王国则与此相反，由于穆斯林人口的大量存在，不得不将土地划分成若干小的地块，这些地块往往与占少数的贵族土地相互重叠。

拉曼却、安达卢西亚、伊比利亚半岛东南沿海地区和穆尔西亚的统一为基督教社会带来了巨大的种族和宗教多样性，也为未来的许多社会和文化冲突奠定了基础。从公元9世纪至11世纪的莫扎勒布人，先后定居在加泰罗尼亚和圣地亚哥朝圣之路（Camino de Santiago）的法兰克人（francos），至13世纪来自安达卢斯或久居伊比利亚半岛东南沿海和安达卢西亚的犹太人，在征服埃布罗河河谷和伊比利亚半岛东南部沿海地区之后的穆德哈尔人（mudéjares），都是伊比利亚半岛上较大的族群。巴伦西亚和巴利阿里群岛大约25%的人口是穆德哈尔人。

大多数族群中与土著人的融合都进展缓慢，他们往往受到特定法律的管辖，如11世纪的莫扎勒布人和法兰克人，他们被限制住在伊斯兰寺院周围、犹太人居住区和摩尔人居住区。

牧师、士兵和农夫

从11世纪开始，大家庭的解体扰乱了社会格局，各家庭成员前往其他地区寻求庇护。

小型家庭无法保护个人免受外部威胁，因此寻求安全成了卡斯蒂利亚-莱昂、加泰罗尼亚-阿拉贡等地农民的重要目标。农民把土地交给贵族以换取庇护。农民委托监护制度在山谷和平原上复活了，并逐渐强化了基督教社会的领主化。

在加泰罗尼亚，由于与加洛林王国的紧密联系，这些变化更为明显。这种依附性的管理模式得到了拉蒙·贝伦格尔一世（Ramón Berenguer I，1035—1076年）时期"惯例法"（Usatges）的支持。尽管职位和利益的世袭倾向不如在加泰罗尼亚、阿拉贡或纳瓦拉那样发展迅速，但由于也受到法国的影响，依附关系在12世纪进入了卡斯蒂利亚-莱昂。自11世纪末以来，贵族们一直在壮大自己的力量，并深刻影响了君主制，削弱了君主的一些权力，而农民则越来越顺从，他们的小块土地是领主的猎物，也占据了公有财产，以武力证明了战争活动的至高无上及其强征税收的能力。种植区、果园、农舍、森林、资源等开始适应新的生产制度。在领主从国王那里得到豁免权和终身荣誉，为封建社会添砖加瓦之时，农民也不得不维护这个社会。在支付土地租金的同时，农民还要承担所谓的劳役。

随着南方的开放和边境新区域的开发，领主制度的发展明显放缓，但其在旧移民地区却变得强大。因部分人口逃往杜罗河和塔霍河的城镇或逃往埃布罗河流域，导致西班牙北部地区的工人短缺，加剧了领主对其属民的控制。卡斯蒂利亚的阿方索六世及其继承者，包括阿拉贡的阿方索一世所实施的统治，都是封建制度发展的关键。充满克吕尼思想修道院的进步，对国王和领主的服从以及内部移民运动的巩固都构成了这一时期的历史里程碑。此外，征服托莱多和与北非诸王国的斗争是这一时期历史的重要组成部分。这两个历史事件使土地分配的方式更加多样化，也突出了战争作为致富手段的价值，并迫使人们意识到军队的伟大。为保持自身独立或霸凌他人而在基督教诸王国之间发生的斗争也有利于社会的"军事化"。在参加法国贵族的第二次十字军东征之时，这种"军事化"使得贵族阶层实力得到了增长。当穆斯林的统治日薄西山之时，领主模式就会在拉曼却、埃斯特雷马杜拉、安达卢西亚等卡斯蒂利亚君主控制的土地以及在伊比利亚半岛东南沿海等加泰罗尼亚-阿拉贡君主控制的土地上蓬勃发展，这对军事贵族来说总是有利的。

12世纪至13世纪的社会变革对城市环境产生了特殊影响，由于无法再通过分配战利品和向泰法王国索取赋税来获得财富，边境地区旧的市镇出现了封建化倾向。少数从战争经济中受益的人开始争夺市政当局和畜牧业。公社的价值在增加，这鼓励了以牺牲邻近村庄为代价而扩大各个阿尔福斯（Ahlfoz）①的斗争，同时还会积极保护阿尔福斯免受其他人的攻击。

因封建制度发展而完全受到影响的则是自11世纪以来定居在圣地亚哥朝圣之路沿线的资产阶级。贵族的问题在于财产因为逐代继承被稀释而又没有其他进项，直到最终不得不远走拉曼却和安达卢西亚。由于受到南方和城市的吸引，劳动力远走他乡，使得本地

---

① 　伊比利亚半岛使用"阿尔福斯"这个地理术语来描述相应城镇管辖的农村领土，包括下属村庄。——译者注

的短工不断减少，而渴望扩大对邻近村庄控制权的资产阶级又日益致富，这使得贵族与资产阶级的敌对情绪越来越严重。由于乌拉卡（Urraca）女王和阿拉贡阿方索一世的联姻以离婚而告终，卡斯蒂利亚与阿拉贡的结盟落空，卡斯蒂利亚阿方索七世（1110—1117年）统治时期，与国内的少数民族发生了战争。这两件事都成了冲突的导火索。一系列叛乱震动了圣雅各墓周边的城市——圣地亚哥-德-孔波斯特拉（Santiago de Compostela）、萨哈贡（Sahagún）、卢戈、卡里翁（Carrión）和布尔戈斯。农民发动这场叛乱是为了反对他们的领主并结束横征暴敛。在共同的敌人面前，农民资产阶级兄弟会的形成暂时掩盖了集体利益的不平等，但从长远来看，它不会起作用。由于阿拉贡的阿方索一世脱离了与卡斯蒂利亚的联盟，贵族、君主制和高级神职人员之间形成"阶级"联盟，反领主的运动被彻底扼杀了。因此，资产阶级失去了一个千载难逢摆脱障碍的机会，而卡斯蒂利亚则失去了推进革故鼎新的动力。

随着13世纪的临近，西班牙社会根据占有土地财富的多少来划分社会等级。在最高层，贵族们加倍提升自己的社会地位，并获得更丰富的免税待遇、豁免权和土地，以回报他们所提供的军事服务。从12世纪开始，骑士团中的贵族分为三组，即权贵或富人、小贵族和乡村骑士。教会也因所做贡献而享有特权和豁免权。高级神职人员——主教、修道院长，在意识形态上认同贵族的利益，因为他们的经济和社会基础是共同的；由于教会支持君主，并得益于教区和堂区体系的设计以及什一税的征收，其地位也得到了加强。而低级神职人员则主要来自穷人，尽管他们是自由的，但他们与穷人有一样的问题和困难。

时代的发展方向是：小土地所有者逐渐屈服了，沦落为定居在领主土地之上的佃农，他们还得为此支付租金和税金。随着领主庄园的繁荣和发展，他们与地主的关系迈上了新的道路。之前在领主庄园从事劳役或提供柴薪、农具、捕鱼等服务会被具有管辖性质的纳税所取代，如军事性质纳税、遗产税和保护税。自12世纪中叶以来，因移民到新征服土地而导致的劳动力流失以及货币流动的增加，农民的生活有所改善。领主们不惜一切代价阻止自己的佃农到其他地方工作，同时实施豁免权，以便减免签订年度租赁契约时的税负。不同的合同——支付定期租金的租赁、地租、年度固定数量的租金，都能够减轻卡斯蒂利亚–莱昂农民的负担。但是加泰罗尼亚的情况并非如此，六种劳役一直持续到15世纪，其中最沉重的负担是农奴制。根据这种制度，在放弃耕种的情况下，农民有义务向其主人支付赔偿金。

在政治扩张的同时，自11世纪以来，城市各阶级一直在努力使自己适应一个以战争和农业为导向的社会。小资产阶级——工匠、商人把他们的企业集中在两个主要中心，即圣地亚哥朝圣之路和加泰罗尼亚沿海。加泰罗尼亚沿海各城市通过与非洲大陆的商业贸易而致富，它们也是法国和中欧与科尔多瓦哈里发国家往来的中间人。11世纪至12世纪，随着光复运动的推进，越来越多的西班牙穆斯林城市开放，资产阶级的队伍不断扩大，犹太人、穆德哈尔人和意大利人都推动了商业活动的发展。

在卡斯蒂利亚，资产阶级的所有解放努力似乎都注定要失败，而在加泰罗尼亚完全不同。受到法国南部移民的刺激，加泰罗尼亚的城市巩固了其在整个君主体系当中的地位，并建立了与骑士–乡村平民等级制度平行的等级制度。随后，市政府剥夺占少数的富裕阶层的"荣誉市民"（Ciutadans honrats）称号，但这些人随后从国王那里获得类似于贵族的特权。

牧场正在扩大

公元8世纪至9世纪，第一波开荒浪潮席卷埃布罗河河谷、纳瓦拉平原和维克平原，为基督教诸王国增加了发展农业的肥田沃土。在比利牛斯山谷和坎塔布连山谷，人们很少发展农业，因为这些地方更适合养牛。然而，增长带来的内部不平衡以及农民和牧民之间的敌意很快暴露出来。宗教机构和其他大地产所有者为控制公共财产而进行的操作，也导致了不同经济发展方向之间的初步斗争。11世纪至12世纪的光复运动，使得对所获得土地用途的分歧日益增加。面对绵羊养殖业的压倒性优势，农业在整个农牧业中被降级到次要位置。

解释西班牙大量土地"由农业转为牧业"的原因有许多，但也许其中最重要的原因是光复运动本身。事实上，由于战争所造成的不稳定，绵羊养殖业相对更为安全，因为适合运输和防御敌人的骚扰。因此，卡斯蒂利亚的埃斯特雷马杜拉地区以及阿拉贡地区在各个阿尔福斯发展绵羊养殖业，以免受伊斯兰泰法王国的威胁。12世纪中叶，卡斯蒂利亚和阿拉贡消灭了南部的泰法王国，为绵羊养殖业提供了一个可以合理利用的空间，而无须占用北方所缺乏的农业用地。

在一年中的每个季节，牧民要把羊群放牧在不同的牧场之上，这需要畜牧业所用农舍的不断转移。最初，流动性仅限于从河谷到山脉的传统往返路线，这在埃布罗河和杜罗河以北的地区很常见，导致了牧民为争夺牧场不断发生斗争，尤其在纳瓦拉、卡斯蒂利亚-莱昂等地特别常见。在托莱多泰法王国被占领以及阿拉贡人侵入索里亚和特鲁埃尔之后，牧民实施了大规模的迁徙活动，其目的地是中央山脉和伊比利亚的山脉，以及埃斯特雷马杜拉和拉曼却的牧场。为了维护随季节迁移牧群的道路，也为了调解农民和牧场主之间的冲突以及争取免税，牧民协会诞生了，它是强大的牧民工会。在卡斯蒂利亚阿方索十世统治时期，建立了梅斯塔荣誉会（Honrado Concejo de la Meseta，1273年）。这标志着开启了加强养殖业利益的初始阶段。

小麦、大麦、黑麦的种植，虽然产量仍然很低，但是可以集中大量的农民。然而，从12世纪下半叶开始，更适应拉里奥哈和杜罗河流域土壤的葡萄种植业开始转向葡萄酒贸易。葡萄种植劳动力的专业化使农民受益，并促进了特殊契约方式的诞生，例如加泰罗尼亚的合植，即农民负责种植领主的土地以换取一些葡萄园的所有权。作为一种新奇事物，水果和蔬菜产品在埃布罗河、瓜迪亚纳河、瓜达尔基维尔河以及图里亚河（Turia）流域的果园被广泛种植。其中，在维护从伊斯兰世界所继承的灌溉系统方面，摩尔人发挥了不可替代的作用。

城市的摇摆起伏

自13世纪起，当掠夺型经济出现之时，贸易有了发展的动力：原材料和食品原料——铁、盐、油、谷物构成了西班牙向欧洲手工业中心出口的主要商品，与此同时，伊比利亚半岛的贵族们则进口奢侈品。在三个世纪的时间里，皇家通过给予特权和优惠的方式，将买家和商人吸引到巴塞罗那、哈卡、莱昂、卡尔多纳（Cardona）和圣地亚哥的市场。这些地方通过每年的交易集市将外国卖家汇集于此，推动了日常贸易的发展。

伊比利亚半岛上缓慢而艰难的货物运输，可以利用古罗马时代所修筑的道路。从13世纪开始，皇家对这些道路进行了修复，以适应商业增长和人口迁徙的需要。伊比利亚半岛上有限的几条河——埃布罗河、瓜迪亚纳河和瓜达尔基维尔河成为交通运输的重要水道，而由于实施森林砍伐政策引起的地形变化以及在磨坊和沟渠中需要使用水力，其他水道则被关闭了。

13世纪末，西班牙诸王国的商业活动已经勾勒出未来伊比利亚半岛的四个主要经济轴心：第一个经济轴心是旧的圣地亚哥朝圣之路——尽管具有文化优势，但其商业重要性正在下降；另外两个经济轴心是巴塞罗那和塞维利亚；第四个经济轴心是连接布尔戈斯和坎塔布连港口的道路。巴塞罗那投身于地中海贸易，与意大利各城市直接竞争东方香料的控制权及争夺纺织产品的出口机会。通过《海商法》（Consulado del Mar），加泰罗尼亚商人获得了集体防御的工具和促进交易所需的机制。与此同时，塞维利亚在热那亚的支持下主导地中海和大西洋之间的贸易，并开放直布罗陀海峡的航行。塞维利亚致力于成为西班牙的商业领袖，并融入意大利北部和佛兰德斯（Flandes）的商业圈。在坎塔布连海岸，随着布尔戈斯成为卡斯蒂利亚羊毛的出口中心以及1300年毕尔巴鄂的建立，那里的人们知道了如何利用巴斯克各港口与拉芒什海峡（Canal de la Mancha）[1]的特殊关系。与塞维利亚的情况一样，布尔戈斯的商人和巴斯克的

---

① 即英吉利海峡。——译者注

航运公司充当了佛兰德斯工匠与卡斯蒂利亚牧场主和消费者之间的中介人。在梅塞塔高原靠近海岸地区的各个城市——布里维耶斯卡（Briviesca）、梅迪纳德波马尔（Medina de Pomar）以及埃布罗河畔米兰达（Miranda de Ebro）定居的犹太资本家们也没闲着——梅迪纳–德尔坎波和比利亚隆（Villalón）的展览会是人、资本和商品的交会点，人们乘坐巴斯克地区的桨帆船和安达卢西亚的运输船抵达卡斯蒂利亚。

几个世纪之中，王国的经济依赖这些市场，顺利发展。

欧洲的第一批议会

随着西哥特王国的消失，从罗马继承的政治统一性变得七零八落。在抵抗穆斯林入侵的背景之下，北方地区的地理条件有利于分裂，而这种分裂也正是各部落和战略条件所要求的。少数群体之间所达成的协议、作为法律来源的区域惯例、受封建制度影响的差别程度等都对不同的政治实体产生了影响，使其在11世纪至12世纪逐渐意识到了自己的特殊性。

从一开始，杜罗河河谷、塔霍河河谷、埃布罗河河谷和维克平原的不同移民体系就将罗马人在伊比利亚半岛所确定的统一原则变成了一纸空文。一方面，他们更强调因其居住地或民族宗教起源不同所导致的差异性；另一方面，封建主义通过剥夺罗马国家观念的坚实基础对其进行攻击，而西哥特人和穆斯林则尊重罗马国家观念的基础。

从11世纪开始，中央政权的执政者，无论是叫作国王还是叫作伯爵，都将重建新秩序放在了首要位置。他们设法通过聚拢人民和领土来重建新秩序，向一些重要城镇——阿拉贡的哈卡和萨拉戈萨、卡斯蒂利亚的塞普尔韦达、洛格罗尼奥和昆卡、莱昂王国的莱昂和贝纳文特（Benavente）授予豁免权，这样不仅有助于边境地区及圣地亚哥朝圣之路周边地区的统一，还有助于巩固王权的基础。战利品和赋税也是君主手中的重要工具，能够用来确保贵族的忠诚。

个人依附和地区依附体系是伊比利亚半岛五个基督教王国（阿斯图里亚斯-莱昂、卡斯蒂利亚、纳瓦拉、阿拉贡-加泰罗尼亚和葡萄牙）诞生的关键。但是，领主行使私人权力以及对邻国的战争使分裂的局面持续下去，其中卡斯蒂利亚的形成就是一个明显的例子。在这种情况下，各国王室只有一条出路，那就是采取积极的征服政策以增加自己的财产，从而确保其臣属的忠诚度，就像西哥特人过去所做的那样。从11世纪至12世纪的领土扩张更加有利于卡斯蒂利亚和阿拉贡的君主，加强他们在伊比利亚半岛的霸权。

当战利品的重要性下降时，国王需要寻找新的收入来源。除了对经济活动进行征税，对盐矿和矿山实施垄断与通过皇家财产获取收益，还向王国的各大城市增加了补贴金要求。作为回报，这些城市获得了保持货币稳定、减免税收以及承认特许权和特权的承诺。财政资金来源的变化与国家结构相对应，因为君主希望拉拢重镇和大城市的盟友，以遏制贵族群体的不当干涉。尤其是在卡斯蒂利亚，从杜罗河向塔霍河的人口迁移导致大量城镇的诞生。这些城镇通过从国王或私人手中购买村庄和庄园加强了自己的实力。这些城市的一些代表加入"王家法庭"（curia real），组成欧洲第一个议会（莱昂，1118年）。在每个国家，议会的性质和权力不同。而在卡斯蒂利亚，议院具有纯粹的咨询性质；但在阿拉贡，议会代表们的要求最终会剥夺君主的一些权力。

　　然而，直到13世纪，各位君主——卡斯蒂利亚的费尔南多三世和阿方索十世以及阿拉贡的海梅一世才脱离第一元老（primus inter pares）的地位，成为每个王国唯一和最高的政治权威。由于君权神圣内容的恢复以及罗马法的更新，国王的霸权主张得到了支持，罗马法赋予国王权力和立法职能。每个王国都颁布了单一法律，如阿拉贡法典（Fuero de Aragón）和纳瓦拉法典（Fuero de Navarra）、卡斯蒂利亚的《王家法典》（*Fuero Real*）和《七章法典》（*Código de las Siete Partidas*），减少了不同地区的法律差异性。与此同时，专门的宫廷机构——外交部、理事会和法院的诞生加强了国家的集中和国王的权力。然而，君主只能统治"王室荣誉"（honor regia）之地及各个城市或市镇，不能干预私人领主领地或那些因特殊原因而保留某些独立性的领土。巴斯克地区就是这种情况，尽管曾推行古罗马法的各种理论，但当地的人身依附制度仍然顽强地存在。

　　作为君主制的伴侣，教会主导着西班牙社会。由于教会具有大量的财产并能够确定社会秩序，所以一个司空见惯的现象就是那些集中权力的君主——费尔南多三世和海梅一世从中意识到了巨大的威胁，所以想要用各种措施来限制教会。这些措施包括削减教会的收入，审查可能对国家有害的教皇圣谕以及在任命主教和高级教士时行使领导权等。幸运的是，所有的国王都通过对伊比利亚半岛的教会实施国有化政策，成功对其进行了控制。

　　在君主对教会实施控制的同时，教会内部也因为宗教改革而引发了紧张局势。由于城市的崛起和对教会权力的批判意识，托钵修会——多明我会修士和方济各会修士敏锐地发现了顽固不化而又富得流油的教会在哪里出现了问题。在加泰罗尼亚的各个富裕城市，托钵修会修士找到了他们的安身之处，因为在这里能够获得修会发展所需的资金。面对托钵修会，旧有的修道院由于得不到市民的支持而日渐衰落。在什一税的资助下，在俗教友扩展到梅塞塔高原地区的堂区和教区。最终，在埃斯特雷马杜拉、拉曼却以及卡斯特利翁（Castellón），骑士团将社会中普遍存在的战争心态转变为宗教生活。

尽管加强了雇佣军在王家近卫军当中的地位，但贵族在王家军队和宫廷机构中变得越来越不可替代。贵族与君主发生纠纷之时，他们往往凭借自己手中的武器有恃无恐，正因为如此，国内的金融波动、内部斗争或篡权乱政持续了数个世纪。当贵族感觉自身受到侵扰之时，往往会利用影响力建立专门的贵族法庭，如卡斯蒂利亚法庭（Curia Castellana，1274年）或阿拉贡法庭（Justicia de Aragón，1265年）。

联合之后的拉斯纳瓦斯大捷

基督教诸王国虽怀有扩张野心，却也总是遇到经济困难。他们始终警惕着安达卢斯的动向，既不存在经久不衰的称霸者也不存在永不崛起的帝国，每个王国因为不同的兴衰变化形成了自己独特的历史轨迹。由于收取的赋税日益增多和城市化水平日益提高，纳瓦拉王国在"长者"桑乔三世统治期间崛起成为第一个伟大的基督教国家。圣地亚哥朝圣之路为必要的城市基础设施提供了便利，这也证明了本笃会修士借助自己在社会文化上的努力巩固了这种优势。在阿拉贡诸伯爵领地和卡斯蒂利亚被并入之后，纳瓦拉介入莱昂的内政。然而，桑乔三世所留下的遗产恰恰是分裂的起源。他把纳瓦拉王国领地分给了几个儿子：长子加西亚·拉米雷斯（García

Ramírez）分得了纳瓦拉，费尔南多分得了卡斯蒂利亚，贡萨洛（Gonzalo）管辖索布拉贝（Sobrarbe）和里瓦哥萨（Ribagorza），拉米罗（Ramiro）管辖阿拉贡。纳瓦拉遭遇了埃布罗河河谷穆斯林的顽强抵抗，同时，其基督教邻国的扩张主义热情也使其举步维艰，国家的分裂更是对其产生了致命的打击。在阿塔普尔卡（Atapuerca，1054年），加西亚的军队被消灭殆尽，其王国也被阿拉贡人和卡斯蒂利亚人瓜分了。

阿拉贡的兵锋直指埃布罗河河谷，在1096年至1100年攻陷了韦斯卡和巴尔巴斯特罗（Barbastro），成了法国与哈卡等城镇贸易的必经之地。卡斯蒂利亚人对梅塞塔高原的兴趣在于吞并日益衰弱的莱昂王国，然后袭击巴达霍斯、托莱多、塞维利亚等泰法王国。尽管费尔南多一世（Fernando Ⅰ）死后曾出现短暂的分裂局面，但其子阿方索六世重建了卡斯蒂利亚的团结统一。团结的重建也归功于通往圣地亚哥的朝圣之路，因为这条朝圣之路，欧洲的政治、宗教和艺术潮流很快就能到达卡斯蒂利亚。拉里奥哈的加入，萨拉戈萨泰法王国和巴伦西亚泰法王国的归附，以及击退穆尔西亚泰法王国自阿莱多（Aledo）发动的袭扰和夺取托莱多都证明了这位国王的正确策略。阿方索六世能够应对阿尔摩拉维德王朝（1086—1110年）的可怕反攻，并将卡斯蒂利亚变成伊比利亚半岛的霸权力量。

穆斯林威胁的再次出现导致了卡斯蒂利亚的第一次马失前蹄。虽然安达卢斯的存在使得基督教诸王国拥有共同的抗敌目标，但这个目标无法消弭内部的纷争。乌拉卡和"斗士"阿方索一世的联姻以离婚而收场，之后又爆发了内部战争，这都使短暂的联盟最终落空。这个联盟原本可以在"天主教双王"之前400年重建大多数罗马裔西班牙人的统一。

　　除了社会问题之外，王国还必须面对在加利西亚、葡萄牙等存在文化差异地区的紧张局势。数十年混乱所导致的后果是：卢萨（Lusa）独立（1143年），阿拉贡入侵拉里奥哈和索里亚的埃斯特雷马杜拉，以及贵族阶层的司法特权日益扩张。

　　在很短的时间内，霸权转移到了阿拉贡手中。与贵族相比，征服埃布罗河河谷给王室带来的收益更大。但因为阿方索一世无子嗣，他的死亡重塑了伊比利亚半岛的格局：纳瓦拉在加西亚·拉米雷斯（García Ramírez）的领导下取得了独立；而卡斯蒂利亚却想在萨拉戈萨施加压力。由于没有坚定的帮手，纳瓦拉王国将目光转向了巴塞罗那的拉蒙·贝伦格尔四世（Ramón Berenguer Ⅳ）。

　　与阿拉贡公主佩特罗尼拉（Petronila）的联姻，使拉蒙·贝伦格尔四世成了阿拉贡亲王。他通过《图德林条约》和平地收回了萨拉戈萨泰法王国的领土，并根据巴塞罗那的利益制定了外交政策，关注点从国内转向了伊比利亚半岛东南沿海地区，而卡斯蒂利亚和葡萄牙光复了安达卢西亚南部。

　　由于在阿拉科斯（Alarcos）惨败，而阿尔摩哈德帝国的实力又比较强大，伊比利亚各国的前景不够明朗，只能将自己的军事矛头转向基督教各王国相邻的边界地区。作为资产阶级的盟友，卡斯蒂利亚的阿方索八世（Alfonso Ⅷ）努力与纳瓦拉争夺阿拉瓦和吉普斯夸，以便控制北方的贸易路线。加泰罗尼亚一直想征服比利牛斯山的另一侧，直到佩德罗二世（Pedro Ⅱ）在米雷（Muret）兵败身亡才停止。尽管如此，但在与穆斯林敌人作战之时，共同的目标还是让基督教诸王国能够保持团结。保持团结的好处就是在托洛萨（Tolosa）取得了拉斯纳瓦斯大捷。在此之后，科尔贝条约（Tratado de Corbeil）、科英布拉条约（Tratado de Coimbra）和阿尔米斯拉条约

（Tratado de Almizra）划定了每个王国的势力范围。由于这些条约，卡斯蒂利亚重新获得了主动权。费尔南多三世成为莱昂的国王，并迅速征服了安达卢西亚。

在阿拉贡，征服巴伦西亚的土地意味着在阿拉贡王国内出现了第三个政治实体，即巴伦西亚王国，其议会于1261年首次举行会议。由于贵族对土地分配的不满，阿拉贡国王与贵族产生了分歧。面对穆尔西亚所发生的叛乱，贵族拒绝帮助阿方索十世——阿拉贡海梅一世的女婿。看到其独立性受到威胁，纳瓦拉的香槟王朝（la casa de Champaña）开始转向法兰克王国，并于1285年与法兰克王国合并。

新的语言

伴随着每个王国的政治进程以及在各个王国独立意识的推动下，第一批语言和文学作品诞生了。这些作品见证了伊比利亚半岛的全貌。各种语言从拉丁语当中脱离出来，在民间交流中被广泛使用。但是，只有加利西亚–葡萄牙语、卡斯蒂利亚语和加泰罗尼亚语最终脱颖而出，代价是融合了邻近的方言和取代了阿拉伯语。而在巴斯克和纳瓦拉的山谷中，巴斯克语仍然存在。由于其创新的语言和扩展的能力，卡斯蒂利亚语很快就把莱昂方言赶到了角落，并限制了纳瓦拉–阿拉贡语言，直至使其在15世纪末消失。

受到普罗旺斯抒情诗的影响，加利西亚–葡萄牙语诗歌及卡斯蒂利亚语诗歌开始出现。每个王国的语言都各具特色，起到了政治或社会宣传工具的作用。卡斯蒂利亚史诗的杰作——《熙德之歌》，是宣传文学的一个例子。这部作品在现实和反贵族的背景下，利用罗德里戈·迪亚兹·德·维瓦尔（Rodrigo Díaz de Vivar）的荣耀颂扬卡斯蒂利亚。

随着对南方的征服和城市的复兴，基督教文化体系发生了深刻的变革。罗曼语族语言在创作领域达到了顶峰。著名的知识分子纷纷用罗曼语族语言创作作品，如用加利西亚语和卡斯蒂利亚语写作的阿方索十世，或加泰罗尼亚诗人和散文作家——拉曼·鲁尔（Ramón llull）。与此同时，基督教、伊斯兰教和犹太思想家之间的交流日益增多。其最好的例证便是托莱多翻译学院（Escuela de Traductores de Toledo）的建成。这个翻译学院由阿方索十世命名。托莱多翻译学院对所有的知识流派都感兴趣，而欧洲各国的知识分子们经常访问这里。托莱多翻译学院将许多伟大穆斯林智者的作品以及希腊语、印度语和波斯语作品翻译成阿拉伯语和卡斯蒂利亚语。因此，卡斯蒂利亚语在知识领域中得到了认可，并迅速打破其原有的使用界限。

社会变革打破了教会的教学垄断，旧的修道院和教堂学校让位于新的机构——称为研究院，后来叫作大学。第一批大学包括建立于13世纪的帕伦西亚大学和萨拉曼卡大学，接下来的一个世纪中在阿拉贡王国建立了莱里达大学、韦斯卡大学和佩皮尼昂大学，葡萄牙建立了科英布拉大学。同样，艺术成就则完全取决于权力的交替和战争的起伏，一系列的城堡反映了领土扩张的时刻。这些城堡常常与修道院和大教堂的景观融为一体，也见证了宗教的传播。11世纪，拉蒙·伯雷尔（Ramón Borrell）劫掠科尔多瓦的所得全部用于在比利牛斯山脉的山谷大兴土木，他在塔胡尔（Tahull）、罗萨斯（Rosas）、里波利（Ripoll）等地修建了加泰罗尼亚-罗马式的建筑，而纳瓦拉的霸权在圣地亚哥朝圣之路沿线各地〔莱尔河

（Ieyre）、哈卡、弗罗米斯塔（Fromista）〕的建筑之上都有所反映，并从这里一直传播到莱昂的圣伊西多罗（San Isidro）和孔波斯特拉（Compostela）。

从12世纪开始，以牺牲基督徒在塔霍河的进步为代价，资助了在波布雷（Poblet）和拉斯韦尔加斯（las Huelgas）修建西多会修道院。边境地区各城镇，也大力投资与宗教有关的艺术工程。在萨拉曼卡、阿维拉、塞戈维亚、萨莫拉（Zamora）等地兴建了第一批大教堂。而在莱昂、托莱多、布尔戈斯、巴塞罗那、帕尔马（Palma）等地，哥特式风格建筑闪现光芒。这些宗教建筑由国王、资产阶级和教会什一税共同承担费用。

最后的言行

与基督教的繁荣形成鲜明对比的是，在西班牙的穆斯林因伊斯兰世界的全面危机而惶恐不安。伊比利亚半岛上各个泰法王国的遭遇与伊斯兰世界核心区域如出一辙。在那些地方，十字军肆无忌惮地横行，而在西西里，泰法王国遭到了诺曼人的彻底摧毁。十字军精神占据了欧洲文化。根除伊斯兰教的痕迹，具有一种宗教意义，克吕尼派的僧侣们利用这种意义来传播他们的文化项目。在欧洲，十字军东征将社会侵略性引向国外，将其从经济和文化发展的障碍中解放出来，而在伊比利亚半岛，光复运动则错失了这样的机会。战争的理想包含有某种不可言说的神秘感，并永远剥夺安达卢斯的人文财富和物质财富。

攻占托莱多之后，卡斯蒂利亚向各个伊斯兰泰法王国开战的危险笼罩着科尔多瓦和塞维利亚。在这个关键时刻，横卧非洲北部的阿尔摩拉维德王朝利用在伊比利亚半岛的兄弟们所提供的漏洞帮助了塞维利亚的穆塔米德（Mu'tamid）家族，他们在萨拉卡（Zalaca）战役中惩罚了阿方索六世的野心。1090年，在实施了又一次登陆作战后，阿尔摩拉维德王朝迫使卡斯蒂利亚国王放弃了进攻策略。由于阿拉伯–安达卢西亚社会的弱点以及西班牙–穆斯林贵族的宗教狂热性，阿尔摩拉维德王朝（almorávide）被鼓励接管安达卢斯，以便重新夺回失去的一切，第一步是从格拉纳达、科尔多瓦、巴达霍斯、萨拉戈萨等泰法王国驱逐各个基督教国王。

> 除了瓜达尔基维尔河边的那个清晨，我会忘记一切，
> 那个清晨他们登上了航船，就像死人进入坟墓一样。
> 人们挤在河的两岸，
> 看着珍珠漂浮在河水的泡沫之上。
> 少女们的面纱掉下来了，因为她们无暇遮盖自己的脸庞，
> 她们的脸就像撕破的斗篷一样……
> ——伊本–拉巴纳·德·德尼亚（Ben al-Labbana de Denia），
> 《穆塔米德和他的家人登船流亡》（*Mutamid y su familia embarcan para el destierro*）

然而，由于面对塔霍河以北基督教徒移民区域缺乏足够的力量，阿尔摩拉维德王朝在攻打托莱多的战役中失败了。这场战役失败之后，这个王朝的好运在一个更加宽松和冷漠的宗教环境中衰落了。其不仅国内纷争不断，而且对阿拉贡（萨拉戈萨，1126年）阿方索一世和卡斯蒂利亚阿方索七世所发动的征服充满恐惧。这引起内部的叛乱，并终结阿尔摩拉维德王朝在安达卢斯的存在。另一个以改

革为特征的宗教运动占据了阿尔摩拉维德王朝所放弃的这个地域。随着马拉喀什（Marraquech）的征服，阿尔摩哈德王朝在1147年拿起了接力棒，并将目光投向了伊比利亚半岛。1171年，他们占领了塞维利亚，随即将兵锋直指其他泰法王国并威胁托莱多。与卡斯蒂利亚和莱昂商定休战之后，他们加强了阿尔摩哈德王朝在安达卢西亚的地位，直到阿拉科斯战役的最终胜利。与此同时，北方的同仇敌忾将莱昂、卡斯蒂利亚、纳瓦拉和阿拉贡诸王国联合在一起，在1212年清算了阿尔摩哈德王朝。

在政治领域，诸泰法王国和来自北非的各个帝国都无法阻止安达卢斯衰落，而在文化领域则截然不同。各个泰法王国的宫廷争相展示他们君主的学识，这为伊斯兰世界在倭马亚王朝时期就已取得辉煌成绩的创造力又添砖加瓦。百科全书作家优素福·伊本·萨义（Yusuf Ibn Al-Sayj）、历史学家伊本·哈勒敦（Ibn Jaldun）和哲学家伊本·路世德–阿威罗伊（Ibn Rushd-Averroes）的名字唤起了知识的黄金时代。在不容异说的思想和马利基派（malikí）封锁研究道路之前，伊本·路世德（Ibn Rushd）的兴趣在于通过研究亚里士多德和新柏拉图思想，对宗教和哲学进行调和，他也因此被人们所铭记。

萨拉戈萨阿尔哈菲利亚宫的拱门和交织图案大放异彩，其装饰效果与阿尔摩哈德王朝时期的塞维利亚吉拉尔达塔（Giralda）所采取的过度朴素风格完全不同。然而，没有什么能比得上阿尔罕布拉宫（La Alhambra），这是格拉纳达纳萨里（Nazaríes）王朝埃米尔的宫殿堡垒，是伊比利亚半岛穆斯林遗产的最伟大象征。

第十章

狂欢先生和斋戒小姐

"第一元老"

在阿方索十世和海梅一世统治时期，光复运动的势头平静下来，君主和贵族之间对政府管理权的争夺变得更加激烈。在争夺豁免权和政治权力的言论背后，隐藏的是贵族的利益诉求，他们渴望获得金钱并控制宫廷的各个机构。甚至连阿方索十世这位卡斯蒂利亚的雄主也无法避免这种威胁。受到王室成员领导的贵族在阿尔马格罗（Almagro）议会成功地叫停《七章法典》并且推动免除新的商业税。《七章法典》具有浓厚的罗马色彩，将国王对贵族的特权削减合法化了，而他的岳父海梅一世也没有能够扩大阿拉贡王室的权力范围。阿拉贡将全国的发展重心放在了地中海方向，这使得好战的贵族们暂时偃旗息鼓，却使国王不得不更加顾及每个地区的特殊利益和寡头利益，进一步阻碍了外交政策的统一性。相反，阿拉贡贵族毫不畏惧地利用王室走背运的时刻反对王室，并从王室攫取大量的利益。其中一个例子就是，1264年，阿拉贡的贵族们拒绝援助在穆尔西亚的阿方索十世，直到他们被任命为阿拉贡民意代表（Justicia de Aragón），并将豁免权扩大到在巴伦西亚拥有财产的阿拉贡领主以及国王给予他们在王国以外地区动武的自主权。

在之后各位国王的统治时期，局势非但没有平静下来，反而愈加紧张。由于卡斯蒂利亚和阿拉贡因为纳瓦拉而龃龉不断，同时也为了满足争夺伊比利亚半岛霸权和海外征服的需要，国王被迫与贵族合作，而贵族们知道如何让国王为此做出更多的让步。在形势危急或时局不利的情况下，贵族以发动骚乱或改换阵营的方式进行威胁，并因此获得了"伟大者"（El Grande）佩德罗（Pedro）、"坦率者"（El Liberal）阿方索三世和海梅二世（Jaime Ⅱ）的让步。1282年，阿拉贡联盟－贵族为对付国王而结成的相互帮助的兄弟会，在萨拉戈萨议会（Cortes de Zaragoza）成功地迫使君主让步——君主不仅确认了他们的豁免权，同意在与贵族发生纠纷的情况下，将纠纷交给民意代表裁决，还允诺在宣战之前一定会咨询议会（Parlamento）。

加泰罗尼亚人在这方面也不甘落后。次年，公国的寡头集团实施了自己制定的法律。在成文法律之上，再次承认习俗和惯例法的优先性，并为贵族保留了特殊的管辖权。阿方索三世（1285—1291年）甚至承认在没有议会或民意代表事先裁决的情况下，国家的法律是无法判处联合派的，这相当于承认贵族不会受到惩罚。但是，农民不会有同样的命运。在加泰罗尼亚，领主们再次擅自宣布禁止王室官员进入他们控制的领地。更为重要的是，王室在政治上向贵族的让步，包括年度议会会议的召开，颁布法律须经议会同意和控制国家官僚机构，标志着国家在向现代化努力方向上的一个倒退。

与阿拉贡的国王们截然不同，在卡斯蒂利亚，阿方索十世的继任者们：桑乔四世（Sancho Ⅳ）、阿方索十一世（Alfonso Ⅺ）和佩德罗一世（Pedro Ⅰ）试图通过与各城市的联盟和采取法律手段为贵族设置障碍。兄弟会（Hermandad）在王国政府力量最薄弱的时期里抵消了强者的贪婪，这几个时期包括桑乔四世和阿方索十世之间爆发内战以及费尔南多四世（Fernando IV）和阿方索十一世未成年之时。尽管贵族中的一些上层人士也会从中受益，但是这些人支持王国得到的补偿是城市豁免权得到承认，城镇相较于贵族的独立性以及教士与宫廷的分离。王子作家堂·胡安·曼努埃尔（Don Juan Manuel）、比斯开领主迭戈·洛佩斯·德阿罗（Diego López de Haro）和拉腊家族（la casa de Lara）的首领——胡安·努涅斯（Juan Núñez）是主要的受益者。

　　向贵族和城市的双重让步促进了王国的自治，而王国根据自身利益在两者之间左右逢源。贵族在卡里翁议会解散兄弟会时砍掉了其竞争对手的翅膀（1317年）。那时，对王权制度的最严重威胁已经过去：随着阿方索十一世（1325年）的成年，王室有足够的力量将其意志强加于所有权力集团。更重要的是，在1340年萨拉多（Salado）之战中解除了马林王朝（Benimerín）的威胁之后，王室的声望得到了加强。由于拉腊家族的"独眼龙"（El Tuerto）胡安（Juan）去世，以及购入比斯开庄园，之前不顺从的贵族开始屈服于王国军事征服的威力；同时，王国又以金钱或土地作为礼物与贵族交好，并颁布了具体的司法条例（纳赫拉，1348年）。作为君主制重新焕发活力的标志，市长–国王的代表，被派往城市，阿方索十一世有能力保护当地享有豁免权并保护他们免受领主的干涉。1348年，阿尔卡拉（Alcalá）议会承认君主的权利起源，从而使国王能够单独立法并修改特权和豁免权。

　　凭借父亲所打下的坚实基础，佩德罗一世（1350—1369年）相信自己能够控制贵族，但由于瘟疫的发生，他的愿望落空了。失败迫使他接受了贵族的所有主张，而那些曾举兵支持国王的各个城市则大为恐惧。由于他的残酷镇压手段，因此被称为"残酷者"（El Cruel）。这位卡斯蒂利亚君主试图打破贵族的阻碍，将政府交给城市官僚和犹太专家。在1365年至1369年的卡斯蒂利亚内战中，两种力量都大显身手。

在加泰罗尼亚，瘟疫导致了对立。寡头集团受到农民死亡的严重影响，再次拒绝支持王国向地中海扩张。这种扩张已经使阿拉贡和巴伦西亚的联盟关系紧张，恰好在此时巴塞罗那资产阶级的财力也不足以支持这种扩张了。王室只能采取一些措施，用权利换取金钱，包括允许巴塞罗那的自由贸易，镇压那些试图逃往王室所属土地或城市的农民，从重要城镇撤出国王委派的官员，一直到胡安二世统治时期才平息社会动荡。加泰罗尼亚议会的实力得到了加强，包括可以定期召开会议，拥有立法职能，控制国家的支出，这与卡斯蒂利亚人的统治形成了鲜明对比，同时也掩盖了将议会转变为特权阶级堡垒以捍卫他们集团利益的真实面目。

卡斯蒂利亚–阿拉贡战争（1356—1365年）和卡斯蒂利亚内战（1365—1369年）在这两个王国之内巩固贵族的优势。在阿拉贡，当国家充满遭受侵略的危险之时，"讲礼仪者"（El Ceremonioso）佩德罗被迫向议会屈服：1359年，加泰罗尼亚人借此机会取消了国王对加泰罗尼亚议会委员会（la Diputación General de Cataluña）的任命权。议会委员会负责收取税款并控制其支出。1369年，佩德罗一世在蒙铁尔去世，其同父异母兄弟——恩里克·德特拉斯塔马拉（Enrique de Trastámara）登上王位。这严重地败坏了卡斯蒂利亚国王的名声，因为新国王是私生子。在此期间，反犹太主义不断升级，经济危机日益严重。除此之外，这位新国王将大量的特权回报给那些支持其夺得王位的人。尽管君主的实力较弱，但是慑于强大贵族威胁的恩里克，还是希望通过在经济和社会方面做出让步的方式将贵族从政府中赶出去，同时提拔绅士和法学家为国家服务。

　　他的儿子胡安一世（Juan Ⅰ, 1379—1390年）厌倦了退让，拒绝将权力拱手让给各个重要城镇和教会，而教会又十分忌惮贵族的贪婪。在布里维斯卡议会和帕伦西亚议会，君主将再次批准建立兄弟会和允许各个重要城镇派代表进入王室委员会（Consejo Real）；但寡头集团又卷土重来了，在瓜达拉哈拉（Guadalajara）议会会议上，再次夺去了审判其附属农民的权力。由于胡安二世（1406—1454年）人单势孤，王国又回到了与100年前类似的状态：君主依靠各个重要城镇、小贵族和教会一部分人的支持，扭转了颓势，但代价是国王叔叔——费尔南多·德安特克拉（Fernando de Antequera）的崛起。

　　加泰罗尼亚暂时放弃扩张的政策（胡安一世，1387—1396年），并没有在阿拉贡联合王国（Confederación）加强其地位，因为其债务负担沉重，而继承的遗产又消耗殆尽，被迫继续听命于议会（Las Cortes）。马丁一世（Martín Ⅰ, 1396—1410年）的种种努力失败了，因为没有子嗣，在他去世之后，根据卡斯佩之约（Compromiso de Caspe），费尔南多·德安特克拉当选为国王。费尔南多的付出还是没有阻挡君主权力的削弱，加泰罗尼亚政府成为公国的管理机构。安特克拉（Antequera）不需要多大的特权，他的巨额收入和兴趣点在卡斯蒂利亚。他绞尽脑汁地希望把他的孩子们安置在那里。阿拉贡的王子们都有自己的位置：阿方索，成为阿拉贡未来的国王；胡安，成为纳瓦拉之王；桑乔（Sancho），成为阿尔坎特拉（Alcántara）的首领；恩里克，成为圣地亚哥的首领。各个王子的实力足以使后来登上阿拉贡王位的胡安二世忌惮不已。

国王胡安做了什么？

阿拉贡的诸位王子们

做了什么？

胡安二世与阿尔瓦罗·德·卢纳（Álvaro de Luna）所领导的卡斯蒂利亚贵族建立了联盟，成功地震慑了各位王子。促成这种联盟的一个重要因素是，双方都觊觎这些王子所拥有的财产。但是当男宠——阿尔瓦罗·德·卢纳想要在国内发号施令之时，这种合作关系破裂了。胡安二世与各位王子（1435—1440年）之间的新对抗是导致联盟破裂的完美借口：联盟的不断变化使领主们能够避免让贵族阶层之外的任何权力集团得到巩固。1442年议会颁布公告，取消国王在过去几年中所做出的捐赠，与此同时，唐·阿尔瓦罗（Don Álvaro）在奥尔梅多也取得了胜利，这都使得贵族们团结在胡安·帕切科（Juan Pacheco）——未来的比亚纳侯爵（marqués de Villena）周围，直到阿尔瓦罗·德·卢纳被处决。

我们知道的

那位伟大统帅和首领

是如此隐秘

甚至都不让我们谈论他

我们只是看到了

他被斩首……

从那时起，卡斯蒂利亚贵族绝对地掌握了最高权力。新国王恩里克四世（Enrique Ⅳ，1454—1479年）永远都不能阻止这种趋势的发展。这种发展趋势在1465年达到了顶峰，当时在阿维拉的一个公开仪式上，恩里克四世被象征性地废黜了，并被其尚在幼年的同父异母兄弟阿方索所取代。而阿方索轻易地就成了寡头集团手中的玩具。

> 他的兄弟天真无邪，
> 　　却还是做了他的继任者，
> 　　全因他人推举之过。
> 宫廷如此非凡出色，
> 　　还不是领主的杰出卓越！
> 但终究是凡人一个，
> 　　难免堕入生死轮回之所，
> 　　经受百遭千回折磨。
>
> 　　　　　　——豪尔赫·曼里克（Jorge Manrique），
> 　　　　　　《悼亡父词》（*Coplas por la muerte de su padre*）

在与各个重要城镇的兄弟会结盟之后，恩里克四世在奥尔梅多取得了胜利。在他的女儿胡安娜（Juana）被剥夺了王位继承权之后，其弟阿方索继承了他的王位。但阿方索死后，无能的恩里克四世只能按照《吉桑都协议》（*Concordia de Guisando*），接受他的妹妹伊莎贝拉作为继承人。但是突然间，形势发生了意想不到的变化，伊莎贝拉与阿拉贡王子费尔南多的婚姻打破了比亚纳侯爵所筹划的力量平衡。

在加泰罗尼亚，重新向地中海扩张，以及"宽宏者"（Magnánimo）

阿方索捍卫其兄弟及其在卡斯蒂利亚财产的行动，增加了议会委员会（Ia Diputación General）的权力。议会委员会迫使国王与邻国签署和平协议《马嘉诺协议》（*Tregua de Majano*，1430年）。在胡安二世（1458—1479年）统治时期，农民起义和城市起义提供了一种强大的压力工具，可以削弱特权阶层或向他们勒索钱财。公国的寡头集团不会忘记这一点，他们通过利用君主与其儿子——比亚纳亲王之间的矛盾，进而组建加泰罗尼亚公国代表委员会（El Consejo Representativo del Principado de Cataluña）来削减君主的权力。在《维拉弗兰卡德佩内德斯协议》（*Capitulación de Vilafranca de Penedés*，1461年）中，胡安二世只能不像恩里克四世在吉桑都（Guisando）所做的那样屈服。王子的死亡和议会血腥镇压农奴（remensa）起义以及商贩和工匠（buscaires）起义迫使国王向国会宣战（1462—1472年）。这场冲突因为有别国介入而变得复杂。胡安二世并没有凭借胜利获得好处，反而是被迫接受立法机构和巴塞罗那委员会（Consell de Barcelona）的自治权及其特权，并将没收的租金和土地归还给他们。经过十年的战争，寡头集团仍然掌握大权；"天主教徒"（el Cátolico）费尔南多仍然无法自由地推行自己的施政纲领，这也就解释了他为什么倾向于与卡斯蒂利亚联合了。

停滞不前的农民

自14世纪初以来，西班牙的人口变化趋势与欧洲其他地区一样，因为严重的粮食短缺问题而导致人口下降。一系列的灾难使得1348年变成了一个黑色的年份，来自欧洲的鼠疫开始在西班牙诸王国肆意传播。糟糕的收成已经打破了历史纪录，田地和农舍的数量锐减，工人阶级也遭受了饥饿的惩罚，因为他们的口袋空空如也。随着战争的阴云密布，贸易遭到了严重破坏，通货膨胀也肆意横行，布尔戈斯议会（Ias Cortes de Burgos，1345年）要求君主禁止粮食出口。

缺乏食物不仅导致最初的人口大量死亡和随后几年粮食播种的减少，而且还导致人口的抵抗力下降，这使得人们很容易成为斑疹伤寒、天花、白喉等各类与贫困相伴而生的传染病牺牲品。只有在加泰罗尼亚、巴伦西亚、巴斯克等交通便利的地区，因为靠近大海而能够进口谷物，使得生存的希望更高。

瘟疫最初在巴利阿里群岛、阿拉贡王国的地中海港口和阿尔梅里亚被发现，与此同时在圣地亚哥–德–孔波斯特拉的一些地区也有暴发，因为这里靠近朝圣之路。这种流行病从这里沿着通往卡斯蒂利亚的贸易路线迅速蔓延，那里的人民很快受到感染，并将疾病传播到伊比利亚半岛的其他地方。交通路线附近城镇和村庄的疫情是最严重的。瘟疫在100年的时间里都会造成人口死亡，但没有达到集体性灾难的水平。

疫情的威胁消失之后，由于农村人口进城，城市的人口数量很快就恢复了。一方面，劳动力的短缺暂时改善了农民的生活条件，因为领主迫切需要农民的服务。最重要的是，很多生产力较低的土地被抛弃，变成了牧场。另一个影响是，农民从领主的庄园逃往王室所属的土地。

尽管地主持反对态度，但是农民阶级的工资还是得到了增加。自14世纪末以来，人口数量的恢复状况在伊比利亚半岛的不同地区存在很大差异。海岸区域恢复得比内陆地区更早，但卡斯蒂利亚各个城市的良好状况是一个值得注意的例外。在大瘟疫之后仅仅50年，托莱多、巴利亚多利德、索里亚、塞戈维亚、萨拉曼卡和雷阿尔城（Ciudad Real）都恢复了繁荣。

虽然自14世纪中叶以来，城市手工业和商业的活力已经得到了恢复，但是西班牙的经济并没有改变发展方向，人们的谋生手段也没有脱离农业。田地和牲畜仍然是这个陷入困境社会的伟大遗产。这时的技术和农具都让人想起罗马人曾经使用的那些技术和工具，由于施肥不足和犁沟深度不足的情况日益严重，很多土地必须每两年或三年进行一次休耕。除此之外，农业普遍靠天吃饭，对气候条件高度依赖，由此产生了生产力的瓶颈和粮食的短缺。

以小麦为主的谷物继续占主导地位，在人类的日常食用和动物饲料中占有相应的比例。为了避免运输大量货物所带来的困难，所有地区都在寻求粮食的自给自足。但坎塔布里亚、巴伦西亚和加泰罗尼亚地区的粮食缺口必须通过将粗粮制成面包和从欧洲其他地区进口粮食的方式来弥补。在安达卢西亚和阿拉贡，运输条件很便利，谷物种植得到了发展。到14世纪末，随着农业产品贸易的恢复，一些地区开始专门从事葡萄和橄榄的种植，而在一些不太幸运的地区，这两种作物的种植则有所下降。葡萄的主要种植区域包括拉里奥哈、加泰罗尼亚的普里奥拉托（Priorato）、托罗（Toro）、巴利亚多利德和加利西亚。由于橄榄树种植所需劳动力较少，同时宗教仪式对橄榄制品需求量较大，橄榄树逐渐占据主导地位。橄榄油可以作为北欧织布机的润滑剂，同时也逐渐进入了厨房。橄榄树也在塞维利亚的阿加拉菲（Aljarafe），以及乌赫尔平原、萨拉戈萨、新卡斯蒂利亚等地区大量种植。为纺织业提供所需原料的作物、为呢绒行业提供某些基本染料的作物以及格拉纳达和巴伦西亚的桑树，占据了专业化生产所释放出来的部分土壤。

　　相比之下，由于造船厂、住宅和木炭厂都需要木材，大量砍伐森林的危险不断增加。生长缓慢的树木——橡树、栗树、山毛榉，被不受控制地砍伐，而在杜罗山脉、中央山脉和贝蒂科山脉，松树林则迅速生长。乱砍滥伐使得梅塞塔高原深受其害，所以需要不断重新植树造林。在卡斯蒂利亚，巴利亚多利德议会（Cortes de Valladolid）的相应法令（1351年）及比斯开的相应市政法是关注生态问题的良好例子。

　　与过去一样，在瘟疫之后，人口的短缺刺激了西班牙农民大力发展畜牧业。由于羊毛税成为国家最稳定的收入之一，因此养羊业在经济和政治领域都具有重要意义。于是，绵羊数量急剧增加：卡斯蒂利亚在1400年达到150万只，在1477年达到270万只，而在接下来的一个世纪里轻松地超过300万只。这种发展加剧了牧民与农民之间的摩擦，贵族们为了争夺市政牧场而发生争斗，其目的在于将其租给大牧场主。

　　畜群数量增加所带来的问题很快就推动了梅塞塔高原的改革，整个梅塞塔高原由一名总行政长官负责，四名分区行政长官对其进行辅佐。这四名分区行政长官负责管理一个牧区的中心城市，这些城市包括莱昂、塞戈维亚、索里亚和昆卡。从最重要的职位需要由王室任命的那一刻开始，梅塞塔高原将不可避免地完全依附于王国和贵族。

　　然而，农业部门最深远的变化在于所有权最终成功地集中在少数人手中。利用政治波动，特权阶级剥夺了国王的部分土地，同时也剥夺了小农的土地，并将城市和村庄附近的大片土地收入囊中。在疫情发生后，教堂占有了一些人的遗嘱遗产，并获得了国王和贵族的馈赠，尽管卡斯蒂利亚议会对其提出抗议，但教会还是成了国内的首富。贵族也是如此,他们通过继承、购买或捐赠扩大了自己的财产,而城市集团则将大部分利润投资于土地,这是贵族常见的保全财产的方式。由于长子继承制度(mayorazgo),这些土地的积累延续到19世纪,确保了贵族在其军事职能被废弃时能够拥有良好的社会地位,或者保证其在使其权力合法化的宗教社会中得到认可。自1369年以来,在特殊情况下授予的长子继承制,多数通过独特的继承方式和与生俱来的权利将土地与家庭联系起来。

在历史因素的推动下,所有权集中化在塔霍河南部的卡斯蒂利亚、加利西亚和巴伦西亚地区更为重要,被剥夺土地的农民只能通过租赁协议和收益分成契约租用小农场。价格的持续上涨使得地主减少租赁期限,以使租金与通货膨胀保持一致,并要求恢复用实物支付租金的方式。在农业商业化的地方,如安达卢西亚,土地所有者选择用短工来直接耕种土地。

以羊毛为生

伊比利亚半岛分裂成各个王国和领主属地并没有促进手工业的发展。尽管随着16世纪的临近,一些制造业中心突破了这一障碍,但是受地理因素的影响,它们几乎都是区域性的。至于卡斯蒂利亚,由于其主要从事农业、畜牧业以及出口原材料,同时,其城市发展程度也较低,因此手工业发展较为困难。向佛兰德斯和英格兰销售最好的加工产品,并不能使小生产者的情绪高涨,因为他们无法阻止外国手工艺品的进口。然而,在15世纪,当某些制造业产品的质量成为一些城市的标志时,整体情况发生了变化。科尔多瓦的皮革、托莱多的剑、塔拉维拉(Talavera)的陶瓷、塞维利亚的肥皂、安达卢西亚和穆尔西亚的玻璃、塞戈维亚的布料，托莱多、塞维利亚和科尔多瓦的银器，以及穆尔西亚和托莱多的丝绸在欧洲北部得到应有的认可，伊斯兰世界工艺品的辉煌遗留了下来。

自古以来，采矿业就在这片土地上蓬勃发展，如加利西亚的锡、安达卢西亚的铅、阿尔马登的汞。盐矿也欣欣向荣，其生产对于食品保存至关重要，并由王室垄断。在北部，比斯开地区所拥有的铁矿床和木材资源使得比斯开的炼铁厂迅速发展，在1480年有125个炼铁厂。而在吉普斯夸（Guipúzcoa）和阿斯图里亚斯，一些铁制品被做成武器、钉子和锚。

除了所有这些手工艺品，羊毛支撑着质量一般的呢绒行业。卡斯蒂利亚的呢绒使梅塞塔高原南部和安达卢西亚的村庄发家致富了，这些村庄因其靠近如下这些羊毛收集中心而先富起来：雷阿尔城、阿尔卡拉兹（Alcaraz）、托莱多、昆卡、乌韦达（Úbeda）、巴埃萨（Baeza）和科尔多瓦。到了15世纪，纺织工匠的加工能力大为增强，因此，在1462年，议会暂时禁止向国外出售未经加工的羊毛，以避免当地纺织工业原料短缺。由于荷兰人在佛兰德斯和布列塔尼的竞争，科尔多瓦的棉花和亚麻等其他纺织工业遇到了问题。相比之下，卡斯蒂利亚在穆尔西亚拥有先进的丝绸手工业，其与格拉纳达和巴伦西亚的丝绸手工业密切相关。丝绸手工业很快也在托莱多发展起来，这要归功于托莱多是交通和消费市场的节点。

在阿拉贡联合王国，手工业根据王国不同而发展程度不同。像卡斯蒂利亚一样，阿拉贡因为有廉价的原料，在卡拉塔尤德、达洛卡、韦斯卡和哈卡建立了一个繁荣的呢绒工业。然而，由于国内生产能力不足以满足消费需求，只能购买加泰罗尼亚或法国的产品。巴伦西亚王国大量出售的制成品包括染料、纸张、马尼塞斯

（Manises）的陶瓷、丝绸、皮革制品，但是其几乎不能抵消进口的费用。而马略卡岛（Mallorca）拥有大量面向地中海市场的纺织手工艺品，但由于其所处地理位置加剧了海盗活动，同时还面临巴塞罗那的竞争，其纺织业在中世纪陷入了低谷。

此时，加泰罗尼亚在伊比利亚半岛和地中海西部的呢绒行业也处于领先地位。由于法国发生工业危机，让出了市场和熟练劳动力，加泰罗尼亚人在巴塞罗那、托尔托萨、塔拉戈纳、莱里达和佩皮尼昂（Perpiñán）都安装了织布机。这些城市周边的城市巴伦西亚、萨拉戈萨、美斯特拉格（Maestrazgo）都拥有原材料，在阿拉贡王国征服新市场的过程中发挥了强大的作用。然而，政治的动荡，特别是1462年至1472年的内战，暂时掩盖了其辉煌，让荷兰人和英国人扩大了出口。此外，鲁西永和塞尔达尼亚的铁矿在公国北部为大批铁厂提供了原料。

同样得到认可的还有一些奢侈品，如银器或珊瑚。

在中世纪晚期，手工业生产被行会垄断。行会是由同一行业的工人群体所组成的协会。在加泰罗尼亚王国的城市环境中，行会强大而不灵活。为了成员间的相互帮助而产生的行会，最终承担了经济和社会性质的其他职能，这些职能阻碍了生产活动的正常发展。行会的壁垒使得许多"工商业"将生产转移到农村。在农村，农民家庭为了挣工资，加工商人所提供的原料。

银行家比国王更好

13世纪的扩张给经济带来的变化就是价格和工资的全面上涨，这对地主和生产者产生了非常不利的影响。中世纪晚期的通货膨胀压力既来自货币流动，也来自君主们的种种操作——他们试图通过在铸造钱币过程中减少贵金属的使用来平衡预算。

从1260年到1320年，随着社会动荡和内战爆发，价格上涨在卡斯蒂利亚已经势不可挡。经过一段时间的平静，通货膨胀再次因受到瘟疫的影响而愈演愈烈。阿拉贡和纳瓦拉更好地抵御了这次危机，但是他们无法抵御14世纪30年代的流行病、作物歉收和贸易停滞所带来的有害后果。但加泰罗尼亚是一个例外，由于其与地中海沿岸各地的紧密联系及其所采用的混合经济模式，特别成功地躲过了这场劫难。经济形势在世纪之交发生了变化，从那时起，卡斯蒂利亚的价格开始保持稳定，只有在需求增长时，才会小幅上涨。相反，在阿拉贡，经济长期不稳定，最终导致加泰罗尼亚的生产系统彻底崩溃。

此外，缺乏合理的经济政策和施加过度的公共干预阻碍了复苏，特别是在卡斯蒂利亚，尽管这个王国在制定价格控制措施方面走在了前列，但是资产阶级对王国的影响力无法阻止货币贬值和税收增加。在塞维利亚议会（1252年），阿方索十世下令实施了那个时代的第一次货币贬值，目的是使其名义价值更接近实际价值。他还禁止出口食品，并制定反奢侈品立法以避免贵族背负沉重债务。然而，在纳瓦拉的战争使得这种美好的愿望落空了。

由于经济危机加剧，君主只能采取刺激生产和贸易、控制价格和促进生产者资本积累等经济政策。塞戈维亚议会（Cortes de Segovia）废除了以前的一项立法，因为该立法会引起囤积居奇，并会造成弱势群体物资短缺和生活条件的恶化。巴利亚多利德议会的会议限定了官僚机构的支出，确定了贷款的最高利息，宣布年息33.3%是合法利息，并减少了营业税的数量。最后，赫雷斯议会

（Cortes de Jerez，1268年）确定了王室对经济事务的绝对干预权力。从那时起，在整个王国度量衡、稳定货币性和一些消费品的定价得到统一。为了打击商人集团利益，在全国禁止商人和工匠组建兄弟会，并通过冻结手工业者的工资来补偿商人。为了有效禁止从本国输出生活基本必需品，国家指定了有权与国外进行贸易的港口。

阿方索十世的继任者们继续实施这些措施，以便保证其与城市资产阶级的联盟永久不变。卡斯蒂利亚能够承受市政当局对收成不佳的抱怨、道路不安全或财政支出过多等问题，但王室缺乏庄园以及议会允许新的征税，却对城市经济造成了真正的伤害。阿拉贡人也曾经受到类似问题的困扰，在海梅二世时期，尽管由于国王对议会的依赖性避免了货币操纵和滥用特别税，但是阿拉贡人也采取了强硬政策。通过这些措施，他们改善了经济，为加泰罗尼亚商业资产阶级的繁荣作好了准备。

在阿方索十一世统治时期，议会通过对放债人的抗议，获得了三分之一的债务减免和更好的还款条件。然而，由于在铸造货币过程中缺乏所需的黄金和白银，国家被迫与希伯来银行家达成协议，以弥补他们之前的损失。所储存的白银价格过高以及出口完全自由，导致供应短缺和价格全面上涨。与此同时，新的商业税——中世纪晚期的增值税以及瘟疫使卡斯蒂利亚的经济陷入了混乱状态。

为了摆脱危机，"残酷者"佩德罗一世恢复了阿方索十世时期所采取的措施，以限制生产成本，并使寡头集团受益。在按照区域实施价格和工资标准的同时，再次禁止成立行会，而贸易受到与英国贸易协定的影响。粮食和其他急需商品的短缺迫使国家减税以吸引进口商。恩里克二世（Enrique Ⅱ）和胡安一世统治时期的干预政策仍在继续；然而，商人从来都不欢迎政府干预价格的做法，这导致布尔戈斯议会取消了统一定价（1379年）。

在阿拉贡，变化也是戏剧性的。瘟疫本已摧毁其部分经济实力，而与卡斯蒂利亚的战争以及领主与农民之间的内部斗争又雪上加霜，对农业、手工业和商业产生了严重影响。阿拉贡没有摆脱这种混乱局面，金弗罗林（florín de oro）贬值和1381年的银行倒闭又进一步加剧了这种混乱局面。然而，由于14世纪末的快速复苏，危机对阿拉贡的影响远不如卡斯蒂利亚那么严重。

道路的和平

虽然中世纪晚期的条件并不适合商业发展，但是贸易逐渐恢复了势头。当时的主要障碍仍然是地形的困难阻碍了货物的运输。随着西班牙经济轴心向南转移，圣地亚哥朝圣之路失去了作为连接北部和南部各交通要道重要节点的地位。特别是下列大城市之间的国道已经不必再经过朝圣之路：卡斯蒂利亚的布尔戈斯、巴利亚多利德、梅迪纳-德尔坎波、塞维利亚、科尔多瓦和坎塔布连海各港口；阿拉贡王国的萨拉戈萨、蒙松（Monzón）、莱里达、巴塞罗那、巴伦西亚和阿利坎特（Alicante）。在道路建设方面，恢复了罗马人所设计的道路结构，并通过新的建筑技术进行了改进，而在高原地区则对道路进行了拓宽。所有道路都通往托莱多，这座城市成了伊比利亚半岛中心位置的交通枢纽。沿着这些交通要道，一队队骡子和赶车人促进了经济流通。这种交通方式在1497年获得了王国的认可，"天主教双王"创建了卡斯蒂利亚皇家赶车人协会（Ia Real Cabaña de Carreteros de Castilla）。

由于速度更快，价格更便宜，体积更大和安全性更强，船只运输远优于任何其他运输方式。自12世纪以来，坎塔布连、加利西亚、安达卢西亚等沿海地区渔业生产的发展以及加泰罗尼亚－阿拉贡殖民和商业利益的驱使，为扩大海洋交流提供了足够的知识。出于这两个目的，在巴塞罗那、塞维利亚、加的斯、帕洛斯（Palos）等地建立了新的造船厂，制造的船只能够适应气候和海洋多样性：适应地中海航行有商船、运输船和双桨船；适应大西洋航行有三桅帆船和桨帆船。马略卡岛和加泰罗尼亚制图技术的进步，使得人们从海岸驶向远方。

作为前几个世纪商业活动的核心，市场开始被手工制品商店所取代，特别是在仍然保留着露天市场及其附属建筑的安达卢西亚，这种情况尤为严重。同样，由君主和领主保护的集市，因为道路日趋太平，享有免税待遇和拥有固定时间表而得到了长足发展。在巴利亚多利德、梅迪纳－德里奥斯科（Medina de Rioseco）、比利亚隆、帕伦西亚、萨拉曼卡、布尔戈斯、塞戈维亚、塞维利亚（Sevilla）、穆尔西亚等地举办的集市是卡斯蒂利亚经济的支柱。在所有的集市中，梅迪纳－德尔坎波集市脱颖而出，随着时间的推移，成为全国的金融中心，将国王的放贷人聚集在一起，与国库进行业务来往。在阿拉贡王国，集市几乎没有任何影响力，因为随着商业和手工艺的发展，批发市场（Lonjas）成为一种更有效的工具，这些位于重要城镇的交易地点，能定期运输货物并根据供需情况确定价格。

自13世纪中叶以来，交易的增加只能通过更大的货币流动来维持。为了便于商业交易，国王们通过征税和出口所获得的贵金属铸造成货币。当贵金属不足或携带大量金属货币非常困难的时候，新的支付方式，如汇票就方便了资金的流动。由于各个王国在政治和经济上都相互独立，所以都建立了自己的货币体系。阿拉贡在货币单位、工资、金额等方面最初保留了加洛林模式，但随着其与地中海各地的联系，迫使其采取意大利的经典模式，在佩德罗四世（Pedro Ⅳ）时期采用了金弗罗林。卡斯蒂利亚本身更加封闭，吸收了阿尔摩拉维德王朝和阿尔摩哈德王朝的货币样式，创造了自己的西班牙金币，并建立了货币的三金属原则，即黄金、白银和铜币之间有固定的兑换价格。货币统一道路上最重要的一步，是"天主教双王"在1477年创立西班牙金币（ducado），这种金币所具有的金属财富和不变性使其成为国际化的货币，也就是那个时代的美元。

在贸易飞速发展的同时，银行的发展却裹足不前，只是专门从事货币兑换和有息贷款。犹太人和改宗者垄断了贷款交易，国王们立法以阻止他们放高利贷，教会也对这些放高利贷的做法进行谴责。在加泰罗尼亚，交易操作的复杂性使得在市场出现第一批"银行"，其实也就是进行货币兑换的一些桌子。在巴塞罗那和赫罗纳，1381年许多信贷机构的破产使其被市政当局接管，并与其他私人资本一起共存。随着贸易和国家需求的增长，金融流动得到了解放，甚至各位君主也向西班牙和欧洲的私人银行借钱。

在墨丘利的圣坛之下

由于具备商业传统和拥有丰富的资源，加泰罗尼亚成为12至15世纪伊比利亚半岛发展贸易的典范。但是内战和第一次农奴起义结束了加泰罗尼亚对海洋的统治地位，因为信贷被切断了，资本也加速逃往农村。王国的对外政策与贸易发展密切相关，在地中海的军事行动和外交努力（1270—1327年）都是为了进入马赛、热那亚（Génova）和威尼斯（Venecia）所垄断的圈子。之前，马赛、热那亚和威尼斯垄断了拜占庭与西方交往中间人的地位。巴塞罗那为此向王国的野心提供了军事和财政支持；此外，在市场扩大的过程中，加泰罗尼亚人减轻了由于14世纪的瘟疫所带来的不良后果。

在东部，公国出口布料、蜂蜜、玻璃和奢侈品，以换取皮革、染料、奴隶、黄金和香料，然后将这些换回的商品在意大利、北非和欧洲转售。像东方一样，为了方便商业的专业化，加泰罗尼亚设计了通向法国南部和中欧以及阿拉贡、安达卢西亚、佛兰德斯和英格兰的二级公路网络。作为公国的粮仓，西西里岛一直是焦点，这里还从事纸张、布料和其他亚洲商品的贸易。

与西西里岛一样，阿拉贡只不过是加泰罗尼亚的农业"腹地"。从东方所进口的织物、糖、丝绸和手工艺品越来越多地抵消了出口羊毛、蜡、小麦、橄榄油和木材所带来的盈余。由于产品结构的相似性，其与巴伦西亚的贸易来往非常少，而与卡斯蒂利亚的贸易往来几乎为零。当巴塞罗那在15世纪衰落时，巴伦西亚领导王国的贸易，控制阿拉贡对意大利的羊毛输出、农业的海上出口以及与卡斯蒂利亚的繁忙交通。随着卡斯蒂利亚的特拉斯塔马拉家族入主阿拉贡王国以及两个王国之间海关的关闭，丝绸、布料和木材的销售快速增长。内部和平促进了财富增长，并加强了巴伦西亚在阿拉贡联合王国中的地位，因为巴伦西亚成了阿方索五世（Alfonso V）和费尔南多二世（Fernando Ⅱ）发展事业的提款机。

自13世纪中叶以来，商人在卡斯蒂利亚重新焕发活力：商人的目标包括北欧和比斯开湾、法国和大西洋沿岸的马格里布地区。坎塔布连的水手们在拉芒什海峡取代了加泰罗尼亚人，并使富恩特拉比亚（Fuenterrabia）、贝尔梅奥（Bermeo）、圣塞瓦斯蒂安（San Sebastián）和赫塔里亚（Guetaria）闻名天下。毕尔巴鄂（1300年）

诞生了，成为卡斯蒂利亚与欧洲其他地区交往的交通枢纽。由于其在英格兰、佛兰德斯、加斯科涅（Gascuña）、布列塔尼和诺曼底（Normandía）获得的特许权以及其所具备的专业知识，巴斯克运输商通过在最繁荣的城市〔布鲁日（Brujas），1428年〕建立商业和领事馆来运营交通路线。为了换取羊毛、比斯开的铁、卡斯蒂利亚或加利西亚的葡萄酒，北方的船只向卡斯蒂利亚输入欧洲奢华的手工艺品，如佛兰德斯、英国和法国的呢绒、纱织花边、金属、玻璃、挂毯、艺术品，并在收成不好的年份输入小麦和腌制品。布鲁日、安特卫普（Amberes）和阿姆斯特丹（Ámsterdam），鲁昂（Rouen）、勒阿弗尔（Le Havre）和迪耶普（Dieppe），毛勒斯（Maules）、圣马洛（Saint Malo）、拉罗谢尔（La Rochelle）、波尔多和巴约纳（Bayona）接收其商船的货物；与英国的交往受到政治风向的影响，摇摆不定。

　　卡斯蒂利亚的第二个商业中心是安达卢西亚。在中世纪晚期，这里的商业和航运就初具辉煌。在这种辉煌的基础之上，接下来的几个世纪中，塞维利亚、赫雷斯、加的斯和圣玛丽亚港（El Puerto de Santa María）大放异彩。塞维利亚不仅承担了意大利和欧洲北部之间中间站的功能，也与北非联系密切。在塞维利亚所积累的大量黄金，不仅仅使当地商人致富，也使在15世纪被英国人、法国人和佛兰德斯人所取代的佛罗伦萨人、热那亚人和威尼斯人的钱包鼓了起来。除了基督教世界，其辐射范围涵盖当今格拉纳达、马拉加和阿尔梅里亚各省份的格拉纳达泰法王国，还保留了西班牙–穆斯林经济的多样性。菜园和果树弥补了其所短缺的谷物。莫特里尔（Motril）、萨各夫雷纳（Salobreña）、阿尔穆涅卡尔的甘蔗，马拉加的坚果、藏红花、桑树、亚麻和棉花反映了其外向型农业的特征，而且其农业受到定居纳扎里王朝热那亚商人强烈需求的推动。此外，尽管手工业是格拉纳达贸易的支柱，但是山区畜牧业和渔业也为贸易平衡做出了贡献。金银手工艺和丝绸工艺继承了东方传统，在国外享有很高的声望。

暴力者的王国

根据经济标准以及家庭、地理和宗教标准，西班牙各王国的男女仍然主要划分为三个阶层。而教会的任务是说服那些不幸的人接受自己在社会当中所处的地位，并使那些幸运的人相信教会所处地位的合法性。然而，在瘟疫蔓延的情况下，没有人会对上帝在一个极端暴力的社会中将人分成三六九等进行批判。

虽然贵族的数量较少，但仍然占卡斯蒂利亚人口的近10%，包括北部和巴斯克的绅士，但是在阿拉贡，这一比例不到2%。享受免税待遇的贵族们，在发动反对国王斗争的时候，以牺牲国王和农民为代价来增加他们的经济和社会特权。与国家关系的不同以及财富的多寡使得贵族之间存在着深刻的差异，因此在14世纪，一个新的高级贵族阶层占据了卡斯蒂利亚社会顶端，而之前的上层贵族在战场或宫殿清洗中已经消亡了。除了非常强大的贵族、远离宫廷的贵族或皇室成员之外，只有几个姓氏的贵族——恩里克斯（Enríquez）、曼努埃尔（Manuel）、德拉·塞尔达（De la Cerda）在这种变化中幸存下来。胜利的阶级主要来自特拉斯塔马拉家族的亲属、在内战中支持他们的雇佣兵以及后来为政府或宫廷服务的官僚。他们靠着恩里克二世、恩里克三世（Enrique Ⅲ）、胡安二世和恩里克四世的恩惠，从捐赠和国家收入中获取了大量的财富。在1480年，他们获得了超过60%的收入。这种混乱状态在"天主教双王"统治时期得到了解决，取消了许多为换取其他人的认可和承认长子继承制而做出的让步。

阿拉贡的贵族则受到更严格的限制，王国只有二三十个大家族，他们多是旧伯爵头衔或是光复运动中崛起的大贵族的继承人。虽然由于伊比利亚半岛的分裂，直到海梅一世统治时期，各区域贵族的利益共同体都保持不变，但随着向地中海的扩张，这种共同体被打破了。虽然每个寡头集团都一直反对加强皇室的影响力或恢复皇家遗产，但是在"民族主义"的面具之下，他们都极力捍卫自己的利益。

在伊比利亚半岛的文化结构当中，有一种毛病，那就是过度推崇贵族的社会政治地位。由于受到这个毛病的毒害，整个卡斯蒂利亚社会都把成为贵族作为最高的目标。因此，在未来的几个世纪里，他们蔑视体力劳动，痴迷血统纯正，并且在达到一定经济地位后努力去跨越阶级的门槛，这不仅对社会生产毫无裨益，也把所有创新的道路都堵死了。在这时崛起的大贵族，主要有梅迪纳塞利公爵——费尔南德斯·德·维拉斯科（los Fernández de Velasco）、德拉·塞尔达；贝纳多特伯爵——曼里克（Manrique）、奎诺内斯（Quiñones）、皮蒙特尔（Pimentel）；卡斯蒂利亚海军上将——恩里克斯；阿尔瓦（Alba）公爵–奥索里奥–索托马约尔（Osorio y Sotomayor），阿尔瓦雷斯·德·托莱多（Álvarez de Toledo）；英凡塔多（Infantado）公爵–门多萨（Mendoza）；奥苏纳公爵–特列斯·吉龙（Téllez Girón）；还有波托卡雷罗（Portocarrero）。

对于低级贵族来说，14世纪至15世纪并不好过。所分得的战利品已经消耗殆尽，他们的收入仅限于财产收入和为高等级贵族或王国当兵的军饷。随着通货膨胀的日益严重，他们的收入对于维持生活和军事义务来说，已经显得十分不足。为了纠正这种情况，国王们立法反对社会精英之间在衣服、马、食物等方面的奢侈攀比，因为这种攀比已经使得中等贵族的境遇严重恶化。因此，阿方索十世、阿方索十一世和恩里克二世所颁布的法律，除了具有商业性质之外，还具有社会性动机，规定了每个人根据其社会地位，所应该使用的显示其财富状况的外部标志的数量和质量。国家在资产阶级成长之前就把社会分层嵌入了这个阶级，合法地维持差异性，并使贵族避免因与城市或农村富裕阶层进行财富攀比而浪费收入。

在王国羸弱的时候，所夺取的王国财产和收入部分抵消了贵族收入的下降，但事实很快就证明这远远是不够的。从那时起，掌握在中等贵族手中的社会就开始了对贫困农民、城市资产阶级、城市和教会财富的掠夺。面对武力，许多王室所属土地上的农民要么接受领主的统治，要么沦为半奴役状态。在阿拉贡，领主们从王室手中取得了以下权力：禁止王室官员进入领主庄园的权力，以及对其依附农民的民事和刑事管辖权。不久之后，他们甚至可以有权虐待附属农民并剥夺他们的财物。卡斯蒂利亚的佩德罗一世拒绝给予卡斯蒂利亚贵族类似的特权，使得其在内战期间失去了贵族的支持。内战结束之后，特拉斯塔马拉家族慷慨地将梅塞塔高原上的一些重要城镇交给其支持者。最受益的是费尔南多·德安特克拉，他获得了巴利亚多利德的城镇和集市。议会代表们的讲话中充斥着对道路不安全的抱怨以及对贵族帮助"封建作恶者"（malhechores feudales）的指控。各个城市结成兄弟会，为王室提供了一种镇压工具，教会失去了部分什一税，这部分钱财会落入世俗雇主的手中，小贵族则还利用委托制，以支持教会为手段，从修道院和教区获取土地。

　　尽管经济上存在差异，但贵族阶层仍然保持着强大的家庭和阶级团结关系，这使其能够从容地应对君主和其他类似阶层的进攻，但这无法阻止其内部的血腥叛乱——在巴斯克地区各省份，内部叛乱尤其特别残酷。

　　阿拉贡贵族更加具有封建性质，保留了他们的军事使命，而卡斯蒂利亚的贵族则沦为了朝臣。阿拉贡的贵族更多地依赖于土地而不是城市，他们对农民施加了不寻常的暴力，为未来的起义埋下了隐患。具有王室血统的新贵族取代旧贵族，这些贵族主要在卡尔多纳、蒙卡达（Moncada）、安普里亚斯、乌赫尔等地。

　　尽管信徒捐赠和什一税的一部分被用于支持医院或学校，但是这两项收入还是在表面上扩大了教会的资金。与贵族一样，高级神职人员享有优越的生活，其中比较突出的是托莱多、圣地亚哥、塞维利亚、布尔戈斯、塔拉戈纳、巴伦西亚、萨拉戈萨等主管教区的神职人员以及大的军事骑士团的首领。为了给长子以外的儿子找到一个好的归宿，王室和贵族也会让自己的儿子担任主教。在王室和贵族周围聚集了一大批神父、受俸教士、司祭。宫廷不仅掌控着教会，还享受他们的津贴和收入。教会人员在各地的分布状况也不相同，教士多分布在富裕的城市，忽视了伊比利亚半岛的大片地区。很多地方的神职人员或者是经验不足，或者是道德水平值得怀疑。与农村密切相关的是，教会的收入随着瘟疫的破坏而减少，这对希望担任神职人员的候选人数量产生了影响。另一方面，14世纪的危机及戒律松弛使神职人员的道德状况恶化。由于经济上的胡作非为、生活上的放纵、知识上目不识丁以及在战争中的积极好战，瘟疫地区的堂区神父被迫出走。那个时代的文学作品用大量的篇幅来描绘这些离经叛道的行为，如依塔大主教（Arcipreste）所写的《真爱之书》(*El libro de Buen Amor*)。这些文学作品为之后几个世纪的改革愿望奠定了基础。

农民的命运更糟，特别是在阿拉贡，基督徒农民的生活比他们的穆德哈尔邻居更为艰难。在发动数次叛乱之后，他们没有得到任何东西。而"天主教徒"费尔南多二世在塞拉达（Celada）所作出的判决为贵族对其依附农民实施暴力行为提供了法律依据。自13世纪末以来，加泰罗尼亚的领主与农民的关系也变得更加冷淡。由于瘟疫以及为占用空地而建立的设施，加泰罗尼亚的农民分成了两组。贫穷而又依附于低级贵族的农民生活在比利牛斯地区最不肥沃的土地上；而生活在新加泰罗尼亚的农民的生活状态则更令人满意，但这两个地方的农民都要受到不平等封建制度的剥削。

由于瘟疫肆虐和领主的肆意妄为，加泰罗尼亚农民被折磨得疲惫不堪，他们通过焚烧合同和庄稼来表达对统治阶级的不满。面对叛乱，王国不会袖手旁观，即使镇压叛乱对于王国最危险的敌人——贵族有利，王国也会熄灭这场由贵族所引发的大火。因此，尽管农民在反对国会的战争中支持胡安二世，但其还是无视贫困农民的要求，从而在1484年的西班牙引发了新的起义。"天主教徒"费尔南多二世通过瓜达卢佩判决所开启的和平解决了争议，尽管其只使最富有的农民受益。

在卡斯蒂利亚，农民也没有好的前景。一系列骚乱席卷了全国，但没有发生像加泰罗尼亚那样的大规模起义。唯一超出地区范围的起义是加利西亚的兄弟会（irmandoños gallegos）起义（1467—1469年），其遏制贵族强盗行径的目标，将农民、资产阶级、神职人员和小贵族聚集在一起。除了摧毁城堡并将高等级的世俗贵族和教会贵族驱逐出王国之外，这一运动还使恩里克四世在奥尔梅多减少

了政治对手。由于国王改变了结盟对象，并鼓励组建一支由丰塞卡
（Fonseca）大主教和莱莫斯（Lemos）伯爵领导的军队，加利西亚兄
弟会的短暂胜利很快就转变为失败了。

在卡斯蒂利亚的各个城市，贵族的野心并不仅仅在于拥有不动
产，他们还想进一步掌控政府，并以贵族地位和血统纯正性为标准
来限制政府职位的获得。半贵族农民和绅士统治着阿拉贡的城市，
而在加泰罗尼亚，正是上层资产阶级将贵族从市政府当中清除出
去。然而，贸易和手工业的崩溃导致资产阶级的投资开始远离城市，
进而创造了一个广阔的农业"腹地"，他们也在政治上投身于农村
地区。

与农村的情况一样，市政府的排他性统治引发了骚乱和争吵，
在巴塞罗那尤为严重。自15世纪中叶以来，手工业者与大资本家因
为争夺市政当局的控制权以及争论在萧条时期应该采用的经济指导
方针而发生对立。"荣誉市民"等资本精英挪用资金和任人唯亲在
1451年引发了火花，最后，《佩德拉尔韦斯协定》（capitulación de
Pedralbes）为巴塞罗那的富豪统治提供了理由。同一时期，在马略
卡岛爆发的工匠和农民反对帕尔马资产阶级及其加泰罗尼亚盟友的
起义也取得了同样的结果。

工匠、临时工、仆人和学徒以及依赖教会慈善机构的少数奴隶、
吉普赛人和乞丐与城市资产阶级并肩作战。最重要的新奇事物在于
中产阶级的到来，他们在国家官僚机构、企业或知识领域工作，包
括律师、公证人、医生、艺术家、大学教师……

在上帝的边缘

　　除了这种与欧洲其他王国相类似的社会分层之外，在光复运动之后，国内还存在着穆斯林和犹太人。瘟疫和社会政治动荡将使这些群体的生活条件恶化，经常陷入间歇性的暴力和边缘化之中。在中世纪晚期，随着内部问题的不断加剧以及农民和手工业者的境况日益不佳，基督教君主和穆斯林哈里发的宽容精神荡然无存。这种带有种族主义色彩的骚乱主要针对的是犹太少数民族，可能是因为他们较为富裕和专门从事银行业，而贫穷的穆斯林农民则更好地避开了这种无政府状态。

　　与中世纪早期一样，犹太人是最有影响力的少数民族。在商业和文化领域，他们充当了基督教王国和泰法王国的中间人角色。他们的出色才干使他们在各个国家新生的金融官僚机构中发挥了主导作用。亚伯拉罕·埃尔·巴奇永（Abraham el Bachillón）负责桑乔四世的国库，约瑟夫·德埃希哈（Yuzaf de Écija）担任了阿方索十一世的税吏。他们代表了犹太人在技术官僚中的声望。虽然犹太人对于王国是不可或缺的，但在14世纪上半叶爆发遏制犹太人的潮流之时，国王并没有退缩，甚至禁止犹太人购买土地。

　　当时的经济负担加剧了对犹太主义的仇恨，这与席卷欧洲的同样情绪相一致。当人们被低级神职人员的煽动性演说鼓动起来之时，阿方索十一世的经济政策推动了种族主义潮流。这种政策引发了王国对犹太商人的敌意，认为他们应该对粮食短缺负有责任。在佩德罗一世统治时期，这种情况日益恶化。这位国王把对希伯来技术人员的管理权移交给金融家萨穆埃尔·列维（Samuel Levi）。他也是托莱多最豪华犹太教堂的赞助人。国王的同父异母兄弟——恩里克利用这一尝试来平息情绪，并为内战提供宗教掩护，以掩盖其真正的目的：取代佩德罗的支持者并取消贵族欠犹太贷款人的债务。

战争加剧了对犹太人和摩尔人的攻击，但当恩里克二世登基之后，政策就会改变。这位国王保护摩尔人和犹太人并拒绝支持在各城镇强迫少数民族佩戴独特的标志。从那时起，在权力弱化和社会冲突升级的时期就会发生暴力事件。因此，卡斯蒂利亚胡安一世的死亡导致了1391年的可怕破坏，这仅仅是穷人对土地所有者实施报复的结果。反犹太人骚乱（progrooms）始于塞维利亚，迅速蔓延到安达卢西亚、伊比利亚半岛东南沿海和阿拉贡，摧毁了许多犹太教堂。各位君主的干预措施暂时消除危险，但是压制了受迫害者的某些权利和生活方式。

犹太人只占伊比利亚半岛人口的不到5%，并长期保持这一比例。尽管犹太人的数量没有减少，但是迫害导致犹太人从最危险的城市外逃。阿拉贡王国因这种外逃而受到严厉惩罚，因为其95%的犹太人从事手工业、商业和各种自由职业。在卡斯蒂利亚，由于犹太贵族的皈依，外逃减少了。然而，放弃他们本来的信仰并没有完全消除危险：皈依者仍然被法律边缘化，被穷人甚至是权贵所抛弃。权贵们通过用血统纯正的概念进行自我保护和高估旧基督徒的价值来设置障碍。许多皈依者的后代被迫迁移到伊比利亚半岛的其他地区或改变他们的姓氏，以掩盖他们真实的身份并获得公职。15至16世纪，西班牙的许多知识分子在他们的血液中带有这种耻辱，其中包括费尔南多·德·罗哈斯（Fernando de Rojas）、马特奥·阿莱曼（Mateo Alemán）、托尔克马达（Torquemada）、弗朗西斯科·维多利亚（Francisco de Vitoria）、路易斯·德·莱昂（Fray Luis de León）以及教会修女——阿维拉的特雷萨（santa Teresa de Ávila）。尖刻的克维多在他的诗句中回忆起了犹太军团：

> ……不要翻动那些已埋葬的骨头；
> 在重新检查的证据中，
> 你会发现蠕虫比纹章更多。
> 在成倍增加的信息当中，
> 你可能会害怕成倍增加的死亡，
> 并且在相同的证据下，熊熊燃烧。

按照征服的协定，卡斯蒂利亚和阿拉贡的穆斯林居住在摩尔人区域，保留了他们的宗教、习俗和法官。他们主要生活在安达卢西亚、穆尔西亚、埃布罗河河谷、韦斯卡以及巴伦西亚、甘迪亚（Gandía）和哈蒂瓦的郊区。伊斯兰农民的影响力低于犹太人。中世纪晚期，他们不会与基督徒邻居发生过多的摩擦，因为领主希望保留顺从的劳动力，而国王也不想失去他们所缴纳的税收。

国家诞生了

中世纪晚期给伊比利亚半岛历史留下的最大遗产之一就是建立了一个拥有能够维持运行官僚机构的国家。虽然之前总是受到贵族的冲击，但是随着时间的推移，行政体系促使国家战胜领主、地方豪强、教会等势力。虽然作为王国的首领、军队的统帅和外交政策的负责人，君主确实将自己置于国家体系的顶点，但其在政府当中却永远绝对不会是一言九鼎的，因为政府会被其他领主影响并受到议会及其法律的约束。

在君主的统治之下，由于议会的立法职能，不断引发摩擦，议会构成了伊比利亚半岛基督教国家的第二个政治极点。尽管在实践当中，卡斯蒂利亚议会的同意与否对征收新的赋税至关重要，但是在15世纪，这个议会除保留了其咨询职能之外，在其他方面总是一蹶不振。在这个时期，划定了城市地区的数量及其代表，并确定了各个王国的主要城市——莱昂、托莱多、哈恩、科尔多瓦、塞维利亚和穆尔西亚，最富有的城镇——萨莫拉、托罗、萨拉曼卡、巴利亚多利德、索里亚、塞戈维亚、阿维拉、马德里、瓜达拉哈拉和昆卡，以及负责填补第三类地区代表席位的城镇。三类城市的会议总是分开进行的，每个类别城市都会提出自己的方案，一旦国王批准这些提案并记录在议会的官方记录中，就会获得法律地位。当然，王国可以直接通过议会命令的方式来制定法律。

与卡斯蒂利亚形成鲜明对比的是，阿拉贡联合王国从来没有一个共同的立法机构，每个王国——加泰罗尼亚、阿拉贡和巴伦西亚都有自己的议会。由于贵族集团的分层，各王国的议会代表也分为若干个类别，其中巴伦西亚和加泰罗尼亚的议会都有三个类别，阿拉贡的议会有四个类别。各个类别的会议也是分开举行的，但是开会时，会有国王任命的官员在场，以便将相关内容通知国王。对于议会的决定，贵族要求一致同意才能通过，而教会和资产阶级认为多数人同意就足够了。自从1283年，议会剥夺了国王垄断立法的权力以来，主要由议会颁布立法，这使得在加泰罗尼亚产生了两种类型的法律，第一种是宪法——由国王提出并经议会批准的法案，第二种是议会法案，需要由议会提出并得到王室的批准。

在立法机构之外，出现了第一批专门的政府机构，但是原则上仅仅是宫廷的办事机构。在所有这类机构当中，王室委员会很快就脱颖而出。这个机构承担了王国咨询机构、王国政府、司法上诉机构和最高司法法院的职能。在这个时期，其组成成员的数量和社会类别发生了很大的变化，这也成了王国与城市代表之间不断摩擦的焦点。从长远来看，议会由三个类别的平等代表组成：四个贵族、四个教士、四个城市市民代表。在阿拉贡，王室委员会还充当了凝聚性核心，因为其成员代表了社会各个类别和每个王国，并负责规划王国的最高政策；在1287年，国王接受与议会共同治理国家的承诺。

政府正在形成自己的特征，但缺乏一个永久性的首都阻碍了一个固定行政中心的建立，因为官员和档案总是随着君主的行动而转移。首都的直接前身是外交部在巴利亚多利德（1442年）的定居点。在阿拉贡，由于缺乏共同的首都以及在每个王国的首府——巴塞罗那、巴伦西亚和萨拉戈萨都建立了平行的官僚机构，这个问题变得复杂起来；甚至连国王的宫廷机构——总管、司库、仆人、税吏都得有三套。

作为政府的基石，外交部在阿方索十世和海梅一世统治时期达到了很大的规模。卡斯蒂利亚语成为一种官方和外交语言要归功于阿方索国王，因为他命令在王国的所有文件中使用卡斯蒂利亚语。尽管外交部长与教会高级神职人员类似，都曾见证圣地亚哥、托莱多和塔拉戈纳大主教的旧日宫廷服务，但是不断增长的政务工作要求公务员更加专业化，因为他们是政府政策的真正执行者。

在一个暴力司空见惯的社会中，国王的形象因其作为西班牙王国最高法官而得到了提升。皇家法官、其他官员（alza）和绅士（fijosdalgo）帮助其完成司法工作，而在地方，市长负责所有案件，并有权向地方法官或全权法官提出上诉。在布里维斯卡议会（Cortes de Briviesca，1388年），卡斯蒂利亚的胡安一世创建了检审法院（Audiencia）——一个巡回上诉法院，先后在梅迪纳、奥尔梅多、马德里、阿尔卡拉设立。15世纪中叶，该法院永久设立在巴利亚多利德。在征服了格拉纳达之后，"天主教双王"就在安达卢西亚的首都建立了第二个检审法院，负责南方的事务。自13世纪以来，阿拉贡人已经拥有这类法院，但现在它根据王国的特殊结构而成倍地增加：在巴塞罗那、巴伦西亚和马略卡岛都设立了这类法院。特别值得注意的是阿拉贡的最高司法机构，这是唯一一个能够判决贵族诉讼的机构，也是司法权的忠实守护者。

为了更好地行使司法权和征税，国家官僚机构把王国划分为若干行政区，因此产生了若干全权法官辖区（merindades）——阿斯图里亚斯、加利西亚、阿拉瓦、旧卡斯蒂利亚、新卡斯蒂利亚和莱昂，以及安达卢西亚和穆尔西亚的卡斯蒂利亚都督区。在阿拉贡，根据各地方的自治要求，需要任命一名总管或总督，以便领导那些没有君主的王国。该职位具有巨大的特权，一般从王室成员中选出。其领导不同地区的省长，这些地区又由较小的管辖区——地方市镇和执政官行政司法辖区组成。然而，应该指出的是，所描述的行政体系仅涉及受王国管辖的地区和人员，并没有权力干预领主所辖土地。还有一类岛屿，其与国王控制下区域的政治组织区域也完全不同。

由于官僚机构和战争增加了王国的开支，所以必须更新税收制度，以使其适应卡斯蒂利亚的需要。由于农业经济不稳定，其所带来的税收也消耗殆尽，财政压力转向了国内贸易和出口。通过这种方式获得的巨额资金，确保了君主对议会的控制和对官僚机构的拨款。这与阿拉贡的情况完全不同，阿拉贡王国总是依赖于议会投票通过的补贴。阿方索十世和费尔南多四世确定了卡斯蒂利亚财政的主要收入来源途径，并一直延续到19世纪，中间只经过轻微的修改。除了传统的专营垄断收入和领主庄园纳税之外，还增加了关税。最重要的是1342年，议会批准了用于支付阿尔赫西拉斯战争（guerra de Algeciras）的商业税。尽管最初获得了三年的特许权，但这项税收成为最丰厚和最受青睐的固定收入（约占收入的70%）；这项税收同样会影响到所有臣民，但贵族和教会很快就会获得豁免权。15世纪末，各个城市从君主那里获得了相应的授权，即从每个城镇收取固定金额的税款，这减轻了其经济的税收压力。在通货膨胀或战争时期收入不足的情况下，王国只能求助于额外的资金来源：用议会的补贴和教会收入弥补赤字。通过教皇（El Papa）给予费迪南德三世的什一税（tercias reales）和圣十字圣谕（Ia Baula de la Santa Cruzada），王国将自己置于圣坛的保护之下，以便从教会分享丰厚的财产。

意大利的迷宫

光复运动期间，封闭于伊比利亚半岛南部的卡斯蒂利亚王国，在13世纪的风云变幻中扩大了视野，对两个古老的问题注意起来：征服纳扎里（Nazarí）王国和监视窥伺北方羊毛贸易的纳瓦拉。即使没有迫在眉睫的经济风险的情况下，卡斯蒂利亚也绝不能允许阿拉贡和法国涉足潘普洛纳。他们认为，当阿拉贡与加泰罗尼亚一起将注意力放在地中海，这种威胁就会消失。

而在欧洲，阿拉贡与法国和英格兰的联盟总是与北方出口商的需求同步，既有蜜月期，也有相互怀疑的时刻。阿拉贡的另一个目标是避免鲁西永和塞尔达尼亚两个伯爵领地落入法国的手里。

这两个西班牙王国的外交政策，自阿方索十世和海梅一世时代以来就被确定下来了。特奥巴尔多一世（Teobaldo Ⅰ）死后无嗣，两位君主争夺纳瓦拉王位斗争所带来的后果是：法国进入潘普洛纳（1285年）。正是同一年，阿拉贡保持其在图卢兹和普罗旺斯外交影响力的企图落空了。失去了第一批猎物之后，两位君主又想要在其他领域弥补损失：阿方索想要竞选神圣罗马帝国皇帝，而海梅的志向在地中海。正是阿方索自己的臣民摧毁了他的帝国梦想，因为他们更务实，拒绝承担竞选的费用。与此相反，泰罗尼亚的资产阶级乐于支持国王的海外项目，他们认为这些项目只是伊比利亚半岛向沿海扩张的继续。教皇将安茹的查理（Carlos de Anjou）任命为西西里国王，而对于其在纳瓦拉和普罗旺斯也取得成功的追随者则必须进行制止。为此，加泰罗尼亚人与在突尼斯避难的马赛人和西西里人密谋反对这位新主，但这位新主鼓动其兄——圣路易斯（San Luis）在1270年发动了一场针对北非的战争。

1280年，"伟大者"佩德罗继续实行以武力夺取西西里岛的地中海政策，借口是当地人民反对安茹家族（los angevinos）的起义——西西里晚祷事件（Vísperas sicilianas）。最终，他登陆该岛并推翻了此地的法国君主。佩德罗三世（Pedro Ⅲ）被教皇逐出教会并打破了附庸的关系，被迫与卡斯蒂利亚的桑乔四世达成协议，在承认特权的情况下讨好本国的贵族。为了应对危机，王国决定必须确保其在该地区的影响力，代价是将其所有海外领地——马略卡岛和西西里岛划分为几个州，并移交给王室成员管理。这种分离措施安抚了法国，使其同意在阿纳尼（Anagni，1295年）签署和平条约，而罗马教皇则允许海梅二世攻占科西嘉岛（Córcega）和撒丁岛。阿拉贡国王不受地中海战线的影响，积极干涉卡斯蒂利亚内战，其真实目的是占领阿利坎特和穆尔西亚并削弱其邻国，将卡斯蒂利亚王国在阿方索和胡安手中肢解。虽然阿拉贡攻占了奥里韦拉（Orihuela）、阿利坎特、埃尔达（Elda）、诺韦尔达（Novelda）和埃尔切，但两个目标都没有达成。随着和平的到来，阿拉贡士兵作为雇佣军前往西西里岛、意大利和拜占庭，在那里一些人建立了雅典公国（ducado de Atenas）和尼奥帕特拉公国（ducado de Neopatria，1311年），而其他一些人在征服撒丁岛时恢复了海外扩张的态势。

数次内战和少数民族问题使得卡斯蒂利亚王国元气大伤，几乎无法保证其完整性和王位的和平传承。面对总是蠢蠢欲动并想要利用他国混乱来缓解本国地中海扩张危机的阿拉贡，桑乔四世向腓力四世（Felipe IV）的法国靠拢，甚至接受法国对纳瓦拉的占有。迭戈·洛佩斯·德阿罗及其侄女玛丽亚（María）之间关于比斯开领主辖地（Señorío de Vizcaya）的纠纷引起了卡斯蒂利亚人的兴趣。阿方索十一世实现了内部稳定，并明确了外交政策：通过与葡萄牙王子和阿拉贡王子的联姻实现了与伊比利亚半岛其他基督教国家的边界和平（1326年），对格拉纳达王国进行攻击并干预比斯开领主辖地的事务。此外，百年战争（Ia guerra de Cien Años）使其不得不选择其中一方站队，贸易的重要性和巴斯克–坎塔布连海军问题使其对于英国一方的支持度下降。最后，1338年马林王朝对直布罗陀的入侵使得卡斯蒂利亚人、阿拉贡人和葡萄牙人同仇敌忾，在萨拉多之战中取得了胜利。

加泰罗尼亚人对撒丁岛的占领使其与热那亚的友谊小船永远地沉没了，巴塞罗那和马略卡岛签署协定共同对付热那亚。1336年，在法国、那不勒斯(Nápoles)、西西里和罗马教皇的威胁之下，双方实现了和平，因为他们渴望保持地中海的现状。即使在阿拉贡国王驱逐了马略卡岛的海梅四世（Jaime Ⅳ）且吞并他的王国之后，形势也没有那么危险。加泰罗尼亚-威尼斯海军在博斯普鲁斯海峡（Bósforo）击败热那亚海军（1353年），部分地解决了加泰罗尼亚的后顾之忧，但与卡斯蒂利亚的失败关系而引发了那不勒斯国家间的冲突。随着卡斯蒂利亚内战（1356—1365年）的爆发，伊比利亚半岛成了欧洲战争和地中海战争的次要战场。在这场战争中，西班牙各王国积极地争夺起霸权。

在冲突初期，佩德罗一世先与法国结盟，后来又采取与英国友好的政策。尽管面对阿拉贡和巴伦西亚的持续入侵以及巴塞罗那的海上封锁，卡斯蒂利亚具有军事优势，但是阿拉贡王国更好地发挥外交优势，与卡斯蒂利亚的特拉斯塔马拉家族积极密谋，并拉拢法国和罗马教皇。此时，其在大陆的利益比在地中海的利益更为重要。佩德罗一世在蒙铁尔（Montiel）被杀，恩里克·特拉斯塔马拉登上卡斯蒂利亚王位，似乎是阿拉贡最终取得了胜利。然而，由于战争，阿拉贡的实力被大大削弱，失去了夺取穆尔西亚的机会。恩里克为换取其帮助向其提供了这个机会。纳瓦拉的君主也无法从对"残酷者"佩德罗的背叛之中获利，因为特拉斯塔马拉王朝并没有按照约定放弃比斯开和吉普斯夸。

14世纪末，没有人可以在伊比利亚半岛或大西洋上击败卡斯蒂利亚。坎塔布连海军在拉罗谢尔击败英国舰队，使其在拉芒什海峡所向无敌。由于在周边地区举步维艰，阿拉贡将注意力转向了地中海，并与西西里王国建立婚姻关系。卡洛斯二世所领导的纳瓦拉积极谋划和对外结盟，最终在1328年从法国获得了独立。

凭借自身的绝对实力，胡安一世领导的卡斯蒂利亚将葡萄牙作为对外扩张的目标。最初想要通过外交手段霸占葡萄牙，但葡萄牙贵族推翻了国王，使得卡斯蒂利亚不得不采取军事行动，导致了阿尔茹巴罗塔（Aljubarrota，1383年）的灾难性结果。葡萄牙人也因此对卡斯蒂利亚怀疑起来。卡斯蒂利亚的崛起是从征服加那利群岛（las islas Canarias，1402年）以及在卡斯佩（Caspe）立费尔南多·德安特克拉为阿拉贡国王（1412年）开始的，而阿拉贡的回报是，费尔南多·德安特克拉和他的儿子们——"宽宏者"（El Magnánimo）阿方索和胡安二世持续干涉卡斯蒂利亚的内部事务，并在纳瓦拉播下了不和谐因素。

　　国内的问题既不会阻止胡安二世，也不会阻止恩里克四世，他们对欧洲采取平衡政策，但也并非没有争端，他们掠夺格拉纳达泰法王国，干涉纳瓦拉事务。尽管"宽宏者"阿方索和胡安二世与卡斯蒂利亚的一些家族利益密切相关，但也不会忘记他们终究是加泰罗尼亚臣民。撒丁岛的分离主义威胁被迅速镇压，他们还占领了科西嘉岛，并对煽动叛乱的热那亚发动了进攻。1425年，阿方索踏上亚平宁半岛，进入那不勒斯，帮助女王对付安茹家族。这使得阿方索的敌人结成了联盟，在蓬扎（Ponza）海战中击败了他。桑蒂亚纳侯爵（Marqués de Santillana）在他的喜剧中诗意地描述了这场海战。由于热那亚和米兰领主（señor de Génova y Milán）的背叛以及阿拉贡人希望将海外领土分开统治，"宽宏者"阿方索让他的儿子费兰特（Ferrante）在1442年继承了那不勒斯王国。然后，在法国、威尼斯和热那亚共和国的支持下，他从米兰（Milán）开始了对意大利的征服，为未来西班牙通往欧洲中心的帝国之路奠定了基础。

第十一章
"日不落帝国"

一个王国

经过几个世纪的动荡和分裂，在1469年，伊莎贝拉和费尔南多的联姻为伊比利亚半岛西班牙诸王国的统一奠定了第一块基石。尽管统一的道路充满荆棘，但标志着西班牙向现代的过渡。

伊莎贝拉公主登上卡斯蒂利亚王位的过程并非一帆风顺。已经习惯于控制恩里克四世的贵族们，利用胡安娜并非国王亲生女儿的传言支持伊莎贝拉成为王位继承人，只因伊莎贝拉服从他们。但当贵族们认清她的个人实力和家庭力量时，就背弃了她。为了把水搅浑，在恩里克四世去世之后，法国和葡萄牙很快卷入了伊莎贝拉支持者和胡安娜支持者之间爆发的王位继承战争。葡萄牙出面干涉，是因为其国王与胡安娜的亲戚关系；而法国卷入冲突，是因为反对阿拉贡政策的传统。在一些城市、地区和贵族家庭以及其公公军队的支持下，伊莎贝拉得以击败对手。

这场王位争端所引发的内战中，巴斯克地区各省份对伊莎贝拉的支持尤为突出，他们尊女王为比斯开女领主（Señora de Vizcaya）。在签署《阿尔卡苏瓦什条约》（*Paz de Alcacobas*，1479年）和《托莱多条约》(*Paz de Toledo*, 1480年)之后,葡萄牙承诺放弃支持伊莎贝拉的敌人,而卡斯蒂利亚则允许葡萄牙在非洲自由扩张,冲突得到了解决。

消弭了王位继承战争之乱后,国内的社会紧张局势依然没有得到平息,伊莎贝拉和费尔南多通过在格拉纳达前线发动攻势来转移国内视线。在清理了国家财政并继承了阿拉贡的王位之后,"天主教双王"在1480年至1492年领导臣民发动了对南方的进攻。

收复格拉纳达不仅仅是卡斯蒂利亚的战略,也是阿拉贡的国策,费尔南多也将阿拉贡的臣民投入了这场战争。这是旧日光复运动梦想的高光时刻。此外,战争使整个王国与各地的联系变得紧密起来,加速了国家常备军队和官僚机构的诞生,这对国家的生存发展至关重要。

经过多次进攻,1492年1月2日,阿尔罕布拉宫被移交给"天主教双王"。在摩尔人投降时,他们承诺会为博阿迪尔撒往北非提供便利,也承诺对于所有选择留下来的人,会尊重其宗教、法律和税收制度。"天主教双王"派往此地的执政者——西斯内罗斯(Cisneros)既贪婪又顽固,他反对埃尔南多·塔拉韦拉大主教(fray Hernando de Talavera)此前所采取的,和风细雨似的改造政策,强迫伊斯兰教徒皈依天主教。他的做法点燃了摩尔人的怒火,最终酿成了拉斯阿尔普哈拉斯之乱。但这场起义随后就被残酷地镇压了。

在实现了第一个共同的目标之后,"天主教双王"的王国联盟在采取对外政策时,会尽可能地满足所有王国的利益。作为阿拉贡在中世纪晚期的遗产,地中海引起了王国的兴趣,甚至不惜为此与法国开战。同样,卡斯蒂利亚继续与勃艮第(Borgoña)、佛兰德斯、英国联盟保持了传统的关系。作为通往伊比利亚半岛中心的大门,纳瓦拉的位置决定了其必须采取新的对外战略。而与此同时，为了争夺非洲黄金、奴隶和香料贸易路线的主导地位，卡斯蒂利亚和葡萄牙之间的冲突不断加剧。因为受到女王所签订的一系列条约限制，卡斯蒂利亚在除加那利群岛之外的非洲地区停止了扩张，全力投入由哥伦布提出的大西洋冒险。

经历了岁月蹉跎之后，
会有一个新的时代到来，
在这个新时代，海洋将打开世界的界限，
发现一个辽阔大地，
忒提斯会揭示若干新的世界，
而极北之地将不再是海角天涯。

——塞涅卡（Sénaca），《美狄亚》

在1492年，美洲新大陆的发现标志着伊比利亚半岛的历史开启了新航向。伊比利亚半岛身处欧洲又南临地中海，曾是南北方人民和文化的交会点，如今是欧洲与新世界的桥梁了。这个新世界不同寻常，拥有广阔的土地、丰富的产品和多样的种族。到此时，对于"天主教双王"的卡斯蒂利亚来说，发现美洲新大陆只不过给了其向外扩张政策的一个希望和鼓励。《托尔德西里亚斯条约》（Acuerdos de Tordesillas）为卡斯蒂利亚消除了与葡萄牙在有关海外权利方面的羁绊，将两国尚待发现的海外领土进行了划分。卡斯蒂利亚是最大的受益者，在捍卫自身利益时，总是援引教皇巴伦西亚人亚历山大六世（Alejandero Ⅵ）的圣谕。这位教皇历来偏袒卡斯蒂利亚，于1492年承认了卡斯蒂利亚和阿拉贡的合并，并派出了一位教廷大使。

四年后，他授予两位国王"天主教双王"的称号。

格拉纳达战争结束之后，在进入北非或美洲的同时，地中海引起了西班牙的注意。卡斯蒂利亚因此介入了欧洲事务。通过《巴塞罗那条约》(*Tratado de Barcelona*，1492年)，费尔南多同意法国的查理八世(Carlos Ⅷ)进入意大利北部，以换取其归还鲁西永和塞尔达尼亚。但其在征服那不勒斯时，查理八世打破了加泰罗尼亚人自中世纪以来所追求的平衡，并使得旧日的敌人——阿拉贡、罗马教皇、威尼斯和神圣罗马帝国结成公盟反对他。在查理八世被驱逐出意大利之后，其继任者路易十二(Luis Ⅻ)多次进军亚平宁半岛，并最终导致了对那不勒斯王国的瓜分〔《格拉纳达合约》(*Tratado de Granada*)；1500年〕。这只是一个暂时的妥协，因为"伟大将军"(Gran Capitán)贡萨洛·德·科尔多瓦(Gonzalo Fernández de Córdoba)在塞里格诺拉(Ceriñola)和加里利亚诺(Garellano；1503年)取得胜利之后，整个那不勒斯都归了阿拉贡。

卡斯蒂利亚维护自身利益时，更多地依靠外交手段而不是军事手段。"天主教双王"希望通过让卡斯蒂利亚的王子们与邻国的继承人们联姻，以实现伊比利亚半岛的团结及纳瓦拉和葡萄牙的中立。尽管与纳瓦拉的联姻失败了，卡斯蒂利亚从1493年开始就极力与欧洲最强大的君主国联姻：胡安王子和胡安娜公主分别与马克西米利安(Maximiliano)皇帝的女儿和儿子联姻；卡塔利娜(Catalina)公主与英格兰的亚瑟(Arturo)王子结婚，并在其去世后，改嫁其弟亨利八世(Enrique Ⅷ)。卡斯蒂利亚的商业利益与加泰罗尼亚的地缘战略利益结合在了一起，并倾向于孤立法国。这种错综复杂的婚姻政策导致了一个意外后果，那就是王冠落到一个哈布斯堡家族(Habusburgo)成员——卡洛斯一世的头上。

伊莎贝拉于1504年去世。由于她的继承人胡安娜远在他乡，所以由女王的丈夫费尔南多担任卡斯蒂利亚的摄政王。同年，他在托罗召集议会会议，以获取卡斯蒂利亚贵族的支持。但是，贵族们因为失去权力而感到愤怒，他们与费尔南多的女婿"美男子"（El Hermoso）费利佩（Felipe）结盟来对付他的岳父。对于费尔南多来说，没有什么比女婿的亲法国倾向更危险了——这位佛兰德斯王子受到了与法国和英格兰所签署条约的鼓励。不过，费尔南多并没有因不利的情况感到不安，他通过不择手段地与高卢君主建立联盟来应对这种情况。这种联盟因为其与赫尔马娜·弗伊克斯（Germana de Foix）的联姻得到加强。

费利佩来到卡斯蒂利亚并试图架空胡安娜，这加剧了局势的紧张。顽固的议院只承认胡安娜为女王，并任命费尔南多作为西班牙的摄政。在费利佩去世之后，费尔南多再次成为摄政（1507—1516年）。他渴望提高自己在卡斯蒂利亚中的声望，并没有报复曾支持费利佩的贵族。相反地，他积极完成伊莎贝拉的遗愿，派兵进入北非，以将其作为伊比利亚半岛的防御前哨，先后征服了奥兰（Orán）、贝贾亚（Bujía）和黎波里（Trípoli）。

与此同时，在意大利，面对法国的威胁，费尔南多巩固了对那不勒斯的统治，先后取得了诺瓦拉（Novara）战役的胜利，并在1513年缔结了和平条约。费尔南多利用阿格拉蒙特（Agramontese）和博蒙特（Beamontese）两个家族支持者的长期争端，对纳瓦拉发动了最后的攻势。阿尔瓦公爵（duque de Alba）驻扎在萨尔瓦铁拉（Salvatierra）的步兵团最终占据了纳瓦拉。在1515年，于布尔戈斯召开的议会会议上，纳瓦拉被并入卡斯蒂利亚。从此，卡斯蒂利亚在纳瓦拉可以行使更大的权力。一年后，费尔南多去世，其女胡安娜仍然是国王，外孙卡洛斯成为阿拉贡各地的最高统治者。不过，在卡洛斯前往伊比利亚半岛之前，萨拉戈萨大主教和西斯内罗斯红衣主教替代了他的位置。

军服和悔罪服

尽管在对外政策方面，"天主教双王"处境艰难，但是他们更新了伊比利亚半岛的政治结构。1479 年，在局势非常紧张的情况下，两个王国实现了统一。原则上，这种统一只是两个王朝的纯粹结合：原本卡斯蒂利亚和阿拉贡只打算通过这对夫妇诞下继承人而联系在一起。然而，这种不稳定的统一终因双方日益增多的共同利益而得到了巩固。这得益于两个王国贵族的愿望日趋一致，而且他们都很乐意参与王国的政治。此外，农村和城市的和平景象以及经济和文化的同时复兴已经预示着帝国美好时光的到来。

兄弟会（Hermandad General）朝着恢复国家王权与和平的道路迈进。马德加尔议会（Cortes de Madrigal）于 1476 年批准了神圣兄弟会（Santa Hermandad）的成立，它整合了各地的力量，以建立一个武装团体。为了镇压盗匪活动，神圣兄弟会拆除了许多塔楼，它们是犯罪分子的真正藏身之处。这个组织在巴斯克地区发挥了巨大作用。在那里，为了卡斯蒂利亚商人和北方商人的利益，皇家代表们平息了种族斗争。事实上，格拉纳达战争以及之后的意大利战争，都为好战的巴斯克贵族提供了多种来源的收入。除了兄弟会之外，托莱多议会还重组了司法系统，在巴利亚多利德和格拉纳达成立了国家终审法院，同时加强了市长作为国王在各城市代表的重要性。国王也对皇家委员会（Consejo Real）进行了现代化改造，用忠于国王的官僚和律师取代了贵族。

国王与各城市结盟和对官僚机构进行控制，使贵族们的权势被削弱，但是他们的社会优越地位没有受到动摇，在军事领域、外交领域和教会的某些荣誉职位也没有被剥夺。国王重建了财政部（la Hacienda），收回了以前给予贵族的田产；国王还自任骑士团的首领。这样一来，贵族便越来越依赖于国王的赏赐以及长子继承制的推行（1505年）。

在推行国王意志的过程中，"天主教双王"重申了宗教作为政治团结催化剂的价值，与格拉纳达战争结束以及14世纪至15世纪反犹太主义紧张局势时所采取的政策一脉相承，这时的宗教信条强化对卡斯蒂利亚犹太少数民族的严厉态度，因为在清洗了阿拉贡的犹太人之后，这个族群成为最大的犹太族群。为此，一个现代的宗教裁判所于1478年成立（Tribunal de la Inquisición），负责迫害和惩罚那些表面上皈依了基督教但在私下仍保留原有传统的犹太人。同时，这个组织也会惩处异端和道德偏差，其庞大而组织良好的官僚机构——最高宗教法庭委员会（Consejo de la Suprema Inquisición）由地方宗教法官、检察官、王室成员组成，为国王提供一个搜集信息和实施镇压的得力帮手，特别是当其权力范围扩大到伊比利亚半岛的所有王国时。最高宗教法庭庭长是多明我会修士——德·托尔克马达（Torquemada）。宗教裁判所有权力判处监禁、流放、鞭打、苦役甚至死刑，但没有执行判决的权力，囚犯被判决后必须移交给世俗机构。除了这种惩罚性的方式之外，天主教双王在1492年下令驱逐西班牙犹太人或强迫他们皈依基督教。尽管许多人会选择流亡，但统治阶级中的很大一部分犹太人还是选择皈依基督教作为救命稻草，卡斯蒂利亚首席拉比——亚伯拉罕·塞内尔（Abraham Senior）就是一个典型的例子。大量的西班牙犹太人（大约15万卡斯蒂利亚-阿拉贡人）选择离开，这种做法在一段时间内耗尽许多城市的人口和资源。西班牙犹太人在北非的穆斯林城市、奥斯曼帝国、葡萄牙和意大利找到栖身之处，这些地方成为西班牙犹太人的新聚居地，并保留了那个时代的西班牙语。

在加强了宗教团结之后，国王毫不犹豫地与教会对抗，夺取了慈善救济机构的权力并限制了教堂的庇护特权。王国还鼓励神职人员在习俗改革和教育方面取得初步进展。他们继续西斯内罗斯摄政王的事业及传承其所建立的阿尔卡拉大学（Universidad de Alcalá）。这所大学负责出版多语种《圣经》（*Biblia Poliglota*），是西班牙文艺复兴时期最具代表性的作品。

帝国的支柱

虽然"天主教双王"统治时期恰逢整个西欧的人口复苏，但在伊比利亚半岛，卡斯蒂利亚繁荣的同时，加泰罗尼亚却衰落了。在加泰罗尼亚公国，社会动荡所带来的苦难后果一直持续到16世纪的前几十年。从15世纪中叶开始，卡斯蒂利亚的活力持续了一个世纪（1585年），而最落后的阿拉贡联合王国则保持了缓慢的增长态势，但是在17世纪20年代也停止了增长。许多人迁居新卡斯蒂利亚和安达卢西亚地区或前往美洲，许多卡斯蒂利亚和加利西亚家庭向格拉纳达移民。这表明了卡斯蒂利亚良好的人口状况。然而，作物歉收、流行病和因驱逐犹太人而导致的流血事件，则削弱了人口的增长态势。随着卡洛斯一世和费利佩二世的登基，西班牙向国外的军事和商业探险齐头并进：在1530年至1591年，卡斯蒂利亚的人口从600

万增加到800万，远高于其他地区，占伊比利亚半岛人口的80%。

尽管这种人口增长态势好于其在欧洲的竞争对手，但西班牙无法摆脱威胁其增长的负面因素，除了传统如瘟疫、干旱、婴儿大量早夭之外，又增加了一些新的因素。育龄男性人口移民到美洲、因作战导致的人口死亡、人口移民到欧洲其他地区、大量人口出家等等，这些因素也削弱了西班牙的人口增长，只有高出生率以及欧洲商人、工匠和日工涌入大型城市所带来的人口增加才能平衡人口的损失。

卡斯蒂利亚的情况掩盖了王国各地的差异。尽管加利西亚必须面对兄弟会战争（guerra irmandiña，1480—1527年）所带来的损失，但是随着安达卢西亚局势的稳定，坎塔布连海岸融入整个王国的程度日益加深。随着和平的到来，乡村成为加利西亚复苏的发动机，而城市则进一步衰退，其中很少有城市的居民能够超过1000人。16世纪初，旧卡斯蒂利亚曾是伊比利亚半岛人口最密集的地区，因为它拥有诸多重要的城市——梅迪纳-德尔坎波、巴利亚多利德、奥尔梅多、布尔戈斯，但是面对新卡斯蒂利亚的飞速发展，它也只能黯然退居次席了，因为1561年所建立的首都——马德里就位于新卡斯蒂利亚地区。天主教双王和卡洛斯一世统治时期，卡斯蒂利亚仍然像中世纪晚期一样在北方占有绝对优势的地位，到了费利佩二世统治时期，则已经可以看到国家重心开始向南部转移，更倾向于安达卢西亚和美洲了。

虽然卡斯蒂利亚地区以农村人口居多，但是在16世纪，城市更吸引人口。从人口过剩的农村迁移到城镇引发了快速而大规模的城市化现象，在南部省份也是如此。到16世纪末的时候，一些老的城市——萨拉曼卡、阿维拉、布尔戈斯衰落了，而另一些城市则随着奥地利哈布斯堡王朝君主的入主而声名鹊起：托莱多（有6.5万居民）、马德里、塞维利亚〔有12.1万人口，是伊比利亚半岛最大的城市，也是周边城市群的中心城市。这个城市群包括埃西哈、马切纳（Marchena）、奥苏纳、卢塞纳（Lucena）、马拉加、科尔多瓦、赫雷斯、阿尔科斯-德-拉弗龙特拉（Arcos de la Frontera）等〕、巴伦西亚（8万居民）、巴塞罗那等等。

在阿拉贡联合王国，各地的情况也不一样。当卡斯蒂利亚在1580年左右陷入危机时，加泰罗尼亚由于保持了较高的出生率和吸纳了来自法国南部的移民，所以在沿海地区保持了较高的人口增长率。16世纪，由于庄稼长期保持良好收成，法国劳动力迁居此地，阿拉贡的人口增长也较为稳定，而最为重要的是，强制人们固守乡村的政策使得人们无法像在卡斯蒂利亚一样迁往城市。16世纪下半叶，由于粮食供应短缺，从1547年开始，饥荒每十年就发生一次。由于地区首府的复苏和摩尔人的高出生率，巴伦西亚的人口到16世纪末可能增加到32万或40万。然而，当16世纪初与荷兰的贸易陷于崩溃以及不久后摩尔人被驱逐之时，情况变得异常严峻，因为这里过度地依赖城市，而大量工人也集中在菜园之中。

光荣地出生在美洲

16世纪至17世纪，伊比利亚半岛的经济延续了中世纪晚期的传统。在此期间，社会生产经历了两个相反的阶段：直到16世纪80年代，经济都在保持和平、完全融入欧洲和美洲需求拉动等因素的刺激下持续扩张。为满足人口增长和城市化的需要，很多森林和牧场被毁坏，因此，在卡斯蒂利亚各地区，农民与牧场主之间的关系进一步恶化。人们对贫瘠的土地进行的开发对于增加收成毫无帮助，因为在这些土地上，不仅犁地深度过浅和肥料缺乏，而且无法克服恶劣天气所带来的不利条件。因此，自1580年以来，农业因自然灾难而屡屡歉收，农产品产量急剧下降。

王国只能把视野转向北非、意大利南部和波罗的海，这具有极大的战略重要性：

> ……西西里岛，有时小气吝啬，有时慷慨大方，
> 巴科捧出美酒佳酿，波莫娜献上果蔬芳香，
> 葡萄串一簇一簇，成排成行，
> 如此多的水果让它富甲一方。
> 夏天的脱粒农具，车载斗量，
> 丰收的场景，谷神星全都在场，
> 沉甸甸的谷穗，展示富饶的景象，
> 欧洲其他地方相形见绌，宛如蚂蚁一样。
>
> ——路易斯·德·贡戈拉（Luis de Góngora），
> 《波吕斐摩斯和加拉特亚的寓言》（*Fábula de Polifemo y Galatea*）

考虑到对粮食的需求上升，地主设法提高了地租，同时农民的生活条件也在恶化。为了扩大自己的土地或保护自己免受作物歉收所扰，许多小农求助于抵押贷款，但繁重的利息和恶劣的天气条件最终会毁掉他们。受到货币通货膨胀和禁止开采贵金属的刺激，农产品价格上涨，商人、贵族和教士从中获益。而禁止开采贵金属又使得外国商人向外出口大量原材料以收回投资。

这不是一个独特的现象；进入16世纪之后，少数人开始肆无忌

惮地将土地集中在手中，许多共有土地被市政府以出售或抵债的方式变为私人财产。费利佩二世及其继任者出售了王室的大部分财产、市政府财产或骑士团的牧场，以支付其实施毁灭性帝国主义政策所带来的巨大开支。最后，财政压力使农民一贫如洗，他们的房屋依附在大型贵族庄园的周围。领主们在安达卢西亚西部、拉曼却和新旧卡斯蒂利亚的这种扩张，标志着西班牙哈布斯堡王朝执政初期的社会政策倒退了。王朝曾极力限制私人管辖区域，除了做短工之外，贫困的农民看不到未来，加入驻扎在欧洲各地的步兵团或移民到美洲是唯一的出路。

畜牧业也得益于天主教双王统治时期的和平而获得发展。然而，人们对食物的需求打破了中世纪晚期的农牧业平衡。国家立法试图阻止对牧场和畜道的开垦，因为开垦的土地产量不佳，并不会带来好的结果。费利佩二世统治时期，梅塞塔高原由于被大量开垦，失去了昔日的辉煌，尽管短距离放牧畜群和在畜栏里饲养的牲口增加了，但是牲畜的数量减少了三分之一。食品价格的上涨本身就鼓励了所有者开垦自己的牧场，再加上疾病流行，各地区间的战争以及北方市场的崩溃，所以畜牧业也就衰落了。

随着人口的增长和农业需求的增加，制造业得到了发展，但是还不能在价格和质量方面与外国进口产品进行竞争。在国内和殖民市场上的进口产品与日俱增，尽管受到销售增长的刺激，商品的种类还是不断增加。但制造业中心的分布仍然与中世纪晚期类似。与欧洲其他地区一样，分布最广泛的制造业是羊毛纺织业，而亚麻和大麻纺织业则远远落后。一些新来自美洲的染料产品——胭脂红、木蓝和墨水树极有吸引力，丰富了西班牙的染料种类。但是，政治利益总是先于经济利益，卡洛斯一世和费利佩二世牺牲了纺织业的起飞，以支持对贸易自由和西班牙羊毛感兴趣的佛兰德斯人。丝绸业也是如此，16世纪末，他们丰富的天鹅绒、缎子、塔夫绸和花缎因为不能违背哈布斯堡王朝的反奢侈法律而没落了。随着格拉纳达、托莱多、昆卡、巴伦西亚、穆尔西亚等地织机的奄奄一息，丝绸产业转向了意大利，并在那里变为了走私品。

在美洲进口皮革的刺激下，16世纪，皮革业也取得了长足发展。除了托莱多、布尔戈斯、塞维利亚和萨拉戈萨的旧有工厂外，还诞生了其他一些更专业的工厂：雷阿尔城和奥卡尼亚（Ocaña）的手套、科尔多瓦的山羊皮革和马具、托莱多的制鞋业等均供出口。冶金行业在各地的发展情况大不相同，有些地区发展金银镶嵌工艺，如托莱多、埃瓦尔（Eibar）、蒙德拉贡（Mondragón）、韦加拉；有些地区发展栅栏工艺，如托莱多、塞维利亚、帕伦西亚。最重要的是，因为长期处于战乱，所以发展了武器工艺。托莱多和萨拉戈萨的剑，比斯开和吉普斯夸的刀具、铠甲、火绳枪、矛长期占欧洲供应量的三分之二。1593年，普拉森西亚（Plasencia）皇家武器工厂成立。不久之后，托洛萨皇家武器工厂也成立了。

两家工厂专注于军事供应，军火工业拉动了北方的钢铁生产，使其垄断了向殖民地的铸块、钉子和武器销售，直至成为该领域在欧洲的领导者。

虽然王国控制了军工行业，但财政困难迫使其将一些军工行业让给私人资本。火药工业就是如此，如马拉加、布尔戈斯、卡塔赫纳等地均有私人工业。而炮弹的私人制造地主要集中在埃吉（Eugui）。但是，这两种产品的产量都不足以满足帝国的消费，所有这些工业都需要大量资金才能运转。因此，在经济和劳动力方面出现了早期资本主义萌芽，在采矿业也出现了类似的现代化管理方式——王国将掌握的矿山出租给私人。因产量而闻名的矿山仍然是比斯开、吉普斯夸、坎塔布连等地的铁矿以及拉塞雷纳（La Serena）、奥纳乔斯（Hornachos）、卡塔赫纳、洛尔卡（Lorca）等地的银矿。16世纪，唯一具有战略性意义的矿山是阿尔马登的水银矿，因为它可以用于汞齐化，这对于开采西班牙现代采矿中心——萨波提克（Zapotecas）、波托西（Potosí）等墨西哥和秘鲁银矿矿山至关重要。尽管皇帝总是迫切地需要将水银生产和销售出让给其在德国的银行家富格尔（Fugger）家族，但是在1559年，王国建立了水银生产、销售和价格的专营与垄断机制。

工业发展对工作条件产生了影响，特别是纺织工业。这些纺织厂倾向于将加工过程集中在城市，同时将需要大量劳动力的初级生产活动放在农村地区。这种做法降低了生产成本，使城市企业家摆脱了行会的限制性监管，并为农民提供了就业机会。经济繁荣放松了行会组织内部的晋升标准，师傅和学徒之间的关系得到了显著改善。在一些工业中心，如塞戈维亚和科尔多瓦，在1560年出现了第一批现代意义的工厂，提高了产品质量和竞争力。

被埋葬在热那亚

伊比利亚半岛继续保持了其作为原材料和农业生产出口中心以及制成品进口者的地位。随着与美洲的贸易往来集中在塞维利亚，一个重要的新事物出现——西印度贸易署（Casa de Contratación，1503年）。这个机构负责监督与殖民地的交易，并于1543年设立了商会（Consulado）。这两个机构的设立使得塞维利亚成为前往西印度船队的出发地和返回目的地。这里吸引了许多外国商人来此经商，也是社会边缘人士、土匪和冒险家的天堂。塞万提斯在他的小说——《林孔内特和科尔塔迪略》（*Rinconete y Cortadillo*）中对此有所描述。直到1610年，贸易一直在增长，王国向殖民地输出葡萄酒、油、工具、武器、织物、陶瓷和水银，从殖民地输入皮革、染料、糖，而最重要的是大量的金银。这些金银资助了王国的海外进口以及军事活动。然而，1610年至1660年的贸易陷入了衰退，后在卡洛斯二世统治时期略有恢复。

在北部，布尔戈斯和毕尔巴鄂继续控制着向佛兰德斯和英格兰输出羊毛以及输入纺织品、书籍和艺术品的商路。许多其他港口也参与了这些贸易，如帕萨赫斯（Pasajes）、圣塞瓦斯蒂安、莱凯蒂奥（Lequeitio）、普伦西亚（Plencia）、拉雷多（Laredo）、桑坦德、拉科鲁尼亚（La Coruña）、贝坦索斯、蓬特韦德拉（Pontevedra）、维戈和巴约纳。

从1560年开始，由于王国放任货币外流和荷兰独立战争所带来的后果，与欧洲的贸易濒临崩溃。在商品价值下降和寻找替代市场的过程中，伴随着卡斯蒂利亚北部各城市如布尔戈斯、比利亚隆、梅迪纳等的衰败，作为首都，马德里的崛起对国内贸易产生了决定性的影响，因为这座城市吸收了旧卡斯蒂利亚、莱昂和拉曼却的农业和制造业盈余。

巴塞罗那切身感受到了土耳其在东方扩张所带来的威胁——对外国进口产品进行再出口的供应线路被切断。与此同时，巴斯克、英国和意大利夺去了一些传统市场。由于无法与美洲进行贸易，巴塞罗那必须转向伊比利亚半岛内部贸易以及马赛和热那亚产品的销售。而巴伦西亚在16世纪经历了重要的增长，这体现在城市的大量建筑上，但与阿利坎特一样，商业总是掌握在外国人手中。

当所有进出口项目加在一起时，帝国的贸易出现了逆差，原材料出口未能平衡购买昂贵欧洲商品的支出，来自美洲的黄金和白银弥补了差额。因此，殖民地的金属使佛兰德斯、法国、英国和德国的商人致富，同时加速了伊比利亚半岛的物价上涨。正如一些现代人所谴责的那样，来自西印度的财富摧毁了宗主国。

你看祖国城墙

随着世纪之交的临近，伊比利亚半岛的人口增长陷入了困境。从1575年至1600年，随着西欧的停滞，西班牙的人口数量变化趋势发生了逆转，然后是下降。在不到75年的时间里，人口的数量减少了20%，卡斯蒂利亚失去了100万居民。这个现象引起了文人墨客的注意，他们对农村和城市的荒凉感慨不已。

对扩张阶段的第一次打击是由桑坦德输入的瘟疫，摧毁了伊比利亚半岛，并在第一阶段就造成了50万人死亡。这场在卡斯蒂利亚和安达卢西亚肆虐的瘟疫，在加泰罗尼亚早已有先例，十年前它摧毁了巴塞罗那、塔拉戈纳和鲁西永。当这些地方还没有从两次瘟疫浪潮中恢复过来之时，1647年，死亡之神就沿着地中海从阿尔及尔（Argel）返回了巴伦西亚，并在30年后袭击了卡塔赫纳、穆尔西亚、格拉纳达和下安达卢西亚。瘟疫就像一个旧日的熟人，从不缺席，整个世纪都在肆虐。在卡斯蒂利亚和安达卢西亚，这场瘟疫使得除马德里和塞维利亚之外的大片土地荒无人烟。

与此同时，人口数量下降和经济困难加剧了向美洲的移民。在这个世纪，大约有50万人移民到殖民地，加入军队或国家官僚机构，并成为殖民化的先驱。对于一个陷入衰退的王国来说，这足以让其过度失血。大量无依无靠的人聚集在塞维利亚寻找出口。向美洲的人口外流对安达卢西亚、埃斯特雷马杜拉和卡斯蒂利亚的影响尤为严重。同时，大部分的兵力被用于执行侵略性的军事政策之中。由于财政枯竭，没有资金支付雇佣军的酬劳，卡斯蒂利亚的村庄承受了巨大的税收压力。此外，随着军事上的不断失利，人员伤亡也持续增加——在三十年战争（guerra de los Treinta Años）中，有25万年轻人丧生；而1640年发生在葡萄牙和加泰罗尼亚的起义，对农民骚乱的镇压以及军队引发的灾难也造成了大量的人员伤亡。

> 当初是多么巍峨挺拔……
>
> 当瘟疫所造成的伤害尚未恢复之时，对摩尔人的驱逐，再次使人口锐减（1609年）。这项措施不仅是因为基督教社会未能将这一少数族群同化，也反映了农民对于这个勤劳但过于顺从领主的群体充满怨恨。

> ……他所有的努力都是为了挣钱和存钱，为此，他不停工作而废寝忘食。当国王登上王位之时，事情变得不再简单，他被判处终身监禁和承受永恒的黑暗……

巴伦西亚和格拉纳达的摩尔人对文化同化的抵制也成为一个重大的政治问题，因为西班牙人普遍担心在国际局势如此微妙的时刻，他们会被法国或奥斯曼帝国利用。

摩尔人占伊比利亚半岛人口的2%—4%，但在各地的分布程度有所不同，主要集中在巴伦西亚和安达卢西亚。伊比利亚半岛东南沿海地区是摩尔人分布最密集的地区，共有13.3万名摩尔人，占总人口的三分之一。在阿拉贡、埃布罗河沿岸富裕地区和一些城市有大约6万摩尔人，超过人口总数的五分之一；在加泰罗尼亚，摩尔人很少；在拉斯阿尔普哈拉斯之乱结束后，卡斯蒂利亚大约有11.5万名摩尔人。摩尔人主要分布在郊区，在巴伦西亚和阿拉贡，他们的高出生率似乎威胁到了基督教社区和穆斯林社区之间的力量平衡。

> 他们没有贞操观念，他们也不入教；所有人都结婚，所有人都繁衍生息，因为简朴的生活更利于繁衍后代。战争不会让他们减丁，过度劳累也不会让他们受损。
>
> ——米格尔·德·塞万提斯（Miguel de Cervantes）
> 《狗的对话录》（*El coloquio de los perros*）

面对真实存在的危险或可能出现的危险，由国王的宠臣——莱尔马（Lerma）领导的国务委员会（Consejo de Estado）决定利用在北方与荷兰和英格兰所达成的和平协议。出于安全原因考虑，他们将王国各地的所有摩尔人都驱逐了出去。这个决定让摩尔人开始从巴伦西亚的各个港口流亡到北非，三个月内有超过16万人离开。

1610年初，阿拉贡的摩尔人开始被驱逐出洛斯阿尔法克斯（Los Alfaques）。同年年中，安达卢西亚和卡斯蒂利亚的摩尔人从马拉加、阿尔穆涅卡尔和塞维利亚的港口被驱逐出西班牙。伊比利亚半岛东南沿海各地贵族失去了优秀的劳动力，因此王国用摩尔人留下的财物补偿他们。相反，在卡斯蒂利亚，摩尔人所留下的财产填满了王室的金库。

这场大驱逐加速了王国的人口减少和资本外逃，也加剧了王国的内部危机。这种情况一直在恶化，使货币从市场中消失。教会和国家的收入因债务违约和税收下降而受到影响，而工人短缺导致之前摩尔人所从事的丝绸、果园、运输等行业的价格和工资都上涨了。卡斯蒂利亚、巴利亚多利德、塔拉维拉和托莱多的丝绸工业正在崩溃，但总的来说，打击是可以承受的。阿尔梅里亚、马拉加和格拉纳达在风暴中幸存下来，由于对新工人施加了沉重的压力，将拉曼却、安达卢西亚、穆尔西亚、加利西亚等地的农村家庭迁移到废弃城镇的计划失败了。基督徒农民在灌溉技术方面的低效率降低了埃布罗河流域阿拉贡果园的生产力。此外，地主试图将旧的负担转嫁给租户，也让潜在的迁入者望而却步。宗教骑士团和中产阶级抵押贷款的投资者，受到因全面破产和现金短缺所引发通货膨胀的严重打击。然而，人民大众确实受益了，他们以低廉的价格购买摩尔人的财物，并从债务违约和竞争结束中获利。

最引人注目的是巴伦西亚所发生的情况，摩尔人劳动力的丧失使农村变得荒凉，贷款人破产。大庄园贡税的崩溃使贵族处于破产的边缘。在这种紧急情况下，王国通过将摩尔人留下的财产转给贵族，并将其债务利息降低50%，从而将负担转移到陷入困境的城市资产阶级身上，挽救了贵族阶级。虽然自1660年以来，由于向卡斯蒂利亚出口葡萄酒和丝绸，巴伦西亚的经济蓬勃发展，但其人口没有在一个世纪内恢复。莱尔马针对摩尔人的措施加大了中心区域与周边区域的距离，并促进了加泰罗尼亚的复兴，使巴伦西亚成为阿拉贡联合王国的领头羊。王国收紧了对阿拉贡和巴伦西亚贵族的围困，他们的生存现在依靠宫廷的怜悯，过去的狂妄早已不复存在。

眼下却已是一片颓败

与中世纪一样，因为收成不佳，人口减少的浪潮刺激物价和工资不成比例地上涨。瘟疫也在商业上留下了印记，对传染的恐惧破坏了伊比利亚半岛与美洲及半岛内部各地区的关系。在欧洲，荷兰的叛乱和欧洲中部战争扰乱了贸易体系，加重了经济停滞。通货膨胀日益严重，达到失控程度，让商业世界崩溃。这个不寻常的现象，不是因为经济活动增加或美洲贵金属涌入引发的，如16世纪一样，是国家操纵货币逐渐贬值所造成的。

对于因生活水平逐步恶化而陷入绝望的工人阶级来说，工资增长并不能弥补基本必需品价格的上涨。就像关心国事者冈萨雷斯·德·塞洛里戈（Gónzalez de Cellorigo）所指出的那样，国家也意识到了危险在于赋税过重，但由于缺乏资金而无计可施。因此，农村贫困、人口减少、金融混乱和贸易不振在现代西班牙的第一次重大危机中全都出现了。

作为王国的领头羊，卡斯蒂利亚首当其冲。在农村，人口减少和边缘土地枯竭导致了破产。自前一个世纪以来一直对这些土地进行开发，但是现在被遗弃了。此外，一方面长子继承制的泛滥和统治阶级的闲散生活导致了灾难，因为他们从不关心新的投资；另一方面，财政部门也使新投资变得困难，因为人们手里没有闲钱用于储蓄。

然而，随着两种美洲产品——玉米和马铃薯的到来，坎塔布连海岸发生了革命性的变化。17世纪初，北欧的战争阻碍了羊毛的出口，对巴斯克的经济发展至关重要，因为这导致当地人口移民到了卡斯蒂利亚或美洲，使曾经吸引农村过剩劳动力的沿海城市衰落了。在这种情况下，在拉里奥哈，新的土地开垦、玉米种植的引入以及葡萄种植的增加都促使人口从城市回归乡村。在潮湿和封闭的沿海山谷，自这个世纪的头几十年以来，美洲作物种植业一直在蓬勃发展，很快就超过了小麦的产量，但是小米、大麦、燕麦和苹果的种植却减少了。因此，苹果酒不得不让位于葡萄酒。阿拉瓦和拉里奥哈的葡萄酒迅速占据了市场，取代了被运输和关税问题困扰的加利西亚和纳瓦拉的葡萄酒。由于这两次变化，比斯开和吉普斯夸的沿海地区以及拉里奥哈保持了人口数量增长，而阿拉瓦种植谷物的平原，则随着卡斯蒂利亚一起崩溃了。

对于加利西亚来说，玉米和马铃薯的到来是复苏的前奏。与此同时，自1645年以来，卡斯蒂利亚的一些地区如塞戈维亚，由农业专业化生产转向了畜牧业专业化生产，种植饲料用植物而不是小麦。人们出售肉类、牛奶和羊毛的巨额利润证明了这种转换的成功，使许多商人和地主致富。

岁月磨蚀了往昔雄风

17世纪上半叶，人们没有钱消费，所以手工业作坊也无事可做。由于原材料的质量问题和市场的专业性问题，在卡斯蒂利亚，只有少数几个部门还在苦苦支撑。阿拉贡一直挣扎到1620年，随着摩尔人的被驱逐和法国商品的入侵，这种挣扎才停止。然而阿拉贡因为没有货币变化问题和卡斯蒂利亚那样的财政压力，所以比卡斯蒂利亚更早复苏。

在整个欧洲，技术进步不断增加，生产成本被降低，但是对西班牙并没有产生重大影响，因为西班牙的税收负担日益加重。行会主义的衰落导致商业资本以及从事商业生产的所有者和领主们发达起来，因为他们的生产已经能够适应大众喜好的变化，并雇佣因农业危机而释放出来的廉价劳动力。各个国家都在通过促进商品出口和用关税限制进口的重商主义政策支持改革。相反，伊比利亚半岛在改革和创新方面落后，破坏了走向现代化的道路。行会和王国的自由贸易政策使竞争变得非常困难，导致了市场和资本的损失。

卡斯蒂利亚的城市工业受到的影响最大。由于生产布料的原材料在阿姆斯特丹和伦敦非常受欢迎，所以塞戈维亚极度缺乏这些原材料。在这个世纪之初，布料产量大幅下降，从1.6万匹下降至3000多匹。在昆卡、托莱多、贝哈尔、帕伦西亚等地，织布机持续减少，失业人数持续增加，这也就解释了在1647—1652年，托莱多的骚乱以及安达卢西亚的暴力事件为什么会发生。在阿拉贡，冲突也在升级，社会各阶层都要求议会禁止原材料的出口。

虽然战争拉动了军火需求，但由于前一个世纪的过度保护主义，冶金工业正在衰落。西班牙并没有利用对国内市场和美洲市场的垄断来促进加泰罗尼亚地区和巴斯克地区各铁厂的现代化，因此瑞典和英国的铁产品将西班牙人赶出了欧洲市场。与其他行业一样，西班牙的小型锻造作坊无法对抗欧洲大陆其他国家的大型高炉铁厂，鉴于钢铁产业的战略价值，西班牙一直试图缩小在这一领域与其他国家的差距。费利佩二世提议采用新技术，但巴斯克地区的反对意见让他的打算落空了。最后，在他之后的各位国王统治时期，才在沿坎塔布连海的拉卡瓦达（La Cavada）和列加内斯（Liérganes）使用新技术建立了高炉（1622年），以专门铸造大炮和炮弹，这些工厂后来也生产管道或日常用品。使用科学技术在带来收益的同时，也造成了对坎塔布连山脉森林的过度砍伐。如今，这些地区已经重新栽种了可以快速生长的树木，如松树和桉树。

根据传统的海运港口分布趋势，当与北欧的贸易中断导致缺乏木材时，造船厂一般在塞维利亚建立。由于西班牙的政策发生变化，同时需要恢复因为无敌舰队被击败而遭受重创的国家海军，因此海上贸易只有坎塔布连沿海和加泰罗尼亚地区仍然活跃，但是这种拉动作用在这个世纪的40年代也结束了。荷兰、英国和法国的运输船只加入伊比利亚半岛与美洲的贸易以及欧洲的技术进步不断得到加强，使西班牙有了购买拉芒什海峡周边国家所建造的船只的选择。同样，与英格兰海上作战的惨败让西班牙的船主们觉得在与欧洲国家作战或防御美洲之时，由国家征用船只是十分危险的，所以决定租用外国船只。

最重要的造船厂集中在比斯开湾沿海地区的毕尔巴鄂海湾、贝尔梅奥、莱凯蒂奥。1615年，国家建立了第一个皇家船坞——索罗萨（Zorroza）船坞。这个船坞对海军工业的辅助产业产生了有益的影响。

内部危机和军事冲突中断了贸易线路，进而使贸易崩溃。17世纪初，海洋贸易的变迁使羊毛出口对卡斯蒂利亚的经济变得至关重要，但尼德兰战争（guerra de los Países Bajos）破坏了羊毛的出口线路；由于殖民地的需求乏力，造船厂和农村失去了最好的经济动力，而白银供应量的削减则使西班牙国际收支失衡，让纳税者的税收负担无法得到减轻；采矿业因劳动力短缺和矿山资源枯竭而萎缩，美洲的经济不再完全依赖于它；官僚机构和海外公共工程所需的黄金和白银运输量也下降了；投资于农业和工业的资本开始产出收益，使得远离宗主国的地区实现了自给自足，而各殖民地间的贸易发展，将来自伊比利亚半岛的商品驱逐出了本地市场。与此同时，走私也为当地提供了许多其他国家生产的质优价廉的商品。与在政治方面克里奥尔主义的不断进步相比，西班牙在贸易方面的表现还算不上最糟糕，因为殖民地的统治阶级在政治上发生了变化。与欧洲的利益相比，他们更关注美洲，其政治重心也从帝国转移到了大西洋的另一侧。

由于美洲无法刺激西班牙的贸易，所以西班牙也就无法实施一致的贸易政策。每个王国在贸易方面都有自己的指导方针和利益，这明显不利于统一大市场的发展。从中世纪所继承下来的海关系统仍然非常复杂，阻碍了一切商业创新。卡斯蒂利亚在其领土边界设有海关；与阿拉贡、纳瓦拉和巴伦西亚交界处设有陆港；在坎塔布连和加利西亚一带征收什一税；在安达卢西亚和穆尔西亚，卡洛斯一世对向美洲输出的货物征收继承自穆斯林统治时期的关税。其他王国的税收仍然存在：纳瓦拉和阿拉贡在法国和西班牙边界设有征税机构；加泰罗尼亚的税种包括出入境税、入城税、织物税、邮寄税等；而巴伦西亚的征税，使得国内的贸易要付出更大的代价，反而有利于走私和欧洲的商品进入。此外，西班牙无法取消在费利佩二世时代开始的自由贸易政策，让越来越多的外国商人在殖民地获利。

一个君主、一个帝国、一把剑

作为一个欧洲帝国的继承人，卡洛斯一世实施对外政策的首要目标是巩固哈布斯堡王朝的地位。他有两个强大的敌人：一个是弗朗索瓦一世（Francisco Ⅰ）的法国；另一个是奥斯曼帝国。在卡洛斯一世统治时期，奥斯曼帝国吞并了埃及、古斯拉夫的大部分地区以及匈牙利的一部分，并窥伺维也纳——哈布斯堡王朝奥地利部分的首都。路德教（luteranismo）出现在德国、波罗的海地区、法国和佛兰德斯，也使得卡洛斯一世始料不及地卷入了德意志帝国（Imperio alemán）内部的斗争。

"天主教徒"费尔南多时期因为争夺意大利和地中海西部的控制权而与法国所发生的冲突仍在继续。16世纪初，征服那不勒斯之后，文艺复兴时期所留下来的城市文化和财富使得卡斯蒂利亚宫廷感到眼花缭乱，但卡洛斯一世的打算很简单：控制米兰地区意味着掌握地中海与日耳曼欧洲和尼德兰之间商业和军事交通（所谓的西班牙道路）的钥匙。虽然卡洛斯（Carlos）和弗朗索瓦（Francisco）之间积怨已久，但西法战争直到1521年才爆发。这一年正是卡斯蒂利亚公社起义被镇压和路德（Lutero）在沃尔姆斯会议（Dieta de Worms）上拒绝屈从的那一年。

根据传统的路径，弗朗索瓦一世发动了针对伊比利亚半岛的战争，他在征服富恩特拉比亚和潘普洛纳之后，进入了纳瓦拉和巴斯克地区。这使得西班牙不得不与宿敌刀兵相见，并在佛兰德斯开辟第二条战线。卡洛斯一世（Carlos I）在防卫伊比利亚半岛和尼德兰的同时，将主要攻势集中在意大利，打算从法国人手中夺回米兰公国，恢复斯福尔扎家族（Los Sforza）的地位。比科卡（Bicoca）战役后，法国人被驱逐出热那亚。卡洛斯一世像他的外祖父母一样，选择了与英国结盟，因此与他的姨父——亨利八世在温莎（Windsor）达成盟约，以孤立巴黎。

西班牙军队在意大利和法国取得过胜利也经历了失败。1525年，西班牙步兵团攻占帕维亚（Pavía），俘虏了法国国王。尽管西法签署了《马德里和约》(*Tratado de Madrid*),但弗朗索瓦一世在教皇——美第奇家族的克莱门特七世(Clemente Ⅶ)和英格兰国王亨利八世的帮助下,被释放之后,就重新开始与哈布斯堡王朝斗争。专注于意大利的卡洛斯无法帮助他在奥地利(Austria)和匈牙利(Hungría)的兄弟们:土耳其人劫掠了莫哈奇(Mohacs),卡洛斯一世的妹夫路易二世(Luis Ⅱ)也因此而丧命,他的弟弟费尔南多仍然被围困于维也纳。然而,将优势兵力集中在单一战线发挥了成效:卡洛斯一世的军队袭击了罗马(1527年),削弱了教皇的势力;安德烈亚·多里亚(Andrea Doria)所率领的热那亚海军背叛了法国一方,选择与西班牙结盟;那不勒斯的叛乱者们投降了;教皇克莱门特七世为卡洛斯一世加冕皇帝,以换取其为他平息搅得一家不得安宁的佛罗伦萨民众的叛乱。

《康布雷条约》(*Paz de Cambray*,1529年)暂时标志着天主教各国之间的休战,弗朗索瓦一世放弃了那不勒斯、米兰和热那亚,卡洛斯一世放弃了勃艮第。

《康布雷条约》也关注了巴尔干和北非问题。1532年,西班牙军队和德意志军队合兵一处,打破了"大帝"(El Magnifico)苏莱曼一世(Solimán Ⅰ)对维也纳的围困。在把伊斯兰教抑止在奥地利之后,卡洛斯一世将关注点重新放到了地中海线路问题之上,传统的卡斯蒂利亚-阿拉贡干预主义政策,尤其是帝国的需求,在他的心目中占了上风。正如在"天主教徒"费尔南多与路易十二的冲突当中所表明的那样,控制海上路线能够确保军队在意大利占领区的防御,因为可以通过巴利阿里群岛、撒丁岛、西西里岛等中转站向那不勒斯派遣增援部队,并从那不勒斯向欧洲中心区域派兵。因此,终结柏柏尔海盗的袭击是关键,以便将西地中海变成西班牙的内海。

西班牙占领了突尼斯（Túnez），但自1541年以来，失败接踵而至。北欧再次引起人们的注意：1542年，弗朗索瓦一世与克里维斯公爵（duque de Clevés）以及土耳其人一起在佛兰德斯发动了另一次攻势，而此时的卡洛斯一世必须还要解决在德意志内部与其为敌的施马尔卡尔登联盟（Liga de Esmalcada）的起义。

卡洛斯一世迅速攻入克里维斯公国（duque de Clevés）并得到了德意志各邦国的支持，法国却打破常规，与奥斯曼土耳其结盟。英格兰军队在布洛涅（Boulogne）登陆，围困巴黎，使法国屈服并在克雷皮（Crepy）乞和（1544年）。

这是一个在帝国建立秩序的机会，路德传播新教和各诸侯在政治和经济上野心勃勃，帝国早已危机四伏。但是在卡斯蒂利亚、意大利和地中海的作战使得卡洛斯一世无法及时地制止帝国的混乱局面。1538年，路德教诸侯与天主教在纽伦堡（Núremberg）达成和解，之后又在雷根斯堡大会（Dieta en Ratisbona）会面。皇家军队在米尔贝格（Mühlberg，1547年）击败了萨克森（Sajonia）候选帝约翰·弗雷德里克（Juan Federico）的部队。提香（Tiziano）据此为卡洛斯一世创作了一幅肖像画，成为绘画史上的杰作。然而，卡洛斯的目标是与诸侯们和平相处，因为他希望得到诸侯们的支持以将哈布斯堡王朝留给他的儿子，但是由于他的兄弟费尔南多的反对，所以不得不同意西班牙和奥地利分别由两人执掌。

费尔南多的抱怨鼓舞了莫里斯·冯·萨克森（Mauricio de Sajonia），他与法国的亨利二世合作并发动叛乱，使得帝国拼尽全力才保住尼德兰。维也纳很快就从冲突中受益：费尔南多通过提出"教随国定"（cuius regio eius religio）原则来促进和平，也就是说，由诸侯决定他们自己及其臣民的宗教信仰。

臣民所信宗教必须与其所属领地诸侯的宗教信仰一致，否则必须移民。通过这种方式，费尔南多树立了自己的形象，在1555年卡洛斯退位之后接过了皇位，而帝国的其余部分则掌握在费利佩二世手中，从而产生了哈布斯堡家族的两个分支，分别支配马德里和维也纳的命运。费利佩二世曾远离伊比利亚半岛，因为他第二次婚姻是与都铎王朝的玛丽（María）结合，而且他继承的是一笔沉重的遗产——国库空虚。于是，他不得不与法国重燃战火。

虽然伊比利亚半岛的军队和金钱在欧洲捍卫了卡洛斯的帝国梦想，但西班牙人和葡萄牙人也在世界上扩大了他们国王的统治范围。自1515年葡萄牙人与波斯〔霍尔木兹（Ormuz）〕建立了第一次直接接触以来，他们很快就与印度〔果阿（Goa）〕、锡兰（Ceilán）和中国〔澳门（Macao）、广州（Cantón）〕建立了直接联系。在马尼拉（1571年）建城之后，菲律宾（Filipinas）成了西班牙在东南亚和太平洋地区强大的渗透平台。在费利佩二世时代，阿卡普尔科（Acapulco）大帆船将菲律宾与美洲联系起来了。圣方济各·沙勿略（San Francisco Javier）和奥古斯丁修会会员——乌达内塔（Urdaneta）成功地在东方传播了天主教，尤其是在日本特别成功。16世纪末，日本信徒数量达到了25万。丰臣秀吉（Hideyoshi）曾经想过派遣一个亲善使团，去面见西班牙国王和教皇。然而，他对西班牙和葡萄牙影响的恐惧引发了对这种天主教萌芽的摧残，给天主教在日本的传播画上了句号。

在美洲，探索和征服之旅已经从格兰德河（Río Grande）扩展到了巴塔哥尼亚（Patagonia）。来自埃斯特雷马杜拉的努涅斯·德·巴尔博亚（Núñez de Balboa）发现了太平洋（1513年），而麦哲伦（Magallanes）和埃尔卡诺（Elcano）则完成了首次环球航行（1519年）。与此同时，埃尔南·科尔特斯（Hernán Cortés）离开了古巴，在不再屈服于特诺奇蒂特兰（Tenochtitlán）血腥统治人民的帮助下，踏上美洲大陆并征服了阿兹特克（Azteca）帝国；皮萨罗（Pizarrazo）操纵印加（Inca）帝国的内战，以夺取安第斯高原；佩德罗·德·巴尔迪维亚（Pedro de Valdivia）、希门尼斯·德·克萨达（Jiménez de Quesada）、贝纳尔卡萨尔（Benalcázar）、卡韦萨·德·巴卡（Cabeza de Vaca）等随后相继发现了智利、哥伦比亚、厄瓜多尔和德克萨斯（Texas）。像苏马拉加（Zumárraga）大主教这样的神职人员则向美洲引入了宗教和文化，而在伊比利亚半岛，教士巴托洛梅·德拉斯·卡萨斯（Bartolomé de las Casas）则坚持捍卫土著人民的自由。征服者劫掠了被征服人民的财富，从欧洲带来的疾病也摧毁了他们的健康，甚至让他们几乎灭绝。随着西班牙人的三桅帆船一起来到美洲的还有基督教、语言、卡斯蒂利亚的政治和行政组织、殖民地法律、印刷厂和大学。16世纪，美洲相继出现了圣多明各大学（Santo Domingo）、墨西哥大学和利马的圣马可斯大学（San Marcos）。

在与德意志民族的神圣罗马帝国分家之后，尽管不会忘记尼德兰，费利佩二世确定外交政策时还是从伊比利亚半岛国家的利益出发，因为这里是王国的中心。登基之后，费利佩二世依靠萨伏依（Saboya）公爵菲利贝托（Filiberto）所取得的胜利以及凭借与大不列颠的联盟，很快就平息了与法国之间的冲突，并签署了《沃塞尔和约》（*Tregua de Vaucelles*，1556年）。但是由于教皇和其侄子卡洛斯·卡拉法（Carlos Caraffa）的操纵，和平很快在意大利被打破——费利佩二世派那不勒斯总督阿尔瓦公爵发兵进攻罗马。西班牙和佛兰德斯联军在圣昆廷（San Quintín，1557年）取得胜利，之后又和英国海军一起在格拉沃利讷（Gravelinas）海战（1558年）中取得胜利，迫使法国不得不求和并签订了《卡托–康布雷齐条约》（*Paz de Cateau-Cambrésis*）。

费利佩二世自豪地命令建造埃斯科里亚尔（El Escorial）修道院，以庆祝他的胜利。这是一座半修道院半宫殿的建筑，是哈布斯堡王朝的象征，连接了过去和现在，并成为这位皇帝及其继任者们的永久安息之地。死者给生者带来的是沉重的负担——要不惜一切代价保留他们所留下的欧洲遗产，尽管这种做法注定要毁灭西班牙。

埃斯科里亚尔修道院融合了世界各地的文化，这种兼收并蓄的氛围体现在其丰富的艺术收藏品之上和汗牛充栋的图书馆的书籍之中，这里有文学著作，也有科学著作；有基督教著作，也有伊斯兰教著作；有神学著作，也有天文学著作……还有一个炼金阁，许多西班牙和外国的科学家在这里做实验。所有这些都证实了他们的图书管理员——阿里亚斯·蒙塔诺（Arias Montano）和何塞·德·锡古恩萨（José de Sigüenza）对顽固的伊拉斯谟学说的质疑。

因为在欧洲没有什么负担，所以费利佩二世在即位初期将主要精力集中于治理伊比利亚半岛。欧洲局势紧张，其父卡洛斯一世一直无暇顾及伊比利亚半岛事务。由于宗教法庭法官巴尔德斯（Valdés）的活动，他无情地压制了新教在塞维利亚和巴利亚多利德的阴谋。费利佩二世避免了其父之前所犯下的错误，能够在危险出现之前就让其胎死腹中。地中海的局势需要特别关注，因此，费利佩二世随后又开始关注地中海。1556年，西西里总督袭击了的黎波里，并在接下来的几年里继续进攻杰尔巴岛（Djerba）、戈梅拉岛（El Peñón de Vélez）……愤怒的土耳其人在东方做出了回应：他们围攻马耳他，其首都一直在圣约翰骑士团（orden de San Juan）的捍卫之下，直到西班牙军队的到来。

奥斯曼帝国是不会后退的，他们很快就收复了突尼斯和塞浦路斯，甚至在1568年的摩尔人叛乱中也有他们的身影。两股巨大的力量在古老的海域中棋逢对手，两者都希望像罗马和迦太基一样控制这片海域，所以冲突不可避免。

应教皇的要求，西班牙各王国在威尼斯一起加入了神圣联盟（Liga Santa），并组成一支庞大的联合舰队，有300艘船，5万名士兵。这支舰队由奥地利的唐·胡安（Don Juan de Austria）指挥，集中了当时最好的海战专家——科隆纳（Colonna）、安德烈亚·多里亚和阿尔瓦罗·德·巴赞（Álvaro de Bazán）。组建这支舰队的目的是遏制穆斯林的威胁。1571年，这支海军在勒班陀（Lepanto）取得了巨大的胜利，但教皇的死亡和威尼斯人的背信弃义导致了联盟的解体，因此并没有从这次胜利中获得收益。在重新夺回突尼斯之后，因为内部的叛乱，交战双方不得不通过马丁·德·阿库尼亚（Martín de Acuña）的外交斡旋来缔结停战协议。

局势趋于和平，西班牙帝国将行动重心转移到了大西洋，而土耳其海军也松懈下来，并由于缺乏新的投资而崩溃。

在发生阿尔普哈拉斯之乱的那一年，国王与第一任妻子所生的卡洛斯王子（El príncipe Carlos）——一位可怜的精神病患者以及国王的第三任妻子伊丽莎白·德·瓦卢瓦（Isabel de Valois）均在马德里去世，并引发了许多谣言。而这些谣言本身就属于黑色传奇，随着国王秘书——安东尼奥·佩雷兹（Antonio Pérez）所写的那些宫中秘闻一起在欧洲传播。

由于将所有财力和人力都集中在了地中海，费利佩二世无法震慑佛兰德斯。各伯爵领地的大贵族与总督——帕尔马公爵夫人玛格丽塔（Margarita de Parma）和红衣主教格兰维拉德（Granvela）对抗，他们要求拿回被皇帝夺走的权利。卡洛斯一世时期支出甚巨，给佛兰德斯的财政留下了巨额债务，现在布鲁塞尔归顺了马德里，要求平衡预算。趁着费利佩的时运不济，贵族要求将红衣主教调离并驱逐西班牙军队。

囊中羞涩的王国已经无力再开辟另一个战场，也就不得不接受了贵族的要求。这个不明智的决定，引发了佛兰德斯贵族的新要求——1565年，他们篡夺了当地政府的统治权，而忙于防守马耳他的国王也不得不默许了他们的行为。

与伊斯坦布尔（Estambul）的短暂和平使得西班牙能够腾出手来处理佛兰德斯事务；马德里任命叛乱领导人的死敌为国务委员会成员并支持宗教裁判所，以此对布鲁塞尔的种种行为做出挑衅性的回应。在正式宣战后，贵族迫使玛格丽塔取消宗教法庭。

西班牙只能用武器制服他们，但是由于土耳其苏丹的攻势，西班牙不得不克制自己。由于商业资产阶级负担过大，冬季的饥荒过于严重以及加尔文主义团体的力量过于强大，1566年，在根特（Gante）和安特卫普爆发了一场摧毁教堂和修道院的反传统暴乱。针对此事，在马德里宫廷，政治家分裂成了两派。最终，强硬派取得了胜利：超过6万名士兵在阿尔瓦公爵的率领下攻入佛兰德斯，并镇压和击败了叛乱分子。除暴法庭（Consejo de Tumultos）判处艾格蒙特（Egmont）伯爵和霍恩（Horno）将军死刑，他们成了这次起义的第一批殉难者。阿尔瓦公爵在佛兰德斯清洗新教，并征收了一些特别税，以维持其部队的粮饷开支。

当土耳其人的威胁再次出现之时，尼德兰的问题就退居其次，情况也就更加糟糕了。法国和英国的支持使尼德兰北部省份的叛乱分子迅速卷土重来，他们反对天主教，而法国人则占领了蒙斯（Mons）和瓦朗谢纳（Valenciennes），在两条战线同时开火。对于西班牙的财政来说是一场噩梦，因为费利佩必须在五年内支出其收入的两倍。新总督路易斯·德·雷葵森斯（Luis de Requesens）提出实施大赦，取消阿尔瓦公爵征收的税种并承认佛兰德斯当地的法律，以换取和平。但是一切都太晚了，1575年的破产使信贷机器瘫痪了，西班牙的军队因拖欠粮饷而发生哗变，并劫掠了阿尔斯特（Aalst）和安特卫普。与此同时，奥兰治（Orange）亲王占领了荷兰（Holanda）和泽兰（Zelanda）。鉴于局势如此严峻，布拉班特（Brabante）的天主教徒召集了一次议会全体会议，要求立即撤出军队，并与加尔文主义者签署了《根特和约》（*Pacificación de Gante*）。

　　一直到1577年，西班牙都无所作为。美洲白银输入充盈了帝国的财政，亚历山德罗·法尔内西奥（Alejandro Farnesio）成功地用阿拉斯同盟（Unión de Arrás）吸引了天主教徒，这使得南方各省表示效忠西班牙。当葡萄牙国王塞巴斯蒂安（Sebastián）在阿尔卡萨基维尔（Alcazarquivir）去世时，西班牙在尼德兰的胜利即将到来，但其必须撤回力量以确保牢牢掌握里斯本（Libosa）的王位。总而言之，法尔内西奥（Farnesio）夺回了马斯特里赫特（Maastricht）和安特卫普（1585年），但这使得英格兰决定支持叛乱分子。这场叛乱最初只是针对中央政权的一场寡头起义，与卡斯蒂利亚的公社起义没有什么区别，但由于宗教狂热主义的鼓动和王国的财政紧张，以及外国势力因看到勃艮第遗产的战略价值而极力干预，这场起义成了一个国际问题。英国和荷兰海军（1586—1588年）因此封锁了西班牙从波罗的海进口谷物的海上交通，在伊比利亚半岛引发了饥荒。

　　随着战事在荷兰的发展以及海盗袭击在美洲大陆的增加，英格兰的伊丽莎白一世（Isabel Ⅰ）与费利佩二世的关系受到了影响。伊丽莎白一世处决了信奉天主教的苏格兰（Escocia）女王玛丽·斯图亚特（Maria Estuardo），这给费利佩二世向英国动武提供了一个很好的借口。根据圣克鲁斯侯爵（marqués de Santa Cruz）的建议，费利佩二世计划派遣一支庞大的舰队，先集结在里斯本，然后运送法尔内西奥军队通过拉芒什海峡，以入侵大不列颠。尽管西班牙人对这个计划严格保密，但仍然被英国人发现了，德雷克（Drake）在加的斯先发制人，向西班牙船只发动了攻击。西班牙的船只和舰炮在技术上远逊于英国的船只和舰炮，而法尔内西奥的部队未能登上船只，梅迪纳-西多尼亚（Medina Sidonia）又指挥失当，这些因素交织在一起，最终导致了灾难。超过1000万杜卡特的花销都打了水漂，海军在海峡中溃败了。然而，西班牙并没有放弃，重新组建了舰队，以继续保证与美洲的往来航行。尽管西班牙人未能阻止英国人在1596年对加的斯的劫掠，但1589年，在葡萄牙击退德雷克和诺里斯（Norreys），1591年后又在亚速尔群岛（las Azores）击退英国人。

不满足于现状的费利佩二世介入了法国内战以支持天主教派别，并为他的女儿伊莎贝尔·克拉拉·欧亨妮亚（Isabel Clara Eugenia）争夺法国王位，而新教徒波旁家族的亨利（Enrique）也声称自己是法国王位的合法继承人。当法尔内西奥的军队将抵达法国首都之时，亨利放弃了加尔文主义教派信仰，法国人紧密地团结在他周围，挫败了西班牙人入侵法国的企图，但是法国也失去了坎布雷（Cambray）、加莱（Calais）和亚眠（Amiens）。由于西班牙人疲于战争和财政破产，在教皇的调解之下，1598年双方结束了战争。同年亨利发布了《南特敕令》（*Edicto de Nantes*），承认其臣民的宗教信仰自由权利。

在结束了与法国的战事之后，费利佩就想要结束尼德兰的冲突，任命她的女儿伊莎贝尔（Isabel）及丈夫——奥地利人阿尔贝托（Alberto）为佛兰德斯的统治者并以这种方式在事实上接受了佛兰德斯各省的分裂。但西班牙希望摆脱这个沉重负担的理想最终还是破灭了，因为伊莎贝尔及其丈夫死后无嗣，继承权未能转回西班牙手中，哈布斯堡王朝的第三代没有再继续控制这里。

巴拉塔里亚岛

16世纪至17世纪的西班牙帝国是一个处于过渡时期的社会，同时兼具中世纪和现代的特征。这个社会既继承了中世纪那种以出身和血统来对人进行严格分类的传统，也具有现代社会用金钱将人分成三六九等的特点。经济危机和战争的冲击减少了特权阶层的数量，而边缘化群体则挤在慈善机构和宗教机构前乞求施舍。尽管存在贫困，但16世纪下半叶见证了巴洛克世界的出现，这个世界崇尚奢华和外部形象，但会加剧社会的紧张局势。

在西班牙全境，社会变革齐头并进，然而，绝望、恐惧和宗教流亡对卡斯蒂利亚社会的打击比沿海地区受到的打击更大。随着时间的推移，社会也出现了分裂：在卡洛斯一世和费利佩二世统治时期的高光时刻之后，哈布斯堡王朝君主治下的社会却陷入了不堪。军事失败带来的痛苦、思想自由的衰落、饥饿、犯罪率上升、官僚主义和宗教的膨胀，对纯正血统或荣誉的痴迷关注……将一个活生生的社会禁锢在了100年之前。（P259）

统治者并没有缩小贵族家庭之间的差距，而是通过影响家庭财产和居住地扩大了这些差距。定都马德里使得那些强大的贵族群体选择在城市定居，因为这里不仅金碧辉煌，而且是领取俸禄的理想场所。但许多绅士生活在悲惨的村庄，试图抵抗命运的冲击。

这些乡绅受到了王国的抑制，17世纪的农业危机侵蚀了他们的收入，而他们的特权又受到城镇和村庄居民的质疑，社会地位一降再降。由于这些人还抱有过去的贵族观念，不愿意从事体力劳动，当兵或移民到美洲为他们提供了出路。对其他一些人来说，在西班牙的大学取得文凭后再加入国家的官僚机构也是一条不错的出路。最后，一些少量最幸运的人通过为国家服务或直接通过向国家购买的方式获得贵族头衔，实现了阶级跨越。尽管他们风光不再，但贵族的理想仍将渗透到社会中，许多富裕的资产阶级和商人不惜动用资金购买绅士贵族头衔，因为当财务问题加剧时，君主往往会出售这些绅士贵族头衔。

尽管有如此多的贵族身份，但由于有关家庭政策的关系，只有少数人能够享受其特权并保持一定的门第身份。1520年，卡洛斯一世在所有贵族中挑选出大约20个家庭，授予大公头衔（Grande）。除了与国王的亲密关系之外，大公的爵位还为其成员提供了一系列法律特权和礼仪特权。在这样一个非常推崇权威的社会当中，这些特权突出了他们的地位。他们也会被分配到国家最重要的机构：大使馆、总督府、军事首脑机关和教会总部，这些职位往往由非常幸运的人花费很大的代价才能担任。17世纪特许权的膨胀，联姻、婚后不育和血缘传承导致了爵位和大公数量的大大减少。

与过去一样，上层贵族的收入来源仍然依赖于土地，但是很快他们的地租收入就会被来自委托监护、行政工资、城市租金、公共债务利息等的收入所取代。尽管贵族非常富有，但他们无法管理自己的财产，并且像欧洲其他地区一样，在1550至1640年面临巨大的困难。无论如何，他们奢靡的生活只满足了巴洛克式的社会需求，梅迪纳塞利、阿尔瓦、贝纳文特、因凡塔多等家族成了豪华的宫殿、成群的仆人、炫耀的派对和宴会的代名词。在大量开销之中，还应该包括那些用于建立和维护宗教建筑、赞助艺术家以及收集书籍和艺术品的费用，这些资金支持了黄金时代的艺术复兴和知识复兴。贵族们确实富甲一方，贝纳多特伯爵每年有大约16万杜卡特的收入，而巴利亚多利德的日工一年的收入则为60个杜卡特。但是家庭资产委托给管家管理导致的管理不善降低了他们的盈利能力，而农业衰退和公共债务贬值加剧了这种情况。没有长子继承制来保护财产免遭出售（但是无法避免被抵债）或免受国家干预，其中许多家庭就会破产。贝哈尔公爵和贝纳多特伯爵就是这种情况，他们的财产被王国接管了，由国家对这些财产进行管理，并给财产的主人发放"足够的"租金收入。

　　"天主教双王"和来自奥地利的君主们努力使上层贵族远离对国家的直接管理，将他们限制在自己的封地之内，他们在那里几乎拥有绝对的权力，就像米格尔·德·塞万提斯在其小说中描绘的"巴拉塔里亚岛"一样具有讽刺意味。王国在17世纪所发生的危机使他们能够从城市或乡村返回国家的中枢。公爵和伯爵加入了国务委员会，并取代了中小贵族；总督属地、陆军和海军都在他们的指挥之下，甚至那些宠臣——莱尔马、奥利瓦雷斯（Olivares）、阿罗（Haro）、奥罗佩萨（Oropesa）、梅迪纳塞利也位列其中。当巴利亚多利德、塞维利亚、托莱多等城市批准成为贵族才能进入政府的规定时，市政生活也掌握在了他们的手中。

弥撒和锅

面对帝国的变化，神职人员并没有落后于贵族。西斯内罗斯和其他先行者的改革几乎并没有使教会的面貌焕然一新，因此国家通过组织召开特伦特会议（Concilio de Trento）来促进教义和习俗的完整性和纯洁性。通过召开这些会议，西班牙君主可以参与修道院和教堂的管理，不仅能够促进改革，还能够管理他们的财富。西班牙军队在战场上捍卫天主教信仰（哈布斯堡王朝的君主们似乎是这样认为的），教会为西班牙伸出援手也是合乎情理的。

17世纪，教会享有国民收入的六分之一。大的主教管区——托莱多、塞维利亚、圣地亚哥和巴伦西亚则占有教会总收入的三分之一，卡斯蒂利亚主教教区的年收入有近30万杜卡特，加利西亚主教教区的年收入有10万杜卡特，而那些不起眼的主教教区的年收入从不会超过1万杜卡特。这些金额包括宗教活动本身的收入以及教会在农村和城市的财产收入、牲畜群的收入、公共债务的利息和抵押贷款的利润。收入差距引发了对那些最有收益教区职位的激烈竞争，君主会按照候选人的忠诚程度或其所做贡献而任命教职。毫不奇怪，这些主教职位通常会分配给上层贵族或国王的私生子，并形成一个个独立王国。特伦特会议有助于主教加强在受俸牧师当中的权威，这些牧师之前不习惯接近他们的大主教，现在则有义务居住在教区。此外，这些会议之后开设的神学院（在不到40年的时间里增加到了20个）缩小了农村神职人员和城市神职人员之间的知识差距，而教区登记则确保了对教民的监管。

17世纪，教职人员的数量无序增长，增加了一倍，这对于经济来说是一个沉重的打击。牧师、修士和修女们挤满了大城市，引起了执政者甚至宗教上层的愤怒抗议。除了一个宗教信仰氛围浓厚的社会所带来的精神层面原因之外，饥饿、逃避苛捐杂税和兵役也使得许多基督徒栖身修道院以寻求庇护。

对于在欧洲大陆的重振天主教计划来说，反宗教改革是理想的武器。尽管有足够的财产继续确保其在广大乡村避免陷入窘境，但伊比利亚半岛上旧有的本笃会修道院和奥古斯丁修道院还是萎靡不振。方济各会、多明我会以及赤足加尔默罗会的修士们……占据了优势地位，只有耶稣会士能够对他们的地位形成威胁，因为耶稣会在17世纪垄断了上层阶级的教育并占领了皇家忏悔室。作为20世纪《关闭法》（*Ley del candado*）的预演，哈布斯堡王朝试图通过检查男性修士的血统纯正记录和要求修女幽居生活来限制修道院的扩张。

对于教皇，哈布斯堡王朝既尊重又怀有敌意，持有一种矛盾的态度。因为一方面西班牙在意大利的占领区与教皇国有矛盾，另一方面，西班牙王室希望减少教皇对本国宗教事务的干涉。随着时间的推移，西班牙驻罗马大使甚至向皇帝提议废除教皇的世俗权力，以便教皇可以专门从事宗教活动。因宗教法庭法官——巴尔德斯指控托莱多大主教巴托洛梅·德·卡兰萨（Bartolomé de Carranza）有倒向路德宗的倾向，并将其囚禁，这几乎导致教皇国与西班牙之间关系的破裂。对于这件事，无论是在固有的教义问题上，还是在经济问题上，费利佩二世都不向罗马屈服，并在案件审理期间没收了这位主教的收入。1640年反对费利佩四世的加泰罗尼亚起义在结束时，达成了另一种妥协。忠于国王的加泰罗尼亚主教们放弃了他们的职位，而教皇应起义者的要求替换了他们。费利佩现在要求将他们官复原职，这造成了一个严重的司法问题，随着国王下令关闭在马德里的教皇派驻西班牙宗事务法庭，这个问题才得到解决。在教皇和国王之间，西班牙的主教们毫不犹豫地选择了国王。

伊比利亚半岛的大多数人口都还是靠天吃饭的农民。他们的命运在卡斯蒂利亚和加泰罗尼亚得到了改善，因为"天主教双王"把他们从沉重的农奴制中解放出来，但这是阿拉贡和加利西亚的农民所无法实现的。农民的生活水平总是受到政府、气候和无情税收制度的影响，但是在16世纪，作物丰收和农产品价格上涨提高了农民的生活水平。

与中世纪晚期一样，西班牙农业在各地的发展情况仍然是大不相同的。自耕农广泛分布于整个西班牙北部，他们所拥有的土地数量往往不足以维持生计（加利西亚的小农场也是如此），所以不得不季节性地迁移到其他地区以获得额外收入。这个群体很好地抵御了17世纪的危机，特别是巴斯克的房屋所有者，他们抓住了在世纪之交玉米进入西班牙的机会。即使是少数人也知道如何通过租用教堂和贵族财产来加强他们的地位，就像洛佩·德·维加戏剧中所描绘的富裕平民一样。在新卡斯蒂利亚，像堂·吉诃德（Don Quijote）那样的骑士和绅士仅占农村人口的5%左右，但是他们必须亲自耕种自己的土地。农产品价格上涨和劳动力过剩使得加利西亚地主获利颇丰，因此在17世纪，他们成为霸权阶级，他们的豪宅成了农村生活的中心。

不幸的是，小农（占农村人口的20%—30%）被贵族、城市资产阶级和富农所压榨。他们的后代要么沦为土匪强盗，在乡村滋扰生事；要么沦为流民乞丐，在城市寻求施舍。最好的结局便是，他们保留了自己的土地，作为佃农和农民辛勤劳作；或者是作为短工和牧人，为地主服务，并领取微薄的工资。随着大地产制的胜利，这类群体的数量不断增长，占到了安达卢西亚农村人口的60%—70%和拉曼却农村人口的一半。

农民群众的主要问题在于税收负担过重。在支付了教会的什一税，奉上第一批农产品，偿还了欠领主的租金以及缴纳了阿拉贡和巴伦西亚的贡税以及政府税收（商业税、徭役和食品消费税）之后，农民手中所剩无几，很难拿出钱来维修或更换农具。任何意外都会使这些农民陷入债务：高额的利息在17世纪摧毁了中小农户。

尽管在16世纪，城市在发展，但现代西班牙的大城市在当时仍然是小城镇，各个城镇只有一万多居民，只有少数城镇除外。哈布斯堡王朝统治初期的经济腾飞，使得一小部分商人阶级发家致富了，他们是中世纪晚期商人的继承人；一些贵族也借这个机会富裕起来，他们接受了资产阶级的职业和生活方式。在中产阶级之中，上层主要是大商人、公务员和自由职业者，下层主要是行会成员和小商人。

帝国时期最活跃的部门是投身于国际贸易的大商业资产阶级。他们的活动集中在加泰罗尼亚（Cataluña）、伊比利亚半岛东南沿海地区、卡斯蒂利亚北部的羊毛贸易中心和塞维利亚（这里集中了来自世界各地专门从事美洲产品销售的人们）。17世纪的困难使这个企业家阶层退出了这些贸易，他们将资本转入更安全的投资方式：不动产典借、公共债务和土地。由于缺乏激励措施，肆无忌惮的通货膨胀又吞噬了利润，大资产阶级改变了此前积极的态度。此外，积累的大部分资产都投资于那些与贵族化不抵触的新业务——批发贸易和农业剥削，他们很快就接受了城市贵族和大贵族的生活方式。这个群体包括重要的外国商人，他们居住在首都和周边港口，如塞维利亚、加的斯、马拉加、阿利坎特、巴伦西亚、巴塞罗那和毕尔巴鄂。

17世纪，大约五分之一的西班牙人处于贫穷、流浪甚至赤贫的状态。虽然出于宗教原因，直到17世纪末，都不禁止乞讨，但随着时间的推移，政府开始考虑控制乞讨，将穷人从街上带走并封闭在救济院（Casas de Misericordia）。从中世纪开始，救助有需要的人是地方政府的责任，但教会有责任照顾他们并管理依靠教会收入和信徒捐资所建立的医院与庇护所。贫困、流浪和犯罪问题最严重的两座城市是马德里和塞维利亚，这与两座城市的财富水平极不相称。为与这一丑陋现象作斗争，卡斯蒂利亚委员会（Consejo de Castilla）于1694年下令将流浪者送到北非的监狱或中欧的军中从事强迫性劳动。

鉴于阿拉贡各地有悠久的蓄奴传统和美洲需求的刺激，奴隶制在帝国时代蓬勃发展。主要的奴隶市场位于安达卢西亚和巴伦西亚，前者的发展是因为可以从北非和地中海轻易地输入奴隶，后者的发展是因为有从与土耳其人和柏柏尔人的战争中所获取的俘虏。在首都马德里也不乏奴隶，但更多的是作为贵族宫殿的奢侈品。一些罪犯因为受到惩罚而被送到阿尔马登的矿山或到海军的帆船中充当奴隶，其中，黑人和吉普赛人最有可能以这种方式沦为奴隶。关于吉普赛少数民族的第一批消息，与官方对其镇压的消息几乎同时开始出现在人们的视野里。一般认为他们在15世纪中叶进入伊比利亚半岛，其被官方镇压是因为其流浪习俗和生活方式所引发的怀疑。"天主教双王"已经在1499年下令驱逐吉普赛人："第一次流浪时，将对其进行鞭打和流放；当他们第二次流浪时，将切掉他们的耳朵。"西班牙哈布斯堡王朝后三位君主对吉普赛人也进行了长期的镇压；1619年，再次下令要求他们离开卡斯蒂利亚；1633年，要求他们放弃原有的服装和习俗；1692年，要求他们必须定居在有超过1000名居民的城市。

公社起义

与可能的假设相反，与欧洲其他国家相比，西班牙帝国的社会是平静的。不断加剧的不平等和内部暴力只会在特定的场合爆发。所爆发的种种叛乱虽然强烈，但往往是孤立和短暂的，并与挑战国王的权力有关。在日常生活中，财产犯罪、土匪和走私削弱了社会的紧张局势。

其中一次暴力事件是在宣布卡洛斯一世为卡斯蒂利亚和阿拉贡国王之后爆发的。在费尔南多死后，红衣主教西斯内罗斯担心卡洛斯一世可能会继续留在国外，而他的母亲又无法进行统治，所以敦促其尽快来到伊比利亚半岛。天主教女王——伊莎贝拉去世后出现的情况再次发生：一部分上层贵族前往佛兰德斯向新国王表忠心，努力组织军队和以牺牲贵族利益为代价来改善国家财政的摄政王边缘化。卡洛斯一世入主卡斯蒂利亚（1517年），巴利亚多利德、萨拉戈萨和巴塞罗那议会会议要求其尊重每个王国的惯例和习俗，并与其佛兰德斯顾问保持距离。国王原本不愿意接受这些条件，甚至面对减少税收的要求，取消了商业税的名头并将其拍卖给出价最高的投标人，并相应增加了税收收入。

在其祖父马克西米利安去世后，卡洛斯一世在圣地亚哥召集了新的议会会议。在这些会议上，他要求获得所需的资金，以完成哈布斯堡帝国对奥地利、弗朗什孔泰（Franco Condado）、佛兰德斯、卢森堡等欧洲部分的占有。各城市代表所发动的抗议活动不断增加，因为他们认为用自己的钱袋为国王的个人冒险提供资金并不符合他们的利益。由于害怕外国人的力量，议会要求君主不要离开伊比利亚半岛并将西班牙事务置于政府的首要地位。西班牙不习惯忍受卡洛斯一世从佛兰德斯所带来的专制方式，也不习惯国王对西班牙议会的限制。国王将议会转移到了拉科鲁尼亚，并收买公民代表，最终获得了资金并离开伊比利亚半岛前往德国，留下他的佛兰德斯导师阿德里亚诺·德·乌得勒支（Adriano de Utrecht）——未来的阿德里亚诺六世（Adriano Ⅵ）教皇作为统治者。

因为拒绝阿德里亚诺执政，中上层贵族成员结成统一战线，反对外国势力垄断公职，城市贵族、骑士和绅士反对增加税收，农民反对新来的分享皇室财产的领主，小手工业者反对富裕商人……托莱多在兄弟会中崛起，袭击王宫并驱逐摄政王；塞戈维亚、萨莫拉、萨拉曼卡、阿维拉、马德里和许多其他城市都予以支持，并成立了最高洪达（Suprema Junta）。作为对卡洛斯理论的支持，洪达宣布支持国王和城市之间的和平。由于对羊毛贸易的特许经营权以及他们与尼德兰的利益往来，只有布尔戈斯仍然忠于国王。

然而，当农民和小手工业者积极参加起义之时，起义就会升温，因为他们充满了平等主义的愿望。但是，他们的激进主义吓坏了贵族，就像15世纪的加泰罗尼亚和加利西亚起义一样。很快地，阿德里亚诺通过任命元帅伊涅戈·德·维拉克斯（Íñigo de Velasco）和海军上将弗雷德里克·恩里克斯（Fadrique Enríquez）辅政取得了贵族的支持。推举胡安娜女王为起义首领的计划落空，以及对攻占巴利亚多利德——摄政政府所在地的犹豫不决，使得起义的优势荡然无存。皇家军队在比利亚拉尔（1521年）消灭了起义军，其领导人被逮捕和处决。而托莱多则在令人钦佩的玛丽亚·德·帕迪利亚（María de Padilla）的领导下坚持抵抗得更久。各省市被剥夺了权力，王国以失去自由和无可置疑地服从国王为代价而实现了和平。从这时开始，卡斯蒂利亚成为皇权的基石，而代价就是牺牲自己。

在卡斯蒂利亚起义的同一时期，兄弟会摧毁了巴伦西亚王国。其原因来自中世纪晚期遗留下来的社会政治结构：大量的摩尔人依附于地主贵族，城市由"荣誉市民"商业资产阶级统治，行会远离市政机构。鉴于柏柏尔海盗的威胁，行会从费尔南多国王那里获得了武装许可，并向卡洛斯一世要求允许他们参加市政府。然而，派遣梅利托（Mélito）伯爵担任总督非但没有缓和局势，反而加剧了矛盾，引发了巴伦西亚市议会领导的武装起义，并蔓延至哈蒂瓦、阿尔科伊、卡斯特利翁、埃尔切和马略卡。

最初，叛乱分子的要求仅限于城市相关问题，如限制寡头集团的权力、行会的流动性以及与意大利贸易的障碍问题，但很快就会涉及税收或政府重组问题。正如在卡斯蒂利亚所发生的那样，随着贵族与高级神职人员、商业精英和摩尔人结成联盟以及总督部队增强实力，在控制了各个城市之后，于1522年成功地击溃了巴伦西亚的抵抗，并在次年消灭了马略卡的抵抗。

一方面，在伊比利亚半岛东南沿海地区的镇压比对梅塞塔高原地区的镇压更为血腥。也许是因为国王认为兄弟会起义的大众性与公社起义的半贵族性完全不同，同时国王不愿意打破与中产阶级的关系以及对重演中世纪社会动荡充满恐惧。但是，卡斯蒂利亚各城市被惩罚性地征收了15年的特别税，国王利用这个机会将政府由上层贵族转移到中产阶级手中。另一方面，卡洛斯为寻求和解，七年没有离开伊比利亚半岛，并与葡萄牙公主结婚（1526年）——这也是卡斯蒂利亚的愿望。

暴力的胃

通过武力强加和平之后，帝国的辉煌和经济福利缓解了对抗。冲突蔓延到了其他领域，与摩尔人少数民族的融合遇到了重重困难。自光复运动以来，摩尔人一直遍布于西班牙社会。红衣主教西斯内罗斯强迫格拉纳达的穆德哈尔人在接受洗礼或流亡之间做出选择，他们中的大多数人选择了皈依，这使得他们能够像他们在阿拉贡和巴伦西亚的同胞一样享受数十年的宁静。在费利佩二世统治时期，由于君主怀疑穆斯林臣民在其与土耳其人战争中的忠诚程度，加之宗教裁判所要求实施强迫性的宗教统一，之前的宗教宽容性不复存在了。此外，国家的横征暴敛加剧了不满情绪，并对丝绸生产造成了非常不利的影响，这是格拉纳达摩尔人的经济支柱。但是，西班牙政府违背光复时的协议，对阿拉伯人的语言和习俗实施禁令，引燃了火星。1568年底，大约有3万名武装人员聚集在格拉纳达的阿尔普哈拉斯（Alpujarras），他们从那里开展游击战，骚扰帝国军队。两年后，未来的勒班陀战役胜利者——奥地利的胡安（Juan de Austria）镇压了叛乱分子，将8万多名摩尔人驱逐到卡斯蒂利亚和下安达卢西亚，以使他们分散开来。

由于财政压力以及城市缺乏食物，一连串的骚乱困扰着羸弱的费利佩四世和卡洛斯二世。特别困难的是，奥利瓦雷斯伯公爵统治的最后几年威胁到了王国的存在。王国在短时间内遭遇了无数的反税收暴乱。这些暴乱继承了在费利佩三世（Felipe III）统治时期所发生的暴乱，那时的暴乱是为了反抗食品消费税，震动了阿维拉、托莱多和塞维利亚。按照影响程度，最突出的是拉里奥哈、帕伦西亚和拉曼却（1651年）所发生的反对葡萄酒税的暴乱、安达卢西亚暴乱（1647—1652年），以及较早发生的比斯开暴乱（1632年）。

毕尔巴鄂冲突缘于费利佩四世依据市政法所承认的权利，将食盐专卖制度扩展到比斯开。在人群的怂恿下，总委员会（Las Juntas Generales）否认了征税的有效性，但无法阻止谣言的传播。这个谣言的内容是：食盐专卖制度是精英与王国之间达成的利益协议的一部分。由一些律师和书记官领导的毕尔巴鄂手工业者袭击了市政厅，随着涌入的农民和水手加入其中，他们接管了这座城市。被胜利冲昏了头脑，他们掠夺了那些被指控为叛徒的知名人士的家，同时他们以平等主义的名义大喊大叫：有人吃鸡，而他们却吃沙丁鱼是不对的。因此，他们疏远了那些担心王室将羊毛贸易转移到桑坦德的城里商人。但是，由于暴乱者的分裂，领主在军队到来之前就平息了叛乱。通过实施和平以及惩罚有罪的人，费利佩四世扭转加强垄断的趋势；然而，他的形象在北方寡头集团那里得到了升华，并成为其社会地位的保障。

与欧洲其他地区一样，在费利佩四世统治时期，发生了许多因为生计问题所引发的骚乱。其发生的高峰期恰逢17世纪40年代的经济萎缩时期，并以安达卢西亚地区——卢塞纳、阿尔哈马德格拉纳达（Alhama de Granda）、科尔多瓦、塞维利亚为中心发生，这里也是受危机影响最严重的区域。面包等基本商品的短缺迫使工匠和手工业者要求商品降价，认为地方政府应对此负责并与其展开斗争。与此同时，混合了社会、财政和政治动机的葡萄牙、那不勒斯和加泰罗尼亚的其他起义也相继爆发。

17世纪40年代的社会状况是微妙的，这个世纪末也是如此。可怜的卡洛斯二世代表了王国垂死挣扎的悲惨形象，而与之相伴的是全国性的骚乱。一些城市充斥着穷人、流浪汉、流氓和妓女，并成了犯罪的温床；还有无所事事或沉迷于战斗的散兵游勇以及卑鄙和不可接触的强权阶级；武装集团统治着马德里、加泰罗尼亚、安达卢西亚和巴伦西亚的大片地区。毫不奇怪，地方当局一直担心爆发由经济危机引发的起义，就像1664年在马德里发生的威胁到费利佩四世统治的起义。

然而，城市的骚乱从未超出地方的范围也没有质疑既定的社会秩序，通常只是提出适度的降价要求，对税收过重的抱怨或政府变更的要求……流血事件不多，较为突出的是如下的做法：经常在大庭广众之下摧毁富人的财产。相反地，当局的镇压是严厉的，但根据囚犯的社会地位，惩罚会有选择性。最具代表性的暴乱包括卡拉奥拉、乌韦达、锡切斯（Sitges）等地抗议市政府贵族统治的暴乱，由于财政原因在圣地亚哥爆发的暴乱，因法国垄断贸易导致但未爆发的巴伦西亚暴乱，因面包短缺导致的格拉纳达和马德里暴乱以及因丝绸行业关闭而导致的托莱多暴乱。所有的暴乱，均由特权阶级、神职人员或学生领导，并有纺织工人和农业短工一起参加。

17世纪末，周边地区发生了两起最令人震惊的农村暴力事件，这些地区在早期经历了类似的暴乱，如加泰罗尼亚和巴伦西亚。加泰罗尼亚无檐帽起义（barretines，1688年）的发生缘于作物歉收及与法国的战争，两者都使农民阶级的生活难以为继，他们的生活由于缺乏生产而被毁了，他们也被迫参加保卫王国的部队。总督对投诉充耳不闻，激怒了农民群众，他们在公国人口最稠密的地区拿起武器，并围攻巴塞罗那。整整一年，加泰罗尼亚都受到农民的摆布，萨瓦德尔（Sabadell）、曼雷萨（Manresa）、马尔托雷尔（Martorell）和卡尔多纳屈服了。在法西战争开始时，王国避免挑衅，因为其不希望农村运动像1640年一样与外部敌人结合在一起，但危险是如此迫在眉睫，以至于加泰罗尼亚寡头集团欢迎卡斯蒂利亚军队对其同胞进行镇压，因为加泰罗尼亚的农村地区与巴塞罗那之间存在明显的利益差异。

但是在加泰罗尼亚没有得到平息的时候，巴伦西亚也发生了混乱。1693年，数百名农民停止支付领主税，并联合起来向阿拉贡总督、检审庭和政务委员会提出申诉，但这些由地主主导的机构无视他们的诉求。就像在兄弟会的旧时代一样，巴伦西亚人组成的队伍并不能吓倒总督，总督的应对措施是组织一支强大的军队，将危险的城市与大海隔离开来，在一年内平息了叛乱。第二次兄弟会起义的影响比加泰罗尼亚人组织的起义更小，他们得到了农村牧师和一些普通牧师的支持，但与实施镇压的领主结盟的高级神职人员不在此列。暴乱仍然是潜在的，在王位继承战争中爆发。

官僚之王

西班牙是一个横跨五大洲的帝国，不仅怀有称霸世界的野心，而且拥有多种文化、语言和法律秩序，其内部的经济利益也存在着相互竞争，对于这样的一个国家，没有现代化的管理手段，就无法实现长治久安。16世纪至17世纪，西班牙存在着中央集权和地方自治两种看似矛盾的观念。西班牙需要一个领导机构，既能够确定共同政策的总体方向，加快集体决策的速度，并且能够在王国的每个领土执行命令。所有这些都体现在一个庞大而紧密相连的官僚机构之中。但与此同时，中央集权主义必须考虑交通系统的缓慢性和对王国各个组成部分历史特殊性的尊重。在这方面，许多地区保留了自己的机构组织，并由当地精英主导，而总督或省长则负责与马德里的中央官僚机构联络。尽管帝国的统治体系将各地紧密地联系在一起，但这并不会阻止在日常事务中采取某种程度的自治。

然而，直到费利佩二世时代，才实现了哈布斯堡王朝各地的良好交通联系。卡洛斯皇帝从来没有感到迫切需要加强国家各地之间的政治关系，这些地区仍然像中世纪晚期一样处于独立状态：卡斯蒂利亚王国、阿拉贡、继承自奥地利的地区、帝国属地、佛兰德斯地区等均拥有自己的官僚机构和君主。1521年，他将帝国交给了他的兄弟斐迪南（Fernando），斐迪南在卡洛斯死后，继任为神圣罗马帝国皇帝，还对阿拉贡在地中海的领土进行了划分。西班牙帝国和德奥帝国的分家，推动了费利佩二世将其继承的领土重组为五个核心：伊比利亚半岛、尼德兰、意大利、美洲殖民地，以及在1580年收入囊中的葡萄牙及其海外领土。由于需要建立帝国的一个领导中心，所以加强了伊比利亚半岛各部分领土之间的联系。在这个过程中，国家将发挥主导作用。未来的西班牙在此时初具规模。

费利佩政府体系的起源与国王政治至上的教义相吻合，这有利于其加强中央集权。因此，费利佩打破了在"天主教双王"及其父亲统治时期宫廷不断迁移的传统，将宫廷和统治中心固定在马德里。马德里位于卡斯蒂利亚的中心地带，与阿拉贡、葡萄牙及与美洲交往的门户——塞维利亚的距离适中。用马德里取代托莱多，似乎是上天注定的，但也许是因为托莱多的宗教势力过大。宫廷稳居一地刺激了一个有效官僚体系的诞生，在这个体系之中，国王是一个关键角色，也是唯一一个最终能够做出决策的人。费利佩二世及其继任者选择保留了天主教双王时期的一些机构，并赋予它们新的职能，以便其与一个多民族帝国的结构和需求相适应。在执政过程中，君主的直接协助者是秘书。他们在前几位君主统治时期获得了很大的政治影响力，因为他们与国王的关系密切，但他们从未有过明确的职能。在某些情况下，他们只是国王和国务委员会之间的传话筒——国务秘书，或者是某些方面问题的专家——行政秘书。费利佩二世与这些助手一起在帝国的每一个地区都建立了专门的政府机构。因此，国务委员会只不过是中世纪晚期卡斯蒂利亚皇家委员会的改编。皇家委员会也由"天主教徒"费尔南多带到了阿拉贡。通过在各地设立与王国中央相一致的制度体系，费利佩二世政府实际上承认了各地的自治管理。这种自治是符合各地特点的，并能够防止绝对集权。

各地的委员会完全是历史的产物，由各地的相关专家和由国王挑选的统治精英组成。最重要的是卡斯蒂利亚、阿拉贡、佛兰德斯、美洲（1524年设立）、意大利（比美洲委员会建立稍晚）及葡萄牙（王国统一之后建立）的委员会。其他与整个王国有关的委员会，是由卡洛斯一世创建的国务委员会，其最重要的职责是负责规划帝国大政方针。同样常见的是战争、财政、宗教裁判所和骑士团委员会。政务经过这些委员会的初步处理，能够使国王迅速作出决定，因为只有利益攸关的大事才会呈报给国王。

总督（virrey）和省长（gobernador）在哈布斯堡王朝国家官僚机构当中位列第二层。国王通常从最高层贵族中确立人选，同时为了尊重当地人的感受，会在需要的地方任命当地人为总督和省长。然而，在费利佩二世、费利佩三世和费利佩四世统治时期，担任各地总督和省长的卡斯蒂利亚人数量不断增加，而佛兰德斯王国则比较特殊，其总督均由王室成员担任：匈牙利的玛丽（María de Hungría）、奥地利的胡安、帕尔马公爵夫人玛格丽塔、伊莎贝尔·克拉拉·德·欧亨妮亚（Isabel Clara de Eugenia）和亚历山德罗·法尔内西奥。

自伊莎贝拉和费尔南多统治时期以来，一直从小贵族和文士中招募国家公务人员。16世纪末，伊比利亚半岛的34所大学为公务员队伍提供了后备力量——毕业生只要达到必要的法律能力，就可以担任未来的官僚。埃斯特雷马杜拉的阿尔卡拉大学、格拉纳达大学、圣地亚哥·德孔波斯特拉大学、塞维利亚大学以及古老的巴利亚多利德大学和萨拉曼卡大学吸引了大量的学生，仅仅萨拉曼卡大学每年就招收6500名学生。在马特奥·阿莱曼所著的《古斯曼·德·阿尔法拉切》（*Guzmán de Alfarache*）以及克维多所著的《骗子外传》（*Buscón*）中，主人公都有过进入大学的经历。对于社会地位较高并且临近大城市的西班牙年轻人来说，约有3%可以走进大学课堂，在伊比利亚半岛北部和中部，这一比例更高，因为这些地区集中了大量的绅士并靠近主要城市。

萨拉曼卡大学、阿尔卡拉大学和巴利亚多利德大学的毕业生占据了各皇家委员会和检审庭（Audiencia）的相关职位，这些大学也获得了帝国官僚机构采石场的声誉。西班牙非常了解国家的运作方式，并推动与管理相关学科的发展，但是影响了艺术、神学、语言、历史等学科的发展。自古以来，法律学科就有优势地位，但是在"天主教双王"统治时期，文艺复兴成功地使人文学科在阿尔卡拉、锡古恩萨（Sigüenza）、圣地亚哥等新城市享有声望。在伊莎贝拉和西斯内罗斯的支持之下，意大利人文学者佩德罗·马尔蒂·德·安格莱利亚（Pedro Mártir de Anglería）和卢西奥·马里诺·西库洛（Lucio Marineo Sículo）负责贵族的教育。然而，这种创新只持续了很短的时间，巴利亚多利德（1559年）宗教判决的火刑摧毁了人文主义，宗教压力扼杀了科学研究。

由于耶稣会士和其他教团的努力，人文学科的衰落很快得到了补偿。这些教团自17世纪初以来一直在全国范围内扩展其教学网络，提供比大学更便宜的服务，而意识形态和道德风险也更低。在经济危机的高峰期，西班牙的大学背弃了欧洲的知识创新性，这是由于宗教裁判所的顽固和王国的短视所造成的。其对教学安排的随意性降低了教育水平。在费利佩四世统治时期，当管理职位被拍卖时，大学失去了作为毕业生进入公务员队伍桥梁的存在理由。从这时开始，那些有足够资金的人可以为他们的孩子购买职位，并委托当地的学校教育他们。在热衷公务员职位的现象吞噬了国家之时，大学变得更加本土化和宗教化，统治阶级失去了16世纪的世界主义色彩。

费利佩二世的国家体系面临两个严重的危险。一方面，权力过分集中于国王。国王碌碌无为，像费利佩三世、费利佩四世一样，或者国王因为年幼而无法力争，像卡洛斯二世一样，则国家大厦处于将倾覆的危险之中。然而，国家能够适应这种局面，最大限度地发展各个委员会的职能，这些委员会可以在政治活动中发挥积极作用。帝国的管理体系开始依赖大量的公文，但这些像雪片一样多的纸张，也可以让今天的我们了解过去的大量细节。为了表明对文献遗产保护的重视，费利佩二世下令将所有档案都存放在西曼卡斯的王国档案库中。

另一方面，在费利佩三世统治时期，虽然王室孱弱，但是宠臣们却步步高升。莱尔马公爵（Duque de Lerma）类似于从贵族中招募的首相，他的权力超越了以前赋予秘书的权力，他同时担任政治和行政职务。尽管乌赛达（Uceda）、苏尼加（Zúñiga）、奥利瓦雷斯伯公爵、路易斯·德·阿罗（Luis de Haro）、梅迪纳塞利、奥罗佩萨等统治着国家，但他们中没有一个人能够达到莱尔马公爵（1598—1618年）的权势。其签名与费利佩三世的签名一样有效力。除了任意行使权力所产生的腐败之外，在哈布斯堡王朝最紧急的时刻，宠臣治国被证明是国家的有效工具。有些人甚至试图将这种模式延续下去，例如费利佩四世统治时期的奥利瓦雷斯伯公爵或唐·胡安·何塞（Don Juan José）。唐·胡安·何塞在他的同父异母兄弟——卡洛斯二世统治时期，通过军事政变上台掌权。宠臣执政模式的推动作用、国王秘书地位的加强以及西班牙制度的动态变化，解释了为什么尽管国王懒政或无法理政，但是西班牙当局仍然能够继续前行。

西班牙的火绳枪

西班牙哈布斯堡王朝的军队脱胎于神圣兄弟会，以及"天主教双王"于1495年派遣到意大利的远征军。由于害怕法国入侵，西班牙将民众武装起来，20岁到45岁的青壮年有十二分之一被动员参军。由于军需和兵源都十分充足，所以军队兵精粮足。第一批战术师在海军的配合下，将部队开进意大利的核心区域。1503年的胜利证明了新技术的优越性、国王战略（使用游击队、发动小规模冲突、调遣部队、控制通信、使用炮兵）的正确性以及由西班牙各民族士兵所组成军队的团结性。

由于西班牙将军队主要用于对外战争，所以在合并纳瓦拉之后，在伊比利亚半岛各地几乎没有留下部队，只有小型驻军保卫边境港口和一些重要的市镇。国家的其余部分由城市民兵把守，这支部队是通过1496年的法令而设立的。由于在国内驻军较少，所以在卡洛斯一世统治时期，很容易爆发民众起义。因为在海上需要防备来自北非的袭击，所以需要建立划桨帆船舰队。这些舰队通常包括阿拉贡舰队、西西里舰队和那不勒斯舰队。舰队中既有皇家的船只、其他从私人购买的船只，也包括各城镇和兄弟会在危险时刻所提供的船只。安达卢西亚海岸被委托给了拥有海岸线的大型贵族家族，如梅迪纳塞利、梅迪纳－西多尼亚。

在1534年至1539年，建立了驻守意大利的西班牙步兵团（Tercios Españoles）。这些步兵团是驻扎在伦巴第、西西里和那不勒斯的常备军；总计大约有1万人，还有德国、意大利和热那亚盟友连队。随着步兵团的建立，开始出现职业军人。自这个世纪中叶以来，随着战争工业的进步，炮兵和火绳枪兵更加受到重视。尽管战线广阔，但西班牙哈布斯堡王朝的军队规模很小：在三十年战争中，其规模不超过8万人，其中1.5万人是西班牙人。君主主要负责制定战争的战略方向，但卡洛斯一世除外，他更喜欢直接统领部队，并将战略规划任务委托给国务委员会和军事委员会（Consejo de Guerra）。总督和省长代表国王统率当地民兵或步兵团一起保卫他们的省份，并且经常求助于短期贷款（asientos）——与负责供应的私人签订合同，来解决军需和粮饷。西班牙军队在16世纪是不可战胜的，但在接下来的几个世纪中遭受了严重挫折，入伍人数也急剧下降。由于缺乏志愿入伍的人，贵族也放弃了军事使命，卡斯蒂利亚各城市不得不强行征兵和增加服役兵名额，以补充在欧洲战场伤亡所带来的兵员缺口。

由海军负责捍卫与美洲的交通往来以及北欧的地缘战略利益。其中，地中海舰队总司令负责统率地中海海军，大西洋舰队总司令负责统率大西洋海军。尽管在勒班陀取得了巨大的胜利，但西班牙海军未能消灭土耳其的威胁，其海盗继续威胁地中海沿岸，就像荷兰和英国的船只一样，劫掠西班牙的大西洋商船。费利佩想要入侵英格兰，为此集结了葡萄牙、卡斯蒂利亚、安达卢西亚、比斯开、吉普斯夸、意大利等各地的舰队，但最终的结局是西班牙有130艘船只沉没。17世纪，技术落后和过度依赖外国原材料如木材、焦油、绳索、蜡烛等给西班牙造成了极大的束缚，削弱了海军的力量，其优势地位已经被荷兰和英国所取代。

强大的绅士

为了维持庞大的官僚机构、四处征战的军队和不受控制的支出，西班牙哈布斯堡王朝应该彻底改造他们的国家财政。否则，他们会使卡斯蒂利亚和帝国失去未来。这个时期更像是中世纪的延伸，各地不仅所享受的待遇极不一致，承担的巨大负担也不平等。王国的收入来源主要是卡斯蒂利亚、阿拉贡、纳瓦拉、意大利、佛兰德斯、美洲等各个区域。西班牙推行欧洲政策的大部分成本都落在了卡斯蒂利亚上，而卡斯蒂利亚的议会却无法拒绝君主的要求。

西班牙缺乏负责获取收入的现代官僚机构，因此，王国不得不将收税权拍卖给私人金融家，或者与纳税人代表就每个城市的固定缴税金额达成协议。自1534年以来，又出现了名目繁多的商业税。"天主教双王"的改革措施主要是将卡斯蒂利亚王国的收入和支出集中到会计机构，而卡洛斯一世在1523年将这些会计机构置于新的财政委员会（Consejo de Hacienda）管理之下。这个委员会是哈布斯堡王朝第一个负责总体会计工作的机构。然而，卡洛斯一世和费利佩二世都没有创立一个类似中央银行的机构。中央银行可以将发军饷、收买盟友或支付海军费用所需的资金从帝国的一个地方调动到另一个地方。西班牙、意大利、德国或葡萄牙的银行家则先后主导了这些资金的转移。他们在帮助马德里将其所需要的资金调度到需要的地方的同时，收取了高额的佣金。

16世纪至17世纪，卡斯蒂利亚的税收负担增长，更多的是由于中世纪晚期税收的增加，而不是新税种的创立。然而，一些新税种也有巨大的经济和财务意义。例如，食品间接税（millones）是议会在1590年投票支持通过的税种，用于在无敌舰队覆灭之后重建海军；以及费利佩四世和奥利瓦雷斯时期的值百税四商业税（cientos）和赋税，如印花税（papel timbrado）、免出征税（lanzas）、收入税（media annata）等，至于旧有的税种，卡洛斯一世每年可以获得3亿马拉维迪（Maravedís）的普通税收；费利佩二世充分利用商业税（alcabala）和羊毛税；费利佩四世则实施了盐专卖（estanco de la sal）、小额税（sisa）和对基本商品的无数临时征税。除此之外，还有哈布斯堡王朝对教堂的征税，包括划桨帆船补贴（subsidios de galeras，1561年）和什一税（el excusado，1567年）。而西班牙从美洲所获得的神话般的宝藏，占贵金属产量的五分之一。

由于这些看似取之不尽、用之不竭的收入来源，卡洛斯一世时期的收入是"天主教双王"时期收入的两倍，而费利佩二世时期的收入则是其父执政时的四倍。然而，随着实施军事发展先于经济发展的政策，帝国的挥霍浪费使资金大量流失。当没有钱的时候，国王经常会发行公共债务——长期政府债券（Juros），就像伊莎贝拉在格拉纳达战争期间所做的那样。在一定的财政收入——商业税、商品进出口税（Almojarifazgo）、什一税（Tercias）的支持下，长期政府债券将全国和欧洲的储蓄吸引到了西班牙的手里，但是付出的代价是将本可以投入生产以促进发展的资金引入了赚取利息的路上。

在资金困难之时，财政部门还会扣押来自美洲的私人金银货物，但是承诺用特殊公共债务来偿还或补偿其所有者。这是一种危险的做法，因为它会鼓励隐藏货物。

最后，不堪重负的国王，以提交长期政府债券作为担保，向欧洲和伊比利亚半岛的银行家们求借了大量的贷款，背负了偿还高额利息的压力。在违约时，银行家可以出售长期政府债券。借债的渠道经常混合在一起并产生了短期贷款，这是德国和热那亚银行家们的一项重要业务，他们每年可以获得50%的利息。卡洛斯一世的借贷使得富格尔家族发家致富，因为其提供了西班牙王室短期贷款的五分之一，包括为确保卡洛斯一世当上皇帝而花在选帝侯身上的贷款，其获得的好处包括对军事骑士团首领职位的管理，对葡萄牙的胡椒和阿尔马登的汞的垄断经营。

卡洛斯一世背负的债务使国家陷入了死胡同，利息消耗了西班牙的收入：1527年为59.2%，1542年为65%，而1557年则达到了103%。费利佩二世登基之初，接手的是一个近乎枯竭的财政，所以他不得不宣布西班牙王国的第一次违约。国王严格遵守当年到期债务和利息的相关义务，但是需要将短期贷款折算成利息为5%的长期政府债券，并确认用其向卡洛斯一世时期借贷的银行家还债，这些银行家可以出售上述债券，而与此同时专家在托莱多举行会议以核实债权人的账目。为了使银行家们满意，费利佩将塞维利亚贸易署和美洲的巨额特许权使用费作为偿还基金，并发行了大量的公共债务（1561—1575年）。这些公共债务因其可兑换性以及在梅迪纳-德尔坎波可偿付的高额利息而受到卡斯蒂利亚人和热那亚人的欢迎。

由于财政状况不佳，尼德兰战争再次将国家逼入了绝境。由于受到议会的批评，国王将利率降至略高于5%，以经济衰退和将垄断权交给意大利银行家为代价扩大了借贷能力。暂时的财政紧张状况缓解不过是海市蜃楼：1575年，费利佩二世不得不承认其没有能力履行还款义务，但他进行了仔细的调查，以了解银行家们的反应。热那亚银行家当中对此普遍存在恐慌情绪，甚至在伊斯坦布尔也可以感受到西班牙国王所采取措施带来的震动。与富格尔家族结盟的卡斯蒂利亚贷款人——西蒙·鲁伊斯（Simón Ruiz）、玛卢安达（Maluenda）、萨拉曼卡正试图用紧急资金帮助国王给在佛兰德斯的步兵团发放军饷。但是因无法绕过热那亚人实施的转移封锁，最终导致了西班牙军队的叛乱及其对安特卫普的劫掠。这迫使马德里承认下了所有债务，并将利息提高到7%。

到这个世纪末，费利佩二世通过征收食品间接税，拍卖王国的财产和公共土地，没收美洲白银以及依靠各市镇、富豪和教会的捐赠改善了资产状况。这些收入将首先运往皮亚琴察（Piacenza），白银在那里被换成黄金，然后运往欧洲各地。凭借其中的利润，热那亚人现在获得了大量土地和最有利可图的包税。尽管费利佩通过威胁不偿还债务的方式迫使他们不敢撤出，但他们还是发现了王国经济的缓慢衰退并准备逃之夭夭了。

无论卡洛斯留下的负担多么沉重，都无法与费利佩二世时期的负担相提并论。在卡斯蒂利亚王国以外的各个王国，从当地征收的收入不能完全抵消当地行政和驻军的费用。因此，卡斯蒂利亚的税收收入承担着偿还累计债务、维持战争及支付宫廷奢靡开销的重任。宫廷喜好奢华的生活和庞大的建筑计划——埃斯科里亚尔修道院、埃尔帕尔多王宫（El Pardo）、阿兰胡埃斯皇家庄园（Aranjuez）、皇家赤足女修道院（Descalzas Reales）等消耗了预算的十分之一，近似于从美洲汇入的收入（1610年的1100万杜卡特到10年之后的大约

450万杜卡特）。随着费利佩三世登上王位，在12年内消耗了4000多万杜卡特之后，与尼德兰的持续战争导致国家破产已经不是什么秘密了。

只有和平才能挽救财政：1598年，西班牙与法国签署和平协议；1604年，与大不列颠签署和平协议；1607年，与荷兰签署和平协议。国王已经停止征收新的赋税，但很快就耗尽了他祖先所留下的家底，除了采取欺诈手段之外，几乎无计可施。通过对铸币重新打印记的方法，到1603年，货币的面值翻了一番，加上大量的银铜合金铸币投入流通，费利佩三世获得了新的收入以支付额外的项目支出，但所造成的结果是通货膨胀率飙升，经济崩溃。佛兰德斯的和平并没有改善国家的财政状况，抵押到1611年的资金和债务的压力再次导致破产（1607年），这进一步损害了王国的形象。

十年后，随着佛兰德斯冲突的再度升级，西班牙的财政状况更加令人担忧。议会和经济学家主张减少官僚机构的支出，并增加国家外围地区所提交的收入。国王更喜欢使用旧的方式来解决问题：发行更多的银铜合金铸币，扣留来自美洲的货物和求助热那亚银行的贷款。由于没有钱加之北方局势不稳，银行家开始怀疑西班牙的还债能力，只有在给出高额利息的情况下才会提供资金，因此费利佩四世的财务状况更加恶化了。尽管政府试图限制购买奢侈品的支出和管理的费用，但赤字仍在继续增长。银铜合金铸币淹没了这个国家，带来了灾难性的后果：卡斯蒂利亚处于危机之中，物价上涨，物资短缺。物价急剧上升，最终于1627年停止，并再次导致西班牙破产。一年后银铜合金铸币贬值50%。这两项措施都扼杀了财政状况，并导致意大利资本家撤出，取而代之的是与阿姆斯特丹关系密切的葡萄牙犹太人。因此得出了这样一个悖论：尼德兰的资本是为哈布斯堡王朝对尼德兰各省所实施的侵略政策而提供资金。

　　与他父亲在位时的情况一样，破产本来可能会促使西班牙对金融进行调整，但当爆发曼托瓦（Mantua）战争以及西印度舰队在马坦萨斯（Matanzas）覆灭之时，费利佩四世再次为了外交政策而丧失了这个金融调整机会。美洲收入的不确定性使得伊比利亚半岛的财源被挤压，而没收的财物和贷款则缓解了最初的困难。绅士爵位、司法管辖区、公共职务以及王国上的土地等都会出售给出价最高的人；议会投票支持征收特殊税收，并对糖、纸、巧克力、烟草等这些来自美洲的奢侈品以及渔获、葡萄酒、纸牌采取新的税率。随着商业税的增长，红衣主教——费尔南多王子将收入用来资助1634年的作战。每次尝试都失败了，没有什么能阻止战争经济的胜利。在卡斯蒂利亚议会和资产阶级的推动下，人们开始考虑伊比利亚半岛所有王国有必要共同合作以维持帝国的存在，正如费利佩三世在其统治初期所建议的那样。

　　当皇家军队进入阿拉贡（1591年）并处死法官胡安·德·拉努扎（Juan de Lanuza）之后，阿拉贡人感到他们的特权有被严重破坏的危险，所以他们利用国王的财政困难，用100万杜卡特赎回豁免权。在加泰罗尼亚，由于迫切需要金钱，所以国家委派了强硬的总督——阿尔布克尔克（Alburquerque）和阿尔卡拉，他们甚至施加违背议会意见的法律和秩序，并要求支付伍一税（quinto regio）及其欠款，这引起了巴塞罗那寡头集团的怨恨，因为这些欠款已经落入了这些寡头集团的腰包。同样的事情也发生在葡萄牙，其财政委员会于1601年由马德里的皇家财政部委员会（Junta de Facenda）接管和进行控制，而卡斯蒂利亚人占据了葡萄牙教会和官僚机构的高级职位。

　　渗透政策在奥利瓦雷斯伯公爵政府中达到高潮。德国战争迫使全国分担费用，因为卡斯蒂利亚已经无法独自承担。因此，出现了"军事联盟"（Unión de Armas）的想法，建立一支14万人的常备军，由所有王国按照其居民和财富的比例提供兵员和补给。该联盟的建立使得阿拉贡联合王国和葡萄牙失去了本地区的特权，因此发生了正面冲突。此外，加泰罗尼亚人认为其所需要提供的兵员数额——1.6万人太多了，葡萄牙的人口是其两倍，提供的兵员却与其相差无几，所以这是错误地估计了其实力，因而阿拉贡和巴伦西亚无法同意。为了使加泰罗尼亚公国屈服，奥利瓦雷斯伯公爵将与法国的战火引向了加泰罗尼亚。因此，加泰罗尼亚不得不提供1.2万人防御本公国。

军队的暴行加深了加泰罗尼亚人对西班牙政府的怨恨。在尼德兰战争失败之后，西班牙名誉扫地，而贸易危机正在惩罚他们的经济。1640年，收割者——最贫穷的农民，摧毁了特权阶层的财产，并与巴塞罗那城市平民结盟，谋杀了总督圣科洛马（Santa Coloma），但加泰罗尼亚政府无法平息暴乱。阿拉贡委员会受到了惊吓，要求奥利瓦雷斯采取严格措施来镇压暴乱。但由于西班牙深陷欧洲的军事泥潭，无法采取任何措施。社会运动愈演愈烈，通过攻击加泰罗尼亚的统治阶级而变得激进；贵族和资产阶级积极对抗暴乱以求得生存；马德里顽固地要将部队驻扎在加泰罗尼亚，这使得加泰罗尼亚投入了法国的怀抱，法国趁机占领了这个公国。

黎塞留（Richelieu）所采取的最有利外交政策就是将加泰罗尼亚变成法国的保护国，这是在伊比利亚半岛内部放入的一个真正的楔子。然而，在黎塞留去世之后，其继任者马萨里诺（Mazarino）更愿意在意大利身上花费精力，而不愿意介入西班牙事务。在奥利瓦雷斯倒台之后，费利佩四世似乎准备忘记之前的不满，而加泰罗尼亚人厌倦了法国人对他们的虐待，起来反对法国人。1652年，奥地利的唐·胡安·何塞（don Juan Joséde Austria）抵达巴塞罗那对付卡斯蒂利亚－阿拉贡军队，并使其签署了一份妥协投降协议，该协议承认加泰罗尼亚的权利。另一方面，法国也感到满意，《比利牛斯和约》（Paz de los Pirineos，1659年）确保其对鲁西永的占领。

这不是费利佩四世时期内部存在的唯一问题：利用西班牙军队主力驻扎在加泰罗尼亚的契机，葡萄牙人在布拉干萨公爵的领导下于1640年发动起义。面对在葡萄牙和加泰罗尼亚所处的同样困境，历史、人口、经济和战略原因都促使费利佩四世将精力集中在加泰罗尼亚，这使葡萄牙人能够建立一支军队并与英格兰和法国建立同盟。战争导致持续的攻击和战斗，直到1678年缔结和约才结束。

安达卢西亚的不满情绪也在增长，于1641年爆发了城市骚乱，与阿亚蒙特侯爵（marqués de Ayamonte）和梅迪纳－西多尼亚公爵反对奥利瓦雷斯的起义形成鲜明的对比；在阿拉贡，爆发了希哈尔公爵（duque de Híjar）领导的起义；在那不勒斯和西西里也爆发了起义。所有这些起义都表明了社会的动荡，也显示出周边的王国害怕陷入卡斯蒂利亚的泥潭。这些动荡显示了一个处于解体危险中国家的形象，但国王的能力、对政府的控制以及精英的共同利益均使得西班牙克服了障碍，只是失去了葡萄牙。然而，西班牙也必须付出高昂的代价：重新在铸币表面打上印记和货币贬值，使得经济陷入了停滞和贬值，王国不得不拍卖财产。1647年和1662年，费利佩四世两次宣布国家破产。没有什么能带来希望，随着国际银行家的逃离，财政失去了其主要资金来源——信贷。军事失败预示着这个欧洲帝国的衰落。

货币魔咒

一个历史悖论是受到谴责的，卡洛斯二世政府的优点是为西班牙经济和金融带来了秩序。这是因为在没有合格国王的情况下，国家能够代替国王作出最合适的决定。在卡洛斯二世登基的同一年，恰逢国家的破产（1666年）。弗朗西斯科·圣提尼（Francisco Centini），王国总会计机构的成员，对公共财政进行了第一次认真分析，认为收入与税收预期之间的差距是由于包税制度固有的欺诈行为所造成的，并建议对居民征收与其收入相称的直接税，这是在17世纪西班牙社会提出的一个合理建议。此外，奥地利的唐·胡安·何塞勇敢地解决了帝国贫困的结构性问题，他于1680年下令流通货币贬值75%，使大量伪造的货币合法化并减少银币的面值。这对经济的影响是残酷的，出租者因此失去了积蓄，西班牙货币也在国外失去了声望。即便如此，在1686年重新调整金属比价后，整个王国都在17世纪末稳定了货币，促进了经济复苏。

税收制度改革得不彻底，就不能打破货币魔咒。1683年，新的税收委员会（Junta de Encabezamientos）指出了收入混乱的根源所在，并建议统一户口登记，但税收下降迫使这一做法戛然而止。然后工作转移到新成立的财政监管委员会（Superintendencia de Hacienda），由贝莱斯（Vélez）侯爵管理，他关注三个基本问题：债务（1678年和1686年均再次破产）、缺乏资金（收入仅占预算的50%）和过度的税收负担。改革在1688年获得了成功，冻结了王国的支出，取消了财政债务并划分了收入，从而保证了政府用最低的收入维持目前的支出。这些措施使债务从1.3亿万雷亚尔（Real）减少到18世纪初的1亿雷亚尔，且无须采取新的税种。而和平有利于西班牙银行（Banco de España）家的利益，不利于外国的银行家。这是弗朗西斯科·贝兹·埃米内特（Francisco Báez Eminente）、文图拉·多尼斯（Ventura Donís）、西蒙·鲁伊斯、曼努埃尔·何塞·科尔蒂索斯（Manuel José Cortizos）、何塞·德·阿盖里（José de Aguerri）、弗朗西斯科·桑斯·德·科特斯（Francisco Sanz de Corts）及弗朗西斯科·蒙特塞拉特（Francesc Montserrat）等的时代，其中许多人都是皈依者。他们和所有贵族——奥利瓦雷斯、比利亚弗洛雷斯（Villaflores）、巴尔德奥尔莫斯（Valdecolmos）、维拉维尔德（Villaverde）、塔马里特（Tamarit）一起为王国服务。

经济复兴政策并未在国家层面停止，促进私人经济是其计划的重要组成部分。为了刺激本土制造商并取代进口商品，奥地利的唐·胡安·何塞于1679年成立了贸易委员会（Junta de Comercio），之后相继在马德里、塞维利亚、格拉纳达、巴伦西亚和巴塞罗那建立类似的机构，并在该贸易委员会消失后接替了其职能。所有这些机构努力通过适当的税收减免和改善生产来促进投资，并吸引英国和佛兰德斯的技术人员和企业家来西班牙，或派遣西班牙工人到国外学习以提高他们的技能。因此，这促成了西班牙工业结构现代化的第一次努力，行会及与欧洲生产商相关的贸易商对此充满敌意，他们对贸易的抵制抵消了为此而做出的许多举措。

即便如此，塞戈维亚、帕伦西亚和萨拉戈萨的羊毛业在17世纪末恢复了发展势头，科尔多瓦的丝绸厂也乘势而上。随着军事需求的下降，武器和钢铁工业受到了冲击，比斯开人和吉普斯夸人因为矿石的销售问题发生了一场不流血的战争，包括禁止向吉普斯夸铁匠出口索摩洛斯特罗（Somorrostro）的矿石，而吉普斯夸则威胁入侵其邻居比斯开。随着人口的增加，耕地面积也不断增加，尽管没有克服历史破坏留下的后果，但农业还是得到了恢复。

自17世纪中叶以来，贸易从沉睡中醒来，受到关心国家大事者和本土资本的青睐，因为他们渴望收复西班牙市场并取代外国商人，而西班牙的落后常被归咎于外国商人占领本国市场。1668年，多明我会修士胡安·德·卡斯特罗（Juan de Castro）神父向摄政女王提出建议参照英国和荷兰的做法，建立一家私营公司，以垄断殖民贸易以及美洲和伊比利亚半岛所有港口之间的交通。尽管巴斯克人和巴伦西亚人对此产生了兴趣，但由于受到塞维利亚的影响，该项目注定要失败。西班牙并不缺乏船只，因为西班牙的造船厂能以合适的速度造船，但是由于木材丰富和劳动力成本更低，大部分造船工作都转移到了哈瓦那和其他殖民地港口，而伊比利亚半岛则专门建造高质量的大型船只，通常在毕尔巴鄂河口航行。

塞维利亚–加的斯–圣玛丽亚港至桑卢卡尔–德巴拉梅达（Sanlúcar de Barrameda）这一线的辉煌已经无可救药地没落了。在整个世纪中，塞维利亚的居民数量从11.2万减少到6万，重要港口的地位已经被加的斯所取代，加的斯在1680年成为大西洋货物指定港口。直到1717年，皇家贸易署都设立在塞维利亚。在安达卢西亚南部，外国商人占主导地位：出口到殖民地的商品中只有不到5%来自伊比利亚半岛，大部分的商品来自法国和英国。1680年之后，还有来自佛兰德斯和荷兰的商品。官方记录显示贵金属进口量急剧下降，但一切证据似乎都表明这种状况一方面是由于有人隐藏了贵金属的输入，另一方面是有人走私贵金属，因为波托西、帕拉尔（Parral）和萨卡特卡斯（Zacatecas）的矿山产量与日俱增。驻国外的大使和派出的间谍都证实了在美洲、过境点或加的斯湾存在白银秘密运输通道。在打击欺诈的斗争中，财政部将安达卢西亚海关整合为一个机构，并出租给实力雄厚的银行家贝兹·埃米内特（Báez Eminente）。

在地中海的港口之中，阿利坎特在肥皂、苏打和杏仁出口方面处于领先地位，因为其出口关税比较低，从未超过加的斯贸易量的2.5%。最后，毕尔巴鄂利用与法国发生战争的契机，吸引了吉普斯夸之前的航运，并恢复了在坎塔布连海的霸主地位，卡斯蒂利亚出口羊毛的70%都从这里输出。由于这里极其迎合西班牙王国，拉雷多、桑坦德、卡斯特罗·乌迪亚莱斯（Castro Urdiales）等都想分一杯羹，在他们的建议之下，毕尔巴鄂在1687年驱逐了外国商人并从此开始衰落了。

当太阳落山时

在费利佩三世登基之时，尽管经济原因迫使西班牙按照费利佩二世在韦尔万（Vervins；1598）确立的指导方针，在各个战线都寻求和平，但是马德里仍坚持其在16世纪的目标。由于西班牙在尼德兰问题上让步，英国也有兴趣获得商业利益，双方于1604年达成和平协议。在佛兰德斯，荷兰的进步，法国威胁西班牙的道路以及财政资金的限制，都导致了西班牙的失败；然而，美洲航运的复苏以及与伦敦的和平使西班牙齐心协力，支持斯皮诺拉（Spínola）在弗里西亚（Frisia）和奥斯坦德（Ostende）取得胜利。由于没有足够的资金来维持攻势，布鲁塞尔倾向于和平：1609年，西班牙和荷兰达成了一个12年的休战协议，开启了欧洲的平静时期，这是西班牙王国在过去的100年里没有享受过的。

1621年，当12年的休战期行将结束之际，马德里正在讨论延长休战，而费利佩三世却在此时去世了。王国的重任落在了年轻的费利佩四世肩上，主要由奥利瓦雷斯伯公爵——加斯帕尔·德·古斯曼（Guzman de Gaspar）对其辅佐。加斯帕尔·德·古斯曼管理西班牙20多年，这个时期的西班牙摇摇欲坠但仍然强大。由于法国、英国、荷兰、瑞典等新兴大国实力强劲，西班牙已经不再可能称霸，奥利瓦雷斯放弃了帝国主义和侵略性的对外政策，专注于捍卫前一个世纪所遗留下来的财产。虽然他试图改革和清理政府，以重振西班牙的声望，但他的精力主要投入北方，为保护西班牙的欧洲财产而战。

尼德兰和德国是西班牙为生存而战的主战场。正是在德国，爆发了"三十年战争"（1618年）。西班牙在进行干预之前权衡了利弊，其既不想参与一场消耗战争，也不能将自己与奥地利哈布斯堡家族的命运隔离开来，因为哈布斯堡家族是其当时唯一可靠的盟友。西班牙向神圣罗马帝国的皇帝提供了金钱和兵员，帮其击败了波西米亚的叛乱，同时攻入了米兰和佛兰德斯之间的战略要地——瓦尔特林纳（Valtellina）和下普法尔茨（Bajo Palatinado）。哈布斯堡家族的西班牙后代和奥地利后代联合起来共谋欧洲大业。对于是否向神圣罗马帝国皇帝提供更多的帮助，国务委员会犹豫不决；在休战结束之时，需要资金来防备佛兰德斯的战争。布鲁塞尔希望延长休战期，但在马德里和荷兰，战争的支持者——奥利瓦雷斯和拿骚的莫里斯（Mauricio de Nassau）对其持反对意见。

马德里意识到休战对帝国来说是毁灭性的。荷兰的船只和商人掌握着伊比利亚半岛和北欧之间的商业航线，他们控制着波罗的海的小麦、瑞典的铜以及船只所需的备件：由于在商业上依赖于对手，西班牙的白银流入了敌人的口袋。荷兰东印度公司（Compaña Holandesa de las Indias Orientales）成立之后，也取代葡萄牙商人控制了香料贸易，还威胁到他们在巴西糖贸易中的地位。荷兰走私者对美洲的劫掠使得里斯本和塞维利亚的资产阶级变得愤怒不已。此外，积累的资金有助于荷兰维持一支强大的雇佣军军队，并阻碍了西班牙哈布斯堡王朝在中欧和地中海推行自己的外交政策。

奥利瓦雷斯更喜欢在佛兰德斯采取防御策略，只是在布雷达（Breda）主动出击取得了胜利，委拉斯开兹为此还创作了一幅名画。西班牙想要通过禁运其产品，将其船只和商人驱逐出西班牙港口以及在佛兰德斯和直布罗陀部署海军干扰荷兰商人活动等方式来制约荷兰经济。荷兰则通过在广大殖民地攻击葡萄牙的占领区来进行反击，这些地区比西班牙的城市和殖民地更容易受到伤害。1624年，一支荷兰远征军征服了巴伊亚（Bahía），这里既是他们骚扰西班牙美洲的桥头堡也是获得欧洲战争所需白银的桥头堡。一年之后，西葡军队才收复此地。

对于荷兰来说，经济封锁导致食品等商品的价格大幅上涨，而木材价格的上涨尤其严重，这直接使其周边的竞争对手大受裨益。因此，阿姆斯特丹的犹太区域萎缩了，而缺乏市场也阻碍了其纺织工业的转型，在欧洲其纺织产品被英国的呢绒给取代了。运输商也遭受了极大的损失，毕尔巴鄂和圣塞瓦斯蒂安的羊毛出口贸易以及美洲染料的进口贸易关停之后，其价格在荷兰交易市场飙升。然而，这些经济制裁措施并没有迫使联合省（Provincias Unidas）按照马德里的意愿去商谈"光荣的"和平。

潜伏伺机而动的红衣主教黎塞留与威尼斯和萨沃伊（Saboya）结盟，于1625年入侵瓦尔特林纳，并封锁热那亚，企图切断通往西班牙的通道，但是未能得逞。马德里通过《蒙松条约》（*Tratado de Monzón*）成功维持了现状。德国皇帝要求费利佩四世提供帮助，并组织了马德里、维也纳和天主教诸侯之间的联盟，以消灭德国和荷兰敌人，还在波罗的海建立了一支舰队。由于巴伐利亚（Baviera）的疑虑以及瑞典的古斯塔夫·阿道夫（Gustavo Adolfo）干预三十年战争，这两个目标都失败了。古斯塔沃·阿道夫参战是因为对哈布斯堡王朝在波罗的海的威胁以及德国天主教所取得的胜利感到震惊。

曼托瓦战争所带来的混乱使法国获利颇丰，而荷兰人则俘获了新西班牙舰队（1628年）。拿骚的莫里斯和亨德里克（Hendrik）在佛兰德斯昂首前进。古斯塔夫·阿道夫入侵了下普法尔茨，只有奥利瓦雷斯似乎保持着冷静。在布鲁塞尔，伊莎贝尔·克拉拉·德·欧亨妮亚因为恐惧而试图与荷兰谈判，但荷兰的要价太高——西班牙放弃荷兰、归还布雷达、给予贸易特许权、承认荷兰在亚洲和美洲的占领区域，导致双方未能谈拢，这正如奥利瓦雷斯所预见的那样。在德国，法国与瑞典的共同威胁迫使天主教诸侯签署互助条约（1632年），而奥利瓦雷斯伯公爵付出巨大努力，成功地建立了一支由红衣主教费尔南多（don Fernando）王子指挥的军队。这支军队的任务是重新打通德国和荷兰〔芬洛（Venlo）和马斯特里赫特〕之间的通道，并阻止瑞典君主的进军。在诺德林根（Nordlingen，1634年）击败古斯塔夫·阿道夫之后，西班牙进军佛兰德斯，并在那里击退了法国的侵略，使法国卷入了三十年战争。

尽管取得了初步胜利，但诺德林根战役标志着西班牙外交政策的转折点。黎塞留认为，经过十年的围困，给哈布斯堡王朝致命一击的时刻到来了。其与哈布斯堡王朝的主要敌人——荷兰、瑞典、萨沃伊和德国新教徒领袖萨克森-魏玛的伯纳德（Bernardo de Sajonia-Weimar）签署了进攻和防御协议。在马德里，奥利瓦雷斯伯公爵计划对法国发动三路攻击，巴斯克军队向圣让-德吕兹（San

Juan de Luz）进攻，加泰罗尼亚军队向鲁西永进军，佛兰德斯军队直攻巴黎。但是三路大军都失败了：德国皇帝拒绝援助他的西班牙亲戚，法国军队成功解了巴黎之围。根据《米兰条约》（*Tratado de Milán*，1637年），西班牙必须放弃经瓦尔特林纳的过境权，而与此同时，法国对阿尔萨斯（Alsacia）的占领以及萨克森的伯纳德（Bernardo de Sajonia）的投降，彻底切断了西班牙苦心捍卫了一个半世纪的通道。西班牙在意大利和佛兰德斯的占领区从此互不相连了。

虽然西班牙的部队在神不知鬼不觉的情况下先发制人攻击巴黎，但奥利瓦雷斯主要是集中精力进攻联合省，以实现休战。其鬼蜮伎俩再次落空了，这一年，丢失了申肯尚斯（Schenkenschans）和布雷达：这发生在意大利和西班牙之间通道彻底切断之前，1500万杜卡特的花销没有起到任何作用。在陆地进攻阶段结束之时，西班牙努力在海上获得优势，结果在伯南布哥（Pernambuco）和拉斯杜纳斯（Las Dunas）的军事行动都失败了。失败是不可阻挡的。西班牙无法再进一步消耗国力了，其不仅受到经济危机影响，还受到加泰罗尼亚、葡萄牙、那不勒斯等地起义的威胁。通过巴塞罗那和里斯本，红衣主教黎塞留在伊比利亚半岛插入了楔子，就像其一年前在佛兰德斯占领阿拉斯（Arrás）地区所造成的结果一样。葡萄牙人入侵加利西亚，然后在埃斯特雷马杜拉击败西班牙人。内部的崩溃也反映在外部，西班牙军队在罗克鲁瓦（Rocroi，1643年）被孔代（Condé）指挥的法国军队所大败。孔代后来为西班牙国王工作。在这场战役中，法国证明了其作为欧洲第一陆上强国的地位，而西班牙则只能求和。

在荷兰的努力之下，葡萄牙和巴西的利益脱离为解决冲突开辟了道路，因为西印度公司可以在不影响西班牙利益的情况下保留其在西班牙殖民地的收购权。野心勃勃的荷兰人想要趁乱占领智利的部分地区和佛兰德斯南部。然而，殖民地防御阻止了任何对美洲的侵犯；对荷兰实施禁运和驱逐其贸易商给荷兰的贸易造成了严重的破坏。而法国染指佛兰德斯则比马德里政府更可怕。从1645年开始，荷兰——共和国最富有的省份，拒绝承担战争的费用，并在明斯特（Münster，1648年）实现了和平。这使得阿姆斯特丹占据了西班牙、意大利和佛兰德斯之间贸易的特权地位。尽管西班牙保留了一个大帝国，但还是在很大程度上被削弱了。对于西班牙来说，荷兰的存在也是对法国和英国的一种平衡制约。

西班牙尚未实现最终的和平，因为路易十四（Luis XIV）想要占领欧洲的一些地区，并且不达目的绝不罢休。英国也想分一杯羹，入侵了牙买加（Jamaica，1655年）。投石党之乱（la Fronda）给马德里带来了喘息机会，但破产使得西班牙无法再继续发动战争。在佛兰德斯，奥地利的唐·胡安·何塞——卡洛斯二世的私生子兄弟获得了最后的胜利；然而，莱茵河联盟（Liga de Rhin）的形成再次孤立了尼德兰。1658年，西班牙军队再次在拉斯杜纳斯被击败。一年后，根据《比利牛斯条约》（*Tratado de los Prineos*），马德里将鲁西永、阿图瓦（Artois）、卢森堡（Luxemburgo）和列日（Lieja）交给了路易十四。与此同时，路易十四与玛丽亚·特蕾莎–费利佩四世的女儿也缔结了婚约。

即使是联姻也不能满足巴黎的欲望，法国人利用费利佩四世的死占领了弗朗什–孔泰（Franco Condado），其借口是收取西班牙公主的嫁妆。但是在1668年通过《亚琛和约》（*Paz de Aquisgrán*），将弗朗什–孔泰归还给了西班牙。法国的威胁迫使奥地利的玛丽亚·安娜摄政王（Mariana de Austria）与荷兰和西班牙结成了防御同盟。在战争中，西班牙和荷兰的联合舰队在墨西拿（Mesina）被法国人摧毁，与此同时，因为欧洲国家结成反法同盟，法国人于此时和1690年再次入侵加泰罗尼亚。路易十四不改变其征服莱茵兰（Renania）的计划，则法国本可以夺取巴塞罗那。当法国军队撤离时，西班牙军队镇压了巴雷特叛乱（rebelión barretina），并惩罚了加泰罗尼亚之前拒绝支付军队费用的行为。在新的军事行动中，法国海军对地中海沿岸的城市进行了一系列野蛮的炮击。这使得加泰罗尼亚统治阶级对法国极度厌恶，并与马德里团结在一起。但是城市一个接一个地陷落，如罗塞斯、帕拉莫斯（Palamós）、赫罗纳和巴塞罗那（1694年）。但是，由于签署了《赖斯韦克条约》（*Paz de Rijswijk*）以及路易十四的慷慨，这些城市最终都归还给了西班牙。路易十四如此慷慨，是因为想要让其孙继承卡洛斯二世的王位。

经典的大胆创新

15世纪末，天主教双王所奠定的经济基础与所开创的国内和平局面对艺术和文学的发展产生了非常有利的影响。国王、权贵和神职人员争相展示其文化财富，纷纷模仿那些曾用文艺复兴时期作品照亮意大利的文学艺术资助者。尽管大多数宏伟的大教堂都是在早期建造的，但文化却于这个时代才在建筑中得到了真正的体现。

伊莎贝拉和费尔南多时期建筑的特点是运用大量新的装饰元素——鹰、纹章、贝壳、柱子、壁龛，尽管在其平面图和正视图上仍采用哥特式火焰型结构，但是在复杂华丽的装饰风格之后诞生了伊莎贝拉风格。托莱多的圣胡安皇家修道院（San Juan de los Reyes）、萨拉曼卡的新大教堂（la catedral nueva，1513年）、格拉纳达和马拉加的大教堂以及布尔戈斯大教堂－孔代斯塔布雷礼拜堂（capilla del Condestable）〔西蒙·德·科洛尼亚（Simón de Colonia），1466年〕都是这类艺术的典型代表。复杂华丽的装饰风格继承了意大利文艺复兴时期的传统和托莱多的奢华金银装饰，这种装饰风格的代表包括托莱多圣十字医院（El hospital de la Santa Cruz de Toledo）〔恩里克·埃德加（Enrique Egar），1504〕以及萨拉曼卡大学的正面外观——是真正在石头上装饰的浮雕。洛伦索·巴斯克斯（Lorenzo Vázquez）从意大利带来了文艺复兴的第一缕清风。文艺复兴的建筑风格在各位梅迪纳塞利公爵的宫殿、因凡塔多公爵的宫殿、圣十字学院（Colegio de Santa Cruz，巴利亚多利德）以及萨拉曼卡的贝壳之家（La casa de las Conchas de Salamanca）上得到了完美体现。

与贵族的奢侈投资形成鲜明对比的是，伊莎贝拉和费尔南多的朝廷没有固定的皇宫。出于帝国统一的需要，卡洛斯一世在阿尔罕布拉宫之中建立了自己的宫殿。建筑师佩德罗·马丘卡（Pedro Machuca）建造了一座罗马文艺复兴建筑——楼宇为方形格局，中央庭院为圆形，建筑的两层之间有柱子相连，很容易就让人联想到法尔内塞宫（Palacio Farnese）。建筑的外部线条简洁，壁洞对称，柱脚为凸雕饰……并按照罗马帝国时期的浮雕风格，在宫殿的门楣之上雕刻了能够显示卡洛斯国王丰功伟绩的征战场面，以彰显哈布斯堡王朝的新恺撒主义荣耀。这座宫殿是西班牙宣传国家形象计划的核心环节。提香也参与了这一计划的实施，并为此创作了一系列的皇室肖像画——《查理五世骑马像》（*Carlos V en Mülhberg*）、《费利佩二世肖像画》。莱昂尼父子（Los Leoni）也是哈布斯堡王朝的忠实宣传者，他们创作了《皇帝查理五世与狂暴》（*Carlos V hollando al Furor*）、《费利佩二世半身像》（*Busto de Felipe II*）等雕塑作品。他们还创作了一系列与死亡有关的雕像——位于皇家赤足女子修道院的奥地利的胡安娜祈祷雕像（estatua orante de Juana de Austuria en las Descalzas Reales）以及埃斯科里亚尔修道院皇家陵墓的雕塑群（1590—1600年）。

阿尔罕布拉宫并不是卡洛斯一世时期唯一伟大的作品。其统治时期的辉煌杰作还包括由阿隆索·德·科瓦鲁比亚斯（Alonso de Covarrubias）所领导的托莱多阿尔卡萨尔城堡（Alcázar de Toledo）的重建。这座城堡整体布局为矩形，内部带有庭院，四角带有塔楼，保留了复杂华丽的装饰风格。卡斯特罗城堡（Castello）和比利亚潘多城堡（Villalpando）均继承了托莱多阿尔卡萨尔城堡的风格。马丘卡（Machuca）专注于在格拉纳达创作，科瓦鲁比亚斯专注于在托莱多创作，其他建筑师则将意大利的影响力扩展到伊比利亚半岛的其他地方，如罗德里戈·吉尔·洪塔尼翁（Rodrigo Gil Hontañón）〔塞戈维亚大教堂、普拉森西亚大教堂、阿斯托加大教堂、蒙特雷（Monterry）宫殿、古兹曼兹宫（los Guzmans）和阿尔卡拉大学〕。

然而，所有这些建筑都在瓜达拉马山上矗立的圣洛伦索-德埃斯科里亚尔修道院（1563—1584年）面前黯然失色。像其父一样，费利佩二世把建造这座其统治时期象征性建筑的重任交给了另一个来自意大利的新人——胡安·包蒂斯塔·德·托莱多（Juan Bautista de Toledo）。他为这座修道院设计了矩形布局，而顶部则由独特的塔楼构成，整体沿教堂-万神殿周围分布。托莱多去世之后，这项工程改由胡安·德·埃雷拉（Juan de Herrera）负责。这座建筑反映了费利佩二世内敛的性格和难以接近的品性。埃雷拉通过官方命令的形式，维持了审美的统一，将这些特征延续到了其他建筑之上：托莱多阿尔卡萨尔城堡、阿兰胡埃斯王宫（palacio de Aranjuez）、塞维利亚市场（lonja de Sevilla）和巴利亚多利德大教堂（catedral de Valladolid）。因此，这使得伊比利亚半岛的建筑严格遵循埃斯科里亚尔修道院式的修建规则。在整个17世纪，马约尔广场（Plaza Mayor）、马德里市政厅（el ayuntamiento madrileño）、皇家赤足女子修道院（las Descalzas Reales）等建筑都重复这一规则。

阿拉贡建筑更具连续性，延伸了复杂华丽的装饰风格，而由于受到意大利的影响，有效地引入了商业城市的古典主义风格——具体表现在牧首学校（Colegio del Patriarca）和议会（la Diputación）。另一方面，加泰罗尼亚不愿意接受新的建筑风格，在建筑物中继续保持哥特式风格，如加泰罗尼亚政府宫（la Generalitat barcelonesa）。

17世纪，巴洛克式的胜利打破了以前的风格，逃离了古典逻辑和埃雷拉（Herrera）所施加的内敛性藩篱。然而，建筑在最初并没有放弃继承自16世纪的风格，而是倾向于吸收外国因素，以改变建筑的布局。西班牙最好的巴洛克风格建筑，分布在西班牙的周边地区，因为与卡斯蒂利亚相比，这些地区的经济状况更好。其中的典型代表包括多才多艺的阿隆索·卡诺（Alonso Cano，1667年）建筑的格拉纳达大教堂（la catedral de Granada）外饰面、圣卡塔利娜六角塔（torre hexagonal de Santa Catalina）、巴伦西亚大教堂的内殿、卡尔达斯-德蒙特布伊教堂（la catedral de Caldas de Montbuy）的正门及巴塞罗那的伯利恒教堂（iglesia de Belén en Barcelona）。博罗米尼（Borromini）对打破立面的平面结构具有重要影响，各个立面似乎在凹面和凸面的交替中跳舞。这种建筑风格在穆尔西亚大教堂、巴伦西亚大教堂、萨拉戈萨皮拉尔广场（Pilar de Zaragoza）和意大利人卡罗·丰塔纳（Carlo Fontana）所设计的洛约拉教堂（santuario de Loyola）都得到了完美体现。巴洛克式建筑的集大成者则出现得稍晚一些：

1738年，加利西亚建筑师卡萨斯·诺瓦（Casas Novoa）开始改造圣地亚哥大教堂的外观，并最终完成了奥布拉多伊洛（Obradoiro）广场的花岗岩浮雕。丘里格拉（Churriguera）兄弟在萨拉曼卡所创作的几处杰作，如卡拉特拉瓦学院（colegio de Calatrava）、圣埃斯特万神殿（retablo de San Esteban）和马约尔广场（la Plaza Mayor）当中使用了流行的装饰主义。与他们风格相近的佩德罗·德·里维拉（Pedro de Rivera）、纳西索·拖梅（Narciso Tomé）和弗朗西斯科·乌尔塔多（Francisco Hurtado）建设了马德里伯公爵的兵营、托莱多大教堂的彩色玻璃窗、格拉纳达卡尔图哈修道院（la Cartuja）的圣器收藏室等项目。

16世纪，由于欧洲各国艺术家的加入，西班牙的雕塑也取得了显著进步。这个时期主要的雕塑家有法国人维格尼（Vigarny）——设计了布尔戈斯大教堂的唱经处后堂区、托莱多大教堂的祭坛；定居在巴斯克地区和里奥哈的佛兰德斯雕塑家伯格朗（Beaugrant）家族；多梅尼科·范切利（Domenico Fancelli）〔设计了位于阿维拉的堂·胡安王子墓（túmulo del príncipe don Juan）、位于格拉纳达的天主教双王墓（sepulcro de los Reyes Católicos）〕和莱昂尼父子。杰出的西班牙雕塑家不胜枚举：迭戈·德·西洛（Diego de Siloé）、胡安·德·瓦尔马塞达（Juan de Valmaseda）、达米亚·福门（Damán Forment）、胡安·德·马里亚纳（Juan de Malinas）和加斯帕尔·德·贝塞拉（Gaspar de Becerreá）在雕刻大师中脱颖而出；巴斯克·德·萨尔萨（Vasco de Zarza）和巴托洛梅·奥多涅兹（Bartolomé Ordóñez）则是大理石雕刻的集大成者。此外，还有两位重要的雕塑家是阿隆索·贝鲁格特（Alonso de Berruguete；设计了托莱多大教堂的椅子、格拉纳达皇家教堂的祭坛）和胡安·德·朱尼（Juan de Juni）——因为其纪念性建筑物的风格、强烈的悲悯性和对人物服装处理的细致性，成为17世纪西班牙雕塑的先行者。

16世纪的大师们具有反改革的思想、对礼拜仪式的热情和宗教的情感，他们使多色图像取得了胜利。他们的雕塑作品无视文艺复兴时期的风格，沉浸在形式的戏剧性当中，具有巴洛克风格，表达了死亡的痛苦形象以及苦难与博爱、英雄主义和颓废之间的永久矛盾。殉难以及耶稣和圣徒生活中最血腥的事件在作品中与日俱增，以激发信徒的情感，这与依纳爵·罗耀拉（Ignacio de Loyola）通过《神操》（Ejercicios）开启的个人宗教体验是一致的。巴利亚多利德和塞维利亚成为这股艺术潮流的两个主要焦点，因为它们是具有巨大创造潜力的城市，或者也许是因为在费利佩二世生活中，光明派教徒（Alumbrados）所带来的危险已经化为灰烬，国家需要休养生息。定居于巴利亚多利德的格雷戈里奥·费尔南德斯（Gregorio Fernández），推广一种具有悲悯气质的圣像雕刻，这与马丁尼兹·蒙坦尼斯（Martínez Montañés）和阿隆索·卡诺所提倡的安达卢西亚地区温和的圣像雕刻完全不同。

一个次要的方面是，对圣徒遗物崇拜正在加剧，其具有反宗教改革的特征。这些遗物存放在瓜达卢佩、龙塞斯瓦耶斯、梅迪纳-德尔坎波、赫罗纳等地的大教堂和修道院中。这些遗物也成了一些奇怪交易的对象，如在塞巴斯蒂安国王去世后，有人建议费利佩二世用埃斯科里亚尔修道院存放的一些圣徒遗物收买其在里斯本的支持者。西班牙国王及其王室成员为了从欧洲各地搜集圣徒的遗物，表现出了极大的奉献精神。他们让最好的金银匠在来自世代从事金银工艺家族的胡安·德·阿尔夫（Juan de Arfe）指挥下为这些圣物打造盛放器皿。虽然国王经常怀疑这些圣徒遗物的真实性，但精美的圣物箱挤满了埃斯科里亚尔修道院、化身修道院（la Encarcación）和马德里皇家赤足修道院。西班牙的伊拉斯谟派一直批评对遗骨的转移及其偶像崇拜：

> 手持十字架，我忠实地告诉你们：如果他们所说的基督教中真有圣徒遗骨的话，那这些圣徒遗骨都足够装满一辆大车了。
>
> ——阿方索·德·巴尔德斯（Alfonso de Valdés）

赞助艺术的国王们

艺术品的传统买家主要是教会和贵族。到了16世纪，西班牙哈布斯堡王朝也加入了他们的行列，开始收藏艺术品和赞助艺术创作。西班牙哈布斯堡王朝积极购买绘画作品为西班牙和欧洲的艺术创新提供资金。由于伊莎贝拉对艺术的虔诚热爱，天主教双王建立了一个最初的画廊。根据中世纪时期卡斯蒂利亚的艺术喜好，与意大利的创新画家——波提切利（Botticelli）、佩鲁吉诺（Perugino）等相比，他们更喜欢佛兰德斯画家——鲍茨（Bouts）、凡·德尔·维登（Van der Weyden）、胡安·德·佛兰德斯（Juan de Flandes）的作品。我们更不能忘却画家佩德罗·贝鲁格特（Pedro Berruguete）的功绩，因为他是第一个战胜早期西班牙的佛兰德斯现实主义风格且将文艺复兴气息付诸西班牙画笔的人。作为16世纪上半叶最富有的两座城市，托莱多和塞维利亚的独特性也反映在其绘画流派的活力方面。由于外国大师的涌入，这两座城市的绘画流派极具活力。在塞维利亚，阿莱霍·费尔南德斯（Alejo Fernández）融合了北方各地和地中海沿岸各地的艺术潮流，并滋养了随佛兰德斯人佩德罗·德·坎帕纳（Pedro de Campaña）风格主义倾向而更新的艺术传统；而在托莱多，弗朗西斯科·德·卡蒙代斯（Francisco de Comontes）和胡安·科雷亚·德·维瓦尔（Juan Correa del Vivar）则专门为教会创作作品。

随着卡洛斯一世登上王位，西班牙在资助艺术创作方面有了新的突破——摆脱了宗教圣像绘制的藩篱，使用绘画作为外交政策的宣传手段。西班牙所青睐的画家主要来自欧洲各地，特别是佛兰德斯和威尼斯。其中，提香是最受欢迎的。王室收藏了他的一些杰作，如《维纳斯和风琴手与丘比特》（*Venus y Cupido organista*）和《试观此人》（*El Ecce Homo*）。为了让其专门从事官方肖像创作，费利佩二世也启用安东尼·莫罗（Antonio Moro）、阿隆索·桑切斯·科埃略（Alonso Sánchez Coello）和胡安·潘托哈·德·拉克鲁斯（Juan Pantoja de la Cruz）为西班牙创作。当尼德兰总督——匈牙利的玛丽（1556年）的收藏品抵达马德里之时，西班牙开始了解凡·艾克（Van Eyck）及米盖尔·德·考克西（Miguel de Coxcie）的作品。这些作品随即影响了西班牙宫廷的喜好。

由于曾游历意大利、佛兰德斯、英格兰和德国，费利佩二世深谙知识和艺术创作，并将埃斯科里亚尔修道院变成了当时最好的艺术画廊之一。他委托提香创作了《圣洛伦佐殉道》（*El Martirio de san Lorenzo*），委托考克西（Coxcie）创作了《大卫与歌利亚》（*El David y Goliat*），并购买了博斯（Bosco）流入市场的一些画作——《干草车》（*El carro de heno*）和《七宗罪》（*Los siete pecados capitales*）。费利佩二世对这位画家的喜爱只不过是他喜好佛兰德斯画作风格的反映，而凡·德尔·维登、帕蒂尼尔（Patinir）、马里纳斯（Malinas）的文森特（Vicente）等画家则与其反对宗教改革的立场接近。埃斯科里亚尔修道院里也不乏维贺内兹（Veronés）、丁托列托

（Tintoretto）、拉斐尔（Rafael）等意大利画家的作品；马德里的王宫之中，也有柯勒乔（Correggio）和瓦萨里（Vasari）的作品。意大利绘画的影响在这个时代两位最伟大西班牙艺术家的作品之中得到了反映。风格主义在埃斯特雷马杜拉人——路易斯·德·莫拉莱斯（Luis de Morales）的油画中闪耀，其画作具有明亮的效果，使用丰富的色彩并深刻反映宗教信仰。在埃尔·格雷考（El Greco）的油画中，风格主义尤其突出。埃尔·格雷考来到伊比利亚半岛是因为被西班牙王室的慷慨大方所吸引。埃尔·格雷考定居在托莱多，由于其严格遵守大教堂的教规，所以收到了大量的绘画合同。他能够发展出一个非常个性化的绘画概念。尽管费利佩二世作为提香的支持者，并不是十分青睐埃尔·格雷考，但其还是受到了同时代人的高度赞赏。其所创作的人物色彩缤纷，其笔下的圣徒极具神秘的表现力，这使那些深受特伦托会议（Concilio de Trento）影响的人们因其艺术表现力而感动。尽管其画作的价格很高，埃尔·格雷考的杰作，如《脱掉基督的外衣》（*El expolio*）和《奥尔加斯伯爵的葬礼》（*El entierro del conde de Orgaz*）填满了托莱多的教堂和住宅。

> 哦，颜色的炼狱，让人遭罪，
>
> 线条的肆意挥洒，
>
> 令人深感疲惫的迷宫，
>
> 美丽又丑陋却神秘的空灵洞穴，
>
> 可怕的美丽，
>
> 为这种令人惊奇的永恒性而深感痛苦！
>
> ——拉法埃尔·阿尔维蒂（Rafael Alberti），
>
> 《通向绘画》（*A la pintura*）

追逐意大利时尚的人们，逐渐喜欢上了在花园和房间内堆放收集的古董。受到这股潮流的影响，阿尔卡拉公爵（Duque de Alcalá）在其位于塞维利亚的皮拉托之家（Casa de Pilatos）收藏了大量的古董，贝纳多特伯爵（conde de Benavente）也是如此。并不是只有他们热爱收藏；在塞维利亚，梅迪纳–西多尼亚公爵和扎哈拉侯爵（marqués de Zahara）创建了金碧辉煌的美术馆；而与此同时，埃尔南多·哥伦布（Hernando Colón）、贡萨洛·阿尔戈特·德·莫利纳（Gonzalo Argote de Molina）和阿尔卡拉公爵则热衷于收集图书。在马德里，主要的收藏者有佩德罗·萨拉查·德·门多萨（Pedro Salazar de Mendoza）、阿尔瓦·德·利斯特（Alba de Liste）伯爵、安东尼奥·佩雷斯（Antonio Pérez）和波萨侯爵（Marqués de Pozas）。众多的教堂、修道院、教友会和医院与这些收藏者一起激发了本土的创造力。这种创造力在17世纪西班牙的伟大艺术流派中蓬勃发展。

世纪之交给艺术界带来了前所未有的变化：绘画超越了其他艺术，国王和贵族争相赞助艺术创作和购买艺术品〔雷佳尼斯侯爵（Marqués de Leganés）收藏了1300多幅画作〕，并且设计建造专门的建筑物用来展示这些画作，并宣传收藏品的社会价值。巴洛克风格取代了以前的艺术风格。与卡洛斯一世和费利佩二世统治时期一样，对于这样一个幅员辽阔的国家，各地没有艺术创作上的相互关联性，就不会有艺术方面的整体转型。在巴利亚多利德，费利佩三世使用莱尔马公爵（el duque de Lerma）所选择的大师——提香、维贺内兹、巴萨诺（Bassano）、桑切斯·科埃略（Sánchez Coello）、潘托哈·德·拉克鲁兹（Pantoja de la Cruz）、博斯等，布鲁塞尔宫廷和富裕的安特卫普则资助了由鲁本斯（Rubens）、凡·戴克（Van Dyck）、乔登斯（Jordaens）、亚伯拉罕·布鲁格赫尔（Abraham Brueghel）、斯奈德斯（Snyders）和特尼尔斯（Teniers）所领导的佛兰德斯巴洛克艺术的腾飞。

鲁本斯成功地将所有的流派联系在一起；当其作为曼托瓦公爵的大使驻在巴利亚多利德期间（1603年），在西班牙引入了第一批完全巴洛克风格的作品。他为莱尔马公爵所画的肖像在统治者中开启了绘制骑马画的时尚，用手牢牢地握住缰绳——这是国家的象征；这种风格在委拉斯开兹为费利佩四世和奥利瓦雷斯伯公爵服务期间达到了最高的宣传水平。艺术天赋和外交服务于鲁本斯的生活中结合在一起，使其成为西班牙宫廷和佛兰德斯的首选画家。

随着巴洛克风格的蓬勃发展，圣徒离开了修道院，进入了西班牙天主教徒的日常生活。克洛德·洛林（Claudio de Lorena）的油画喜欢描绘风景，充满了田园般的虔诚，而神话则在希腊–拉丁传统的推动下进入艺术。贵族的收购和教会的订购使马德里、巴利亚多利德和塞维利亚成为欧洲绘画的国际中心，不是因为各艺术流派的质量有多高，而是因为收藏家的热情引起了人们对聚谈会、当时的文学著作以及房屋装饰的兴趣。

在钟情于意大利和佛兰德斯绘画的同时，也出现了本土画家的作品，以满足对绘画作品的巨大需求。16世纪的本土画家主要有胡安·德·华内斯（Juan de Juanes）、路易斯·德·莫拉莱斯及埃尔·格列柯，他们大量绘制与宗教圣像有关的作品。这一时期也出现了专门从事风景〔如里贝拉（Ribera）、穆律罗（Murillo）〕、肖像（如桑切斯·科埃略、潘托哈·德·拉克鲁兹）、静物〔如克朗特斯（Collantes）、塞巴斯蒂安·马丁内斯（Sebastián Martínez）〕、花瓶〔如阿雷拉诺（Arellano）〕、战争场景〔如胡安·德·托莱多（Juan de Toledo）、埃雷拉父子〕等主题创作的画家……他们的作品因为价格低廉而走进了千家万户，并使得博斯风格流派的画家不得不让位于他们。由于创造性的热情，西班牙开启了一个真正的绘画黄金时代。大师们的画作很快就在欧洲传播，如巴伦西亚人胡塞佩·德·里贝拉（José de Ribera）所创作的《小西班牙人》（El Españoleto），在听取了卡拉瓦乔（Caravaggio）的谆谆教诲后，掌握了明暗对比技术。作为巴洛克现实主义的代表，他对下层人民生活无比关注，可以在其绘画作品当中追寻到与流浪汉小说相同的信息，以及对特伦特会议中所树立的修道院榜样宗教信仰的提升。弗朗西斯科·德·里瓦尔塔（Francisco de Ribalta）所运用的神秘图案也是如此，而在伟大修士画家弗朗西斯柯·德·苏巴朗（Francisco de Zurbarán）的画作中，神圣的涂圣油礼掩盖了在平坦的绿松石以及红色的天鹅绒当中的人物肖像。

> 作为画布的粗浅爱好者，
> 胸中有烈火噼啪地作响，
> 花丝编织成树枝，
> 画笔就是那转动的织针。
> 这条线从不承受过多重量，
> 画布也没有任何真情实感……
>
> ——拉法埃尔·阿尔维蒂，《通向绘画》

以阿隆索·卡诺的《圣母》（Virgen）处女和穆律罗的油画为代表的作品也有突出的地位。穆律罗善于描绘百姓生活和家庭生活以及创作珍贵的宗教版画。在其所有作品中，最有名的是《圣母无染原罪》（*Inmaculadas*），因为它是传授反宗教改革的教义时所用的标准圣像模板。许多其他杰出的画家也在这个伟大的世纪脱颖而出：巴伦西亚的杰罗尼莫·雅辛托·德·埃斯皮诺萨（J. J. de Espinosa）；塞维利亚的弗朗西斯科·埃雷拉（Francisco Herrera）和胡安·德·巴尔德斯－莱亚尔（Juan de Valdés Leal）〔创作了《世界光荣的末日》（*Finis gloriae mundi*）和《眨眼之间》（*In Ictu Oculi*）〕；在马德里，有安东尼奥·德·佩雷达（Antonio de Pereda）、梅特奥·塞雷佐（Mateo Cerezo）、何塞·安托利内斯（JoséAntolínez）、弗里亚尔·胡安·安德烈斯·里奇（Fray Juan Andrés Rizzi）以及许多伟大的宫廷肖像画家，如胡安·卡雷尼奥·德·米兰达（Juan Carreño de Miranda）、克劳迪奥·柯埃洛（Claudio Coello）。克劳迪奥·柯埃洛在《对神圣形态的崇拜》（*Adoración de la Sagrada Forma*）中表现了独特的心理肖像。

但是，什么可以定义 17 世纪的辉煌，毫无疑问，那就是费利佩四世、鲁本斯、委拉斯开兹的"三重奏"。这三个人的组合，编织了17 世纪上半叶的创作全景。在费利佩四世和奥利瓦雷斯伯公爵的大力推动下，哈布斯堡王朝的艺术快速发展。奥利瓦雷斯伯公爵赋予艺术政治和代表功能，坚持将君主置于宏伟宫廷的中心位置，坚持君主对文化赞助事业的领导。在其第一批订购的绘画作品当中，费利佩四世明确表达了对鲁本斯作品的喜好，但他并不怠慢同时代的其他画家：西班牙的卡杜丘（Carducho）、里贝拉（Rivera）和委拉斯开兹；外国的奥拉齐奥·真蒂莱斯基（Orazio Gentileschi）、圭多·雷尼（Guido Reni）、凡·戴克、斯奈德斯和杜来罗（Durero）。西班牙还在欧洲的拍卖行购买绘画作品，特别是在大不列颠处决了查理一世（Carlos I）之后，由克伦威尔（Cromwell）组织的拍卖会以及鲁本斯死后的拍卖和红衣主教卢多维西（Ludovisi）的拍卖会最为著名。在克伦威尔组织的拍卖会中，西班牙将丁托列托、拉斐尔、曼特尼亚（Mantegna）、安德烈·德尔·萨托（Andrea del Sarto）、杜来罗、真蒂莱斯基（Gentileschi）等的大批名画收入囊中。

丽池公园（Buen Retiro）的建设为西班牙王室提供了一个展示力量和辉煌的舞台。彼时，西班牙已经开始在欧洲衰落，无力购买有价值的古董作品，不得不雇用最好的画家来创作新画。丽池公园建成之后，费利佩四世开始对马德里的王宫进行翻新。这项工程使得迭戈·罗德里格斯·德席尔瓦·委拉斯开兹（Diego de Velázquez）一举成名。他像前任宫廷画师鲁本斯一样，是一位伟大的艺术家和忠诚的朝臣。委拉斯开兹曾在老埃雷拉（Herrera el Viego）和弗朗西斯科·巴切柯（Francisco Pacheco）的画室中接受过培养，其绘画技巧喜欢运用缤纷的色彩，倾向自然主义，毫无卡拉瓦乔的痕迹。在费利佩三世去世后，委拉斯开兹来到了马德里。在同乡奥利瓦雷斯伯公爵的帮助之下，他成为国王专用画家。国王为他提供了安身立命之地，从而让他获得了自由创作所必需的独立经济基础。1630年，他前往意大利，为费利佩四世收购绘画、雕塑和古董，并学习了意大利的绘画风格。然而，直到他第二次前往意大利，才创作出他最伟大的几幅作品：《教皇英诺森十世肖像》（*Innocencio X*）、《胡安·德·帕雷哈》（*Juan de Pareja*）、《镜前的维纳斯》（*la Venus del espejo*）、《美第奇别墅花园》（*Villa Medicis*），这是印象派的第一批画作。在积累了几年之后，他创作出了《宫娥》（*Las Meninas*）、《纺织女工》（*Las hilanderas*）以及王子公主们的肖像画。

> 对于你来说，伟大的委拉斯开兹，
>
> 已经掌握了精巧的技艺，

他为美丽鼓劲，

他希望用画笔的星星点点，

让那种微妙的感觉跃然纸上，

笔下的一切都逼真而非相似。

——弗朗西斯科·德·克维多（Francisco de Quevedo），

《致画笔》（Al pincel）

艰难前行的思想领域

与绘画艺术一样，16世纪的西班牙思想极大地受到了意大利和德国知识分子作品的影响。来自文艺复兴时期的古典文化和新的人类中心主义概念迎来一个乐观的时代。恰好在此时，西班牙的军事和经济实力在欧洲达到了顶峰，而征服美洲为西班牙的思想开辟了另一个世界。在这个时期，最为重要的是人文主义知识分子的观念，他们意识到自己在社会中的地位并渴望影响这个社会。在查理五世（Carlos V）统治期间，当知识分子们错误地将帝国的政治与伊拉斯谟（Erasmo）所描述的人文主义帝国联系起来时，他们就在原则上使帝国的梦想合法化了。但是，他们很快就会失望：面对集权倾向和权力操纵，除了屈服或陷入沉思之外，他们别无选择。

由于社会的半封建性质和宗教裁判所的意识形态束缚，西班牙的社会矛盾日益尖锐，宗教裁判所于1502年对书籍进行了第一次审查。到了费利佩二世统治时期，对知识的禁锢达到顶峰，因为他对父亲与深受路德宗影响的德国之间的问题非常敏感。在西斯内罗斯统治时期的西班牙，文艺复兴的大潮席卷了新的阿尔卡拉大学。这所大学希望聘请鹿特丹的伊拉斯谟（Erasmo de Rotterdam）加盟。卡斯蒂利亚人文主义者翻译了《对疯狂的颂赞》(*Elogio de la locura*)，他们被其宽容的理性主义和对基督教世俗化的看法给迷住了。因为与天主教双王对教会改革的渴望息息相关，伊拉斯谟的理论受到了西班牙的欢迎，特别是他对教会世俗权力的批评，证明了西班牙皇帝攻击教皇国家的正确。

罗马之劫（Saqueo de Roma，1527年）和巴利亚多利德神学家对伊拉斯谟主义学说的认可几乎是同时发生的。伊拉斯谟学说意味着对宗教世界的彻底审查，捍卫一个没有繁文缛节的朴素基督教，这使得其处于接近路德学说的境地。尽管如此，这个学说还是通过一群与宫廷关系密切的知识分子和人文主义者如巴尔德斯兄弟（hermanos Valdés）、路易斯·维韦斯（Luis Vives）、丰塞卡大主教、卡兰萨（Carranza）大主教、宗教裁判所大法官曼里克（Manrique）、托雷斯·纳哈罗（Torres Naharro）、吉尔·维森特（Gil Vicente）、比利亚隆等在卡斯蒂利亚得到了传播。胡安·德·巴尔德斯（Juan de Valdés）所著《基督教义对话》(*Los Diálogos de la doctrina cristiana*)及其兄弟阿方索所著《关于在罗马发生的事件的对话》(*El Diálogo de las cosas ocurridas en Roma*)是西班牙伊拉斯谟学说向教皇和教会的鬼蜮伎俩宣战的两个范例。对于教会上层来说，这些学说极其大逆不道，因此教廷大使要求宗教裁判所大法官禁止这些著作的刊行。但是，由于上层机构对这种学说的支持以及宫廷出于粉饰国际政策的目的，这些著作绕过了反动势力和教会的陷阱。同样，批判意识淹没了16世纪的戏剧，深受卢卡斯·费尔南德斯（Lucas Fernández）和胡安·德尔·恩西纳（Juan del Encina）影响的吉尔·维森特，在其作品中，将死亡之舞的讽刺与宫廷和抒情的流行元素联系起来；而巴托洛梅·德·托雷斯·纳哈罗（Bartolomé de Torres Naharro）则在作品中表达了对教会的深刻见解（"对于他们来说，黄金就是上帝；白银就是圣母玛利亚"），他也是第一位戏剧理论家。

在以武力占领美洲大陆之后，西班牙需要证明征服的正当性，而具有伊拉斯谟学说传统的人文主义在政治思想的批判性中表现出了活力。由于西班牙人在安的列斯群岛（Las Antillas）不断爆出丑闻，多明我会修士安东尼奥·德·蒙特西诺斯（Antonio de Montesinos）较早（1511年）地提出印第安人拥有理性的灵魂，任何人都没有权力将他们变为奴隶的看法。

有人将这位修士控告到了宫廷，皇帝在征求了神学家和法学家的意见之后，于1513年颁布了《布尔戈斯法案》（Leyes de Burgos）。尽管这项法案没有及时减缓土著的灭绝，但还是赋予他们臣民的身份。从这里开始，在美洲争取公平正义的斗争贯穿了整个16世纪。这些斗争不仅发生在宫廷，也发生在最安静的大学教室里，而多明我会修士扮演了殖民地土著代言人的角色。巴托洛梅·德拉斯·卡萨斯因为善于宣传鼓动和拥有辩论的技巧而在众修士当中脱颖而出。他的著作《西印度毁灭述略》（Brevísima relación de la destrucción de las Indias）推动了一系列保护性法律的颁布，只是这些法律在殖民地不一定能得到遵守。恰帕斯（Chiapas）主教认为，印第安人应该是理性和自由的，是人类的正式成员（这是自1537年以来教会的官方教义），同时与伊比利亚半岛的人们一样，也是西班牙国王的臣民。因此，在殖民化过程中，只有梵蒂冈授权的传教才是合理的，并且传教必须由其领导。

皇帝的牧师胡安·吉内斯·德·塞普尔维达（Juan Ginés de Sepulveda）反对拉斯·卡萨斯的主张。作为欧洲帝国主义理论的创造者，他认为理性的人有征服的权力，以使无知的人文明化（当然，也包括完成教皇的传教使命），即使使用武力也是可以的。除了他们两人之间的激烈争端之外，弗朗西斯科·德·维多利亚（Francisco de Vitoria）于1539年通过承认各国和平交往和贸易的自由，建立了现代国际法的基础。他认为，只有当这种自由受到威胁，土著人民要求外国君主提供保护或有必要谴责违法之人时，征服才是合理的。

除了法律推理之外，美洲大陆还激发了西班牙读者和学者的好奇心，也使得许多西班牙人前往新大陆旅行。这些人对美洲大陆的印象和在美洲大陆的经历反映在一系列数量繁多而又文笔巧妙的编年史当中。哥伦布给天主教双王的信便是这些编年史的开篇之作。在他之后，还有许多人撰写了有关美洲的历史——埃尔南·科尔特斯、贝尔纳尔·迪亚斯·德尔·卡斯蒂略（Bernal Díaz del Castillo）、阿尔瓦尔·努涅斯·卡维萨·德·巴卡（Álvar Núñez Cabeza de Vaca）、史学家佩德罗·马尔蒂·德·安格莱利亚、弗朗西斯科·洛佩兹·哥马拉（Francisco López de Gómara）和贡萨洛·费尔南德斯·德·奥维耶多（Gonzalo Fernández de Oviedo）以及人类学研究的先驱——贝尔纳迪诺·德·萨阿贡修士（Fray Bernardino de Sahagún）。

语言的赞美

在格拉纳达陷落的那一年，通往美洲的道路开辟出来，人文主义者安东尼奥·德·内布里哈（Antonio de Nebrija）出版了《卡斯蒂利亚语语法》（*Gramática castellana*），其规范性意义符合国家建立之初官僚机构的要求。伊拉斯谟主义者胡安·德·巴尔德斯发表了《关于语言的对话》（*El Diálogo de la lengua*），建议用口语写作，以避免变成少数民族语言。许多其他学者提出了新的建议，例如，剧作家胡安·德尔·恩西纳（Juan del Encina）、贝尔纳多·德·阿德雷特（Bernardo de Aldete，政治霸权/主导语言二项式的发现者）、马丁·德·维西亚纳（Martín de Viciana；区域语言的捍卫者）和马特奥·阿莱曼（西班牙语拼写的倡导者）。

在卡洛斯一世和费利佩二世统治时期，国王要求编撰官方历史。佩德罗·德·梅吉亚（Pedro de Mexía）、阿隆索·德·圣克鲁斯（Alonso de Santa Crosa）、路易斯·德·阿维拉（Luis de Avila）、胡安·吉内斯·德·塞普尔维达、佩德罗·德·梅迪纳〔Pedro de Medina，著有《不能忘却的西班牙丰功伟绩》（*Libro de las grandezas y cosas memorables de España*）〕等承担了这项工作。在费利佩二世统治时期，胡安·德·马里亚纳〔Juan de Mariana，《西班牙历史》（*Historia general de España*）〕、杰罗尼莫·苏里塔〔Jerónimo de Zurita，《阿拉贡王国历史》（*Anales de reino de Aragón*）〕、埃斯特万·德·加里巴伊〔Esteban de Garibay，著有《历史纲要》（*Compendio Historial*）〕等也纷纷著书立说。当然也有一些编造历史的人，不是客观记述各王国和各城市的过去，而是试图通过撒谎来粉饰太平。在世纪之交，考古的兴起推动了历史研究的净化，这种倾向在安布罗西奥·德·莫拉莱斯〔Ambrosio de Morales，著有《西班牙各城市的古董》（*Antigüedades de las ciudades de España*）〕、安东尼奥·奥古斯丁（Antonio Agustín）、罗德里格·卡罗（Rodrigo Caro）、蒙德哈尔侯爵（marqués de Mondéjar）等的著作中有所反映。在《反对现代小说的教会论文》（*Disertaciones contra las ficciones modernas*，1671年）当中，蒙德哈尔侯爵批评了马里亚纳式（Mariana）的神话化。

在文艺复兴的辉煌时期，卡洛斯时代最好的诗歌便是以爱为主题的十四行诗。十四行诗与精致、伤感、音乐化和田园理想化占主导地位的世界相对应。加尔西拉索·德·拉维加（Garcilaso de la Vega）的著作将十四行诗推向了顶峰。他的诗歌深入宫廷，并引发了许多人的模仿：埃尔南多·德·阿库尼亚（Hernando de Acuña）、费尔南多·德·埃雷拉（Fernando de Herrera）、迭戈·乌尔塔多·德·门多萨（Diego Hurtado de Mendoza）……克里斯托瓦尔·德·卡斯蒂列霍（Cristóbal de Castillejo）则喜好质朴的传统诗歌，他是浪漫诗句和西班牙传统诗歌的捍卫者（他反对脱离卡斯蒂利亚诗歌风格并盲目跟随意大利风格）：

> 意大利和拉丁的缪斯们，
>
> 这些奇怪地区的人们，
>
> 这么多新颖而又美丽的野生康乃馨，
>
> 是如何来到我们的西班牙的？

意大利风格诗歌极其忠实于其精英主义起源，具有一种逃避帝国社会沉重负担的审美倾向；与此同时，骑士小说、田园小说和异国情调小说也提出了自己的审美倾向。16世纪出版的50多部作品，包括加泰罗尼亚的《白骑士蒂朗》（*Tirant lo Blanch*，1490年）和《高卢的阿玛迪斯》（*Amadís de Gaula*，1508年）在内，都是赞颂爱情忠诚和骑士美德的史诗。当这些主题失去了存在的理由时，却恰好证明了这些叙述的成功。骑士小说以英雄的视角展示了西班牙征服者的世界观，解释了西班牙在美洲的许多壮举。同时，骑士小说，也给西班牙征服者为其征服伟业编写历史提供了样本。田园小说因为受到维吉尔（Virgilio）的影响而诞生，但它只是在乡村景观的框架内重现爱情，与哈布斯堡王朝那些无依无靠农民的生活没有任何关系。田园小说的主要代表作家包括豪尔赫·德·蒙特马约尔（Jorge de Montemayor）、塞万提斯〔代表作《伽拉泰亚》（*La Galatea*）〕、洛佩·德·维加〔代表作《阿卡迪亚》（*Arcadia*）〕。逃亡文学会引起宗教裁判所法官的怀疑和教会的敌视，面对这种想象力的宣泄，缺乏理解能力的教会只能大加谴责，例如，蒙特马约尔的《狄安娜》（*Diana*）就遭到了教会的批判。

　　然而，16世纪的少数作家不再逃避社会现实，而是创作出一系列具有强烈现实主义的作品。弗朗西斯科·德利卡多（Francisco Delicado）的《安达卢西亚洛扎纳的肖像》（*El retrato de la lozana andaluza*）通过描绘一个类似塞莱斯蒂娜（Celestina）的西班牙妓女和皮条客的生活，反映了教皇治下罗马的种种不道德行为。之后，佩德罗·德·梅吉亚、路易斯·萨帕塔（Luis Zapata）、安东尼奥·德·托尔克马达（Antonio de Torquemada）、胡安·鲁弗（Juan Rufo）、胡安·德·蒂莫内达（Juan de Timoneda）、梅尔乔·德·圣克鲁斯（Melchor de Santa Cruz）等的小说和故事相继出版，为塞万提斯及其小说提供了范本。最终在1554年，同时在布尔戈斯、阿尔卡拉和安特卫普出版了《托梅斯河上的小拉撒路》（*La vida de Lazarillo de Tormes y de sus fortunas y adversidades*）。

　　《托梅斯河上的小拉撒路》的每一页都散发着西班牙16世纪最真实的伊拉斯谟学说和人文主义思想：反思占主导地位的社会价值观，讽刺神职人员的形象，捍卫高于出身的人类尊严以及描述个人与不得不适应的外部世界之间的斗争。在他们不加掩饰和物质主义的凝视下，拉撒路（Lázaro）的奇闻逸事逐渐揭开了帝国真实形象的神秘面纱，揭露了西班牙社会的所有祸害，比如对血统纯正的痴迷、毁灭性的军国主义、荒谬的荣誉概念、假装的宗教信仰。

17世纪，流浪小说达到了巅峰。但随着欧洲宗教问题的加剧，社会倒退迅速蔓延到西班牙，宗教裁判所对思想自由的迫害日益加剧。随着教皇在博洛尼亚（Bolonia）为卡洛斯一世加冕，第一批倒退出现了：同年，宗教裁判所大法官曼里克（Manrique）垮台，他是伊拉斯谟主义者的保护人。胡安·德·巴尔德斯的著作则受到了谴责。

为了与罗马结盟而牺牲了西班牙持批判意见的知识分子，这对于教会未来对付路德宗诸侯至关重要。这不是一个孤立的现象：在欧洲大陆，随着耶稣会（1540年）和特伦特会议的成立，反改革的力量得到了加强；在伊比利亚半岛，卡洛斯一世试图通过实施禁书名单（Índice de libros prohibidos）的方式来避免意识形态的传染，而其子费利佩则实施了更严厉的措施，禁止从国外进口作品，也不允许国内的学生到欧洲大学学习。1558年至1559年，西班牙通过在塞维利亚和巴利亚多利德四次公开实施火刑，对异端人士进行了残酷镇压，从根本上消灭了西班牙的伊拉斯谟学说。

这场风波甚至将大主教卡兰萨也卷入——他在巴利亚多利德的布道影射了被宗教裁判所逮捕的人。梅乔尔·卡诺（Melchor Cano）对其《基督教义评注》（*Los Comentarios sobre el catechismo christiano*）进行了神学审查（最终未被特伦特会议接受），宗教裁判所法官巴尔德斯的调查结果使卡兰萨受到监禁，还导致马德里与罗马之间关系的恶化。

感受到新的政治气候，文学限制了自己的创作领域。小说中的现实主义几乎完全消失，在戏剧中更是表现得少之又少，神秘主义和禁欲主义的著作获得了压倒性的优势，尽管这些作品从未提到过信仰守护者的胡作非为。

　　随着伊拉斯谟学说陷入低潮，路易斯·德·格拉纳达修士（Fray Luis de Granada）的作品——《罪人指南》（*Guía de Pecadores*）、《新刊格物穷理便览》（*Introducción del símbolo de la fe*）以及路易斯·德·莱昂修士（Fray Luis de León）的作品——翻译的《雅歌》（*Cantar de los cantares*）、所著的《基督的名字》（*De los nombres de Cristo*）在特伦特会议建立之后的西班牙都遭到了重重阻碍。《罪人指南》被列入了禁书目录，路易斯·德·莱昂修士被判处五年徒刑，因为其被指控在《圣经》翻译过程中涉及色情内容；更为不幸的是，他所著的诗歌在其去世40年后仍然是不准出版的。

　　当路易斯修士放弃初心，拥抱费利佩二世统治西班牙时期的反改革主义理想之后，特雷莎·德·塞佩达（Teresa de Cepeda）和胡安·德·耶佩斯·阿尔瓦雷斯（Juan de Yepes）的著作则旨在表达灵魂与神直接接触的快乐。圣塔特雷莎（Santa Teresa）在《完美之路》（*Camino de perfección*）和《寓所》（*Las moradas*）中所表现的神秘主义激发了宗教裁判所的怀疑，因为宗教裁判所认为在其作品中存在明显的思想启蒙特征。虽然圣塔特雷莎将其创作定义为与路德宗的公开斗争，并承认口头祈祷的必要性，但只有国王的同情才能保护她的事业。圣塔特雷莎改革工作的伙伴胡安·德拉·克鲁斯（San Juan de la Cruz）是西方最抒情的神秘作家。其诗歌《心灵的颂歌》（*Cántico espiritual*）、《黑暗的夜晚》（*Noche oscura*）、《爱的熊熊火焰》（*Llama de amor viva*）试图使用诗句来解释神秘主义体验的非理性，使用具有流行根源的意象，并借鉴加尔西拉索（Garcilaso）和文艺复兴时期宫廷的创作风格。

　　　就像脚被缚住，嘴被堵住，

手被捆住，眼睛被蒙住，

荣耀之路的强奸犯、杀人犯、小偷，

这就是胡安的作品，没有任何东西或任何人，

从来没有，

被爱净化，

对任何人，

对任何东西，

从来没有，

被钉在十字架上，死了，陷入黑暗，

并在蒙昧之中。

这样。

——卡洛斯·保索纽（Carlos Bousoño），

《胡安·德·拉·克鲁斯》（*Juan de la Cruz*）

一方面，在这种与宗教密切相关的环境中，由于弗朗西斯科·德·维多利亚、梅乔尔·卡诺及佩德罗·索托（Pedro de Soto）的努力，神学也得到显著的发展。另一方面，与新教进行思想方面的辩论要求修士们对经文进行批判性的净化，这使费利佩二世赞助出版了一本新的多语种《圣经》（安特卫普）。这项工作由阿里亚斯·蒙塔托（Arias Montano）负责，在改善西斯内罗斯组织编写的《圣经》基础之上进行编纂。这也是《圣经》评论家的起源。1588年，当路易斯·莫林那（Luis de Molina）发表他的《自由意志与神赐恩宠》（*Concordia*）时，神学思想得到了无与伦比的推动，这是伊比利亚半岛第一次尝试使人类自由与神圣宿命相融在一起。莫林那主义（molinismo）受到耶稣会的欢迎，但与多明我会发生了严重的冲突，

直到1607年的最终判决才使其免于受到异端邪说的指控。17世纪，寂静主义（quietismo）的情况则完全不同，它是由米格尔·德·莫利诺斯（Miguel de Molinos）通过《精神指南》（*Guía espiritual*）开启的禁欲主义潮流。面对传统的神秘主义，他设计了一条通过自我否定和绝对被动而与上帝联合的内在道路。这种学说在特权阶级中的迅速传播，特别是在法国，引起耶稣会士和路易十四的敌意，他们认为寂静主义者是哈布斯堡王朝的支持者。由于树敌太多，莫利诺斯无法自保，最后死于罗马宗教裁判所监狱。

宗教焦虑充斥着戏剧，尽管一些风俗派的笔触开始交织在一起，但喜剧总是不厌其烦地表现《圣经》主题和寓言主题。西班牙被描绘成信仰的堡垒，喜剧演员总是乐于反对犹太人和其他少数民族。他们这样做实际上是将西班牙置于危险之中，但是为了赞美宗教裁判所这个在他们眼里伟大的捍卫者，也就什么都顾不上了。对于这种现象最有可能的解释是，大量戏剧性作品被列入1559年的《禁书目录》吓坏了创作者，在意识形态适应新的社会现实之前，他们的创作力不会恢复。洛佩·德·维加的戏剧不仅语言纯正，而且广受欢迎，一经上演，就一扫埃尔南·佩雷斯·德·奥利瓦（Hernán Pérez de Oliva）、克里斯托弗·德·维鲁斯（Cristóbal de Virvés）、卢佩西奥·莱昂纳多·德·阿亨索拉（Lupercio Leonardo de Argensola）等人的生冷教条文字，延续了巴伦西亚人胡安·德·蒂莫内达及塞维利亚人洛佩·德·鲁埃达（Lope de Rueda）和胡安·德拉·古埃伐（Juan de la Cueva）的辉煌。

在群星之中，一位世俗诗人脱颖而出，那便是费尔南多·德·埃雷拉，是他让西班牙的诗歌简洁朴素而又符合古典风格。然而，他的大部分作品都充满了慷慨激昂的腔调及夸张手法，以赞颂费利佩二世时期帝国的荣耀。为了给统治者歌功颂德，他创作了一些诗歌，如《献给堂胡安·德·奥地利——拉斯阿尔普哈拉斯摩尔人的征服者》(*Canción al señor don Juan de Austuria*, *vencedor de los moriscos en las Alpujarras*)、《勒班陀大海战颂》(*Canción por la victoria de Lepento*)。在唱赞歌方面，只有费尔南多·德·阿库尼亚(Fernando de Acuña)的《献给卡洛斯一世的十四行诗》(*Soneto a Carlos I*)、胡安·鲁弗的《奥地利》(*Austriada*)、路易斯·萨帕塔的英雄诗《著名的卡洛》(*Carlo famoso*)可与之媲美。

在加强君主权力的同时，西班牙思想在耶稣会士胡安·德·马里亚纳的作品中展现了其对所有时代政治思想史最独特的一个贡献。其著作《论国王和王家机构》(*De rege*，1599年)捍卫人民制定法律的权力，并强调君主国不想沦为暴政，就必须在人民同意的情况下才能修改这些法律，人民有权通过起义甚至诛戮暴君来保护自己。在君主制度不断加强的这个世纪里，维多利亚(Vitoria)有关抵抗权和国王必须以身示范遵守法律义务的学说寸步难行。

西班牙宗教裁判所强烈谴责了《论国王和王家机构》，与此同时，在巴黎，这本书也遭到了公开焚毁的命运。

文学的黄金时代

16世纪到17世纪的西班牙人口稀少，田地荒芜，经济瘫痪，军事龟缩不前。这对于一个自诩是上帝选民并满怀弥赛亚之感的社会来说，是戏剧性的。从长远来看，西班牙的文学创作和意识形态被巴洛克精神打上深深的印记，并充满了眷恋世界和排斥世界之间的矛盾。最终，帝国的问题在神话般的传统价值观——荣誉、贵族、保持血统纯正，建立特伦特会议后西班牙的非理性主义中找到了出路，与此同时，经济、技术和组织方面的落后则正在吞噬西班牙。

在西班牙的颓废之中，涌现了大批空谈政事者。他们有的是政治家，但多数只是骗子，总是关注政治和经济问题，并会为此提出一千零一种补救措施。虽然在费利佩三世和费利佩四世统治时期，是上书议政的高峰时期，但是最早可以追溯到罗德里戈·卢汉（Rodrigo Luján）向西斯内罗斯的陈情书和路易斯·奥尔蒂斯（Luis Ortiz）为通过支持重商主义发展经济而向费利佩二世的上书。塞洛里戈（Cellorigo）、蒙卡达和纳瓦雷特（Navarrete）的著作完美地反映了在费利佩二世去世之后西班牙的衰落感。这是一种集体的反省，虽然允许其对现实进行清晰的分析，却不能超越王国狭隘的限制范围。

面对普遍的危机，一群思想家将目光投向了反对改革的西班牙宗教世界。上帝知道他们曾经的失败：无敌舰队覆灭、异教徒出现、异端邪说的灾难，都是对西班牙不道德、虚伪和奢侈的惩罚。耶稣会士佩德罗·德·里巴德内拉（Pedro de Rivadeneyra）在其《苦难专著》（Tratado de la tribulación）中指出了关键所在：只有复兴道德才能平息神的愤怒，并使西班牙的觉醒成为可能。然而，一种集体主义思想很快出现，在自然过程的背景之下研究衰落，认为国家类似于一切生物，存在一个周期性过程，古代的许多伟大帝国都是如此。因此，人们迫切需要分析症状，找出疾病的原因并采取措施减缓崩溃的速度。在马德里的政务委员会以及许多文件都不断重复的座右铭是让王国延续下去，而政治家和知识分子却发现西班牙所面临的最大威胁是人口减少、奢侈、贸易依赖以及货币和财政灾难。

这些空谈国事者将"天主教双王"统治时期塑造为黄金时代，一个被美洲和西班牙帝国所膜拜的模范时代。他们从以前理想化的朴素生活、工作和宗教信仰中，总结出了复兴西班牙的模式。但这种走老路的模式产生了一些不利于经济发展的想法：为重振国家，驱逐摩尔人、实施反奢侈品法；为阻止西班牙在欧洲继续沉沦，打破与荷兰的休战。

随着新世纪的到来，马丁·冈萨雷斯·德·塞洛里戈（Martín González de Cellorigo）出版了《西班牙政治复兴的必须和有用政策》（*De la política necesaria y útil restauración a la política de España*），列举了阻碍伊比利亚半岛经济发展的种种不利因素：缺乏领导的资产阶级，不受控制的通货膨胀，因劳动力短缺而导致的农业贫瘠、懒惰和对工作的蔑视。佩德罗·德·巴伦西亚（Pedro de Valencia）和佩德罗·西蒙·阿布里（Pedro Simón Abril）也批评税收负担沉重以及地租过高导致农民的贫困；洛佩·德·德萨（Lope de Deza）批评人口减少。这种担忧在王宫和大学中蔓延开来，在费利佩四世统治时期，上书议政越来越科学。根据外国的经验，这位国王选择了创新，这在一个倾向于认为任何变化都更糟的世界中是难能可贵的。许多建议都引起了国家的重视，特别是从1621年开始，奥利瓦雷斯伯公爵正式承认了西班牙的衰落并开始实施改革计划。

这个世纪有三位最伟大的先知，即桑丘·德·蒙卡达（Sancho de Moncada）、米格尔·卡哈·德·莱鲁埃拉（Miguel Caja de Leruela）和弗朗西斯科·马丁内兹·德·拉马塔（Francisco Martínez de la Mata）。在《西班牙的政治复兴》（*Restauración política de España*）一书中，蒙卡达认为实施工业化是实现西班牙强大的唯一途径，也是留住来自美洲贵金属的唯一手段，帝国孱弱的原因包括国家的过度扩张、土壤贫瘠和贵族的思想。莱鲁埃拉（Leruela）则认为工业不如畜牧业重要，在《复兴西班牙的富饶》（*Restauración de la abundancia de*

España）这本书中，他认为要捍卫梅塞塔高原，因为其是王国财富的来源。而马丁内兹·德·拉马塔（Martínez de la Mata）在《西班牙人口稀少和贫穷原因备忘录》（*Memoria en razón de la despoblación y pobreza de España*）中阐明了人口主义的立场，谴责了制造业的毁灭和企业家精神的缺乏。

对现实的美好希望同样充斥于克维多、佩利赛尔（Pellicer）和迭戈·萨维德拉·法哈尔多（Diego Saavedra Fajardo）的著作。迭戈·萨维德拉·法哈尔多著有《一位基督徒政治家君主的理念，映现于百桩伟迹》（*Ideas de un principe politico cristiano*），他是这个世纪上半叶最具代表性的政治学家。当王国陷入七零八落之时，萨维德拉仍然沉迷于为人民服务的好君主的论点，并建议君主要明智地进行统治，接近他的臣民，在公共生活和私人生活之间取得平衡。17世纪下半叶，耶稣会教士巴尔塔沙·葛拉西安（Baltasar Gracián）在其著作《批评家》（*El criticón*）、《英雄》（*El héroe*）、《政治家》（*El político don Fernando el Católico*）中提出的建议更为重要，其中充满了最纯粹的巴洛克式意识形态和风格。在一个表里不一而又渴望权力和名望的社会之中，葛拉西安强调为获得荣耀或永久享有荣耀，欺骗手段是君主的惯用伎俩。

米格尔·德·塞万提斯生活在费利佩二世和费利佩三世统治时期，他既知道帝国的荣耀也了解帝国衰落的原因，创作了《伽拉泰亚》、《堂吉诃德》（*Don Quijote*）、《训诫小说集》（*Novelas ejemplares*）以及《贝尔西雷斯和西希斯蒙达历险记》（*Persiles y Sigismunda*）等作品。面对巴洛克式的非理性主义，文艺复兴时期人文主义的最后一次节拍隐藏在反改革的面纱之下，仍然在塞万提斯的著作中响起。这也是其戏剧与洛佩（Lope）的流行戏剧相比，处于下风的原因所在。通过辛辣的讽刺，塞万提斯比其他任何人都更好地表达了对西班牙危机的痛苦看法以及向过去那种去人文主义化价值观的倒退。他在《堂吉诃德》中将造成这种现象的原因归咎于公爵、牧师和律师的所作所为，或者更确切地说，归咎于贵族、教会和他们的讼棍仆人。走在西班牙的土地上，拉曼却骑士发现了在颓废的阴暗环境中，现实与外观之间的痛苦冲突，还有阿隆索·吉哈诺（Alonso Quijano）[①]作为一个个体，与怀有敌意、压迫和异化社会的正面斗争。在攻击缺乏人文主义帝国的巨人风车之时，出现了塞万提斯创立的英雄。他创造了自己的世界——避难所，远离具有侵略性、顽固性和腐败性的现实。因此，堂吉诃德的深刻人性诞生了。

与《古兹曼·德·阿尔法拉切》（*Guzmán Alfarache*；马特奥·阿莱曼，1599年）中的考量不同，早期的西班牙流浪汉小说——《流浪女胡斯蒂娜》（*La pícara Justina*）、《恶魔科胡埃洛》（*El diablo cojuelo*）和《骗子外传》（*La vida del Buscón*）都是巴洛克醒悟理论的先驱。古兹曼是一位幼年失怙的流浪汉，是一个与骑士小说中的高贵主角完全不同的人物，是一个展示费利佩统治西班牙时期社会苦难和解开人类谬误的流氓。一方面，在谴责社会及社会一切的时候，马特奥·阿莱曼的理念植根于反改革的宗教环境，并从死亡中看待生命，从而也显示了一定的教育意义。另一方面，作者不断提及主角出生时的耻辱，似乎使主角陷入不道德的境地，但这也为作者解决宿命与自由意志之间的矛盾提供了手段。通过解释世纪之交的救赎手段并否定任何改革世界的可能性，这部小说肯定了天主教的正统观念，也肯定了社会的因循守旧。

[①] 堂吉诃德原名。——译者注

除了约束自我，逃离世界……面对危机，洛佩·德·维加（Lope de Vega）会选择第三种方式。作为一位高产的作家，他创作了470多部喜剧，被公认为西班牙语戏剧的创造者。他还提出一种新的戏剧理论，出版了《当代写作喜剧的新艺术》（*Arte nuevo de hacer comedias*），与公众品味的辩证关系使他成为传统意识形态和主张语言纯正价值观的最坚定捍卫者。事实上，戏剧日益商业化使他接受了普通人的需求，这同时也为他提供了一个教育大众的平台：对弥赛亚的信念；贵族身份；宗教裁判所的净化使命——其火刑充满了戏剧性的气息，其篝火让人想起地狱之火；荣誉感；对农民和神权社会的辩护；对智力和经济活动的怀疑；国家理性的优越性等都是洛佩·德·维加戏剧中所表达的内容。因此，他向百姓展示了一个理想化的形象——没有矛盾，远离当下令人窒息的现实。

洛佩的戏剧有一长串的追随者：纪廉·德·卡斯特罗（Guillén de Castro）、安东尼奥·米拉·德·阿梅斯库亚（Antonio Mira de Amescua）、路易斯·贝莱斯·德·格瓦拉（Luis Vélez de Guevara）、路易斯·奇尼奥内斯·德·维纳文特（Luis Quiñones de Benavente）和胡安·佩雷斯·德·蒙塔尔班（Juan Pérez de Montalbán）。最重要的是，鲁伊斯·德·阿拉尔孔（Juan Ruiz de Alarcón）和蒂尔索·德·莫利纳（Tirso de Molina），他们都是对人物进行心理分析的大师。而蒂尔索·德·莫利纳所著的《塞维利亚的嘲弄者》（*El burlador de Sevilla*）具有强烈的反贵族气息，并塑造了"唐璜"（don Juan）这一经典人物。作为那个时代的大师，蒂尔索作出了抉择，在《不信上帝就入地狱》（*El condenado por desconfiado*）中从神学观点直面人类在自由意志的颂歌中对神圣恩典的傲慢。

虽然洛佩的戏剧寄希望于过去的价值观，但巴洛克风格提供了一种新的世界观，并用西班牙颓废的集体形象进行了掩盖，最终导致对人性的暴力悲观情绪。"人生如梦；人，一个卑鄙的生灵"可以被认为是他的座右铭，并与反宗教改革的天主教高度一致。文学与绘画艺术一样，其特点是采用对比和明暗对照，坚持排斥或腐败，过度敏感（鲁本斯、委拉斯开兹），宏伟的隐喻和融合。

为逃离西班牙的不幸生活而在艺术之中寻求避难是路易斯·德·贡戈拉的选择。这位博学而历经苦难的诗人，不断追求能够超越时间的美丽。其作品《波利菲摩斯与伽拉提亚的故事》（*La Fábula de Polifemo y Galatea*）和《孤独》（*Soledades*）都具有词序倒装、使用拉丁语表达方式和引经据典的特点，都遵循加尔西拉索所创立的道路，旨在取悦受过教育的少数群体。弗朗西斯科·德·克维多的诗歌在形式和内容上有所不同，作为一位激进而讽刺的作家，其作品也反映了巴洛克式的对抗。毫无疑问，克维多是这个世纪最聪明的作家，但是他经常被自己积极的宗派主义所掩盖，因为他反犹太主义、反女权主义，爱国却在政治上持反动立场。其优美的散文，其对生命、死亡和爱情的深刻思考，通过《窃贼巴布罗斯的故事》（*La historia del Buscón*）对17世纪社会编年史的巧妙构想及其对统治阶级恶习和帝国问题的无情批评都让人赞叹。

尽管经济陷入危机，但由于国王和贵族的赞助，西班牙诗人的数量与日俱增，包括维森特·埃斯皮内尔（Vicente Espinel）、路易斯·卡里略·索托马约尔（Luis Carrillo de Sotomayor）、胡安·德·豪瑞吉（Juan de Jáuregui）、弗朗西斯科·德·梅拉德诺（Francisco de Medrano）和墨西哥人胡安娜·伊内斯·德·拉·克鲁斯（Juana Inés de la Cruz）。

在为巴洛克逻辑服务时，卡尔德隆·德·拉·巴尔卡（Calderón de la Barca）继续洛佩·德·维加的工作，整理和传承所继承的戏剧艺术。然而，主角发生了变化，不再是洛佩笔下的单纯农民，而是理性的英雄。在这些英雄所处的时代，文学宣扬斯多葛主义哲学、宣扬生活中的拒绝以及在与原罪的斗争中需要上帝帮助。如袍剑剧——《精灵夫人》（*La dama duende*）、《有两扇门的家难以看守》（*Casa de dos puerta*）；荣誉剧——《维护荣誉的医生》（*El médico de su honra*）、《萨拉梅亚的镇长》（*El alcalde de Zalamea*）；宗教剧——《对十字架的崇拜》（*La devoción de la cruz*）。最重要的是，卡尔德隆熟练地运用以寓言和神学动机为主的宗教题材，这些作品的标题——《世界大剧院》（*El gran teatro del mundo*）、《因国家原因向上帝祈祷》（*A Dios por razón de Estado*）、《人生如梦》（*La vida es sueño*）最能解释潜在的思想。他的写作方式创造了一个流派，他和弗朗西斯科·德·罗哈斯·索里利亚（Francisco de Rojas Zorrilla）、奥古斯丁·莫雷托（Agustín Moreto）等一起结束了西班牙文学的伟大黄金时代。

第十二章

励精图治的世纪

王朝的代价

经历了两次无后的婚姻，哈布斯堡王朝的最后一位君主因为没有继承人，不得不在1700年将王位传给了法国路易十四的孙子费利佩·德·安茹（Felipe de Anjou）。自此，波旁家族开始入主西班牙。这不仅能够维护路易和西班牙的玛丽亚·特蕾莎（Teresa de Austria María）联姻给波旁家族带来的利益，还能够满足宫廷当中亲法派的需求。这些亲法派在红衣主教波托卡雷罗的带领下，动用手段扰乱局势，以拉拢卡斯蒂利亚的小贵族和受法国竞争影响较小的王国。与此同时，卡洛斯二世不断盘算1699年法国、荷兰、英国和奥地利所签订的瓜分西班牙殖民地的条约是否会给本国带来崩溃的危险。在费利佩·德·安茹承诺放弃法国王位继承权以及不会为了第三方而损害西班牙利益之后，西班牙选择其作为王位继承人，在很大程度上保证了西班牙的统一，并安抚欧洲各大国。

卡洛斯二世死后，费利佩·德·安茹于1701年进入马德里并登上了王位。这位新君不仅尊重西班牙旧有习俗，承认各地的豁免权，还向全国授予了许多特权，例如对税制的改革，建立航运公司的自由以及加泰罗尼亚人可以驾驶两艘船直接进入美洲殖民地。但是，国际形势很快就打破了这种和平过渡的局面。英国人和奥地利人怀疑法国会借此机会占领欧洲以及垄断美洲殖民地，同时英国人还和荷兰人一起觊觎美洲的贸易，而葡萄牙人妄图消灭西班牙在伊比利亚半岛的霸权。法国以防卫为借口向西属尼德兰的各个要塞派兵以及让·奥瑞（Jean Orry）和乌尔西诺斯王妃（la princesa de Ursinos）对马德里宫廷施加控制，加速了大同盟（Gran Alianza）的成立（1701年）。奥地利人、荷兰人和英国人与神圣罗马帝国皇帝的儿子——哈布斯堡家族的查理（Carlos de Habsburgo）结成统一战线，要推翻马德里的王位继承人。

路易十四毫不退让，战争蔓延到了欧洲和美洲。奥地利人和法国人在意大利针锋相对；英国则登陆佛兰德斯，并劫掠了加的斯和圣玛丽亚港；葡萄牙在边境也不断生事；同盟军队进入地中海并鼓动西班牙东部各地起义，还占领了直布罗陀（1704年），也在维戈（Vigo）摧毁了美洲舰队，使西班牙更加依赖法国海军；查理大公（Carlos）到达伊比利亚半岛，巴伦西亚发生反叛，巴塞罗那临阵倒戈，形势变得混乱起来。由于加泰罗尼亚人和法国人之间存在宿怨，加之商业竞争和1640年的往事，阿拉贡王国在1705年宣布支持奥地利人，引发了内战。与卡斯蒂利亚的灾难形成鲜明对比的是，加泰罗尼亚公国曾在卡洛斯二世统治下经历了繁荣时期，使其相信奥地利人取得胜利，巴塞罗那成为西班牙的经济领袖。反过来，1693年第二兄弟会起义被镇压后，反抗情绪高涨的巴伦西亚人卷入了一场实际上是反对领主制度的斗争，人们毫不犹豫地拿起武器，希冀从亲法贵族的苛捐杂税中解放出来。

西班牙社会陷入了分裂状态。在卡斯蒂利亚，由于对之前失去影响力感到不满，洛萨尔科斯（los Arcos）、梅迪纳塞利、莱莫斯、阿罗、贝哈尔等地都宣布反对费利佩，而其他各地则支持波旁家族。在阿拉贡，害怕奥地利人民的贵族很快就站到了法国一边。神职人员也陷入了分裂，耶稣会士支持波旁家族（borbónicos），而托钵修士（mendicantes）则支持奥地利，双方纷纷利用祭坛和讲坛作为宣传机器。

在军事层面，尽管取得了阿尔曼萨（Almansa）大捷和光复了巴伦西亚，但在1706年至1710年，费利佩的地位变得微妙起来。废除巴伦西亚的特权激发了加泰罗尼亚和阿拉贡的抵抗，而路易十四因为在欧洲所面临的复杂局面，不得不放弃了对其孙子事业的支持。恰在此时，流行病、征兵和饥荒引发了内部骚乱。

> 卡斯蒂利亚未能征服葡萄牙人，
> 加泰罗尼亚人总将自己的利益
> 与法国的一切紧紧捆绑在一起。
> 费利佩治下的西班牙坚韧不拔，
> 法国的所作所为却是背道而驰，
> 使本应和平的西班牙战火连年。
>
> ——何塞·安东尼奥·布特隆（José Antonio Butrón）

1710年的布里韦加之战（batallas de Brihuega）和比拉维西奥萨之战（batallas de Villaviciosa）改变了战争的方向，使西班牙人看到自己的努力得到了回报。奥地利皇帝离世之后，查理大公要冒险建立卡洛斯一世时期的伟业，促使欧洲各国积极寻求和平。阿拉贡和加泰罗尼亚仍然处于被占领的状态，只有人民大众保卫的巴塞罗那一直抵抗到1714年。

《乌得勒支和约》(*El tratado de Utrecht*，1713年)承认了费利佩五世的王位，神圣罗马帝国皇帝获得了佛兰德斯、米兰和撒丁岛，而萨沃伊公国则获得了西西里岛的统治权。这样，西班牙就与其在欧洲的地盘说再见了。而一直关注战争进程的英国，不仅让法国拆除了在敦刻尔克(Dunquerque)修建的海军基地，还占领了直布罗陀、梅诺卡岛(Menorca)和特拉诺瓦(Terranova)。另外，英国人还获得了西班牙美洲殖民地专卖黑奴的权利——这在随后引发了新的摩擦。

在国际大环境的推动下，费利佩五世统治下的西班牙陷入了持续的战争之中，经济复苏推迟了。在欧洲中部和东部出现了许多强大的国家，而美洲则成了西班牙国际威望的最后一块压舱石。面对这种情况，西班牙波旁王朝持续处于战争状态，并耗尽国家的财富。第二任王后——伊莎贝拉·德·法尔内西奥(Isabel de Farnesio)加剧了这种局势。由于历史和战略原因，宫廷的顾问们从来都不接受对意大利领土的割让。在他们的支持之下，法尔内西奥将西班牙外交政策的着眼点放在了为其子女谋取帕尔马、托斯卡纳(Toscana)、那不勒斯等属地，所以也就忽视了大西洋。

由于自身的陆军和海军实力都非常薄弱，西班牙不得不费尽心思寻找盟友，为了应对危险，法国算是一个，即使冒着成为法国卫星国的风险，但是面对共同的敌人——英国，西班牙也只能这样做。此时的英国不仅继续控制着直布罗陀海和梅诺卡岛，还觊觎美洲的巴拿马地峡(el istmo de Panamá)、卡塔赫纳、哈瓦那(La Habana)和布宜诺斯艾利斯(Buenos Aires)。

帕蒂诺(Patiño)在撒丁岛登陆，打响了地中海的第一枪，他还想在西西里岛登陆。令人震惊的是，法国人、英国人、奥地利人和萨沃伊人结成了四方联盟，给西班牙带来了巨大的损失。西班牙的海军遭到了毁灭性打击，英国还袭击了维戈。战事的失利迫使费利佩五世宣布退位并让位于其子路易斯一世，但是在其继任者路易斯一世突然去世后，费利佩五世又再次即位。

紧张局势得到了缓解，费利佩五世之子，未来的费尔南多六世（Fernando Ⅵ）与布拉干萨家族的芭芭拉（Bárbara de Braganza）联姻，使西班牙与葡萄牙的摩擦得到了缓解。1729年，西班牙与法国和英国签署了《塞维利亚协议》（El tratado de Sevilla），打破了伊莎贝拉与奥地利签署的协议。这牺牲了西班牙的财政利益，但是为卡洛斯王子（Infante Carlos）取得了帕尔马和托斯卡纳。在美洲，帕蒂诺正在推行一项针对英国人的不妥协政策，用缉私船打击走私和加强对南海公司（compañía de los Mares del Sur）的控制，直到英国在意大利事务中调解西班牙和奥地利皇帝的矛盾。与此同时，西班牙也加强了殖民地的贸易，并恢复了海军实力。

英国总是背信弃义，奥地利也将这些协议抛到了脑后，再次卷入了波兰继承战争（guerra de sucesión polaca）。西班牙在匆忙之中与法国站在了一起，并签署了《第一个波旁家族协定》（Primer Pacto de Familia），占领了那不勒斯和西西里岛，奥地利皇帝承认了卡洛斯王子对这两个地方的统治权以换取帕尔马。然而，波兰王位继承战争并没有阻止英国对美洲的渗透。西班牙缉私船的行动、宣示主权的行为和商业垄断的愿望最终导致了武装冲突（1739—1748年）。

殖民地争端和奥地利王位继承战争（Guerra de Sucesión Austríaca）使得西班牙和法国签署了《第二个波旁家族协定》（Segundo Pacto de Familia），而帕尔马也落入了法尔内西奥次子的手中。对此的批评也越来越多：

> 如果抹去他妻子
>
> 所留下的那些记忆，
>
> 他或许是西班牙历史上
>
> 伟大的国王；
>
> 但所有这一切
>
> 都被这个野心勃勃的人给毁了，
>
> 其为了邪恶利益
>
> 而展现得无比狡猾
>
> 使王国陷入了
>
> 可怜的贫困状态。

——《费利佩五世去世时诞生的什一税》

(*Décimas que salieron a luz cuando murió Felipe V*)

梅尔乔·德·马卡纳兹（Melchor de Macanaz）认为与法国结盟及在意大利所采取的冒险行为会对西班牙造成有害影响，主张保持中立并与英国保持和平。他认为，这是限制英国在美洲扩张的唯一办法。公众舆论则不看好将西西里王国交给卡洛斯王子，认为这给西班牙王室带来了大量的损失。

《新基本法令》生根发芽

40年的冲突不容忽视。由于受到来自太阳王（Rey Sol）统治下法国思想潮流的推动，王位继承战争（Guerra de Sucesión）加速了西班牙的国家集权化进程，也有助于加强王权的统治。因此，在重新占领巴伦西亚之后，费利佩五世颁布了《新基本法令》(1707年)，取消了巴伦西亚的自治权，并让皇家代表梅尔乔·德·马卡纳兹开始推行财务和行政改革。西班牙创建了最高法院（La Audiencia），目的是推行卡斯蒂利亚的公共法律和民事法律，而卡斯蒂利亚的税收制度则取代了阿拉贡传统的税收制度，尽管阿拉贡国务委员会（Consejo de Aragón）对此表示抗议，但是这个委员会于同年被解散了。

　　这种模式得到了扩展。1711年，阿拉贡取消了本地法律，并被划分为若干地区。每个地区都设立了具有卡斯蒂利亚风格的军事政府和市政府。此外，国王还拥有了任命各城市执政官的权力。1716年，轮到了加泰罗尼亚，但是对于它的改革则更为温和，在法令中保留了民法和当地的惯例做法。虽然政府现在由一名总司令（Capitán general）领导，但司法由法院负责，财务由行政长官负责。因此，卡斯蒂利亚法律取代了本地立法，加泰罗尼亚语从官僚机构中消失了。

　　这些变化并未引起极大反抗，真正引起剧烈反抗的是强制服兵役制度。政府最后不得不停止套用卡斯蒂利亚的征兵制度。在当地所推行的税收改革，除了收取本地原有的税种之外，还增加了一个新的税种：加泰罗尼亚的地籍税（Catastro）以及在巴伦西亚对农村资产、城市资产和个人收入征收的类似税种。

　　　　你激怒猜疑的人民
　　　　是因为你变成了可怕的大臣，
　　　　你希望每个家庭或每一处房屋都因为上涨的税率而支付一

个金币。

——《精灵评论报，1736年》(*Papeles del Duende Crítico*，1736)

通过地籍税，马德里的财政部想要实现更高的效率和社会正义。尽管由于经济和社会原因存在阻力，但是地籍税最终还是被接受了。因为设定了向王室纳税的固定金额（加泰罗尼亚每年缴纳90万镑，而原有税收模式下为3.7万镑），公国在缴纳这个固定金额之后，随着财富的增加还是会不断有盈余。《新基本法令》有助于国家统一，并在西班牙东部各地钉入了两个楔子：一是国王相较于法律的至高无上地位；二是国王征税的自由。

更为复杂的是中央官僚机构的重组。原有的官僚机构过于臃肿，不利于推动波旁王朝的现代化。从哈布斯堡王朝后期开始，反对高级贵族的斗争就一直是国家的重要目标。费利佩五世放弃了国务委员会制度，继续依靠卡洛斯二世时期建立的各种办公室和秘书处。这些机构的负责人类似于部长。他们领导相应的机构，直接与地方官员打交道，只对君主负责。在国王废除了国务委员会制度后，只有卡斯蒂利亚的国务委员会留存下来，但是只承担类似王国内政部（ministerio de Interior）的职能。

第一个创新在1713至1714年出现，当时，奥瑞（Orry）政府迫使哈布斯堡王朝时期所创立的各个国务委员会将所有职权转交给新的战争事务处（secretario de Guerra）、海军和西印度事务处（secretario de Mariana e Indias）、国务事务处（secretario de Estado）和司法事务处（secretario de Justicia）〔1721年新增了财政事务处（secretario de Hacienda）〕。这些机构由西班牙最有能力的一些人物领导，如何塞·德·帕蒂诺（José de Patiño）、卡斯特拉侯爵（marqués de Castelar）、何塞·德·格里马尔多（José de Grimaldo）、拉巴斯侯爵（marqués de Paz）和塞农·德·索莫德维利亚（Zenón de Somodevilla）。虽然这些职位是相互独立的，但是在18世纪上半叶，这些部门之间的必要合作促进了几个事务处的权力集中在一个人身上，如坎皮略（Campillo）领导了三个事务处，而帕蒂诺和恩塞纳达（Ensenada）侯爵则领导了四个事务处。

随着各委员会丧失权力，大大增加了市长（intendente）、各省的代表官员和各省府总督的权力空间。在许多人职业生涯的第一步，就不得不面对哈布斯堡王朝官僚机构和司法机构的种种障碍以及卡斯蒂利亚国务委员会——反对派堡垒的怀疑。当卡斯蒂利亚国务委员会（Consejo de Castilla）质疑费利佩五世复位的合法性时，费利佩五世通过与商业资产阶级和贵族结盟，暂时取消了这个机构。

在军事领域，国家管理结构也受到冲击。在最重要的省份，各地的总司令要筹划国防事务和管理资源。国家的变化使得王国能够获得更大的管理权，但政治权力仍然受制于国王的意志。然而，费利佩五世因为精神错乱，时常无法视事；费尔南多六世因为对国事的漠不关心，总是懒政怠政。于是36个城市各派出两名代表组成了议会（Cortes），但是在整个世纪，议会只举行过三次会议。只有阿尔贝罗尼（Alberoni）红衣主教（1715—1719年）、何塞·德·格里马尔多（1719—1726年）、何塞·德·帕蒂诺（1726—1736年）和恩塞纳达侯爵（marqués de Ensenada；1743—1754）的坚韧不拔和奉公守法才能解释卡洛斯三世登上王位之前的西班牙为什么没有垮掉。

> 我们有一个疯癫的国王，
>
> 一个令人害怕的王后，

一个醉心打猎的王子，

他们三个都对政务一窍不通；

一个悬而未决的国务委员会，

各部部长们，

懦弱胆小；

大公们一点也不伟大：

没有领袖的可怜王国，

你终将毁灭！

船和金币

为了恢复国际威望，军事改革在费利佩五世（1700—1746年）和费尔南多六世（1746—1759年）统治时期占有突出地位。各届内阁确信完全独立面对战争是不可能的，所以他们签署了许多的协议和结成了许多的联盟，但总是无法与法国军队势均力敌。由于战争，国王于1704年提议建立了一支国家常备军队。根据法国军团的模式，每100名居民中就有一名18岁至30岁的士兵被强行招募到军队之中。旧贵族曾利用这种情况占据了军队的各级职位，以获得军事特权。1716年，西班牙政府计划向整个伊比利亚半岛推行常备军方案，但遭到了阿拉贡的反对。考虑到巴斯克地区各省和纳瓦拉的特点——服兵役只是为了防卫海岸和边境，并在听取了阿拉贡地区的意见之后，政府仍然将卡斯蒂利亚人特别是安达卢西亚人和加利西亚人作为服兵役的主力，而分配给富裕地区和东部各地的征兵名额则由当地精英通过招募穷人和乞丐来应付。

将总司令纳入国家的治理结构之后，军队承担起了维护公共秩序的义务。因此，为确保军队在伊比利亚半岛内的快速调动，帕蒂诺推动了骑兵的巨大发展，当时有1400名骑兵，5.9万名步兵。在王位继承战争之后，西班牙要依赖法国的船只来确保与美洲的交通，从而产生了巨大的经济和商业成本。对于一个海洋帝国来说，海军不应该孱弱，否则会造成一场灾难。在关心国事者们的鼓励和法国重商主义经验的激励之下，帕蒂诺从1728年起开始重建海军，因为他确信西班牙的地位在很大程度上取决于与美洲的贸易。因此，海军工业的发展和鼓励出口的政策与西班牙的军事发展和在意大利的军事行动紧密结合在一起。然而，海军实力的恢复需要很长时间才能见效。

1717年，伊比利亚半岛不同王国的海军合并为皇家海军。何塞·德·帕蒂诺被任命为海军后勤部（intendente general de marina）部长和塞维利亚贸易署（Casa de Contratación sevillana）署长，以便对海洋事务进行专门化和专业化的管理。帕蒂诺通过其后勤部及后来的政府，在伊比利亚半岛和西班牙殖民地都启动了造船厂的建设。伊比利亚半岛地区的造船厂主要设立在加的斯、埃尔费罗尔（El Ferrol）、瓜尔尼索（Guarnizo）、帕萨赫斯；西班牙殖民地的造船厂主要设立在哈瓦那、瓜亚基尔（Guayaquil）、马尼拉（Manila）。这些造船厂都是私立的，但是都依赖于国家的合同。西班牙也在埃尔费罗尔建立了兵工厂，在卡塔赫纳和加的斯建立了基地，并加强了工业基础设施的建设：比利牛斯山脉的木材、阿拉贡和加泰罗尼亚的沥青和焦油、加利西亚的绳索、萨达（Sada）和加的斯的蜡烛和索具、潘普洛纳和毕尔巴鄂的冶炼厂以及巴斯克地区的武器都为海军提供了帮助。同时，西班牙也吸收了英国的技术和水手，通过安东尼奥·德·加斯塔涅塔（Antonio de Gaztañeta）的建设，推动了海军工程的发展，并建立了海军护卫舰学院（Academia de Guardamarianas）。

根据帕蒂诺所推行的政策，在国家的生产能力无法提供船只的情况下，可以从荷兰或热那亚购买船只。这极其具有战略意义，将公共利益置于了王朝利益之上。当国家无法兼顾地中海和大西洋之时，帕蒂诺、格里马尔多、拉巴斯侯爵和卡斯特拉侯爵治下的各届政府将航运的复兴与意大利战争结合了起来。这是坎皮略和恩塞纳达侯爵所推行的"波旁改良主义"（reformismo borbónico）的第一次真正尝试，尽管有来自阿尔卑斯山另一侧的威胁，但西班牙还是在不到十年的时间内拥有了40艘船。

随着费尔南多六世和恩塞纳达侯爵推行中立政策，国家获得了足够的收入来重建船队。自1748年开始，伊比利亚半岛每年能够生产六艘船，而哈瓦那能够生产三艘船，以弥补与英国的巨大差距。英国此时有100多艘战舰。军事上的开支和殖民地的防御开支并未阻碍对加的斯、卡塔赫纳、埃尔费罗尔等地造船厂的改善。埃尔费罗尔造船厂有6000名工人，还设有皇家兵工厂。与此同时，西班牙还扩建了哈瓦那的兵工厂，该兵工厂的木材均来自墨西哥湾。在1775年，西班牙已经有了122艘战船；到了18世纪末，大约有200艘战船。这些成就的取得离不开豪尔赫·胡安（Jorge Juan）工程师从英国工厂〔利用《海军技术条约》（Tratado de artesanía naval）〕和安东尼奥·德·乌洛亚（Antonio de Ulloa）从法国工厂刺探而来的情报。

英国对西班牙重整军备深感不安，打算利用西班牙的内部问题来破坏恩塞纳达政府的稳定性并遏制西班牙的崛起。因此，英国不断挑动有关在巴拉圭（Paraguay）政策所引起的纷争，还鼓动西班牙贵族反对税制改革。

　　在经历了17世纪的巨额赤字之后，战争迫使国家重整财政和恢复收入。然而，税收结构和社会结构都没有发生重大变化，税收压力继续使西班牙逐渐变穷，只有来自美洲的收入在1735年至1750年呈上升趋势。

　　为支付军饷和收买法国，奥瑞和各位部长采取了与费利佩三世和费利佩四世时期相同的措施：减少债务利息，鼓励个人捐款，没收教堂的白银，向教会贷款，出售未开垦的荒地……但这些措施没有引起可怕的货币波动。和平使得西班牙能够省去在尼德兰和意大利的军事开支，阿拉贡的地籍税也扩大了国库的收入。但这都如昙花一现，法尔内西奥所发动的战争、帕蒂诺的糟糕管理以及宫廷的挥金如土再次使得国库崩溃。直到1730年，支出几乎没有受到控制，人们对国家奢靡浪费的抱怨却在增加。国家的日薄西山是不可阻挡的，没有任何东西可以阻止国家的破产。降低债务、出售王室在巴伦西亚的资产和暂停支付工资都无法挽救这种颓势。伊图拉尔德（Iturralde）的改革失败了，在1739年发生了不可避免的事情——波旁王朝的第一次违约，这使其国际信誉遭受了严重损失。在支出和债务的双重压力之下，财政部（Secretaría de Hacienda）认为可以对收入征收10%的特别税，并在王国各城市按照比例进行分配，就像阿拉贡各城市之前所做的那样。

　　面对这种繁重的负担，费尔南多六世手下最重要的部长塞农·德·索莫德维利亚，也就是恩塞纳达侯爵对国家机器进行了改革，特别是税收结构方面。由于现有的税收制度不利于社会发展，而宫廷的过度靡费、官僚机构和战争都花费甚剧，1750年参照加泰罗尼亚的地籍税，实施了捐税（censo）。这个税种是对所有西班牙家庭及其农业和商业收入进行的一次性征税，也是西班牙历史上第一次对特权阶层进行征税。面对这种征税威胁，以阿尔瓦公爵为首的大公们，与英国大使密谋将恩塞纳达侯爵搞下台。资产阶级也不欢迎这些改革措施，特别是对包税人制度的废除深感不满。为了避免对国际银行的依赖，恩塞纳达侯爵建议建立一家银行，专门负责公共资金和私人资金的汇兑，同时清理美洲的财政，并利用宗教协议向教会征税。

王权下的神职人员

作为压迫式教育的政治受害者，费利佩五世很少会就西班牙波旁王朝的大政方针征求教会的意见。作为卡洛斯一世、费利佩二世和费利佩三世的继承者，费利佩五世不可能对一个疑似依附于外国势力的教皇国的指手画脚无动于衷。罗马已经成了西班牙推行意大利战略的主要障碍，克莱门特十一世则更是西班牙的眼中钉，因为他在王位继承战争中支持查理大公（archiduque Carlos）。在签署了和平协议之后，伊莎贝拉·德·法尔内西奥的野心也使得教会无法恢复往日的信心，想起西班牙人曾对罗马的劫掠，教皇就不希望与西班牙人走得过近。

为了防止冲突，费利佩五世声称对西班牙所有的教会机构都拥有权力，包括任命教职和收取捐税的权力。在意识形态上依靠梅尔乔·德·马卡纳兹著作的支持，在军事上依靠卡洛斯王子部队的支持，西班牙开始与教皇国在边界上龃龉不断。通过1737年与教廷（Santa Sede）所签署的第一份宗教协议，王权至上——王权高于教会的理论终于占了上风。在毫不顾及伊比利亚半岛神职人员的情况下，克莱门特十二世（Clemente XII）承认了马德里的一些要求：对教会的财产征税，控制自17世纪末以来确立的神职人员数量，任命路易斯·德·波旁（Luis de Borbón）王子为托莱多和塞维利亚两个最富有教区的管理者。最重要的是，国家选择主教的权力扩展到了所有教职人员。对此，王宫忏悔神父拉瓦戈（Rávago）对西班牙与教皇国的协议进行了批评，称其为"对西班牙民族的谋杀"。

当恩塞纳达侯爵加强国家对教会的控制与其改革计划联系在一起时，王权至上论在费尔南多六世时代不断涌起。通过用巨额资金或补偿措施收买红衣主教，并用罗马在西班牙取得的收入作为要挟施加压力，王室要求全面的王权至上（Patronato Real Universal）以及教皇承认其相对教皇管辖权的优先地位。两个要求在西班牙与教皇国的第二个宗教协议（1753）当中都得到了体现，这个协议是本笃十四世（Benedicto XIV）给西班牙君主留下的真正空白支票。从那时起，教会唯一拥有专属权限的领域就剩下了教条、圣礼和礼拜，但也不乏像坎波马内斯（Campomanes）一样的王权至上论者要求对教条的定义进行干涉。

凭借这种力量，费尔南多六世将主教变成了自己的忏悔神父——类似负责宗教事务的部长。从此开始，国王控制了全国的教会。耶稣会对王室宗教事务的垄断（1700—1755年）以及忏悔神父拉瓦戈无耻地拥护王权至上论，助长了世俗神职人员的怨恨和其他教派对耶稣会的反对。而耶稣会的敌人胡安·德·帕拉福克斯（Juan de Palafox）主教宣福企图的失败，使这些反对耶稣会的教派陷入了混乱之中。在恩塞纳达侯爵的支持下，耶稣会士反对与葡萄牙签署的条约（1750年），但是他们保卫巴拉圭皈依基督教印第安人村庄的努力是徒劳的，只是增加了更多的敌人和审查者。

至此，恩塞纳达侯爵和拉瓦戈的垮台使耶稣会士们处于弱势地位，他们的敌人很快就会从中获利。

> 万事万物没有永恒的，
>
> 一切都结束了，
>
> 拉瓦戈在抱怨，
>
> 两条腿都骨折了。
>
> 内部原因的冲突
>
> 导致了这个结果：
>
> 神父们都是罗耀拉的孩子，
>
> 非常悲伤的耶稣会，
>
> 没有方向，没有光明也没有向导，
>
> 你怎么只剩下独自一人了！

奋进的王国

在18世纪，人口数量的恢复是卡洛斯二世统治时期的一件大事。在这一时期，人口数量不断增加，增长了约40%。根据统计数据，在王位继承战争结束时，人口的数量大约为750万，而到了1797年则增加到了1050万。全国84%的人口居住在卡斯蒂利亚王国。西班牙的人口增长得益于安达卢西亚（25%）和加利西亚（20%）的高生育率。在人口增长过程中，边境地区和沿海地区逐渐发挥主导作用，而内陆地区则逊色得多，莱昂的人口密度为16人/平方公里，而埃斯特雷马杜拉的人口密度则为8人/平方公里。1717年至1787年，加泰罗尼亚和巴伦西亚的人口翻了一番。

然而，各地的人口增长并不均衡。在加利西亚，沿海地区的圣地亚

哥、图伊（Tuy）、拉科鲁尼亚、贝坦索斯、蒙朵涅多（Mondoñedo）
的居民数量在短短50年内增加了一倍；加泰罗尼亚，巴塞罗那地
区、马雷斯梅（Maresme）和塔拉戈纳坎波（Campo de Tarragona）
也一直保持着较高的人口增长率，直到这个世纪末爆发危机时才结
束，为工业化发展提供了廉价劳动力；另一方面，由于失去了对美
洲贸易的垄断，塞维利亚衰落了，安达卢西亚东部地区的崛起也未
能抵消这种衰落。由于人口密度过高（100人/平方公里）所引发的
粮食缺乏，许多的加利西亚人（这个世纪下半叶为35万人）和巴斯
克人离开家园，前往美洲、卡斯蒂利亚和安达卢西亚。

　　快乐总是短暂的，从1760年开始，斑疹伤寒、霍乱和天花的流
行摧毁了西班牙繁荣的希望，维持生计成了人们日常生活之中的最
大问题。等待修道院施舍的穷人、乞丐和流浪汉挤满了城市，在马
德里就约有三万人。这些人使王室不得安宁，而1766年的一系列骚
乱更是让国家雪上加霜，王室不得不颁布了恢复人口和推动农业及
工业发展的政策。即使是人口增长最为迅猛的加利西亚在这一时期
也失去了七分之一的居民。吉普斯夸的情况也类似，国民公会战争
（guerra de la Convención）使其也遭受了重大人口损失。只有伊比利
亚半岛东南沿海地区仍保持着较高的人口增长速度，为19世纪的繁
荣奠定了基础。

　　在17世纪的困境之后，西班牙经济缓慢复苏。西班牙各区域之
间的差距仍然很大，全国整体也落后于欧洲的竞争对手。随着人口
的增长，谷物、葡萄酒、油、肉及纺织品的消费量急速上升。然而，
价格的上涨只是使地主群体受益，并未促进农业现代化，也阻碍了
农业的全面发展。由于国内的需求就可以使地主发家致富，所以他
们没有必要再投入资金来改良土地。人民大众不得不将收入主要用

于维持生计，几乎不具备消费工业产品的购买力。只有周边地区如加泰罗尼亚、巴斯克地区、巴伦西亚、加利西亚在农牧业贸易和制造业贸易方面展现出了一些活力，而巴斯克人和加泰罗尼亚人很快主导了从卡洛斯二世统治时期开始的工业和商业复兴。

费利佩五世及其继任者们将国家变为了经济创新的强大工具，但付出的代价是私营企业被取代。这种长期混乱的局面一直持续到20世纪。由法国传入的重商主义原则，促进了工业和贸易的发展，但也掩盖了一些影响西班牙长期发展的问题：国家孱弱，需求不足，统一市场缺乏，各地财富分布不均和资本稀缺。

在宫廷知识分子的支持下，一系列雄心勃勃的农业、商业和道路改革计划推动了1700年至1740年的增长。埃斯基拉切骚乱暴露了这一政策的局限性，总是试图通过发展经济来维护旧的社会秩序。到1790年，皇家的专制主义保证了稳定，但随着新世纪的临近，危机的爆发和财政的破产使旧政权原形毕露。

对《新基本法令》有争议条款政治框架的审查，是向形成国内统一大市场迈出的令人鼓舞的一步。审查包括关闭国内的海关，并将其迁往国家的边界（巴斯克除外，因为1717年的骚乱使得迁移海关无法实现）。1757年法令宣布在西班牙境内，除了某些谷物因供应问题而不得自由流通之外，所有货物都可以自由流通。这推动了国内统一市场的形成。尽管没有废除对西班牙工业造成巨大破坏的消费税和针对购买者的各种垄断税，但费利佩五世还是坚决采取保护主义措施，特别是针对纺织品的保护主义措施。在1718年，西班牙开始禁止从亚洲进口丝绸和棉花，后来又全面禁止进口棉花和亚麻，因为这有助于促进加泰罗尼亚和加利西亚的手工业。

在与外国产品的公开竞争中，波旁王朝的部长们推行自给自足的指导方针，阻止贵金属的外流，以实现国际收支的平衡。这为奢侈品行业带来了曙光，使其能够取代来自法国、德国和英国的商品，并占有美洲的市场：圣巴巴拉（Santa Bárbara）的挂毯工厂、圣伊尔德丰索（San Ildenfonso）的水晶工厂和布恩雷蒂罗（Buen Retiro）的瓷器工厂都见证了这个时期的辉煌。除了这些工厂之外，瓜达拉哈拉、圣费尔南多（San Fernando）和布里韦加（Brihuega）的布料厂，莱昂的纺织厂和塔拉韦拉的丝绸厂；北方的造船厂及其辅助工业列加内斯和拉卡瓦达的高炉、埃吉的冶炼厂、吉普斯夸的军械厂（由海军和军队投资控制），以及塞维利亚由烟草税收垄断推动建立的烟厂也都蓬勃发展起来。为了鼓励生产，国家除了免税之外，还为这些工厂提供最好的原材料，并吸引外国的劳动力和技术。

正如在那不勒斯所做的那样，卡洛斯三世重新对皇家工厂提供了赞助。由于这位国王的支持，瓜达拉哈拉的皇家工厂有所增加，工人数量增加到了2.1万名，成了西班牙最大的工人集中地之一；塔拉韦拉皇家工厂的数量也有所增加，而在阿维拉也建立了许多皇家工厂。然而，全面的平衡也造成了矛盾。由于享有特权，管理这些工厂的官员不能适应自由竞争，给国库造成了损失，也使得那些失去投资机会的企业家感到不满。将其利润与私有化（塔拉韦拉的丝绸厂）或共有时（塞戈维亚）所获得的利润进行比较，管理的糟糕之处就显而易见了。

国家保护主义主要集中在受17世纪危机影响最严重的地区——靠近消费中心的卡斯蒂利亚和安达卢西亚，私营企业则在沿海地区占有优势，主要在巴斯克地区各省、加泰罗尼亚、巴伦西亚、加利西亚等地生根发芽。除了在公共企业或劳动密集型企业（如加泰罗尼亚的纺织厂或坎塔布连的造船厂）之外，在西班牙几乎没有建立工业模式。在卡斯蒂利亚（塞戈维亚、帕伦西亚、托莱多、贝哈尔）和埃斯特雷马杜拉，呢绒行业继续保持优势，因为法国的竞争力较弱，巴伦西亚的丝绸行业实现了复苏，到这个世纪末有超过4000台织机。然而，由于优质原材料的供应困难和受到令人窒息的行会系统的影响，伊比利亚半岛东南沿海地区的丝绸业在与里昂（Lyon）塔夫绸的竞争中败下阵来。炼铁厂的技术瓶颈和经济瓶颈问题仍未得到解决，其市场的改善也只是依赖于关税的保护。在巴斯克地区，尽管农民阶级对面粉有极大需求，但也存在向殖民地出口面粉的可能性，只是许多工厂都是小型的磨坊。

卡洛斯三世登基之时，西班牙的经济政策从保护主义转向了鼓励生产活动自由化，并以此作为促进国家福祉的手段。这一下，私营企业开始崛起，在加利西亚，安东尼奥·拉伊穆恩多·伊巴涅斯（Antonio R.Ibáñez）建立了萨尔加德洛斯综合企业（complejo de Sargadelos），专门制造铁器，然后是武器和陶器，但贵族和神职人员的敌意加之农民阶级的破坏，使这种实验失败了。在安达卢西亚，一些现代化的企业如塞维利亚圣费尔南多皇家公司（Real Compañía de San Fernando de Sevilla）、龙达马口铁厂（Fábrica de hojalata de Ronda）、纳丹·韦瑟雷尔皮革厂（Establecimiento de cueros de Nathan Wetherell），都因为缺乏对投资者的激励措施而无法取得成功，投资者都逃往了乡村以逃避当地的不利环境。

而加泰罗尼亚的情况则完全不同，由于拥有贸易和农业财富所积累的丰富资本，加上其海洋战略地位，这里成为通向地中海和大西洋的跳板。人口的增加提供了适合从事纺织工作的廉价劳动力，而纺织工业迁往农村则使其摆脱了行会的严格束缚。由于撤除了国内的海关和得益于波旁王朝所实施的保护主义，在1730年至1760

年，加泰罗尼亚经历了价格的上涨，吸引了投资者向布料、皮革、纸和金属饰物行业投资。将农业利润投入手工业中，改变了手工业的走向。手工业舍弃了羊毛而选择了棉花，工业家和商人则采取行动保护市场和殖民地原材料。卡洛斯三世对纺织品所实施的进口自由化政策引起加泰罗尼亚制造商的愤怒。就像他们在19世纪所做的那样，加泰罗尼亚制造商施加压力，迫使西班牙禁止从欧洲其他国家进口印花织物、平纹细布和天鹅绒。

从1780年开始，纺纱行业引入英国技术，迈出了机械化的第一步，在加泰罗尼亚雇用了大约10万名工人。当1796年的战争使美洲的市场崩溃时，英国的布料充斥殖民地的市场，加泰罗尼亚商人试图通过集中纺织工艺生产过程（纺纱、编织、冲压）和将机器转移到公国内陆工资更低的地区来降低成本。但是西班牙的纺织工业被赶出了国际市场，他们的推销员只能去寻找伊比利亚半岛的消费者。

波旁王朝的乡村

西班牙及其在经济领域的努力对于18世纪农业的创新毫无用处，技术和产量都没有进步。与前几个世纪一样，产量的增加是通过牺牲加利西亚、巴斯克地区、加泰罗尼亚、东南沿海地区等地的森林、牧场、沼泽和潟湖为代价扩大耕地以及稍稍改善灌溉设施来实现的。虽然玉米、土豆、甜菜和菜豆的种植面积扩大了，但地中海地区的三种作物正在占据农业的主流。加泰罗尼亚、拉里奥哈、巴斯克地区、杜罗河的葡萄园迅速发展……巴伦西亚的橙树种植也在扩大；另一方面，加利西亚的亚麻、安达卢西亚的大麻和棉花以及格拉纳达、马拉加的甘蔗等作物的种植面积却在下降，这是沿海地区出口农业专业化的结果。

根据农业社会的特有标准，人口增长仍然与农业的增长有关。直到1735年，收成的提高与人口的增长仍然同步，这实现了物价稳定和工商业的福利。然而，从那时起，情况开始变得更糟了，人口压力加剧了工资的下降和基本必需品价格的上涨。这使得处于生计危机的社会基础遭到了破坏。1753年的旱灾打开了潘多拉的盒子：农业产量下降了，而对土地的争夺导致了地租的上涨，物价的飙升引发了工人阶级的动乱。面对如此严峻的局面，宫廷知识分子提出了第一批真正的土地改革措施，但由于传统势力的阻挠，这些改革措施最终失败了。其失败的部分原因是触及了土地所有者的利益，他们反对土地及利益分配的任何变化。

18世纪西班牙农村的最大问题在于贵族所积累的大量财产和永久经营权（manos muertas），他们被指责为农业僵化的罪魁祸首，因为其疏于管理，阻止了任何对农业的投资或改善。最糟糕的是，由于公社土地和费利佩五世自有的土地被大量出售，西班牙的大公和公职人员们又觊觎这些土地，使得大地产制不断发展。缺乏统一市场的刺激，各地区仍然存在着巨大的差异，价格严重扭曲，而物资供应也极其不充足。

在加利西亚，人口的良好增长态势和可耕种土地的空间限制使传统的小型农场效率低下。1753年，大多数农民土地所有者所拥有的土地面积几乎都不超过三分之一公顷。不断使用豆类、畜粪和海藻施肥，不仅减少了休耕时间，也使玉米、菜豆、土豆的产量得到了提高，松树的栽种面积也得到了扩大。

但人口的出生率过高阻碍了生活条件的改善，高出生率是19世纪加利西亚这幕乡村大戏的主角之一。人口过多使得许多加利西亚人迁移到西班牙其他地区或前往美洲，或是为了生存而从事畜牧业或海洋渔业。

在缺乏土地的情况下，特许权所有人所垄断的教会土地的价值就一路飙升。承租人知道如何随行就市提高这些土地的转租价格，但这损害了贫困农民的利益。鉴于1724年爆发的重大社会暴力事件，王室确信需要缓和社会矛盾。但是1763年颁布的敕书（Pragmáticas），使得特许权所有人对这些土地的契约永久化了，这损害了宗教机构的利益。这项措施使加利西亚的小贵族和农业资产阶级受益，他们通过掠夺公社财产来增加自己的财富。他们还想在19世纪出售公社财产的过程中，占有公社的全部财产。在这些人当中诞生了加利西亚的地方政治首领，一直到20世纪他们都是加利西亚政治的控制者。在巴斯克地区，情况也不容乐观，这个地区脆弱的农业平衡受到人口高生育率和债务不断增加的威胁，债务使得许多土地承租人沦为了"管家"（caseros）。

卡斯蒂利亚的境遇也不佳。作为伊比利亚半岛的粮仓，这里的农民在17世纪就已经"无产阶级化"，粮食贸易的困难、物价的变化和地租的上涨使得许多土地转向了自给自足经济和畜牧业，增加收成的努力注定要失败。由于许多新开垦土地十分贫瘠，因产量过低而很快就被遗弃，加上放牧区自有土地的限制，扩大土地耕种面积很难取得成功。大规模的土地开垦只是在这个世纪下半叶的埃斯特雷马杜拉和莫雷纳山脉地区奏效。这些土地开垦由卡洛斯三世派出的代表专门领导。因为无法提供所需的大量肥料，气候条件也十分极端，即使在增加灌溉的情况下，终结轮作和休耕制度也是不可能的。

种植新的作物——纺织原料作物、橄榄、水果以及农业专业化也没有为卡斯蒂利亚的乡村带来新气象。加泰罗尼亚人胡安·巴布罗·卡纳尔斯（Juan Pablo Canals）在巴利亚多利德周边推广的试验失败了。他的想法主要是种植巴塞罗那纺织工业所需的作物以及改良橄榄和葡萄。试验的失败显示了工业落后、运输成本高和缺乏灵活的市场对高原农业所造成的障碍。尽管葡萄的产量很高，但是并没有对葡萄的持续需求市场，其主要出路是销往巴塞罗那或出口到殖民地，但是城市的混乱使得葡萄产品在卡斯蒂利亚的销量折戟沉沙。

另一方面，梅塞塔高原的财产结构并不适合经济发展。贵族和教会肆无忌惮囤积的收入用于购买奢侈品和从事放贷，而不是用于投资。只有受马德里消费刺激的拉曼却省和与通往美洲的坎塔布连门户相连的布尔戈斯–帕伦西亚省北部才保持了一定程度的繁荣。更往南的埃斯特雷马杜拉因为地主的逃离也陷入了极端贫困。畜牧业生产主要针对向英国的羊毛出口，取代了农业的主要地位。但这使得自1760年以来遭受粮食短缺严重影响的区域更加雪上加霜。正是在这个时刻，缺粮的警报响起了，埃斯特雷马杜拉的土地成为实施开明土地改革政策的肥沃土壤。

安达卢西亚沦为了西班牙社会经济问题最严重的地区。根据地籍统计数据，这个地区拥有伊比利亚半岛耕种面积最大和最有利可图的土地，其土地与科尔多瓦、奥苏纳和塞维利亚的土地一样肥沃。卡斯蒂利亚地区超过四分之一的农业收入来自安达卢西亚的乡村。然而，不平等的财产分配——0.2%的人口占有了该地区44%的产品，造成了沉重的负担。许多百姓衣衫褴褛，生活条件恶劣，他们以为梅迪纳塞利、奥苏纳和阿尔科斯（Arcos）的大型庄园工作为生。谷物仍然是安达卢西亚的主要农产品（占85%），其次是橄榄（10%）

和葡萄（3.3%）；甘蔗种植业无法抵挡来自古巴和墨西哥的竞争。尽管如此，安达卢西亚的农业仍然受益于1760年至1810年的温和价格上涨，格拉纳达的果园和马拉加的海岸则受到了资本主义模式革新的影响。王室对这种革新也十分关注，费尔南多六世和卡洛斯三世所授予的马拉加海军垄断供应权，促进了亚麻和大麻在瓜迪克斯、巴萨和格拉纳达平原的种植。

地中海沿岸地区的情形则要好得多，巴伦西亚发生了转变。在不到一个世纪的时间里，人口翻了一番，农业面临着严峻挑战，需要养活更多的人口。随着沿海沼泽的水排干，耕种面积不断增加，在新增加的耕种土地上，主要的作物是水稻，阿利坎特和穆尔西亚的水浇地以城市市场作为农产品销售对象。在巴伦西亚南部，有一万公顷的土地可用于耕种，但是缺乏有效的肥料阻碍了产量的提高，这使土地所有者将谷物种植改为商品农业种植。作为生产丝绸的基础，桑树伴随着当地工业发展的步伐，在1740年至1780年沿着雷克纳（Requena）、从巴伦西亚到哈蒂瓦的道路、首府到萨贡托、甘迪亚的海岸以及卡斯特利翁平原扩大了种植面积。由于皇家海军消费的推动，大麻种植占据了卡斯特利翁平原；出口用于制造肥皂的含碱植物灰，则占据了埃尔切的大片土地；水稻占据了胡卡尔河（Júcar）沿岸、库勒拉（Cullera）、苏埃卡（Sueca）、哈蒂瓦和阿尔西拉（Alcira）的土地。随着费利佩五世和卡洛斯四世出售田产，大地主扩大了自己的农场。但很快，中产阶级和城市资产阶级也将他们的资本投入了土地，想通过农业贸易牟利。

加泰罗尼亚成为领头羊。在经济繁荣的大环境之下，加泰罗尼亚的农业得益于长期租赁协议而迅速发展，远远超过了西班牙其他地区。长期租赁协议能够鼓励农民投资改善土地。随着灌溉和农业技术的现代化、肥料的使用、轮耕制度的推行以及农业的专业化，加泰罗尼亚内陆地区的耕种面积不断扩大。葡萄园在玛塔罗（Mataró）、塔拉戈纳和佩内德斯（Penedés）迅速扩大，并发展了乡村的葡萄酒和烈性酒工业，积累了大量的资本。然后是托尔托萨和安普尔丹的水稻。而栓皮槠、含碱植物灰、大麻和扁杏树则遍布埃布罗河三角洲，各条河流流域和阿拉贡周边地区。这要归功于康达市（Ciudad Condal）资产阶级的贷款。康达市既是消费市场，也是王国的领头羊。尽管生计危机的幽灵并没有消失，但是粮食短缺得到了来自北美、西西里和非洲谷物的补偿，而中等贵族和城市资产阶级则以新的开发农村土地的方式使自己发家致富。

失败者

农业活动是西班牙在18世纪的主要关注点：嗷嗷待哺的人太多，而农业的落后却不能满足这种需要。从这个角度来看，灌溉是农村思想启蒙者最重要的任务。1765年宫廷颁布的敕书旨在通过粮食贸易自由化促进改革，失败之后，在西班牙这样一个极端气候和干旱占主导地位的国家，灌溉渠道成了农业革命的手段。

费尔南多六世在颁布的《市长法令》（*Ordenanza de Intendentes Corregidores*）中，要求各位市长制定有关土地和河流治理的报告。卡洛斯三世依靠各市政府、经济协会（Sociedades Económicas）和国家贸易委员会（la Junta General de Comercio）的协助，在《土地法调查》中收集了足够的数据，第一次全面了解了西班牙农业的状况。霍维利亚诺斯（Jovellanos）制定了《土地法报告》（*Informe sobre la ley agraria*）。在国王的推动下，在埃布罗河修建了阿拉贡帝国运河

（Canal Imperial de Aragón）和陶斯特运河（Canal de Tauste），在梅萨洛查（Mezalocha）、林孔德索托（Rincón del Soto）、图德拉的麦哈纳（Mejana de Tudela）等地修建了水坝和沟渠。兴修这些水利设施扩大了耕地面积，仅因为帝国运河（Canal Imperial）的开凿，就增加了超过三万公顷的耕地。这些水利设施不仅浇灌了拉里奥哈的谷物和葡萄园，也滋润了从图德拉到萨拉戈萨的橄榄树以及从韦斯卡到达洛卡和从洛格罗尼奥到莱里达的水果树。此外，当地人还种植了更多的玉米、土豆、甜菜和苜蓿。

加泰罗尼亚也有大量使用水利设施的传统，大城市对食物的需求使得拥有灌溉条件的土地更具有吸引力。建设略夫雷加特（Llobregat）河的水坝，巴塞罗那、玛塔罗、鲁维（Rubí）、蒙卡达和马尔托雷尔的沟渠网络以及曼雷萨运河（Cacal de Manresa）并不需要新的公共投资，只要疏浚巴列斯（Vallés）河、马雷斯梅河旧有的沟渠以及利用特尔（Ter）河已有的堤坝即可。与在巴伦西亚的情况一样，河流三角洲以及排干水的沼泽地区（下安普尔丹）为加泰罗尼亚提供了农业用地。

在18世纪的东南沿海地区，随着商业化农业的发展，对灌溉设施的需求量日益增加，但由于哈布斯堡王朝之前所做出的贡献，修建水利设施所需要的工作量很少。在这一时期，人们主要修建了莫根特（Mogente）水库和提比（Tibi）水库，延长了胡卡尔皇家水渠和卡斯特利翁皇家水渠。安达卢西亚和穆尔西亚也是如此，这个世纪曾暴发了两场毁灭性的洪水，而持续性的干旱在这个世纪的最后20多年里长期肆虐。面对自然灾害的威胁，兴修水利的努力不得不成倍增加，在建筑师胡安·德·比亚努埃瓦（Juan de Villanueva）的主持之下，新的沟渠从塞古拉河上游连接到了蒙特阿古多（Monteagudo），并新建了普恩特斯（Puentes）水库和沃尔德因菲诺（Valdeinferno）水库。得益于穆尔西亚运河的灌溉，韦斯卡尔（Huéscar）、洛尔卡（Campo de Lorca）、托塔纳（Totana）、穆尔西亚等地的果园面积扩大了一万多公顷。

在塔霍河流域，埃纳雷斯（Henares）运河项目和瓜达拉马运河项目最终只是一纸空谈，而曼萨纳雷斯（Manzanares）运河和加拉玛（Jarama）沟渠几乎未能缓解任何土地的旱情。王室不顾西班牙的现实，将圣伊德方索（San Ildefonso）农场和阿兰胡埃斯皇家庄园变成了卡斯蒂利亚中心地带的两个花园，把大量水资源和钱财都浪费在了池塘、喷泉和花园当中。由于未能打破单一谷物栽培的传统，杜罗河的水力资源仍未得到充分利用。雄心勃勃而不切实际的卡斯蒂利亚运河计划，旨在改善伊比利亚半岛内陆和海岸之间的交通，但是面对技术和财务困难，其建设规模最后不得不大打折扣。在巴斯克地区，众多的水利企业甚至都不关心农业现代化，他们建造了许多水库和沟渠，只是为了保护工程师佩德罗·贝纳尔多·比拉尔莱阿尔·德·拜利兹（Pedro Bernardo Villarreal de Bérriz）所设计的磨坊和钢铁工业。

与欧洲一样，公共资本和私人资本都注意到了水资源的好处。穆尔西亚运河、曼萨纳雷斯运河和阿拉贡帝国运河因为高额回报吸引了众多资本，但其中许多公司的破产迫使国家接手了债务，进一步加剧了国库的压力。

虽然几乎总是停留在理论层面，但18世纪的知识分子研究了阻碍农业发展的问题，并提出了不同的解决方案。受到自由主义精神影响的这些知识分子们，公开批评未开垦土地和公社土地的数量过多，并建议将其出售或转让给能开垦这些土地的人。因此，对市政财产的攻击找到了一个坚实的论据：在所谓平衡农业、提供就业或偿还债务的社会需要借口之下，个人对公共土地的占用被掩盖了。然而，现实显示了其他方面的困难；穷人失去了公社土地所提供的基本谋生手段，并受到频繁生计危机的蹂躏。

奥拉维德（Olavide）、坎波马内斯和弗洛里达布兰卡（Floridablanca），这些卡洛斯统治时期的思想启蒙者也找到了抱怨的理由。经济协会与他们一起批评贵族和教会占有的财产过多，并指责牧主公会（Mesta）的特权。坎波马内斯所颁布的《出售教会财产的特许权协定》（*Tratado de la regalía de amortizació*n）是最有创新性的措施，将国家的进步与农民获得土地所有权和教会出售财产联系起来。1765年，这个改革措施在土地改革史上留下了浓墨重彩的一笔。早在这项改变神职人员财产走向的改革之前，饥饿和民众骚乱就迫使卡洛斯三世的朝臣们为落后的农村寻找出路。在坎波马内斯思想的代言人弗洛里达布兰卡的推动之下，埃斯特雷马杜拉的农民对公社土地进行了分配。这是一项创新计划，迫使土地所有者以低价出租他们的部分牧场，但土地分配并没有掩盖这项提案的政治意图：获得农民阶级的广泛支持，使其远离社会运动，避免其威胁稳定。

弗洛里达布兰卡的计划在巴达霍斯取得了成功，后来扩展到安达卢西亚和拉曼却。由于他的大力推动，成百上千的短工和小农获得了土地和国家的经济援助，用于购买工具、栅栏和房屋。为了合理安排农民的投入，政府在对村庄附近的农场进行分配的同时，将最远的农场出售给那些能够对其进行开发的人，又将出售土地所筹集的资金用于公共工程和慈善事业。

梅塞塔高原因1760年以来牧场破坏所导致的食品价格上涨而深受其害，但是这场改革加速了其复苏，也促进了财政平衡，并为西班牙其他地区的农业结构现代化开辟了道路。与过去一样，特权阶层的阴谋会扼杀这种可能性，当地寡头集团利用国家将项目的控制权放在手中的机会夺取最好的土地。

变革的伟大建筑师是巴勃罗·德·奥拉维德（Pablo de Olavide），这位安达卢西亚的领导者，不辞辛劳，全身心致力于西班牙南部的经济增长。他试图改变莫雷纳山脉地区人口稀少的问题。向这些土地移民是18世纪农业政策中最重要的功绩之一，这也是埃斯特雷马杜拉改革冻结和国际形势所带来的直接结果。当时的国际形势，推迟了西班牙人向加利福尼亚和墨西哥北部移民。为增加经拉曼却、哈恩和塞维利亚连接卡斯蒂利亚和安达卢西亚之间道路周围的人口，在三个新首府——拉卡洛利纳（La Carolina）、拉卡洛塔（La Carolota）和拉卢伊西亚纳（La Luisiana）周围的大约30个城镇和村庄迁入了6000名巴伐利亚、佛兰德斯和西班牙的定居者。每个迁入的农民可以十年免交征税、租金和什一税，并获得50法内加①（fanegas）的土地，同时国家通过宣布自己是教会的庇护人来打击大地产，并禁止将财产转换为永久占有的财产。

奥拉维德的胜利掩盖了移民的艰辛，他们不习惯安达卢西亚气候的严酷以及伴随着他们的德国嘉布遣会修士（capuchinos alemanes）的坏脾气。1775年，当人口实现了有效增长之时，奥拉维德在宗教裁判所法庭上被指控为犯有不敬神、怀有所谓异端邪说等罪行。在教廷监狱服刑两年后，尽管这让半个欧洲都感到愤怒，但是对奥拉维德的指控以其在修道院服刑八年而告终。没有服完刑之前，他就逃往了法国避难。而他的事业和所有对农业启蒙的努力

---

① 地积单位，约合6.4平方公里。——译者注

最终都无人问津，并被南方的农民所遗弃。

霍维利亚诺斯背离了坎波马内斯和奥拉维德的国有化理想，在《土地法报告》(*Informe sobre la ley agraria*) 中，将私有财产和个人利益的价值神圣化，这也表明了这个世纪思想的变化。

霍维利亚诺斯将自由买卖作为获得土地所有权的唯一途径。在18世纪的改革之光和19世纪的自由主义之间，该报告倾向于公开拍卖公社的公共农业财产，这当然有利于当地的资产阶级和贵族。这种理论在19世纪达到了顶峰，但是，当卡洛斯四世统治时期的财政状况陷入困境，而推动了对市政财产、被驱逐耶稣会士财产和教会慈善机构财产的出售之时，这种理论就偃旗息鼓了。1807年，从教皇手中夺走了世俗神职人员和常规神职人员土地的七分之一，这是首次为了国家的利益而出售教会财产，并会用后续的年度收入对教会进行补偿。一个历史悖论便是：旧政权开启了出售教会财产的时代；自由主义者在19世纪争取新秩序的斗争中所使用的武器，此时却成了卡洛斯四世捍卫传统社会的工具。

好公司

早在17世纪，那些关心国家大事的人就对王国的弊端发出过警告。与殖民地贸易的枯竭以及本国工业和海军对欧洲其他国家的严重依赖昭示了西班牙的前景黯淡。卡洛斯二世和他的大臣们想要努力革除弊端，但国家沉疴未愈，痼疾犹存。与前一个世纪一样，国际收支在18世纪初又出现了严重的失衡，但所颁布的法律措施未能阻止国家的失血：正如乌斯塔里斯（Ustáriz）所说"敕书和刑法并不能阻止黄金和白银的流出"。

在经济学家看来，这种国际收支不平衡不仅因为缺乏具有市场竞争力的工业，很多阻碍因素也妨碍了振兴商业部门的尝试。人们对此的抱怨主要集中在灾难性的关税管理、不公平和倒退性的间接税、道路的缺乏、不安全的海上交通、不同的货币本位制〔用了150年的时间才实现了单一货币制（1710—1715年）〕以及全面的国家干预等。而耶罗尼莫·德·乌斯塔里斯（Gerónimo de Ustáriz）在对西班牙经济发展进行反思之后，认为贸易是首要因素：不控制需求，工业革新就是不可能的。作为自由竞争的坚定捍卫者，他推崇一种不顾政治和道德理论的商业理念，认为国家作为进步的推动者，其任务是消除改革的障碍，只有囊括整个王国的市场（目前尚不包括巴斯克和纳瓦拉省）才能推动期待已久的复苏。他还提出，为了保护西班牙的制造业，政府应该对进口商品征收重税并促进国内商品的自由销售，与此同时，还应该向基础设施投资，降低运输成本并加强海军力量，因为海军是保护商船免受海盗袭击的重要保障。在拥有良好重商主义传统的纳瓦拉，政府机构也有必要禁止进口奢侈品，以避免其与西班牙东南沿海地区的制造业进行竞争，并且应该请求教皇减少斋戒的天数，因为这期间全国因禁食肉制品而造成咸鱼和鲜鱼消费的上升会花掉大量外汇。

自这个世纪中叶以来，这位北方经济学家的著作得到了广泛的传播，他的许多建议都在费尔南多六世和卡洛斯三世时期得到了实现。1761年，埃斯基拉切侯爵颁布了第一个道路修筑方案，要将首都与安达卢西亚、加泰罗尼亚、巴伦西亚和加利西亚连接起来。这些道路规划能够付诸实践，连接各个地区并推动西班牙统一大市场的形成。但是由于其过于高昂的成本和马德里民众的起义，启蒙者们的这个梦想最终落空。霍维利亚诺斯为西班牙的发展而呼吁推动

"交通和光明"，新的道路使运输更便宜。但是，最终只有瓜达拉马、雷诺萨（Reinosa）、奥尔杜尼亚（Orduña）等地的道路得到修建。正因如此，毕尔巴鄂和桑坦德都成为卡斯蒂利亚商品的重要出口地，而作为对国家慷慨修建道路的回应，毕尔巴鄂的资产阶级出钱修筑了连接比斯开地区与梅塞塔高原的道路。

加泰罗尼亚是伊比利亚半岛贸易的主要受益者，因为它以农产品和纺织品征服了市场，使所有其他竞争者的商品都黯然失色。由于拥有强大的工业和海军，1796年战争的挫折并没有阻止加泰罗尼亚融入西班牙经济（用布料交换小麦），就像40年前与加的斯的紧密联系能使其分享殖民地市场一样。尽管西班牙的贸易垄断受到英国、法国和荷兰对塞维利亚、加勒比海、太平洋三角贸易以及殖民地之间贸易的挑战，但是正是由于有了加泰罗尼亚，西班牙才实现了与欧洲其他国家的贸易平衡。

王位继承战争使大部分商业交易落到了法国手里，英国通过《乌得勒支条约》（*Tratado del Utrecht*）获得了南海公司进行交易的许可。然而，随着和平的到来，西班牙采取了新手段恢复美洲的秩序。加勒比海舰队和海岸警卫队的船只打击了大西洋的走私活动；官员们监督欧洲商人的行动，并将塞维利亚贸易署搬迁到了加的斯，以打破过去在贸易中存在的腐败行为。在詹金斯之耳战争（guerra de Jenkins，1739—1748年）期间，因为原有舰队实力下降，西班牙不得不选择使用速度更快的战舰来对抗英国敌人。

作为对耶罗尼莫·德·乌斯塔里斯追随者们的回应，西班牙开始仿效荷兰、法国和英国，支持商业公司的建立，并赋予其许多特权。在加拉加斯皇家吉普斯夸公司（Real Compañía Guipuzcoana de Caracas，1728年）建立之后，托莱多、格拉纳达、圣费尔南多德塞维利亚、埃斯特雷马杜拉、巴塞罗那和哈瓦那相继成立了商业公司。而巴塞罗那商业公司于1755年被授权与圣多明各（Santo Domingo）、波多黎各、玛格丽塔进行贸易。彭那弗洛里达伯爵（conde de Peñaflorida）组织一群巴斯克贵族投入资本成立了吉普斯夸公司。这家公司的股东还包括希望为北方繁荣做出贡献的王室。

吉普斯夸公司与政府的良好关系保证了其对可可贸易和委内瑞拉进口商品的垄断，在荷兰商品被赶出委内瑞拉市场之后，吉普斯夸公司输入了烟草、木蓝和棉花。因此，这是美洲贸易自由化政策在塞维利亚和加的斯范围之外的第一个例子。到这个世纪中叶，情况开始变得糟糕起来。吉普斯夸公司不仅受到海盗、走私、外国竞争的影响，还遭到对原材料价格低廉感到不满的加拉加斯克里奥尔人的反抗，不得不与其他特许权公司一起呼吁改革商业环境。

在何塞·德尔·坎皮略（José de Campillo）的理论研究中出现了革新的想法，建议更好地利用美洲的资源和市场，解除加的斯的垄断，向西班牙的所有资本开放殖民地和西班牙之间的海上交通。在卡洛斯三世统治时期，政府通过一项法令规定加勒比海岛屿可以与八个西班牙港口实现交通自由（巴斯克人由于其特殊的税收制度而被排除在外），后来这项许可扩展到了所有殖民地。但是在这项法令当中，委内瑞拉和墨西哥被排除在外。前者是因为已经被专门授予吉普斯夸公司经营，后者是因为担心其强大的工艺会使加泰罗尼亚人的类似行业陷入瘫痪。加泰罗尼亚人甚至举行抗议活动，要求拆除其在殖民地竞争对手的作坊。

自由贸易和保护主义增加了西班牙的出口，特别是加的斯和巴塞罗那的出口，而加利西亚则没有跟上步伐。曾有一半的加利西亚亚麻都经过拉科鲁尼亚到哈瓦那再到蒙得维的亚（Montevideo）的线路出口，但是到这个时候，这条线路却衰落了。拉科鲁尼亚的资产阶级别无选择，只能成为欧洲同行的中间人，并在1796年战争之后将其资本转移到了农村。船队、注册船舶和贸易公司的协调行动以及随后的自由使贸易重新焕发活力。从1748到1778年，西班牙、墨西哥和古巴实现了贸易顺差，到18世纪末，与英国的冲突改变了局势。尽管巴塞罗那和加的斯资产阶级反对，但是由于海军在圣维森特角（Cabo de San Vicente）遭到打击以及英国海军封锁了加的斯，马德里不得不允许中立国家向美洲供应商品。古巴接近美国。最后，特拉法加（Trafalgar）海战（1805年）使得保持大西洋海路畅通成为一件完全不可能的事情，而独立战争（Guerra de Independencia）则结束了宗主国对殖民地的控制。

埃斯基拉切的整合

在颇不太平的18世纪上半叶，一股继承自启蒙运动的政治思想潮流充斥着欧洲大陆。"开明的专制主义"（Despotismo ilustrado）渗透到内阁和君主周围的社会各个领域，人们梦想着改革能够取得圆满成功，进而改变世界。一个新时代需要建立在福利、繁荣和幸福的基础之上，但是对于那些缺乏适当政府和现代教育的人民来说，这些基础是无法建立的。

西班牙不仅因循守旧，而且备受经济落后的折磨，其本就应该是第一个选择变革的国家。因此，在王室多年的碌碌无为之后，卡洛斯三世的到来使人们充满期待。一方面，最有文化和最活跃的阶级相信这位英主能让王国摆脱无知，成为打破阻碍"现代化"实现障碍的斗牛场。另一方面，保守势力并没有放松警惕，时刻关注着局势走向。宗教裁判所毫无忌惮地攻击改革，并用马卡纳兹（Macanaz）、奥拉维德、诺曼特（Normante）、卡布鲁斯（Cabarrús）、霍维利亚诺斯等的学说来堵改革领导者的嘴。不过，当旧的意识形态和政治控制手段难以奏效时，还有最后的手段：鼓动民众造反。

启蒙思想的支持者们相信，他们能够得到君主的支持，改革就会向前发展，而他们会让君主看到国家变革带来的好处：土地改革带来社会的稳定、更多的财富和更高的税收；而对于王权来说，改革会消弭反对者带来的危险。作为"钢铁外科医生"（Cirujano de hierro）——普里莫（Primo）的先行者，佩雷斯·瓦利安特（Pérez Valiente）、玛亚安斯（Mayans）、福纳（Forner）、弗洛里达布兰卡、坎波马内斯等认为王权是最有力的武器，能够废除那些阻碍发展的法律和特权。然而，他们从未想过自己所捍卫的专制主义最终会阻碍进步。

因此，这些知识分子群体付出了巨大努力，宣扬变革的好处，消除传统秩序的价值观念，让人们相信可以通过革故实现鼎新。与此同时，在王权至上主义背后也巧妙地隐藏着反教权的意图。最重要的是，行政改造方案预示着民族国家曙光的到来。

在"爱国主义"（Patriotismo）、"民族主义"（Nacionalismo）等术语滥觞的时代，追求"一致性"（Uniformidad）会导致"国家的同质性"（Homogeneidad nacional）。在法律层面，启蒙思想的支持者们主张统一的法律体系。在行政方面，莱昂·德·阿罗亚尔（León de Arroyal）、甘达拉（Gándara）和福隆达（Foronda）根据各省实际情况提出了一个新的领土划分方案。虽然卡斯蒂利亚语作为行政语言已经在全国范围内传播，但国家的统一意志更多地体现在实施单一税率、开展基于相同课程的全国教育、取消免服兵役权等方面。

1760年，沉溺于狩猎而荒于政务的卡洛斯三世在近臣的帮助之下开始推行这些革新措施。国家的改革举措进展顺利，但并没有产生彻底性的改变，因为王国只是将改革作为巩固霸权的工具。有了这种霸权，才能推行使西班牙成为一流强国的对外政策。从长远来看，战争将阻断改革之路。在国外维持战争需要在国内实现和平，因此，必须放弃对已有社会框架的变革，并承认教会和贵族的特权，放弃恩塞纳达侯爵的税收改革。

随着第一朝臣——里卡多·沃尔（Ricardo Wall）的失势，一位独特的人物埃斯基拉切（Marqués de Esquilache）侯爵主导了卡洛斯统治初期的朝政。由于埃斯基拉切是意大利人，所以其入主中枢备受非议。他是坎波马内斯所设计改革方案的主要推动者，主张在全国恢复领主采邑以恢复王国的福祉，并提出实施谷物自由贸易和初步研究出售教会的财产。这些措施使特权阶层感到震惊，他们准备利用民众的仇外心理采取行动。这种仇外心理源自那不勒斯籍诸位部长的胡作非为以及七年战争（Guerra de los Siete Años）所造成的物价上涨和税收混乱。为改善国家和人民之间的关系，1766年，西班牙推出了一项法令，但随着皇家卫队与平民百姓的对抗，最终引发了动乱。

国王面对民众，最终屈服了，放逐了埃斯基拉切，更由于受到坎波马内斯所采取极端主义和因《宗教协定》（Concordato）而遭受损失的刺激以及贵族和教会的背地操纵，旨在反对改革政府的民众爆发了起义。

改革派第一次因重重困难而遭遇失败。一群既是贵族又完全支持专制主义的大学毕业生——罗达（Roda）、弗洛里达布兰卡、阿兰达（Aranda）和加尔维斯（Gálvez）出来收拾局面了。军队进驻马德里之后，逮捕了一些流浪汉和嫌疑人，关闭了收容所，并组建了一个调查委员会以揪出骚乱的煽动者。卡洛斯三世拒绝承认抗议的合法性，也不承认特权阶层通过武力夺取的特权。他借此方式迫使特权阶层意识到王权的至高无上。他通过民主选举方式，确定了两名负责供给的官员，并以此改组了市政当局。最重要的是，他为扩大王权对教会的统治权力找到了一个强有力的借口。

在批评神职人员数量过多时，坎波马内斯指责说，神职人员拥有豁免权是不合理的，违背了国家的最高权威。他还说，神职人员的这种特权是启蒙时代（Siglo de las Luces）的宗教蒙昧主义。其采取的教会政策涉及废除宗教寓言短剧、宗教舞蹈和公众祈祷。因此，从1762年开始，对西班牙教会的国有化政策要求，在西班牙公布教廷的文件必须得到王室的许可。在卡洛斯四世统治时期，西班牙继续对教会采取干涉态度，使神职人员臣服于国王及其宗教和司法部部长——霍维利亚诺斯、乌尔基霍（Urquijo）。西班牙只是让主教们负责处理婚姻纠纷。1798年，发生了对教会财产的劫掠。与此同时，受俸神父胡安·安东尼奥·洛伦特（Juan Antonio Llorente）攻击宗教教团、宗教裁判所和教皇国。

毫无疑问，驱逐耶稣会标志着这种趋势达到了高峰。对埃斯基拉切骚乱的调查将骚乱的责任归咎于耶稣会士，并加重了政府对耶稣会的怀疑——他们拥有大量的财富，掌控着教育，并在巴拉圭捍卫归化区（reducciones），而国王则认为耶稣会忠诚于罗马是对国家的不忠。随着神职人员的屈服和耶稣会相继逃离葡萄牙和法国，罗耀拉（Loyola）的子孙们于1767年离开了西班牙和拉美殖民地。对于那些想要煽动群众反对政府的人来说，这是一个很好的警告。与其他君主一样，卡洛斯三世向克莱门特十四世（Clemente XIV）施加压力，何塞·莫尼诺（José de Moñino）大使以及奥古斯丁会和多明我会高层也推波助澜，因此在1773年，耶稣会最终被废除。

1766年的社会危机表明，民众对变革的抵制过于激烈，埃斯基拉切的垮台就是国内政治转变的前兆。新的政治强人——阿兰达伯爵（conde de Aranda）想要在贵族的因循守旧和国王的期许之间寻求妥协，但很快意识形态的冲突、庇护主义和宫廷中阿拉贡派和官僚派之间的斗争就使其下了台，被改派到驻巴黎大使馆任职。他的对手格里马尔迪（Grimaldi）就是改革派和特权人士之间斗争的一个缓冲者。1775年，阿拉贡派毫不犹豫地操纵阿斯图里亚斯王子——未来的卡洛斯四世并利用奥雷利（O'Reilly）将军在阿尔及尔的失败对格里马尔迪（Grimaldi）进行了更换。

当国王忙于打猎之时，弗洛里达布兰卡所领导的温和政府开始加强西班牙的海军实力和军事力量，推动财政现代化和推行激进的对外政策。弗洛里达布兰卡的支持者包括坎普阿莱格里伯爵（Conde Campo-Alegre）、何塞·加尔维斯（José Gálvez）、何塞·巴尔德斯（José Valdés）、莱雷纳（Lerena）和波利尔（Porlier）。卡洛斯三世统治时期，专制主义大行其道，不断加强君主专权和中央集权。在1760年的议会会议上，前阿拉贡联合国的代表对《新基本法令》的所谓失败进行了批评，但是对这些批评无人理睬。马德里可以依靠加泰罗尼亚经济集团的利益来推动对全国的集权，对反对的声音充耳不闻。同样，当波旁王朝对地方保留特权表示反对之时，巴斯克地区也没有提出任何异议。社会凝聚力的缺乏使国王能够根据自己的意愿干涉一切，不用理会任何谣言和怀疑。"维护特权"本身就包含了自相矛盾之处：凭借手中的权力，政府不止一次地威胁毕尔巴鄂资产阶级将卡斯蒂利亚羊毛贸易转移到桑坦德，并阻止他们进入美洲的港口。

在马德里，改革重新成为官僚机构的重要任务。卡斯蒂利亚委员会负责推进最敏感的改革项目。弗洛里达布兰卡解散了国务委员会。这个机构是传统主义势力的避难所，在其解散之后，其职能被移交给政务会洪达（Juntas del Gobierno）〔这是大臣理事会（Consejo de Ministros）的前身〕的每周会议。在各省，市长恢复了他们作为农业和工业变革推动者的角色，而省长的重要性则下降了。

鉴于腓特烈大帝（Federico el Grande）所统率普鲁士军队的战斗力，西班牙国王引进了普鲁士的建军模式。步兵团、骑兵团和工程兵团组成了新的师级单位。新组建部队的军官必须在新近成立的西班牙阿维拉学院（academaia de Ávila）和塞戈维亚学院（academaia de Segovia）接受教育。这两所学校采用了德国的战术并致力于推动炮兵的建设。通过制定一项直到1978年都有效的条例，于1768年颁布了军事法令，完善了军队的建设。在这个时期所确立的一些符号最终成为西班牙的标志，如国旗（1785年）和国歌（1770年）。

然而，军事改革并没有解决供应或后勤支援薄弱的问题——这直接导致了西班牙在北非、直布罗陀和美洲的失败。同时，西班牙还存在征兵困难和军官数量过于庞大的问题。18世纪70年代颁布的规定旨在迫使所有省份招募最少数量的年轻人，并将抽签征兵扩大到巴斯克、纳瓦拉和加泰罗尼亚。但是，不断发生的骚乱和被动防御再次将征兵压力转移到了卡斯蒂利亚、莱昂、阿斯图里亚斯、加利西亚和安达卢西亚的农村及贫困地区。

海军的情况则好一些，尽管组织状况会让人失望，但是恩塞纳达的努力并没有白费。西班牙经常吹嘘拥有欧洲第二大舰队，与其异母兄长费尔南多六世时期效仿英国模式不同，卡洛斯三世启动了法国风格大型船只的建造，并使其以更快的速度投入使用。在新成立的海军工程师队伍的指挥之下，埃尔费罗尔、瓜尔尼索、卡塔赫纳和哈瓦那长期向船队提供备件。

卡洛斯的计划并没有停留在伊比利亚半岛，而是穿越了大西洋。100多年来，由于宗主国地处遥远和逐步丧失领导权，克里奥尔精英借此机会活跃起来。在其经济崛起的同时，殖民地资产阶级和小贵族通过与来自宗主国的官僚串通一气以及出资购买官职，逐步进入了殖民地管理体系。因此，殖民地的自治程度超出了卡洛斯三世所能容忍的范围，特别是因为他需要美洲的财富帮助其实现在国际舞台的霸权。

卡洛斯三世任命何塞·加尔维斯为西印度事务部部长（ministro de Indias），其任务是重新实现对殖民地政府的有效控制，甚至是不惜以取代殖民地政治和教会机构中的土著群体并实施法律统一性为代价。在这个时候，改革已经取得了初步成果：宗主国市长的到来以及各部门负责人均使用西班牙人使得官僚机构更加理性和有效，并结束了殖民地官商不分的局面。

在殖民地出现了新的行政区划——加拉加斯、拉普拉塔河、秘鲁、墨西哥。官员腐败会受到惩罚，王权制服了教会，军队用克里奥尔军官和当地民兵进行了重组。西班牙的财政很快就获得了新的收入，税收、垄断经营和阿兹特克丰富的采矿活动增加了伊比利亚半岛的收入。此外，在改革初期，由于直接收入被贪污或被免除，来自美洲的收入成为西班牙唯一健全的财政来源。与西班牙一样，美洲殖民地改革的社会成本是巨大的。由于殖民地强烈反对增加税收和减少政府中克里奥尔人的数量，在墨西哥爆发了反对加尔维斯的叛乱，在委内瑞拉爆发了社区成员起义，后来安第斯山脉又爆发了图帕克·阿马鲁（Tupac Amaru）起义。但最重要的是，这刺激了克里奥尔人的不安和教会的怀疑，预示着19世纪独立浪潮的到来。

巴拉圭的乌托邦

西班牙所面临的国际环境是不稳定的，也不可能在国际冲突中保持中立。费尔南多六世统治时期就是一个很好的例子：即使西班牙远离外部冲突，但其敌人仍然在美洲施加压力。面对多年的外部紧张局势，西班牙宫廷选择在亲法国的恩塞纳达和亲英国的卡瓦哈尔（Carvajal）之间保持平衡，并加大对海军的持续投资。

当西班牙派出舰队追捕英国走私者并阻止葡萄牙萨克拉门托（Sacramento）殖民地向拉普拉塔河延伸时，西班牙与英国之间的紧张局势加剧了。1750年的《和平协议》想要通过用另一块与巴西相邻的地区交换这块殖民地来限制葡萄牙的野心。然而，西班牙没有预料到殖民地官员以及耶稣会都拒绝了这一方案，因为他们已经在该地区建立了一个繁荣的土著人口聚居地。当未来的卡洛斯三世还在那不勒斯之时，就否定了这种交换，并在18世纪60年代以一项新的条约——《埃尔帕尔多条约》(*Tratado de El Pardo*)，允许土著人民在他们的牧师去世之后返回家乡。

并非只有英国觊觎美洲，因为在费尔南多六世去世之前，法国和英国就为争夺北美的控制权和亚洲的统治地位而刀兵相见。西班牙受到法国大使的蛊惑，保持了自杀式的中立。卡洛斯三世登上王位给外交政策带来了意想不到的转变：对于西班牙来说，没有法国的制约，而让英国独占加拿大是不合适的。《第三个波旁家族协定》（*Tercero Pacto de Familia*，1761年）的签署将西班牙在最不合适的时机拖入了七年战争，因为西班牙没有足够的军队，而且低估了英国人的潜力。结果，一系列的连锁反应导致西班牙在未来失去哈瓦那和马尼拉。

虽然占据了萨克拉门托殖民地，但《巴黎和约》（*Paz de París*，1763年）要求其将这块领土归还给邻国葡萄牙，而英国用加勒比海岛屿的首府和洪都拉斯的伐木许可换回了佛罗里达（Florida）和密西西比河（Misisipi）流域的土地。法国的结果是最糟糕的，除了放弃在加拿大的殖民地之外，他还不得不用路易斯安那（Luisiana）补偿西班牙。波旁家族的两个分支都只能承认现实并等待时机，直到1775年北美的叛乱提供了回击的机会。

随着西班牙军事实力的加强，克里奥尔民兵占领了圣卡塔利娜岛（Santa Catalina）并从葡萄牙夺取了萨克拉门托。然而，卡洛斯三世显然不愿意帮助华盛顿的叛乱分子，因为害怕西班牙殖民地会效仿他们的行动。不过，他还是秘密地向他们输送武器和金钱，并利用英国人的背运时刻将其赶出墨西哥湾、密西西比河流域和中美洲（América Central）。贝尔纳多·德·加尔维兹（Bernardo de Gálvez）在彭萨科拉（Pensacola）的胜利鼓励了西班牙国王与法国结盟，以收复直布罗陀和梅诺卡岛。根据在凡尔赛宫签订的和约，西班牙收回了梅诺卡岛，而英国为换取巴哈马（las Bahamas）归还了佛罗里达。但是，直布罗陀则一直留在英国手中。西班牙情绪高涨，推动军队在北非寻求其他机会，但是在阿尔及尔失败了，并放弃了奥兰，这使得西班牙不得不放弃旧的地中海政策。

美国的独立战争（guerra de Independencia de Estados Unidos）使西班牙和法国陷入了不可预测的结局。财政支出使预算不平衡，外部的混乱阻碍了其从自由贸易中获得好处，所有这些问题又都发生在作物歉收、通货膨胀和生活水平下降的几年里。由于经常性收入停滞不前，国家无法获得资金来源，公共财政再次成了最紧迫的问题。对于1760年出现的第一批赤字问题，恩塞纳达提出的单一税收似乎是最好的药物，但特权阶层的许多利益纠葛再次挫败了这一努力。在美国爆发冲突之后，西班牙不得不预防性地关闭了与殖民地的交通，但是殖民地能够给西班牙提供四分之一的收入，西班牙也因此而沉沦了。

为了摆脱贫困局面，西班牙财政部接受了银行家弗朗西斯科·卡巴鲁斯（Francisco Cabarrús）的建议，第一次发行了纸币——代价券（vales de tesoro），其发行量占年收入的4%。与革命前的法国一样，代价券是西班牙最喜欢的融资工具，但其价值经常因国际形势和美洲航运的情况而发生波动。在1782年建立了第一家西班牙国家银行，即圣卡洛斯银行（Banco de San Carlos）之后，卡巴鲁斯（Cabarrús）被委托负责确保代价券的稳定性，圣卡洛斯银行的职权是根据从墨西哥收到的白银回收代价券（vales de tesoro）。由于采取了上述措施，西班牙的物价在整个战后时期保持稳定，直到在卡洛斯四世统治时期由于持续的斗争和缺乏改革而崩溃。在圣卡洛斯银行失败后，西班牙于1798年利用出售教会财产所获得的利润，委托偿债资金管理处（Caja de Amortización）偿还贷款。但是，该措施未能恢复债权人的信心；1818年的一项法令取消了代价券（vales de tesoro）作为支付工具的功能，并将其等同于其他公共债务。

资产阶级和资产阶级们

18世纪社会的观察者可能会认为西班牙从哈布斯堡王朝那里继承的结构没有任何改变。然而，经济发展和对于财富的重视为阶级社会铺平了道路。财产的变化、社会流动的加速以及不同思想的出现，产生了一个新旧模式共存的社会。但这两种模式处于不稳定的平衡状态，预示着即将发生新的冲突。

在社会结构的顶端，贵族变得更加分化，加深了北方贵族与马德里或安达卢西亚富裕贵族之间的差异。在卡斯蒂利亚议会和阿拉贡议会废除贵族权力之后，金钱就成了区分人与人之间等级的标准，没有任何东西能再将这两个群体联系在一起。虽然波旁王朝及其知识分子盟友从未想过要清算贵族阶级，但他们确实认为有必要控制贵族的权力并迫使其为王国服务。卡洛斯二世统治时期，因为主弱臣强而使贵族过度干涉国家事务。费利佩五世是第一个计划慑服贵族的君主。卡斯蒂利亚的海军上将及西富恩特斯（Cifuentes）伯爵、圣克鲁斯（Santa Cruz）伯爵、阿罗伯爵、奥罗佩萨伯爵、莱莫斯伯爵等对这一立场感到不满，选择捍卫贵族政府。而以梅迪纳塞利和英凡塔多为首的其他人则对费利佩保持着不冷不热的态度。王室通过在各政务委员会以及阿拉贡的议会和议员团中清除贵族而使这些人付出了代价。在这些机构当中只留下了甘心为王室服务的人。

在没有完成对贵族的围困之时，政府调查了多年前流出的国家财产，并委托整理委员会（Junta de Incorporación）为国库收回贵族滥用的一些收入。警报响起了，但是流失的钱财并没有流回国库，而对于国家来说，只要能够震慑贵族就足够了。在恩塞纳达所实施的地籍税过程中，重复了这一流程。由此我们可以看出，尽管实现税收公平仍然是一种幻想，但至少这些大人物的税收豁免权开始动摇了。

然而，波旁王朝为贵族中那些不幸的阶层另辟了一条蹊径。国家及其官僚机构为其忠诚的仆人们提供了良好的位置和头衔；另一方面，皇家军队为小贵族们准备了军官职位，使他们有了光荣的职业生涯。绅士贵族也加入了他们的队伍，但是从长远来看，这会给国家带来不利的后果，因为留给平民子弟的位置会越来越少。作为高级管理人员的储备库，耶稣会士举办的贵族神学院（Seminario de Nobles）负责让年轻贵族为未来职业道路作好准备。

卡洛斯三世的改革政策对贵族产生特别的影响。霍维利亚诺斯、卡达尔索（Cadalso）等辛辣地讽刺贫穷的绅士。虽然这些绅士傲气十足，但他们无法阻止在阿斯图里亚斯、莱昂和坎塔布连山区的衰落。1768年，卡斯蒂利亚有72.2万名贵族，30年后则减少到42.2万人。不过，尽管很少有新的身份能够替代贵族称号，身份和地位的声名狼藉还是使一些贵族转换了新的头衔。其中一些头衔是留给行业先驱的，这也是反对贵族的社会新风的有力表现。

在如此不利的情况下，只有贵族中的大人物才能获得优势。想要寓居城市的骑士们（caballeros）开始与城市寡头集团融合在一起，而这些城市寡头当中有很多人是富起来的平民。新的有权势的群体诞生了，长子继承制的发展又推动了地方资产阶级的贵族化。上层贵族加强了自身的声望和排他性——在1797年，只有1323个上层贵族，主要集中在马德里、埃斯特雷马杜拉和塞维利亚。而梅迪纳塞利、阿尔瓦、英凡塔多、奥苏纳等豪门则被令人眼花缭乱的奢侈品所包围。

在这个世纪，一个严重的问题就是令人窒息的债务。许多旧的贵族家庭因为债权人的索债而陷入绝境。另一方面，许多新贵族由于出身于资产阶级，并且在奢侈品方面的支出较少，生活前景反而更好。然而，新旧贵族都能够通过从政府领取工资以及进行更好的财富管理而改善生活，还能够利用物价上涨和农业收入增加而致富。阿拉贡和巴伦西亚的领主们却特别活跃，他们受到东南沿海地区出身的马德里贵族——甘迪亚公爵、塞戈尔韦（Segorbe）公爵、奥利瓦伯爵、埃尔切侯爵等的庇护，在这个世纪初的动乱中幸存了下来。他们甚至在对抗 1766 年农民暴动之时，要求恢复那些过时的权利。

共同的社会地位和不动产财富使上层贵族真正有了阶级意识。面对改良主义，上层贵族采取了一种防御性的态度，这种态度加强了上层贵族的阶级意识。随着 18 世纪末的临近，这种防御性的态度变得更加关键。每当他们的利益受到威胁时，对启蒙运动的攻击就会变本加厉。自法国大革命（la Revolución）以来，这种攻击一直是过去的教友会与意识形态先知的肉搏。

然而，一些贵族积极参加启蒙运动，支持卡洛斯的改革和思想启蒙作品的创作。这些贵族包括坎波马内斯、弗洛里达布兰卡、霍维利亚诺斯，而彭那弗洛里达伯爵更好地诠释了经济协会（Sociedades Economicas）的精神。其他人也积极加入了工业化运动，如阿兰达伯爵兴建了阿尔科拉（Alcora）陶瓷企业；贝哈尔公爵（duque de Béjar）和维索侯爵（marqué del Viso）建立了纺织厂。北方的小贵族站在这种资产阶级化浪潮的最前沿，其代表人物包括马德里的纳瓦拉人戈延尼切（Goyeneche）、坎塔布里亚人费尔南德斯·伊斯拉（Fernández Isla）及在萨尔加德洛斯（Sargadelos）的阿斯图里亚斯人伊巴涅斯（Ibáñez）。

18 世纪，贵族中产阶级衰落了，但是商人和工匠很快就崛起取代了他们。这些商人和工匠利用经济繁荣来发家致富，并实现了社会阶层的巨大飞跃。西班牙资产阶级主要扎根在沿海商业城市，如巴塞罗那、巴伦西亚、阿利坎特、加的斯、塞维利亚、马拉加、毕尔巴鄂、圣塞瓦斯蒂安、桑坦德、拉科鲁尼亚以及首都马德里。总体来说，除了巴伦西亚的丝绸厂和加泰罗尼亚的纺织厂〔后来在1772年加入棉纱公司（Compañía de Hilados de Algodón）联合企业〕，资产阶级主要从事贸易，几乎没有进入工业领域。

在商业阶层中，随着时间的流逝和等级思想的存在，在总批发商、批发市场商人、小零售商之间出现了分化。人们不会因为严格的荣誉观念而抵触大规模的商业活动，即使是贵族也可以完全自由地参与经商，而不会将其视为晋升的障碍；相反，"分销商"（de vara）被视为与贵族身份不相匹配的行当了。在18世纪，在商会和行会当中，对于大商人和中等规模的经销商来说，这种身份差异成了一种制度性的等级规定。

作为旧有商业公司的继承人，18世纪的商会既是资产阶级表达意愿的工具，也是商业性的法庭。它还像黏合剂一样，使资产阶级团结在一起，与特权公司公开竞争。在加泰罗尼亚和巴伦西亚，由于《新基本法令》的推行，商会被解散。从1758年开始，在参照了巴塞罗那商会的成功经验之后，西班牙王国积极在全国推动商会的创新。在第一波浪潮中，巴伦西亚、布尔戈斯、圣塞瓦斯蒂安和马略卡岛复制了巴塞罗那商会的模式，然后拉科鲁尼亚、桑坦德、阿利坎特、马拉加、塞维利亚等地也相继采取了这种模式。商会一直持续存在到1829年颁布新《商法典》（Código de Comercio）之时。尽管加入要经过严格的挑选，但在巴塞罗那和巴伦西亚，商会也表现出放开的迹象，摒弃了原有对血统证明的要求，并向丝绸、羊毛和棉花生产商敞开了大门。到18世纪末，对商会的法律要求也在某种程度上放松了。商会不仅邀请巴塞罗那、巴伦西亚、布尔戈斯等地拥有庄园的绅士加入，也邀请能够事先提供财富证明的制造商、金融家和小资产阶级加入。

零售商们模仿马德里的五个最大行会，也建立了一系列协会来捍卫自己的利益。这些行会专业化程度极高，显示了在西班牙的一些城市，商业中产阶级具有一定的实力。在首都马德里，五大行会力量强大是因为在1686年获得了包税权，并且还因为具有遍布全球的商业网络，不仅是该地区资本家的银行，也是工业化的引擎，创立了巴伦西亚和穆尔西亚地区拥有特权的丝绸工厂以及瓜达拉哈拉的呢绒工厂。当具有启蒙思想的评论界看到这些行会的垄断性对西班牙具有威胁之时，马德里中央政府借助胡安·安东尼奥·德·罗斯埃罗斯（Juan Antonio de los Heros）之口提醒这些行会要担负起西班牙进步的责任。

尽管受到各地工匠的抵制，商业行会的模式还是从马德里推广到了萨拉戈萨、巴伦西亚、巴利亚多利德、昆卡、布尔戈斯、加的斯、托莱多、马拉加……带有一些旧体制色彩的商业行会在启蒙运动时期的社会占有一席之地。这些行会受商业和货币总委员会（la Junta General de Comercio y Moneda）和各专门委员会（Juntas Particulares）的管辖。这是权力过于集中的一个典型例子，因为这些管辖机构强制要求推行商业账簿和使用西班牙语作为商业文件语言。

在资产阶级当中，与"荣誉市民"（Ciudadanos Honrados）相比，巴伦西亚商人的弱点非常突出，行会手工业在制造业占主导地位。外贸仍然受到一些意大利人和法国人的支配，他们与巴伦西亚、阿利坎特和萨贡托当地的寡头集团结合在一起。作为美洲产品的分销商和农产品的出口商，他们与加的斯和马德里的批发商建立了联系，并在这些地方派出代表。随着当地需求的增加，巴伦西亚的各商业集团已经采取措施来对抗外国商人，但还是无法取代他们。

面对丝绸贸易行会的强大力量，布匹分销商（Mercaderes de Vara）显得萎靡不振。在卡洛斯二世的保护和支持之下，丝绸贸易行会让工匠们黯然失色。丝绸引起了商业资产阶级的兴趣，但从长远来看，它阻碍了现代纺织企业的诞生。这类似于英国或加泰罗尼亚的棉花产业。虽然产量有时超出了行会控制的范围——在马德里行会所支持的工厂或阿尔科伊呢绒工厂就是这种情况。

但他们进一步的发展遇到了障碍：资本流向农业和出口导向行业以及缺乏工业化的意识形态。当时巴伦西亚的贸易机构成立，丝绸工匠加入了总委员会（Junta）之时，制造商的活力在1762年显现出来了，而布匹分销商（Mercaderes de vara）则把他们的行会撇在了一边。

自18世纪上半叶以来，巴塞罗那的商业资产阶级一直是加泰罗尼亚经济发展的领头羊，主要有克洛塔斯（Clotas）、吉博尔特（Gíbert）、格洛里亚（Gloria）、米兰斯（Milans）等家族，其资本来自地中海和大西洋贸易。在可以自由进入美洲并开辟通往海外道路之前，在加的斯、直布罗陀、马拉加、拉科鲁尼亚、桑坦德甚至荷兰首都建立的加泰罗尼亚中介机构使商业流动成为可能。这些最初的资产阶级把触角伸向与其工作有关的其他经济活动：为玛塔罗、阿雷尼斯（Arenys）、卡内（Canet）、巴塞罗那和锡切斯的造船厂提供资金，承包领主的纳税和公国农业的捐税，将渔业扩展到加利西亚水域，并发展纺织业、皮革业和造纸工业。然而，随着时间的推移，商业资本流向了土地等更安全的资产，虽然进行投资明显更能赢利，但消费仍然代表了国家社会的主流价值观。这些商业机构的负责人在获得了"荣誉公民"身份以及贵族头衔之后，就不再从事工业活动了。

不提及加泰罗尼亚的两个典型机构，即巴尔卡（Barca）和博迪卡（Botiga），就无法理解资本的扩张主义。由于有巴尔卡，许多小投资者能够联合起来建立一个共同的企业，同时也能够使资本家将自己的资产分散在各种生意当中，以确保资产的安全。而博迪卡（Botiga）或者叫店铺既满足了对国内需求的供应，也使中小资产阶级能够加入工业化运动。通过其企业代表和代理商网络，加泰罗尼亚的纺织品即使在伊比利亚半岛最偏远的地区也能够畅销。

随着在18世纪30年代大批工厂的建立，工业家们主导了巴塞罗那公国经济的走向。中层管理人员诞生了，从1760年开始，他们与富商或富裕工匠一起领导新的制造业进步。由于资产阶级富裕程度极高，在18世纪末，贵族感到自己的社会领导地位受到了威胁。当时在首都马德里已经建立了大约100家工厂，有10万名工人居住在这里。

1787年的农业衰退和工业破产以及后来战争所带来的不稳定性使得旧的商业阶层受到了惊吓，他们想要安全地撤出资金，并不打算参加独立战争后的工业重建。那时，许多专业技术人员——米尔（Mir）、伊亚（Illa）、伊拉斯谟·德·高尼莫（Erasmo de Gónima）脱颖而出，成为企业家。由于西班牙人在加泰罗尼亚的失利，拿破仑的入侵引发了一系列灾难，但是这些企业成功地推动了工业的复苏。

安达卢西亚的资产阶级不像加泰罗尼亚或巴伦西亚的资产阶级那样人数众多，因为在以平均地产和大地产为主导的安达卢西亚，几乎没有一点使社会现代化的迹象。海外贸易曾使塞维利亚在西班牙的贸易中占据主导地位，但在此时却日渐萧条，这也是阻碍安达卢西亚资产阶级进步的原因之一。由于管理不善和缺乏市场，现代私营企业也没有取得预期的成功，因此少数人的推动并没有解决因公共企业垄断工业领域所造成的不平衡问题。与海外殖民地的交通往来转移到了加的斯，这使得安达卢西亚商人所从事的海外贸易没有多少增加，他们仅仅是充当外国产品的代理商。在由欧洲企业代表和西班牙企业代表（主要是巴斯克人和加泰罗尼亚人）所主导的贸易世界当中，安达卢西亚商人常常无所适从。安达卢西亚产生的利润流向国外或西班牙的其他地区，而加的斯资产阶级则没有可以获利的企业进行投资，只能购买土地、珠宝和不动产。

在加那利群岛，资产阶级的情况类似。他们受制于人数较少但很有影响力的国际商人集团。尽管在17世纪末，反英浪潮爆发，但新贵群体与本地土地所有者之间的关系是富有成效的：地主把他们的葡萄酒换成工业制成品，然后将这些工业制成品走私到美洲殖民地以换取丰厚的利润。随着时间的推移，农业缺乏竞争力，却又无法找到替代作物。这增加了资本对农民的压力，并掠夺政府和王室的财产。

加利西亚的资产阶级以农业租赁为生，几乎不从事其他的行业。所以此地的工商业活动往往由外来的投资者所掌控。在维戈河或阿罗萨（Arosa）河附近的渔业加工厂就是这种情况。18世纪上半叶，加泰罗尼亚人到来之后，对潮汐兄弟会（cofradías de mareantes）的领导人强行施加了压力，终结了传统的渔业行会组织。在加利西亚，人们总是把资本用于购买土地，很少把资本投入工商业活动。

此时，一个外地人——阿斯图里亚斯的伊巴涅斯（Ibáñez）在加利西亚开了钢铁行业的先河，他成功地将当地的资本引入了第一批高炉的建设之中。作为行业的领导者，这里的亚麻加工工人最具活力。1750年之后，他们通过毕尔巴鄂进口波罗的海地区的原料，从而推动了该行业的发展。尽管织机数量有所增加，但由于圣地亚哥和沿海城镇的进口商满足于从事亚麻及其制成品相关行业，所以也就无法实现工厂规模的扩大。事实上，这些人缺乏从事工业生产的志向，而贵族的反对和农民不想弃农从工也阻碍了生产规模的扩大。因此，自1830年起，来自欧洲和加泰罗尼亚的棉花摧毁了这里的乡村产业也就不足为奇了。即使是拉科鲁尼亚的资产阶级也得甘愿在向伊比利亚半岛内陆或拉普拉塔河流域经销商品的过程中充当次要角色，当时运不济的时候，他们也只能在伊比利亚半岛上经销商品。

在特拉诺瓦湾和大西洋的渔场关闭之后，巴斯克的资产阶级不得不转行，从事往日的铁和羊毛出口业务。为了在法国、英国和美国采购咸鱼以及从事与委内瑞拉殖民地的贸易，许多外国代理商云集西班牙北部，这也使得加尔多基（Gardoqui）等家族一夜暴富。从16世纪起，比斯开湾的商人就与塞维利亚关系密切，现在他们将工作重心转移到了加的斯。其中20%的商人来自纳瓦拉和巴斯克地区。随着拉科鲁尼亚和桑坦德的港口从事美洲贸易，比斯开湾的资产阶级将他们的营销网络也延伸到了这两个地方。在坎塔布连地区首府桑坦德，一半的船队属于巴斯克船东。为满足法律的要求，这些船只首先在内尔维昂（Nervión）河口装载货物，然后进入桑坦德湾以前往美洲。由于法国入侵所造成的恐惧，许多圣塞瓦斯蒂安商人离开了他们的城市，并在坎塔布里亚的其他地区避难。而经济危机使比斯开地区的中等资产阶级惴惴不安，他们掀起了第一轮反对国内海关系统的浪潮。由于深信其市场位于伊比利亚半岛和美洲殖民地，所以商人对国内各省税制不统一深表质疑，这也引发了商人与对贸易自由知之甚少的农村小地主和乡村消费者之间的摩擦。毕尔巴鄂对卡斯蒂利亚谷物的投资是变革的另一个动力，这也有利于身处国家统治机构的垄断中产阶级。

导致暴乱的饥饿

根据恩塞纳达的调查统计，在18世纪中叶，84%的西班牙人口继续从事农业，而在卡斯蒂利亚、埃斯特雷马杜拉和拉曼却，这一比例更高。18世纪对于农民来说是非常艰难的。尽管工匠和工人在18世纪60年代以前的经济发展中有所受益，但是他们的生活比农民好不到哪儿去。卡洛斯三世时期和卡洛斯四世时期的人口普查显示，短工的数量略有增加，在1797年，接近农业劳动力的一半。许多家庭不得不出售他们的小块土地，特别是在高原地区，同时生活条件也迅速恶化，这都为暴力事件的爆发创造了条件。在推行工资自由化和改革战略时，卡洛斯三世政府不得不加倍谨慎，以免其失败会加剧无地者的不安。

即使是在地中海沿岸地区，农村的发展也未能给农民带来福祉。相反，在巴伦西亚，中等富裕程度的农民不得不将自己的水浇地送到商业资本和贵族的手中。当然，也有少数具有成为农业资产阶级潜质的农民，趁着社会动乱并利用教会和土地所有者将土地委托给他们的机会而从中获利。通过这种方式，旧的统治阶级在没有任何资本风险的情况下保住了部分土地业务，而富裕的农民则分割了那些出让的土地，他们或者将这些土地转租给失地者，或者雇佣短工来耕种这些土地。

虽然存在家庭财产分散的危险，巴伦西亚农民通过继承机制保持了水浇地的完整性进而保全了自己的财产。因此，西班牙东南沿海地区农村的社会分裂状况并没有达到卡斯蒂利亚或安达卢西亚的严重程度，但也反映了由拥有少量土地的小农所组成的社会并非铁板一块，而是存在严重的土地利益分配不平等。大多数人只能沦为赤贫状态，或是成为土匪，或是从事收入微薄的繁重劳动。

加泰罗尼亚的大领主们对庄园事务的介入越来越少，他们将庄园委托给富裕农民、商人或工匠。因此，部分庄园收入推动了加泰罗尼亚的工业化发展。虽然农场是农业的典型代表，但是在整个18世纪，从农场中分离出来的小庄园或是森林和沼泽开垦出来的小农庄大量增加。随着长子继承制的普及，与巴斯克地区一样，长子成为唯一继承人，最大限度地维持了农业中产阶级财产的完整性，也保持了他们的生活水平。能够租赁农场的人必须屈从于非常短期的合同，接受非常苛刻的条件，甚至包括缴纳税款。在人口压力的影响下，土地所有者将森林或未开垦的土地从土地出租合同中分离出来，将其分割成一公顷以下的农场，另行出租给农民和手工业者。可供转让的土地非常少，这使得短工们只能给人家打工，而且还不得不为多个农场服务。

尽管西班牙工业的轻度发展使得在内陆城市出现了大量纺织作坊和建筑企业，但是除了少量做强事业的人之外，各行各业的老师傅们随着传统工作模式一起湮没无闻了。然而，在马德里、巴塞罗那和巴伦西亚，他们的生活水平急剧下降，行会关系的破裂和商业资本的干涉使他们不得不四处逃散。加泰罗尼亚的皇家工厂、造船厂和公司聚集了大量的合同工，他们总是因为抗争精神而受到政府的关注，工资水平的恶化加剧了他们的抗议。

在18世纪的最后20多年，大量的穷人和流浪者涌入城市，他们沦落于此，完全是拜社会破产和长期性农业疾病所赐。超过14万来自巴伦西亚、埃斯特雷马杜拉、安达卢西亚等地的人聚集在马德里慈善机构的门口。在一个宣称充分就业是健康经济基础的社会当中，很快就会出现反对这一现象的声音，认为贫穷是由懒惰造成的。

> 我向穷人分发剩饭，
>
> 为了不使国家蒙羞，
>
> 我以谨慎和明智的方式，
>
> 为他们的救济做出贡献，
>
> 但这对于懒人毫无用处，
>
> 只会帮助那些自立、勤奋和努力的人。
>
> ——弗朗西斯科·格雷戈里奥·德·萨拉斯
>
> （Francisco Gregorio de Salas）《诗歌》（*Poesías*）

在17世纪，对这些边缘化群体，基督教不再进行布施，而是采取了一种镇压性的态度。这些群体被投入军队或济贫院。吉普赛人的境遇也是如此：恩塞纳达政府将1.2万人投入了监狱。在1785年及1803年至1805年的农业危机期间，这些措施变得更加严格。当国家害怕发生社会动乱时，会大规模逮捕城市贫民，他们要么去救济院，要么被驱逐回他们的原籍地。

在没有对社会结构进行任何改革的情况下，政府在17世纪末选择采取武力措施来镇压东南沿海地区的暴力事件。王位继承战争的爆发以及亲法国派和亲奥地利派之间的分裂激起巴伦西亚农民的不满，他们再次起义反抗支持奥地利大公的领主。之前发动叛乱的一些领导者现在正在传播一项以农村为中心的方案，以结束贵族的政治统治和向领主缴纳的捐税与提供的服务，同时要求给有需要的人分配土地。武装起来的农民军队吓坏了富裕阶级，他们通过与法国军队合作来镇压叛乱。然而，乡村并未实现和平，而只是被制服，在与商业资产阶级公开竞争之时，东南沿海地区的贵族试图利用这种衰败的局面，因此，暴力事件再次爆发。

　　与巴伦西亚一样，领主们的好勇斗狠在加利西亚的乡村引发了许多冲突。1721 年，在教区牧师的鼓励之下，埃斯皮诺萨（Espinoso）的农民拒绝向莱莫斯伯爵和蒙特雷（Monterrey）伯爵以及塞拉诺瓦（Celanova）修道院支付地租，这迫使军队出面进行干预。不久之后，瓦尔德奥拉斯（Valdeorras）的绅士和农民也拒绝向圣三会的修士们（trinitarios）缴纳地租。当修道院试图收回出租的土地之时，冲突就爆发了，但王国设法通过加强租户的权利化解了危险。

　　自 18 世纪初以来，统一国家的方案在全国引起不满。在加泰罗尼亚和巴伦西亚，国家所推行的征兵制度极其不受欢迎，尽管不像巴斯克地区因为马德里当局将海关迁到海岸而引发的暴力冲突那样激烈，但是这种征兵制度还是经常引发示威抗议。1717 年所颁布的法令，只不过是比斯开的贵族们为了重新获得统治地位而找的借口，尽管损害了贸易自由，但是他们还是接受了王国许多阻碍商人贸易的条款。与此同时，毕尔巴鄂资产阶级在与欧洲的贸易中获利颇丰，他们长期以来一直希望取代出自名门望族的绅士们在政府机构中的地位。

　　法律在打击走私贸易的同时，也对小型贸易商和消费者造成了严重冲击，因为没有了走私贸易，他们不得不为某些商品支付更多的费用。即使是羊毛出口商也都惴惴不安，因为他们不同意费利佩五世所提出的方案，他就威胁要将出口贸易转移到桑坦德。在 1718 年夏天，一名海关官员在毕尔巴鄂遇害，征税船只被烧毁。叛乱分子控制毕尔巴鄂长达三个月，在王室军队到来之时他们才偃旗息鼓。不过，尽管叛乱领导人受到了惩罚，但是他们的目标实现了——1720年，国王让步，将海关迁回了埃布罗河流域，这对毕尔巴鄂的贸易利益来说，是一场胜利。

与周边地区的动乱相比，卡斯蒂利亚和安达卢西亚尽管也存在着严重的社会不平等问题，但是保持了平静。由于土地分配和其他《土地法》（Ley Agraria）文件的颁布，社会矛盾似乎得到了缓解。只有在非常极端的情况下，不幸的短工才会对大地主的虐待行为表示不满，就像在赫雷斯（Jerez）所发生的一样，烧毁一些农舍。

由于生活基本必需品价格的大幅波动以及农作物歉收和粮食贸易自由化法令所引发的供应不足，爆发了一系列社会动荡，并在1766年达到顶峰。在18世纪之初，农业产量的不足曾引发圣地亚哥民众的起义，也曾导致比斯开局势的不稳定，但在18世纪60年代，情况变得更加令人担忧。

直到18世纪中叶，才对谷物贸易实施监管；市政当局必须以事先确定的价格向公民出售粮食。虽然没有取消征税，但是在1756年，市场的开放却激发了大型生产者和土地租赁者在粮食收获季节囤积谷物以便在更加有利可图时进行销售的愿望。1765年颁布的敕书规定价格可以自由波动，这引发了社会的投机行为；地方当局的管理不善和腐败行为也加剧了这种局面，他们阻碍为防止粮价波动而设立的仓库投入运行。由于上述原因，一项本是旨在改善粮食供应的法律，在人们的脑海中却与谷物的销售、价格的上涨和高利贷联系在了一起。

在马德里，有人利用公民的悲惨遭遇来反对埃斯基拉切政府。尽管叛乱分子随即被军队镇压了，但卡洛斯三世犹豫不决的形象和动乱羞辱权力的景象随着一连串的骚乱传遍整个西班牙。除马德里外，其他地区的叛乱分子只是反对生活的不幸遭遇，而不提出政治要求。虽然在巴塞罗那、加的斯、奥维耶多、毕尔巴鄂等城市也爆发了骚乱，但大多数骚乱都是在农村爆发的。卡斯蒂利亚地区最引人注目的骚乱发生在昆卡，其市政府对于暴力事件的发生负有严重责任。由于粮食供应政策的失当以及神职人员拒绝根据《宗教协定》支付税金而引发的税收流失，萨拉戈萨的农民和短工掀起了骚乱。

暴乱从德瓦（Deva）河谷的中心地带爆发，蔓延至吉普斯夸和比斯开的一些地区。这场暴乱的目标是那些从事粮食投机买卖的人：地主、什一税的收税人、神职人员和商人。因市政府预先采取行动，降低了面包的价格，圣塞瓦斯蒂安的市民骚乱得以遏制，但当其想在阿斯科伊蒂亚（Azcoitia）调出小麦以进行出口之时，最终导致了对抗。在罗耀拉神庙工作的石匠们就揭竿而起，他们控制全省长达两个星期，当局最终不得不答应他们的要求。像往常一样，在没有军队干预的情况下，圣塞瓦斯蒂安资产阶级与农村贵族一起平息了骚乱。然而，镇压骚乱会遇到耶稣会士的抵抗，这也是导致他们被驱逐的原因之一。

东南沿海地区农业的不稳定性重新引发了骚乱；当人们将所遭受的苦难归咎于领主们之时，反对饥荒的骚乱也带有了反封建性质。市政当局和领主之间的摩擦使奥里韦拉和埃尔切的情况更加复杂化。这些摩擦与短工在农村反对资本主义的斗争叠加在一起，使局势更加恶化。从长远来看，那些有势力的人在争夺农村田地垄断权的过程中会操纵利用农民的骚乱。直到19世纪资产阶级革命爆发，农村的这种对立局面才结束。

18世纪70年代开始的繁荣暂时缓解了社会冲突，但到18世纪末，随着税制改革的停滞不前，社会对抗再次爆发。

西班牙波旁王朝早期几位君主所采取的政策也没有纠正严重的土地分配不均状况，因此导致了农民和城市的骚乱。1766年，军队和政府通过降低面包价格来安抚城市。但是在洛尔卡没有实现这一目标，因为当地的寡头集团利用叛乱分子反对政府的暴乱来破坏对其滥用政府公共资金的调查。

在18世纪的最后20多年里，地中海沿岸再次风起云涌。财政危机、法国大革命和战争加剧了财政压力，而恰在此时，农业发展放缓和手工业者失业增加使得许多社会底层走上了犯罪道路或沦为土匪。在巴伦西亚，农民发动了反对法国商人的骚乱，并于1801年再次爆发起义。作物歉收导致巴塞罗那发生暴动，瓜达拉哈拉也陷入骚乱。由于贫困，穆尔西亚的日工们在道路和救济院实施抢劫，甚至爆发了反抗土地和水资源垄断的起义。随着暴乱与日俱增，小贵族和资产阶级承担起了破坏旧体制的任务，他们也成为自由秩序的受益者。旧体制下的社会秩序在1808年革命前的大动荡中灰飞烟灭。

西班牙其他地区的情况也是如此。1790年，奥伦塞（Orense）省因为征税问题爆发了农民起义，2000多人占领了省城，最后在主教出面之后才得到了平息。在埃斯特雷马杜拉，赫雷斯德洛斯卡瓦列罗斯（Jerez de los Caballeros）的短工们摧毁了地主为保卫他们的田地而建造的围栏。在巴斯克地区，农村绅士和毕尔巴鄂资产阶级之间的关系恶化引发了新的混乱，这也是两次卡洛斯战争的前奏。

比斯开的贵族们希望结束毕尔巴鄂的独霸地位，他们现在有了一个王室宠臣盟友——曼努埃尔·德·戈多伊（Manuel de Godoy），希望能够从这位宠臣那里得到足够的支持，以成功实现对毕尔巴鄂商业垄断的挑战。在萨马科拉（Zamácola）的得力领导之下，总委员会（Juntas Generales）在国民公会战争期间保卫比斯开所需的捐税以及1800年向王室提供的捐税转移到商业企业身上。对这种负担深感不满的乡村集团，从国王那里获得了在内尔维昂河河口建造新港口的许可。这终结了自毕尔巴鄂建城以来所享有的垄断权。作为回报，萨马科拉建议与当地政府达成协议，扩大比斯开现有的征兵规模：这是一个昏招，因为有传言说这意味着当地军事豁免权的结束，但是商人们不会错过这个机会。在资产阶级的默许下，周边村庄的农民愤怒地攻占了毕尔巴鄂，并袭击了议员们的房屋。萨马科拉的逃跑和骚乱者对总委员会（Juntas Generales）的压力迫使议员们放弃了原有的打算。当皇家军队到达时，比斯开省才平静下来。毕尔巴鄂这个"和平之港"（Puerto de la Paz）受到了致命的伤害，并在之后的拿破仑战争中彻底被摧毁了。毕尔巴鄂再次展示了自己的力量，但农村与城市之间的对抗势均力敌，因为没有外部帮助，双方都没有足够的力量击败另一方。

除了暴动和骚乱之外，在18世纪撼动西班牙的社会问题还包括：工业化的发展缓慢和工人的数量过多。这导致工人们常常为提高工资和改善工作条件而举行罢工，增加了社会冲突。对于王国政府来说，造船厂、矿山和钢铁企业的前途渺茫。而国有兵工厂则因为工人对食品价格和住房条件的抗议活动而举步维艰。1754年，费罗尔的工人们因工资延迟发放而使整个城市陷入瘫痪；之后卡塔赫纳的工人们也采取了同样的行动。在1765年至1766年的危机中，拉卡拉卡德加的斯（Carraca de Cádiz）和瓜尔尼索的工人们也效仿了前人的做法，并且在18世纪的剩余时光中常常表达自己的不满。纺织工业也动员起来；圣费尔南多（San Fernando）的工人们因工资差异而发动抗议行动，而瓜达拉哈拉的工人们在集体诉求中表现出更大的斗争能力。

加利西亚以自身经历，说明了旧社会秩序下的特权阶层是如何通过设下圈套而使革新的第一步折戟沉沙的。孔波斯特拉的旧贵族们打破了坎波马内斯在里瓦德奥（Ribadeo）建立现代亚麻工厂的希望，加利西亚知识分子对海岸附近加泰罗尼亚人的抨击导致穆罗斯（Muros）的水手们焚烧了咸鱼工厂。在此之前，卢戈的农民们已经发出了第一个警告，他们对公有土地的丧失以及强制施加的半封建道路深感厌倦，要袭击和摧毁萨尔加德洛斯（Sargadelos）的工厂。与此同时，商人奥蒂斯·德·帕斯（Qrtiz de Paz）收购了塞戈维亚皇家呢绒厂（Real Fábrica de Paños de Segovia），这引发了这座城市工匠的反对，先后几次纵火并最终毁掉了这个工厂。

梦想家和怪物

在法国大革命爆发之前，由于启蒙改革的渠道已经被堵死，改革显示出疲乏的迹象。卡洛斯三世推行专制主义，大胆地为国家的现代化而奋斗，因为他相信统一市场的红利和持续的经济发展能解决旧体制下所存在的社会和政治矛盾。然而，资产阶级使得改革由官僚们主导，而不是由一个深受思想启蒙影响并能提出解决方案的阶级领导，那么任何违背统治阶级的企图都注定要失败。在19世纪的自由主义胜利之前，乡村、慈善机构及财政等方面的改革仍然是有待完成的任务，而对教育改革和世俗化的阻碍仍然给西班牙的开放造成了巨大障碍。

在卡洛斯三世统治时期，这种紧张局势在两个对立的意见中融合在了一起。反动思想诞生了，它是变革的敌人，也是所有世俗性措施的敌人，但自由主义信条也同时出现。一些启蒙思想的支持者坚持不懈地推广这些自由主义信条，他们确信现有政治制度不可能得到改革，而且朝着对立的方向迈进。卡洛斯三世本人在1786年谴责"已经形成的政党"之时，就已经意识到了这种社会裂缝的存在。

由于教会不想在经历了思想启蒙的社会中失去影响力，一股反对启蒙运动的保守主义浪潮席卷欧洲和美洲。有人阴谋反对教会和王国的传说迅速越过了比利牛斯山脉，且还有谣言说启蒙主义哲学就是这些人阴谋造反的源头。在反动派的眼中，所有听起来与自由和平等有关的事物都是可疑的。

反动派们把枪口对准了西班牙的科学界，代表人物是费尔南多·塞瓦约斯（Fernando Ceballos），他是一位反对费霍（Feijoo）的圣哲罗姆教团的修士。这位修士致力于抨击共济会成员和新教徒，并指责他们图谋摧毁西班牙这座欧洲的精神堡垒。他认为哈布斯堡王朝时代膨胀的弥赛亚主义现在利用意识形态的堡垒作为掩护，搞乱了思想，并且随意谴责他人。

由于无法提供令人信服的替代方案，反动派只能依靠审查制度实施破坏，以推翻启蒙运动的价值准则。他们坚决反对共济会（masonería）和詹森主义（jansenismo），用曾经批评王权至上主义的声音来赞美君主的绝对权力。因为他们希望国王扼杀媒体并放弃宽容的态度。

在共同的敌人面前，国王和教会之间的联盟已经形成。与此同时，少数知识分子逐渐意识到改良主义的局限性，也知道哪些是必须克服的障碍。这不是一个新现象，卡洛斯三世时代的作家经常批评王权至上主义并抨击社会和宗教秩序。当启蒙主义哲学将理性和自由原则作为不可避免的前提时，也在政治领域提出了变革要求，但与法国相比，这些要求则显得谨慎得多。坎波马内斯曾经警告说，国家的不幸在于其政治宪法，但更在于开明专制主义。这种专制主义坚信国家会推动变革。然而，其他知识分子受到法国哲学和英国议会制的影响，开始强调王权要服从个人权利。

在法国大革命爆发后的几年里，外界对西班牙对王室的批评愈演愈烈。路易斯·卡约埃洛（Luis Cañuelo）在其杂志《监察官》（*El Censor*）中更加大胆地抨击王室。这本杂志就像革命价值观的代言人一样，建议王国听取知识分子的意见，并且不要担心无知者的拒绝。而伊瓦涅斯·德·拉伦特里亚（Ibañéz de Rentería）打破了"好暴君"的观念，提出了一种将共和民主纳入君主制的政府模式。在卢梭的影响下，《给莱雷纳伯爵的政治经济信件》（*Cartas político-económicas al Conde de Lerena*）一书反映了革命爆发前最广泛的变革要求。单纯地从经济主义角度来看，莱昂·德·阿罗亚尔（León de Arroyal）并没有提出对社会问题的解决方案。但是他在登上政治舞台之后，将个人利益作为自由的最好支柱，并谴责专制主义，认为无论多么开明，专制主义依旧是专制主义。在捍卫政治和经济自由主义时，瓦伦丁·德·福隆达（Valentín de Foronda）强调了面对权力的滥用和监护倾向，保护个人财产和安全的紧迫性。

即使是最支持政府的知识分子也会受到影响。霍维利亚诺斯和卡巴鲁斯在赞颂卡洛斯三世的同时，失望地发现改良主义已经达到了顶峰，因此他们的建议比以往任何时候都更能说明18世纪自由主义愿景的觉醒：在透明的市场中，国家只是旁观者，和谐的资本主义得以发展，社会建立在个人利益和思想运动完全自由的基础上。

人们预测会出现以个人主义和民主为基础的政府，而作为旧体制一员的卡巴鲁斯，在1789年法国大革命之后越走越远。

对洞穴的攻击

经过与欧洲其他国家拥护启蒙运动者的交流，西班牙的拥护启蒙运动者认识到改善教育是一切政治改革的第一步，管理教育事业的重任应委托给国家。在"教育造就人"座右铭的指引下，政治家和思想家坎皮略、萨米恩托（Sarmiento）和曼努埃尔·德·阿吉雷（Manuel de Aguirre）将目光投向了学校，希望从学校当中可以走出对社会和国家有用的公民。每当西班牙想要向现代化进军之时，都能从西班牙知识分子身上看到对于教育的担忧。在20世纪的前几十年，吉内尔（Giner）、科斯塔和奥尔特加为了复兴运动而重振教育，就是出于这个目的，而在工人社会党执政的十年当中，为了实现欧洲联合主义，西班牙的知识分子也是大力提倡改善教育。

教育可以造就人，国家的特征也可以被改变，新的爱国主义正在崛起，面对那些坚持将"旧日荣耀"作为国家灵魂本质的人们，坎波马内斯、费霍、瓦伦丁·德·福隆达（Valentín de Foronda）和胡安·安东尼奥·德·罗斯埃罗斯（Juan Antonio de los Heros）积极提倡对其进行改革。他们的想法可以用一句话来概括："各国国民并非天生有才。"启蒙运动的支持者们坚持认为人民的行为取决于其所接受的教育，他们敦促政府改善公共教育，满足社会各阶层的需求。他们还强调受过教育的少数群体必须为与反动派的斗争作好准备。教育的社会等级差异使得工人阶级与统治阶级之间存在着距离，同时还对科学家设置了一些规矩，以避免传播会破坏社会稳定的思想。在大众教育中，统治阶级宁可推行对自己有利的错误内容，也不会推行对自己有害的真实内容。然而，并非所有拥护启蒙运动的人都提倡相同的教育模式，霍维利亚诺斯主张因材施教，而非因社会地位而施教。而巴鲁斯通过在学校推行强制性的政治问答手册，以使教育成为民族融合的一个推动因素。

启蒙运动的支持者们将欧洲的进步与西班牙的落后作了对比。在17世纪末，古铁雷斯·德·洛斯·里奥斯（Gutiérrez de los Ríos）和胡安·德·卡夫里亚达（Juan de Cabriada）就曾那样做过。但与那个时候相比，现在有更多的人谴责迷信并赞扬科学的优越性。面对导致国家失败的旧有教条主义式的文化，坎皮略、萨米恩托、托雷斯·比利亚罗埃尔（Torres Villaroel）和伊瓦涅斯·德·拉伦特里亚（Ibañéz de Rentería）举起了批判性思维的旗帜。由于教学计划落后和教师素质低下，大学成了老古董。莫拉廷（Moratín）认为大学以教授神学和法律为中心任务，既没有任何研究任务，也缺乏鲜活的语言和科学的方法。福纳和曼努埃尔·德·阿吉雷发现大学无法进行实验性的研究，因为神学家们对实验性研究严防死守，怕新事物对宗教产生负面影响。同样，启蒙运动的支持者们经常批评拉丁语在学校中占主导地位的做法，并要求全面推行和尽量使用卡斯蒂利亚语。

在这种意识形态环境下，卡洛斯三世计划推行大学改革。他清楚地知道学校和官僚机构结成联盟反对一切改革，当改革影响到统治阶级之时，必掀起一场真正的政治风暴。奥拉维德为塞维利亚大学提供的教学计划帮助了卡洛斯三世，他将这种做法推行到圣地亚哥、奥维耶多、萨拉戈萨、格拉纳达和巴伦西亚的各个大学。政府以在巴利亚多利德大学发生的一件微不足道的小事作为借口，将那些批评王权至上论的人从大学中驱逐出去，最终使大学成为服从政府的机构，就连教授们也宣誓效忠。

卡洛斯改革的一个得意之作便是国民经济学课程，这门课程的学者们能够衡量传统社会的不平衡程度。在萨拉戈萨大学，洛伦佐·诺曼特（Lorenzo Normante）和维多里亚诺·德·维拉瓦（Victoriano de Villava）教授这门课程。他们提倡一种与君主专制主义兼容的资本主义，但批评贵族少数群体的特权。从经济学家的角度来看，拉蒙·萨拉斯（Ramón Salas）在萨拉曼卡所做的开创性工作极具改革意义——这些改革是1808年变革的前奏，拉蒙·萨拉斯在大学里引入了欧洲启蒙运动的平等主义理论和民主理论。

在耶稣会士被驱除之后，许多具有文化代表性的学校就成了弃子，其中最重要的是马德里皇家贵族神学院（Real Semenario de Nobles de Madrid）。这座神学院很快就被多明我会和奥古斯丁修会占领了。工程师何塞·胡安（Jorge Juan）被任命为这座神学院的负责人，他重新组织了教学计划，特别注重科学学科，并强调对《圣经》典籍的直接学习，这也招致了詹森主义者（jansenismo）的频繁指责。到了18世纪末，神学院强调对军事方向的研究，以满足中小贵族在武器使用方面的需求。另一项令人鼓舞的举措是希洪霍维利亚诺斯学院（Instituto Jovellanos de Gijón）的建立。这所学院是阿斯图里亚斯政治家霍维利亚诺斯的杰作，向所有社会阶层开放，并提供实践和实验教学，旨在培养该地区航海业和采矿业所需的专业人员。

尽管为此付出了巨大努力，但结果并不理想。政府不得不取消了11所大学，并提醒其他大学发展科学思想和进行研究的必要性。独立战争扼杀了新派的教员们和希洪学院，就像国民公会战争扼杀了贝尔加贵族皇家神学院（seminario de Vergara）一样。尽管战事紧张，但中央洪达（Junta Central）还是花费时间和精力为未来的公共教育奠定基础，因为这标志着国家对教育的承诺。

自由主义也在教育领域开辟了道路，知识阶级对传播知识充满了热情，掀起了一股举办科学和文学会议的热潮。这些会议促进了一些活跃的西班牙文化机构的诞生，如马德里医学院（Academia de Medicina）和巴塞罗那科学院（Academia de Ciencias）。新思想的曙光于1748年到达吉普斯夸小镇阿齐克伊提亚（Azcoitia），在彭那弗洛里达伯爵的庇护下建立了类似法国的文学家和艺术家聚会的皇家巴斯克国家之友协会（Bascongada de Amigos del País）。为了推动本地区的发展，纳罗斯（Narros）、阿尔图纳（Altuna）、萨马涅戈（Samaniego）和阿里奎巴尔（Arriquibar）讨论了消除文盲、培训技术人员和发展农业的方法。但国家之友协会不论其成员社会地位如何，也不管其如何顺从教会，在处理外国书籍时不得不与宗教裁判所周旋。

在卡洛斯三世认可了皇家巴斯克国家之友协会之后，许多类似的机构也成立起来，如国家之友皇家经济学会。这个协会与王室关系紧密，以一种火热但短暂的冲动推动教育发展，但几乎不会触碰那些比较繁荣的城市。这些机构以批判精神期待和加速自由社会的提前到来，而秉持地方主义和小农思想的贵族和教会对其极不信任，使得这些机构难以得到发展。

思考的狂热

在梵蒂冈对伽利略（Galileo）进行迫害之后，尽管西班牙当局没有采取相同的手段，但还是让西班牙的知识分子吓坏了，这也阻碍了天文学的进步。相反，在巴伦西亚地区，医学从浑浑噩噩中苏醒过来，成为西班牙科学改革运动的第一个焦点。由于奥地利的胡安·何塞（Don Juan José de Austria）的大力支持，科学在17世纪结束时重生。马蒂亚斯·德莱拉（Matías de Llera）、贾辛特·安德鲁（Jacint Andreu）、佛兰德斯人–拉法耶（La Faille）等大声疾呼用试验取代经院哲学。作为新医学的推动者，意大利人胡阿尼尼（Juanini）将他的教学从马德里扩展到巴塞罗那和萨拉戈萨，而在巴伦西亚，解剖学家克里索斯托莫·马丁内斯（Crisótomo Martínez）首次使用显微镜，彻底改变了医学研究方式。胡安·德·卡夫里亚达（Juan de Cabriada）大力支持实验室的实验研究，其所写的《哲学信件》（Carta filosófica）在1687年激起了一波热情，但是受到了无情的扼杀。

进入19世纪，直接观察方法取得了胜利，亚里士多德（Aristóteles）、希波克拉底（Hipócrates）和托勒密（Ptolomeo）的重要性下降了。在这场斗争中，本笃会修士费霍和安德烈斯·皮克（Andrés Piquer）脱颖而出。安德烈斯·皮克在巴伦西亚大学，根据"谨慎怀疑"的标准编纂了研究规定，严格遵循了笛卡儿（Descartes）所采取的方法。传教士对于他们所进行的尸体解剖工作感到震惊，并竭力阻止这种医学知识的传播。直到卡洛斯三世出面干预，才为这种有争议的做法开了绿灯。由于外国研究知识的引入，西班牙推进自然科学现代化的努力集中在了植物学和化学。林奈（Linneo）的门徒植物学家劳弗令（Loefling），启发了马德里的西班牙学者。这在巴纳德斯（Barnades）、穆蒂斯（Mutis）和戈麦斯·奥尔特加（Gómez Ortega）的著作里有所反映。安东尼奥·卡列尼列（Antonio Cavanilles）更新了植物的分类体系，卡洛斯三世也十分关注这些工作，并将其纳入大学研究的改革之中。此外，王室资助对秘鲁和智利的植物探险、穆蒂斯（Mutis）在哥伦比亚的研究，还资助内艾

（Née）加入马拉斯皮纳（Malaspina）的环球旅行，这使人们可以深入了解南美洲、墨西哥和澳大利亚的植物种群。费尔南多六世特别注重植物园，创建了马德里植物园，并先后在巴伦西亚、巴塞罗那和萨拉戈萨进行仿建。

得益于贝尔加拉爱国神学院（Seminario Patriótico de Vergara）的努力，化学也取得了长足的进步。在这座神学院，伊格纳西奥·德·萨瓦洛（Ignacio de Zabalo）制备了铸钢，卢亚尔（Elhúyar）兄弟发现了钨，沙巴诺（Chabaneau）净化了铂。普鲁斯特（Proust）在马德里和塞戈维亚的工作取得了一定的成就，但因为缺乏资源而最终没有完成，不过他所取得的成就很快就被列入了巴伦西亚大学的教学计划，并激发了后来许多教师的热情。赫罗尼莫·马斯（Jerónimo Más）就是其中一个典型例子，他搬到巴黎与拉瓦锡（Lavoisier）一起工作。

诗人们也受到了这种热潮的感染，梅伦德斯·巴尔德斯（Meléndez Valdés）、昆塔纳（Quintana）等写下了诗歌，赞颂科学的进步。然而，也有对进步的批评者：他们不仅批评学者，也批评科学，认为科学即使不被视为人类堕落的原因，也是无用和空洞的。在这方面，神学家们对费利克斯·德·阿萨拉（Félix de Azara）试图解释动物物种起源的研究以及阿尔特塔·德·蒙特塞古罗（Arteta de Monteseguro）和卡列尼列（Cavanilles）关于山脉形成的研究深表怀疑，因为这些研究会使宗教典籍遭到质疑。

捍卫政治权利和教育创新是启蒙运动在西班牙推动现代化的两个重要方面，而第三个方面——思想自由的斗争，填补了18世纪的思想史。在新哲学的基础之上，受过教育的人们唤醒了对征服未来的渴望，但是这种渴望并没有深入社会，因为巴洛克主义让个人意见服从权威的主张还大行其道。

西班牙的情况更加黑暗。教会强迫启蒙运动的支持者将知识分子对自治的要求与接受强加的社会准则结合起来。虽然抗议的声音一直延续到19世纪，但印刷自由逐渐渗透到西班牙的革新思想中，成为消除进步障碍不可或缺的工具。然而，霍维利亚诺斯、福纳和莫拉廷在宣传自由思想之时，总会遇到障碍。面对权力的滥用，只有福隆达（Foronda）坚持不受限制、印刷自由的观点。

宗教裁判所总是怀疑一切，并采取镇压和审查手段，还公布了新的禁书名单。波旁王朝多次试图控制宗教裁判所，但未能得逞。结合教会的审查制度，费尔南多六世建立了国家的审查制度，这种审查对在西班牙出版的一切著作都是强制性的，无知的审查官几乎从不作出合理的判断，总是不分青红皂白地没收一切可疑的印刷品。卡洛斯三世登上王位让人们松了一口气，但1766年的骚乱再次引发了国家对印刷品的恐惧，因此将审查官派到海关进行审查并大幅削减了出版许可。

政府从不会在与宗教裁判所的争端中退缩，还可能取得一些胜利，坎波马内斯和卡斯蒂利亚议会（Consejo de Castilla）甚至否认宗教裁判所在道德问题上具有任何权力，他们认为相关问题的权限属于民事法官。然而，由于政府不敢在宗教裁判所的改革问题上走得更远，仍然只在一些领域采取世俗化政策。

宗教裁判所的代理人希望采取更加狭隘的意识形态束缚，他们甚至没有预见到检查员对从威尼斯、安特卫普、洛桑（Lausana）等地印刷厂的书籍进口或走私几乎没有热情。因此，法国的百科全书进入了沿海商业城市——巴塞罗那、巴伦西亚、毕尔巴鄂，当然还有加的斯，因为外国商人在此地建立了许多商业殖民地。加的斯有

20多家书店，其中一些由法国人创建。作为西班牙自由主义的灯塔，这些书店宣扬了加的斯资产阶级的文化需求，还传播了一些被列入禁书名单的出版物。

在18世纪下半叶，由于政府控制了宗教裁判所，随着颁发给知识分子和经济协会的许可证激增，阅读受审查作品的人也越来越多，这也是西班牙知识复兴的原因。另一方面，由于宗教法庭的程序十分缓慢，这使得被列入其审查名单的书籍仍然能够流行。就像对洛克（Locke）的审判一样，从审判开始，历经70年的时间才定罪。因此，官方和教会的审查都未能阻止欧洲哲学家的作品在1789年之前传播，并激励了西班牙的启蒙运动。全面的封闭只是一种幻想，特别是当受过教育的人们从有关政治或文化新闻和书单中收到外国作品的准确信息时，就更不可能实现封锁了。

宗教裁判所不能扼杀创作的自由，转而扼杀启蒙思想。启蒙思想的传播是十分谨慎的，正如霍维利亚诺斯、伊利奥特（Iriarte）和莫拉廷的著作，只有10%的书籍遭到了非难。尽管阿兰达（Aranda）、罗达、阿尔莫多瓦尔（Almodóvar）等作家已经成功地绕过了宗教裁判所，但是没有人能感到安全，贵族和政治家也没有安全感。对奥拉维德的迫害掀起了对西班牙知识分子的禁锢潮流：寓言作家萨马涅戈、诗人托马斯（Tomás）、诗人贝尔纳多·德·伊利亚特（Bernardo de Iriarte）、记者克拉维霍·法哈多（Clavijoy Fajardo）、梅伦德斯·巴尔德斯、朝臣乌尔基霍、数学家拜尔斯（Bails）、教授诺曼特（Normantes）、教授萨拉斯（Salas）、王子导师何塞·米格尔·耶雷吉（José Miguel Yeregui）……甚至蒙蒂霍伯爵夫人（condesa de Montijo）也受到骚扰。这种禁锢让思想精英感到沮丧和自卑，虽然宗教裁判所并没有像被其迫害的人所说的那样封闭了西班牙，但它给许多人带来了生活在监狱里的感觉。

没有路障的革命

在卡洛斯三世去世之后，经济的恶化和政府的混乱揭示了失败改良主义的局限性，而法国的革命理想则称改良主义是旧政权的替代品。面对挑战，卡洛斯四世治下的西班牙未能迅速采取行动，并因王后玛丽亚·路易莎（María Luisa）和宠臣曼努埃尔·戈多伊的关系而进一步声名狼藉。

> 我的厚禄高官，
>
> 皆是路易莎所赐；
>
> 而我能给她温存一片，
>
> 所以你们想想我是谁。
>
> 我们的悱恻缠绵，
>
> 让我位居马扎雷之上。
>
> 我才是真正执掌天下之人，
>
> 一切都出自床第之欢。

随着法国消息的到来，王室的紧张情绪与日俱增，最终关闭了议会。此时的议会由弗洛里达布兰卡控制，他曾开会支持阿斯图里亚斯亲王费尔南多。全国所实施的封闭就像是针对传染的疫苗，所有知识分子的沟通渠道都被关闭了。而政府在驻巴黎大使的建议下，呼吁宗教裁判所和军队行动起来以确保实施封锁。

接下来，宗教法庭毫无顾忌地采取行动：卡巴鲁斯被捕，霍维利亚诺斯流亡，坎波马内斯失去了议会的职位。

随着对反基督教人士的迫害，来自法国的书籍在颁布1789年法令之后受到了恶毒的追踪。这件事引起了公众的极大兴趣，使加的斯成为颠覆性宣传的圣地。纪廉特派（los girondinos）掌权之后，法国政府将宣传革命的小册子输入西班牙。这些小册子激励了孔多塞（Condorcet）和马切纳神父。《巴塞尔和约》（*Paz de Basilea*）的签订，刺激了西班牙贵族和资产阶级，局势开始变化。因此，在1808年，随着新闻禁锢的解除，许多宣传革命的文章和小册子向西班牙提供了未来复兴国家的方案，就像处于同样境遇的法国人在1789年所做的那样。

弗洛里达布兰卡对法国大革命采取了犹豫不决的态度，也无法平息革命的宣传，这使他在政府中失势，并被阿兰达伯爵取代。西班牙国王希望阿兰达伯爵能够拯救其堂兄路易十六（Luis XVI）的生命。阿兰达伯爵采取了谨慎的对外政策，与法国保持一种松散的关系，在国内放松了新闻限制。他对革命者的放纵激怒了拥护君主政体者，但未能避免法国国王被送上断头台，这让卡洛斯四世对他极度不信任，用宠臣曼努埃尔·戈多伊取代了他。

路易十六被处死之后，西班牙90年来第一次打破了与法国的关系，并与英国和奥地利结盟，向法国宣战。在1793年春天，西班牙军队与其他欧洲列强一起向鲁西永进军。然而，临时的结盟并没有减少西班牙对英国的疑虑，因为英国坚持让西班牙海军积极参与对法国的海军封锁。舰队的指挥官们怀疑英国想让西班牙海军与法国海军鹬蚌相争，以便英国渔翁得利进而控制世界的海洋。于是海军在面对这些挑战时保持了谨慎，并保持了与美洲的交通畅通。

然而西班牙陆军的表现完美地诠释了18世纪战略家的不利预

言。由于战备不足，供给过差和士气低落，面对愤怒的"长裤汉"（sans culottes），西班牙军队一败涂地。在1794年，法国革命军队占领了加泰罗尼亚的大部分地区，西班牙无法派兵支援，巴塞罗那不得不自行组织起防卫委员会并建立一支由两万人组成的军队。与此同时，圣塞瓦斯蒂安投降了，吉普斯跨（Gipuzkoa）议会滥用权力与法国人谈判媾和。尽管王室既担心下层民众的背叛，也担心加泰罗尼亚分离主义者的野心死灰复燃，但是这两个地区都转危为安了：一贯的反法情绪、教士们的爱国主义以及反教权主义者对王权至上论的伤害都有利于王室。法国人在纳瓦拉和阿拉瓦的进军给西班牙造成了压力，戈多伊试图抛开盟友单独媾和以结束战争，并将损失降低到最小范围；根据《巴塞尔和约》（Paz de Basilea），西班牙恢复了领土完整，但将圣多明各（Santo Domingo）殖民地割让给了法国。

西班牙的中立没有持续太长时间，《圣伊尔德丰索条约》（Pacto de San Ildenfonso）使卡洛斯四世再次与法国结盟，以对抗英国。这一次，西班牙的恐惧和殖民利益使其不再纠结于法国处死国王的旧事。两个月后，英国人通过在圣文森特（San Vicente）和加的斯击溃西班牙舰队，惩罚了西班牙的背盟行为。

与此同时，戈多伊加速了改革，但这并没有挽救他的声名狼藉。他减少了行会垄断，支持土地法，废除了一些税收，放开了制造业的价格。他甚至在1797年吸引一些最重要的拥护启蒙运动者——卡巴鲁斯、霍维利亚诺斯、弗朗西斯科·萨维德拉（Francisco Saavedra）和马里亚诺·路易斯·德·乌尔基霍（Mariano Luis de Urquijo）加入政府。但是，他的大部分努力都会被他推崇的王权至上论所掩盖。在他的这种论调中，又隐藏了其面对受拿破仑控制的教皇之时对自治的渴望。因此，在教会内部，斗争变得更加尖锐。斗争的一方是自由少数派，以萨拉曼卡大学和马德里圣西德罗学院（Instituto San Isiro de Madrid）的毕业生为代表；另一方是反动派，他们因之前流亡耶稣会士的加入而得到壮大。

这只是革命和拿破仑战争在西班牙社会所产生的巨大意识形态分裂的一个代表。国民公会战争的后遗症激发了西班牙思想领域的反启蒙潮流，他们找到了一个可以发泄愤怒的敌人。革命成为一切恶行的象征，变成了诅咒，反动派知道如何利用专制主义的和平来对抗革命。许多教会成员沿着其前辈的足迹，参加了这场斗争。更引人注目的是，一些拥护启蒙运动者因为事态发展受到惊吓而偃旗息鼓。清醒的奥拉维德（Olivade）在《胜利的福音》（El evangelio en triunfo）中收回了前言，赞颂了传统价值观和专制主义，而霍维利亚诺斯则用更典型的迭戈·德·卡迪斯（Diego de Cádiz）布道语言将世纪之交的动荡归咎于不信教者的阴暗策略。

面对西班牙王室的弱点，拿破仑以令人震惊的方式不断干预西班牙的国内政治，直到戈多伊垮台和乌尔基霍取而代之。但由于缺乏合适人选，国王不得不再次任命戈多伊为首相。这一次，戈多伊为了法国而发动了对葡萄牙的入侵。在签订了《亚眠条约》（La paz de Amiens）之后，卡洛斯四世采取的对外政策完全是为法国服务，允许法国在伊比利亚半岛驻扎军队并获得来自美洲的白银。但拿破仑让西班牙保持中立只不过是障眼法，完全是为了避免腹背受敌。

然而，英国入侵拉普拉塔河引发了新的战争，在之前的特拉法加尔海战中，英国就曾大获全胜。

由于战争所造成的灾难，权贵们的排斥以及神职人员对出售教会财产的恐惧，所有反对未来费尔南多六世的人们都聚集在了一起。

这些反对派密谋的一个很好借口是《枫丹白露条约》(*Tratado de Fontainebleau*，1807年)。根据这个条约，戈多伊打算让王国参与另一场反对葡萄牙的冒险，以换取阿尔加维的一个公国。当其阴谋被揭露时，卡斯蒂利亚议会拒绝控告起诉王子及其支持者，并在安达卢西亚和东南沿海地区发生流行病的敏感时刻反对政府。生存危机再次爆发，人口的大量增长，加泰罗尼亚工业的瘫痪，巴伦西亚丝绸的崩溃……由于通货膨胀率飙升和不可阻挡的破产，局面都乱套了，难以维持下去。维持15年的战争给摇摇欲坠的财政带来了沉重的负担，在堵死改革道路之后几乎没有任何改善的希望。

由于法国军队在再次对葡萄牙开战的借口之下秘密占领了西班牙，戈多伊将王宫搬迁到了阿兰胡埃斯，以便在此等待在安达卢西亚或美洲找到避难所。但这个打算因为发生骚乱而搁浅了，戈多伊被解职，国王也让位给费尔南多。几天后，缪拉(Murat)将军进入马德里，费尔南多被拥立为国王。拿破仑厌倦了在西班牙维持一个虚幻的独立政府，决定利用政治混乱来向西班牙王室施加压力，迫使他们来到巴约讷(Bayuna)解决分歧。拿破仑与西班牙的新老两位国王一起结束了这场闹剧，并迫使他们将王位交给了约瑟夫·波拿巴。法国大革命的继承者们获得了马德里的权杖并埋葬了旧体制，但没有开枪或引发起义。

宫殿的吹毛求疵

在巴洛克式的创作高潮之后，西班牙文学经历了一个漫长的冬天。在这冰天雪地当中，创作的灵感主要来自政治思想和经济理论。诗歌扮演了公共改革的帮工角色，失去了前几个世纪的柔和及优美。

因此，伊利亚特和萨马涅戈的说教寓言、梅伦德斯·巴尔德斯和昆塔纳的资产阶级诗句或伊斯拉神父（Padre Isla）的讽刺小说，都并非能够流传万世的作品。由于说教的桎梏，戏剧也没有什么值得铭记的佳作。莫拉廷的戏剧作品是这一时期的代表作，辛辣讽刺了小资产阶级的平庸和无知。所有这些都反映了一个文化贫瘠社会的知识面貌。跟与启蒙运动有关的话题相比，这个社会更关注霍达舞和斗牛。约瑟·玛利亚·布兰科·怀特（José María Blanco White）批判了西班牙的粗野和衰落。

无论是英国革命还是法国革命，资产阶级所带来的变革以及商业和工业的发展都需要历史学家的帮助，因为他们能够为资产阶级的斗争提供理由和论据，打破贵族的天命论。为此，历史明确界定了人在历史发展中的作用，重新编辑了经典的人类中心主义，并将宗教置于适当但处于边缘的位置。正是人类，而非上帝或贵族，凭借其聪明才智和辛勤努力使自己成为历史的最终主题。历史在资产阶级手中进入了最先进的阶段。此时的历史本身就是一个整体，是第三等级（Tercer Estado）意志的完美和自由实现。有一段时间，历史敢于思考并穿上哲学的外衣，但在被浪漫主义潮流浇灌时无法抗拒。

与巴洛克史学相比，新历史需要净化来源。玛亚安斯（Mayans）在巴伦西亚大学将批评变成了一种知识活动，并使圣徒雅各（Apóstol Santiago）来到西班牙的传说纳入了教学。费霍与他并肩作战，要求历史学家保持公正性。卡达尔索（Cadalso）将对国家的直观看法与现代历史观念联系在一起。作为《摩洛哥信札》（Cartas marruecas）的作者，卡达尔索积极支持对西班牙进行改革，他没有受到主张语言纯正诱惑的打扰，也没有沾染反动思想家所秉持的排他性爱国主义。卡达尔索认为，纵观西班牙历史，没有什么理由值得炫耀，因为历史充满了对工业和商业的蔑视，并受到宗教狂热冲动的支配。然而，在《摩洛哥信札》当中，语言作为国家统一的象征再次体现出来，在推动各民族认同和宣扬西班牙英雄过程中起了主导作用。怀旧的人更喜欢阅读福纳，他遵循赞美西班牙的时尚潮流，通过展示"天主教徒"费尔南多和西斯内罗斯时期的政治、16世纪的文学以及中世纪阿拉伯统治时期的医生和诗人，表达自己对西班牙的赞颂。

在寻求国家的"存在方式"时，历史放弃了其总体特征，局限于王国的狭隘范围之内，而知识分子则以恢复旧日荣光作为改革的紧迫任务。拥护启蒙运动者认为，在没有事先了解原因的情况下，批评西班牙的弊病或努力革除弊病都是徒劳的。通过这种方式，历史为西班牙的理想提供了无与伦比的借鉴。西班牙也通过各个语言学院和历史学院展示自己的争强好胜之心，因为这些学院在推广卡斯蒂利亚语和展示王国的历史之时，为全国的统一事业提供了巨大的支持。

随着波旁王朝入主西班牙，西班牙的艺术充满了欧洲风格。费利佩五世用意大利和法国大师取代了西班牙巴洛克风格的匠人们，将马德里王宫变成了西班牙的艺术实验室。建设公共建筑过程中的统一审美方式和圣费尔南多美术学院（Real Academia de Bellas Artes de San Fernando）的教学注定要引导新艺术潮流中的创作模式。塞戈维亚的圣伊尔德方索宫模仿凡尔赛宫体现了西班牙艺术风格的变化；而马德里的王宫建立在旧日王宫的基础之上，其艺术风格介于法国的感性和巴洛克古典主义的改良风格之间。

宫殿改造上，阿兰胡埃斯花园、里奥弗里奥王宫（Riofrío）和皇家萨雷萨斯修道院（Salesas Reales）的建造都带有相同的印记。

18世纪中叶的艺术更加侧重对理性的崇拜和对历史的关注，在发现了古典建筑的精妙之处后，人们大量兴建线条清晰的建筑。文图拉·罗德里格斯（Ventura Rodriguez）在萨拉戈萨的皮拉尔广场（Pilar）和潘普洛纳大教堂的立面都运用了这种结构。在卡洛斯三世统治时期，新古典主义风格成为国家革新的伟大标志。弗朗西斯科·萨巴蒂尼（Francisco Sabatini）设计了马德里的阿尔卡拉门（Puerta de Alcalá）。胡安·德·比亚努埃瓦作为18世纪末西班牙最重要的建筑师，用普拉多大道（paseo del Prado）上包括普拉多博物馆在内的众多建筑使马德里焕然一新。

波旁王朝将欧洲艺术家召唤到王宫之中，但传统的工作室继续滋养着人们对宗教形象的审美。穆尔西亚人弗朗西斯科·德·萨尔齐洛（Francisco de Salzillo）作为18世纪宗教主题雕塑作品的重要创作者，创作了那不勒斯风格新奇的基督诞生塑像。18世纪西班牙的绘画佳作不多，但被法国和德国肖像画家以及意大利壁画家的作品填补了空白。如提埃坡罗（Tiépolo），装饰了马德里的皇宫。维森特·洛佩斯（Vicente López）的作品体现了门斯（Mengs）的艺术风格，他的长期职业生涯使他成为19世纪上半叶的官方肖像画家。路易斯·帕雷特·阿卡萨（Luis Paret y Alcázar）用精湛技艺描绘了马德里的风土人情，但他的光芒被处于同一时代的戈雅给掩盖了。

面对同行们的传统主义，弗朗西斯科·德·戈雅（Francisco de Goya）开了绘画创新的先河。不幸的是，他的作品后继无人。他曾在萨拉戈萨和罗马接受过新古典主义艺术风格的熏陶。这位阿拉贡人是个全才，敢于大胆创新，其风格的形成几乎是自学成才。随着时间的推移，他采用了美学和技术方法，成为现代潮流的先驱。从意大利旅行回来后，戈雅定居在萨拉戈萨，并很快就融入了国家之友协会当中拥护启蒙运动者的圈子。这对他的许多画作都产生了明显的影响。在进入马德里之后，他摆脱了学院派风格，在皇家挂毯工厂（la real Fábrica de Tapices）创作了许多作品，使人成为最纯粹启蒙思想的唯一主角。

1793 年是其人生的转折，他因为疾病而耳聋。从此，天才的痛苦与国家的危机联系起来了。戏剧性和富于想象的形象，狂热的人们，失去理智或着魔的角色……这是《随想画作》（los Caprichos）和《卡洛斯四世一家》（Familia de Carlos Ⅳ）的阶段，讽刺了人类的现状，也发出了反对旧体制的信号。虽然整个国家在独立战争前夕失去了北方，但戈雅仍然沉浸在艺术家的世界里，并且像其他拥护启蒙运动者一样，信任波拿巴（Bonaparte）。然而，随着这位画家的醒悟，其画作开始谴责战争所带来的灾难以及应为此负责的摄政委员会（Consejo de Regencia）领导人，并颂扬马德里人民的成就。因此，《5 月 2 日》（El dos de mayo）和《枪杀起义者》（Los fusilamientos de la Moncloa）作为西班牙民族爱国主义的赞美诗，达到了艺术的辉煌。为了描绘费尔南多六世高压下令人窒息的世界，戈雅创作了《异言录》（Los Disparates）和一系列黑色绘画。这是一个对撕裂的西班牙的生动隐喻，也导致了戈雅在流亡途中死去。

第十三章
西班牙的迷失

不和谐的帝国

对于西欧各国来说，18世纪是启蒙的世纪，19世纪则可以被定义为经济和社会发展的世纪。然而，在西班牙，由于内部战争和海外事业的衰落，成绩不乐观。在19世纪漫长的100年当中，西班牙人不得不拿起武器，迎接一场场战争。先是独立战争——一场由国内矛盾引发的国际冲突，然后是殖民地的解放战争以及与卡洛斯主义分子的战争，最后是古巴战争——由美国干涉古巴内部问题而引发。

在1807年即将结束时，卡洛斯四世统治下孱弱的西班牙对于法国来说已经没有太多利用价值了，所以拿破仑决定将西班牙变成法国的卫星国。费尔南多七世（Fernando Ⅶ）的退位和谬拉将军在西班牙北部所进行的军事统治明确地反映出西班牙的独立是虚假的。国王的出走及其法国人保持合作的态度使西班牙陷入了困境。面对当局的犹豫不决，西班牙人民在国内贵族的巧妙指引下拿起武器打击入侵者。贵族们加入反抗法国人入侵的斗争，是因为他们希望遏制波拿巴及亲法派的"革命"措施，对于"国家主权"的主张，只不过是他们想要暗中改朝换代的一种方式。他们在加入争取"民族独立"斗争的同时，对武装起来的民众也抱有深深的恐惧之心。1808年5月2日，是展现西班牙爱国主义的一个重要日子，因为在这一天，马德里民众爆发了起义。目睹法国军队所进行的严酷镇压之后，西班牙各地风起云涌，爆发了反抗斗争。受到这些斗争鼓舞的西班牙开始弥合内部纷争一致反对法国侵略军及其西班牙仆从军。马德里的无名英雄们激励了新旧卡斯蒂利亚、阿斯图里亚斯、埃斯特雷马杜拉、安达卢西亚等地的反法斗争。在这些地区，波拿巴兄弟试图用怀柔手段来安抚官僚和深感恐惧的地主，同时利用对教会和贵族的敌意来推动启蒙运动的改革项目。

与独立运动同时发生的是长期内战，而亲法派往往成了替罪羊。

埃布罗河流域、卡斯蒂利亚、安达卢西亚等地各城市的起义挫败了拿破仑所制定的和平征服战略。同时，也给法国人带来了严重的风险，因为法国军队孤军深入，远离了葡萄牙、巴塞罗那、马德里和维多利亚。意识到危险之后，拿破仑要求他的将军们尽快消灭反抗力量，但是事与愿违。贝西埃尔（Bessiéres）在梅迪纳-德里奥塞科的胜利并没有消弭萨拉戈萨的反抗。萨拉戈萨作为榜样，成功地影响了洛格罗尼奥。在加泰罗尼亚，法国士兵在布鲁赫（Bruch）遭遇了两次阻击，而赫罗纳的反抗则打破了法国人的后勤补给线；在安达卢西亚，面对卡斯塔尼奥斯（Castaños）将军率领的数量占优的军队，法军遭遇了惨败。

西班牙军队在拜伦（Bailén）所取得的胜利迫使约瑟夫逃出马德里，爱国者们梦想着最终赶走敌人，他们与英国人站在了一起，一个欧洲大陆反法战争的新战线形成了。然而，拿破仑直接从法国派遣了一支25万人的军队，迅速开进西班牙。这使得西班牙人的希望消失殆尽，因为西班牙的将军们面对敌人的进攻束手无策。塔拉韦拉、麦德林、雷阿尔城接连陷入敌手，此外，在1809年奥卡尼亚的惨败之后，充当战时西班牙政府角色的中央洪达匆忙离开梅塞塔高原，逃往塞维利亚避难，后来又跑到了加的斯。这样，安达卢西亚和巴伦西亚相继投降，只有穆尔西亚和韦尔瓦仍保持独立。

缺乏资源的西班牙人并没有气馁，转而开展游击战，以消耗拿破仑的军队。他们认为法国人要完全且有效地占领西班牙会遭遇重重困难，并会因此而被削弱。法国人控制了城市，乡村就成为米纳（Mina）或"顽固抵抗者"（El Empecinado）——胡安·马丁·迪耶斯（Juan Martín Díez）的天地。拿破仑本人也承认游击队使得局势不稳，因此完全无视马德里宫廷为保留颜面而发出的建议，将埃布罗河流域各省份置于军事统治之下，创建了类似现代的"西班牙边疆区"（Marca Hispánica）。

西班牙战争也对拿破仑在欧洲大陆的其他战役产生了重大影响：原本似乎是一次旅行一样的军事行动已经变成了一个泥潭，他不得不在西班牙派驻大量军队，而俄国战线的吃紧又越来越需要这些部队。但是贸然撤军又可能导致灾难，就像1812年7月所发生的那样。英西联军指挥官惠灵顿（Wellington）在阿拉皮莱斯（Arapiles）击败了法国人，将他们驱逐出安达卢西亚并威胁马德里。

最后，约瑟夫·波拿巴不得不撤军，在其逃跑途中，联军再次在维多利亚和圣马西亚尔（San Marcial）对其予以重创。拿破仑在与费尔南多七世谈判以退出西班牙之前，不得不在西法边境驻扎大量军队防守。费尔南多七世在1814年初恢复了王位，并在欧洲战争的最后阶段保持了中立，而法国则因此确保了其南翼免受进攻。但费尔南多七世复位之后，并没有考虑到这场战争真正主角的利益，也没有考虑到跟随君主流亡的忠实西班牙波拿巴主义者的利益。

战争破坏性的影响不仅仅影响了伊比利亚半岛。随着西班牙行政体系和意识形态束缚的崩溃，再加上受到英国煽动，西班牙海外领土的分裂主义倾向日益升级，那里的克里奥尔人也对在获得殖民地职位方面的歧视性待遇感到不满。1806年，阿根廷的克里奥尔人在努力抵抗英国对布宜诺斯艾利斯的入侵，甚至在拿破仑战争期间，他们还在马德里宫廷面前坚决捍卫自己的利益和权利。从这个意义来说，没有比费尔南多退位及其被法国傀儡政府所取代之时更好的机会。

与西班牙的人们一样，美洲人也拒绝接受法国的统治，并以维护君主权威为借口组织了各个洪达，尽管不久之后他们就会推翻西班牙统治者并要求实现政治和商业自由。

在1814年之前，马德里政府无法对南美克里奥尔资产阶级的独立采取任何行动，加的斯的议会致力于维护王国的完整性，也不敢冒险进行任何行动，都明白只有力量得到巩固才能实现预期目标。在拉普拉塔总督区（Virreinato del Río de la Plata）和新格拉纳达总督区（Virreinato de Nueva Grana）的独立斗争最为激烈。在没有西班牙参与的情况下，解放斗争很快就沦为了独立派和保皇派之间或民族资产阶级与贫穷的梅斯蒂索人和印第安人之间的内部冲突，他们经常被一方或另一方操纵。在委内瑞拉，博维斯（Boves）的野蛮镇压和消灭克里奥尔人的建议深深植根于贫困人口的心中，这迫使玻利瓦尔（Bolívar）在委内瑞拉从西班牙获得独立后逃离了这里。

在西班牙与法国战争结束时，费尔南多七世政府并没有进行友好协商，而是直接派遣一万人的军队打击主张独立的人，他们成功地镇压了委内瑞拉和新格拉纳达的反抗。然而，阿根廷保留了自由，并于1816年正式宣布独立。西班牙对一切自治要求的顽固反对态度阻碍了和平，并激怒了美洲领导人。当西班牙因为资源有限以及远征军死伤过巨而力有不逮之时，美洲人奋起反抗了。考迪罗们（Caudillos）深知西班牙的巨大困难，发动了致命一击：1819年标志着平衡的变化，形势更加有利于委内瑞拉的独立派，而圣马丁率领他的部队从阿根廷进入智利，并威胁保皇党的堡垒——秘鲁。

解放者的进军并没有使西班牙国王改变自己的顽固态度，他将部队集中在安达卢西亚，准备穿越大西洋以惩罚解放者。1820年，发生了支持《加的斯宪法》（Constitución gaditana）的起义，而自由政府统治期间所采取美洲政策又十分拙劣，这使圣马丁和玻利瓦尔能够在苏克雷（Sucre）取得秘鲁阿亚库乔（Ayacucho）之战的胜利之后，解放新格拉纳达和委内瑞拉。西班牙重新夺回这些国家的可能性几乎为零，除非得到神圣同盟（Santa Alianza）中专制主义国家的帮助，但这只能是错觉，因为英国和自1823年起就秉持门罗主义的美国承认了这些新的共和国。

西班牙的削弱和对自由主义的恐惧甚至恶化了墨西哥内部的关系，地主、商人和教会因害怕社会革命而对西班牙保持忠诚。然而，狂热的人们对土地改革和教会改革的热爱使贵族和教会投入了由军阀伊图尔维德（Iturbide）所领导独立运动的怀抱。伊图尔维德于1822年宣布自己是新国家的皇帝。随着墨西哥的丧失，意味着经过十年的冲突，西班牙完全丧失了美洲大陆，只保留了古巴、波多黎各（Puerto Rico）和菲律宾。

不过，西班牙没有从美洲的灾难性经历中吸取教训。在他们仅存的加勒比殖民地，到了1840年，黑人奴隶超过了人口的60%。由于害怕黑人奴隶的起义，西班牙资产阶级和糖业寡头集团加强了相互之间的谅解。寡头集团赞扬马德里的强硬政策，并反对英国人结束人口贩运的主张。在19世纪50年代，第一次分离主义尝试被暴力镇压了。随着以向美国出口糖、烟草和咖啡为基础的经济获得发展，人们的情绪逐渐得到了平息。然而，正如在南美洲已经发生的那样，克里奥尔精英的发达使他们与城市中的西班牙裔古巴中产阶级和商业阶层保持距离。

古巴地主的利益现在集中在美国身上。尽管1837年宪法的相关法律规定了地方自治、降低关税以及克里奥尔人在行政管理方面与西班牙人享有平等权利等内容，但是西班牙并没有借此机会去努力吸引笼络古巴地主。相反，在伊莎贝拉二世统治末期，情况变得更加复杂。新的关税法对安的列斯群岛来说过于繁重，而废除奴隶制（1866年）则对糖业寡头造成了巨大伤害。在这种情况下，资产阶级对西班牙革命的同情是可以理解的，因为萨拉诺（Serrano）及杜尔塞（Dulce）乐于改变安的列斯群岛目前的政策。然而，"光荣革命"（La Gloriosa）通过点燃内战之火浇灭了乐观主义者的希望。面对塞斯佩德斯（Céspedes）及其独立和民主的"古巴共和国"，来自哈瓦那富裕商人家庭的传统派成员们反对任何形式的地方自治或商业自治，并资助了一支志愿者军队以镇压起义。意见分歧也延伸到伊比利亚半岛：虽然普里姆（Prim）赞成结束战争，甚至对古巴岛毫无兴趣，但因为事关加泰罗尼亚经济利益，所以更广泛的意见是要求恢复和平。在十年的游击战之后，西班牙向古巴派遣了一支军队并成功地结束了冲突，于1878年签署了《桑洪协定》（Paz del Zanjón）。和平并不意味着问题得到了解决，因为这只是一种强加的秩序。

西班牙错过了安抚富裕克里奥尔人的机会，这些克里奥尔人拒绝了自治党（Partido Autonomonista）的召唤，这危及西班牙的财政收入。自治党是温和宪法的捍卫者，政府和加勒比传统派分子坚决反对放弃在行政管理方面的特权也反对实施自由贸易，因为这与当时的保护主义政策背道而驰。

在没有达成协议的情况下，战争在1895年再次爆发。自治派的主张一事无成，也就偃旗息鼓了，而何塞·马蒂（José Martí）所领导独立派的主张广受欢迎。在深受经济萧条之苦贫困百姓的支持下，独立派通过游击斗争重新夺回了城市地区并骚扰了深受热带疾病困扰的敌军。卡诺瓦斯任命主张谈判的马丁内斯·坎波斯（Martínez Campos）将军作为西班牙军队的负责人，但这位将军无法阻止双方极端主义分子之间的对抗，不得不让位于强硬的魏勒尔（Weyler）。

魏勒尔在1896年终于使古巴回归了正常生活。从那时起，美国就一直对西班牙施加压力，迫使其接受古巴自治的要求。萨加斯塔（Sagasta）不顾公众舆论的反对，表示愿意达成协议，但传统派在哈瓦那发动的骚乱使这个项目流产了。美国也因此以保护公民的名义将缅因号（El Maine）派往古巴。缅因号的意外爆炸和美国媒体添油加醋式的宣传迫使美国总统麦金利（McKinley）要求西班牙承认古巴独立，并在西班牙拒绝这个要求之后，向西班牙宣战。这下，西班牙大祸临头，舰队分别在菲律宾和古巴的圣地亚哥湾被摧毁。

海军惨败之后，西班牙不得不将其剩余的殖民地让给了美国。

最后一个殖民地的丧失是西班牙的悲剧。这次是败给了外部势力，而不是像19世纪20年代那样是西班牙人之间的战争。古巴和菲律宾的日子也不好过。马蒂所梦想的在古巴建立一个自由和民主共和国的革命目标并没有实现。古巴仍然是内有大地产寡头集团的窒息统治，外有美国赤裸裸的干涉。与此同时，在菲律宾群岛，美国派来的统治者努力摧毁一切带有西班牙痕迹的事物。

19世纪20年代的美洲战争，既是解放运动，也是社会对抗，更是自由主义和反动派之间的斗争。与此同时，在伊比利亚半岛也爆发了卡洛斯战争（Guerras Calistas）。1833年，支持专制主义的教会人士反对波旁摄政女王玛利亚·克里斯蒂娜的统治，宣布王子唐·卡洛斯（Don Carlos）为国王，他们希望其能够捍卫传统社会。这场血腥的内战主要在巴斯克地区爆发，但也蔓延到了加泰罗尼亚、阿拉贡和巴伦西亚的山区。在巴斯克，卡洛斯派从一开始就得到了农民群众和农村贵族的支持。这些人受到低级神职人员的鼓动，也怀有对城市的怨恨，因此想要征服巴斯克地区各省的省会。

尽管卡洛斯派控制了农村地区，但是毕尔巴鄂、圣塞瓦斯蒂安、维多利亚和潘普洛纳仍然忠于自由派。随着巴斯克各地相继承认唐·卡洛斯为国王，卡洛斯派利用了自由派国民卫队所引起的反感情绪，加强了与北方农民的联系。然而，卡洛斯派无法说服那些对其所秉持的传统主义持敌对态度的开明阶级，也无法说服资产阶级和城市无产阶级，只能任由他们加入了捍卫伊莎贝拉二世王位的地方民兵。

俄罗斯、奥地利和普鲁士支持唐·卡洛斯，并给予他资金和武器支持。在与西欧强国结盟之后，玛利亚·克里斯蒂娜政府获得了英国、法国和葡萄牙的支持。与1936年的情况一样，卡洛斯战争时期的西班牙集中了理想主义者以及寻求军事荣耀和冒险的人，也吸引了大量的新闻记者——他们相信西班牙决定了欧洲文明的未来。

尽管乡村支持卡洛斯派，但是自由派没能在战争的早期向北方派遣一支装备精良的军队，否则卡洛斯派在建立其民事和军事组织之前就被剿灭了。由于自由派的反应迟缓，伟大的战略家和卓越的领袖——托马斯·德·祖玛拉卡吉（Tomás de Zumalacárregui）将军能够有宝贵的时间训练一支由2.5万名士兵和众多游击队员组成的军队。这些游击队员对该地区的了解程度无人能比。自由派的第一次失败表明其已经无法镇压巴斯克地区的暴乱。在卡布雷拉（Cabrera）整合了加泰罗尼亚和阿拉贡的队伍之后，唐·卡洛斯进入西班牙并开始统领自己的支持者。

胜利和失败在1835年交替发生：埃斯波斯（Espoz）和米纳统帅的自由派在洛萨尔科斯和爱查瑞－阿拉纳兹（Echarri Aranaz）获胜，而卡洛斯派则在戈尔比亚（Gorbea）、奥尔杜尼亚及埃利松多（Elizondo）取胜。但是，在巴尔德斯将军的指挥下，自由派军队面对祖马拉卡吉（Zumalacárregui）时的草率行动最终导致了溃败，这使得唐·卡洛斯占领了维拉弗兰卡（Villafranca）、托洛萨、埃瓦尔、杜兰戈（Durango）和奥查迪亚诺（Ochandiano）。除了各省省会和纳瓦拉南部之外，卡洛斯五世控制了从埃布罗河到坎塔布里亚的大片疆域，建立了自己的宫廷、政府和法律。

卡洛斯派的分裂野心从未得到满足，他们的目标是马德里。卡洛斯派及其顾问罔顾战争形势，痴迷于首先攻下毕尔巴鄂，而祖玛拉卡吉的计划是借道拉里奥哈直取马德里。最后，顾问们的意见占了上风，卡洛斯派军队围攻英国海军协防的毕尔巴鄂，祖玛拉卡吉最终在此地殒命。唐·卡洛斯入主马德里的希望也与其一起被埋葬了。对于自由派来说，毕尔巴鄂的解放事关全国，因此，他们派遣埃斯帕特罗将军前去解围，并迫使卡洛斯派放弃了围困。

自由派因为后勤供应不足，再次失去了给敌人以致命一击的机会。尽管卡洛斯派不断压榨其所控制的有限巴斯克领土，并使自己越来越不受欢迎，但埃圭亚（Eguía）将军还是借此机会得以重整军队。他们改变了战略，开始对敌方领土进行一系列的惩罚性入侵，其目的是鼓动南部和卡斯蒂利亚各地的农民起义。其中值得注意的是1837年卡洛斯派军队的进攻，使得加泰罗尼亚和巴伦西亚受到了惊吓，他们还进抵马德里外围，但是没有取得任何实质性的胜利。在其进军途中，第二次围困了毕尔巴鄂，圣塞瓦斯蒂安也遭到了袭扰。在邻近城市的英勇捍卫下，内尔维昂得到了埃斯帕特罗的救援，击败了围攻者并保护了这座城市。

卡洛斯派在欧里雅门迪（Oriamendi）进行了报复。在那里，与自由派合作的英国军团出乎意料的惨败，卡洛斯派则取得了大胜。随后，自由派组织了10万人的军队进行回击，此时，西班牙的卡洛斯派则无法抵抗了。

由于战事旷日持久，越来越多的人建议摄政女王增兵巴斯克，以便彻底击败唐·卡洛斯。自由派的特工通过"和平与特权"方案（Programa de Paz y Fueros）在卡洛斯派阵营中散布谣言，离间卡洛斯派和巴斯克人的关系。巴斯克人只关心维持当地的特权体制。在比斯开人当中，对战争流血事件的沮丧情绪与日俱增，吉普斯夸人对执行唐·卡洛斯命令越来越表现出不屑。卡洛斯派的内部危机、卡斯蒂利亚人和纳瓦拉人之间的冲突、部队的士气低落、平民的疲劳都为结束战争铺平了道路，当卡洛斯派军队的最高领导人马罗托（Maroto）让顽固的将军们接受和平协议时，战争的结束也就水到渠成了。最终，在1839年8月31日，埃斯帕特罗（Espartero）和马罗托签署了《贝尔加拉协议》（El Convencio de Vergara）以结束战争：维多利亚公爵（duque de Victoria）承诺在马德里为巴斯克人争取保留特权，协议双方均承认伊莎贝拉为女王，而失败阵营官员的工资和晋升也能够得到保证。巴斯克实现和平之后，自由派在地中海敌军投降后于1840年结束了战争，唐·卡洛斯和卡布雷拉逃离了西班牙。

卡洛斯派永远不会东山再起了。然而，在伊莎贝拉二世统治期间，卡洛斯派也不会保持沉默，又开始制造政治混乱。他们所造成的混乱压力在1846年至1849年加剧了，加泰罗尼亚游击队与进步党和共和党结盟反对温和派政府并支持蒙特莫林（Montemolín）伯爵。几年后，圣卡洛斯-德拉拉皮塔（San Carlos de la Rápita）也扮演了同样的角色，他希望能够发起支持自己的军事叛乱。

然而，1868年，伊莎贝拉二世统治的崩溃为新的挑战者——卡洛斯七世（Carlos Ⅶ）提供了巨大的机会。"光荣革命"及其社会和反教会使命为卡洛斯派崛起提供了机会，他们想要填补王位的空缺，垄断西班牙的国防、行政和宗教。经过几次失败的尝试，战争于1872年4月再次爆发，几乎与古巴发生动乱的时间一致，但在阿里戈里亚加（Arrigorriaga）、奥尼亚特（Oñate）和马尼亚利亚（Mañaria），塞拉诺（Serrano）将军的部队很容易就安抚了北方各省份。很快，宣布成立共和国激起了教会的反对，教会利用卡洛斯派武装反对共和国。当多瑞加雷（Dorregaray）在蒙特胡拉（Montejurra）取得胜利以及占领埃斯特拉和托洛萨之后，卡洛斯派再次陷入了毕尔巴鄂的陷阱。毕尔巴鄂与波图加莱特（Portugalete）港口的联系被隔绝，河口也被关闭。毕尔巴鄂进行了顽强的抵抗，直到孔查（Concha）将军将卡洛斯派赶入索摩洛斯特罗。

波旁王朝复辟君主制之后，阿方索十二世（Afonso Ⅻ）和卡诺瓦斯的主要目标是维持北方的和平，因此他们在割据势力投降之后，将其所有部队都集中在了巴斯克。阿方索在佩拉尔塔（Peralta）的呼吁被证明是徒劳的，虽然收复了潘普洛纳，但政府军在拉卡尔（Lácar）遭遇了新败，这也是卡洛斯派的最后一次胜利。卡洛斯派的内部纷争以及马丁内斯·坎波斯和克萨达（Quesada）在埃斯特拉和蒙特胡拉的凶猛进攻赢得了最终的胜利。卡洛斯七世逃往了法国，阿方索十二世以胜利者的姿态入主马德里，国家又恢复了和平。

不稳定的宪法

随着费尔南多七世在1808年退位，旧体制的大厦轰然倒塌，所以约瑟夫·波拿巴劳而无功地提供了替代方案，从法国引入了自由主义模式。《巴约讷宪法》（*Estatuto de Bayona*）保留了君主的大部分特权，但一切都是徒劳。整个19世纪，西班牙的其他人都反对亲法派提出的冗长的宪法程序。因此，为西班牙争取规定公民权利和政府形式基本法的持续斗争一直贯穿寻求政治稳定和经济进步的整个过程。六部宪法、几项改革和一些落空的方案证明了制定这些宪法的政治力量面临重重困难，而且代表性也不足，甚至完全背弃了社会。

宪政主义的失败体现了西班牙资产阶级的弱点，他们无法持续领导变革。对此，保守派应该负责，因为他们时刻准备拿起武器反对自由主义者的一切选择。在西班牙这样一个与旧有法律特征紧密联系在一起的脆弱国家，资产阶级对敌人的打击无能为力。在这种情况下，军队总是乐于干政，而法律不过是当权者群体意志的体现。这使得法律并没有什么明确的合法性，当政权更迭之时往往会被撤销。

随着18世纪制度模式的崩溃，各个洪达自发地接管了因国王缺席而留下的权力。在这些洪达之中，既有反对波拿巴的旧体制代表，也有自由主义启蒙思想的继承人。他们齐心协力，渴望在国家政治中发挥强有力的作用。1810年，集合了各地方权势人物的中央洪达将王国的最高议会（Cortes Generales）迁往了加的斯，这里不仅没有法国的刺刀，还受到英国舰队的保护。在过去的100年里，波旁王朝已经忘记了议会的作用，这项简单的操作使议会重新成为唯一的合法性工具。

这个议会最初看起来像旧式的各社会阶级会议，以便在战时重组国家社会，但是实际上正在迅速走向自由主义革命。富有的加的斯资产阶级，深受欧洲思想影响，正在以自己的节奏走向一个没有群众阶层也少有专制主义贵族和神职人员的议会。与18世纪一样，改革是从上层开辟道路，而不是等待无知人们的觉醒。

根据这个启蒙思想，议会所颁布的法律拆解了旧体制的大厦。言论自由得到批准；宗教裁判所被废除；什一税被废除，国家是唯一可以进行收税的机构；具有司法管辖权的领主和长子继承制消失了，而行会的终结则带来了完全的工作自由，即使是最细微的细节也受到《1812年宪法》的管制。统一国家的设计将西班牙人的权利强加于每个王国的历史权利之上，公民的平等需要一个集权的官僚机构、一个共同的税收制度，一个国家军队和一个没有内部海关障碍的市场。在这些基础上，资产阶级通过行政手段建立西班牙国家，这个想法自前一个世纪以来一直在形成。

根据修宪大会公布的法令，《加的斯宪法》宣布国家主权不属于国王，国王被剥夺了立法职能，立法职能归属于议会。议会采取一院制。议会是经过一个复杂的妥协制度之后才诞生的。该制度要求选举议员要缴纳一定的费用。然而，作为激进自由主义的象征，《1812年宪法》似乎受到了宗教和贵族的影响。其影响反映在宗教国家的定义和特权阶级财产的承认两个方面，这是19世纪政治演变的关键方面。

专制主义贯穿了除1820至1823年之外的整个费尔南多七世统治时期，当受王子唐·卡洛斯控制的保守派朝臣不断进行干扰导致王位摇摆不定时，政治环境就会改变。为了捍卫女儿伊莎贝拉二世的王位，摄政女王玛利亚·克里斯蒂娜与温和的自由主义者达成协议，也支持与君主制支持者达成妥协，以保证其未来。妥协的工具是1834年的《皇家法令》(*Estatuo Real*)，这项法律虽然不是完整的宪法，却为王权和政治家提供了一个宽松的环境，一个可以要求个人权利和社会权利的平台。虽然这部法律剥夺了女王的专属权力，但其缺乏对人民权利的承认还是引起了进步派人士的反感，他们总是将其与《加的斯宪法》进行对比。

从意识形态上讲，这部法律是19世纪西班牙温和主义的纲领，是自由主义者的保守性创造。他们试图通过旧特权阶级和较少参与变革资产阶级之间的协议，将旧体制与一些新权力结合起来。在政治领域，建立了两院制议会。一是上议院 (Cámara de Próceres)，由高级神职人员、大公地主和国王任命的知识分子组成；二是下议院 (Cámara de Procuradores)，通过限制性的选举选出，只面向全国一个非常有限的人群，占总人口的0.15%。在王权的所有内容中，最重要的是法律的提议权，这冻结了议会的权力，并增加了进步派人士对政权的不信任，他们在等待时机改变现状。

革命行动再次促进一系列地方和区域洪达的诞生，这些洪达受到民兵的支持。在1812年，为捍卫宪法和公共秩序，民兵曾组织起来。他们也曾作为外围资产阶级的黏合剂。1836年，一场起义在萨拉戈萨、巴塞罗那和马德里爆发，并蔓延到加泰罗尼亚、阿拉贡、巴伦西亚和安达卢西亚。这场起义明确反对《皇家法令》，并要求实现印刷自由和社会改革。而当时形成了一种暴力反对宗教骑士团的氛围，因为宗教骑士团被指控参与了费尔南多所实施的镇压。

门德萨贝巴（Mendizábal）政府听取了许多请愿要求，但是在王室更换伊斯图里兹（Istúriz）之前，政府无法对政治制度进行任何改变。因此，在现代西班牙开始了一种习惯性的做法，即君主制因为党派斗争而日渐式微。社会舆论越来越倾向于《加的斯宪法》。安达卢西亚、萨拉戈萨、埃斯特雷马杜拉、巴伦西亚等地民兵以及拉格兰哈（La Granja）军队的起义迫使摄政女王屈服并恢复《1812年宪法》。

《1837年宪法》仅仅是对《加的斯宪法》的改革，通过向王室和温和派的一系列让步削弱了原来的激进主义，这些让步旨在吸引进步的力量。这部宪法保留了国家主权原则，并强调了某些个人权利，例如印刷权，但它不得不认可两院制和加强王室力量，赋予国王否决权和不受限制解散议会的权力。尽管选民人数还不到人口的2%，选举法还是降低了行使投票权的比例；作为回报，它强调了控制市政府的各党派的利益，因为市政府负责人口普查和计票。进步的资产阶级并没有走得更远，其更愿意通过出售财产来彻底改变社会经济组织，而不是对政治大厦进行彻底地改变，因为这会引发更多不满。

拥有众多特权的伊莎贝拉二世随意干预各部部长的任命，从而使进步的领导者被排除在外。1840年至1843年和1854年至1856年除外，因为当时女王委托埃斯帕特罗负责扼杀各个革命的洪达。除了修改和投票发起对各部部长进行谴责的权利，议会不能反对国王的任何政策。但是，由于没有关于立法会议时间的严格法律规定，政府暂停了议会的运行，以摆脱任何形式的监督。

《1837年宪法》并没有吸引温和派进入政府，反而是将许多人推向对立面，直到同年的选举使他们重新掌权。政府在摄政王的授意下，威胁限制新闻自由和控制市政当局，这引发新的叛乱浪潮。叛乱导致埃斯帕特罗被驱逐，摄政女王玛利亚·克里斯蒂娜也不得不流亡。全国硝烟四起：纳瓦埃斯激起了萨拉戈萨、马德里和巴斯克地区各省省会的叛乱；巴塞罗那爆发反对与英国之间自由贸易协定抗议；1843年，整个国家起来反对维多利亚公爵的专制统治，并将温和派和进步派聚集在一起。冲突随着维多利亚公爵的垮台和伊莎贝拉的成年而停止；然后，温和派的冈萨雷斯·布拉沃（González Bravo）摆脱了那些曾参与反对埃斯帕特罗阴谋中的进步派人士。

《1837年宪法》缺乏真正的基础，并被1845年所谓的改革抛弃。这个改革更加温和，用国王与国家共享的国家主权替换了国家主权的概念。这是现行政治制度的重大变化，反映了国王与保守派精英之间的妥协：前者获得了支持，可以行使权力；寡头集团成了反对激进者和反动派过激行为的工具。由于成功抵御了资产阶级的社会价值观，教会也获得了奖赏，可以加入现行国家体制。新的选举法减少了选民人数，消除了进步派人士重新掌权的一切可能性；政府被清洗，民兵被解散，示威被禁止，由军事当局负责维持公共秩序。

根据《市政当局法》（Ley de ayuntamiento），伊莎贝拉二世有权任命各省省会的市长以及人口在500人以上市镇的政府代表。从1849年开始，民事总督（Gobernador Civil）加强了对地方机构的控制，同时他也负责维持公共秩序。自从欧洲各国革命的消息传到西班牙以来，对于公共秩序，西班牙更趋向于推行温和的方案。到了1847年，在议会因骚乱而停摆之时，维持公共秩序比行使宪法权力更为重要了；不久之后，为维护农村秩序而建立的公民警卫队（Guardia Civil）日趋军事化，加剧了军国主义化。

纳瓦埃斯（Narváez）的顽固态度使那些支持1843年运动的人失望，因为他们希望与自由派和平共处。与埃斯帕特罗时期一样，强行实施改变的尝试，如卡洛斯派骑兵的袭扰，加利西亚进步主义者的阴谋，都没有使政府受到过分惊吓，因为它更关心自己内部的分歧。进步派人士内部也存在分歧，埃斯帕特罗支持者和反对者之间的团结是以民主人士之间的破裂为代价的。这些民主人士拒绝接受王室的任何承诺，他们将革命作为获得权力的唯一途径。路易·拿破仑（Luis Napoleón）的政变，是保守的法国资产阶级对1848年革命的回应。在西班牙，布拉沃·穆里略（Bravo Murillo）的趋于保守也与此类似，他加强政府的努力并没有反映在宪法之中。此时的宪法退化到了相当专制的水平，远不如之前的宪法那样自由。即使是温和派也意识到了这种危险，通过协调一致的行动，所有各方都支持撤换布拉沃·穆里略。面对可能发生武装冲突的恍惚状态，伊莎贝拉二世深感城市起义和军队哗变〔如1854年发生在维卡尔瓦若（Vicálvaro）的军队哗变〕使自己的王冠落地，便将内阁委托给了60岁的埃斯帕特罗。埃斯帕特罗用政府职位收买各个洪达的成员，并恢复了最为开明的法律。

《1856年宪法》是一部真正进步的宪法，第一次为19世纪的政治走向提供了方案，但由于军人干政和缺乏协议，其从未付诸实施。这部宪法承认国家主权和个人权利，主张遏制军事管制的过度滥用，提出通过建立民选参议院来削弱王权，规定每年举行一次议会会议，并载明可以对被指控选举舞弊的官员采取法律行动。

国际形势再次影响到了国内：克里米亚战争（Guerra de Crimea）导致物价上升，民众不断抗议，而加泰罗尼亚的制造业工人则要求就工资和工作时间进行集体谈判。埃斯帕特罗意识到了所存在的危险，最大程度地限制了议会的争论。受到惊吓的资产阶级要求为他们的财产提供更大的保障，这为伊莎贝拉摆脱那些总是不合拍的进步派人士提供了一个绝佳的借口。奥唐奈（O'Donnell）在1856年担任了首相，但是伊莎贝拉和他很快就因为出售教会财产问题发生了冲突。几个月后，纳瓦埃斯回到中枢，全面恢复1845年的宪政。

在1856—1868年，西班牙政府的立场越来越保守，这使得进步派人士淡出了国家的政治生活，并将他们推向了王权的对立面。1865年，奥唐奈颁布法令，希望重新吸纳进步派人士重新入阁，但这一挽救措施来得太晚了，因为普里姆将军已经开始与民主党人达成协议。在奥斯坦德所达成的协议制定了推翻女王并召集制宪大会的战略，并规定了制宪大会代表要由普选产生。对纳瓦埃斯的反议会政策感到愤怒的自由联盟派以及对几位将军的流亡感到不安的大部分军队将领也参与其中。军队的加入为这场革命运动赋予了一种意识形态二元性。这种意识形态的二元性将在革命形势摇摆不定的时候暴露无遗。高级官员主张实行温和的君主政体，而各洪达主张实施民主政体。后者代表了小资产阶级、工匠和无产阶级的利益。1868年，军队在加的斯起义，并在阿尔科莱亚（Alcolea）击败了伊莎贝拉的军队。尽失民心的女王从圣塞瓦蒂安逃往法国。

如同1808年一样，在与进步派人士和自由联盟派所支持的临时政府进行公开角逐之时，各洪达取得了权力并开始行使国家主权。内战似乎一触即发，因为军队支持临时政府，而各洪达则通过对民众进行武装予以回击。只有通过在马德里以民主方式选举一个新洪达才能平息冲突，但代价是将执政权力交给塞拉诺将军。人民的起义没有成功，权力落入了温和派之手，而掌权者之间也出现了政治分歧，直到新的宪法起草之后才得到平息。此后，西班牙经历了六年的政治不稳定时期，虽然在此期间，民主制度有了进步，但丝毫没有触动社会经济基础。通过实施自由化措施，政府力图吸纳反对派入阁，并放宽对言论和集会自由的限制，让所有成年男性都获得选举权。在地方选举中，共和党团体在20个省会城市取得了胜利，而在大选中宣称支持君主制的临时政府则情况不妙。自由联盟派人士、进步派人士和民主党人士的联盟获得了绝对多数的支持，这对于放手起草新宪法是十分有必要的。

《1869年宪法》具有极其强烈的自由民主意识，与同时代的政治纲领相比，这部宪法规划了一个更加自由的制度。新宪法再次强调了主权在民。在这一原则之下，个人享有居住、受教育、信仰等方面的自由权利，并且个人通信隐私受到保护。采用君主立宪体制，赋予国王行政权力，而且其有权解散议会，这是一项值得注意的让步，使得王位对于潜在的觊觎者更具吸引力。宪法公布之后，两位强人——塞拉诺将军和普里姆将军要面对两个主要问题：一是积极减少军队对公共生活的干预；二是寻找伊莎贝拉所留王位的继承者——他必须是天主教徒并接受民主制度。1868年，根据一项新颁布的法律，与国家内部安全有关的罪行交还民事司法机构管辖，但袭击军队成员或公民警卫队的罪行除外。同时，为了维护社会治安，将居民组织起来成立了民防队（Somatenes）。至于新国王的人选，则经历了多次争夺，一度还成为引发普法战争（Guerra Entre Francia y Prusia）的一个理由。最后，西班牙选择了奥斯塔公爵——萨伏依王朝的阿马德奥亲王（Amadeo de Saboya）。

在阿马德奥尚未到达马德里之际，普里姆将军在恐怖袭击中丧生，使政权的和平交接成为泡影。国王任命塞拉诺为第一届政府首相，他根据最新的选举法准备选举，以使自己能够获得绝对多数支持——这是在第二共和国诞生之前所维持政治形式的首次亮相：政府的产生不是取决于大选结果，而是来自国王意愿。国王让当权者自己来组织选举，其当选也是自然而然的了。然而，对于塞拉诺来说，胜利则毫无用处，因为几个月后，鲁伊斯·索里利亚（Ruiz Zorrilla）通过阴谋将其赶下台，并取而代之。这导致了进步派人士和民主党人的彻底决裂。从那时起，大臣们不断挫伤阿马德奥（Amadeo）的士气，使他于1873年退位。

面对王位的空缺，议会中的极端分子就迫不及待地宣布成立共和国。共和派和激进派联盟推举菲格雷斯（Figueras）掌权——他挫败了由进步派人士所发动的公民和军队联合政变。然而，在同一年，他不得不让位于皮－马加尔（Pi y Margall），而后者又让位于索尔莫隆。

索尔莫隆推动了宪法改革，在1873年起草的宪法中，明确规定了国家的政教分离和联邦制的实施：在伊比利亚半岛建立13个州，除此之外，还有两个在岛屿的州和两个在美洲的州，它们在西班牙的怀抱之中拥有广泛政治自治权。然而，未等宪法颁布，西班牙就因阿尔科伊、卡塔赫纳等地的自治运动以及社会冲突的爆发而陷入分裂。保守的资产阶级对于西班牙放弃共和体制甚至是解体都充满了兴趣，而索尔莫隆（Salmerón）只能向军队求助。

军队平息了安达卢西亚和东南沿海地区的骚乱，但索尔莫隆也不得不让位于卡斯特拉（Castelar）。1873年底，资产阶级各派因为组织联邦派回归的问题而爆发了反对议会的冲突：无计可施的资产阶级只能求助于帕维亚（Pavia）将军。帕维亚将军动用军事手段解散了议会。

在共和国失败之后，塞拉诺将军在未履行任何合法手续的情况下担任了政府的总统，他宣布暂停宪法并进入紧急状态。共和党人的失败使资产阶级政治家相信有必要恢复君主制及拥立伊莎贝拉二世之子阿方索为国王：通过《桑德赫斯特宣言》(*Manifiesto de Sandhurst*)，阿方索宣布希望实行君主立宪制。同时，卡诺瓦斯积极努力推动君主立宪制的实现。最后，马丁内斯·坎波斯在萨贡托宣布拥立阿方索，这加速了西班牙波旁王朝的复辟。

在君主制复辟之后，之前的宪法都不适用了。因此，需要制定新的宪法。在制定宪法的过程中，卡诺瓦斯发现了新的机会，可以吸纳自以为具有正确思想的群众，并将军队从政治生活中移除，同时，用保守派和自由派的和平轮流执政取代排他性的伊莎贝拉一党制。简而言之，这样可以消灭一切可能使资产阶级发动革命的苗头。这种思路也反映在《1876年宪法》中，它体现了国王和议会之间共享权力的理念，国王的权力包括1845年所授予的所有权力以及军队的最高指挥权。

政治聚谈会

在立宪政体十分脆弱的大背景之下，各党派、新闻界和军队成为西班牙改革大戏的真正主角。各政治团体的诞生与代议制的推行密切相关，但是直到1887年颁布《团体法》，这些党派的存在才具有了合法性。但是，尽管没有先例可循，公共生活的实践还是为这些党派指明前行道路。西班牙流亡者在法国和英国获得了一定的政治经验，知道了该如何通过建立不同形式的政治团体来维护共同的利益。纷至沓来的选举意味着为选择合适的候选人并开展协商活动要建立适当的配套机制。在君主制复辟之前，全国进行了28次大选以及相应的市级和省级选举。为筹备选举，需要建立相应的选举委员会，这些委员会也就成为各党派的直接前身。

在控制了议会之后，要维持政府的运行并避免反对意见的威胁，持同一立场议员投票的一致性就至关重要。在宪法议会当中，代表投票已经初步表现出结党的倾向，但是直到卡诺瓦斯时代，结成党派以维护共同利益的趋势才日渐加强。费尔南多时代以某个将军或者杰出政论家为核心的聚谈会正在逐步演变为伊莎贝拉时代的政治团体。这些政治团体为弥补自身影响力的不足，建立了依附性的网络，并已经准备好行使政治权力。

在伊莎贝拉二世统治初期，自由主义取得了胜利，资产阶级分裂为相互对立的温和派和进步派。地主、大商人和知识分子支持温和派，并与旧贵族、高级神职人员和军事指挥官的残余势力沆瀣一气；另一方面，小资产阶级特别是追求平等的狂热中产阶级则支持进步派。在玛利亚·克里斯蒂娜摄政的最初几年，由于双方都支持旧体制，拥有共同利益，当进步派为应对与劳苦大众相关的民主、共和、社会主义意识形态等问题而转向资产阶级保守主义时，双方在世纪末再次合流。

组织成分极度复杂的温和派知道如何在伊莎贝拉二世统治期间保留权力。在多诺索·科尔特斯（Donoso Cortés）和阿尔卡拉·加利亚诺（Alcalá Galiano）为中产阶级利益所绘制的橱窗后面，代表的其实是大地主资产阶级的社会经济利益。作为财产的极端捍卫者和秩序的保障者，温和派在选举中发现了组织人民登上政治舞台的理想武器，同时不断在社会渲染达尔文主义理念，将贫困等同于无能、懒惰和恶习。

进步党成员的社会背景也差异很大，但其中没有地主或高级神职人员。进步党宣称自己是1820年革命者的继承人，也是国家主权的捍卫者。在控制了一些市政府和议员团之后，进步党想要在整个西班牙推广其理念，坚定地捍卫土地改革和结束教会影响。但是，远离政府的进步党也受到新闻界和议会反对派的批评，认为他们在国家体制之外建立了一个参与推翻伊莎贝拉二世的组织结构。

1849年，左翼进步派人士从进步党分裂出来，形成了民主党的初步雏形。他们的第一份宣言要求实现信仰和结社自由，要求国家在社会和经济中驱除正统自由主义的自由放任思想。这场运动在其资产阶级性和革命性之间摇摆不定，从皮-马加尔以及卡斯特拉的争议中就能发现。面对伊莎贝拉的君主制，他们最终还是选择与进步党结盟，在政权内部努力充分行使人民的权利。

在几十年的时间里，民主党当中最激进的极端主义者采取了共和主义的倾向。1869年，他们掌控了众议院四分之一的席位，从而形成了一个统一的联邦政党结构。萨加斯塔政府与政治生活新参与者之间的紧张关系导致了巴塞罗那、塞维利亚、巴伦西亚等地的起义以及集权主义者的分裂，因为他们怀疑这种模式会危及西班牙的统一。

1854年的武装起义之后诞生了一个自由联盟（Unión Liberal）。这是一个以奥唐奈为首的折中主义政党，既远离革命也远离宫廷的保守主义。虽然是政治妥协的代表，但自由联盟不过是一群依附于奥唐奈的政治家的权力和野心产物。这个组织在奥唐奈去世后几乎无法存在。

专制主义的追随者盘踞在与政府进行军事对抗的党派当中。他们以卡洛斯派为首，极端反对自由主义进步。沉迷于旧秩序的卡洛斯派计划对自由主义分子和共济会分子发动一场"十字军远征"。他们自诩为特权和领主土地所有制的捍卫者，博得了因出售教会财产而受到伤害的教会、贵族和农民的同情。由于在战场上持续失败，加之西班牙形势的变化——工业增长、城市化、资本主义的发展，他们最终转向了政治领域，但随着20世纪的临近，这种反动和保守的势力只有在北方省份才会找到市场。

在1868年的动荡之中，革命欢迎所有那些将社会革命引入宗教信仰之中的人，例如新天主教徒，他们是最反对社会骚乱和极端主义的代表。卡洛斯派集团主张教权和特权，反对自由主义，对新生工人运动充满恐惧，他们的意识形态更像笃信天主教的地主而不是边缘化的农民。在第二共和国（Segunda República）时期，教会受到反教权主义的困扰时，这种意识形态学说会有新的市场。

文字的重量

在19世纪，西班牙媒体不仅仅是"第四权力"，而且是为了政党利益服务的政治行动力量：媒体的公告、社论和争论甚至会盖过议会会议的风头。在政府的反对派手中，媒体成为对付政府各部门的有力武器，而国家在媒体身上找到了为其行为辩护的理想手段，这种手段得到了受到蛊惑的公众舆论的庇护。

1820年至1823年这三年促进了新闻业在大城市的出现，似乎想要滋润信息的荒漠，但矛盾的是，里埃戈（Riego）也从新闻业中受益发动了政变。随着《加的斯宪法》的回归并得益于新闻自由的庇护，出现了许多爱国团体的聚会，它们是未来政党的雏形。这些组织推动了第一批捍卫宪法秩序的报纸的诞生。在这些爱国团体当中，比较突出的是马德里的一些团体，比如在洛伦齐尼咖啡馆（Lorenzini）聚集的军官团体；圣塞瓦斯蒂安咖啡馆（San Sebastián）

的工匠团体或金泉咖啡馆（La Fontana de Oro）的富人团体——这里是安东尼奥·阿尔卡拉·加利亚诺（Antonio Alcalá Galiano）的专属讲坛。这是《观察家报》（*El Espectador*）的时代，报刊坚定地支持君主制并反对教会，吸引了大量的支持者；在马德里，诞生了120家报纸，也出现了很多活跃大胆却生命短暂的宣传小册子。由于缺乏资金支持以及全国人口文盲率较高，这些小册子很快就寿终正寝了，但是在1860年仍然影响了85%的成年男性。

各团体和咖啡馆通过其阅览室，弥补了街头销售和订阅报刊的不足，推动了媒体进入公共生活。随着知识分子和政治家的加入，自由主义的报纸再次展现了各方之间的不和谐:《普遍观察者》（*El Universal Observador*）和《米尼亚诺审查官和清单》（*El Censor de Miñano y Lista*）是温和派的喉舌;《保守派》主要代表激进人士的声音，《皮鞭报》（*El Zurriago*）则极具讽刺意味，常常将对手批驳得一塌糊涂。其多达一万份的发行令政府十分不安，政府压制报纸出版发行的做法引发了议会的反对和街头的抗议；抗议者烧毁了马丁内斯·德·拉·罗萨（Martínez de la Rosa）、托雷诺（Toreno）伯爵等国家领导人的房子。

随着专制主义的复辟，自由主义者遭到了流放。伦敦成为西班牙知识分子的活动中心。在那里出版了七种报头极具感染力的西班牙语报纸，包括《立宪西班牙人》（*El Español Constitucional*）、《西班牙移民娱乐》（*Ocios de los españoles emigrados*）、《布兰科·怀特杂刊》（*El Variedades de Blanco White*）等。在专制主义统治的十年中，浪漫主义在西班牙记者身上生根发芽。他们躲藏在文学、戏剧和财经报道中避难，或者是寄情于风俗派文章，其中比较突出的有拉腊（Larra）和梅索内罗·罗马诺斯（Mesonero Romanos）。

1828年之后，政府采取了小心谨慎的放开政策，使得处境不佳的媒体重新焕发了生机。当时最好的作者包括埃瓦里斯托·圣米格尔（Evaristo San Miguel）、安东尼奥·阿尔卡拉·加利亚诺（Antonio Alcalá Galiano）和马里亚诺·德·拉腊。在西班牙的境外，费尔南多七世支持阿尔贝托·利斯塔（Alberto Lista）的《巴约纳报》（La Gaceta de Bayona），以吸引外国舆论支持并将自由主义者吸纳到其女伊莎贝拉的阵营。在费尔南多七世死后，尽管塞亚（Cea）和马丁内斯·德·拉·罗萨因为主张控制媒体以防止其惹是生非而不会施以任何援手，但是摄政女王玛利亚·克里斯蒂娜与温和派的联盟推动了媒体的重生。通过这种方式，在宪政体制开始之后，媒体拥护政府，取代了议会的批评，记者也变得聪明了，尽量避免受到审查员的干扰，也努力使编辑免受政府的压力。

随着马丁内斯·德·拉·罗萨政府的登台，旧的报纸被恢复，其他一些附属于政党的报纸也崭露头角。《商业反响》（El Eco de Comercio）和《蜜蜂》（La Abeja）支持进步派人士，其竞争对手是安德烈斯·博雷戈（Andrés Borrego）的《西班牙人报》（El Español）。《西班牙人报》是一家资本为400万雷亚尔（reales）的大型新闻公司。这也是启蒙运动杂志流行的时代，如费德里科·马德拉索（Federico Madrazo）的《艺术家》（El Artista），诗人埃斯普龙塞达（Espronceda）在这个杂志上撰写了大量的文章；梅索内罗（Mesonero）的《风景如画周刊》（Semanario Pintoresco）为吸引中产阶级并增加其订阅量，避免触及一切政治内容。

随着1834年爆发反教权主义的狂潮，进步派报纸对教会的批评也越来越强烈，而温和派则将媒体作为反对各项出售教会财产法案的斗争平台。随着政治变革的快速发展，一些报刊诞生之后很快就消亡了。因1837年新闻法的限制，对一些巴塞罗那报纸展开了国有化运动，但这作用不大，因为其未能阻止一些报纸的攻击，导致1841年选举产生的温和派政府垮台。随着政治形势发展，第一批具有共和派性质的印刷品，如《革命和飓风》（*La Revolución y El Huracán*）出现了；在签署《贝尔加拉协议》之后，卡洛斯派出版了《天主教徒》〔*El Católico*；也叫作《十字架》（*La Cruz*）〕。

埃斯帕特罗不仅受到温和派的攻击，汇集到民主党之中的激进派也没有放过他，甚至连进步派的出版物也不会支持他。尽管他尊重新闻自由，但是1841年的未遂叛乱以及抗议与英国签署贸易条约的敌对运动，导致政府对非官方发行报纸下了禁令。到了1842年，新规定使反政府力量结成第一个新闻界联盟，通过这种方式，各自由主义党派的报纸也组成了联盟，并在镇压了巴塞罗那的骚乱之后导致了埃斯帕特罗的下台。报纸对这次镇压的报道十分夸大其词。媒体在与国家的博弈之中取得了胜利。

但是政府当局并未就此做出回应。政府十分小心谨慎，其采取的行动主要有：冈萨雷斯·布拉沃颁布了法律，纳瓦埃斯建立了特别法庭，布拉沃·穆里略于1852年要求出版商大幅增加保证金。然而，日益繁多的出版物继续为政治化的公众舆论服务，例如《西班牙世界》（*El Español-El Universal*）在1846年拥有1.2万名订阅者，而《新闻》（*Las Novedades*）仅仅几年之后就有了1.6万名订阅者。得益于这种形势，温和派的刊物在1850年占据了发行量的44%，而进步派的刊物占30%，专制主义者的刊物占25%。

从19世纪中叶开始，新闻业转向信息领域，并慢慢放弃了对政治的兴趣。报纸不再是党派的"弥撒书"，而是要成为真正关注更大利润的企业，只有倾向于社会主义和无政府主义的工人报纸才保留了其政治战斗性。尽管如此，1853年铁路特许权丑闻和萨托里乌斯（Sartorius）关闭报纸以平息批评的企图还是加剧了危机，整个媒体结成第二个联盟以反对政府。

由于埃斯帕特罗和奥唐奈同在一个新政府中，这使得进步派和民主党的报纸都因此而获益。报纸因有关卡诺瓦斯、卡斯特拉，皮-马加尔和萨加斯塔的报道而致富。由于政府的放任态度，一些社会主义风格的报纸相继出版，如《工人阶级回声》(*El Eco de la Clase Obrera*)。这份报纸代表加泰罗尼亚的无产阶级组织，在马德里出版，并试图影响议会。随着这些报纸的崛起，温和派在失去权力之后土崩瓦解，很快被自由主义联盟和勇敢的专制主义者所取代。

在1868年的动荡中，新闻界知道如何利用纸张的廉价性来为大量出版物提供原料，并逐渐增加发行量。然而，政治动荡并没有阻止新闻报道的兴起，例如《西班牙通讯》(*La Correspondencia de España*)发行量超过5万份，而爱德华多·加塞（Eduardo Gasset）的新闻公司也得到了发展。与此同时，卡洛斯派媒体因温和派和新天主教徒倒向卡洛斯七世而占据了发行量第一的位置，紧随其后的是共和党媒体，他们的鼓动工作在1873年的胜利中达到了顶峰。公共生活未来的另一个主角——无产阶级，现在开始进行无政府主义的宣传，直到1871年拉法格（Lafargue）传播思想，才引入了马克思主义学说。《解放》(*Emancipación*)周刊负责宣传马克思主义，其主笔是巴勃罗·伊格莱西亚斯（Pablo Iglesias）——在建立政党之前，社会主义先有了一份报纸。

政府和军营

在1814年至1874年，军队强行干预政治生活：将军们强行使自己成为各党派的"自然"领袖，并不断展示其践踏政府决策和压制王室的能力。这只不过是当时制度缺陷的一个例子，其特点是政治文化的缺乏和民众力量的薄弱。作为自由主义的守护者，军队的中级军官受到《加的斯宪法》的鼓舞，策划了一系列政变，旨在颠覆费尔南多七世的专制统治。一些军队领导人加入了爱国团体或共济会。埃斯波兹－米纳（Espoz y Mina）、波利尔、拉西（Lacy）、米兰斯·德尔·博什（Milans del Bosch）和范·海伦（Van Halen）的努力都失败了，直到1820年才有了一系列取得胜利的起义，并一直持续到1932年的"圣胡尔霍叛乱"（La Sanjurjada）。因此，里埃戈的成功清楚地表明了通过军事指挥官的联盟和新闻界的合作是可以夺取政权的。

费尔南多死后，摄政女王玛利亚·克里斯蒂娜正在寻求政府之中资产阶级的支持，以抵御唐·卡洛斯对王位的窥伺，因为他在官员当中的声望威胁到了新国王。伊莎贝拉二世的王位是取得军官支持的资本。但这时双方面对的不再是1820年至1823年期间的暴力或蛊惑宣传，也不是保皇党反对革命，而是专业的温和派人士，他们代表了资产阶级自由派的期望。当卡洛斯战争的灾难震惊公众舆论之时，在将军们的指挥下，军队说服摄政女王将政府先后交给了马丁内斯·德·拉·罗萨和门德萨贝巴。

一个经历了30多年战争的社会已经习惯于用枪杆子解决问题，而北方战役的"英雄"继任成为西班牙政治领导人也是一个司空见惯的现象。军人成为国家领导表明了民间团体和政党制度本身的弱点，也表明了资产阶级依靠自身力量无法进行革命，不能将其称为"军国主义"（militarismo），因为军队只是政治阴谋的执行机构。然而，民间力量的威风扫地使军队成为自由国家中唯一真正强大的机构。

两个相互关联的严重问题在19世纪动摇了军人干政的局面：一方面是确定军队新目标的问题，另一方面是削减军人数目的问题。因为独立战争、美洲殖民地解放战争和与卡洛斯派的冲突使军人数目大幅膨胀。从在加的斯颁布宪法之时起，就由军队负责保卫国家土地和宪法秩序，但由于怀疑军队的忠诚度，立法者将防范的重任交给了国民民兵（milicias nacionales），同时依据平等原则，取消了民众参军时对绅士身份的核查。1814年的复辟，扼杀了西班牙军队实现现代化的第一次机会。彼时的西班牙军队有20万名士兵和1.6万名军官。在这支军队中，不仅有波旁王朝的职业军人，也有从游击队转入军队的农民，还有信奉专制主义的将军与狂热的自由派军官。

伊莎贝拉统治时期的军队由三支主要力量组成：常规部队、特种部队和辅助部队，共计10万人；缉私队（carabineros）和国民警卫队（guardias civiles）与他们一起维护公共秩序和处理走私问题。其中超过40%的成员来自军人家庭，这促进了一个充满贵族精神的社团组织的形成。而其他人则来自中产阶级和下层家庭，他们渴望找到一种快速提升社会地位的手段，并被埃斯帕特罗、普里姆或其他平民出身军人的封侯拜相所吸引。然而，与其他公务人员一样，因为国家的财力有限，军人的经济状况十分紧张，只有高级军官才能达到手头宽裕的程度，总司令的收入与部长的收入相等。

除了在奥唐奈政府（1858—1863年）执政时期之外，军队没有参与过国际事务。奥唐奈为转移公众对国内事务的注意力，派遣西班牙军队参加了拿破仑三世在印度支那和墨西哥的行动。没有一次军事行动像远征的土安（Tetuán）那样让人扬眉吐气，这次行动不仅重燃十字军东征的气概，构成了一个伟大的民族主义典范，也为奥唐奈和普里姆的野心提供了一个最佳的跳板，但由于英国不想让直布罗陀海峡两岸落入西班牙人手中，西班牙没有在这次军事行动中获得任何领土。

圣女指挥官

当拿破仑的军队在1808年夺取西班牙之时，教会并没有背弃旧政权，而是为其进行辩护。教会立场坚定，美化西班牙出逃国王的形象，而神职人员在城镇和村庄鼓动群众起来反对法国人及其所带来的有害自由主义思想。通过这种方式，教会提供的意识形态外罩很容易地就将反法起义转变为捍卫西班牙天主教的十字军东征。之前推行过的教会国有化运动，因独立战争对意识形态的冲击而得到了快速发展。在这个背景下，说天主教情感与进步的民族意识之间存在裂痕似乎是一个巨大的谬论。

西班牙教会不仅认为自己是波拿巴法国政权的受害者，也是加的斯自由主义的受害者。因此，教会的手中紧握着专制主义的旗帜，直到资产阶级取得胜利，才不得不放弃旧政权。

虽然承认国家的教派性，但拥护《加的斯宪法》的人们并没有浪费引导教会按照西班牙王权主义者的足迹进行改革的机会。尽管他们的倡议在加的斯政府没有得到采纳，但为教会在19世纪沿着自由主义道路前行指明了方向。在取消了"圣地亚哥献祭"（voto de

Santiago）之后，许多人要求取消什一税；政府出售在战争中受到破坏的修道院让许多人想到了也可以采取出售教会财产的政策。废除宗教裁判所结束了教会对知识活动的控制，而法国占领军当局解散宗教教团为修士还俗提供了一种模式。

费尔南多七世在恢复王位之后，重新建立了宗教裁判所，承认了耶稣会士，并废除了《加的斯宪法》当中反对神职人员的条款。在专制国王的保护下，教会开始了一场特殊"反对一个无序和罪恶时代"的十字军东征，并反对"更改风俗"的大规模民众传教活动。许多神职人员成为自由主义者的告密者，而恢复的宗教裁判所则将迫害新闻界的任务放在了神职人员的肩膀之上。然而，费尔南多时期教会的表现远差于19世纪初，国王和教会之间的联盟没有收获预期的效果，教会的收入大幅下降，更由于战乱，人口数量也发生了惊人的下降。

在19世纪前30年，教会的实质问题在于缺乏自由，这让界定专制主义者和自由主义者变得困难。人们要么是淹没在凶猛的王权主义之中，难以适应新的社会；要么是被剥夺收入从神职人员变为自由主义者。

选择总是不利的，在费尔南多七世去世时，卡洛斯战争使西班牙教会处于选择前途的十字路口。最保守的神职人员支持卡洛斯派，特别是在巴斯克、阿拉贡、加泰罗尼亚、巴伦西亚等卡洛斯派颇受欢迎的地方。在教皇承认伊莎贝拉之后，其余的神职人员落入温和自由主义的怀抱。当战争前线发生困难并因冲突造成经济困难之时，常常会导致发生反对教权主义的暴力运动，修士常被指控向水体投毒和煽动反动分子暴乱，因此遭到袭击，整个教会成为动乱的替罪羊。1834年，议会的煽动性言论让民众迁怒于马德里的修道院，这种浪潮很快就蔓延到阿拉贡、加泰罗尼亚和穆尔西亚。仅在马德里就有80名宗教人士丧生，而在巴塞罗那，由于政府的不作为，26座教堂建筑被烧毁。

为了安抚不满的群众，门德萨贝巴加速了反教会政策：解散了耶稣会和信徒少于12人的教区。一年后，他下令让宗教人士还俗，并出售他们的财产。1900座历经磨难的修道院在19世纪关闭了大门，而2.4万名教会成员加入了还俗的行列。另一方面，唐·卡洛斯在其所控制的领土上采取了完全不同的政策：他宣布自由主义者的所有创新措施都是无效的，并被驱逐出家园或将受到迫害的神职人员聚集在一起。与被朝臣所包围的摄政女王玛利亚·克里斯蒂娜形成鲜明对比的是，唐·卡洛斯被其追随者描绘成一个遵循风俗惯例和工作一丝不苟的人，其宫廷朴实无华，其军队完全遵守天主教教义。

由于农民在战争期间拒绝支付什一税以及反教权宣传的根深蒂固，使得教会的收入在1838年减少到18世纪的三分之一。早在1820年，议会就试图废除教会税，但教会的世俗支持者施加压力阻止了这一做法，立法者不得不只是将其减半。反什一税政策推动门德萨贝巴采取进一步行动，而主教们看到其经济独立受到威胁之时，采取了抵抗措施。教会的收入主要来自什一税和不动产收入。同样，政府的更迭阻止了1841年由埃斯帕特罗所实施的对法律的废除。

自由主义者在与教会打交道时也出现了分歧，因为进步派人士主张降伏教会，温和派更喜欢妥协。在纳瓦埃斯掌权之后，实现了与教会的妥协，不仅暂停了对教会财产的出售，还通过《1845年宪法》加强了西班牙的宗教团结，并让流亡的主教恢复职位。最后，1851年西班牙政府与罗马教廷签署了一项新协议，为自由主义与教会之间的和平相处开辟了道路。布拉沃·穆里略恢复了国王提名主教和高级神职人员的权力，同时承诺保证教会在公共领域享有特权。罗马教廷忘记了其被门德萨贝巴所变卖的财产，对于教士阶层所提出的赔偿得到回应就满足了。在温和派的推动下，西班牙的高级神职人员脱离了旧体制，毫无保留地融入了未来的阿方索十二世的执政和在非洲的战争所带来的爱国主义大潮。尽管圣安东尼奥·玛利亚·克拉雷特（San Antonio María Claret）与女王保持了良好的关系，索尔·帕德里西奥（sor Patrocinio）也能对宫廷施加影响，但这种和谐局面在伊莎贝拉二世统治的最后几年恶化，教皇对自由主义的强烈谴责和奥唐奈对新生意大利的承认使得潜藏在革命内部的邪恶幽灵复活了。

　　爆发"光荣革命"之后，在各革命洪达和临时政府的推动下，反教权浪潮再次爆发，教会不得不为其与伊莎贝拉的联盟付出代价，伊莎贝拉的离开使教会处于无助的境地。《1869年宪法》在天主教的反对声中宣布了宗教自由，而卡洛斯派再次与那些受到激进自由主义伤害的教会人士们站在了一起。

建设西班牙

　　自由主义一直坚持改良西班牙的公共生活，很快就超出了个人权利的范围。自由派完全致力于重塑西班牙的行政管理和领土结构。在19世纪，西班牙的行政管理和领土结构仍然保持着旧有体制。《加的斯宪法》颁布之后，在"西班牙国家"的大背景之下，很难再维持伊比利亚半岛的"多样性"，因此自由派政府努力消灭各个割据政权。这些政权是前一个世纪统一政策的幸存者。废除领主采邑开启了统一的第一步，这些曾不受国家行政管理的管辖区域和领土被取消了。废除领主采邑也削弱了一些少数群体曾因地理原因享有特权的合法性。事实上，西班牙人是否能够实现平等，取决于建立相同的政府机构并遵循相同的法律。这也是《1812年宪法》通过强制服兵役和建立法国式单一官僚机构所要达到的统一目标。尽管直到1889年，《民事法》才实现了统一，但是司法管辖区的统一在《刑法典》（*Código Penal*）和《商业法典》（*Código de Comercio*）方面取得了进展。通过最高法院（Tribunal Supremo）和设立在全国的15个检审庭（las Audencias Judiciales），西班牙逐渐吸收和改变了原有的司法系统，如巴利亚多利德和格拉纳达的最高法院（chancillería）、马德里的终审法院（Tribunal de Corte）、潘普洛纳的检察院（Cámara de Comptos）等。潘普洛纳的检察院将其管辖权扩展到巴斯克地区，替代了巴利亚多利德的比斯开大法官（Juez Mayor）。

1833年，重新对全国领土进行区域规划的重任落在了大臣哈维尔·德·布尔戈斯（Javier de Burgos）的身上，在波拿巴掌控西班牙期间以及1820年至1823年都曾开展过这项工作。为此，布尔戈斯按照历史上各王国的古老划界，将全国划分为49个省，这样有利于各省省会与本省其他区域之间的联系。

这种划分省域的方式可能是参照了法国人的做法，但分别居于比利牛斯山脉两侧的法国和西班牙采用同种划分方式所取得的结果并不相同。与1808年一样，雅各宾派（jacobinas）的主张在这时也没有取得胜利，他们进行区域规划时，丝毫没有考虑到各王国的历史传统。尽管有自由主义派划分的区划，但实际上旧有的边界继续存在于人民的思想之中。直到20世纪，自治的主张再次使区划成为伊比利亚半岛的难题。在法国，自由革命和拿破仑行政体系席卷了各王国、各边界和各语种。革命所带来的恐怖摧毁了大部分的"特殊性"，加强了国家的上层建筑，也促成了民族主义教育模式的迅速发展。但在西班牙，历史潮流却是逆势而动，在所谓的民族团结下还保留着潜在的区域主义热潮。这种热潮在非卡斯蒂利亚语言的生存方面也很明显，在19世纪末成为外围民族主义升级的主角。

在省一级，民事管理和军事管理的理想模式是：议会居于领导地位，然后是各司法区和新的市政府，这样也就构成了一个新的控制西班牙各个角落的权力金字塔。作为主要参与者，各省的最高领导人是民事总督，其受执政党的控制，也为形成地方政治巨头统治埋下了伏笔。其职责更多的是为了维持公共秩序而不是促进其所管辖领土的发展。这个职位的设立照抄了法国的模式，有关援助和公共工程方面的国家机构的设立也是法国模式的复制，国家承担起填补教会和新成立政权其他机构空白的重任。

加的斯中央洪达将国家行政当局重组为七个部门：外交部（Ministerio de Estado）、内政部（Ministerio de Gobernación）、海外殖民地部（Ministerio de Ultramar）、宗教和司法部（Ministerio de Gracia y Justicia）、财政部（Ministerio de Haicenda）、海军部（Ministerio de Mariana）和战争部（Ministerio de Guerra）。这些国家机构在19世纪一直继续存在，并增加了发展部（Ministerio de Fomento）。这个新增的部承担了贸易、教育和公共工程方面的职能。在伊莎贝拉二世统治时期，大多数的部长都来自大庄园资产阶级的摇篮——安达卢西亚和埃斯特雷马杜拉，而加泰罗尼亚已经有了渐行渐远的趋势，在19世纪，只有2.5%的内阁成员来自加泰罗尼亚。在这些部门的基础之上，费尔南多七世于1823年成立了部长理事会（El Consejo de Ministros）。这是君主的一个咨询机构，在内阁负责人或首相依据宪法接管行政权力之前，行政权力都属于君主。

这样的机构设置需要大量的公务员，也就是国家的公仆。到19世纪中叶，他们的人数已经达到10万。这些人或多或少地在法学院镀过金，并依靠推荐和政治庇护进入官僚体系。而新自由派有时则喜欢使用新闻工作者或大学毕业生来承担工作。人头开支花费了国家预算的一半。由于所使用人员的专业化程度过低及对其任命的随意性，每当政府更迭之时，他们也就失业了，为另一批被推荐的人腾出地方，他们就是加尔多斯（Galdós）小说和风俗文学中所描绘的丢官者。19世纪国家政权当中最新奇的事情是，曾与世俗力量共掌权力达1000年之久的神职人员，在被驱逐出官僚机构后，几乎没有再次出现在其中。

新的西班牙国家上层建筑要求同化纳瓦拉和巴斯克地区的富裕地区。自1814年以来，特权问题已经成为一个上升到国家层面的问题，也是旧体制崩溃在各区域的反映。事实上，在中心和周边区域关系问题以民族主义的方式爆发之前，自由国家与享有特权省份之间所谓的对抗掩盖了农村寡头集团对失去传统权力的恐惧。当加的斯中央洪达不承认国家与公民之间存在任何中间机构之时，就将这种特权模式排除在了法律体系之外。这也满足了巴斯克资产阶级的愿望，因为他们渴望通过国家统一将其经济融入西班牙经济，并与当地根深蒂固的贵族脱钩。为反对当地的贵族，1813年的立法规定了通过普选产生市政府和洪达。但他们采取行动设法避免了这种对自己不利的情况。随着费尔南多七世的复辟，旧体制也不会保持不变。

尽管牺牲了海关自由，但是反对权力滥用改革委员会（la Junta de Reforma de Abusos）遏制了当地的走私，并要求年轻人服兵役。在1820年至1823年的三年期间，由于洪达取消，并根据与地方政治头子利益相悖的规则重新组建了议会，而且明确反对领主与王权之间所谓契约的神话，特权主义者和自由主义联盟之间的不和加剧了。两者之间的这种契约在一个远离卢梭契约精神的社会当中是令人惊奇的。

正是在实施宪政体制期间，巴斯克的资产阶级分裂成了两派：一派接受某种特权主义，而另一派是纯粹的自由主义者，要求消灭特权。教会、农民和土地领主支持卡洛斯派，要归功于自1835年以来卡洛斯派一直保留特权当作吸引农村力量的磁铁。然而，《贝尔加拉协议》是一项任何人都不会满意的协议，埃斯帕特罗承诺"在不损害宪法统一的情况下"捍卫特权模式，开启了一个相互退让和相互撞击的时代。由自由主义者主导的纳瓦拉议会接受了1841年的《契约法》（ _Ley Paccionada_ ），将旧日的王国变成了西班牙的省份，从而失去了军事和财政豁免权，仅保留当地的《民事法》和《刑事法》以及寡头集团所能够接受的行政自治。在比斯开、阿拉瓦和吉普斯夸，特权主义者的力量阻止了这种进步，埃斯帕特罗必须使用武力支持其在圣塞瓦斯蒂安的同僚，以激励他们击败纳瓦埃斯在北方的行动：1841年的一项法令废除了各个洪达和立法机构，废除了特权区域之间的关隘，将海关转移到海岸，并改造了司法当局和市政当局。

1844年，温和派恢复了大部分的特权，这也是他们向支持地方特权主义的资产阶级所支付的通行费，因为这些人总是威胁倒向卡洛斯派。纳瓦埃斯的让步，促成了一个新的政治权力框架。在这个框架之内，议会和洪达拥有旧体制中国王的专属权力，而市政府则从马德里的中央政府获得更大的自治权。但是，根据宪法原则，调整特权不允许重新引入各特权区域之间的关隘，也不得将海关搬回埃布罗河。1876年，第二次卡洛斯战争为卡诺瓦斯提供了一个理想的借口，以便对特权区域进行致命一击，并在国家最终的统一中实现进步。然而，比斯开资产阶级知道如何利用与政府的谈判机会，并成功地将废除该特权制度与在不同覆盖范围内维持有利的财政特权相协调。作为卡诺瓦斯和解政策的一个例子以及承认巴斯克历史的特殊性，阿方索十二世签署了一项法令，以建立"经济协定"体制，赋予巴斯克地区管理资源和征收税赋的特殊自治权。"经济协定"的谈判与国家就每个省份的应付纳税金额进行讨价还价，总是带来主张自治的旋风，并引发巴斯克的民族主义之火，最终无可挽回地成为不满的纪念碑。因此，比斯开资产阶级利用其对立法机构的垄断，将税收负担转嫁给消费者，并免除了其所经营工业和不动产的纳税义务。

国家的账簿

　　由于国内战事频繁，政治对抗激烈以及领导人害怕与地主的关系疏远，西班牙始终无法找到健全的资金来源，以负担官僚机构的庞大开销。旧体制遗留下来的财政问题困扰着19世纪的政府，孱弱的自由主义革命也没有改变这种局面。

　　在19世纪初，西班牙的财政平衡状况是灾难性的：债务不可阻挡地持续增长，收入甚至无法支付利息，与法国人的战争及西属美洲的独立使情况变得更糟。一方面，因为战事需要消耗国家大量资金；另一方面，当国家与教会的关系破裂之时，国家不得不承担许多非常昂贵的新任务，而国库最丰富的资金来源渠道之一也关闭了。

　　在加的斯革命之后，所有西班牙人都得向国家纳税。自哈布斯堡王朝时代一直存在的免税社会阶层不复存在，旧有的复杂征税体制也消失了。为了促进政府的财务平衡，西班牙议会于1814年首次在欧洲制定了国家预算，在预算之中对国家的收入和支出进行了提前审查。议会掌握了对公共财政的控制权，结束了专制主义君主的征税自由，同时设计了一套直接税体制：按照各地的财富状况，基于省级配额，征收额外的战争税和直接税。由于国会议员是向公民征税的唯一立法权力来源，教会现在失去了其传统的税收职能。

但是在王朝复辟之后，所有这些措施都没有存活下来。费尔南多七世的专制主义扼杀了税制改革的新气象，在不到两年的时间里，国债增加了10%。加拉伊（Garay）首相利用这个机会恢复了在加的斯所确定的税收和旧消费税，但是赤字仍在增加。1820年，自由派的坎加·昂古列斯（Canga Arguelles）执掌了财政大权，赤字超过了预算的四分之一，债务违约已经无法避免了。为改善政府的财政收入，这位来自阿斯图里亚斯的知识分子先于蒙恩（Mon）和布拉沃·穆里略实施了改革，并设计了构成19世纪税收制度的四个主要税收项目：对农村和城市不动产征收的直接税，对工业和商业征收的直接税，消费税以及国家专卖和垄断税——盐、烟草、印花税、汞和彩票。

由于国家所制定的省级税收配额需要委托各地的市政当局和立法机构进行具体的分配，经常会产生普遍的欺诈行为，布拉沃·穆里略最终不得不恢复旧有的征税体制，这样至少能够确保其所需的最低金额。这不是第一次放弃新的税收体制，因为当蒙恩承认纳瓦拉和巴斯克地区的税收特殊性之时，就已经打破了自由主义派所确立的平等主义原则。由于上述这些困难，预算永远无法实现平衡，国家不得不持续求助于国内公共债务或外部借款。为尊重私有财产权，加的斯的政客们承认了旧政权所留债务的有效性，在1820年至1823年的三年期间，接受了费尔南多七世所遗留的遗产。这有利于西班牙在法国和荷兰的金融市场上树立积极的形象，但是到了1823年，由伦敦领导的欧洲各个证券交易所抵制与西班牙相关的业务，导致西班牙不得不只依靠国内债务了。因此，19世纪，西班牙财政面临最严重的问题是：在偿还债务方面，西班牙国家缺乏信用，导致融资渠道被关闭，也使得借款利率被提高，无法恢复国家财政。

在费尔南多七世去世之时，面对烧钱的战事，西班牙的财政崩溃了。马丁内斯·德·拉·罗萨和托雷诺伯爵走遍了整个欧洲以乞求新的贷款。银行家们向其施加压力，要求承认三年期的债务。但情况非常不妙，摄政当局于1836年暂停了付款，使西班牙被逐出了信贷市场。与此同时，为了维持战争，国家要求马德里的资本家们预付税款，并发行国库券（Billete de Tesoro）以便从供应商处购买商品。

一切都是徒劳，只有当门德萨贝巴大胆尝试一系列新的措施时，才能开始看到一线希望。在其重组计划中，门德萨贝巴通过公开拍卖教堂的财产，将国内债务减少了34%—50%。在甩掉了40亿雷亚尔的债务及其利息之后，西班牙的财政得到了喘息。与此同时，通过征收特别的战争税寻求其他收入来源，尽管尚未实现预算平衡，但至少在几年内可以将债务保持在20亿元以内。

然而，温和派正在全面铺开事业，在国家建设方面的投入超出了能力范围，官僚机构和军队的开支也耗费了巨额资金。由于自1836年以来，西班牙几乎停止了支付债务的利息，英国银行家们威胁终止提供新的贷款，西班牙不得不于1848年至1849年颁布了一项隐藏不良资产的破产法令，将所有债务减少到其名义价值的60%。这在伦敦看来，是彻头彻尾的欺骗行为，完全可以凭此关闭向西班牙的借贷大门。

马多斯通过出售教会的财产使财政得到了缓解，但是当自由派联盟接管了权力之后，这种喘息机会就没有再持续多久，因为他们不仅投入了巨额军费，在公共投资方面也花费甚巨。在预料到西班牙会有变动发生之前，巴黎就在1861年暂停了伊莎贝拉王朝债券的出售。伊莎贝拉二世最后几年的统治是戏剧性的，其在国家财政困境之时，提出出售王室遗产来收集资金，但是25%的收入要归自己。媒体对王室的这种"高尚行为"提出了批评，认为这是将国家财产私有化。媒体使得本已形象受损的王室更加受到诋毁，并有利于反对王室的各方结成联盟。革命也没有改善财政状况，具有民主性质的费格罗拉改革（La Reforma Figuerola），通过废除消费税和根据财富情况征收个人税，使得国家收入更加减少。在结束了对教堂财产的出售之后，国家收入本就很低了。从对进口货物征收的新关税中收集了一些资金，但预算多用于支付利息：1868年税收的46%用于偿还贷款了。失去获得更多贷款资格的西班牙不得不放弃部分抵押品。通过这种方式，巴黎的罗斯柴尔德银行（La Banca Rothschild）获得了阿尔马登矿山的抵押权和汞业务的经营权，西班牙银行用1.25亿雷亚尔购买了钞票发行的垄断权。

为了恢复金融市场的信心，卡马乔（Camacho）于1881年实施了一项新的债务安排，减少了债务的总额。但作为补偿，其保证以法郎（Franco）和英镑（libra）支付巴黎和伦敦的债务。通过这项措施，一直到1890年，货币价格都保持稳定，但当国家的贵金属储备耗尽之时，比塞塔（Peseta）的贬值加速。

教化国家

《加的斯宪法》深受自由主义影响，顺应欧洲的思想启蒙潮流，更新了国家的教育指导方针。在国家的独家监护之下，教育更加符合公民的文化需求，更加有利于提高公民的素质。因此，教育的改革与自由主义革命同时展开，但也遭遇同样的命运。

《1812年宪法》通过承认平等权利和政治参与权利使所有臣民都成为公民，行政当局也明确承诺向他们教授行使这些权利所需的知识。因此，自由革命需要建立一个遍布伊比利亚半岛的学校网络，以便培养未来的男性选民。与社会生活的其他领域一样，资金缺乏和政治动荡使得这个计划流产了。1822年，全国只有17%的孩子能够接受教育，国家几乎无法支付教师的工资。自由主义者一心要使教育世俗化，在19世纪的前20年就废除了教会的教学职能，而费尔南多七世则允许一些宗教团体进行教学；在1823年之后，也允许农村牧师在他们的教区里教育孩子。

在摄政当局统治期间，掌权的是由进步派的里瓦斯公爵（duque de Rivas），他将教育职能分配给不同的官方机构，但是教育也包含了温和主义的立场。直到20世纪，都是由市政当局供养学校，议会负责学院，政府负责大学。中学教育主要面向中产阶级，在1845年的《皮达尔法案》（Ley Pidal）颁布之后，中学教育的内容介于之前的大学和法国的中学之间。在其雄心勃勃的统一和集权计划框架之内，温和派加强教育组织的金字塔结构。马德里的中央大学（Universidad Central）是唯一有权授予学位的机构，而教师则通过考试制度融入公务员队伍。随着在1857年实施了莫亚诺改革（Reforma

Moyano），这种教育制度达到顶峰。改革保证了九年的初等义务教育，并授权国家选择课程和书籍。贫困再次阻碍了进步。在法国，教育改革通过消除区域特殊性和语言障碍推动了国家的统一，但是在西班牙，低水平的学校教育降低了这种可能性，使得区域性语言障碍仍然存在。

政治家们睁大眼睛盯着大学，担心其会成为有害意识形态的巢穴。依靠由校长、系主任、教员和教授所组成的学校结构，国家加强了对智力创造的控制，同时在全国范围内更合理地推动学校的分布，并根据当前的需要调整了课程，使其更有利于工程、医学、法律等专业。然而，严重缺乏资金会影响大学的发展，80%的预算用于工资支出，妨碍了研究机构的建立。在复辟的最初几天，奥罗维奥（Orovio）的改革增加了大学对政府的依赖性，并取消了共和主义者设立讲坛的自由。这是对自由派的攻击，导致了中央大学高层的辞职。

到此时为止，19世纪上半叶所颁布的教育相关法律一直遭到教会的强烈反对，因为教会渴望控制教育，以将其作为扩大自己社会影响的武器。温和派政府的妥协政策促进宗教团体在中小学教育中的缓慢渗透。虽然1845年的法律规定了世俗化原则，但不久之后，政府授予主教检查公立学校教育的权力，并将其纳入了政府与教会的协议之中。政府之后承认了神学院所进行研究的官方价值。然而，正是莫亚诺（Moyano）所颁布的法律使得教育向教会敞开了大门，因为扩大了教会对大学课堂的监督权力，并授权教会可以免除教师的教职。

土地没有复活

要挖掉旧体制的根基，除了面对永恒的农村问题之外，自由派别无选择。半个世纪以来，资产阶级一直在努力逐个消除阻碍市场创造力量自由发展的法律障碍。然而，他们的"法律"革命并没有撼动旧的地主阶级，反而最终壮大了他们的力量。在推翻旧的土地制度时，自由主义少数派清算了封建剥削，但作为交换，也承认了旧日领主对土地的权利，并补偿了他们非土地收入的损失。通过这种方式，所谓的革命变成了贵族与资产阶级之间的妥协。前者解决了流动资产问题，但社会地位没有受到影响；后者更关心的是确保从出售教会财产和农业中获取利润，而不是发展工业。正是由于这种安排，19世纪的经济发展模式，仍然是依赖于农业，因为土地更能提供利润和安全。

《加的斯宪法》将土地定义为私人财产，任何人都可以不受阻碍地获取，这种提法直接反对了对房地产、集体所有财产或牲畜特权的永久所有权。要克服的第一个障碍是领主体制，在18世纪结束时，这种制度仍然影响着西班牙50%以上的人口。1811年，议会将拥有司法管辖权的领主领地区域纳入国家管理，但政府允许他们继续作为地主收取租金。为了获得贵族的支持，温和派甚至会承认一些非常可疑的贵族头衔。市政当局在1820年之前支持民众的利益并捍卫他们的土地所有权，随着出售教会的财产，政府转向支持寡头集团了。安达卢西亚贵族正是利用这个机会从最高法院获得了有争议的土地所有权。在这种大气候下，贵族们由于没有参加市政当局，所以就使用诡计阻碍进步派候选人加入政府，还操控市政当局的决定。

这也预示着19世纪下半叶会出现地方政治巨头统治，地主们从马德里操纵着各地市政当局的木偶戏。在加泰罗尼亚和巴伦西亚，领主领地的消失会产生截然不同的后果；在这些地方，旧日的永久佃户通过取代领主获得了他们农场的全部所有权，从而产生了一个能够稳定农村社会的中小地主农民阶层。

随着领主体制的衰落，贵族经济不得不经历农产品价格的下跌、畜牧业的衰退和什一税的贬值，以及由于收入分散所带来的行政管理负担。在失去了商业税（Alcabalas）、什一税、世俗什一税（Deizmos Lacios）等这些经济支柱之后，公爵们的财产注定要湮灭。然而，在这种情况下，国家也会回应大公们的要求：用商业税（Alcaballas）和长期政府债券取代可以从全国总预算中提取的收入以及可偿还债务和无法收回的什一税。在加泰罗尼亚、巴伦西亚、比斯开、塞维利亚等地，这些收入曾经非常丰厚。随后，贵族通过向债权人出售债券或将其用于购买出售的资产使自己的钱包鼓起来。国库把贵族们从缺乏资金的窘境当中解救出来，他们通过这种方式获得了丰富的资产。由于长子继承制已经被废除，贵族们可以通过符合生产力标准的买卖发家致富了。因此，在安达卢西亚和埃斯特雷马杜拉出现了现代大地产。由于这些大地产，贵族们保留了他们的社会地位。例如，1932年，梅迪纳塞利公爵仍然是全国最大的地主，大公们共占有近60万公顷的土地。

当集体土地私有化的时候，同样的事情没有发生在教会和市政当局身上。这不仅仅是因为实施了自由主义的信条，而且还因为迫切需要给陷入崩溃的国库留一些喘息空间，并增加伊莎贝拉二世支持者的数量，以对抗卡洛斯派。各教团因财产被出售而第一批遭受了严重打击，这些教团在约瑟夫·波拿巴掌权时期和1820年至1823

年的三年期间已经领教了出售其财产的疯狂做法。随着内战的爆发，门德萨贝巴首相计划出售教士们的世俗财产和教会财产，因为他相信只有彻底地出售教士们的财产才能给国家带来巨额资金，并为农村提供教会无法承担的投资。尽管要出售200万个批次的财产带来了价格下行的压力，但是出售教士们的财产还是需要建立一个有效的管理体系，以保证在市场上获得最优惠的价格。为了便于出售教会财产，门德萨贝巴分割了那些最大的不动产，但当地寡头集团通过与负责对其进行分配的市政委员会共谋或通过使用代理人的方式重新恢复了这些大型不动产。尽管提供了诸如分期付款、以公共债务付款等便利措施，但直到1839年，埃斯帕特罗实施新的出售教会财产方案，才使得对其的销售加快速度，直到1842年至1844年的三年期间达到顶峰。虽然温和派平息了局面，通过《宗教协定》归还了未被出售的不动产，但在杜罗河谷、马德里、巴伦西亚和瓜达尔基维尔河的大片土地上实现土地所有的世俗化。历史上，教会曾在这些地方占有大量的土地。而随着军事骑士团在19世纪下半叶的解散，在拉曼却和埃斯特雷马杜拉也实现了土地所有的世俗化。

在出售教会财产的同时，伊莎贝拉政府正在抨击市政府对不动产的占有。早在17世纪，这些不动产就引起了拥护启蒙运动者的注意。为了奖励与入侵者的斗争，加的斯议会决定将这些不动产分配给市民，但在具体实施议会的决定之时，各地的贵族往往以收回市政府欠款的借口占有市政土地，使得土地分配更加有利于自己。这次土地分配和1820年至1823年三年期的土地分配都没有对公共不动产造成太大影响，因此，从1833年开始，按价出售替代了免费分配，大部分不动产仍然保持了原样。马多斯在1855年采取的总体出售措施把这些土地以及之前逃脱了拍卖的教会土地和王室土地都出售完了。同样，进步主义者有责任推进土地私有化，并将获得的资金用于偿还债务、建设公共工程和推动铁路发展。与门德萨贝巴不同，纳瓦拉人马多斯确实考虑了以前的地主，并用公共债务对其进行了补偿。然而，教会和市政当局会感觉受到了践踏，克劳迪奥·莫亚诺（Claudio Moyano）在议会对其进行了控诉，而安德烈斯·博雷戈则在媒体上对此进行了抨击。

尽管时至今日，仍然有人在谈论解决土地问题时的"错失机会"，但是这些人忽视了自由主义革命的真正含义，出售教会不动产几乎满足了其所有的目标。大约25%的土地进入了土地市场，在不贱卖土地的情况下使得土地价格变得更便宜，因为双重定价和拍卖系统使评估价格翻了一番。然而，出售这些不动产没有成功抵消债务，在门德萨贝巴时期，债务是被出售不动产价值的四倍，但至少可以减少到可承受的限度，而到了马多斯时期，出售的利润都被花费在了紧急的公共工程上。此外，通过出售这些不动产，将过去50年西班牙所消耗的资本返还给了私人储户，因此，出售不动产并没有剥夺西班牙发展经济的资金，而是促进了生产发展。从19世纪中叶开始，国家赤字对市场的负面影响要大得多，因为财政部给出的高利率阻止投资进入工业领域。

国家在为了新买家的利益而掠夺教堂和市政当局的同时，更新了对地主的财产普查。出售不动产的方式参照了每个地区的特点，在卡斯蒂利亚的对象主要是分散的庄园，而在安达卢西亚、埃斯特雷马杜拉和拉曼却则是大型地产。在这些地区，由于出售世俗不动产而释放出来的土地成为贵族和资产阶级持有的新的大地产。这些大地产根据继承人的数量分成了不同的农场单位，而教会的土地只是名义上发生了所有权的改变。土地集中趋势在阿方索十三世

（Alfonso XⅢ）统治时期加速了，因为当时中小农户的庄园毁于世纪末的危机。经过一个世纪的农业斗争，由于与政府结盟和在第一次世界大战的受益颇丰，南方土地所有者扩大了他们的庄园，因此，在边境地区的巴萨和卡斯特拉（Castellar），一个庄园的面积往往能够达到11681公顷和17140公顷，超过了市区庄园面积的90%。

通过统一大地主的经济行为，出售不动产在农业中传播了资本主义文化。贵族或资产阶级最终都成了地主。通过利用廉价劳动力，大多数人选择直接开发他们的庄园，也有一些人在1850年后，因租金上涨而选择出租土地。农民受到最严重的伤害，因为他们失去了公社土地之前所能提供的庇护，只能受制于土地租赁和雇佣合同，总是担忧会被驱赶。于是，贫穷使许多人投向卡洛斯派或逃往城市。

自19世纪20年代以来，人口增长有利于农村地区的发展，因为不仅提供了丰富的劳动力，也增加了对粮食的需求。然而，在拿破仑战争结束后，欧洲农业陷入生产过剩的局面，小麦、白兰地和橄榄油的价格崩溃了。英国将剩余的劳动力转移到了工业；法国，其政权依赖于在革命中产生的中农，选择了自给自足；在西班牙，萧条的浪潮使牧场或农场人烟荒芜，而出口则因国际收支崩溃而停滞。

市场的崩溃甚至影响了国际贸易所需商品的生产，如白兰地或卡斯蒂利亚羊毛。与数量相比，加泰罗尼亚人更关注质量，使得他们的农夫只关注必需品的生产而忽视了其他作物，现在要为这种排他性付出代价了。雷乌斯（Reus）已经将其货币盈余投入了纺织工厂，而没有预料到即将发生的灾难。随着战争，殖民地的丧失使黄金三角雷乌斯、巴塞罗那和哈瓦那陷入了混乱。加泰罗尼亚的田地也因此而陷入了危机，造成了不可预见的后果，因为其暂时使加泰罗尼亚的收入来源枯竭了。不过，虽然接连的厄运在那些经历过它的人心中仍有余悸，但随着国内市场的发展，葡萄酒的专业化最终拯救了这个地区。

乡村梦想

19世纪的土地革命不仅仅是为了分配土地所有权，更是为了保证土地所有者的完全自由。在1813年和1836年，自由主义者实施立法，通过宣布对私人庄园设置栅栏和划定边界终结了对土地进行共同开发的做法。这一措施给早已因为农业进步和西班牙羊毛所遭遇的国际封锁而陷入没落的迁徙畜牧业画上了句号。此外，瑞典、普鲁士、奥地利、法国和萨克森趁西班牙爆发内战之际，发展了大规模的西班牙美利奴羊群，对西班牙的羊毛构成了强烈的竞争威胁。西班牙羊毛在欧洲市场失去了传统的支配地位。随着出口的停滞，许多大牧场主破产了，而迁徙牲畜的数量从19世纪末的450万头减少到1865年的180万头。在形成这种日薄西山局面的同时，牧主公会也于1836年解散了，牧场主们被纳入了新的自由主义法律框架管辖范围之内。

雪上加霜的是，当西班牙失去殖民地之后，美洲白银不再输入，国际收支不平衡的情况加剧了。贵金属的大量流失造成通货紧缩的紧张局面，并使已经低得不能再低的物价继续下落，许多小农因此而破产，或者不得不进行过度的开发以支付税收或偿还债务。只有短工们的生活因为食品价格的降低和工资的不变而略有改善。由于担心国家完全陷入以物易物的局面，西班牙政府于1820年下令禁止欧洲其他国家所产小麦进入本国，并加强了国内的区域贸易，这是效仿法国，走向"国内市场"的第一步。因此，全国形成了专业化的生产区域，其分布如下：坎塔布里亚山区专门种植玉米和土豆；卡斯蒂利亚、阿拉贡和安达卢西亚专门种植谷物；瓜达尔基维尔河和瓜迪亚纳河流域专门种植橄榄树，而地中海沿岸，则主要种植葡萄和果树。

随着危机的结束，生产得到了复苏，物价也开始上涨，在19世纪中叶形成了强劲的发展势头。在良好商业前景的鼓舞下，生产者开始将目光转向新的领域，他们冒险将积蓄投资于购买农场和庄园，因此农场和庄园的销售价格一直根据谷物价格的上涨、运输工具的发展和人口的增长而变化。从长远来看，尽管农业仍然受到产量过低的影响，但是日渐充满活力，适应了西班牙消费者和欧洲市场的需求。在土地自由化和保护性法律的刺激之下，也得益于门德萨贝巴和马多斯的支持，西班牙的耕地面积不断扩大，到了1860年，完全可以养活数量多达1500万的西班牙人，不需要再向国外购买粮食了。

尽管其间有所波动，但这种良好势头一直保持到1930年。耕地面积达到了600万公顷，其中350万公顷用于种植粮食。然而，随着20世纪的临近，谷物至高无上的地位受到了地中海典型农产品橙子、葡萄和橄榄的挑战，"土地革命"不得不以牺牲森林为代价。自然空间减少了，大多数公有山林也私有化了。许多山林毁于犁铧，其他一些山林则为了适应市场的需求，种植了快速生长的树木，但是多数已经退化为荒地，这是一场时至今日依旧有影响的生态性灾难。

在西班牙铺设贯通全国的铁路之前，卡斯蒂利亚所出售小麦的50%——每年为16.6万吨，要通过梅塞塔高原北部"面包带"与桑坦德和巴塞罗那之间的道路到达加泰罗尼亚，这对传统的西西里和北非供应商造成了巨大的冲击。从1830年至1853年，卡斯蒂利亚地区和坎塔布里亚地区所出产小麦及其现代化工业磨坊所生产面粉的运输量稳步增长。但是到了1864年，巴利亚多利德和巴塞罗那之间铁路的贯通，桑坦德路线因受到火车冲击而衰退。

随着西班牙国内市场的形成，内陆城市和周边城市的物价日趋接近，沿海地区的物价呈降低趋势，而高原地区物价则开始上涨。通过这种方式，卡斯蒂利亚的谷物农业克服了一直阻碍其实现现代化的障碍——缺乏刺激措施。卡斯蒂利亚生产者的发家致富展示了在梅塞塔高原农村地区所具有的能量。这些地区的生产越来越面向市场，发展很大程度上得益于农业资产阶级对布尔戈斯、帕伦西亚、巴利亚多利德、桑坦德等地铁路和面粉厂建设的投资。然而，周期性的粮食供应问题并没有完全消失，并在1847年、1856年、1868年席卷全国，很快就使得粮食储备消耗殆尽。因继续禁止国外粮食输入，国内的粮食歉收很快就导致了全面的灾难，这也是19世纪中叶向加勒比地区大量输出粮食所造成的一个后果。

在19世纪农业生产的高峰期，对向安的列斯群岛和欧洲的出口也产生了影响。得益于1819年在殖民地所颁布的一些法律，西班牙可以从桑坦德向古巴和波多黎各输出小麦，因为这些法律对不是从西班牙进口的谷物征收重税。自19世纪20年代以来，加泰罗尼亚采取同样的措施以便在数年内排挤卡斯蒂利亚的面粉，特别是在1885年以后，得益于从欧洲其他国家低价进口的小麦，加泰罗尼亚的面粉产业蓬勃发展起来。由于加泰罗尼亚的竞争，卡斯蒂利亚的制造商受到严重冲击，很容易就成了反对新兴"加泰罗尼亚主义"政治斗争的牺牲品，他们把自己的不满情绪一股脑地倾泻在"加泰罗尼亚主义"身上。

与此同时，资本主义在欧洲取得了胜利，欧洲农业市场发展起来。与西班牙一样，整个欧洲大陆都划分为专业化生产区域，各地的物价逐渐趋于一致：东欧地区凭借拥有平原的优势，出产价廉的小麦；沿海国家选择发展牲畜业；而地中海沿岸则专注水果和蔬菜的生产。尽管受到了来自欧洲大陆的挑战，但是西班牙的农业最终还是胜出，在几乎整个19世纪，农产品销售额的增长速度都高于欧洲其他国家。在19世纪，西班牙农业贸易的主要客户是法国、英国和安的列斯群岛殖民地；而到了20世纪，葡萄牙、意大利、德国和荷兰则填补了因为英国和法国需求下降而留下的销售空间。除了在克里米亚战争等少数特殊时期外，西班牙的谷物几乎没有进入过欧洲市场。工业原料动植物木蓝、胭脂虫、藜科植物一直保持着出口优势，到了1850年，它们被化学工业所制造的新染料替代。继葡萄酒之后，软木塞和橄榄油成为西班牙出口贸易的主角，到了1890年，它们让位于干果、蔬菜和柑橘。

除了谷物之外，地中海和大西洋运费的下降扩大了加泰罗尼亚、阿拉贡烈性酒和橄榄油对安的列斯群岛的出口，也促进从古巴向西班牙输入糖、烟草和咖啡。到此时，这些贸易对于西班牙各地区及其农业食品工业来说，已经变得不可或缺，即使在西班牙收成不佳的1847年或1856年，货物的进出口仍保持稳定。阿拉贡和拉曼却对加泰罗尼亚的小麦输入也是如此。由于加泰罗尼亚在19世纪上半叶大量消费其出产的小麦，阿拉贡和拉曼却获得了取之不尽的财源。之后，穆尔西亚和安达卢西亚也加入了这个行列。

铁路的历史似乎与农业密切相关。尽管不是因火车才有了农业市场，但是铁路是依靠农业资产阶级出钱出力才修建的，因为他们渴望降低运输价格。由于铁路运输速度快和运货量大，许多之前无法销售的易腐败产品，如蔬菜、乳制品、肉类都可以进入市场了。

同样，火车的通行重塑了西班牙的市场分布状况。例如，拉曼却的小麦改为经由阿利坎特输出，这损害了巴伦西亚的地位；巴伦西亚转而成为穆尔西亚面粉的输入地；而安达卢西亚在20世纪到来时则鲜有粮食出口，埃斯特雷马杜拉填补了其留下的谷物输出地的地位。

随着耕地面积在1800年至1930年的不断扩大，人均粮食供应量也随之增加。在19世纪末的危机之后，小麦摆脱了低质量面包谷物的地位，与马铃薯一起成为人们日常食用的主食。然而，19世纪的主角谷物是玉米，它征服了西班牙的多雨地区。玉米主要充当牲畜的饲料，之后随着马群数量增加，燕麦种植面积扩大，玉米的地位逐渐被燕麦所取代了。19世纪，在除了卡斯蒂利亚和巴伦西亚以外的西班牙地区，谷物的收成都增加了，但是到19世纪末，阿拉贡、加利西亚和加泰罗尼亚的谷物收成没有增加。全国市场的形成和进口商品种类的增加使得有些地区可以用其他作物替代谷物，而新卡斯蒂利亚、埃斯特雷马杜拉、安达卢西亚和穆尔西亚则专门从事谷物生产。经过100年的变化，农牧业的平衡使南方拥有大地产的省份遥遥领先，加泰罗尼亚位居其次，卡斯蒂利亚、莱昂和阿拉贡的地位则相对下降了。穆尔西亚和埃斯特雷马杜拉具有突出的发展活力，成为发展现代农业的核心之一。

自1860年以来，葡萄种植业一直是农业现代化的先驱。在拉曼却、拉里奥哈、加泰罗尼亚、巴伦西亚等地区肥沃又几乎未经开发的土地上，大面积地种植了葡萄。而1877年至1893年，则是葡萄园真正的黄金时期。由于法国深受葡萄根瘤蚜病之害，西班牙对法国的葡萄酒出口大规模增长。更靠近法国的加泰罗尼亚和巴伦西亚因此获利颇丰，拉里奥哈和拉曼却的葡萄酒也大量出口法国。葡萄及其制品的出口利润大幅飙升——九年内获利约为四亿比塞塔，超过了巴斯克商人在比斯开湾开采赤铁矿鼎盛时期的利润。此外，欧洲对工业用油的需求拉动了橄榄树的种植，在伊比利亚半岛东南沿海地区和安达卢西亚大量发展橄榄树，而加泰罗尼亚人和阿拉贡人则专注于为人类消费提供橄榄油。

19世纪，西班牙整个农业的发展局面是令人欢欣鼓舞的，但到了这个世纪的最后20多年，局势却急转直下，因为在美洲出现了一个强大的竞争对手，在欧洲人的帮助下进行了大规模的开发。在1839年至1899年，通过开垦西部富饶的草原，美国的耕地面积增加了七倍。到19世纪末，阿根廷、加拿大和澳大利亚也加入了这场竞赛。他们出产的谷物加上巴尔干地区和俄罗斯出产的谷物使得市场饱和了，价格随即暴跌；羊毛、肉类、橄榄油、大米、大麻和丝绸的情况也是如此。市场动荡袭击了英国和荷兰；法国、德国和意大利通过采取保护主义措施减小了市场动荡的影响，除俄罗斯以外的东方各生产国却因此而陷入困境。作为边缘化的出口商，面对美国和俄罗斯对本国所产谷物的威胁，西班牙农民只能无助地任由自己被逐出欧洲市场。出口禁运措施使得西班牙缺乏维持其购买力和投资所需的必要收入，也缺乏使现代化农业盈利所需的资金。因此，西班牙缩短与发展程度更高国家差距的希望落空了。恰好在此时，资本放弃了南欧，转向了一些新兴的国家。面对危机，西班牙所能做的仅仅是加倍努力地销售自己的葡萄酒和矿物。

虽然西班牙从未面临农业经济崩溃的风险，美国谷物淹没了加泰罗尼亚、加利西亚和坎塔布里亚的沿海地区，使得西班牙小麦种植区域的信心深受打击。西班牙最具竞争力的地区——卡斯蒂利亚和莱昂成为硕果仅存的区域，它们选择加泰罗尼亚作为对巴伦西亚和安达卢西亚的出口中间商，拉曼却被无视了。通过这种方式，这场危机打破了西班牙的市场整合过程，并使得生产力较低的土地变为土豆地或葡萄园。然后，土地所有者们强烈反对高工资并要求采取保护主义措施。

葡萄酒也失去了往日在欧洲市场的活力，特别是在法国市场上，其受到了来自阿尔及利亚的葡萄酒和化学制酒的冲击，不仅葡萄酒的价格下跌，在西班牙、意大利和葡萄牙的销售额也下降了，而葡萄根瘤蚜病在短短数年内就毁掉了30万公顷的葡萄园。西班牙和法国在1892年所签订条约的有利条件消失了，西班牙对法国的出口减少了50%。在赫雷斯地区，小农的破产扩大了加的斯的葡萄酒庄园——加维（Garvey）、敖司堡（Osborne）和比亚斯（Byass）。它们起初只是与英国做生意的贸易商，后来通过购置大量的庄园成为富裕的地主。

橄榄的情况也不容乐观。从19世纪90年代开始，橄榄油已经无法抵挡石油和动物脂肪的竞争，在"危急关头"，只有比塞塔的贬值才能拯救西班牙的橄榄种植者。由于低质量的产品被逐出了国际市场，伊比利亚半岛东南沿海地区和加泰罗尼亚很好地扭转这种不利局面，但埃布罗河下游地区还是无法抵御来自意大利的橄榄油。

为了克服这些困难，欧洲的农业必须在通过能够提高产量的技术变革降低生产成本和加强保护主义措施之间作出选择。在地主势力更强大的地方，如意大利和西班牙，政府选择了保守措施：提高关税。为此，加入了农业联盟（Liga Agraria）的西班牙谷物种植者们反对一个过于"自由"的国家，而在恢复经济的借口下，卡诺瓦斯党登上了保护主义的战车，实施了1891年关税。四年后，通过一项新的审查，对能够在国内市场对大地主的垄断构成威胁的进口商品施加了限制，大地主成了第二共和国的真正统治阶级。别无选择的消费者和自给自足的发展模式使得农村的地主们发家致富了。西班牙缺乏适当的财政政策来遏制这种不平衡。此外，推动农业现代化的动力正在消失。在竞争消失的情况下，无所畏惧的地主们可以通过施加压力降低短工的工资，即使面临较大的社会冲突风险也在所不惜。

西班牙的葡萄种植者们行动起来反对工业酒精的进口，直到保护主义在这个领域最终取得胜利。至少在1914年之前，西班牙仍然是欧洲最大的葡萄酒卖家。而橄榄园则通过更新橄榄油工业的技术来挽救颓势。从1880年到1914年，安达卢西亚的橄榄油经历了一个高光时期，在国际市场上的独具优势，这种优势在第一次世界大战期间得到了巩固。在普里莫·德·里维拉的支持下，橄榄种植园延伸到埃斯特雷马杜拉、拉曼却和安达卢西亚东部地区，而通过种植油橄榄，橄榄种植园在阿尔哈拉菲（Aljarafe）的发展最快。这一时期的巨大变化是安达卢西亚橄榄油品质的改善，使加泰罗尼亚的橄榄种植园黯然失色。然而，1929年的危机扼杀了西班牙南方农业的希望，负担被转嫁到了农业上，导致了在内战前几年，农村社会的不稳定。

迁徙牲畜数量的下降让畜牧业受到了严重打击，但经过安达卢西亚、埃斯特雷马杜拉和加利西亚的推动，到20世纪初，畜牧业触底反弹。这些地区按照从事农业生产的类型以及生产肉类和牛奶的类型对牲畜进行专门化的培育。牧场的丧失和出口的困难阻碍了羊的养殖，因为本国的羊毛必须与低价进口的外国羊毛在西班牙市场进行竞争，而低价的羊毛有利于加泰罗尼亚从事纺织行业的资产阶级。从1885年开始，当卡斯蒂利亚的养羊业转向肉类和羊奶生产时，这种局面略有改善，但缺点是消费者更喜欢牛肉，对羊肉兴趣不大。

养牛业更好地支持了农牧业的转变，因为其能适应城市的消费。在加利西亚、埃布罗河上游地区、新卡斯蒂利亚等地区，养牛业和养猪业的专门化同时得到了发展。尽管受到马德里和巴塞罗那消费者的青睐，但由于肉类价格较高，民众对于肉类的消费受到了抑制，不得不选择鳕鱼作为蛋白质摄入的替代品。除了在安达卢西亚和埃斯特雷马杜拉成立了少数大型畜牧业公司之外，在其他地区，这件事面临重重阻碍。英国和葡萄牙从加利西亚大量购买活牛使其成为欧洲牲畜最大的出口地之一，销售额在1880年至1884年达到了顶峰，但随着世纪之交的危机爆发又降了下来，因为他们无法与美国的冷冻肉竞争。

国外没有机会，养牛业只得回归西班牙市场，这一次铁路交通的改善使这个行业重新焕发活力，在20世纪前十年，西班牙每年可以销售大约8.5万头牛。

自1891年以来，养马业就实现了不可阻挡的增长，成了西班牙畜牧业的主导。由于骡子能够快速行走及适应葡萄园和橄榄种植园的工作条件，其数量也大幅增长。

不怎么浪漫的金融家们

在18世纪，由于缺乏统一的国内市场，工业化的尝试总是屡屡碰壁。通过企业发展和向美国出售产品，加泰罗尼亚成为唯一一个实现跨越式发展的地区。而在其他地区，立足于未来的计划很少，因为国家承担了建立工业以及促进工业现代化的任务。许多问题遗留到了下一个世纪，欧洲领先国家的快速增长又加剧了这些问题。

这些国家将西班牙甩在了后面。

对于当时的西班牙人来说，落后的责任应归咎于地理限制和战争。三场战争毁掉了这个国家，摧毁了道路、城市和工厂。由于损失了大量的牲畜和庄稼，农业和畜牧业发展的资本也丧失了。最后，殖民地的独立使西班牙失去了庞大的市场，这个市场曾在1814年实现和平之后推动了西班牙的经济发展，并为国家的重建提供了所需的资金。由于费尔南多七世所施加的种种政治限制，这种衰落的局面变得更加复杂。费尔南多七世渴望永久保持旧体制，这进一步推迟了工业时代的开启。在19世纪最后的时光里，西班牙不得不看欧洲大陆其他强国的脸色行事，而这些强国利用它们的优势一直在赚取丰厚的利润。

失去美洲白银输入的机会不仅使国家丧失了经济推动者的传统角色，而且还不得不将公共财政交到了外国资本家手中，这使得西班牙的执政者们无法制定符合国家利益的政策。此外，因为物价的上涨，大多数企业家失去动力，宁愿将积蓄用于购买土地，进行投机活动或购买公共债务，也不愿意将其投资于工业。

纺织厂、高炉、矿山、铁路……这些工业革命象征所需的资金是集体资本公司几乎无法负担的。在这一领域，费尔南多七世所颁布的《商业法典》在规范集体公司、有限责任合伙公司和股份有限公司方面具有创新性。此外，对资金的需求要求对西班牙的银行系统进行重组，以便使其适应时代的要求。

1856年政府所颁布的各项法律顺应了金融资本新时代的需求。在进步派人士的努力之下，西班牙增加了货币发行银行的数量，特别是毕尔巴鄂银行和桑坦德银行随后成为国家经济生活的主角。所有这些银行都有权发行三倍于其实收资本价值的纸币，从而使流通的货币在八年后翻了一番。在此期间，圣费尔南多银行改名为最合适的西班牙银行，并于1874年收回了货币发行垄断权。

在1856年的进步主义支持之下，信贷公司诞生，这些公司是专门从事工业和服务业投资的金融公司。作为欧洲同类公司的复制品，西班牙的信贷公司是强大外国公司在国内的分支，掌握在佩雷尔（Pereire）兄弟、罗斯柴尔德（Los Rothschild）家族、普若斯特－贵娄（ProstGuilou）家族手中。这些公司与权力关系密切，但是并不会根据国家的需要进行投资，他们掌控了大量的企业，特别是采矿和铁路领域。

缺乏资本是现代经济发展的主要障碍，运输问题也不容低估。尽管因为西班牙的地形，铁路和道路的修筑非常困难，但是19世纪是一个交通发展的时期。在这个世纪初，推行开明的政策之后，西班牙在卡斯蒂利亚和安达卢西亚建立了良好的道路网络，但在坎塔布里亚和地中海地区，交通却显得不足。反法战争使大量道路遭到破坏和无法得到维护，加之费尔南多七世时期资金短缺，导致西班牙的交通状况远远落后于整个欧洲。

在19世纪中叶，自由党政府将实现公路网的现代化作为国家经济发展的首要任务。1857年，议会批准了道路修筑计划。依靠国家的出资，在发展部部长的领导之下推行这些计划。这些计划旨在将马德里与重要港口、省会城市和边界地区连接起来。这是一个呈辐射状的道路网，与其他二级道路网相连接。在伊莎贝拉二世统治结束之时，新建道路达到了约1.9万公里。自罗马时代以来，没有道路可以与此时的交通状况相媲美。尽管因缺乏能够运输大量货物的车辆导致道路对西班牙经济的贡献很小，但是道路网络显著改善了各区域间的交通。

真正的交通运输革命与铁路一起来到了西班牙。第一条铁路是在1848年启动的巴塞罗那至马塔罗铁路线。鉴于财政困难的局面，国家很快就不得不放弃对铁路网扩建的直接参与，将其交于私营公司。为促进铁路的铺设，政府提供了经济激励措施和进口优惠，这引发了政治腐败。在布拉沃·穆里略的政府中，政治腐败司空见惯。萨拉曼卡侯爵（Marqués de Salamanca）和安萨雷斯公爵（Duque de Riansares）所签订的可耻合同使温和派声名狼藉，并为1854年的进步派革命作了准备。然而，铁路的修筑工作进展非常缓慢，整个西班牙的铁路铺设才完成了456公里。

面对这种失败，1855年所颁布的《铁路法案》（Ley de Ferrocar-riles）使铁路领域与银行业一样实现了自由化，允许公司根据自己的利益规划铁路网络。在利用向民间出售资产所获得资金的同时，国家也采取便利措施吸引投资者投身铁路事业。在十年之内，有5000公里铁路投入运营，2000多公里铁路处于建设之中。这些铁路几乎被四家公司所垄断——马德里至萨拉戈萨和阿利坎特线铁路公司；北方铁路公司；萨拉戈萨至潘普洛纳和巴塞罗那线铁路公司；塞维利亚至赫雷斯和加的斯线铁路公司。

这些铁路公司当中都有外国信贷资本的身影。

铁路为西班牙市场的真正统一打开了一扇门。也可以说伴随着铁路，诞生了当代西班牙。由于铁路所提供的便利性，过去将西班牙分割成各个区域的陆地障碍终于被克服，使得思想、旅行者和货物的流动变得更快和更密集。随着火车的步伐，经济统一以及农业和工业专业化正在全速发展，将西班牙沿海和内陆地区联系在一起。然而，铁路还有很多不足之处，阿斯图里亚斯、比斯开等地区需要很长时间才能加入铁路网络。除了在交通最繁忙的地区建设铁路之外，还在相当长的时间内，增加辐射状铁路和非网状铁路的修筑。

西班牙的东北角建立了最密集的铁路网，包括从阿利坎特到伊伦（Irún）的铁路、从马德里到桑坦德和法国的分支铁路以及将农产品出口到加的斯港口和桑坦德港口的铁路。到19世纪末，火车还没有贯通整个西班牙，但与此同时，铁路成了交通国际化的最佳手段，也是经济殖民化的强大杠杆，使外国制成品能够进入马德里的大型消费市场，并为信贷公司的矿产品出口提供支持。

各个公司所获得的奖金，在1890年相当于其总成本的30%。因此很多公司迅速建立起来，丝毫不考虑国家的未来。这些公司的真正业务是从事能够获得国家补贴的建筑活动以及在欧洲公司主导的行业赚取间接利润。私人企业仍然是西班牙的避雷针，但当19世纪末的农牧业危机降低了公司的收入时，这些私人企业受到极大的伤害。由于信贷公司倾向于发行债券为工程提供资金，因此收入的减少对那些从一开始就负债率极高的行业产生负面影响。1891年，西班牙各公司的债务总额达到了30亿比塞塔，因此没钱对铁路线进行必要的改进和扩建。

除加泰罗尼亚外，铁路对西班牙资本市场的影响很小：大多数股东和债券持有人都是通过欧洲证券交易所（特别是法国证券交易所）的信贷机构进行投资的。在这些来自巴黎的投资者中也不乏西班牙人。对西班牙经济来说，更为严重的是1866年的铁路破产，而多年的庄稼收成不佳和矿产出口放缓更使这种局面雪上加霜。危机的根源在于发展模式本身，因为铁路线大量开通很明显超出了西班牙的交通需求。当毕尔巴鄂-图德拉铁路公司违约引发西班牙证券交易所的金融恐慌之时，停工使各公司不得不违反其承诺，这些缺乏基础的计划最终落空了。

西班牙十分脆弱的银行结构完全被停业和破产的风潮所笼罩。也许是金融市场的狭隘性、对结果的盲目乐观和西班牙银行业的过于稚嫩导致了风险的大规模爆发。巴塞罗那银行等机构持有超过43%的铁路担保贷款。因很多铁路公司最终关门，许多信贷机构无法收回贷款和投资，导致遍布西班牙各地的大量信贷公司永远地从西班牙的金融格局中消失了：这是对银行业的第一次重大调整。

1874年，西班牙取消了私营银行的货币发行权，开启了西班牙银行业发展的一个新阶段。这项措施影响了西班牙货币发行银行的存续，因为这些银行没有自己的资金，难以适应新的金融秩序。与此同时，取消私营银行货币发行权使得大量银行并入了西班牙银行，成为这家官方银行的分支机构。其中有赫雷斯、圣塞瓦斯蒂安、维多利亚、潘普洛纳、马拉加、塞维利亚等地的银行。西班牙银行还在地方银行（如毕尔巴鄂、桑坦德和巴塞罗那）拒绝合并的大城市设立了不同的分支机构。这些地方银行准备继续从事贷款、贴现等业务。

从国家金融的角度来看，那些失去了货币发行权之后还能够幸存下来的银行成功地加强了自身的实力。其实在铁路破产之后，这些银行就已经开始励精图治，等待新生，他们集中精力，围绕三个区域开展业务：马德里、加泰罗尼亚和巴斯克－坎塔布里亚。19世纪末，西班牙境内银行的数量较少，尽管受到官方银行的冲击，但所有这些地方银行都能够完美地保持其市场份额，甚至增加其市场份额。由于在葡萄酒和纺织品方面所获得的巨额利润，加泰罗尼亚的银行业不仅成功恢复力量，而且达到了自己的高光时刻。但因为深受农牧业危机和股市投机之害，这家银行最后还是崩溃了。由于比斯开湾矿产的成功出口和钢铁工业的蓬勃发展，西班牙北方的金融发展路径完全不同。从这个意义上说，尽管自1891年以来不得不面对由索塔（Sota）和阿斯纳尔所发起的商业银行竞争，但是毕尔巴鄂银行能够利用国际贸易和货币兑换给自己带来无与伦比的丰厚利润。

丧失古巴和菲律宾再次影响了西班牙的金融体系，因为从这些殖民地返回的资本不仅加强了金融体系，还大大地增加了货币的供应量。因此，在政府当局越来越关注出现的通货膨胀问题时，马德里和毕尔巴鄂的金融活跃程度不断增加。返回的资本总额尚不清楚，但根据其规模，可以了解这些资本投资的银行数量。1900年，在马德里出现了由"美洲人"创立的西班牙美洲银行（Banco Hispano Americano），两年后，西班牙信贷银行（Banesto）接管了法国信贷公司的清算业务。

这两家银行打破了19世纪银行的区域化特征，开始覆盖全国，并将其网络扩展到国外。巴斯克的金融家们不会在银行大量涌现的潮流中置身事外，1899年，吉普斯夸银行诞生了。在接下来的几年里，维多利亚银行和比斯开银行以及其他四个次要的银行也现世，而毕尔巴鄂银行则合并了商业银行。

智慧女神的困难

尽管落后于工业强国，但与欧洲其他地区一样，在19世纪，西班牙也兴起了一场经济现代化运动。这场运动在安达卢西亚失败了，但是在加泰罗尼亚、阿斯图里亚斯和巴斯克地区发展起来。在这些地区，随着工厂的建立，"资产阶级精神"（espíritu burgués）在企业家和中产阶级之间广泛传播。然而，历史和政治条件决定了西班牙对欧洲其他国家资本和技术的严重依赖。这种依赖性是永远无法克服的。尽管在某些地区，这种依赖性可以为工业发展积累充足的资本，但是在采矿业方面，这种依赖性公然演变成了殖民主义，完全为欧洲资本的利益服务。铅、铁和铜的大量出口加上葡萄酒和其他农产品的出口，促进了西班牙的贸易平衡。这有助于机械和公共工程进行巨额投资，也有助于进口工业制成品和食品。因此，在美洲白银的输入停止后，通过这种方式避免了经济的完全资本化。

对比西班牙在19世纪初和20世纪初的发展状况，我们就会发现关于西班牙工业化完全失败了的说法是不妥当的。虽然钢铁、机械、纺织等行业的产品未能在国际市场上占据一席之地，但西班牙的工厂至少重新占领了国内市场。受此影响，从1861年至1913年，工业产品的数量持续增加。而第一次世界大战期间，产量和利润率更是大幅增加。此外，西班牙的劳动力从初级部门向工业转移。虽然到20世纪60年代——西班牙不再是"农业国"之时，才会迎来发展的高潮，但一些地区如加泰罗尼亚和巴斯克在这个时候的发展水平已经达到了欧洲标准。在这个时期，上述地区放弃了旧有的人口统计制度。

但是并非在所有方面都取得了进步。由于原材料和燃料的成本较高以及消费市场毫无生机和过度依赖庄稼收成，19世纪西班牙的工业需要依靠国家的保护下才能成长，一直远离欧洲他国竞争的冲击。在工业化的早期阶段，所有国家都认为国家保护是发展必不可少的特殊手段，而西班牙最终将国家保护变为了本土企业家的"护身符"，他们在国内市场没有任何风险。通过加泰罗尼亚工业研究所（Instituto Industrial de Cataluña）、国家生产促进协会（Fomento de la Producción Nacional）等机构，加泰罗尼亚人在国有化市场的需求中发挥主导作用。他们反对资产阶级革命所主张的自由贸易及其有关所有权和生产的现代化政策。随着西班牙北部工业结构的恢复，贸易保护主义的压力更加强烈。巴塞罗那的工业家、阿斯图里亚斯的矿地主、巴斯克地区的"钢铁伯爵"（Los condes siderúrgicos）以及加泰罗尼亚和安达卢西亚的农业生产者都身处同一战壕，他们在1891年成功推动了所渴望的关税。在丧失了殖民地之后，西班牙先后颁布了《关税税基法》（Ley de Bases Arancelarias，1906年）和《国家工业保护法》（Ley de Protección a la Industria Nacional，1907年），逐渐加强了贸易壁垒。

随着对欧洲产品关闭市场大门，垄断企业迅速接管了生产部门：西班牙资产阶级选择了分享市场和统一生产资料，而不是陷入不必要的竞争。在世纪之交，相继出现了高炉公司（Altos Hornos）、都洛菲格勒公司（Duro-Felguera）、炸药联盟（Unión de Explosivos）、西班牙纸业（Papelera Española）等企业……但代价就是西班牙的消费者只能购买价格远高于欧洲邻国的本国产品。

西班牙各地不同的工业发展速度对人口分布产生巨大影响。在促进西班牙北部和东北部繁荣发展的同时，工业加速了人口从中心地区向前几个世纪就已经得到开发的周边地区迁移。经济上的差异也加剧了政治差异和社会差异。在巴斯克地区、阿斯图里亚斯和加泰罗尼亚，随着城市不可阻挡的崛起，欧洲化精神和社会政治进步不断扩展。相反，在西班牙中部和南部，仍然维持着以农业为主的经济结构和地方政治巨头掌权的政治结构。这种政治经济结构造成了严重的社会紧张局势，也使本地的工业受到外国资本或发达地区资本的支配。两个西班牙的神话、所谓的外围民族主义伤害或"1898年一代"作家们对被遗忘的卡斯蒂利亚的美学悼念，都是从这种地区差异所带来的二元性中汲取了灵感。

在 19 世纪初，加泰罗尼亚和安达卢西亚都被认为具有良好的工业发展前景。加泰罗尼亚人展示了他们优异的制造能力，他们可以适应消费市场对质量和价格的要求，抓住消费市场所提供的机会。而安达卢西亚拥有富饶的土地、肥沃的土壤和充满活力的美洲贸易。然而，这两个地区的发展路径注定完全不同。

在 18 世纪末，加的斯地区率先将蒸汽动力用于磨坊和制革业，比加泰罗尼亚工业运用蒸汽动力早了半个世纪。在格拉纳达的肥沃低地，棉花种植的面积不断扩大，刺激了第一批纺织工业在加的斯、圣玛丽亚港和桑卢卡尔德瓦拉梅达的出现。在这些工厂之中，都有加泰罗尼亚工匠的身影。在诞生之初，安达卢西亚的纺织业就依赖于殖民地市场。而世纪之交频发的战争使得安达卢西亚纺织业的蓬勃发展局面无法维持下去，因为在安达卢西亚没有稳定的区域市场对其进行支持。相反，加泰罗尼亚人则完全可以通过国内市场渡过难关。因此，19 世纪是加泰罗尼亚纺织品的世纪。

在第一次发展工业的尝试之后，经济创新的春风从加的斯湾转向了马拉加海岸，大量商人在那里依靠农牧业贸易发家致富，其中许多人来自国外。正是这一群体引领了新的工业现代化。这种工业化的创新最初与出口活动对铁制品的需求有关。1830 年，马努埃尔·奥古斯丁·赫雷迪亚（Manuel Agustín Heredia）在北方人弗朗西斯科·埃洛扎（Francisco Elorza）的帮助下，决定利用卡洛斯战争导致巴斯克铸铁行业瘫痪的契机，在马尔贝拉（Marbella）海滩上建造高炉，以进入巴斯克市场。从 1831 年开始，赫雷迪亚（Heredia）的公司遇到了一个非常强劲的竞争对手——由其前合作伙伴胡安·基罗（Juan Giró）所创办的钢铁企业。于是，一直到 1865 年，两者都主导着西班牙钢铁的生产和贸易。

工业的发展并不是孤立的；在建立钢铁厂的同时，马拉加的第一批棉纺企业和羊毛纺织企业也建立了，并配备有最现代化的机器设备。由于其先进的技术系统，拉里奥斯（Larios）家族所建立的马拉加工业公司（La Industria Malagueña）在众多企业中独占鳌头，其产能可以与西班牙最大的纺织企业，位于巴塞罗那的西班牙工业公司（La España Industrial）相媲美。化学工业也随之建立起来，赫雷迪亚的公司也投身于硫酸的生产。与纺织行业相关的边角余料最终被送到西班牙最早建立的一家蜡烛工厂以及法国的蜡烛工厂。这些废料也会被送至1856年在马德里和希洪（Gijón）分别建立的两个硬肥皂厂。

然而，马拉加的工业发展基础过于薄弱。1862年的萨拉维利亚（Salaverría）关税改革对于铁厂来说是一个挫折。由于塔拉萨（Tarrasa）和萨瓦德尔所带来的竞争以及根瘤蚜病和农业危机造成经济困难引发当地需求下降，棉纺织业开始衰落。而钢铁业的失败只能归因于马拉加工业的成本过高，这种高成本是因为木炭的价格居高不下以及难以运入阿斯图里亚斯和英国所产的煤炭。但人们并没有因此而气馁，安达卢西亚的企业家正在努力争取国家降低关税，而北方的矿主则对此持强烈反对态度。关税关系着无烟煤的使用，安达卢西亚的企业家最终将其资本投入科尔多瓦的贝尔梅兹（Bélmez）、埃斯彼尔（Espiel）等地煤炭的开采。但是这些努力也没有扭转局面。到1877年，安达卢西亚的失败变得显而易见；马拉加的企业家们也逐渐从矿业和铁路当中撤出自己的股份，并在1885年关闭了高炉，给这个唯一的工业项目也画上了句号。

当工业化的探索道路完全堵死之后，安达卢西亚的工业退化为农产品和海产品的加工活动：加的斯生产葡萄酒和烈性酒；格拉纳达生产糖；科尔多瓦和哈恩生产橄榄油；韦尔瓦出产腌肉，但在加利西亚的罐头厂崛起之后，腌肉工业也衰落了。随着查尔斯·皮克曼（Charles Pickman）在拉卡图哈（La Cartuja）建立工厂，到19世纪中叶，塞维利亚已经成为陶瓷行业的领军者。尽管马拉加的工业结构不再具有1856年在化学、冶金或纺织领域的开创性，但其依然是安达卢西亚的制造中心。安达卢西亚已经无法掌握自己的命运，陷入了投机者和捕食者的魔掌之中。

在马拉加，随着钢铁业的崩溃，采矿业的地位得到了加强。由于欧洲工业的需求以及与城市化进程相关配套服务的需要，南方许多早就因富集程度而出名的矿山现在得到了完全的开发。另一方面，财政困难使得共和派政府在1868年提出了新的采矿立法。这项立法摒弃了王权至上论者所设置的障碍，最大限度地放开了采掘活动，更加有利于采掘企业的发展。不过，这项直到1944年仍然有效的法律意味着政府要出售一些矿产，这与前些年对土地造成影响的做法一样，矿业公司的出现开启了西班牙采掘业最辉煌的时期，其代价是50%的国有矿山（包括最富有的矿藏）在这个经济殖民化过程中落入了外国人之手。

在1861至1910年，全世界近八分之一的铅都产自西班牙南部。在19世纪上半叶所开采的方铅矿，通过出产这种金属，积聚了大量的财富。1825年颁布的《卢亚尔法律》（Ley Elhúyar）及采矿的便利条件使得西班牙东南部的加多尔（Gádor）和阿尔玛格雷拉（Almagrera）两地山脉的矿藏变得日益重要。超出所有人预期的是，铅的销售额弥补了因羊毛销售下降给西班牙贸易平衡带来的缺口。从1822年到1868年，开采铅矿所带来的利润超出了40年后开采比斯开湾铁矿的利润，同时吸引了2万名工人进入矿山就业。没有一项工业进步能够像马尔贝拉钢铁项目这样真正地推动了安达卢西亚的工业化：由于矿山开采规模过小以及企业组织过于糟糕，本地资产阶级的投入并没有获得像巴斯克赤铁矿那样的成倍产出。

尽管西班牙的铅产量继续增长，使安达卢西亚成为世界领先的铅生产者，但是从1870年开始，加多尔进入了一个明显的衰退阶段。安达卢西亚所创造的经济奇迹得益于铁路的推动以及哈恩和科尔多瓦地区的开发。但是由于财政实力弱，技术落后和创业精神缺乏，西班牙生产商的力量遭到了严重削弱，已经被欧洲他国的资本所包围了。

山区采矿的主要问题是渗水；1852年，英国企业——利那雷斯公司（The Linares）以及不久之后的法国企业拉克鲁斯公司（La Cruz）引入蒸汽机械进行排水，克服了障碍。从那时起，产量就会高速增长。股息分配激励了许多公司在该地区投资，因此，20年后，公司的数量达到了183家。其中，采矿企业中有三分之一是外国公司，而冶炼企业则全部是外国公司。法国对利那雷斯地区铅产业的主导地位被英国公司在拉卡罗利纳（La Carolina）的不断投入给抵消了，最终还是由法国金融家占据了铅产业的主导地位。

雷阿尔城至巴达霍斯铁路以及阿尔莫冲（Almorchón）至科尔多瓦铁路的开通促使许多建筑企业进入采矿行业。随着罗斯柴尔德家族的介入，贝尔梅斯公司（La Compañía de Bélmez）在1877年失去了发展的机会，这迫使法国利益各方达成了协议：贝尔梅斯公司专注于铁路和煤田，而一家新公司佩尼亚洛亚（Peñarroya）专门从事铅矿开采。在达成协议之后，佩尼亚洛亚开启了不可阻挡的发展势头，在埃斯特雷马杜拉和拉曼却进行采矿，扩大了在安达卢西亚的投资，并出资使铁路线延伸到了塞维利亚，并将其作为自己的天然港口。19世纪80年代，随着其他地区矿物的输入，在科尔多瓦地区建起了冶炼厂。并通过租用卡塔赫纳、加鲁查（Garrucha）、阿尔梅里亚、普埃尔托利亚诺（Nuestra Señora de Gracia de Puertollano）等地的冶炼厂，扩大了其在西班牙其他地区的冶金活动，但是遇到的一个困难就是该地区的燃煤质量较低。由于相互之间的依赖性，佩尼亚洛亚公司于1893年接管了贝尔梅斯公司的煤田，不仅确保了燃料自给自足，更重要的是确保了其对安达卢西亚煤炭的垄断。其所具有的优势使其能够按照自己的意愿行事，包括通过收购国内外的竞争对手实现在冶金行业的霸权。在此之后，这家公司开始了多元化的经营模式，将业务扩展到化工行业，并利用低质量的煤炭向热电厂提供燃料，实现了雷阿尔城的电气化。尽管其进行了这样的经营模式，但佩尼亚洛亚公司成为世界上最大的精炼铅企业，这给当地带来的利益非常少，因为董事会掌握在外国人手中。

铜产业也是如此，由于欧洲通信行业和英国化学工业的发展，整个欧洲对铜的需求正在增加。直到19世纪中叶，西班牙生产商的利润都很微薄。由于煤炭缺乏和技术落后，他们的发展前景受到限制。在19世纪60年代，英国人成功从西班牙的黄铁矿中提取了硫，并从中回收了铜矿石和银矿石。面对这种大好前景，一群英国投资者于1866年接管了塔尔西斯（Tharsis）和拉萨尔萨（La Zarza）的矿山，并引入了最先进的开采技术。

塔尔西斯的成功迅速影响了利润一直很低的国有力拓（Riotinto）矿山。1870年，在菲格罗拉（Figuerola）首相的提议下，将其出售给了一个国际财团。这个财团包括英国和德国的金融家以及无处不在的罗斯柴尔德。因此诞生了力拓有限公司（The Riotinto Company

Ltd.），并在1877年至1891年主导了全球的铜生产。为了加快业务发展，力拓公司建造了一条通往韦尔瓦港口的铁路，在19世纪末引入了开采矿石的大型蒸汽铲，并于1902年建造了一座现代化的冶炼厂，配有六台贝西默转炉。所有这些举措使其能够大规模生产铜和硫，在20年的时间里每年的盈利能力超过70%。

安达卢西亚的发展状况却并不令人满意，有毒气体的排放破坏了周边地区，由于没有建立现代化学工业，开采出来的原材料最终还是离开了西班牙到他国去冶炼。塔尔西斯和力拓的示范效应刺激了许多其他公司投资该领域。到1910年，四家英国公司、两家法国公司和三家西班牙公司成为该领域的领军者。

安达卢西亚的钢铁冶金工业失败是因为缺乏价格低廉的煤炭，阿斯图里亚斯地区的丰富煤炭储量也没有推动当地钢铁冶金行业的发展。这里的煤炭储量潜力巨大，但是运输能力十分不足。当地糟糕的运输条件使得其煤炭比来自英国的煤炭价格更加昂贵，而工业化发展的速度缓慢也阻碍了当地对煤炭的消费。

在19世纪初，采矿立法使得当地的煤矿开采与其他地方日趋相同，但企业规模过小以及税率过高降低了利润，这使得阿斯图里亚斯地区没有取得像安达卢西亚一样的发展成就。阿斯图里亚斯拥有西班牙最大的煤炭储备，其次是帕伦蒂诺-莱昂（Palentino-Leonesa）和科尔多瓦。直到20世纪40年代克服了早期的一些障碍之后，阿斯图里亚斯的煤炭生产才开始大幅上升。在这种上升的趋势当中，外国资本拥有了大量的股份，特别是在阿斯图里亚斯皇家矿业公司（Real Compañía Asturiana de Minas）以及西耶罗和兰格里奥煤矿公司（Sociedad de Minas de Carbón de Siero y Langreo）。缺乏需求使这两家公司陷入了瘫痪，这使其股东们相信需要努力发展冶金行业。

尽管其代价是对外国资本的依附和对金属市场的依赖，但是冶金工业的发展拉动了煤炭的生产，因此其困难也会阻碍采矿业的发展。从1881年开始，钢铁冶金工业的重心转移到了巴斯克地区，这对阿斯图里亚斯采掘业造成了致命打击。随着英国煤炭进口量超过了北方产量的九倍，其市场消失了，西班牙煤炭利益总联盟（Liga General de los Intereses Hulleros de España）要求政府实施保护主义政策保护国内的煤炭工业。这个政策经常受到西班牙其他工业区的质疑。由于1895年、1899年和1904年所实施的关税政策，以及强制要求国家的舰队和军工厂使用其所出产的煤炭，加之对采矿利润免税以及比塞塔贬值，阿斯图里亚斯的煤炭产量在20年内增加了两倍。这种飞速发展局面恰逢多家公司结成强大的阿斯图里亚斯煤炭和冶金联盟（Unión Hullera y Metalúrgica de Asturias）。在被都洛菲格勒公司收购之前，这家公司一直是西班牙最大的生产商。随着阿斯图里亚斯和梅塞塔高原之间新建铁路的完工，阿斯图里亚斯煤炭开启了进入马德里市场的大门，这又使其成为莱昂省煤炭的主要供应商。

第一次世界大战的爆发推动了阿斯图里亚斯采矿业的发展，尽管如此，其年增长率逐渐放缓，其所获得的利润也无法掩盖产量下降的局面。只有在价格飙升的情况下，开采大量矿井才能出现这种明显的繁荣景象。但这种繁荣局面因20世纪20年代的世界经济危机戛然而止。然而，国家干预主义（实施1922年关税，普里莫·德·里维拉和第二共和国给予的财政援助以及对进口的控制）无法消除结构性缺陷。采矿业进入了困难阶段，对增加社会冲突造成了影响。

凭借自身丰富的煤炭储量，阿斯图里亚斯本应该成为西班牙冶金钢铁工业的掌舵人。但阿斯图里亚斯缺乏工业化所需的资本，因此这些提供发展资金的重任落在特鲁维亚（Trubia）政府和外资企业身上。1848年，英国企业家为未来的美雷斯公司（Fábrica de Mieres, S.A.）打下了基础，这是第二家在高炉中使用焦煤的西班牙工厂。来自拉里奥哈、阿斯图里亚斯和巴斯克的企业家在菲格勒（Felguera）建立了都洛（Duro）钢铁联合企业及其附属企业。这个钢铁联合企业迅速发展，并在1890年变成了都洛菲格勒公司。阿斯图里亚斯钢铁企业的整合过程一直持续。到1966年，将所有私人股本公司——都洛、美雷斯（Mieres）和圣巴巴拉整合为阿斯图里亚斯钢铁联合公司（UNINSA）。

随着阿斯图里亚斯第一批煤炭企业的建立，安达卢西亚对煤炭行业的垄断消失了，阿斯图里亚斯可以凭借自身丰富的煤炭储量与其争夺比斯开湾的高炉。尽管1864年至1879年，阿斯图里亚斯能够在市场占据主导地位，但其无法从铁路建设热潮中受益。1855年的《铁路法》（Ley de ferrocarriles）及其免税规定，堵住了新生钢铁工业的出路，西班牙以更高的价格从欧洲其他国家的钢铁冶金联合企业购买钢铁。最后，西班牙制造商的反对减少从欧洲其他国家公司的进口，鼓励巴塞罗那、阿斯图里亚斯、比斯开等地的企业进行投资和生产，但乐观情绪不会持续很长时间。1866年的铁路危机和第二次卡洛斯战争大大减少了对钢铁的消耗，阻碍了阿斯图里亚斯工业地位的最终巩固。随着市场的复苏，阿斯图里亚斯不得不将其领导者的地位让给了比斯开，因为不久之后，由于贝西默系统的推广使用减少了燃料消耗，比斯开因此大为受益。

在阿斯图里亚斯因为钢铁革命而无法跟上发展的步伐之时，欧洲造船业、建筑业和钢铁镀锌业推动了锌冶金模式的出现。在19世纪中叶，阿斯图里亚斯的法国企业家改造了阿尔诺（Arnao）工厂，以通过阿斯图里亚斯煤炭和吉普斯夸矿产的生产而获利。经过一段时间的萎靡不振，这家企业在1856年取得了巨大的成功，在罗尔费（Reocín；坎塔布里亚）发现了富集程度位列世界前茅的菱锌矿，四年里创造了10万吨的产量。

与南部的采矿业一样，这家企业的大部分利润都不会留在西班牙，特别是当由于西班牙的需求短缺，其开始在法国北部建造一家新工厂时更是如此。由于市场和企业活动的多样化，这家企业进入了铅冶金业，在伦特里亚（Rentería）拥有一家工厂，与此同时，还从事染料行业。在第一次世界大战期间，由于法国工厂的瘫痪，阿尔诺德冶炼厂重新焕发了活力，同时开始在圣胡安–德-涅瓦（San Juan de Nieva）生产硫酸。

尽管有原材料，但安达卢西亚和阿斯图里亚斯都无法在19世纪发展出具有一定规模的化学工业。赫雷迪亚在马拉加以及克罗（Cros）在巴塞罗那都曾尝试生产人造碳酸钠，以便将其用于纺织、肥皂和造纸工业，但由于西班牙工厂对人造碳酸钠的需求不足，这些尝试最后失败了。直到1901年，由德国商人出资在塔拉戈纳建立的费利克斯电化学工厂（Electroquímica de Flix），还有阿布诺（Aboño）和巴雷达（Barreda；阿斯图里亚斯）的工厂以及巴塞纳（Bárcena；坎塔布里亚）的工厂才开始大量生产人造碳酸钠。

国际市场极度欢迎的硫化物黄铁矿在西班牙南部储量丰富，但这也没有促进国家化学工业中不可或缺的硫酸产业的发展。由于国内市场的阻碍，大型外国公司更愿意出口原材料而不是投资对其进行加工，直到很晚的时候，力拓（1899年）和佩尼亚洛亚公司（1911年）才开始回收冶炼厂排放的硫化物气体用于制酸。硫酸短缺反过来又会导致肥料短缺，直到20世纪初，西班牙一直大量进口肥料：1913年，最大的生产商佩尼亚洛亚和克罗只能满足西班牙需求的三分之一。在过磷酸盐生产方面，比斯开在19世纪80年代进行了第一次探索，随着在北非发现了大量的磷酸盐储备，这个产业进入繁荣状态，使得西班牙矿业公司完全投入硫酸行业。英国、法国和西班牙商人在地中海沿岸投资兴建了大量的工厂：力拓在韦尔瓦建造了两座化肥厂；英国和西班牙合资在塞维利亚和阿利坎特建厂；法国投资在马拉加和佩尼亚洛亚建立了两家工厂，在科尔多瓦建立了一家工厂，而克罗加泰罗尼亚公司则扩建了其在巴达洛纳（Badalona）的工厂和炸药厂，并通过毕尔巴鄂的子公司在马德里、卡塔赫纳、马拉加和塞维利亚投资。但这些增长无法缩小西班牙与欧洲国家的差距，总是受到出口放缓和国内市场疲软的制约。

　　巴伦西亚、安达卢西亚和加那利群岛商业农业的发展刺激了硫酸铵的生产，而这个行业又依赖于煤气行业和钢铁行业。因此，西班牙硫酸铵工业最初的发展因大量进口英国焦炭而对英国产生了一定的依赖性。后来，硫酸铵工业集中在了阿斯图里亚斯和巴斯克地区。到了19世纪90年代，塞斯陶（Sestao）和阿维莱斯（Avilés）安装了焦化设备，并出口第一批硫酸盐，但是其价格仍然没有竞争力。事情的变化发生在1923年，都洛菲格勒公司和一个由乌尔基霍、森特拉尔（Central）、西班牙信贷银行等银行组成的强大银行财团，在法国公司的技术支持下，成立了伊比利亚氮公司（Sociedad Ibérica del Nitrógeno）。直到1929年，该公司都一直垄断氮的供应。在1929年，阿拉贡能源和工业公司（Energía e Industrias Agragonesas）在萨维尼亚尼戈（Sabiñánigo）建立了西班牙的第二家氮工厂才打破了这种垄断。

　　阿斯图里亚斯的丰富煤炭储量也没有刺激衍生化学工业的发

展。在以法国商人为主进行的投资推动之下，以巴塞罗那为中心第一次进行了制备乙烯气体的尝试。其中比较突出的是金属碳化物公司（Carburos Metálicos）及其在贝尔加（Berga；巴塞罗那）和科尔库维翁（Corcubión；拉科鲁尼亚）的工厂。其在1914年进行过生产氮肥的试验，不幸的是，这种试验以失败告终，直到内战结束后的自给自足时期，才由比斯开的西班牙北部化学公司（Unión Química del Norte de España）在马塔波奎拉（Mataporquera；坎塔布里亚）开启这个新的工业部门。

新腓尼基

在1840年之前，由于铁厂生产技术的落后以及卡洛斯战争所造成的破坏，巴斯克的生产潜力受到了极大的影响。在战争结束之后，比斯开商业资产阶级渴望在羊毛贸易衰落之后开展新的业务，并推动现代化的第一次尝试，建立了图德拉-毕尔巴鄂铁路公司（ferrocarril Tudela-Bilbao）等企业。通过这种方式，巴斯克地区的港口得以向梅塞塔高原和埃布罗河河谷地区开放，当毕尔巴鄂在19世纪末发展了大规模的工业之时，开始形成金融业的基础。

在这些创新之中，一些早期开辟钢铁冶金时代道路的工业企业占有突出地位。虽然与南方同类企业相比其发展明显起步较晚，并且会受到弹性较小市场的阻碍，但这些企业为40年后取得辉煌成就的企业发展打下了基础。在这些投资建厂的大潮当中，比较突出的有从美洲发财回来的米拉瓦耶斯伯爵（conde de Miravalles）在古列索（Guriezo）所建立的工厂、普拉德拉（Pradera）家族建立的铜和锡轧制工厂。此外，还有1841年成立的圣安娜德博鲁埃塔公司

（Santa Ana de Bolueta），它作为巴斯克地区的第一家股份公司，汇集了一群毕尔巴鄂商人和法国技术人员，创建了比斯开第一批用木炭作为燃料的高炉。虽然其产量具有很强的竞争力，但由于需求的停滞和激烈的竞争，这家企业在19世纪没有取得重大发展。

　　在19世纪上半叶，亿芭拉−苏维里亚−比拉利翁加企业集团（Ybarra-Zubiría-Vilallonga）得到了大规模发展，接管了古列索的工厂，并于1855年将其转移到内尔维昂河左岸的巴拉卡尔多（Baracaldo），因为这里更靠近铁供应地，最重要的是能够从英国进口煤炭。在第一个焦炉建起之后，煤炭就变得必不可少了。然而，在欧洲相关产业的推动之下，直到19世纪80年代，这家企业才实现真正的腾飞。事实上，贝西默转炉的推广使得工业强国对比斯开所出产铁矿石的兴趣大大增加，因为所产矿物含磷比例较低，更适合新的工艺。对于英国的钢铁工业来说，在整个欧洲大陆，巴斯克所产矿石带来的利润最大。外资企业如法国和比利时合资的奥尔科内拉（Orconera），努力改造拉斯因卡尔塔西翁（Las Encartaciones）采矿区，并准备对其进行大规模开采。比斯开的精英们通过矿山租赁，直接参与外国公司的投资，如亿芭拉家族；或是直接参与矿山开采工作，如索塔、阿斯纳尔、马丁内斯·德·拉斯里瓦斯（Martínez de las Rivas）等家族，他们都获利颇丰。矿石出口的集中程度非常高，三个最大的集团控制着矿山和港口之间40%的生产和运输，导致一个新的"矿业资产阶级"的诞生，而且在佛朗哥上台之前都控制着这个领域。

　　由于拥有储量巨大的资源，在1878年之后，比斯开的工业发展成功地克服了所有的金融障碍并开启了新的商业周期。矿主们通过两种方式增加利润：在当地将矿石加工成金属锭，并销往英国市场；

使用自己的船只运输矿产以获取丰厚的航运利润。两者都是巴斯克资产阶级追逐的谋利方式。

钢铁冶金革命始于圣弗朗西斯工厂（Fábrica San Francisco）的启动。这家工厂一投入运营，就使比斯开击败了阿斯图里亚斯，成为西班牙钢铁行业的领头羊。紧随其后的是维克多·查瓦里（Victor Chávarri）所建立的比斯开公司（La Vizcaya）以及亿芭拉家族所建立的毕尔巴鄂高炉公司（Sociedad de Altos Hornos de Bilbao）。他们合并了许多旧的工厂和矿山，并吸收了马德里和加泰罗尼亚的资本。通过大规模的兼并及依靠贝西默转炉、西门子-马丁炉和轧机所提供的先进技术，亿芭拉家族从一开始就占据了国内市场，每年可以在高炉中处理10万吨矿石。

比斯开的钢铁冶金工业发展不仅得益于该省的丰富铁资源，也得益于对英国大量出口而导致的海运持续发展以及随之而来的运费降低。便宜的海运费用让西班牙能以合适的价格从英国进口煤炭，这也就解释了为什么钢铁工业能在比斯开盆地取得成功，却在煤储量丰富的阿斯图里亚斯一败涂地，更能解释自然禀赋相似的两个地区为什么经济发展的走向却截然不同。

在1885年之后，特别是在各个领域都强化中央集权的时候，这三家比斯开的企业一直是钢铁行业的领导者。以查瓦里（Victor）为首的工业资产阶级和比斯开生产者联盟（Liga Vizcaína de Productores）支持立法以实施保护主义政策，这标志着发展策略的转变。在1891年之前，国家已经介入了冶金和机械工业的发展，要求在海军的建设中使用国产的原材料。随着国家的推动，在巴斯克出现了现代化的造船厂，让比斯开和加泰罗尼亚的机械公司也从中受益。

由于实施保护主义政策，高关税所造成的压力一直存在。1896年，西班牙终结了铁路公司进口机械设备时所享有的免税权利。西班牙钢铁行业的进一步发展使得人们不断加深这样一个印象：铁路依赖进口材料的发展模式使西班牙的钢铁业错失了发展良机。在自给自足政策的促进之下，在比斯开和吉普斯夸出现了大量的中型企业，而加泰罗尼亚专门从事造船材料和铁路材料生产的企业也得到了发展，其经营范围也日益扩大。在20世纪初，西班牙市场最终得到巩固，对资本需求量较大的钢铁冶金行业焕发了新的生机。

在内尔维昂河码头和英国各港口之间的大量矿石运输使得海运成为一项神话般的业务。矿地主、工业家和商人都不会错过这个机会，他们蜂拥挤进这个行业。毕尔巴鄂成为海运行业的领头羊。在此之前，西班牙商船经历了重大转变。国内市场的整合有利于沿海航线的发展，使得沿海各港口如费罗尔、巴塞罗那塔、拉戈纳、桑坦德和毕尔巴鄂之间的航运更加便利。在19世纪初，西班牙有900艘船，主要集中在南方、加泰罗尼亚和桑坦德的各港口，这忠实地反映了西班牙与美洲之间海运业务的高度发达。加的斯拥有全国三分之一的船只，虽然殖民地的丧失对安达卢西亚海运事业产生了抑制作用，但西班牙第一批航运公司皮尼略斯（Pinillos）公司和安东尼奥·洛佩斯公司在南方诞生。

从1830年到1860年，是加泰罗尼亚海运公司的黄金时代。加泰罗尼亚的一家海运公司在1834年开行了西班牙第一艘蒸汽船。尽管开始充满希望，但巴塞罗那的海运公司过度依赖于帆船，这是他们失败的关键因素。而其所从事的业务更多地集中在西班牙国内而不是从事大规模的对外出口，也导致了他们的失败。巴塞罗那港口的活力体现在各个码头所云集的航运公司身上。在1881年之后，科米亚斯（Comillas）侯爵的跨大西洋海运公司（la Transatlántica）最为活跃，专门从事到安的列斯群岛的海运业务以及地中海的海运业务。

自19世纪90年代以来，巴斯克的航运公司，特别是其中的亿芭拉家族及其巴斯克-安达卢西亚公司以及索塔（Sota）和阿斯纳尔集团不断崛起，他们将大部分采矿利润用于购买船只，撼动了加泰罗尼亚的统治地位。1901年，索塔公司控制了比斯开152艘蒸汽船当中的67艘，紧随其后的是马丁内斯·罗达斯（Martínez Rodas）公司和一群专门从事货运的小公司。在1892年至1908年，海运行业繁荣发展，当时从英国船厂所购买的船只总吨位数增加了五倍。高额的利润（每年17%—47%）促使索塔集团拓展了多样化的经营模式，成立了巴斯克公司（Euskalduna）并开展了保险业务〔欧若拉（Aurora）公司〕。在开展对外业务时，航运公司为实现自由贸易进行了积极的斗争。但面对工业家们所掀起的保护主义大潮，他们失败了。

因此，在19世纪末，比斯开建立了坚实的工业和金融基础。航运公司和钢铁公司已经牢固地建立起来，他们不可阻挡的发展势头增强了比斯开的经济能力，也促进了新生产部门的出现。但是，这都不会改变过度依赖金属出口和英国产品进口的经济结构。

世纪之交所发生的变革是巴斯克在西班牙为其提供市场的其他地区不断扩大投资。随着英国需求的拉动，矿物出口达到了最高水平。德兰士瓦战争（guerra de Transvaal）导致运费上涨，航运公司因此而暴富，从殖民地流回的资本又巩固了银行业。财富在对企业家们微笑，他们在采矿、航运、银行和保险领域建立了上百家公司，直到1901年毕尔巴鄂证券交易所（Bolsa de Bilbao）崩溃之时，这种加速扩张的趋势才停止。同年，几家较大的钢铁公司合并组成了比斯开高炉公司（Altos Hornos de Vizcaya），其目的在于击败北方的竞争对手，垄断钢铁的生产。尽管巴斯克的工业结构无法克服对国家保护的依赖，也难以将其产品销往国外，但是繁荣的发展局面也延伸到了机械行业，建立了铁路辅助公司（Auxiliar de Ferrocarriles）和制锁厂（Unión Cerrajera）。

阿斯图里亚斯和比斯开的矿业开采对爆炸物的消耗量极大，这就需要建立本国的炸药工业。比斯开在加尔达卡诺（Galdácano）建立了诺贝尔集团西班牙迪纳米达炸药公司（Sociedad Española de la Dinamita），一直垄断炸药的生产。直到1883年德国商人投资在奥维耶多建立了拉曼霍亚炸药公司（Sociedad de Explosivos de La Manjoya）才打破了这种垄断。这两家企业称霸的局面也没有维持多久，因为西班牙现代最大胆的商人——维克多·查瓦里建立了巴斯克–阿斯图里亚斯炸药厂（Vasco-Asturiana de Explosivos），向其垄断地位发起了挑战。三家公司之间的价格战最初市场深受好处，但最后它们都并入了西班牙炸药公司（Unión Española de Explosivos，1896年）。

与比斯开在钢铁、金属、化工和航运业的地位一样，吉普斯夸成为19世纪造纸业的领军省份。在马德里进行初步测试后，1841年，一群圣塞瓦斯蒂安商人在托洛萨建立了希望纸业（La Esperanza）——西班牙第一家连续格式纸厂。由于1840年所颁布的法律禁止外国纸张进入西班牙，而海关从埃布罗河转移到海岸也为国内的造纸业打开了市场，所以圣塞瓦斯蒂安的商业资本参与了造纸工业的创建。几乎在同一时间，加泰罗尼亚商人在赫罗纳投资建立了第二个造纸业中心。就像在吉普斯夸一样，接下来的几十年里，当奥里亚（Oria）河、特尔河和弗卢比瓦（Fluviá）河周围的造纸工厂成倍增加时，赫罗纳的造纸业取得显著的成功。造纸热在1880年左右达到了顶峰，但生产过剩的现象并未妨碍一些大型企业的诞生，例如由加泰罗尼亚的托拉斯（Torras）兄弟所建立的造纸集团。

然而，赫罗纳地区在连续格式纸生产方面总是落后于巴斯克地区：1902年，西班牙三分之二的纸张来自吉普斯夸河河谷地区，这里的河流受到了工厂污染的破坏性影响。此外，根据该行业其他工厂的垄断趋势，在20世纪初，巴斯克最重要的造纸厂联合起来成立了西班牙造纸厂（La Papelera Española），并在全国范围内扩张。与许多其他工业部门一样，在第一次世界大战期间，由于欧洲其他国家造纸业的瘫痪，西班牙造纸企业利用这个机会获益颇多，还利用北欧国家的中立性自由进口纸浆。而且，西班牙造纸厂并不满足于自己所获得的利润，鉴于战后的危机局面，组建了纸业制造商总部（la Central de Fabricantes de Papel）——这是一个强大的游说团体，推动国家暂时禁止建立更多的造纸厂。因此，尽管产量不能满足20世纪前30多年的需求增长，但是垄断和稳定的市场作为西班牙工业的长期特征，再次出现了。

赫雷迪亚和拉里奥斯在马拉加建立现代纺织工业的努力失败了，加泰罗尼亚接过了接力棒。早在18世纪，从美洲发财回来的人就在巴塞罗那建立了纺织"工厂"，并主导了西班牙的纺织业。1802年政府所颁布的法律，禁止从国外进口纱线，这增加了巴塞罗那纺织业的影响力并促进了纺织业的机械化。然而，纺织行业的规模非常小，像戈尼玛（Gónima）这样拥有600名工人的大型工厂是一个例外。随着独立战争的爆发，第一次"工业化"失败了。这归因于与美洲贸易的崩溃、侵略军的破坏和外国商品占领西班牙市场，费尔南多七世政府没有阻止走私或结束特权企业的有害政策也对此造成了严重影响。虽然由于资本缺乏和市场低迷，推动机械化的动力正在减弱，但纺织行业并没有完全瘫痪，并随着20世纪30年代经济形势的改善而得到了恢复，这要归功于加的斯等地对殖民地市场的依赖程度降低。此外，从西属美洲回流的资本进入了纺织行业，与此同时，因战争造成人口出生减少所引发的工资上涨，导致了纺纱厂和针织品厂引入更多的英国设备。

　　按照英国的例子，第一批现代工厂项目往往集中在巴塞罗那和周边地区，而不是曼雷萨和其他传统纺织区。由于选择蒸汽作为驱动力，而加泰罗尼亚地区煤炭储量较少，纺织行业不得不更靠近港口，以便获得燃料供应。这一时期最重要的事件发生在1832年，在被阿斯图里亚斯拒绝之后，博纳普拉塔（Bonaplata）、鲁尔（Rull）和比拉格鲁特（Vilagerut）公司在巴塞罗那安装了第一台瓦特蒸汽机。尽管取得了一定的进展，巴塞罗那占有西班牙安装机器总数的70%，但这种模式并不适合该地区。在19世纪中叶至1900年，加泰罗尼亚所消耗煤炭的90%都来自国外，较高的成本迫使其有选择地使用煤炭。与比斯开的情况相反，巴塞罗那从来没有以便宜的价格获得过英国的煤炭，因为缺乏回程贸易以及为保护阿斯图里亚斯采矿业而采取的关税政策让运输费非常昂贵。而对圣胡安－德拉斯阿瓦德萨斯（San Juan de las Abadesas）煤田以及卡拉夫（Calaf）、贝尔加和巴霍塞克雷（Bajo Segre）褐煤的开采尝试最后也没有结果：这些地方所产煤炭的质量过低，无法用于纺织行业，只能在20世纪初，被用于新兴的水泥行业。最后，直到19世纪末，当跨大西洋海运公司开通希洪至巴塞罗那的常规航线之时，阿斯图里亚斯的煤炭才有了用武之地。凭借其航运优势，阿斯图里亚斯的煤炭战胜了英国的煤炭，并通过铁路网络输送到加泰罗尼亚。于是，加泰罗尼亚的资本家科米亚斯和赫罗纳，像巴斯克的资本家一样，开始对坎塔布里亚的采矿业产生兴趣。

由于煤炭供应困难，纺织工业试图重新进入巴塞罗那地区内陆发展，离开城市中心到特尔河和略夫雷加特河的河岸建厂。在19世纪下半叶，对水轮机的改进促进了传统能源的回归，乡村建立起工厂综合体。随着机械化的推进，西班牙工厂的规模和推动工厂发展所需的资本也在增长：在1861年，六大主要公司拥有纱锭总数的五分之一。虽然一些大公司是由个人出资建立的，例如古埃尔·德·三特斯（Guell de sants）所投资的公司，而且在贸易保护主义政策的庇护之下，小型家庭纺织工业也不断激增，但最常见的还是更能集中资源的现代股份公司，如西班牙工业（La España Industrial）、棉花工业（Industrial Algodonera）等。直到1855年颁布新的铁路法，九家棉纺公司才在巴塞罗那开业，但面对原材料供应问题以及由于看好铁路发展的前景，大量资本还是转向了投资铁路。

在所有纺织部门当中，棉纺织业为加泰罗尼亚的纺织行业划定了发展范围。自1840年以来，得益于美国棉花的输入、国家的援助及其快速的机械化，棉纺织业的产量稳步增长。20年后，巴塞罗那的棉纺织业拥有了西班牙纺织业所安装马力数的一半，在产量上超过了比利时和意大利。在不到半个世纪的时间里，加泰罗尼亚的各个企业将其产品的价格降低了70%，从而实现了将外国产品赶出本国市场的伟大工业化梦想。然而，事情并不都是一帆风顺的，例如在19世纪60年代后期，由于美国南北战争所造成的原材料短缺，加之铁路危机所带来的财政困难和第一共和国的政治不稳定，棉纺织业陷入了逆境；但到了1880年，伴随着西班牙的农业扩张，棉纺织业又进入了一个充满活力的阶段。从这个意义上来说，加泰罗尼亚棉纺织业对西班牙内陆作物的依赖性是显而易见的。因此，巴塞罗那制造商继续捍卫西班牙的谷物，以换取农民对其出产商品采取同样的支持态度。在19世纪末，当农业危机很快造成制造业活动和劳动力雇佣的急剧放缓之时，这种依赖性就变成负面的了。唯一出路是回归与殖民地进行贸易的垄断做法，通过1882年的法令以及1891年的《古巴关税法》，要求美洲的臣民们消费西班牙的纺织品。这种强加性的做法进一步加剧了殖民地对独立的渴望。1898年之后，只有比塞塔的贬值刺激出口才能避免生产过剩的灾难，而农业的改善则会刺激国内的需求。这是一种短暂的光明，从1904年开始，停滞局面回归，使得棉纺织业的资本逃往机械、电气或水泥等其他领域。

虽然棉纺织业的拉动作用并没有终结其他纺织行业，但所有这些行业都必须适应棉纺织业的步伐。传统的羊毛工业在19世纪下半叶开始进行现代化，专门从事薄布和新奇产品的生产。经过几次失败的尝试，约瑟夫·柯玛（Josep Coma）于1842年建立了第一家"现代化"的工厂，使巴塞罗那与其最直接的竞争对手阿利坎特、萨拉曼卡和赫罗纳拉开距离，到1900年拥有西班牙羊毛织机的50%。萨瓦德尔和塔拉萨利用其所拥有的水力资源、与巴塞罗那便利的铁路交通以及能够获得英国煤炭和卡斯蒂利亚–阿拉贡羊毛的地理区位优势，夺得了羊毛生产的领导地位。

与羊毛纺织业形成鲜明对比的是，棉花革命摧毁了其他旧"布料"。由于受到欧洲纱线的碾压和棉花的激烈竞争，加利西亚的亚麻和安达卢西亚的大麻被逼得走投无路。丝绸业也是如此，巴塞罗那、曼雷萨和雷乌斯夺走了巴伦西亚的领头羊位置。营销方面的困难推动了亚麻、大麻和丝绸行业的许多企业家改造设备，以转入棉纺织业。费兰·普伊格（Ferran Puigi）就是如此，他于1860年脱离亚麻行业，成立了法布拉和寇茨纺织厂（Hilaturas Fabra y Coats，1903年）。

由于交战国家的购买，1914年爆发的第一次世界大战为加泰罗尼亚纺织业提供最后的机会。然而，"特殊"利润的积累并没有推动工厂的更新，盈利是通过使用修复的机器和处于边缘化的工厂来实现的。恢复和平之后，这种局面随着社会问题的加剧而崩溃。在1920年前后，当看到棉花已经完成了使命之后，一些长期从事这一行业的企业家也放弃了纺织业，转向了电气和机械设备行业或水泥行业。

纺织品及其相关产品的繁荣以及海运和铁路运输的发展，有助于加泰罗尼亚机械工业的诞生。1836年，加泰罗尼亚航海公司在巴塞罗那建立了新福尔卡诺（Nuevo Vulcano），1841年，曼努埃尔·雷雷那（Manuel Lerena）和桃斯（Tous）纺纱厂在其铸铁工厂和建筑公司的基础之上建立了一家企业，也就是海陆机械（La Maquinista Terrestre y Marítima，1855年）的前身。这两家公司以及亚历山大·赫诺斯（Alexander Hnos）公司和塞维利亚的波尔蒂利亚和维特（Portilla Withe）公司，在19世纪60年代之前一直主导这个行业。机械工业本来可以拉动钢铁的生产，因为加泰罗尼亚是全国最大的铸铁消费者，但比利牛斯山脉过时的铁厂无法与安达卢西亚和坎塔布里亚的高炉进行竞争。在19世纪60年代初，在加泰罗尼亚建了六个高炉，是建立一个现代化钢铁工业的初次尝试，但是无法抵消萨拉维利亚削减关税和煤炭短缺所带来的不利因素，加泰罗尼亚的投资转向了比斯开和阿斯图里亚斯的洛斯维拉隆加（Los Vilalloga）、赫罗纳（Girona）和巴拉特（Barat），这是失败的一个最明显迹象。由于投资的压力和国内消费的减少，特别是当使用贝西默炉在巴斯克建立造船业之时，这种失败立即影响到机械工程行业。其存在越来越依赖于公共当局的支持（如政府1896年颁布的关税法），也依赖于民用建筑的使用。由于其利润低于纺织行业的利润，所以新项目的兴建受到了严重阻碍。

作为纺织品和机械的先驱，加泰罗尼亚也成为城市化相关服务的先驱，特别是煤气和电力。通过建立照明用的加泰罗尼亚煤气公司（Sociedad Catalana de Gas），煤气工业于1842年迈出了第一步，这家企业负责巴塞罗那的照明以及房屋和企业的煤气供应。在此之后，许多竞争对手都在巴塞罗那建立了煤气公司，这有利于降低价格和扩大私人需求。到19世纪末，几乎所有拥有5000名以上居民的城镇都能够享用到这种新能源，但这种新能源很快就会受到电力竞争的影响。西班牙的电力具有明显的加泰罗尼亚特征：工程师希弗莱（Xifré）及其达尔马乌和伊霍斯（Dalmau e Hijos）公司于1875年建立了第一个由四台煤气发动机提供动力的发电厂。紧随其后的是马德里人所建立的马德里总公司（General Madrileña）、毕尔巴鄂人和塞维利亚人所建立的塞维利亚电力（Sevillana de Electricidad），但直到20世纪初，这个行业才达到成熟的发展状态。在火电转向水电的这个过程中，西班牙将大量的资本集中在了大型企业，如伊比利亚水电（Hidroeléctrica Ibérica）、西班牙水电（Hidroeléctrica Española）和马德里电力公司（Unión Eléctrica Madrileña）。与此同时，巴斯克的资本家们正在努力控制梅塞塔高原、安达卢西亚甚至加泰罗尼亚等地区最强大的供应商，其主要目的是弄到外国的资金，还创立了加拿大公共事业公司（La Canadiense）。

资产阶级的吸引力

一个尽是内战和动乱的世纪并不能成为艺术或文学创作的辉煌舞台。更糟糕的是，不断的国内骚乱对西班牙的大量文化遗产造成了长期破坏。独立战争使这种倒行逆施大行其道：拿破仑的士兵摧毁了教堂和修道院，高兴地抢走了那里的宝藏和艺术品。这些宝藏和艺术品成为法国将军们的战利品，也成为约瑟夫一世（José Ⅰ）送给其兄弟拿破仑皇帝的"礼物"。巴洛克艺术大师们的许多画作通过这种方式流入了伦敦和巴黎。在这两个城市，人们"重新发现"了西班牙的绘画，并重新评估了这些作品的价值。因为可以在欧洲的拍卖行中卖出高价，所以这些艺术品的所有者们联手继续掠夺西班牙的文化遗产。这只是一个开始；当开始出售教会的财产之时，对西班牙艺术的破坏就不可避免地增加了。中世纪、文艺复兴时期那些宏伟建筑被无情地遗弃了，成了鹰嘴锤下的牺牲品，也成了反对教权怒火的受害者。卡斯蒂利亚、安达卢西亚和加利西亚的田地里到处是废墟。在城市中，教团的消失至少可以扩大土地使用面积，为伟大的城市复兴提供空间。在这些建筑物倒塌的同时，教堂正厅和圣器收藏室中保存的绘画和雕塑也散落各地，不久之后就会出现在国外的私人收藏馆或博物馆中。

为了避免对艺术遗产造成不可挽回的损失，自由党政府对教会流出的艺术品采取了保护措施，下令对其进行妥善保管，直到建立旨在保护并向公众展示这些艺术品的专门机构。西班牙资产阶级参考了现代法国对于国家博物馆的定义，使得博物馆成为负责保护本国艺术财富和让大众欣赏这些艺术财富的专门机构。多亏了门德萨贝巴，费尔南多七世将普拉多博物馆改建为皇家画廊，并于1868年对其进行了国有化，成功保存了自哈布斯堡王朝时代以来王室所收集的艺术珍品。也建立了一些省级博物馆，如巴伦西亚博物馆及伊比利亚半岛东南沿海地区的一些博物馆；由穆律罗和巴尔德斯·莱亚尔（Valdés Leal）画作镇馆的塞维利亚博物馆；珍藏贝鲁格特（Berruguete）许多雕塑作品的巴利亚多利德博物馆。

　　对教会财产的出售、长子继承制的终结以及西班牙王室的资金缺乏，使得传统意义上对艺术创作的资助不复存在了。教会、贵族和王室不再是艺术作品的"消费者"，艺术家们必须寻找新的赞助人和客户。只有国家和资产阶级才能接过这个重任，现在两者都会加强对艺术资助的规范。国家机构，通过自1856年以来由学会组织的全国展览以及对公共机构的装饰任务，推动了历史主题绘画的创作。并不奇怪的是，致力于建立"西班牙国家"的政府，要求艺术家对历史英雄以及近代的资产阶级革命进行崇高的描绘。通过萨多·德尔·阿里萨（Casado del Alisal）、安东尼奥·吉斯伯特（Antonio Gisbert）、爱德华多·罗萨莱斯（Eduardo Rosales）、弗朗西斯科·普拉迪利亚（Francisco Pradilla）等所创作的大量作品，19世纪的人们可以见证维里亚托（Viriato）反对罗马的斗争、中世纪史诗般的丰功伟绩、哈布斯堡帝国的强大，也可以见证独立战争和自由主义的胜利，也就是说，让人们看到那些刻意打造的西班牙巅峰时刻。在20世纪40年代至50年代，当佛朗哥主义者用胡安·德·奥尔杜尼亚（Juan de Orduña）的电影以及西班牙电影业股份有限公司（Cifesa）的产品继续塑造神话之时，一些历史人物的形象也被搬上了银幕。

　　新的富裕阶层也积极买入和订购艺术品，但他们不再对历史题材的画作感兴趣，因为这些画作无法挂在现代化的住宅之中。尽管对人类形象的理想化倾向与在装饰和画布的华丽之中所体现的细节形成了鲜明对比，但是在19世纪的资产阶级之中，肖像画还是更受欢迎。在这种典型的资产阶级艺术之中，安东尼奥·玛利亚·埃斯奎维尔（Antonio María Esquivel）和费德里科·德·马德拉佐（Federico de Madrazo）两位画家脱颖而出。

艺术形式和风格的萌芽使得19世纪的建筑充满欢乐的气氛，并定下了折中主义和各种历史唯物主义的基调。作为浪漫主义的继承人，各种各样的"新艺术流派"填补新古典主义危机留下的空白，成为被普遍接受的语言。然而，在19世纪上半叶，西班牙资产阶级更加赞同18世纪的建筑风格，并充分利用其纪念性和朴素性。这是一种学术的新古典主义，一种非常保守的模式，完全符合温和资产阶级的品味和需要。新的"资产阶级艺术"可以定义为秩序和舒适性，其通过家庭建筑，娱乐建筑、剧院、俱乐部以及公共当局代表机构的建筑迅速在全国传播。这些公共当局代表机构的建筑如议会、市政府、部委都遵循了阿尼瓦尔·阿尔瓦雷斯（Aníbal Álvarez）所设计西班牙参议院的风格。

这种合理而又严格的建筑模式很快就被应用到现代城市社区的房屋之上，由于城市的人口增长和中产阶级的发展，这些房屋成为19世纪住房建设的原型。对于这些房屋，资产阶级不仅过分关注舒适度和卫生条件，而且充分发挥了自身所具有的投机精神，最大限度地利用一切可用的空间，增加内部庭院和没有阳光的房间，以便在1842年颁布《租金自由化法案》（*Ley liberalizadora de los alquileres*）之后获得更多的利润。建筑物反映了社会现实，在其内部空间中体现了存在的阶级差异，将第一层分配给富人，而随着楼层高度的上升，直至达到可怜的阁楼，房屋的质量和大小不断下降。

在建筑物的外部，社会阶级差异性反映在根据楼层和最具代表性房间布局（会客的房间、大厅、礼堂、餐厅一般都朝向主要街道）所选择的装饰之上，而配套设施必须与庭院融为一体。从19世纪中叶开始，资产阶级精英从欧洲引入了花园别墅，取代了旧有的贵族宫殿。城市里的大高楼被舍弃了，别墅被认为是成功和声望的象征，往往以奢华的装饰引起邻居的注意。

由卡洛斯时期思想启蒙运动所开启的城市改革，在约瑟夫·波拿巴短暂统治时期得以继续进行，但都无法阻止西班牙大城市生活条件的恶化。工业革命所带来的众多无产者涌入城市以及所造成的污染，进一步加剧了问题。在独立战争结束之后，西班牙资产阶级意识到有必要改造旧城，使其更加符合卫生要求；然而，西班牙工业化的延迟并不利于现代城市的发展。因此，城市更加宽敞，就需要继续建造更大的门廊广场，如巴塞罗那皇家广场、塞维利亚马格达莱纳广场和毕尔巴鄂新广场，以适应资产阶级的审美、意识形态和功能要求。随着大资产阶级获得权利和对教堂财产的出售，对街区内部的建设加速了。缺乏住房需求迫使资本家首先是利用旧的城区，之后才是到城墙之外进行建设。因此，教堂的遗址让位给了新的街道、广场、公共建筑或用于出租的房屋，而政府鼓励拆除旧的房屋以建立更加整齐的建筑物并对大道进行规划，只不过有时要付出牺牲历史遗产的代价。在这方面，最重要的行动是建筑师卢西奥·德尔·巴耶（Lucio del Valle）所设计的马德里太阳门广场（Puerta del Sol）。

然而，到了19世纪下半叶之后，许多西班牙城市原有市中心过于狭小，已经不能适应居民的需求。因此，对城市进行扩建就变得非常有必要了，也就是说，将城市的规划扩大到以外的边界之外。作为西班牙第一大工业城市，并受到其市民"民族主义"情绪的强烈激励，巴塞罗那成为城市扩建的先锋。早在1854年，进步派政府就批准了拆除周围的城墙，但直到1860年，马德里才批准了伊尔德丰索·塞尔达（Ildefonso Cerdá）所规划的方案。这个方案尊重私有财产，规划了一个具有正交布局和等级街道的城市。这是一个理性但有点乌托邦的规划，因为其抑制了住宅主人的想法。这些人最终通过减小街道宽度，增加建筑物的楼层数量以及减少花园区域破坏了这个方案。在巴塞罗那之后，马德里通过卡斯特罗（Castro）的方案进行了城市扩建，然后是毕尔巴鄂，本来要按照阿玛多·德·拉萨洛（Amado de Lázaro）的提议进行建设。但比斯开资产阶级的干预而落空了，这些人将城市规划的重任委托给了其他更符合其利益的人。与此同时，从1880年起，圣塞瓦斯蒂安的建设经验开始在整个西班牙推广。在这个阶段之后，城市化试验的重点是建造主干道，如格拉纳达和穆尔西亚的大道以及马德里的卡斯蒂利亚大道。这条大道是在20世纪30年代按照塞昆迪诺·埃斯登索罗（Secundino Zuazo）所设计的图纸施工完成的。而在郊区，第一批工人村诞生了，这种现代性的实验就是阿图罗·索里亚（Arturo Soria）和马里亚诺·贝尔马斯（Mariano Belmás）所规划的利内阿尔城街区（Ciudad Lineal）。

　　随着传统所提供的艺术范例被搁置一边，19世纪的西班牙建筑师们将目光投向了欧洲，以便寻找新的建筑风格，就像在艺术、文化、生活方式和技术等领域已经发生的那样。在没有本国参照物的情况下，西班牙资产阶级希望在工业化社会的统治阶级中找到其所需要的东西，特别是在与其具有紧密经济联系的法国和英国。历史唯物主义侵入了建筑，鉴于巴黎美术学院（École des Beaux Arts）的声望，西班牙学术界没有提出反对意见。欧洲国家的这种寻觅导致了"复兴倾向"，西班牙并没有过多地陷入进去，只是从专业期刊中复制出明显的折中主义形式。装饰主义的"新文艺复兴"很容易适应休闲场所和城市别墅，征服了贵族和上层资产阶级的喜好，就像19世纪下半叶的"新哥特式"宗教建筑一样。

由于在颁布了出售教会资产的法律之后，教会没有能力为建设新教堂提供资金，新哥特式在西班牙的发展被推迟了。当教会在资产阶级的经济支持下，通过在城市的扩建中建造教堂、修道院、救济院和学校以进行宣传活动时，新哥特式的机会来了。西班牙化的新哥特式和新罗马式建筑在全国各地成倍增加，成为遏制革新的平台，古瓦斯侯爵（Márques de Cubas）所设计的阿穆德纳圣母主教座堂（Catedral de la Almudena）和巴塞罗那圣家族大教堂（La Sagrada Familia）就是最好的例子。然而，这些建筑物未能完全证明西班牙新天主教在推行其社会征服战略中的相对失败。新哥特式文学的崛起在加泰罗尼亚回应了资产阶级回归中世纪的政治意愿，他们希望在中世纪发现民族认同的根源。因此，新哥特式通过回应历史和宗教的双重导向，与加泰罗尼亚主义的意识形态结构交织在了一起。从教堂开始，这种风格立即在民用建筑和家庭建筑中脱颖而出，成为未来现代主义的基础，琼·马托雷尔（Joan Martorell）在科米亚斯建立了美丽的安东尼奥·洛佩斯宫殿。

在卡诺瓦斯时代的意识形态中，无论是卡斯蒂利亚人还是加泰罗尼亚人，通过寻求天主教的根源和国家根源，恢复纪念碑，特别是中世纪的宗教纪念碑，都具有其确切的意义。这种保护主义氛围的受益者自然而然是莱昂、马略卡岛的帕尔马（Palma de Mallorca）、巴塞罗那、塞维利亚、布尔戈斯等地中世纪的大教堂，以及里波尔（Ripoll）、波夫莱特（Poblet）和蒙特塞拉特（Montserrat）的修道院，这是加泰罗尼亚民族主义的象征。教会和巴塞罗那保守资产阶级的意识形态利益汇集在了一起，还有圣胡安皇家修道院、阿维拉的圣托马斯修道院（Santo Tomás）、阿斯图里亚斯前罗马式的教堂以及西班牙风格的许多其他代表性宗教建筑，而科瓦东加的神庙也是其中的卓越代表。

尽管对艺术史的研究缺乏一致性会不可避免地导致风格混乱，但是新阿拉伯风格也受到了高度重视。因此诞生了一种罗马式的历史主义，其非常关注装饰性，与杰纳罗·佩雷斯·维拉米尔（Jenaro Pérez Villamil）的绘画东方主义或安达卢西亚风俗学派相似。自19世纪70年代以来，西班牙发达地区的资产阶级将阿尔罕布拉宫的风格转移到了休闲场所身上，这也为餐馆、咖啡馆和斗牛场增添了色彩。阿拉伯风格吸引了安达卢西亚人，国家在当时的世界博览会上对西班牙馆进行了类似阿尔罕布拉宫式的装饰。它有助于通过这种方式在国外加深西班牙的典型和主题形象。兼具非洲和欧洲风格的军乐队和手鼓，还有土匪、吉普赛人、荷叶边和斗牛士，在佛朗哥统治时期之前，这些形象都闪闪发光。通过华盛顿·欧文（W.Irving）和他的《阿尔罕布拉宫的故事》以及梅里美（Mérimée）的《卡门》（Carmen），法国和英国旅行者来到了西班牙。

除了进口风格外，19世纪建筑师还恢复了"新穆德哈尔式"红砖建筑，并将其作为西班牙新中世纪主义的典范，借此方式找到真正的国家模式。从本质上讲，这是一场局限在马德里的运动，尽管胡安·巴蒂斯塔·拉萨洛（Juan Bautista de Lázaro）和古瓦斯侯爵以及多梅内克（Domènech）的建筑都做出了巨大贡献，但在1920年之前，这场运动对整个西班牙的影响很小。在西班牙，钢铁建筑的时代尚未到来。这种工业革命所带来的现代材料，仍然只是被作为建筑物的骨架，隐藏在传统的外墙之下。然而，从1880年开始，建筑现代化的先驱将其作为高贵的材料，而一些建筑更是敢于在公共场合展示其不同之处。然而，用铁作为建筑材料的工程数量总是很小，主要集中在巴塞罗那的伯恩市场（Born）、马德里的大麦市场（Cebada）以及火车站和工厂。

19世纪过去了，文学既没有悲伤也没有荣耀。政治流亡者了解法国和英国的浪漫主义，但他们的创作几乎没有给欧洲文化带来任何新的东西。在这些人的建议下，对叙事性文学作品的翻译成倍增加，特别是历史小说，可以与历史主义绘画或被重新发现的黄金时代西班牙戏剧相提并论。叙述者将他们小说的无聊情节引导到了过去，在这些小说有恩里克·吉尔·伊·卡拉斯科（Enrique Gil y Carrasco）的《本维夫雷先生》（*El Señor de Bembibre*）。在戏剧方面，人们可以看到同样的历史情节，这些情节构成了著名的浪漫戏剧，如里瓦斯公爵的《堂阿尔瓦罗》（*Don Álvaro*）和《命运的力量》（*La fuerza del sino*）以及哈岑布施（Hartzenbusch）的《特鲁埃尔的恋人》（*Los amantes de Teruel*）。最后，来自国外的浪漫主义点缀诗歌，在埃斯普龙塞达（JosédeEspronceda）、里瓦斯（Rivas）、索里利亚（Zorrilla）和戈麦斯·德·阿维亚内达（Gertrudis Gómez de Avellaneda）的诗句中重现。

然而，1844年，索里利亚的《唐·璜·特诺里奥》（*Don Juan Tenorio*）在西班牙首次上演，是西班牙浪漫主义的绝唱。这部作品伴随了伊莎贝拉二世统治时期的大部分时间，也恰逢温和派资产阶级登上权力舞台。精英们的意识形态旅程，从温情主义的世界转向了鼓励新现实主义的第一次搏动。统治阶级现在沉迷于风俗派的喜剧，这忠实地反映了"良好社会"的道德和价值观，就像画家和建筑师在他们的作品中所描绘的那样。为了捍卫"正义的媒介"，西班牙戏剧导演文图拉·德·拉维加（Ventura de la Vega）撰写了大量的作品，其说教主义的想法主要是为了支持温和主义社会秩序。也许是时代的错误，政治家何塞·德·埃切加赖（José de Echegaray）在世纪之交创作了乏味的新浪漫主义戏剧，并成为第一个获得诺贝尔奖的西班牙人。抒情诗也有类似的命运，除了古斯塔夫·阿道夫·贝克尔（Gustavo Adolfo Bécquer）的描绘内心感情的韵文和罗萨莉亚·德·卡斯特罗肩负使命的诗歌之外，大部分的诗歌都陷入了拉蒙·德·坎波亚莫尔（Ramón de Campoamor）和加斯帕尔·努涅斯·德·阿克雷（Gaspar Núñez de Arce）的平庸、资产阶级功利主义和多愁善感的庸俗化。

在经历了传奇故事的半个世纪统治之后，小说成为复兴最重要的代名词。面对工业发展、地区主义、地方政治巨头体制以及教会压倒性的存在，小说成为第一种反映出西班牙意识形态动摇的文艺形式。"光荣革命"时代标志着小说革新的开始，在短短几年内，就弥补了两个世纪中所失去的时光。小说既是保守派的工具，也是自由派的工具，这与佩雷达（Pereda）和阿拉尔孔之于帕拉西奥·巴尔德斯和胡安·巴莱拉（Juan Valera）是一样的。帕尔多·巴萨恩伯爵夫人（La condesa de Pardo Bazán）也从事小说的写作，她表面上的"自然主义"掩盖了一种卡斯提尔主义思想。这种思想并没有阻止她发现加利西亚村庄令人陶醉的作用。

很少有文学作品能够像《庭长夫人》（La Regenta）那样为历史提供更好的服务，它是19世纪欧洲最伟大的小说之一。这部小说对复兴时期的整个西班牙社会都进行了展示。深受希内尔·德·洛斯·里奥斯（Giner de los Ríos）教导的影响，阿斯图里亚斯人雷奥波多·阿拉斯（Leopoldo Alas）——"克拉林"（Clarín）批评了胜利阶级的双重标准、女性情感的压倒性窒息、既定秩序的平庸和不公正以及教会和地方政治头子的野心，同时在这部作品中，也能让人感受到无产阶级的反教权主义。贝尼托·佩雷斯·加尔多斯（Benito Pérez Galdós）在重塑历史的过程中雄心勃勃，成功地写下了19世纪西班牙的编年史，在其所创作的《民族轶事》（*Episodios Nacionales*）中充满了集体主角，宣告了国家的权力并提前宣告了民众进入历史。

在19世纪的战壕中，也不乏纯粹的意识形态，或者是与国家的传统形象保持一致，或者是支持自由主义、民族主义和资产阶级的西班牙。传统主义和温和改良主义之间的争论占据了19世纪的上半叶。在政治神学领域，海梅·巴尔梅斯（Jaime Balmes）和多诺索·科尔特斯（Juan Donoso Cortés）所做的贡献是十分突出的，其思想与人类自由的悲观主义观念相吻合。这种观念对无政府状态和民众的起义负有责任。多诺索·科尔特斯（Juan Donoso Cortés）的《关于天主教、自由主义和社会主义的文章》（*El Ensayo sobre el catolicismo, el liberalismo y el socialismo*），作为为数不多在欧洲深受欢迎的西班牙政治思想书籍之一，揭示了天主教徒对无产阶级的恐怖及其对独裁统治的倾向。他们认为面对革命潮流，独裁是最好的掩体。作为卡洛斯派危机的观察者和参与者，安东尼奥·阿帕里斯–吉哈罗（Antonio Aparisi y Guijarro）的著作徒劳地坚持将自由革命所造成的裂缝焊接到"真正"天主教传统的和谐机体上，并将历史神圣化，把历史当作天意的女儿，并将"光荣革命"时代变为一个阴谋占主导的时代。马塞利诺·梅嫩德斯·佩拉约（Marcelino Menéndez Pelayo）脱颖而出，撰写了一部巨著，旨在记录西班牙文化的具体特征，并谴责针对西班牙文化的阴谋。在《西班牙科学》（*La ciencia espaola*）中，这位来自桑坦德的思想家开始辨别科学和神学，以展示西班牙在黄金时代的科学进步；而在《西班牙异端邪说史》

（*Historia de los heterodoxos*）中强调了在西班牙思想中占主导地位的天主教正统观念，以及反西班牙异端邪说的瑕疵。作为现代爱国主义的伟大先知，他的作品经过激进右翼人士的加工并伴随国家天主教的不同形式进入了20世纪。

虽然梅嫩德斯主义（menendezpelayismo）的影响垄断了19世纪的史学著作，而研究独立战争和卡洛斯派战争的历史学家们则为自由主义做出了贡献，最好的例子是托雷诺伯爵所著的《西班牙起义、战争和革命史（1835—1857）》（*Historia del levantamiento，guerrra y revolución de España*（1835—1857）），而阿尔卡拉·加里亚诺（Alcalá Galiano）、哈维尔·德·布尔戈斯、比利拉（Pirila）、卡斯特拉等也紧随其后。最后，温和主义者掌权时代的史学典范是莫德斯托·拉弗安德（Modesto Lafuente）所著的《西班牙通史》（*Historia General de España*）。这本书在史学研究领域为这个世纪的国有化努力做出了真正的贡献。由于其所包含的大量史料和公允的评价标准，这本书在受过教育的少数群体中极受欢迎，并通过根据这本书编写的百科全书和教材，增加了其在其他社会阶层的影响力。

背负着失落

在"1898年灾难"所带来的集体性反思之后，身处世纪之交的作家们沉浸在有关"西班牙问题"持续和痛苦的话语之中。最初，在肩负政治使命的报纸平台上，现代主义者和1898年一代派成员撰写了大量反映工人要求的文章，但是在资产阶级对工人的进步深感恐惧之时，这些撰稿人就放弃了工人提出的要求。随着这种思想的疏远，他们回到了"迷失的羊群"之中，有的人善于抒发主观的唯美主义——贝纳温特，有的人主张语言的纯正——阿索林（Azorín）和曼努埃尔·马查多（Manuel Machado），有的人沉溺商业化——布拉斯科·伊巴涅斯（Blasco Ibáñez），有的人倾向于更多地关注国家而非社会，这种倾向的象征是在乌纳穆诺（Unamuno）或马兹图（Maeztu）作品当中所流露出的"西班牙的痛苦"。充满深刻变化的个人经历将乌纳穆诺从"阶级斗争"的社会主义倾向中拉了出来，沐浴在宗教的"现代主义"中，并使他不断强调小资产阶级的个人主义态度。阿索林（Azorín）的戏剧性转变，更好地诠释了"1898年一代"的概念，这一群体聚集了具有相似特征的作家：对无产阶级不感兴趣，存在悲观主义，意志薄弱……所有这些都是在没有人情味的框架之内。面对阶级斗争改变人类未来的局面，在理想化历史观的指导下，阿索林（Azorín）的作品从对无政府主义的乐观坚持不懈地走向了资产阶级保守主义和天主教正统观念。巴罗哈（Baroja）的小说也充满了悲观情绪，并不认为历史有扭转乾坤的能力等，这使他陷入了最严格的个人主义之中。在这种个人主义的深处隐藏了西班牙资产阶级对于适应时代变化的不安。

只有巴列–因克兰（Valle-Inclán）和安东尼奥·马查多（Antonio Machado）成功克服了世纪末西班牙文学的保守倾向。通过一部先锋派的作品，巴列（Valle）使西班牙帝国心态的荒诞离奇暴露无遗。在这部作品中，巴列巧妙地处理了语言，有时是颓废和现代主义的；有时省去了一切多余的动词，但总是富含美洲西班牙语的精华。通过这种方式，巴列刺痛了他的同胞，向他们展示了卡诺瓦斯统治体系的现实情况。在他的戏剧之中，有膀大腰圆的将军，有两个不同的西班牙，有怪诞的男子气概，有陈腐的荣誉，还有其用尖刻的笔在喜剧和悲剧的动荡不定中所塑造的人物。马查多的诗歌同样是给人以启迪的，其没有放弃"西班牙的痛苦"所带来的忧伤，而且克服了"1898年一代"主张语言纯正和个人主义所带来的限制，并为人民的诉求而战，超越了同时代知识分子——奥尔特加、梅嫩德斯·皮达尔（Menéndez Pidal）、格雷戈里奥·马拉尼翁（Gregorio Marañón）等的资产阶级温暖。

人们不满意国家的状况，特别是当失败使经济和社会危机浮出水面之时，人们更加不满，"复兴主义"有助于消除保守的悲观主义，将其与无产阶级和加尔多斯、拉蒙（Ramón）、卡哈尔（Cajal）等知识分子的承诺相对抗。在这些现代派的指点江山者当中，华金·科斯塔（Joaquín Costa）坚信要从上至下开展革命，在"铁血外科医生"（威权）的统治下，革命才能够恢复国家的荣誉和安全，而安赫尔·加尼维（Ángel Ganivet）的"西班牙理想"，则充满了帝国的怀旧情绪，推进了拉米罗·德·马兹图的西班牙与西班牙语美洲国家人民团结论。这些指点江山者都是为了实现理想中的西班牙"复兴"。

随着世界大战的结束，西班牙充斥着美学先驱者，这些先驱者在欧洲打破了19世纪的资产阶级模式：拉蒙·戈麦斯·德拉塞尔纳（Ramón Gómez de la Serna）及其"杂记"就是变革的象征。统治阶级的文化混乱也与政治危机交替出现。在这场危机中，奥尔特加将炮口对准了缺乏人情味的美学和西班牙的失败。同时，诗歌和散文倾向于回避问题，将胡安·拉蒙·希梅尼斯（Juan Ramón Jiménez）、加夫列尔·米罗（Gabriel Miró）等作家封闭在他们的象牙塔之中。在戏剧方面，金特罗（Quintero）兄弟的民粹主义作品、阿尔尼切斯（Arniches）的马德里悲喜剧、穆尼奥斯·塞卡（Muñoz Seca）的喜剧大受欢迎，使得乌纳穆诺、卡索纳（Casona）和哈辛托·格拉乌

（Jacinto Grau）的经典戏剧黯然失色。

19世纪末，文学和政治思想主张语言纯正或国有化，绘画艺术也会受到地方色彩的呼唤。在绘画领域，迎来了巴斯克流派的阿鲁埃（Arrúe）、阿尔特塔（Arteta）、苏维奥雷（Zubiaurre）等的时代。"1898年一代"的画家包括雷戈约斯（Regoyos）、苏洛阿加（Zuloaga）、外光派绘画大师索罗拉（Sorolla）；在音乐方面，有阿尔贝尼兹（Albéniz）、格拉纳多斯（Granados）和法雅的说唱剧和谱曲。建筑领域也不甘落，又专注于地方主义风格并力争超越19世纪法国和英国折中主义的建筑；在20世纪初，英国折中主义的变体建筑成功地进入坎塔布里亚海岸，代表性建筑物有米拉马尔（Miramar）和马格达莱纳（Magdalena）皇宫以及在比斯开的查瓦里（Chávarri）家族的阿塔萨宫（Artaza）。

根据1898年灾难所引起的民族主义影响，地方主义风格在西班牙历史建筑的安全价值中寻求必要的元素，以建立一个能够在国内外代表西班牙的风格。在其对历史主义的研究当中，创作者的目光转向了流行的建筑及其多种变体，以及更根深蒂固的祭礼建筑。遵循了拉姆佩雷斯（Lampérez）和委拉斯凯兹·博斯克（Velázquez Bosco）从马德里建筑学院（La Escuela de Arquitectura de Madrid）所提出的理论，并利用了卡贝洛·拉皮德拉（Cabello Lapiedra）发起的遗产修复活动。在追求本国化的过程中，尽管形式各异，但是目的是一致的，西班牙建筑不再效仿欧洲的建筑，以西班牙柏拉图、埃雷里亚、穆德哈尔或巴洛克风格以及安达卢西亚、蒙塔涅、加泰罗尼亚或巴斯克房屋的形式重建。虽然从1930年开始，西班牙促进当代建筑发展建筑师技师协作委员会（GATEPAC）的建筑师们——泽西·路易斯·泽特（José Luis Sert）、托雷斯·克拉维（Torres Clavé）、加西亚·梅尔卡达尔（García Mercadal）、阿伊兹布鲁阿（Aizpurúa）以及塞昆迪诺·苏阿索（Secundio Zuazo）领衔的马德里建筑师们努力将大陆"理性主义"潮流引入西班牙，但是内战切断了这条革新之路，将地方主义的生命延长到20世纪50年代。

除了马德里的穆德哈尔主义之外，地方主义风格在西班牙北部和安达卢西亚都顽强地生根发芽。特别富有成效的是坎塔布里亚建筑师列奥纳多·卢卡巴多（Leonardo Rucabado）作为主要理论家和推动者的山区地方主义风格建筑。新山区风格诞生于桑坦德的豪宅模式，特别是那些最纯粹的豪宅，以其广泛的建筑和装饰样式为特征的模型：联排式塔楼、宽敞的晒台、尖顶、盾牌、扇贝壳样装饰以及大量使用的方石。简而言之，半贵族的形象符合那些新的钢铁、采矿和航运"伯爵们"的审美需求。几乎在同一时间，"新巴斯克"风格在阿拉纳民族主义和资产阶级的帮助下发展起来。

资产阶级决心在传统的巴斯克文化中找到自己的身份标志，这里的家庭建筑主要是农舍，尽管缺乏像卢卡巴多（Rucabado）这样的宣传者，但曼努埃尔·马里亚·史密斯（Manuel María Smith）、佩德罗·吉蒙（Pedro Guimón）、拉斐尔·德·加拉门迪（Rafael de Garamendi）和艾米莉阿诺·德·阿门（Emiliano de Amann）所建造的房屋在巴斯克和边境地区成倍增加。与此同时，在南方，阿尼瓦尔·冈萨雷斯（Aníbal González）接受了这一风格并发展了塞维利亚风格。从穆德哈尔主义、装饰华丽风格和安达卢西亚巴洛克风格开始，加上当地具有启发性的手工艺品——门包铁和阳台、瓷砖等，冈萨雷斯（González）为1929年的西班牙语美洲展览建造了一个明亮而丰富多彩的建筑。

作为地方主义造型艺术和意识形态的对立面，现代主义占据了巴塞罗那，并从这里辐射到整个加泰罗尼亚。对于这样一个充满活力和创造力的城市来说，这个机会千载难逢。这个城市渴望恢复加泰罗尼亚原本的风格，同时也渴望展示其国际性。传统与现代化进步的二元性，通过结合技术进步和新材料（如铁、玻璃），并使用当地过去的建筑形式——镶嵌拱顶或砖建筑，参考手工艺品，创造了加泰罗尼亚风格。需要自己美学的巴塞罗那，热情地坚持现代主义，并将自己扩建为一个真正的露天博物馆。从1905年，城市建设开始变得令人眼花缭乱，当时的加泰罗尼亚资产阶级将现代主义视为"民族"风格，希望将加泰罗尼亚在19世纪制度化，多梅内克、普伊格·卡达法尔奇（Puig i Cadafalch）、卢比奥（Rubio）等著名建筑师在这项任务中通力合作，夸大其与西班牙其他地区的文化差异。

自19世纪80年代以来，融合了技术、构图自由和区域艺术遗产特色的"原始现代主义"与哥特式建筑的最新风格共存。维拉塞卡（Vilaseca）和多梅内克·蒙塔内尔（Domènech i Montaner）所倡导的折中主义替代方案（高迪的第一批作品也是如此），在1888年的国际展览中达到高潮。在他的咖啡餐厅，蒙塔内尔留下了对这种趋势的最佳定义，将中央屋顶的大金属拱门与砖、釉面陶瓷或新穆德哈尔风格的加泰罗尼亚叶脉拱顶完美结合。

展览结束后，另一代设计师加入了建筑加泰罗尼亚化的工作。其中，比较突出的是普伊格·卡达法尔奇。他以加泰罗尼亚的历史建筑为基础，重新创造了一种新的哥特式风格，这是其美学研究的起源。中世纪的加泰罗尼亚再一次让巴塞罗那的艺术家们眼花缭乱。尽管普伊格（Puig）并没有抛弃西班牙或国外其他传统的元素，以便在整体上为他们提供更高雅的服务，如特拉德斯之家（Casa Terrades）所具有的朗瑞歌城堡式的法国风格轮廓。同样，高迪在这个阶段放弃了穆德哈尔主义，目的是挤压哥特式和装饰风格的生存空间，代表作有奎尔宫（Güell）、阿斯托加主教宫（Epsicopal de Astorga）、莱昂的博丁内斯之家（Casa Botines de León）；而圣家族大教堂（Sagrada Familia）沉浸在由装饰主义热情、基督教象征意义和对整体艺术品追求为主导的建设旅程之中。随着这座大教堂建设工作的持续，在建筑创新方面不断取得新的进展。依照大胆而又具有突破性的建议，采用了扣人心弦的体积和运动性的线条，并完美地吸收了来自大自然的灵感。在其影响下，一大群高迪风格的建筑师不断重复这些自由而又起伏的建筑形式，并与杰罗尼·格拉内尔（Jeroni Granell）的国际主义"新艺术风格"和多梅内克的"花卉"美学共存，这也是多梅内克那些最好作品——音乐宫（El Palacio de la Música）和圣保罗医院（Hospital de Sant Pau）出现之前所采用的中间过渡形式。许多其他作者将现代主义的"快乐"模式传播到西班牙其他地区，而且没有意识形态的负担，它们只不过是装饰而已。

新的风格从建筑传播到造型艺术和文学领域，尽管领域不同，但是具有相同的意义，将"艺术为艺术"的个人主义原则与资产阶级加泰罗尼亚主义（"诺森主义"）的审美理想服务相结合。"小众艺术"得到了大力推广；丰富的现代主义形式在陶瓷、珠宝、木制品或出版设计中得到了再现。这是现代主义遵循英国"艺术和工艺"影响，将手工艺融入建筑工程的结果，也是其回归中世纪加泰罗尼亚行会主义的政治使命。然而，世纪之交的巴塞罗那绘画艺术更加密切关注国外所发生的事情。巴黎成为加泰罗尼亚艺术家心中的圣地，印象主义和象征主义成为占主导地位的绘画潮流。拉蒙·卡萨斯（Ramón Casas）、圣地亚哥·鲁西诺（Santiago Rusiñol）、伊西德罗·诺内尔（Isidro Nonell）以及之后已经充满先锋派精神的米罗、萨尔瓦多·达利（Salvador Dalí）等都曾在巴黎接受过培养。在返回西班牙之后，他们根据巴塞罗那资产阶级的口味调整了他们所学到的艺术风格，并通过在"四只猫"（Els Quatre Gats）咖啡馆举行的聚会、会议或展览来传播这些艺术样式。在工会运动风起云涌之时，也掀起了资产阶级的文化潮流，共同将巴塞罗那推上西班牙艺术之都的宝座。

第十四章

心满意足的资产阶级

公民的意志薄弱

在1874年的最后几天，马丁内斯·坎波斯将军在萨贡托发动武装起义，并拥立阿方索十二世为国王。阿方索十二世之前在英国流亡期间，其母亲伊莎贝拉二世宣布退位，并希望此举能帮助其获取王冠。起义很快就取得了胜利，但是安东尼奥·卡诺瓦斯·德卡斯蒂略（Antonio Cánovas Castillo）的拙劣政治技巧和军队的沆瀣一气改变了这场起义的性质。大多数西班牙人对这种变化都漠然视之。相反，最大的差别就是起义之后所建立的政权只得到了马德里和各省上流社会的欢迎，共和主义者指点江山的时代一去不复返。在一个归于平静的社会当中，以前人们对国家大事的那种热情完全变为了冷漠和对安宁的渴望，这也使得所谓的"复辟"变得摇摆不定，算是各省那些平庸和虚伪资产阶级的胜利。雷奥波多·阿拉斯——"克拉林"在他的小说《庭长夫人》中，淋漓尽致地描绘了这些资产阶级的丑恶嘴脸。

在一开始，没有人会预料到新政权能够国祚绵长，也没有多少人会相信1876年的温和宪法会长期有效，因为之前颁布的宪法都很短命。但是历史证明了这些预言者的谬误，因为这部宪法成为西班牙历史上最长寿的宪法，直到第二共和国时期才寿终正寝。在这部宪法实行期间，正是资本主义及其背后社会群体力量得到巩固的岁月，也是工人阶级在社会制度变化之中不断发展壮大的阶段。由于对现有政权的高度忠诚，巴斯克和加泰罗尼亚的工业家以及安达卢西亚的地主获得王室所授予的贵族头衔奖励，自费利佩四世时代以来，王室从未如此慷慨地发放过奖励。无论自由体制和议会制度看起来多么具有活力，贵族和资产阶级的共生都是在旧秩序的意识形态体系下进行的，并随着已经过时的社会等级。

依靠阿方索十二世的支持，卡诺瓦斯所取得的最大成就是政治稳定，而国王本人则成为宪法规定的军队最高领导人。为了避免各党派掌控军队以及维护公民权利，卡诺瓦斯和萨加斯塔都将国王作为政治变革的仲裁者，这种做法也得到了选举程序的认可。通过这种方式，复辟时期的政治家为确保自由主义的成就做出了贡献，但他们也将君主制的命运与不依赖公众舆论的政党联系在了一起。在此之后，会经常发生军队将领领导的叛乱，并在此过程中将投票箱变成了惩罚国王意志的工具。任何想要掌握权力的人都必须依靠选举形式来控制政府；并通过附属机构加以补充。因此，在叛乱发生期间，内阁也是由选举产生的。

作为九月革命进步思想的遗产，并在经过一系列试验之后，男性普选权进入了西班牙历史（1890年）。在一个既自由又保守的政权执政期间，选举权的扩大已经不会再容忍对民主精神打折扣的做法。一方面，选民非常冷漠，而社会又十分非政治化，掌权的政客们也不会害怕选举权的扩大；另一方面，选举权扩大的影响总是可以通过可操纵的纠正措施进行修改。由于其有意为之的灵活性，在不放弃合法性的情况下，宪法本身就为当权者提供了暗箱操作和任意行事的机会。

　　一个新出现的封建主义制度接管了西班牙，政治家和他们的朋友成为主宰者，在他们的阴影之下，处于世纪之交的农村社会几乎不会在议会辩论或权力决策中发出任何声音。不要忘记，被排除在宪法政治游戏之外的人要比直接参与或介入其中的人多得多。当那些被体制边缘化的人们设法打破封锁墙并发出自己的声音之时，由卡诺瓦斯所构建的这个制度大厦也就轰然倒塌了。

　　由于卡诺瓦斯的出色工作，波旁王朝复辟恰好有助于打破王朝延续的死结，有助于"驯服"卡洛斯派，也有助于引导保护主义政策（有利于工业企业发展和大型土地开发）的推行，这场复辟也带来了大量的害处。正如科斯塔和复兴运动支持者所谴责的那样，这场复辟之后所建立的只不过是寡头集团和地方政治巨头之间所共享的傲慢和腐败政治和选举制度。因此，在议会审议建立自由主义体制紧迫性的时候，社会也沉迷于专制和对本土暴君的渴望之中。按照国家的分区理论，西班牙人的国家概念实际上并没有超出他们所在的省或地区，所以在地方，反民主的政治模式反而很容易建立起来。现实主义小说和风景画也都是以西班牙各地作为创作的主题，这倒是有助于增加西班牙各省内部的认同感；佩雷达、布拉斯科·伊巴涅斯、帕尔多·巴萨恩（Pardo Bazán）、帕拉西奥·巴尔德斯、巴莱拉（Valera）等以这种方式继承了索罗拉、里安乔（Riancho）、雷戈约斯、埃瓦里（Evari）等画家偏爱乡土题材的精神。

　　每当政府更迭之时，随着其保护者退出政治舞台，大量的政府员工会被大量裁减。当罗马诺内斯（Romanones）放弃权力的时候，据说瓜达拉哈拉的火车上到处都是失业者。随着地方政治巨头体制的兴起，在西班牙语的词汇表当中出现了大量与此相关的新词汇，例如"alcaldada"，意为"专断"，用于描述滥用权力的行为；再如"pucherazo"，意为"舞弊"，用于以图形方式描述特定的选举舞弊行为。

在欠发达地区以及农业区，地方政治寡头体制是通过真正的政治统治运行的，根本不需要当地贵族的支持。这种优越性得益于《选举法》第29条，因为该条规定没有竞争对手的候选人可以自动获胜。在加利西亚内陆和旧卡斯蒂利亚地区，这种现象经常发生，使这些地区多年来一直被视为政治禁区。在安达卢西亚、埃斯特雷马杜拉以及伊比利亚半岛东南沿海地区，选民经常弃权。当他们不弃权时，左翼倾向的候选人通常会当选，但是这样的选举结果常常被武力所破坏，并上演全套的舞弊欺诈戏码。在人口众多的城市，政府往往很难在选举上下手，因为这里的选民逐渐摆脱了中央政府的指令。到20世纪初，只有在这些地方才会体现出选举的真正价值。

卡诺瓦斯·德卡斯蒂略的施政还算成功，实现了政治稳定，政治压制也处于非常低的水平。但是在整个王朝复辟的中间阶段，随着1898年西班牙败于美国，一切都因"我的过错"（mea culpa）而结束了。自1868年以来，西班牙已经陷入了分裂，只有接受君主立宪制和建立尊重基本自由的资产阶级秩序才能调和这种分裂。为了实现这两个目标，在1885年阿方索十二世国王去世之后，保守派的领袖卡诺瓦斯和自由派的带头人萨加斯塔达成了协议，使双方能够共享权力，和平实现"轮流坐庄"。这样的政治生态有助于在法律和行政上实现国家的统一，并推动温和的自由制度的发展，这是一项重要的工作，要比宪法本身持续的时间更长。社会最开放的时刻是萨加斯塔自由党控制的"长议会"时期（1885—1890年），颁行了《结社

法》和全面的选举权。（P509）

"1898年灾难"能够预见，却不可避免。这引发了统治阶级的不安。这种不安在20世纪初的一系列重大事件中爆发了。作为一种反抗，殖民地的丧失在西班牙生活的各个方面都引发了对真实性的呼唤。人们呼吁从政治结构到外交形象和文化表达模式都力求真实。一代复杂而矛盾的思想家们热爱西班牙却厌恶西班牙的一切。他们要求实现欧洲化并融合民族主义元素，并开始指出正确的方向：打倒寡头集团和地方政治巨头，促进发展和教育！民众的仇外心理与日俱增，西班牙几乎完全从国际社会当中消失了。不断加剧的保护主义为闭关自守开辟了道路。这种做法是把双刃剑，改善了工业，但导致产品价高质低。

不同于社会政治的满目疮痍，文化却经历了自17世纪以来从未有过的繁荣时期。三代知识分子——"1898年一代"的散文家、"1914年一代"的欧洲大学生和"1927年一代"的诗人，都生活在西班牙文化的"第二个黄金时代"之中。小说、散文和诗歌都成就非凡，并在美术、科学、大学研究等领域都产生了令人钦佩的影响。佩雷斯·加尔多斯、巴罗哈、乌纳穆诺、拉蒙－卡哈尔（Ramón y Cajal）、高迪、本利乌尔（Benlliure）、克维多、德拉·谢尔瓦（De la Cierva）、法雅（Falla）、诺内尔（Nonell）、毕加索、奥尔特加、加西亚·洛尔迦（García Lorca）等与其他人一起在20世纪前30年共同提升了西班牙文化的声望和知名度。

根据哲学家奥尔特加－加塞特（Ortega y Gasset）的说法，两个西班牙（一个是官方嘴里的西班牙和一个是真实存在的西班牙）之间的差异激发开展复兴运动的强烈愿望，并通过各种社会和政治手段去实现这一愿望。其中最持久和最重要的社会和政治波动来自周边工业化区域的加泰罗尼亚和巴斯克的民族主义。人民对于政府的更迭不悲不喜，因为现有政治体制只不过是一个大话连篇的陷阱，通过障眼法来掩盖权贵对于整个社会的漠不关心。对于1914年第一次世界大战时的历届内阁领导人，人们能够常常想起的也就只有保守党的弗朗西斯科·席尔维拉（Francisco Silvela）和安东尼奥·毛拉（Antonio Maura）以及自由党的何塞·卡纳莱哈斯（José Canalejas），因为他们曾尝试过从上到下开展一场根本不可能的革命。

战争加剧了社会的紧张局势，而圣地亚哥·阿尔瓦（Santiago Alba）和爱德华多·达托（Eduardo Dato）所推动的经济和社会改革最后崩溃了。官方的西班牙或者说各政党轮流执政的西班牙名誉扫地了，现实中的西班牙矛盾重重。资产阶级和无产阶级开始通过改变卡诺瓦斯所留下的体制来寻找救国的措施。每届政府的平均持续时间不会超过五个月，从阿方索十三世成年到1917年这段岁月里，有一半的时间都是如此。将军们回来了，但后来的事件表明，普里莫·德·里维拉的独裁统治并不是确保波旁王朝王位的最佳方式。

前往美洲

阿方索十二世在西班牙登上王位之时，西班牙人口数量只有不到1650万。当20世纪到来之时，西班牙人口的增长速度开始接近西欧，达到了1800万。在1885年，霍乱疫情对大城市那些没有污水管道且卫生条件恶劣的贫困社区造成了严重影响。但是，从那时开始，人口数量的上升已经开始均匀加速，直到1933年出生率才开始出现下降；到了1936年，西班牙死亡率开始上升，但是到了内战结束四年之后，死亡率再次下降。在1915至1919年的五年期间，受到1918

年"西班牙流感"暴发的影响，出生率也出现了短暂的下降。这场流感导致全世界2500万人死亡，并使一些郊区和农村地区遭受了严重的饥荒。

当大规模前往美洲的移民潮爆发之时，人口增长仍在加速：在20世纪的头15年中，有超过150万人离开了西班牙。加利西亚人、巴伦西亚人和巴斯克人是向海外移民的主力，而安达卢西亚人很久之后才开始向海外移民。很少有西班牙人移民前往欧洲其他国家，直到20世纪40年代，法国一直是西班牙在欧洲的唯一一个移民国家。

在世纪之交，西班牙人口开始大规模流动，以寻求更好的就业机会和生活条件。受到当地工业发展的吸引，大量因西班牙饥荒而逃难的贫困人口前往了巴斯克地区和加泰罗尼亚。这些流民当中的劳动力往往会被招募承担艰巨而危险的任务，多是在矿山、钢铁、建筑等行业工作，他们也会前往需要农民和短工的地方，从事一些临时性的工作，其生活水平比较悲惨。

这样一个差异更大和多元化更强烈的社会，尽管城市的规模会扩大，但也增加了发生冲突的风险。20世纪初，在工业和商业发展的高峰期，巴塞罗那有53.3万名居民，马德里有54万人，巴伦西亚的人口数量达到了23.3万；而毕尔巴鄂的人口为8.5万，在50年内增加了5倍。

没有什么能像一些城市的进步那么具有欺骗性，因为西班牙的社会结构基本上仍然是非常落后的，只有35%的人口能够从事生产，而且几乎所有人都投身于农业。所以农业和工业无产阶级构成了最广泛的社会阶层，在20世纪初，就首次开展了自己的政治性活动。他们清楚地意识到其作为一个集体所具有的力量，并能将自己面临的问题变成国家的问题。收入最高的工人是书画刻印工人，收入最糟糕的是服装工人。工人的平均每日工资在3—4比塞塔之间，只有技术工人才能超过这个数字，而帮工、短工、学徒还有女性工人的工资都达不到这个水平。阿斯图里亚斯矿工的工资高于比斯开铁工的工资，埃斯特拉马杜拉和安达卢西亚乡村的工资则是最低的，固定的短工在收庄稼时的工资不超过1.5—3.5比塞塔。而在伊比利亚半岛东南沿海地区、纳瓦拉等缺乏大块土地的地区，连这么低的平均工资也达不到。

　　根据每个省不同的情况，工作日的长短差别也很大，成为无产阶级积极争取权利的地方。几十年来，根据雇主和工人之间的博弈情况、劳动力的供需情况以及罢工的胜利或失败情况，工作日的长短常常发生波动，但是工作日的时长从未低于8个小时，有时接近14小时，但最常见的是11个小时。在通过《星期日休息法》之后，由于无政府主义者萨尔瓦多·塞吉（Salvador Seguí）等工会领导人的积极推动，西班牙采取8小时工作制的时间要早于其他国家。

　　自20世纪初以来，因权力和财富分配差异所导致的社会不平等，富人、小康阶层与大量不同性质的中间群体之间的差异日渐变得清晰。大约三分之一的人口可能属于中产阶级，其中包括店主和车间师傅以及小地主或非体力劳动者。随着城市繁荣发展，还出现了一个由自由职业者、公务员和服务业雇员所组成的新中产阶层。中间阶层的政治立场迥异，进入20世纪之后，在他们之中陆续出现共和派和民主派。然而，正是这种失去本阶级意识而且缺乏历史特征的组合，能够使胆怯而又粗暴的社会和文化秩序以反民主运动的形式得以延续。

天堂和金钱

面对卡洛斯派所代表的因循守旧主张，教会高层开始支持资产阶级，加强与自由君主制的关系，并接受了宪法。无论西班牙教会在欧洲被认为是多么反动，卡诺瓦斯所主张的渐进式改革对于教会来说也不再具有吸引力，但是教会有足够的资金来应付当下的情况。随着他们归顺新政权，西班牙的主教们参与了由莱昂十三世（León X Ⅲ）所设计的全球战略。这种战略通过承认自由国家来换取传播教皇教义的机会。世界上的无产阶级正在团结起来，一点一点地将各国议会变为社会主义的议会。自由主义的国家已经无法保卫自己，只能越来越依赖将军们与革命潮流进行对抗。进行干预的时刻到来了，教会亲自下场，为工业国家提供巨大的支持。

教会以其严格的道德标准、强烈的服从感和对穷人困苦的麻醉作用，成为资产阶级手中非常有用的工具。教会更能够为资本主义的腾飞背书，并恢复被社会革命所扰乱的秩序。教会"知道如何变得富有"，他们在布道坛上指出了工业时代的道路和神职人员给予企业家的尊严。西班牙的资产阶级与教会和解了，教会不仅原谅了资产阶级过去的鲁莽行为，而且还承认了资产阶级在教会财产出售过程中所获财富的合法性。

西班牙教会与资产阶级之间的盟约是持久性的，只是在佛朗哥时代晚期才开始破裂。在此之后，教会机构通过促进建立反对阶级歧视的内部结构，以纠正其先前的所作所为。在资产阶级取得胜利之后，教会的立场接近和接受个人所有权。多年后，教会毫不犹豫地承认社会主义的某些目标与基督徒生活的道德约束之间存在相同之处。

事实上，在听到自由主义时，主教们和其他神职人员一样对此感到厌恶，但因为受到身份限制，他们又不得不面对并与之打交道。另一方面，忍受了资产阶级教会政策许多年之后，他们发现与资产阶级进行合作的好处是非常诱人的。很明显，教会高层不会在一夜之间放弃所秉持的传统主义，但又总是希望能够巧妙地对意识形态的忠诚与所处的现实情况结合起来。这就是所发生的事情。此外，自由主义给教会带来的厌恶之情，使教会忘记了资产阶级秩序的另一面——捍卫家庭和财产。

假使西班牙教会高层稍有含糊的话，估计罗马教廷的使节们就会出手相助了，监视着顽固的主教们并向他们宣读"服从宪法权力"的信件。王室复辟之后，在驻罗马的神职人员中找到了宝贵的盟友，他们能够提供帮助以便消灭卡洛斯派的残余，但在这些人中也有人后来支持了第二共和国政府和佛朗哥政权。毫无疑问，主教选拔制度要由政府制定，但在选择主教的候选人时偶尔也会犯错。反对西班牙与教皇之间协定的主教并不常见，卡纳莱哈斯所采取的政策，导致了西班牙与罗马教徒关系的暂时破裂，但双方采取了特殊方式批准在整个复辟期间都延续的良好关系。

但是，更为艰难的是让那些乡村牧师接受现实，因为他们在神学院中接受的教导是"自由主义是罪"。因此教会并没有做出太多努力来实现信徒的政治转变，而罗马教廷则试图通过使者促成这种转变。相反地，这些乡村牧师在讲道之时，继续强烈谴责自由主义的内在邪恶。虽然宪法承认天主教为国家的官方宗教，打开了接受天主教的大门，但是他们还是继续谴责宪法。对于因循守旧的思想而言，在真理与错误、自由与服从、对教会的忠诚与接受一个以承认政治自由为基础的国家之间没有中间立场。神职人员仍然忠实于过去，坚持宗教势力对政治生活的干预，坚决捍卫教会干预国家事务的权力。

世俗神职人员的力量在19世纪下半叶没有发生重大变化，与这个世纪的整体下降趋势保持一致。1900年，有33403名主管教区牧师分布在西班牙各地。数量非常多的神职人员分布在卡洛斯派根基深厚的整个北方。在加利西亚，每412人中就有一名牧师，这个数字甚至比三个巴斯克省份还高。在西班牙东南沿海地区，传统上世俗神职人员数量很少，而主教数量则很多，每862名居民中就有一名牧师，阿拉贡的情况则介于加利西亚和安达卢西亚之间。教会一直深受乡村神职人员出身问题的不利影响，因为他们的忏悔动机很难与个人或家庭提升的愿望分开。然而到了20世纪，随着神学院成为牧师培养的中心，神职人员得到了纯洁化。1886年，加莱奥特（Galeote）就是一个毫无职业操守牧师的典型例子，根据加尔多斯所写的人物小传，1886年，背井离乡的他在精神错乱发作之时，谋杀了马德里－阿尔卡拉的第一主教。

自19世纪末以来，天主教徒与世俗牧师之间关系的逐渐恶化被宗教会众数量的迅速发展所抵消。对于西班牙人来说，很难有其他如此重要的信仰能够与天主教相比，对他们来说，天主教就像西班牙步兵所高举的旗帜一样。在资产阶级最终胜利之前，教会会以其他方式改善和补充西班牙人在社会中的地位。

在短时间内，宗教机构成功地重新恢复了因19世纪的革命进程而减少的教众数量，并且由于新加入的教徒中有大量的年轻人，这就可以解决在西班牙全面传播天主教的问题。修士的数量恢复了，最重要的是修女数量也大量增长。随着新修女院的建立，修女的数量得到了增长，在19世纪下半叶建立了63个修女院。在大多数农村地区，修女们所接受的短暂培训只能为她们提供轻微的修为。她们在城市当中工作，这是完全不够的。当她们作为教师，大量进入学校之时，缺乏文化可能会产生严重后果。教育者和受教育者之间的紧张关系、思想斗争以及对社会现实的不同认识，都隐藏在当时风俗小说中的"虔诚"女性形象之中。

大量的宗教团体从出售教会财产当中恢复过来，并使自己的金融体系更加现代化，成为西班牙资本主义圈子的一员。主管教区教会将其资金投入国家债券，好像是因为其不想冒投资的风险，只愿意充当资本的管理者。但是一些教团，特别是男性教团，则更愿意将资金投入私营企业之中。一些宗教机构账户中的大量资金来自他们从虔诚的资产阶级那里收到的遗产或捐赠。这些资产阶级非常愿意偿还对教会所欠下的旧债务。

依靠1851年的《宗教协定》，教会开始变得强大。这项协定一直持续到共和国单方面将其撕毁为止。教会要求在教学中采取忏悔原则，并根据这项原则，发起了对教育的挑战。教会对学校的影响非常大，以至于在20世纪初，超过三分之一的小学生和近80%的中学生都处于教会的监护之下。尽管教会在教育领域拥有压倒性的霸权，但其还是以不安和怀疑的目光看待自由教育学院（Institución Libre de Enseñanza）的建立（1876年）。这所教育机构是由自然法教授弗朗西斯科·希内尔·德·洛斯·里奥斯（Francisco Giner de Los Ríos）建立的，其目的是提供非教条主义的教学，旨在培养实现西班牙现代化所需的精英。根据克劳斯主义者的个人道德革新项目，这个机构专注于教育学的新发展趋势，与传统教育的代表——耶稣会士完全不同。最重要的是，这个机构成为科学自由、世俗化、宽容以及与欧洲接触的伟大宣传者。由于教会和资产阶级对民众所实施的愚民政策，这些理念只能在少数人当中开花结果。

西班牙教育的真正斗争发生在20世纪，公共教育部诞生之时，自由主义者开始担心天主教教育体系的迅速扩张。尽管国家加强了教学能力，并开设了新的教育机构，但直到第二共和国到来之前，教会在教育领域的前进步伐几乎没有改变。到了第二共和国时期，其教育政策受到激进世俗主义的支配，希望普及小学教育并将中学教育扩展到更广泛的社会阶层。

西班牙教会在教育领域的成功，不应该让其忘记在"社会天主教"方面以及与信徒的政治联盟战略方面所遭遇的失败。长期以来，教会的世俗运动没有任何意识形态和实际行动的自主权，只是等级制度的延伸，是其与民事政府斗争的有力武器。在西班牙，面对社会之时，国家从未强大过，因此教会知道可以与社会一起对付国家。然而，教会显然无法将社会中的人民大众纳入其阵营之内，这使得天主教的世俗组织具有明显的精英主义特征，其活动总是为了资产阶级的利益。

处于世纪之交的主教们痴迷于维护天主教徒的团结，他们从未完全放弃建立一个有宗教信仰党派的想法。他们希望这个党派能够聚拢世俗人士，以便在政治领域捍卫教会，并结束神职人员之间的对抗。然而，他们只能通过天主教候选人参加选举，这些候选人的施政纲领往往与教会各机构的利益有关。当然，教会的布道坛经常会成为教区牧师及其合作者的选举论坛。这些人决心扩大教会在信徒政治决策领域的影响力。

教会的发展更多地体现在宗教会众力量的壮大方面，在世俗牧师力量壮大方面并没有什么进展。为了对此做出回应，社会再次出现了一股强大的反教权潮流。此时的教会，正在重新获得以前被革命所摧毁的特权地位。但是，反教权的兴起除了与教育垄断和教会小型商业企业的增加有关之外，在反教权热潮中，我们必须看到一种"长期存在"的现象，那就是民众对宗教道德的渴望、世俗的忏悔和对强者的仇恨。可以在反教权主义者的戏剧中看到被富有的教会钉在十字架上的可怜基督形象。这些反教权主义者的纯粹激进主义被资产阶级给操纵了，以避免其经济和政治权力因群众的愤怒而遭到破坏。不同的资产阶级分子都集合在西班牙反教权主义的大旗之下，加尔多斯创作了《埃莱克特拉》（Electra），布拉斯科·伊巴涅斯和佩雷斯·德·阿亚拉（Pérez de Ayala）通过写实文学重塑了反教权主义。在这方面，社会主义者和无政府主义者都没有做出任何反应；相反地，反教权主义者经常可以与资产阶级甚至启蒙主义者和共济会相提并论。

　　20世纪初，自由党为了寻求更大的政治利益而重新举起了其旧有的反教权旗帜，反教权主义就在政治上获得了结果。但是，对"1898年灾难"的内疚和新的复兴运动促使自由派与保守派分道扬镳。与其一起轮流执政的保守派曾为复辟和维持君主制做出了巨大贡献。数百名神职人员从古巴、菲律宾和波多黎各返回西班牙，而为了逃避第三共和国冲击的法国神职人员也涌入了西班牙，这对一些事件的发生起到了推波助澜的作用，如巴塞罗那的"悲惨周"（Semana Trágica，1909年），而卡纳莱哈斯曾徒劳地提出一个结社方案或锁定法（ley del candado），以阻止修士们的入侵。

　　直到第二共和国期间，教会都没有因为其对完全占据公共空间的希望而感到不安。尽管1876年的宪法是世俗性的，但西班牙仍然是一个真正的"天主教"世界，多元化和世俗社会只是偶尔会出现冲突，而那些足以压垮社会或使其窒息的冲突往往都是由于天主教徒的不让步所引发的。在假定西班牙社会认同天主教文化之后，教会高层谋划了一种公民的宗教，一种"国家天主教"，并将这种宗教变成了西班牙国家的构成要素。这种天主教，表现在主导人民的外部行为模式，并被用作社会认可的机制，其有助于塑造遵守教规者的虔诚信仰，而不是信徒的虔诚信仰。在这个虔诚的信仰之中既容不下现代主义者的个人主义，也容不下他们对改革的渴望，更容不下他们从信仰走向现代文化。因此，被庇护十世（Pío X）定义为异端邪说的现代主义，与西班牙的天主教无关，但与一些没有教会的天主教徒有关，就像哲学家乌纳穆诺和自由教育学院的一些知识分子一样。

躁动的爱国主义

与教会和社会上层一样，军队倾向于只关注自己的事情。当卡诺瓦斯察觉到军队有参与政治的倾向时，就会设法使军队远离权力中心。西班牙的警察很少，为了分担警察的任务，军队负责镇压和消除出现的社会运动。因此，政府组建了宪兵部队（ejército gendarme），以用于镇压罢工或殴打示威者。但这样一来，西班牙军队长期的革命传统被永远埋葬了，军队从此专注于捍卫秩序、中央集权和君主制。

西班牙军队不仅有从德国军队那里模仿而来的普鲁士人的傲慢，还有一种西班牙救世主的"神秘感"。在古巴和菲律宾的惨败之后，西班牙掀起了强大的反军国主义潮流，而此时的西班牙高级军官们却还在自命不凡。西班牙军队不会承认自己的实力逊于美国，只会指责是政治家背叛了他们。面对公民的批评，受到阿方索十三世支持的军队迫使政府通过《管辖权法》（*Ley de Jurisdicciones*；1906年），使各级军事法庭成为负责惩罚冒犯武装部队罪行的机构，也就是说，他们同时担任了"法官和当事方"的角色。

1909年夏天，为了应对在非洲的战争，西班牙政府对预备役人员进行了大规模的动员，这引发了民众的不满。广大民众反对这次在摩洛哥的新殖民扩张，但是右翼分子却不以为意。这些人的儿子们被免除了兵役，所以他们肆无忌惮地迫使政府和军队对摩洛哥进行干预，为了西班牙的荣誉而战。无政府主义者、工团主义者和社会主义者所宣扬的主张与对战争的不满相结合，导致了总罢工的发生，并进而引发了巴塞罗那的悲惨周（Semana Trágica）—— 一场遭到血腥镇压的、带有反教会色彩的起义。

最后，在1912年11月，西班牙同法国签订了条约，被允许在摩洛哥建立一个西班牙保护国。虽然因此而背上了沉重的财政负担，但西班牙幻想着士兵们能够为自己挣回面子，所以发起了一场先是秘密进行而又对外公开的战争。1913年，有6.5万名士兵驻扎在前线，很快就会出现由"非洲人"和"半岛人"共同组成的军队。与法国军团一样，米兰·阿斯特赖（Millán Astray）在1920年组建了外国步兵团。这是一支精英部队，其目的在于加强西班牙在北非的统治地位。这支部队从一开始就有佛朗哥的身影。

社会局势变得紧张起来，军队将领不愿意与议会制度为伍，憎恨加泰罗尼亚的民族主义，还蔑视工人阶级，而摩洛哥则成为西班牙军队和社会的沉重负担。在非洲的十四年战争改变了西班牙军队的面貌，他们的大脑里只剩下军营的纪律、躁动的爱国主义、快刀斩乱麻的方法和对民主的嘲弄。来自卡斯蒂利亚和安达卢西亚的官员在这支军队中占据主导地位，他们对西班牙周边地区的地区主义运动几乎没有任何认同感。新的军事精神被纳入由普里莫·德·里维拉在萨拉戈萨建立的综合军事学院（Academia General Militar）的课程之中。

自 20 世纪初以来，尽管军队消耗了国家预算的一半，但许多军人还是感觉其收入与地位不相匹配。与部队人数相比，军官的数量过于庞大。1917 年，对生活待遇过低的抗议也蔓延到军营，国防军事委员会（las Juntas Militares de Defensa）作为一个专门的机构出现了。这个机构由部队的中层管理人员组成，其军衔都低于上校。这个机构的目标是反对低工资和武器短缺，争取以在摩洛哥战功为基础的"政治"晋升和军阶提升。阿方索十三世站在受害者的视角，看了看宪法，又看了看军队，将军队视为己出，并喜欢干涉军队事务。随着 8 月工人罢工的爆发，"国防军事委员会成员"的暴力压制变成了镇压民众起义和社会不满的机器。军队以这种或那种方式支持巴塞罗那雇主反对无产阶级工会的斗争，他们的行动使公众舆论哗然。

全国对摩洛哥问题的厌恶在 1921 年达到了极点，当时西班牙军队的一次鲁莽进攻在阿努埃尔（Annual）被阿卜杜勒-克里姆（Abd-el Krim）击退了，造成了 1.2 万人的伤亡。另一场新的"1898 年灾难"正在推翻一个更加孱弱的政权。共和派、自由派和社会主义者都要求惩罚鲁莽的人，但保守派却没有对此发表太多意见，因为他们希望尽量减少对责任的追究。军方的荣誉感使其无法承受民众的指责，在皮卡索（Picasso）将军领导的委员会向法院提交控告报告之前，米格尔·普里莫·德·里维拉就已经埋葬了宪法。

反对国王

尽管西班牙人总体来说是顺从和冷漠的，但是在某些领域，还是有人发出了反对现有政治秩序的声音，因为现有秩序不仅充满了不平等，而且也从根本上扼杀了对更大民主的渴望。共和派仍然没有进入现有体制之内，他们的理想源于1873年的经历，他们怀念鲁伊斯·索里利亚、卡斯特拉以及皮–马加尔这样的人物。随着世纪之交的到来，有人接过了这些人的遗产。自1908年以来，安达卢西亚记者——亚历山德罗·勒鲁（Alejandro Lerroux）通过激进党（Partido Radical）扛起了共和主义的新大旗，其群众基础是巴塞罗那的工人大众和中产阶级中的反教权主义者。与此同时，在巴伦西亚，布拉斯科·伊巴涅斯凭借其极具描述性和可塑性的小说赢得了一批支持共和制度的追随者。为实现社会革命的目标，勒鲁主义（lerrouxismo）的追随者们开展了一场激烈的普及政治意识的运动，以支持国家的统一，而当时的加泰罗尼亚人在获得选举胜利后对这场运动提出了质疑。

在取得最初的巨大成功之后，从1911年开始，勒鲁（Lerroux）政党一直在衰落，失去了工人阶级的支持，因为工人阶级日渐被无政府工团主义和加泰罗尼亚左翼的主张所吸引。激进党人不再采取20世纪初的那种蛊惑人心的宣传方式，而是转向建立一个以小资产阶级为基础的政党，其模糊的意识形态也是杂糅了共和主义和世俗主义的理论。激进党总是带有其最高领导人的个性特征。这个政党在第二共和国的各届内阁中都曾掌权。

面对勒鲁的革命言论，共和主义派选择了梅尔基亚德斯·阿尔瓦

雷兹（Melquíades Álvarez）和古梅辛多·德·阿斯卡拉特（Gumersin-
do de Azcárate）在1912年成立改革党（Partido Reformista）时所指出
的道路。这些胸怀天下的人们，以建立一个现代、包容和民主的西
班牙为最高理想。他们心中的国家应该具有先进的法制和发达的教
育。自由派资产阶级和知识分子很乐于进行改革，他们寄希望于通
过社会民主化和议会道路以及适当的经济措施来推动国家的革故鼎
新，以实现自己的政治抱负。

随着政党的轮番上台和现有政权体制遇到了困难，改革者得
到了更多人的呼应，吸收了很多支持卡诺瓦斯君主制主张的人加入
其中。

一个真正意义上的知识分子阶级，应该以为西班牙自由主
义赋予意识形态的一致性和道德力量为己任。他们是阿萨尼亚斯
（Azañas）、奥尔特加-加塞特、费尔南多·德洛斯里奥斯（Fernando
de los Ríos）、帕布罗·德·阿兹卡拉特（Pablo de Azcárate）和阿梅里
科·卡斯特罗（Américo Castro）。这些人在1913年召集了一个政治教
育联盟（Liga de Educación Política）。当对君主制抱有幻想的人越来
越少之时，虽然改革党一直只是少数开明人士的俱乐部，很少吸纳
其他人，但正在崛起成为国家的批判意识。作为一个政治派别，改
良派当中的很多人成为1931年各个共和派团体的领导者。但在此之
前的1923年，政变当天，在众议院议长梅尔基亚德斯·阿尔瓦雷斯
（Melquíades Álvarez）的见证之下，普里莫·德·里维拉从国王手里获
得了宪法授权。

从特定的政治角度来看，共和主义是王朝复辟最危险的敌人；
从社会的角度来看，工人运动则最具有破坏性。在1868年革命之后，
西班牙工人发现团结起来建立组织是最有力的武器，足以击败资产

阶级的利己主义。第一国际（la Primera Internacional）依靠宪法规定的结社权的保护，获得了相当多的追随者。这些人受制于卡诺瓦斯的压迫，不得不采取秘密行动，直到1887年颁布结社法，他们才转为地上活动。由于这种持不同政见的经历，印刷工人巴勃罗·伊格莱西亚斯和第一国际当中信仰马克思主义的同仁共同建立了西班牙工人社会党。

西班牙工人社会党的历史可以追溯到1879年5月2日的马德里会议。尽管其意识形态与其创始人的主张保持了一致，但西班牙工人社会党是一个改革性的政党，与欧洲的同类型政党颇为类似，他们更倾向于改变自由主义的社会而不是推翻它。然而，多年以来，西班牙工人社会党一直保持着政治孤立和对其他政党的敌意，因此很多人给其打上了激进主义的烙印，这使其无法与右翼政党达成任何妥协。早期的社会主义者主要是通过1888年底在巴塞罗那成立的劳动者总工会（Unión General de Trabajadores，UGT），将政治活动与工会活动结合起来。为了改善工人的生活条件，他们支持各种罢工，并在马德里、比斯开和阿斯图里亚斯建立了一些分支机构。1895年，矿业工人领袖法昆多·佩雷萨古阿（Facundo Perezagua）当选毕尔巴鄂市议会议员，成为西班牙大城市当中的第一位社会主义者议员。

然而，直到1910年，社会主义者在西班牙民主运动中都处于边缘化的地位。随着共和派与社会主义者之间建立同盟，社会主义者的孤立主义政策才有了变化。面对保守派在悲惨周的倒行逆施，两者建立这个同盟是为了赢得选举。最后，有一位西班牙工人社会党的议员巴勃罗·伊格莱西亚斯进入了众议院，他也是马德里议会议员。

　　与共和派人士的接触有助于软化社会主义者的激进立场，使他们能够在大学当中生根发芽，并能吸收更具有广泛代表性的社会人士加入其中。最重要的是，此举增加了党员的数量，在十年内，其党员数量达到了4.2万人。

　　在不放弃无产阶级革命立场的前提下，西班牙工人社会党逐渐吸收更多的知识分子加入，如新学校（Escuela Nueva）的组织者努涅斯·德·阿莱纳斯（Núñez de Arenas）、哲学家贝斯泰罗（Besteiro）、作家路易斯·阿拉吉斯泰因（Luis Araquistáin）等。与此同时，它逐渐转变为一个代表更广泛群众的党派。尽管西班牙在第一次世界大战保持了中立，但是这次大战还是使西班牙因为对世界市场出口的数量增加和出口价格的提高而获益颇丰，从而更有助于西班牙工人社会党实现吸收更多党员的目标。经济的繁荣到1917年便戛然而止了。由于通货膨胀，工人阶级的生活负担日益加重，不满情绪也与日俱增。为了应对危机，受害者们聚集在各种团体当中，工人们敲响了社会主义和无政府主义工会的大门。

　　然而，西班牙工人社会党与欧洲同类型政党具有相同的社会民主和反布尔什维克倾向及其所持的温和立场，势必与在1921年春天诞生的共产党（Partido Comunista）产生严重分歧。西班牙工人社会党的青年组织（las Juventudes）首先打破了僵局，宣布支持加入第三国际（La Tercera Internacional），同时也支持效仿苏联的模式。加西亚·盖西多（García Quejido）、阿塞维多（Acevedo）、努涅斯·德·阿莱纳斯等知名人士很快就加入了他们的行列。然而，与诞生于战火之中的意大利共产党以及法国共产党的高度战斗性相比，他们的弱点更加引人注目。只有无产阶级的巴斯克似乎更支持共产主义，而在整个西班牙，革命的主要重点仍然是"非政治"和无政府主义的工会运动。

无政府主义运动总是与社会主义运动争夺工人的支持，继承了西班牙个人主义的强烈传统，并使之为革命理想服务。作为一种长期现象，无政府主义的乌托邦幻想纵贯西班牙的历史，没有一个欧洲国家像西班牙这样对其如此着迷。在安达卢西亚的乡村以及加泰罗尼亚、萨拉戈萨和巴伦西亚所构成的三角地带，无政府主义的乌托邦幻想变得愈加强烈。一连串的恐怖事件如巴塞罗那体育馆爆炸以及卡诺瓦斯·德卡斯蒂略（Cánovas Castillo）被杀，使得无政府主义者在19世纪的最后十年大受欢迎。他们拒绝各种形式的权威，支持个人主义的革命倡议，使得他们在西班牙赢得支持。但在世界其他地方，无政府主义正在逐渐被否定。

随着工会主义学说的注入，西班牙的无政府主义进入了一个更有组织的阶段。在这个阶段，总罢工就像一个具有超人力量的神话一样熠熠生辉，能够激发工人的热情并使他们战胜资产阶级。加泰罗尼亚的一个组织——工人团结工会（Solidaridad Obrera）代表了新的发展趋势，最终在1911年成立了全国劳工联合会（Confederacion National del Trabajo，CNT）。安达卢西亚的农民花了很长时间才把工会主义和无政府主义杂糅在一起，但到了1913年，他们已经在这条道路上创建了不同的自由主义组织。在短短几年内，西班牙全国劳工联合会成为最大的工会，远远超过了劳动者总工会。1919年，西班牙全国劳工联合会有71.5万名成员，而到了第二共和国时期，这个数字达到了80万。

发生在"加拿大人"（La Canadiense）—— 一家垄断加泰罗尼亚水电生产外资企业的大罢工代表了工会运动的鼎盛时期。这是西班牙全国劳工联合会的黄金时代，他们设法让巴塞罗那陷入了黑暗，迫使工厂关门并让许多工人走上街头。1919年底，在加泰罗尼亚政府和政治家的支持下，一些工厂主决定关闭企业并解雇数千名工人，恐怖的镇压手段使得工会斗争在加泰罗尼亚转入地下。无政府主义者的枪手与加泰罗尼亚工厂主的枪手发生冲突，而官方则依照《逃跑即处决法》（Ley de fugas）采取了暴力手段，逐渐消灭了工会斗争。这也是内战爆发的导火索之一。萨拉戈萨和毕尔巴鄂很快加入了暴力的浪潮，首相爱德华多·达托于1921年被暗杀，这是无政府主义者的杰作。主张给予加泰罗尼亚一定自治权的西班牙首相——自由党人何塞·卡纳莱哈斯在1912年也是被他们所暗杀。

与此同时，在1918年至1921年的三年期间，在布尔什维克革命的鼓励和土地分配的压力之下，农民所发动的暴乱震动了安达卢西亚和埃斯特雷马杜拉。随着罢工的不断升级，各个无政府主义的组织获得了更大的力量，使许多村庄陷入了瘫痪。政府却对此无能为力，只能通过宣布进入"战争状态"作出回应。一项特别法令在1919年颁布，要求严厉惩罚焚烧农作物的行为，但是这并没有平息西班牙农村的大火，它是由长期渴望土地革命的无政府主义神秘组织点燃的。

反对西班牙

在19世纪末，王朝复辟期间所采取的种种政策引发了强烈的不满情绪，加上人民对生活和食物的期望与日俱增，加泰罗尼亚、巴斯克和加利西亚的民族主义运动开始蓬勃发展。这三个区域的民族主义运动几乎同时诞生，都幻想着恢复本区域的高光时刻——中世纪辉煌的加泰罗尼亚、拥有特权的巴斯克王国和完全平等的凯尔特社会。他们认为高度集权是西班牙弊病的原因，只要推行各自的"国家"计划，未来就能进步和获得福祉。他们认为马德里的政治家是腐败的，而心系本地的各地区政治家并非如此。在整个20世纪，区域主义变得更加倾向于争取权利和民族主义化，其战略目标是建立各种自治性法规。尽管有起源、神话等方面的一致性，但这三个区域的民族主义运动发展方向完全不同：加泰罗尼亚民族主义运动使中产阶级着迷，他们希望民族主义运动能够为本地资产阶级的经济目标服务；巴斯克民族主义运动在巴斯克地区居民的集体意识中造成了深刻的分裂；加利西亚民族主义运动只不过是城市居民和知识分子当中的一个潮流。

自从在知识分子和资产阶级的努力之下，加泰罗尼亚语从一种民间语言变为了文雅的语言之后，越来越多的人开始有了建立一个"不同的"加泰罗尼亚语的想法。在浪漫主义的亢奋中，语言成为民族历史的崇高表现和思想的塑造器官。受到穆绅贝达格尔（Verdaguer）爱国抒情诗的影响，许多加泰罗尼亚人学会了回顾他们过去的荣耀，阿拉贡王国的光辉历史照亮了他们的心田。工业家们，渴望将他们的布料销往整个西班牙，因此多年以来，他们一直在为实施保护性关税措施而与中央政府作斗争，并逐渐表现出一种受害者的情感：官僚的马德里以牺牲巴塞罗那的努力为代价而发家致富，但又不能提供工业发展所急需的社会稳定。

在加泰罗尼亚的内陆，人们也能感受到一种独特的氛围。在这种氛围之中，卡洛斯派让他们的农民支持者获得自治权，以使其与马德里的自由派进行斗争。恰恰相反的是，皮－马加尔的联邦主义者以及社会上的无政府主义者对加泰罗尼亚的分离倾向立场强硬，并吓坏了资产阶级。其门徒瓦伦提·阿尔米拉尔（Valentí Almirall）则更为温和，他很快意识到没有中产阶级和农民，加泰罗尼亚人的诉求几乎不会成功。

对于加泰罗尼亚来说，最好的选择是建立一个区域性的君主国，并尊重当地的法律和文化，推动工业的发展。传统主义也同样对捍卫加泰罗尼亚的独特性发挥了作用，这种传统主义利用了托拉斯·伊·贝格斯主教所建立的乡村农场，还利用了该地区发行量最大的报纸《巴塞罗那日报》（*Diario de Barcelona*）编辑玛涅·伊·弗拉盖尔（Mañé i Flaquer）所秉持的资产阶级保守主义立场。加泰罗尼亚的传统价值观，也适用于工业的巴塞罗那。这是建立加泰罗尼亚自治的基础，始终把教会作为对这种遗产进行良好管理的保证。

从1892年开始，政治上的加泰罗尼亚主义者在曼雷萨的基地酝酿了一个计划，要求推动巴塞罗那的资产阶级运动，直到普里莫·德·里维拉建立独裁统治，才使其偃旗息鼓。在1901年之后，他们还建立了一个政党，即地方主义同盟（Lliga Regionalista）。这是一个保守但支持工业化的组织，要求恢复加泰罗尼亚过去所拥有却被波旁王朝剥夺的法律和财政特权。

在1898年灾难的影响之下，许多工业家向加泰罗尼亚独立主义者倾诉他们对王朝复辟政府的愤怒：卡斯蒂利亚的国家，既无能又过时，任由别人抢夺对加泰罗尼亚有益的殖民地市场。弗朗塞斯克·马西亚（Francesc Maciá）于1921年开始推动加泰罗尼亚独立主义。他受到左翼民族主义的启发，批评弗朗西斯科·康博（Francesc Cambó）与马德里政府的不光彩交易，并认为加泰罗尼亚应该争取成为一个独立的共和国。随着君主制的垮台，加泰罗尼亚左翼共和党（Esquerra Republicana）在内战前一直主导加泰罗尼亚的政治。

巴斯克民族主义的兴起与19世纪最后几十年比斯开迅速发展的

工业化有关。由于卡洛斯战争所带来的无情创伤，这片旧日专注于农牧业的土地告别了旧秩序，很久就转入了快速的现代化。这个扛起工业化重担的社会，仍然保持着半中世纪式的信仰和习惯，加上法律特权的废除和外来移民强行进入该地区，导致了一种直接和令人担忧的民族和种族隔阂。萨比诺·阿拉纳是毕尔巴鄂中产阶级的一员，也是卡洛斯派的支持者。他凭借自身特权，通过文化和政治手段，整合了巴斯克的民族主义思想。然而，他所做的一切，除了引发巴斯克民族的冲动之外，都是纯粹的时代错误。在制定关于巴斯克人的宗教、民族、种族、语言、传统习俗等方面概念的民族主义准则时，萨比诺·阿拉纳在时间隧道中退缩了，面对一个工业高度发展且与过去已经完全不同的社会，他选择了充耳不闻，任由巴斯克文化的浪漫理想信马由缰。因此，巴斯克民族主义的兴起是由于随着工业化的兴起和移民的迁入，让巴斯克人觉得自己在国家的各个方面都被边缘化。萨比诺（Sabino）的政治理论在历史和文化方面都是违背常理的，但是为了保护和恢复这些谬论所提到的内容，他主张巴斯克从所谓的侵略者——西班牙和法国分裂出来。阿拉纳（Arana）激进的种族主义及其所谓的疯狂迫害都没有历史根据，两者都嵌入了带有受害者心态的民族意识之中，因此西班牙的其他民族主义都无法与巴斯克的民族主义相提并论，因为他们对西班牙这个词和概念是一种深入骨髓的抗拒。

但巴斯克地区不仅由血液和土地组成，上帝也是巴斯克民族的重要组成部分。巴斯克人的民族和宗教救赎、完全的重新基督教化以及天主教在巴斯克地区的最终胜利，通过推行阿拉纳的民族解放计划得以实现。因此，把阿拉纳塑造成民族主义者的做法，使其深深根植于一种危险的宗教激进主义之中，并将他完全投入反动派的阵营。

　　政治独立主张从萨比诺·阿拉纳的思想当中获得了足够的力量，并创造了一个完整的爱国和民族象征。在其理论体系以及建立政党的愿望当中，存在一个完全不同的世界：将巴斯克人的国家命名为"Euskadi"（巴斯克语：巴斯克）；西班牙解放党（La Junta Española de Liberación，JEL）的座右铭，即上帝和旧法律，象征着维护天主教和乡村特权的斗争。在巴斯克的旗帜上集齐了人民、法律和宗教的代表，甚至连国歌，现在都是巴斯克自治区的官方歌曲。巴斯克民族主义党已经将某种形式的自治要求转变为巴斯克地区社会生活的中心。

　　民族主义首先出现在中产阶级——雇员、小资产阶级、富裕农民之中，他们对工业化所带来的变化感到恐惧，并且也羡慕大资产阶级的胜利。位于毕尔巴鄂和其他巴斯克城市的中产阶级已经看到了财富不断涌现，他们甚至都来不及将其抓在手中，但是与此同时，随着旧秩序的瓦解，他们的权力也在不断缩小。他们被"社会主义革命的幽灵"吓坏了，紧紧抓住了阿拉纳怀旧式的"复兴"主张，并支持能够提高其社会和文化声望的学说，他们自认为是国家的主人，并认为自己的挫败感是由"外国"掠夺所造成的。

　　企业家拉蒙·德·拉索塔（Ramón de la Sota）打破了阿拉纳所在党派依靠中产阶级的传统，摆脱了其同胞的农村乡土气息，投身于工业化。随着工业、航运和金融利益与巴斯克主义者在民族和文化方面争取权利的斗争结合在一起，民族主义日益强烈，进入了比斯开公民生活的各个方面，但没有达到康博领导的加泰罗尼亚人所主张的对于中央集权主义的现实态度。在实践中，巴斯克人所提出的新自治内容与以前的独立选择完全不一样，使得萨比诺·阿拉纳所设计的学说显得更加灵活和具有包容性。

多年以来，民族主义的两个潮流共存，并延续至今。在所谓的历史、种族或语言独特性的背景之下，独立主义或自治主义成为民族主义付诸实践的具体表现，这两者对于阿拉纳所要求的"恢复权力"具有不同的解释，或者认为其仅仅是政治机会主义。然而，这种二元性从未超越政治实践的界限，因为在情感方面甚至在最高原则方面，民族主义总是一样的，是一种渴望最高权力的主义。

到第一次世界大战期间，巴斯克民族主义已经在比斯开全面传播，在吉普斯夸却几乎不为人知。在阿拉瓦，到胡安·卡洛斯一世（Juan Carlos Ⅰ）登基之时，民族主义才获得某种程度的成功，在纳瓦拉，其从未有过重要表现。直到近些年，巴斯克民族主义才引起了国家的关注。在20世纪的前30多年，国家的注意力几乎完全集中在加泰罗尼亚的民族主义运动上。

第一个独裁统治

1923年9月，加泰罗尼亚军区司令米格尔·普里莫·里维拉（Miguel Primo de Rivera）经过白手套式的政变，并在与国王沟通之后开始掌权。面对越来越冷酷无情并且毫不支持自由主义的军队，几乎没有人提出抗议。事实上，其兵不血刃就取得成功的大部分原因是西班牙人民对国家的漠不关心和加泰罗尼亚资产阶级的合作态度。大多数社会力量和政治力量在经历了十年的狂热活动之后，虽然斗争激烈，但是成就却不多，他们的实力日渐衰落，不得不被动地接受了政变的发生。有一些组织，如西班牙全国劳工联合会，可能会反对政变。里维拉所采取的第一批措施是完全违宪的：他赋予自己广泛的权力，其中包括颁布法令进行统治的权力，还暂停公民权利并宣布进入"战争状态"。他将各省政府置于军人管辖之下，把政党从公共生活中移除出去，并解散了议会。通过这些措施，军事领导人员建立了一个特殊的制度结构，这是一个实现了"救赎"的独裁政权，对于这个政权来说，维持秩序和维护劳工的稳定是国家的第一个目标。

以前的不稳定局面并没有完全消失，但是在1923年至1930年的情况却截然不同，一方面，独裁政权保持高压态势；另一方面，"遵守秩序"的工人政党（如工人社会党等）继续保持了之前面对无政府主义时的优势，开启了一个社会和平时期。在这个时期，袭击、革命性的罢工和大部分劳资纠纷几乎完全消失了。在1920年至1921年，有超过24万人参加了罢工，而到了1926年，这一数字下降到不到2万人；1923年，政治性和社会性的袭击事件超过了800件，但在政变之后减少到了最低限度。

由于普里莫·德·里维拉实现和平的强大意志，甚至连军方的战争热情也受到了抑制，并在非洲的战争结束之时实现了"非军事化"：由于西班牙和法国建立了军事合作关系，西班牙军队在阿卢塞马斯（Alhucemas）登陆，平息了卡比尔部族的叛乱。从某种程度上来说，相当多的西班牙人相信，模仿法西斯模式的专制政权使西班牙实现了稳定。当里维拉从罗马回来之后，西班牙人幽默地称他为墨索里尼二世（Mussolini II）——普里莫·德·里维拉。普里莫·德·里维拉对一些紧急情况如摩洛哥问题及公共秩序等的解决，证明了其独裁统治具有解决问题的能力。然而，他在构建政权之时却失败了：公民政府、社团主义、宪法草案都变得一团糟。通过将所有国家力量团结在一个共同的计划之中，里维拉试图永久性地消灭政党制度、区域主义和阶级斗争，但是这个目标同样遭受了严重的挫折。

从对各商会会长的解雇到对乌纳穆诺的流放，普里莫·德·里维拉尽一切努力独自领导一个在社会和政治方面都动荡不堪的国家，但是国家不会原谅他对一些时期的态度。这位将军非常健谈，举止有点粗俗，有时会模仿纯正的西班牙语言。他最大的失败在于不能按照意大利模式"建立"一个实验室式的政党。1924年，他创立了爱国联盟（Unión Patriótica），这是一个意识形态的产物，其存在时间和思想深度都十分不足。所有人都排斥这个组织，只有机会主义者和野心家才会对其进行奉承，政治计划比这位独裁者消失得更早。

普里莫下令成立一个更加具有开放性的全国协商代表大会，以填补爱国联盟留下的政治真空，但是这个想法没有实现，因为受到普埃托支持共和派态度影响的社会主义者拒绝合作。

但是，通过与独裁统治的对抗，知识分子、大学生、无神论者和学生为一个被威权主义和强权所困扰的国家树立了希望。没有人像乌纳穆诺一样代表着这种坚定和崇高的立场，这是笔与剑之间不可调和的斗争。1924年冬天，萨拉曼卡大学的校长被强行驱逐到富埃特文图拉（Fuerteventura），与此同时，作为独裁统治的最大敌人之一——马德里文化协会（Ateneo）被关闭了。乌纳穆诺会说"我要淹死了，我要淹死在这个水沟里了，我从心底深处为西班牙感到疼痛"，他以此来描述政府专制主义对自己的影响，他的反对意见得到了广泛的支持。马塞利诺·多明戈（Marcelino Domingo）、路易斯·希梅内斯·德·阿苏瓦（Luis Jiménez de Asúa）、马拉农（Marrañón）、奥尔特加–加塞特、路易斯·德·祖鲁埃塔（Luis de Zulueta）、费尔南多·德洛斯里奥斯等构成一堵不可逾越的自由主义高墙，并具有意想不到的政治后果，里维拉的狂妄自大始终无法通过这堵高墙。

　　另一方面，普里莫·德·里维拉掌权时期的经济成绩却要好得多。由于实施了严格的社会控制以及在劳资关系方面执行铁一般的约束纪律，西班牙在经济领域取得了大幅的进步，这使企业家成为独裁统治的忠实捍卫者。经济经历了七年的高速发展时期，其中一个重要原因是在非洲实现了和平，结束了自1909年以来需要耗费大量开支的军事行动。在此之后，通过一项公共工程计划——建造5000公里的公路以及9000公里的城市道路。这是西班牙历史上第一次大规模修筑道路，直到20世纪50年代，这个计划都没有被超越。这项计划虽然只是短期的刺激因素，却对钢铁和水泥产业的发展具有决定性作用。此外，在农村推行电气化以及河流流域协会（Confederaciones Hidrográficas）的建立使水资源的使用更加合理。由于国家成为商品和服务的最大需求者，中小企业也能从这种繁荣中获利。

　　面对企业界所施加的压力，政府决定推行基础设施计划。当西班牙信贷银行总裁科尔第那侯爵（marqués de Cortina）不再需要流亡之时，银行业就向国家工业联合会（Federación de Las Industrias Nacionales）发出呼吁，要求国家采取行动。五大银行——桑坦德银行、西班牙信贷银行、毕尔巴鄂银行、比斯开银行和乌尔基霍银行，提议通过刺激国家需求和向陷入困境的公司提供财政援助来克服战后的行业危机。社会主义者支持公共工程计划。这项计划通过借贷推行特别预算政策以提供资金，银行在提供贷款方面发挥了重要作用。

　　这些年的所有经济指标都反映出前所未有的经济和生产繁荣。钢铁工业在1929年取得了历史上最好的成绩；西班牙钢铁产量首次超过100万吨。此外，矿石开采也达到了顶峰，水泥和纸张的产量也翻了一番。随着杜罗河瀑布（Saltos del Duero）水电综合体工程的开工建设，西班牙的电力行业也取得了不错的业绩。在佛朗哥时代，由于其规模和生产能力，这个水电站被称为伊比利亚半岛最大的水电站，拥有比拉力尼奥（Vilariño）、阿尔德亚达维拉（Aldeadávila）、里科瓦约（Ricobayo）、萨乌塞耶斯（Saucelles）等水库。这些水库也是欧洲较早的水库。

这些年也是外国资本大量进入西班牙的年份，它们主要集中在最前沿的产业：电话、电气设备、食品、化学品和橡胶。

工业生产指数显示出工业取得了显著的发展绩效；在这八年期间，年均增长率为5.52%，这也可以说明第二产业的增长状况。与此同时，工业越来越多地吸收了农村的剩余劳动力；从1920年到1930年，工业工人所占比例从21.94%上升到26.51%，而农业工人所占比例从57%下降到45.51%。

在这段独裁统治结束之时，西班牙人口已经超过2350万。其中最突出的是安达卢西亚的人口，其中近五分之一是"新"卡斯蒂利亚人和加泰罗尼亚人。城市化不再是一种纯粹的资产阶级现象，而是已经受到第一批工业集聚的影响，但这也给城市的扩大带来了黑暗和令人沮丧的一面。随着社会关系的日趋缓和，西班牙逐步推广更有尊严工人住房的建设，并且出现了所谓的"廉价房屋"运动。与资产阶级对居住地的要求相比，整个工人社区的设计确实是相形见绌。但对于从农业省份来到工业城市和马德里的移民来说，这样房屋的数量也远远不能够满足居住要求。对于其中许多人来说，住在城市意味着在他们传统的习俗和信仰当中发生一场深刻的革命；在某些情况下，他们不得不在几天或几周内，适应工业文明的日常节奏，用他们无法理解的一个新生活模式取代原有的习惯。分组管理和共同生活能够促进工业生产和现代装配厂的工作，也有助于工人的团结和政治意识的觉醒。因此，随着工人居住地的增加，对社会的不满产生了倍增效应。

帆船和马车的徐徐漫步被火车、有轨电车和蒸汽机的风驰电掣取代了；汽车很快就开始成为这种工作和消费变化的象征。西班牙全面建设道路交通，通过"汽车线路"将农村与城市联系起来，并在时尚和音乐品味中传播了城市文明。从20世纪20年代开始，有电力的地方，就有无线电。国家鼓励建立广播电台。在内战开始时，除了伊比利亚美洲短波服务之外，全国共有68个广播电台。西班牙首次在世界上从战争前线播放有关战斗的新闻，并拥有用来加强交战方战斗力的广播公司。

> 请听！塞维利亚广播电台。
> 奎波·德利亚诺在狺狺狂吠，
> 在哼哼地吼叫，在嗷嗷地嘶吼，
> 像驴一样趴在地上啊呃号叫。
> 塞维利亚电台！先生们，
> 这里是西班牙的救世主。
> ——拉法埃尔·阿尔维蒂，《塞维利亚广播电台》（*Radio Sevilla*）

在这个城市快速发展的时期，国家坚决满足西班牙人的需求：一些新的社会政策概念，如"公共卫生""公共教育""社会性住房"和"公共秩序"，是政治家和市政当局负责人所要关注的问题。随着市政管理和国家干预的重要性日益增加，正在制定一种财政理念，以筹集必要的资金来解决城市建设过程中产生的问题。在欧洲，国家的强势崛起并不是一件新鲜事，但在西班牙，真正的中央权力才开始形成，干预主义威胁着私营部门，最终摧毁了19世纪中叶的自由主义理想和宽容的"放手"政策。

在私营企业领域，特别是钢铁和银行业领域，逐渐出现了垄断的倾向。这种倾向是政府领导人希望建立国家资本主义的一个例子。独裁统治所奉行的干预主义是为了建立国有企业，以便将经济繁荣时期所产生的利益纳入国库。因此，何塞·卡尔沃·索特洛（José Calvo Sotelo）执政期间，推行了一项对石油及其衍生行业进行垄断的政策，并建立了石油专卖租赁公司（CAMPSA）。这项政策是受到自17世纪以来存在的烟草垄断政策的启发，国家也对对外银行（Banco Exterior）、抵押银行（Banco Hipotecario）、工业信贷银行（Banco de Crédito Industrial）等金融机构进行了专营。在经济发展的背景下，这个社会更讲究实用和成效，诗人被驱逐，社会理想被压抑，经济领域的各位政府领导开始成为"公共事务"的主角，变成了时尚追捧的人物。在康博（Cambó）时代之后是卡尔沃·索特洛（Calvo Sotelo）的时代；对于马丁内斯·德·拉·罗萨、何塞·德·埃切加赖等诗人来说，要在马德里的橱柜里占据一席之地，还有很长的路要走。

经济繁荣使普里莫·德·里维拉能够在没有反对的情况下顺利执政，但当资金开始枯竭，比塞塔暴跌至1898年的水平时，不满的人们开始行动了，要推翻政权。由乌纳穆诺领导的学潮和知识分子抗议，增加了社会对西班牙独裁者的厌恶，其已经无法建立"新的合法性"。其最后的功绩应该是在巴塞罗那和塞维利亚所举办的奢华国际展览。举办展览的目的是展示其作为西班牙语世界早期使徒之一的使命。里维拉于1930年初辞职，并于不久之后于巴黎去世，他的一个儿子，何塞·安东尼奥（José Antonio）利用他失败的教训来筹划新的法西斯主义。

　　贝伦格尔（Berenguer）将军掌权的半独裁统治阶段只能是一个短暂的阶段：君主制面临死亡的危险。旧的政治家活跃起来，劳资冲突日益激烈，达到了政变之前的最高水平。在没有任何仲裁机构的情况下，拒绝掌握在劳动者总工会手中的联合委员会的要求，将劳资纠纷推向了真正的死胡同。在发生独裁统治之前，自由党部长尼塞托·阿尔卡拉－萨莫拉（Niceto Alcalá Zamora）公开承认他的新共和制信仰并建立了一个政党。1930年8月，达成《圣塞瓦斯蒂安盟约》（*Pacto de San Sebastián*）之后，反君主主义的潮流达到了高潮。共和派的部队参与了推翻政府的行动，并实施了解决国家历史问题的改革，其中领土重组问题非常重要。巴斯克民族主义者并没有参与共和派的行动，之后由于社会主义者因达莱西奥·普里托（Indalecio Prieto）努力将巴斯克自治纳入未来共和国的设计之中，巴斯克人才开始逐渐被吸引。乌纳穆诺、马西亚及飞行员拉蒙·弗兰克（Ramón Franco）等从流亡地返回之后，与警察玩起了捉迷藏，而大学学生联合会（la Federación Unversitaria Estudiantil，FUE）也走上了街头。马德里的文化协会不再是一个象征，它重新打开了大门，以激发知识分子对君主制的批评。效忠共和国协会（Agrupación al Servicio de la República）选举诗人安东尼奥·马查多为主席，并与奥尔特加－加塞特、马拉农和佩雷斯·德·阿亚拉一起进入政治舞台。与1917年一样，在年轻军官的头脑中充满了革命精神。两位年轻军官——加兰（Galán）和加西亚·埃尔南德斯（García Hernández）发动了哈卡驻军起义，但是最后以失败而告终，他们也成为为共和国献身的烈士。贝伦格尔将权力交给了阿斯纳尔（Aznar）海军上将，而阿斯纳尔急于在1931年4月12日之前举行市政选举。

"伴随着黑杨树的第一把叶子"

共和派在大城市取得了选举的胜利。尽管君主制在西班牙拥有压倒性的统治地位，但投票自由是真实的，尽可能地执行了选举制度。罗马诺内斯坚信选举是全国公民投票反对君主制，因此他建议国王离开西班牙，并开始与革命委员会（Comité Revolucionario）商谈政府的移交问题。当国民警卫队（Guardia Civil）指挥官桑胡尔霍（Sanjurjo）表示他不能再保证现有政权的安全之时，阿方索十三世随即离开了西班牙。4月14日，西班牙宣布共和国成立，并建立了以尼塞托·阿尔卡拉·萨莫拉为首的临时政府，政府中包含了各共和党派的代表，工人社会党也参与其中。

在接下来的两周之内，全国满是激昂、不安和怀疑的氛围。国王在国外建议他的支持者接受这些变化，无政府主义者意识到他们的机会到了，尽管他们认为第二共和国是资产阶级性质的，但是他们选择接受第二共和国。等级森严而又小心谨慎的教会，要求与新政府打交道时保持谨慎和尊重的态度。尽管西班牙天主教具有强烈的反自由主义传统，但许多信徒在第二共和国成立时认为，对于一个承诺结束君主制政治滥权和腐败的政权，可以投信任票。所有西班牙人似乎都接受了需要改变的想法。但是怎么变？共和国会立即作出了回应。根据世俗传统，100多座教堂建筑在反教权主义的怒火之中被焚烧，反教权主义者认为西班牙的真正问题在于教会的权力过大。然而，那些无人负责的匿名大火对共和国所造成的伤害要比对牧师造成的伤害更大。

独裁统治时期没有改革，共和派是非常想要创新的，但他们的执政非常艰难。人们希望新政权埋葬复辟时期由地方政治巨头操控的旧西班牙，也希望通过土地改革的杠杆作用和工人运动的主导作用，推动真正的社会变革；希望对无所不在的教会进行纠正；希望对武装部队进行调整，这样既可以削减军官过多所带来的负担，又可以消灭"军国主义的幽灵"；还希望推动公民的文化和教育工作，以实现真正的民主公式；最后是希望对西班牙的区域自治作出政治回应。

在共和派和工人社会党的努力和推动下，政府打算改变西班牙的历史进程，将其转变为一个现代、世俗和民主的国家。"通过理性来纠正传统"这句话就像是曼努埃尔·阿萨尼亚（Manuel Azaña）政治思想的纲要。曼努埃尔·阿萨尼亚是一位资产阶级知识分子，在其担任政府首脑之后，向整个内阁都灌输了共和主义精神。在担任了共和国总统之后，他的声望在失败主义和对三年内战的恐惧中完全消失。他和他的追随者都害怕革命工人阶级，并且在战争的最初几个月里，他们还未从对无产阶级血腥暴行的恐惧之中恢复过来。

共和国既没有发明反教权主义，也没有发明宗教问题，却不得不面对它们。在法国模式的启发下，西班牙颁布新的立法，要求解散那些被认为对国家构成威胁的宗教团体，还要求终结给予神职人员的预算资金，所有这些措施都是在国家与教会分离的大背景下进行的。西班牙宣布信仰自由，国家没有官方宗教。当世俗主义者和天主教徒的激进"忏悔主义"威胁到共和国的生活时，庙堂和市井的意见分裂了。从政府延伸出来的反教权主义促成了1932年法令的颁布，这项法令宣布解散耶稣会，而第二年颁布的《宗教会众法》（*Ley de Congregaciones*）则限制了对天主教的崇拜，建立了对教会财产的世俗化规范，并从学校当中驱逐了教士。

政府相信通过良好的教育体系可以克服西班牙的落后，阿萨尼亚政府将落后归咎于宗教式的教育方法和教师，开始用进步的教育方法和教师取而代之。世俗人士和宗教以教育政策作为斗争平台，阿萨尼亚政府计划对教育进行大规模的国家化，以清除教会的流毒。尽管共和国政府雄心勃勃，但其没有充足的时间和金钱来消除教会对教育的垄断。矛盾的是，30年后，正是圣十字主教团与主业会（Opus Dei）的技术官僚所推动的经济发展，教会对教育的垄断崩溃了。

在努力扭转教育局面的同时，共和国面临着改革军队的艰巨任务，因为军队总是被怀疑支持君主制。初登舞台的新政治阶层认为军方存在侵犯行为，并在社会和意识形态上将其边缘化，企图削弱其力量。为了减少庞大的军事领导层，阿萨尼亚为军官们提供了退休和退伍的选择，并承诺他们可以获得全额工资。许多人选择了这种有利的机会，这大大减少了军官人数，但未能使军队共和化。政府还采取了其他措施，以减少军事管辖权的范围，并使平民受益，因此阿萨尼亚被指控试图分裂军队。国民警卫队因为其武装力量而使人感到害怕，人民对其没有任何同情心，因为人民经常看到其近距离射杀示威的农民和罢工者。然而，共和国不敢挑战其权利，也不敢解散它。面对国民警卫队，共和国更愿意建立一支经过精心挑选而又忠诚的力量，也就是突击队（Guardia de Asalto）。

对于摇摆不定的军队，改革只能粉饰其在复辟期间的罪恶。共和国几乎没有为有效的战斗作好准备，但是军队发现阿萨尼亚是使其声名狼藉的根源。鉴于其政府外交政策的无效，阿萨尼亚认为建立一支强大军队的想法是荒谬的。因此，共和国支持国际社会，但避免承担所有国际承诺。在等待更美好时光的同时，"来自非洲"的军队是唯一一支战斗部队，他们心怀不满地忍受着共和国的种种做法。这些军官自认为是国家的救世主，满怀古老的军事自豪感，等待着其"历史宿命"中重新回到西班牙的适当时机。

在共和党掌权的最初两年，工人社会党领袖弗朗西斯科·拉尔戈·卡瓦列罗（Francisco Largo Caballero）实施了新劳动政策，引发了雇主的不满，也燃起了工人改善自身状况的希望。最重要和最有争议的劳工事务干预工具是工人和雇主共同组成的"混合陪审团"，他们在劳工事务中拥有广泛的权力。由于劳动者总工会完全支持政府，劳动领域长期冲突的水平开始下降，因为劳动者总工会希望实现对雇主的谅解并巩固自己对话者的地位，反对无政府主义者的激进主义。然而，阿萨尼亚执政的两年期间，最紧迫的社会问题是"土地改革"问题。在埃斯特雷马杜拉和安达卢西亚旧贵族所留下的广阔土地上，成千上万的短工从事着季节性的劳动，薪酬极低，生活条件也十分恶劣。

许多人都希望，共和国能够一劳永逸地解决西班牙农村长期存在的问题，更加公平地分配土地并提高土地的生产率。为此，通过一项征用农场并将其分配给无地农民的法律至关重要。由于桑胡尔霍所发动的右翼军人叛乱失败，曼努埃尔·阿萨尼亚得以推进《土地改革基本法》（Ley de Bases de la Reforma Agraria）。这项法律仅适用于14个省。该法律授权根据一个相当复杂的体系下对土地进行补偿性征用，并在理论上提供集体和个人两种土地耕作形式。由于官僚系统效率低下，征地成本过高和预算资金不足，几乎连为1.2万名农民提供土地都无法办到。

这种短暂的冒险做法雷声大雨点小。到了亚历山德罗·勒鲁执政时期，政府不再采用激进的做法，这种土地征用和分配也就偃旗息鼓了。土地寡头集团的利益与金融精英的恐惧结合在了一起，导致了一个特殊银行的诞生，以管理农业信贷。由于存在政治分歧和社会冲突，改革机构也受到严重限制，而国民警卫队与农民也总是龃龉不断，变革的梦想被破坏了。之后，共和国也陷入了失望农民的围困之中，他们准备发动起义。

作为直接行动和社会革命的支持者，无政府主义工会明白，他们无法通过支持一个合法的资产阶级共和国来实现自己的愿望，因此他们屡次发动革命性的罢工。在加泰罗尼亚，他们主张自由主义式的共产主义，但在没有发生流血事件的情况下，他们的行动就被军队控制住了。在安达卢西亚的卡萨斯维耶哈斯（Casas Viejas），却发生了流血事件。全国劳工联合会的枪手袭击了国民警卫队的军营，并使突击队出手进行干预。突击队在冷酷地杀死了十几名农民后，成功地粉碎了起义。这场悲剧引发了公众舆论的震惊，并因为阿萨尼亚的一些言论而愈演愈烈，而右翼分子则将错误归咎于所发生的事情本身，并试图在议会中推翻对其的定性。而无产阶级左派却与共和国渐行渐远，因为这个共和国在宪法上被定义为"归各阶级劳动者所有"，但其维护秩序的力量却以这种方式压制饥饿的农民。

根据1931年底通过的宪法，西班牙成为一个共和、民主、世俗和实行地方分权的国家，拥有单一议会，实施普选权，并有宪法保障法院（Tribunal de Garantías）来维护宪法的纯洁性。为了解决地区自治问题，加泰罗尼亚人开始走上了一条承认其历史本源的道路，并起草了一项法规草案，主张在加泰罗尼亚进行全民公决，该法规草案被提交给了政府。在议会代表大会上，事情并不那么容易，因为右翼和中间派的攻击激起了席卷西班牙的反对浪潮，并引发了成千上万的人反对这种"撕裂"祖国的行为。为了捍卫加泰罗尼亚的自治权，阿萨尼亚发表了他最精彩的一次演讲，并冒着危及政府存在和个人声望的风险，批准了该法规草案。1932 年 9 月，阿萨尼亚达到了其政治生涯的巅峰时期，作为政府的负责人，他建立了学校，控制了军队，并将加泰罗尼亚及其新生的自治政府与民主共和国联结在了一起。

在巴斯克地区，政治格局呈现出截然不同的特征：只有继承了萨比诺·阿拉纳巴斯克民族主义的人才对自治抱有一致性和无比的虔诚。对于工人社会党和共和派来说，只要能够巩固共和国，在法规方面的要求是一个小问题。尽管在有些时候，巴斯克右翼曾经用共和国来反对原政权，但他们甚至都不想听到"共和国"这个词。因此，法规是生而有罪的，因为其只回应了巴斯克地区一部分的自治要求。这种法规是一种防御性思维的产物，当巴斯克人看到共和国是如何烧毁教堂之后，他们便要求制定这种法规，在巴斯克的广大区域实现了对天主教和巴斯克传统的最佳保障。根据法规，巴斯克的自治注定要长期受到议会的钳制，直到拉尔戈·卡瓦列罗（Francisco Largo Caballero）政府要求巴斯克民族主义者努力保卫比斯开之时，巴斯克的自治才又在处于战火之中的西班牙复活。

1929 年的世界经济危机具有巨大的破坏力，严重改变了企业主以及资产阶级的意识形态主张。那些像西班牙一样没有赶上高速发展时期红利而只能处于发展边缘的国家，花了很长的时间才从冲击中恢复过来。较低的国际市场融入程度使其避免了第一次冲击，但没有躲过后来的冲击。在经济繁荣时期，工业国家占据主导地位并使其他国家对其产生依赖，而在萧条周期中，这种依赖性也会不可避免地加重危机的影响。西班牙与欧洲国家的经济联系主要体现在出口矿物原料和农业盈余产品，如谷物、橄榄油、酸果、香蕉、葡萄酒等，也就是"餐桌和甜点"产品。黄金和外汇的流入在很大程度上取决于欧洲的经济状况。有了外汇，西班牙才能支付进口产品的费用。经济萧条对西班牙产品的最佳客户——各国中产阶级造成了严重冲击，导致西班牙出口的急剧下降。英国作为西班牙的主要出口目的国，与其帝国和受其影响的国家抱团取暖，这对西班牙出口指数大幅下跌76点起到了决定性作用，而进口商品的下降也推迟了西班牙生产机械化的进程。

在共和派时期，政权更迭所引发的金融恐慌没有丝毫减弱，人们不得不忍受资本外逃和比塞塔贬值所带来的后果。工人的失业水平达到了前所未有的65万人。经济自由主义正在崩溃，并在资产阶级的雄心勃勃中拖累了各个方面的自由主义，而自由主义在其他领域上则无法应对共产主义的挑战。通过这种方式，很容易就传播一种"超越"了自由主义和共产主义的思想理念，而社团主义、国家社会主义和法西斯主义的解决方案，很快就会吸引资产阶级。

随着共和派–工人社会党政府的垮台，受安赫尔·埃雷拉（Ángel Herrera）理论启发的合法右派将人民行动（Acción Popular）变成了一个强大的群众运动，其具有广泛的社会背景，其目标是创造"一个伟大的基督教国家"。这些人于1933年建立了西班牙自治权利同盟（Confederación Española de Derechas Autónomas，CEDA）。这个团体由何塞·玛丽亚·希尔·罗夫莱斯（José María Gil Robles）教授一人独揽大权，而与此同时，由戈伊科切亚（Goicoechea）领导的拥护君主制的集团则建立了西班牙革新党（Renovación Española）。

右派的崛起似乎无法受到抑制，在1931年11月大选的前夕，何塞·安东尼奥·普里莫·德·里维拉（José Antonio de Rivera）建立了西班牙长枪党（Falange Española）。他反对自由主义和马克思主义，也宣称自己反对共和派，完全沉浸在暴力的西班牙民族主义之中。

与1931年相比，这次大选的弃权率更高。包括首次参与投票的女性在内的西班牙人参与了这次投票，此时正值经济危机达到顶峰之时。社会动荡、贫困、对阿萨尼亚改革主义的失望以及左派的解体，尽管相互之间没有关联，却都改变了共和国的进程。右派取得了胜利，西班牙自治权利同盟获得了115个席位，而中间派的激进党则获得了102个席位，实力也壮大了。总统阿尔卡拉·萨莫拉请勒鲁组建政府，因为他认为希尔·罗夫莱斯（Gil Robles）从未接受共和制度。随着阿萨尼亚改革的瘫痪，马德里政府抨击加泰罗尼亚议会所通过的一项旨在将定居者转变为土地所有者的法律。而马德里政府想要操控《经济协定》（Concierto Económico）的做法激怒了巴斯克人。同时，马德里政府还宣布对圣胡尔霍叛乱的主要参与者进行大赦。街头的不满情绪沦为了暴力行动：西班牙全国劳工联合会宣布在萨拉戈萨进行总罢工，并与劳动者总工会一起，发动了新的农村起义，使政府变得不安。但比街头斗争更严重的是西班牙工人社会党和劳动者总工会的领导人和成员的激进化，他们的不满情绪随着共和国的右转倾向和许多老板的报复态度而与日俱增。

纳粹主义在德国的崛起和社会主义者在奥地利的垮台使人们忧心忡忡。在西班牙自治权利同盟一些领导人所发起的支持专制和反对议会的示威之中，社会主义者感受到了类似于奥地利人所遭遇的法西斯主义威胁。因此，自1934年春天以来，西班牙工人社会党领导层决心以武力夺取政权，推翻现有共和制度，并用公开的革命政策取代现在所实行的温和政策。10月1日，西班牙自治权利同盟撤回了对桑佩尔（Samper）的支持，而希尔·罗夫莱斯要求参与政府事务，在勒鲁内阁中安插了三位部长。

西班牙工人社会党和劳动者总工会的高层不想再等待，向西班牙全国发出了革命总罢工的命令，并根据各地不同的情况，采取了不同程度的罢工方式。

马西亚是加泰罗尼亚地区自治政府的继任者，在奥林匹克体育场（Lluís Companys）宣布与中央政府决裂，并宣布在西班牙联邦共和国之内建立加泰罗尼亚国家。但巴特特（Batet）将军的部队镇压了叛乱，造成46人死亡，并暂停了加泰罗尼亚的自治权。只有阿斯图里亚斯的工人为斗争作好了准备，所有的目光都集中在那个革命的十月。各个无产阶级组织团结在工人同盟（Alianza Obrera）周围。他们袭击了国民警卫队的军营，占据了矿山，夺取了兵工厂并占领了奥维耶多。在不同的地方，起义者组成了工人公社，类似一个个乌托邦共和国，宣布实行共产主义，并建立了一个初级政府。在马德里，佛朗哥将军领导军事行动镇压了起义，而在阿斯图里亚斯，"从非洲回来的"军队血腥地镇压了工人的反抗。

西班牙历史上最广泛的革命运动偃旗息鼓了，随之而来的报复行动蔓延到整个国家。三万人被关押在监狱中，各工人党派的活动受到限制，并建立了审查制度。起义者的莽撞行为激怒了右派，政府的镇压行动也激怒了左派；左右两派的差距过大，使得双方当中的温和派完全被抛在了脑后，西班牙社会正在远离和解之路。极端右派以即将到来的马克思主义革命为幌子，抨击西班牙自治权利同盟，指责其态度过于温和，而在共和国成立时流亡在外的卡尔沃·索特洛则回到了西班牙，并接管了国家集团（Bloque Nacional）以推行极权主义计划。何塞·安东尼奥的长枪党，暴力十足但人数很少，开始得到意大利法西斯主义者的经济援助。另一方面，拉尔戈·卡瓦列罗（Largo Caballero）同情共产主义，并受到幼稚左派的指引，使劳动者总工会的工人堡垒变得更加激进，并在战争前夕恢复了自己的实力。

面对法西斯主义的日益壮大，国际共产主义改变了其战略，替代方案不再是从无产阶级专政和资产阶级民主之间二选一，而是在法西斯主义和民主之间二选一。因此，要实施的政策是建立人民阵线，这意味着面对共同敌人时，无产阶级与中产阶级结盟，社会主义者和共产主义者与反法西斯的资产阶级结盟。在西班牙，很快就可以实施这种政策，因为各种政治金钱丑闻，使得政府声名狼藉，导致了1936年2月举行选举。之前共和派和工人社会党的联盟吸取了失败和遭到反对的经验教训，建立了一个由左派和大部分进步力量组成的人民阵线（Frente Popular），在这个不可抗拒的人民阵线当中也不乏无政府主义–工团主义的代表。通过对十月政治犯和被报复者实施大赦以及恢复第一个两年期的立法，人民阵线获得了权力。

尽管阿萨尼亚有治国的美好愿望，但共和国无法恢复之前的状态，因为无产阶级的激进主义和公共秩序的恶化使其几近窒息。饥饿的农民侵入了萨拉曼卡、埃斯特雷马杜拉和安达卢西亚的土地。修道院再次被焚烧，而教会则蜷缩在圣器收藏室之中，依然胸怀终结共和国的理想。长枪党日益壮大，专注于从事街头暴力，对人民阵线构成了真正的危险。阿萨尼亚对其采取了特别严厉的行动。一名突击队中尉被打死，第二天，议会右派领导人何塞·卡尔沃·索特洛被突击队杀死。长期以来一直紧张的社会局势，使不安分的将军们相信他们的时刻来临了。

将莫拉（Mola）分配到潘普洛纳是错误的，因为他在那里获得了卡洛斯派志愿军（requeté）的支持，并成为政变的主谋；佛朗哥和戈德（Goded）也在各自的驻地伺机而动。1936年7月17日，梅利利亚（Melilla）的驻军发动叛乱并在摩洛哥宣布进入战争状态，成为西班牙最残酷战争的导火索。弗朗西斯科·佛朗哥（francisco franco）乘飞机从加那利群岛前往特图安（Teituán），并接管了"非洲"部队的指挥权。政府犹豫不决，并没有采取果断的措施镇压叛乱。莫拉所发动的这次"国家起义"，将军刀与君主主义的自命不凡、传统主义的梦想和长枪党的冲动结合在一起，犹如一把锋利的斧头，打烂了阿萨尼亚未能重建的失败共和国。

> 在步枪的押解之下
>
> 西班牙不再是西班牙，而是无边的墓穴，
>
> 是轰炸出来的巨大红色坟茔：
>
> 这正是野蛮敌人想要干的事情。
>
> 各国，大众，天下人，
>
> 如果你们不和我的人民
>
> 以及你们的人民一起，
>
> 将那些狂暴的毒牙拔尽，
>
> 大地将是一颗紧缩而又绝望的心。
>
> ——米格尔·埃尔南德斯（Miguel Hernández），
>
> 《人民的风》（*Viento del Pueblo*）

1936年至1939年的西班牙内战吸引了全世界的关注。在此之前，全世界各国人民对西班牙都毫不关心，并将西班牙视为另类，

认为其更多靠近非洲–阿拉伯文明，而不是与西欧文化有关。对于当时的西班牙人来说，经过近一个世纪完全地默默无闻之后，这场血腥的危机却使全世界都同情这个国家，这确实是戏剧性的。

在19世纪中叶和发生内战的1936年7月之间，除了证明和颂扬其在古巴失败的文章之外，在国外的报纸上从未出现过西班牙的名字。许多年后，对于这个南欧的古国来说，没有人记得其旧日的丰功伟业。这个国家很可能会划入第三世界国家的行列。在这些国家中，爆发了全面的战争，并很快就会蔓延到欧洲大陆。因此，在20世纪30年代初，西班牙内战引起了西方知识分子和政治阶层的极大关注。这场战争得到了意大利、德国、苏联等国政府的援助，并将世界舆论分为两个阵营，分别支持西班牙战场上的对立双方。为了吸引那些不愿直接参与冲突的西方民主国家，共和国在巴黎国际展览馆中展示了其最好的文化形象。西班牙馆由建筑师塞特（Sert）设计，展示了毕加索（Paccess）的《格尔尼卡》（Guernica）等作品。米罗通过《帮助西班牙》（Aidez l'Espagne）所发出的求救，没有起到任何作用，共和国还是得用西班牙银行的黄金为收到的少量援助付款。

作为一种社会和政治现象，西班牙内战的影响远远超出其严重的战争后果。吸引了世界各地的资金援助，也有许多志愿者，包括社会主义者、共产主义者、无政府主义者、自由主义者、进步人士或法西斯主义者来到西班牙参战。这场战争揭露了希特勒（Hitler）和墨索里尼（Mussolini）的扩张主义野心以及他们控制欧洲的明显企图。这场战争也成为世人对英国和法国的笑柄，这两个国家没有任何政治能力，也不敢再吹嘘对世界秩序能够进行任何控制或影响。虽然纯粹是海市蜃楼，但无政府主义者从未像无产阶级革命时期那样接近创造梦想的社会，而更像是……所有人的战争。世界各国人民通过报纸的特别报道，实时关注这场战争的进展情况，并关注军队所发起的战斗及其进步或后退情况。之后，小说、戏剧和诗歌永远记住了这场战争所带来的痛苦和毁灭。最好的作家和知识分子都支持共和派，其中不乏20世纪的一些伟大人物，如托马斯·曼（Thomas Mann）、福克纳（Faulkner）、纪德（Gide）、萨特（Sartre）、爱因斯坦（Einstein）等，操着各种语言的诗人都和共和派一起，对作家费德里科·加西亚·洛尔卡（Federico García Lorca）的死亡表达了哀悼。这位作家在叛乱初期遭到了长枪党的杀害。

> 有人看见他在步枪的押解之下，
> 沿着一条长街前行，
> 走到冷清的田野，
> 拂晓的星光微微闪烁，
> 在最初的光线里，
> 他们杀死了费德里科。
> 这些行刑队员，
> 全都闭上了眼睛。
> 他们祈祷：连上帝也不能拯救你！
> ——安东尼奥·马查多，《在格拉纳达发生的罪恶》
> （*El Crimen fue en Granada*）

　　欧洲各国政府都忙于解决国内问题和避免引起德意志帝国的敌意，无人理会西班牙共和国的可悲要求和警告。正是由于他们的绥靖政策，叛乱分子武装起来，在三年之内，把一场最初像19世纪典型政变一样的军事叛乱演变成了全面的内战。

与之前发生在西班牙的战争相比，1936年的战争在战争资源动员和所使用武器的破坏能力方面都有了质的飞跃。这是一场全面的战争。在这场战争中，首次通过毁灭性的轰炸和报复手段对平民人口实施了系统的恐怖主义。作为一场工业化战争，对经济结构造成了毁灭性的影响，破坏了道路、房屋和建筑物：25万座建筑被摧毁，许多城镇和大都市也被摧毁。这场流血事件造成近60万人丧生，在欧洲任何国家的内战史上都是前所未有的。简而言之，在之前的萧条时期过后，许多生产领域的逻辑混乱和解体意味着一场漫长的经济和社会衰退过程开始了。

在叛乱的第一周，很明显军方在没有遭遇严重抵抗的情况下，也未能接管西班牙。由于叛乱既没有完全胜利也没有完全失败，这个国家陷入了分裂。叛乱分子占领了西班牙的农村地区，即旧卡斯蒂利亚、加利西亚、纳瓦拉、阿拉贡和安达卢西亚的大部分地区，而政府则将工人组织武装起来以保卫国家的其余部分。共和国境内有1400万居民，其中1100万人生活在叛军控制区域。共和国一方拥有巴斯克、阿斯图里亚斯和萨贡托的钢铁工业，加泰罗尼亚的工业，伊比利亚半岛东南沿海地区的出口农业，利那雷斯的铅和阿尔马登的汞。而叛军一方则拥有卡斯蒂利亚的小麦、莱昂的煤炭、加利西亚的畜牧业、红廷托河（Riotinto）的黄铁矿和佐餐葡萄酒。从经济角度来看，共和国方面的实力明显更胜一筹。

只要能够控制住西班牙驻非洲的军队，军事优势就属于政府，因为政府在伊比利亚半岛拥有更多的军队和明显的海空控制权。但是，在叛乱发生之后，共和国在维护公共秩序方面手忙脚乱。这引起了政府支持者的不满，他们开始组织自己的革命。由于广泛存在的地方分裂主义所造成的恶果，共和派军队正在削弱自己，并浪费了抑制叛乱分子进军的宝贵时间。佛朗哥所统率的驻摩洛哥军队纪律严明，在德国飞机的宝贵帮助下，成功穿越笨拙的共和派海军所控制的海峡，返回了西班牙。

这是向前迈出的重要一步。这支军队的军事素质极高，他们沿着埃斯特雷马杜拉路线前进，直抵马德里的门户，而北方军队在莫拉的指挥下占领了吉普斯夸省。

从叛乱转变为全面的战争，需要社会支持和思想指导，因为仅仅是军事政变就会被视为奢侈品。7月18日的叛乱分子宣称不是为了捍卫宗教，而是为了拯救国家，因为国家正受到分离主义者和共产主义者的纠缠。但是，无论是否与教会有关，叛乱的军队都有着所谓爱国的传统。这种传统将天主教与文化期望和西班牙人的存在联系在一起。在许多情况下，政治斗争导致了信仰的斗争，为什么不将内战及其有关阶级斗争的内容和国家统一意识形态的内容转变为宗教运动呢？事实上，在历史上，将战争转变为宗教事业的例子比比皆是。然而，在那些被拱手让给叛乱分子的共和派控制地区，教士和天主教武装分子被以宗教制裁的名义，不分青红皂白地遭到了迫害。

在战争的最初几个月，当一个人被认定为教士或天主教武装分子，就会在没有任何审判的情况下被处决。虽然大屠杀后来受到限制，但在整个战争期间，有7000名神职人员、会众和天主教活动家遭到了屠杀，这是自15个世纪以前基督教被宣布为欧洲官方宗教以来，教会所遭遇的最血腥迫害。

共和国组织己方力量的速度过于缓慢，这些力量包括无产阶级群体——立场各异的无政府主义者、社会主义者、共产主义者、斯大林主义者和反斯大林主义者，还包括因自治问题而主张不同的中产阶级。在政府领导层中，拉尔戈·卡瓦列罗必须面对两难境地：进行革命还是赢得战争，以及在军事战略方面，依靠民兵还是军队。为了缓解军事压力，他下令组建西班牙共和军（Ejército Popular de la República），并对其防守马德里寄予了厚望。鉴于政府撤往巴伦西亚，在共和国最负盛名的两位将军——何塞·米亚哈（José Miaja）和维森特·罗霍（Vincente Rojo）的领导下，马德里在军事上击退了佛朗哥派的攻击企图，成为抵抗法西斯主义的国际象征。西班牙共产党领导人——"热情之花"多洛雷斯·伊巴露丽（Dolores Ibárruri）所提出的口号"不让他们通过"，成为共和国的宣传口号。

> 马德里，西班牙的心脏，
> 随着发热的脉搏跳动。
> 如果昨天他的热血已经沸腾，
> 今天热度则会更加上升，
> 马德里已经无法入睡，
> 因为如果睡着，
> 在醒来的那一天，
> 就再也看不到黎明。
> 马德里，不要忘记战争
> 也永远不要忘记直面
> 敌人眼睛，
> 向你投来的死亡狰狞。
>
> ——拉法埃尔·阿尔贝蒂，《保卫马德里》
> （*Romance de la defensa de Madrid*）

在马德里新大学城的战壕中，叛乱分子希望迅速结束冲突。正面战线陷入僵持，交战双方都希望扩大外部援助以打破僵局。其方式也众所周知，所谓的"国民军"从希特勒和墨索里尼那里接受援助，而共和国方面则在巴黎购买武器和飞机，以补充斯大林所提供援助的不足。从长远来看，外国援助是佛朗哥取得胜利的一个重要因素，这也是从战争一开始就能够使叛乱集团保持内部团结的原因。在共和派各组织没有达到分裂程度的情况下，支持叛乱的右派与军方唯一的共同之处就是对人民阵线的厌恶。将军之间存在竞争和怀疑。奎波·德亚诺（Queipo de Llano）总是按照自己的方式行事，但国民军的社团精神永远不会受到严重威胁。在传统主义者、长枪党、君主主义者和西班牙自治权利同盟武装分子之间的相互对抗中，胜利减少了分歧，而宣传团结也有利于胜利。佛朗哥派所创造或更新的许多口号有助于巩固这种不稳定的结合；其中最著名的口号是"西班牙，独一、伟大、自由的国家"，能够反映其目标。

当整合了各派力量之后，1936年10月，佛朗哥被推举为"国家元首"和叛军总司令，他用一项《统一法令》来约束各派力量，阻止了各派人提出反对意见。在国民军控制地区的欢快氛围之中，拉蒙·塞拉诺·苏涅尔（Ramón Serrano Suñer）——"总司令"的连襟，已经具有了调动长枪党和正统派联盟（Comunión Tradicionalista）的能力，并且将他们变成了新生国家与其公民支持者之间的良好纽带。因此，在1937年春天，建立了大西班牙长枪党及全国工会工团联盟（Falange Española Tradicionalista y de las Juntas de Ofensiva Nacional-Sindicalista），其被认为是一个单一政党，也是整合一个憎恶政治和工会多元化政权的渠道。

随着比斯开工业区、坎塔布里亚和阿斯图里亚斯矿山落入北方军队的手中，"国民军"逐渐取得胜利，加速了战争的进程。共和军的后勤供应仍然依赖于苏联（URSS）的间歇性运输，但是其后勤供应受到了法国政府的封锁，因为其已经签署了《不干涉协议》（Pacto de no Intervención）。到这时为止，小麦等重要食品已经出现了严重短缺，但缺口仍然在增加，导致了大面积的饥荒。没有原材料，"战时厨房"只得不断增加对替代品的消耗，而扁豆——历史悠久的"内格林医生的药丸"（Píldora de l Doctor Negrín），成为主要的食物。佛朗哥的飞机甚至用白面包轰炸了一些共和派的城市，以证明其给养充足并打击敌人的抵抗士气。

在毕尔巴鄂沦陷之后，作为战争合法化进程的结尾，西班牙主教团向全世界天主教徒发出了红衣主教戈马（Gomá）所写的一封"集体信"。在这封信中，他解释了这场战争的宗教性质。应佛朗哥的要求，他想向外国天主教知识分子否认如下内容：即这场战争是由国民军对宗教武装分子的镇压而引发的，并努力揭开这场战争的神秘面纱，正如哲学家雅克·马里坦（Jacques Maritain）写道："与异教徒相比，圣战更讨厌那些不服务的信徒。"尽管选择了支持叛军，但主教的言辞并不意味着空头支票；相反地，它揭示了教会对新国家可能产生像佛朗哥集团一样的极权主义结构深表疑虑。

令人钦佩的是，随着伊比利亚半岛其他地区逐渐沦陷，作为共和派抵抗能力和意志的一个例子，马德里抵抗到了最后。佛朗哥不急于结束战争，以便有时间驯化被征服的领土，尽管军队还在战场作战，但是自1937年5月以来一直担任共和派政府首脑的胡安·内格林（Juan Negrín）在等待出现国际事件解决冲突的同时，也希望投降。但是世界大战对他来说太晚了。1938年4月，双色旗在地中海边的卡斯特利翁升起，将共和派控制的领土分成了两部分。埃布罗河之战延长了斗争，但打开了加泰罗尼亚的大门，其失败标志着战争的结束，因为塞希斯蒙多·卡萨多（Segismundo Casado）上校对实现和平及消灭叛军失去了希望，命令马德里停止抵抗。

这里埋葬着半个西班牙

内战永远不会在签署最后战报的那一天结束；在西班牙，和平只是在佛朗哥政权胜利之后的36年里官方所称的和平。因此，战斗的结束并没有给西班牙人带来和平；只给他们带来了命令，而且是警察的命令。根据新国家的政治和社会要求，数十万人被迫根据要求大幅调整自己的行为和生活。根据《政治责任法》（*Ley de Responsabilidades Políticas*），数千人成为行刑队的受害者。随着世界大战的来临，流亡者不得不在不利的情况下适应接收国的生活；那些留在国内的人曾是落败的政治组织成员或同情者，他们遭受了持续的社会禁令。没有参加过战争的年轻一代，出生在一个充满怨恨和缺乏基本必需品的世界。所有人都被迫按照《长枪党党歌》的要求穿着新衬衫加入政权的行列。

"佛朗哥下命令，西班牙服从。"这是为新秩序服务的一个口号。因此，第一批规定就是宣扬胜利者所写下的历史：大学、研究所、教师学校，特别是国家的教师队伍，经历了非常艰难的清洗过程。在清洗之后，通过法令，要文化必须为新国家的理想服务，并彻底地改写了全部历史。西班牙永远失去了科学家、研究人员、诗人、画家等，智慧的丰富永远敌不过胜利者的战书。大约90%的知识分子选择了流亡，使西班牙人没有了老师。成熟的小说家、语言学者、诗人离开了西班牙，他们的声音陷入了沉默。由佩德罗·萨利纳斯（Pedro Salinas）、豪尔赫·纪廉（Jorge Guillén）和拉法埃尔·阿尔贝蒂领导的1927年一代几乎完全都逃离了西班牙，只剩下维森特·阿莱克桑德雷（Vicente Aleixandre）、达马索·阿隆索（Dámaso Alonso）和赫拉多·迪亚哥（Gerardo Diego）。1956年，胡安·拉蒙·希梅内斯（Juan Ramón Jiménez）获得诺贝尔奖，使文学世界的目光再次投向了流亡的西班牙诗人。类似的事情也发生在三年后，为表彰那些"迁移者"科学家，塞韦罗·奥乔亚（Severo Ochoa）获得了诺贝尔医学奖。对于那些留下来的人来说，佛朗哥不会给予他们任何东西。长枪党文化在1945年法西斯主义失败之时没有幸存下来，天主教文化也没有经受住20世纪60年代世俗化和教会危机的考验。

另外一大部分西班牙人，经历了艰苦的20世纪30年代和残酷的战争之后，侥幸存活了下来，在战后生活境遇更加糟糕的情况下，他们没有太多理由感到满意。因为这不是重新开始或调和任何事情的问题。恰恰相反。对于一些人来说，要求回报的时刻到了；对于其他大多数人来说，付出代价的时刻到了。个人和家庭在战争中所获得的功绩，在佛朗哥统治时期都毫不顾忌地获得了回报；那些为佛朗哥战死的人也获得了重要的政治回报。为了保持镇压势头，佛朗哥直到1948年才结束战争状态，并且在将近40年的时间里，军事法庭从未停止过行动。军事法庭被赋予了广泛的权力，远远超出了其所应该负责的领域。独裁统治的继续存在以及由此实现的目标，不可避免地要求对实际和潜在的敌人采取严厉的镇压措施。

根据乐观估计，战争期间的国内生产总值减少了25%，人均收入到1954年才达到战前水平。公共财政的状况是灾难性的。共和派所掌控的西班牙银行的黄金，必须用于支付苏联供应的武器，而缺乏财政储备的佛朗哥阵营欠德国和意大利的债务总额超过9亿美元。而西班牙银行本身也从其在布尔戈斯的代表处提取了90亿比塞塔。随着公共支出不成比例的增加和生产陷入混乱，比塞塔的汇率比1936年下降了50%；1930年官方生活费用指数（不包括黑市），从以1930年为基础的100，达到了1940年的180，而1941年则飙升至234。

　　在普里莫·德·里维拉独裁统治时期和共和派执政早期，根据公共工程计划，建造了许多道路。但是在内战之后，许多长路段都无法再使用了。铁路遭受了严重破坏：50%的机车和70%的货车严重受损。由于其战略性质，一些发电厂和其他能源生产中心也遭到了双方的攻击和破坏。然而，按照产业来看，农业和畜牧业是受长期战争影响最深的，也受到供应战争前线的影响。战争前线的供应由国家食品储藏室提供。与战前相比，农业产量下降了20%以上。此外，由于被迫放弃外部市场，受到其他国家竞争的影响，西班牙丢失了许多传统的葡萄酒和柑橘类水果客户。

　　按比例计算，工业部门是受影响最小的部门之一，因为工厂和主要基础设施几乎完好无损。加泰罗尼亚的纺织工业以及重工业和加工业几乎没有受到损害：遭到的破坏很小，绝不妨碍他们迅速加入佛朗哥军队的供应工作以及战后的重建工作。航运业也几乎没有损失，以毕尔巴鄂的拉索塔和阿森纳尔（la Sota y Aznar）航运公司为例，作为西班牙最大的航运公司，其一些船只前往外国港口避难，但随后由英国、意大利或德国的法院移交给战后成立的公司。到1940年，几乎所有的船只都已经恢复全面运行，垄断了与阿根廷的大量谷物和铁贸易。

　　内战结束后，开始了人口的缓慢恢复进程：结婚数量增加，出生率上升，死亡率下降，战斗人员逐渐回到原来的工作岗位或进入新增加的工作岗位。战时工业的停止运营，许多公司解雇了之前所雇用的工人，因此佛朗哥统治初期的劳动力过剩导致了回归农村现象，这是因许多城市地区无法提供合适的居住条件所引发的。劳动力人口减少了50多万，尽管如此，在服务领域创造了大量就业机会，但是这些就业机会都只提供给佛朗哥派的"前战斗人员"。反过来，由于欧洲的战争阴云，军队维持着庞大的规模，战后稳定在100万人左右。

　　大多数西班牙人的境况已经差得不能再差了。整个社会经济情况似乎都朝着降低工人购买力，降低其食物、健康或住房条件等，及其抗议和辩护能力的方向发展。根据每个人的特点所实施的配给制度，以极其负面的方式运行了十年，鼓励了黑市的发展和许多供应配额的转移。在过去的40年中，生活条件恶化，使一些企业家意识到劳动力过度减少的危险。由于结核病、斑疹伤寒和痢疾同时严重流行，许多大公司被迫为其工人提供家长式的护理服务，试图阻止社会健康状况的恶化。国家已无力关注社会健康状况。

> 宽广的西班牙，
> 你是我悲伤的老师和妈妈，
> 我是你的儿子，
> 你给我们涂上圣油，妈妈。
> 你使环境更适合居住。
> 你异常的平静让我呼吸顺畅。
> 对于人来说。和平。

对于天空来说。母亲，和平。

————布拉斯·德·奥特罗（Blas de Otero），

《我请求和平和说话》（*Pido la paz y la palabra*）

巴尔纳伯的民主

　　战争结束后，两种情绪侵入了西班牙人的心灵：一种是沮丧，使被战胜者陷入困境；另一种是复仇主义的志得意满，使胜利者团结在一起。这对任何形式的和解都是有百害而无一利的。但是他们迟早会开始相互接触，在佛朗哥漫长而并不无聊的统治岁月里，他们或是通过对话，或是保持沉默，勾勒出了当时的社会政治过程。大约40年后，这个政权的创始人——佛朗哥在马德里的一家医院去世；他的死只是因为天不假年，反对派对他的独裁统治并没有进行有组织的反抗。社会各阶层对这严酷40年的逆来顺受，使得彻底推翻佛朗哥的理念没有了生存土壤。对政治体系的利益和权力进行了广泛的分配，使佛朗哥在危机、外部压力、政治对抗、工人抗议以及孤立中存活下来。至于"事实上"的支持，佛朗哥这边有军队，教会，国家官僚机构，叛乱的拥护者，大型农业、工业和金融企业家。但由于在加泰罗尼亚和巴斯克实现了"劳资和平"，小资产阶级也没有远离这位独裁者。受益于经济发展的年轻一代企业家、中产阶级甚至是"不问政治"的工人也都不反对佛朗哥，用反对派的语言则可以称他们为"感恩的心"。

　　然而，公平地说，必须强调在这段时期，佛朗哥政权使西班牙人政治意识缺乏，文化挫败感也十分强烈。由于政府对宣传和教育系统的绝对控制，内战后一代接受的是一种专制和经过阉割的教学模式，只有在"街头"的教育和采用自己方式所进行的教育，才能躲避这种模式。独裁统治结束之后，这种控制才得到了放松。佛朗哥并不需要多数人以沉默的方式支持自己，而是需要他们莫谈国事，让大多数人都对政治漠不关心，只是关注私人生活。在经历了早年的平静之后，社会动员进入了"努曼西亚"时刻。许多人聚集在马德里的东方广场声援佛朗哥，这位元首把外国人对他的谴责，说成是"西班牙的敌人对国家的诋毁"。这为国家元首提供了一个极好的机会，获得了更多的支持。

对内战后所产生政治制度进行定义，必须从其独裁性质和主角光环开始。从开始到结束，佛朗哥政权都是一个纯粹的独裁政权，可以根据时间给这个独裁加上不同的修饰语，但不要忘记所有权力总是掌握在佛朗哥手中，并且可以随心所欲地限制这些权力。西班牙的其他统治者从未有过如此多的权力，他只对上帝和历史负责。

这位"考迪罗"认为自己是新秩序的创始人。这种新秩序在战争的痛苦和血腥中熠熠生辉，注定要成为西班牙复兴的推动力。他对共产主义者和共济会的顽固敌视，只不过是他对自由国家深刻厌恶感的升华。因为他恐惧自由主义，所以他的政权拒绝民主。从历史上看，其恐惧对这种不明智的决定负有责任，这种决定就像救赎巴尔纳伯而不救赎基督一样不明智。事实上，在其看来，正如19世纪的教师们所说的那样，所有的邪恶都来自自由主义，最糟糕的是阶级斗争，这是对国家财富的真正攻击。因此，佛朗哥将罢工视为阶级斗争的表现，主张对其进行严厉的惩罚。

由于佛朗哥建立了反自由主义的武装，其独裁政权痴迷于反对所谓的社会主义威胁，并将其称为"外国化的意识形态"，因此将社会主义的捍卫者称为"外国活动家"。在佛朗哥政府拥护者的心目

中，没有什么比苏联的危险和各共产主义政党的颠覆能力更使他们
噤若寒蝉，他们认为共产党的战略是在自由主义者队伍中招募"有
用的傻瓜"。然而，佛朗哥尽可能地争取自由派的支持，当其在1953
年与美国签署了一项可耻的不平等协议时，备感心满意足，但是并
没有放弃他的民族主义言论。

　　与同时期的其他从非洲返回的军官相比，只有佛朗哥直言不讳
地拒绝了专业政治家；他认为他们是"卑鄙的傀儡"，正是他们导致
了西班牙人的不幸，他们"背弃了"西班牙人。因为怀有这样的偏
见，佛朗哥政权在未受自由主义污染的地方建立其执政基础，并以
经济和社会方面的社团主义作为自己的指导思想。这种社团主义把
公民生活的中心放在了所有生产者共存的家庭、城市和单一的工会
中。因此，佛朗哥政权坚持拒绝政治和否认社会，将其体系建设集
中在纯粹的"乌托邦"上。其中一个面孔便是反动的面孔，往往适
合许多独裁统治。

　　由于害怕分裂，内战之后的西班牙从国家的概念中剔除了有关
自由结社的内容，取而代之的是具有"历史统一性"的长枪党，这
样做的目的是实现国家的"统一命运"。佛朗哥政权在其最民族主义
的方面，采用了里维拉式的意识形态，并重新启用了复兴主义和历
史天命论的混合指导思想。根据这种思想，西班牙被赋予了保护西
方基督教价值观的责任。任何专制运动都是集权的，胜利的军队和
长枪党更是主张采取集权统治模式，因为他们曾反对的共和国已经
接受了巴斯克和加泰罗尼亚的自治要求。与任何民族主义一样，佛
朗哥派的理论对历史进行了部分重新解释，强调了西班牙各区域的
共同性，压制了差异性和非民间方面的特殊性。为了在意识形态上
支持佛朗哥政权，他们篡改了历史，并从中得出了祖国神圣不可侵

犯的观念、西班牙的帝国使命和各种天人互动的预言。

这种爱国主义的学说立即产生了相反的效果。他们给被统治者塑造了虚假的身份，其目的是将所有西班牙人聚集在一起，但事实是只允许少数人参与国事。他们还通过武力和镇压手段强迫西班牙人接受这种虚假身份。通过这种方式，那些能够改变自己国家的人逃往了别的国家。佛朗哥主义者垄断了西班牙的民族情绪，反佛朗哥主义者就会被打上分裂主义或是与其有瓜葛的标签。

军队实现了佛朗哥所建立的秩序，从自由主义时代以来，军队已经成为国家的中心和支柱。佛朗哥坚信军队的优越性，所以要把西班牙变成一个军营，并赋予军人们非常重要的角色。但作为一个机构，军队不能成为政权的主干，其主干是军事化和警察化的政府官僚机构，高级军官成为国家机器的领导。他们被赋予了许多文职政府的职责，并肩负维护公共秩序的责任。在佛朗哥内阁的114个部长中有40名高级军官。

任何随意迁徙的人都可能被指控犯有"军事叛乱罪"，并由军官组成的法庭审判。通过单独的法令，政府将平民犯下的某些政治和普通法罪行视同于违反军事刑法的罪行；1960年，其中一项法令，允许使用军事叛乱罪指控集体抗议活动或罢工的主要参与者以及传播虚假信息诋毁政府的人。尽管社会秩序如此军事化，但佛朗哥几乎从没有像阿方索宪政政府和第二共和国政府那样使用军队维持街头秩序。有警察和国民警卫队就足够了，他们的人数众多，使西班牙成为欧洲杰出的警察国家。

对于西班牙人来说，比不合理的合法性更为严重的是在独裁统治期间，其所遭受的法律上的无助和不确定状态。随着在20世纪50年代，劳雷阿诺·洛佩斯·罗多（Laureano López Rodó）等行政法专业人士进入政府，国家的民事管理开始变得更加清晰。但是在公共秩序方面却不是如此，依然充满着权力的任性。

与其他独裁政权相比，佛朗哥政权直到很晚才认真对待制度化的提议。其推行制度化是为了应对外部事件或内部压力；从通过《王位继承法》（Ley de Sucesión）到1969年任命胡安·卡洛斯·阿方索·德波旁（Juan Carlos de Borbón）王子为王位继承人，其间经历了22年。佛朗哥在战术上故意推迟了对其独裁统治进行制度化的时间，以便有时间解决存在的问题并震慑其对手。在其规划之中，其政权的伟大基础——国民运动原则、国家统一、权威、否认民主，都必须保持不变。

佛朗哥的个性与同时代的其他独裁者完全不同。希特勒和墨索里尼与其所处的社会和意识形态环境不同，他们的著作也不能与佛朗哥在摩洛哥所写《旗帜日记》（Diario de una Bandera）相提并论。希特勒和墨索里尼演讲时充满活力，而佛朗哥不善言辞，动作也较为单一。也许在葡萄牙独裁者萨拉查（Salazar）身上可以找到与佛朗哥的相似之处。正如佛朗哥所说，他的性格与他的国家截然相反。机智和狡猾是佛朗哥最突出的特点，这更适合掌控权力，而不是对政治理论做出贡献。

十字架在箭头之上

对教会来说，战后初期的岁月并不容易。现在是在获胜一方各个集团——传统主义者、长枪党、君主主义团体和由教会高层领导的最保守天主教团体之间分享战利品的时候。在为战争塑造意识形态理论时，天主教思想的优越性已经显现出来，因为天主教思想习惯于质疑事物的终极意义，并且能够将对抗的多种理由压缩成单一的、排他性的和全面的原因。然而，随着战争的结束，教会霸主地位开始受到迅速壮大的长枪党的挑战，长枪党中的激进分子急于夺取国家权力。此外，在长枪党的理论当中，除了直接提到天主教与西班牙人身份认同的关系之外，并没有说明教会在国家生活中的地位。此时，长枪党的极权主义得到了巨大的推动：他们在意大利和德国的模范们手持武器，威胁要统治欧洲，这在西班牙的模仿者中激起了热情和激烈的浪潮。

直到1942年世界大战正酣之际，在三年的相互敌视中，长枪党和教会还在争论对意识形态的领导问题，教权和政治权力之间存在严重摩擦。红衣主教戈马对新政权感到失望，他也被禁止发出主教文告，因为其文告被指控对佛朗哥的反对者过于宽宏大量。一项部长令要求主教们不能用加泰罗尼亚语和巴斯克语讲道，而天主教学生联合会则被长枪党大学联盟（SEU）给合并了。受基督教影响的工人运动则被垂直工会运动吸收了。很明显，国家不会允许教会有任何自主权：因此，"考迪罗"急于获得一个顺从的主教教团，这彻底切断比其牧师们还顺从的教会高层出现任何政治偏差的可能性。

与此同时，佛朗哥的外交重点是在罗马为新国家重新获得"演讲特权"而努力，红衣主教塞古拉（Segura）却使长枪党深感厌烦，因为其禁止在塞维利亚大教堂的立面上雕刻里维拉箭头，尽管政府已经下令在西班牙的所有教堂中都采用这种建筑风格。由于17位主教职位空缺，加之对纳粹统治的恐惧日益增加，罗马教廷不得不尽快与西班牙新政权签署协议。在1941年夏天，佛朗哥获得了通过一道复杂程序任命住宅区主教的权力。这是庇护十二世（Pío Ⅻ）的杰作，他向梵蒂冈对候选人的资格作了充分保证。为了把所有宗教事务纳入一个符合宗教协议的政权，罗马教廷允许在签署《协定》（*Acuerdo*）十二年后，即在签署真正的宗教协议之前，确保将佛朗哥政权纳入国际框架。

轴心国的失败打击了长枪党的气焰，并使佛朗哥政权转向了另一个方向，撤回了蓝色师团，并向同盟国靠拢。在外交战线，塞拉诺·苏涅尔（Serrano Suñer）下台了，因为佛朗哥政府正在寻找一个亲英派取而代之，以便与世界大战的胜利者们搞好关系；这成为整个佛朗哥政府的当务之急，他们选择负责外交政策负责人的洞察力使他们获得成功。长枪党的意识形态主张开始消失了，因为他们在权力官僚机构当中过于肆无忌惮了。西班牙教会可以长出一口气了，因为其即将赢得意识形态斗争的胜利，能够统治和控制国家的教导事业。

在内战结束不久的40年代，西班牙是一个悲伤的国家，是幸存者的国家，在某种程度上，也是残杀同胞者的国家，很多人被迫生活在死者的死亡和葬礼记忆中。在饥饿和配给卡之间，西班牙人感到自己被内疚和赎罪的宗教情感所包围，而教会会根据自己的喜好把这些情感当作工具加以利用。举行庄严的游行、前往具有国家历史意义的地方朝圣、恢复圣心（Sagrado Corazón）崇拜、更换圣母马利亚像等活动都有助于建立上帝的国度，也有助于将一个天主教的国家——真正的西班牙与另一个共和派世俗主义的反对西班牙的国家区分开来。必须弥补在阿萨尼亚执政时失去的时间，所以没有人会知道宗教仪式和爱国示威之间的界限在哪里。

战争时的宗教动荡和战后的狂热刺激了对世俗神职人员和宗教团体候选人的大规模招募。然而，由于战争造成了大量的人员伤亡，西班牙教会不会再像以前那样拥有如此众多的神职人员。由于在20世纪50年代至60年代进行了大规模的神职授予活动，与老迈的教团相比，西班牙拥有了欧洲最年轻的神职人员。从1968年开始，牧师和神职人员的职业瓶颈和大规模的世俗化改变了这种情况，因此在佛朗哥去世时，西班牙神职人员已经主要以中年人为主了。

1953年，罗马教廷和西班牙签署了一项《宗教协议》，改善了佛朗哥的国际形象，并确立了教会在政权中的主导地位。在"国家天主教主义"的庇护之下，教会拥有了一切人类机构所希望的一切：真正的社会力量、可接受的经济福祉、对其潜在敌人的严格控制、超规格的宗教活动和神职人员的教导。媒体对教会来说绝对是有利的，所有的社会压力都支持发展宗教；旧的反教权主义不得不偃旗息鼓。但是从长远来看，教会几乎在所有的战斗中一败涂地：其无法组织一个真正的信徒社团，无法创造真正的天主教文化，也无法将整个社会完全天主教化。

骄傲地孤立

西班牙仍然处于欧洲战争的边缘，一部分原因是其所处的不稳定条件，众所周知的不确定性和佛朗哥惊人的缓慢决策速度。然而，独裁者决定要参战的时候并不少见。在1940年夏天，受到德国军队闪电战的鼓舞，尽管没有收到任何邀请，但是佛朗哥政权仍然想参战。在等待其密友希特勒的迅速胜利时，这位"考迪罗"希望分享这场盛宴。

西班牙参战的目的是夺取法国在北非的财产，而墨索里尼也对此觊觎不已。当德国在英国战役中的失败导致战争延长时，德国元首向佛朗哥施加压力，要求其控制直布罗陀海峡，以阻碍英美在海峡的交通。但后来希特勒不再对佛朗哥政权充满热情，认为他们不愿意全力支持德国人。

这种明显的首鼠两端行为以及佛朗哥对纳粹形式和理想的忠诚，促使盟军在战争结束时仍将西班牙政权视为敌人。随着1946年不得不从联合国（ONU）撤回大使，西班牙佛朗哥政权将经历其历史上最糟糕的时期。

直到"冷战"开始，西方的反共堡垒得到佛朗哥的帮助，才打破对西班牙的孤立，而西班牙流亡反对派的力量也日渐衰弱。在此之前的1947年5月，反对派仍然有勇气在毕尔巴鄂河口左岸发动反对佛朗哥的工人运动。这场罢工持续了一个星期，有三万名工人参加。在那些岁月里，第一代反佛朗哥主义者接受了罢工的洗礼，他们是新进入工作岗位的年轻人或者是战争失败者的子女，但是也有身处佛朗哥政权之中的失望者，其中包括受到压制的最激进的长枪党成员、君主主义者和一些天主教徒。

自1938年春天以来，西班牙制定了一项法律，阐述了其在社会经济和工会问题上的立场，同时解决了人民大众想要批判长枪党党员的争论。在讨论《劳动宪章》（*Fuero del Trabajo*）时，少数"旧衫兵"与大多数保守派和君主主义者发生了冲突，结果就是产生了十六个原则宣言。不过，这些宣言尽管与资产阶级的提案类似，却是受到长枪党思想的启发。随着巴斯克的工业落到了佛朗哥手里，其独裁政权努力使西班牙企业家的传统愿望合法化，优先考虑的是生产发展，而不是劳动关系的质量。这意味着将生产利益提升到了"国家利益"，正如雇主运动的创始人所梦想的那样。西班牙希望通过复制意大利和德国立法中相关的条款，承认企业家管理生产过程和分配利润的权力。这些条款使企业的运营必须向实行国家工团主义的国家缴纳税金。在实践中，《劳动宪章》转变为资本的宪章，因为在企业界和保守派团体的巨大压力下，佛朗哥政权中法西斯分子的专权很快就被打破了。

作为补偿，《劳动宪章》赋予长枪党控制一个工会的权力。在这个工会中，雇主和工人聚集在一起，出于"乌托邦式"的想法，协调相互竞争的利益，并以这种方式确定了在佛朗哥统治期间保持不变的立场。一方面，企业家完全接受了私营成分，除了国家本身或与长枪党的斗争可能造成的限制之外，对于企业没有其他限制；另一方面，国家工团主义者将自己锁定在了垂直工会中，并怀着控制经济和吸引工人加入的愚蠢幻想。

法西斯残余和国际形势促进了国家对生产过程和经济总体进程的干预，干预主义转化成了贸易政策措施，以促进进口管制和专门支持工业化。

这两个指令就像对立的两面，与"独裁统治"的情况相同，这一情况在西班牙的经济政策中并不新鲜，但从战争结束的那一刻起，成为佛朗哥政权的经济模式。在西班牙的主要复兴主义者中可以找到一种专制传统，其痕迹甚至可以追溯到关心国家大事者身上和中世纪的重商主义。然而，在20世纪30年代后期，当墨索里尼挑战欧洲国家并宣布其专制理想时，许多西班牙法西斯主义者在这种经济政策当中，看到定义一个国家工团主义新关系的最合适框架。

无论如何，佛朗哥政权在任何时候都没有实行激进的独裁统治，由于经济依赖，这在任何情况下都是不可能的。但在可行的情况下，即使对西班牙产品的最终质量产生负面影响，佛朗哥政权也试图促进西班牙工业和服务业的发展，颁布各项工业保护法律，成

立国家工业研究所（INI）以及推动国家利益优先产业发展都证明了
这一点。除了在佛朗哥统治时期仍有效的1891年关税和对进口许可
证的严格控制，这些法律也在20世纪40年代末推动了西班牙的工业
转型。在这些政策的推动下，出现了一些突出的商业企业和国有企
业，如塞法尼德罗（Sefanitro）肥料公司、卡斯蒂利亚硝酸盐公司
（Nitratos de Castilla）、埃尔卡诺航运公司、恩希德萨（Ensidesa）综
合钢铁厂和卡尔沃·索特洛国家能源产品公司。

　　国家官僚机构和工会官僚机构的重压给货物的正常流动和工业
的充足供应造成了窒息性的危害。在检查机构——供应和运输警察
局（Comisaría de Abastecimientos y Transportes）、物价检查办公室
（Fiscalía de Tasas）和价格最高委员会（Junta Superior de Precios）的
雇员中，腐败现象普遍存在，导致库存完全失控，并使许多货物流
入其他市场。一些公司被调查，一些公司被罚款。然而，在配给制
度消失和国内贸易的一些障碍解除之前，走私并没有停止。

　　尽管存在上述的混乱情况，但在国家重建期间，主要行业的发
展结果非常客观。由于迫切需要对一个破败国家进行重建，政府计
划成为工业发展无可争议的推动力。与战前阶段相比，对钢铁产品、
铁路材料、金属配件、水泥、氮肥、轮胎等的需求量异常巨大。在
工业的推动下，电力生产急剧增长。但由于该部门的产能不足，仍
然存在巨大的产量赤字。1944年，毕尔巴鄂银行和比斯开银行出资
支持了伊比利亚水力发电厂（Hidroeléctrica Ibérica）与杜罗河瀑布水
电的合并，成立了伊博杜埃洛（Iberduero）公司。这家汇集了毕尔
巴鄂资金支持的公司，在未来取得了更好的成果。

　　新国家将在农业部门中和之前共和国的改革努力，依靠现有的
不平等结构，保持消极的发展条件。直到1952年才开始解决土地分

配不合理的问题。在南方，绝大多数农民仍然没有土地；而在北方，由于传统的小农耕作方式，小地产阻碍了农业生产规模化。大地产保持不变，与之前政权有关的土地改革并没有被纳入现有法律之中。在1953年和1971年，依靠为实现"明显可以改善的地产"而通过的法律，进行了两次表面上的改革尝试，但是都没有改变独裁统治时期的土地所有权状况。

在战后严重孤立的时期，受"持续干旱"的影响，西班牙需要进口小麦和其他基础商品，而在过去的50年里也是如此：在1947年至1948年，从庇隆（Perón）掌权的阿根廷购买农产品使西班牙免受全面饥饿之苦。农业生产指数显示，不同农产品的产量大幅下降，1945年达到最低水平，假设1935年的产量为100，则1945年下降到了65。尽管存在着大幅度的隐瞒产量，而且这些产量会流入黑市，但农业生产的显著下降是毋庸置疑的。牲畜损失、缺乏机械化、肥料短缺、各种恶劣天气周期等因素与国家的不当干预相结合。每公顷的产量极低，小麦产量约为400公斤，其他产品的产量甚至更低。与共和国时期相比，在1951年至1955年的五年期间，种植面积得到了恢复，收成也增加了，每公顷产量增加到了500公斤。

造成生产不稳的原因，还有佛朗哥政权在政治和社会方面对农业的不重视，这违背了受其创始人一些含糊不清口号所激发的承诺和所谓的长枪党农地主义意识形态。相反，建立了管制农业的机构，即国家粮食系统（Servicio Nacional de Cereales），以实现农业的反改革。由于所有困难叠加在一起，农业部门是西班牙经济中最不发达的部门，新国家所推动的工业与缺吃少穿的农业极不相匹配。导致这种剪刀差的机制在于对农产品价格的严格控制，而工业价格在雇主或其组织的直接压力下以更快的速度增长，赢得了战争的农业西班牙却在战后失败了。

总体来说，佛朗哥派掌权初期的经济政策旨在促进大企业、银行和行业的金融积累。它们在之前的阶段已经壮大了，但是在20世纪30年代的危机期间，业务和利润却有所下降。为了实现这一目标，佛朗哥派设计了一种收入两极分化的基本战略，有利于资本主义储蓄并最大限度地限制社会消费，基本做法是严格控制工资，创造工业和金融需求，从而释放整个系统的生产能力。

国家重新实施进行公共工程建设的政策，在钢铁、铁路、水泥和电力领域产生了强烈的反响。没有适当的规划，也没有专门负责的部门，但公共资本在私人资本的压力下继续强调自给自足和工业化的趋势。财政大臣何塞·拉拉斯（José Larraz）向公共企业提供了财政支持。在此期间，政府完全抛弃了共和派小心谨慎的稳定做法，在债务发行和货币"贬值"方面处于领先地位。由于忽视了储蓄和投资之间的传统比例，通胀压力在短时间内危及货币体系，但在此之前，货币的高流动性慷慨地浇灌了经济。金融冲动在政府大量发行的货币上留下了印记：从1939年10月开始，当拉拉斯在市场上投放了第一批20亿比塞塔国债时，被认为取得了成功，不仅是"爱国的而且对佛朗哥形成了真正的支持"；而到了1950年，未偿还债务增加到了387亿比塞塔。

然而，因缺乏经济规划，在分享收入方面也没有团结意识，导致投资缺乏多样性，农业等关键部门的发展也受到了阻碍。住房成为工业化地区长期存在的问题，由于直到1957年才有专门的部门负责这个问题，许多公司不得不革新以前的传统并推广工人社区和"廉价"房屋的建设，为其工人提供了一些体面的住宿场所。然而，多年来，"贫民区"一直是工业带城市景观的一部分。西班牙最好的社会现实主义小说之一——路易斯·马丁–桑托斯（Luis Martín-Santos）的《沉默的时代》（*Tiempo de silencio*）对其有详细地描述。人们通过塔皮埃斯（Tàpies）、米拉列斯（Miralles）或卡诺加（Canogar）的绘画所描绘的美好来逃避残酷现实的痛苦。

　　佛朗哥政权造成了严重的局面，在20世纪50年代末才实现艰难地稳定下来，该政权在运行时为银行业和大工业以及走私和行政腐败的参与者带来了巨大的利益。这是社会冒险主义的繁荣时期，也是人类生存条件受到毒害和广泛退化的时期。

第十五章

新西班牙人

午睡方醒

将"奇迹"一词用于第二次世界大战后德国、意大利或日本的经济发展，暗含着不可能从几乎毁灭走向现代繁荣进步的条件。"奇迹"有不同的程度，西班牙的战后发展与他国相比并不像人们所说的那么神奇。因为德国人、日本人和意大利人很快就通过了进步的考验，西班牙却经历了一个漫长而艰辛的过程，其中最艰难的岁月是由西班牙人自己承担的。

被迫选择与战败方结盟已经不幸了，佛朗哥政权在战后因为荒唐的政治自尊心而丧失了搭上美国顺风车的机会则更加不幸。由于拒绝接受任何自由或自由主义的暗示，这位将军和他的幕僚们成功地让美国人给予西班牙的信贷不得不推后了五年多。当到了20世纪50年代，美国人的贷款终于到来的时候，西班牙人眼中的欧洲——法国、英国、德国和意大利已经振兴了经济，走上繁荣之路。这些国家正准备发明一种一体化模式，而这种模式在30年后才成为西班牙的目标。在1957年，《罗马条约》的签署标志着共同市场的开启。虽然在很长一段时间里，共同市场不过是一个关税同盟，但其很快就威胁到了当时已经孤立无援的西班牙。

与世隔绝的局面不可能维持太久，由于巨大的贸易利益，企业界开始反对闭关锁国和经济干预主义。特别是在世界大战结束后，随着主张商业自由化政策人士取得胜利，这一趋势日益强烈。西班牙较为开明的经济部门利用专业杂志和雇主组织宣扬商业自由化的立场。1944年召开的布雷顿森林（Conferencia de Bretton Woods）会议勾勒了西方经济和货币政策的轮廓。尽管西班牙商会派出了少量代表参加会议，但这并不意味着佛朗哥政府采取了自由化措施。

尽管国家处境艰难，但西班牙的商人们仍努力传播经济和商业的自由气息。由于受制于工会利益和卡雷罗·布兰科（Carrero Blanco）上将的个人偏好，加之受到佛朗哥本人摇摆不定立场的驱使，政府的"碉堡"（Búnker）还是顶住了这些压力。

然而，到了1951年年中，商业领域的情况开始发生变化。由于主张对经济保持干预的工业家和全国工会与力主经济自由的企业界之间关系紧张，工业和贸易部（Ministerio de Industria y Comercio）不得不一分为二。新任贸易部长阿尔布鲁亚（Arburúa）与农业部长卡韦斯塔尼（Cabestany）合作，承担起了对僵化的经济干预政策进行适度修正的任务。一个重要的事件就是取消了面包配给，这可能是得益于1952年的谷物大丰收。同年，全国建立了自由价格、自由贸易和食品自由流通制度，朝着日常生活适度正常化迈出第一步。虽然工资被征税，但工业需求的旺盛有利于人们通过加班、节假日不休息、放弃公休假等手段获得额外收入。由何塞·安东尼奥·希洪（José Antonio Girón）领导了17年的劳工部（Miniterio de Trabajo）负责对工资增长部分征税并进行长期的冻结。这一时期恰逢新近建成的发电站首次发电，结束了长期的限制用电局面。卡米洛·何塞·塞拉（Camilo José Cela）在他的小说《蜂巢》（*La Colmena*）中描绘了战后马德里的贫困生活。虽然始终受到审查制度的威胁，但他与米格尔·德利贝斯（Miguel Delibes）和贡萨洛·托伦特·巴列斯特（Gonzalo Torrente Ballester）一起站在了孱弱的文学觉醒的前沿。

对工业部门的干预和贸易管制仍在继续，配额制度并未消失。从那时起，黑市交易主要集中于这一部门。不过，可以说一系列阻碍开始消退，1959年国际贸易的首次自由化正是在这个缺口悄悄发生的。

在政治和外交关系领域也发生了一些值得一提的事情。1951年夏天新内阁的成立对那些希望变革的人来说是个好消息。佛朗哥主义温和派的代表鲁伊斯·希门尼斯（Ruiz Jiménez）和马丁·阿尔塔霍（Martín Artajo）进入了这个志在变革的政府。

在这个政府中，独裁者的个人权利保持不变，但他也寻求保持不同政治家族之间的平衡，并将卡雷罗（Carrero）上将自1941年以来担任的职务提升为部长级。佛朗哥在外交上首次取得成功。1953年，佛朗哥与梵蒂冈（Vaticano）签订了《宗教协定》，也与美国签署了协议，两年后西班牙进入联合国，这些都是"十年奇迹"中迈向正常化生活的重要成就。美国一直与佛朗哥政权保持关系，并密切关注西班牙内政。一些美国大公司在西班牙有巨大的利益。

美国在这些年里提供几笔贷款。从时间上看，第一笔6250万美元贷款的提供时间与朝鲜战争爆发的时间不谋而合。

在那个时候，西班牙也发生了公众反对佛朗哥政权的第一次行动。工人运动成为先锋军，进而通过公民抗议得到普及和推广。巴塞罗那的有轨电车、毕尔巴鄂的咖啡馆、马德里的报纸都成为斗争的舞台，而巴斯克地区的重工业工人和加泰罗尼亚的纺织工人，都在不同阶层的公众支持下进行了软抵抗。有时，这些口号具有鲜明的政治色彩——"反对独裁统治，支持共和国"，但是始终围绕着工人的工作和社会状况。

大学生是社会中最受宠的群体之一，他们与内战的战败方之间几乎没有任何瓜葛。然而，在20世纪50年代中期，他们却成为反对政府的积极力量。共产主义思想在大学中持续渗透，在这一思潮影响下，许多刚接受反佛朗哥主义洗礼的学生在各派别民主人士的配合下，组织了首次反对西班牙大学联盟的行动。

战后占主导地位的宗教也开始崩塌。无论是支持公民权与教会权共生的《宗教协定》，还是致力于把宗教当作社会聚合因素的教会等级制度，都无法阻止基督教义的衰落。随着工业化进程的推进，宗教仪式在信仰中的作用逐渐减弱，伦理因素占据了上风。这种情况开始在那些宗教更加内在化的少数群体中出现。虽然主业团语焉不详，在宗教上是融合主义者，而在经济上则是欧化主义者。在政治权力的影响下，一些脱离教会的天主教徒团体开始出现。这些天主教徒与被视为政权最佳盟友的教会决裂，开始谴责佛朗哥党对自由的压制。与他们同行的是没有参加过战争的一代神职人员，内战的阵营分裂也没有在他们的身上留下烙印。

面向太阳

美国的援助很快就在工业部门取得了明显收效。工业部门借此获得了提高生产能力所需的原材料和物资供应。在此之前，矿产、煤炭和废金属供应方面的瓶颈导致了基础钢铁生产的紧张，而钢铁生产的短缺又传导给了下游部门。然而，20世纪50年代，西班牙工业取得了显著的发展。

但是，就如那些支持加大对农村关注力度的人所说，这并不意味着西班牙不再是农业大国。1960年，总劳动人口的39.37%仍然从事农业和渔业，而工业和第三产业从业人数分别占32.98%和27.32%。20世纪50年代发生了一场农业"革命"。随着玉米、大麦、水稻等谷物单位面积产量提高，农作物的重要性日益突出。小麦起初保持了绝对优势，但随着农产品种植的多样化以及为满足牲畜和家禽日益增长的对饲料谷物的需求，小麦的种植面积开始减少。甜菜在经历了战后的艰难困苦之后，产量不断增加。到1953年达到市场饱和状态时，产量为51.3万吨。

农产品仍然是西班牙出口的主要产品，尤其是橄榄油、柑橘类水果和葡萄酒，但是受到了来自其他地中海国家日益激烈的竞争。另一方面，由于饲料的改良和消费者需求的刺激，主要畜牧业生产取得了长足进步。西班牙的家禽和猪肉生产实现了盈余，但在牛肉和牛奶方面没有克服下降趋势。1940年的拖拉机数量为5600台，到1962年则达到了8万台，这表明农村机械化的速度和普及程度不断加强，并在1950年后的十年内得以全面普及。1960年，农业产值对国民生产总值的贡献仍然最显著，几乎占国民生产总值（PNB）的25%；然而，就像农业人口的比例一样，与工业和服务业的份额相比，农业产值的比重正在以惊人的速度下降。

尽管取得了进步，但农业结构的特点是农业产业效率低下和资金不足。由于农业部门还未实现资本化，在灌溉、道路和设施建设、促进合作社发展和购买机械等方面的改良都受到了阻碍。国家始终对农民表现出蔑视态度，总是会优先考虑其他经济领域，只有在某些失衡现象阻碍了城市的正常供应时才会去管农村。

这种发展模式只会有利于维持甚至加剧农民向城市工业中心的流动。从1958年起，还开始向欧洲经济共同体（Comunidad Económica Europea）国家流动，因为这些国家对非熟练劳动力有大量需求。从1950年起，西班牙开始了一段非常强劲、稳健和长期的经济增长时期，直到1974年才停止。根据国民经济委员会（Consejo de Economía Nacional）的统计，以1929年为西班牙工业生产指数的100基准，1950年为142.1，1960年则达到了300。没有人怀疑第二产业的惊人发展速度，钢铁、电力、水泥和建材工业、全新的汽车工业、家电产业、造船业、原油蒸馏业及轮胎制造业都保持了高速增长。

发电量从1950年的每小时6853千瓦增加到1960年的1.86万千瓦，钢产量从81.5万吨增加到200万吨，锌产量从2.1万吨增加到4.5万吨。1960年生产了350万条轮胎；西班牙造船厂的总吨位达到15.2万吨，而1950年只有2.6万吨。1953年，两家汽车厂西雅特（SEAT）和法沙（FASA）交付了2000多辆汽车；1960年，汽车产量达到了4万辆，汽车产业成为之后几年的主要发展领域。

然而，最令人吃惊或许是自20世纪50年代以来旅游业的发展。这是一个对整个西班牙产生最有利影响的社会和经济现象。在经历了世界大战的中断之后，地中海国家的旅游业复苏了。带薪工作假期的延长和欧洲工人生活水平的提高，再加上旅游和了解他国的欲望，促进了意大利、希腊、南斯拉夫和西班牙的旅游创收。

尽管西班牙犯过一些错误，但可以说，它至少又一次及时赶上了一个对当代生活影响最大的世界潮流。与西方国家的逐步接触、与美国的结盟以及联合国对西班牙的接纳，都意味着政治隔离的结束，都有助于增加国际游客的数量。游客从1949年的50万至1960年增加到600万，至20世纪70年代初已超过3200万，并在下一个时期继续增长。大量游客的到访和消费所带来的外汇收入不仅平衡了国际收支，还为国家的工业发展提供了资金。1959年的货币贬值，使汇率保持在1美元兑60比塞塔。这成为20世纪60年代外汇收入和游客人均消费增长的起点。建筑业、酒店业、运输业等各行各业都从这股外币洪流中获益匪浅，而旅游业因其惊人增长成为西班牙经济的金蛋，并与城市化一起成为经济发展、政治和社会变革时期的代表特征。这个时候的西班牙已经向欧洲走去，并在那里了解了言论自由的制度，而欧洲反过来也被西班牙的旅游业所吸引，新的社会风俗让西班牙人大开眼界。然而，问题在于佛朗哥还能让西班牙人的"差异"（Diferencia）保持多久。

未来的契约

所有这一切都发生在一个极为特殊的政治体制之中。一方面，佛朗哥政权已经取消了法西斯主义一些最浮夸的形式，如问候、礼遇等，而巨大的经济发展成就扩大了佛朗哥主义赖以生存的社会基础，使我们可以在历史上第一次谈论现代消费社会。大量的中产阶级保守派既不反对现有制度，也不愿意从事令人不适的政治冒险活动。另一方面，虽然西班牙人对自由的向往仍然受到严格的限制，但是在与日俱增。佛朗哥政府依然牢牢把控着政治、工会和文化领域，任何不属于"国民运动"（El Movimiento）的组织和机构所从事的活动都被怀疑继而遭到破坏。在一段时间内，君主主义者、天主教徒、左翼长枪党成员、工人和学生的抗议活动都受到了限制，他们的活动场所被关闭，他们的成员被监禁。流亡在外的政党勉强维持着他们在伊比利亚半岛内部的地盘，这些据点却一次又一次地落入可怕的"社会政治部"（Brigada Político Social）之手。

佛朗哥政权试图通过大规模操纵媒体来抵制抗议的浪潮，这就不可避免地大肆宣扬"国际阴谋"或"犹太共济会阴谋"等用来描述反对派运动的词汇。佛朗哥政权利用西方资本主义国家与苏联之间的冷战局面，强调与反共集团结盟，甚至声称自己是早期"解放十字军"（Cruzada de Liberación）的先驱。由于佛朗哥政权所持立场及其所采取的一系列措施，在佛朗哥时代中后期，共产党人成为警察局的常客。1963年，因共产党领导人胡利安·格里莫（Julián Grimau）在马德里被处决所导致的骚乱事件引发了国际社会的广泛关注。由流亡海外的圣地亚哥·卡里略（Santiago Carrillo）和多洛雷斯·伊巴鲁丽所领导的西班牙共产党与由不同肤色工人新近组织的各个"工人委员会"（Comisiones Obreras）联合起来，参加了阿斯图里亚斯和巴斯克工业区的社会活动。1965年，西班牙共产党（PEC）在巴黎召开了第七次代表大会，制定了结盟和接受多边主义的战略，以摆脱当前被其他反对党孤立的局面：这意味着其开始抛弃斯大林主义，卡里略的欧洲共产主义就在眼前了。

与世俗社会一样，代际冲突侵蚀着教会。教会内部的争斗总是与政权的争斗密不可分。约翰二十三世（Juan XXⅢ）担任教皇后不久，召开了梵蒂冈主教会议，开启了西班牙教会发展的一个关键时期。只有内战影响能与之相比。当时，一种植根于社会承诺且更具批判性的宗教意识已经萌芽，界定教会与世俗社会关系文件的出台为神职人员进入其他领域提供了理由。这些文件还声称天主教有权站在独裁者一边。在教会会议的庇护下，一部分教会成员在左翼阵营开展传统上的右翼政治社会化工作。

在一个政府不能再以贫困作为一切问题借口的国家，巨大的经济差异为政治抗议提供了沃土。秉承以社会变革为目标意识形态的天主教行动组织（Acción Católica）毫无顾忌地与那些以改变西班牙社会政治状况为共同目标的团体合作。因此，从20世纪60年代起，与佛朗哥政权相比，神学院和其他教会机构提供了更为开放和宽松的文化空间。

在20世纪60年代的同一阶段，资产阶级与学生分裂，因为学生们立志要以自由的学生集会取代官方的大学学生会。一些声援学生起义的教授被免职，而一些大学也暂时停课了，局势愈发严重。这种情况一直持续到佛朗哥去世。

在流亡时期，经历了长期的对抗和不合之后，各个共和派政党终于开始围绕欧洲统一计划联合起来。1962年，100多位国内外代表在慕尼黑（Múnich）开会，谴责了佛朗哥政权的反民主性。这次会议还要求一切希望加入新生欧洲的国家都要尊重人民的权利，刚刚递交了申请的西班牙也应该如此。由于其支持苏联的立场，西班牙共产党被排除在慕尼黑会议之外，但这并不妨碍佛朗哥当局用"马克思主义把戏"或"共产主义阴谋"的惯用指责来诋毁这次会议，因为其深谙这种做法的关键之处。富埃特文图拉岛上的老难民营重新被启用，当时的自由派正沿着乌纳穆诺和"1898年一代"知识分子的黑暗传统，前往那里与另一个独裁者对抗。

经济发展在工业化的外围地区更为显著。在此背景下，民族主义运动重新兴起，尤其是在巴斯克地区。巴斯克民族主义党（Partido Nacionalista Vasco）在战争中元气大伤，在和平时期又萎靡不振。其新生代产生了分裂，并发生了根本性的演变，直至变成当今的埃塔组织。1959年，在"巴斯克民族主义、民主、非教派主义"

的口号下，佛朗哥时代最重要的历史现象诞生了。在这40年中诞生的任何其他运动，其政治、社会和文化影响力都无法与巴斯克恐怖组织有过并且还在拥有的影响力相提并论。因为，埃塔组织除了在克服独裁统治最后几年的政治危机和颠覆议会君主制方面发挥领导作用外，还是巴斯克社会重大变革的根源。在巴斯克地区的悲惨狂欢中，埃塔的支持者设法将巴斯克人的意识、巴斯克人的身份与反镇压情绪以及对法律和秩序力量的抵制联系起来，民族主义群体很容易将镇压行为内在化并转变为对镇压者的否定，以此作为其身份标志。

　　与阿拉纳呼吁独立的情况类似，埃塔组织的抗议也是源于巴斯克地区的经济繁荣和外来移民增加。1955年至1975年，巴斯克地区作为西班牙人均收入最高的地区，人口增长了60%，而西班牙的平均人口增长率仅为23%。在萌芽阶段，年轻的埃塔组织成员重新定义了阿拉纳民族主义，他们摒弃了马克思主义，加深了对外来移民的敌意，他们认为外来移民是巴斯克地区的破坏者和西班牙压迫势力的盟友。尽管有时摇摆不定，埃塔组织实际上反映了工人社会主义的崛起。"埃塔组织"在其第三次大会上首次直言不讳地抨击了巴斯克民族主义党，称其为资产阶级政党，以捍卫埃塔反资本主义的民族主义。同时践行社会主义和民族主义所带来的问题，导致了埃塔自第五次大会以来接连不断地陷入危机和分裂，武装斗争优先还是群众斗争优先的分歧使问题更加复杂。

　　佛朗哥政权在这一切争夺中的政治轨迹不难勾勒，其依靠"美国朋友"提供的国际支持以及新兴的旅游业，紧紧抓住不容置疑的经济成就，对于基本路线没有丝毫松动。唯一的变化是在做好各种预防措施和安全保障下进行的细微调整。1962年，新闻部长弗拉加·伊里巴内（Fraga Iribarne）宣布实行文化和新闻自由化。可是隔年，他便对谴责警方酷刑的知识分子大动肝火。在那些日子里，一个新的机构诞生，进入了佛朗哥政权的镇压史：公共秩序法庭（Tribunal de Orden Público）。工人、牧师、专业人士和学生会因为他们的政治观点而受到公共秩序法庭的随意审判，由此导致反对的呼声越来越高。1966年，新颁布的《新闻法》废除事前审查的特殊要求，但保留了事后审查程序。一些编辑受到制裁，一些媒体基本停业。

最终，新闻审查变成了自我审查。

贸易为王

到了20世纪50年代中期，西班牙自给自足的模式难以为继，出现了严重的全面解体迹象，这使西班牙能够与正常的西方经济体制接轨。对经济改革感兴趣的主要机构——银行和大企业决定与之前的政治团队争权夺利。1957年，乌拉斯特雷斯（Ullastres）、纳瓦罗·卢比奥（Navarro Rubio）等具有经济学背景的部长加入内阁，解决了政权中各社会经济力量之间的紧张关系——他们两人负责改革贸易和财政。

佛朗哥政权清除了老牌煽动家希洪（Girón），打算让巧言善辩的何塞·索利斯（José Solís）来推进"国民运动"的展开。

1957年至1959年，西班牙经济变革的一个基本前提是：在坚定的工业化驱动下，政府部门职能结构发生变化。西班牙放弃了农业作为经济支柱的机构方案，成为一个半工业化国家。然而，这种蜕变使西班牙经济的依赖性更强，失去了主要的现代能源，也失去了不断革新工业的专利和发明的所有权。工业的持续发展已经不能再依靠本国制造的初级机械，不得不越来越多地依赖于先进的进口物资及货物，而购买这些物资和货物所需资金仍然取决于收成的好坏以及国际市场对餐桌和甜品的接受程度。采矿业的任何生产倒退或偶尔发生的气候灾难（如1956年至1957年的霜冻）都会危及工业现代化进程。

1957年，当共同市场推出其欧洲一体化模式时，佛朗哥政权一如既往以民意和侵犯私人利益为借口表达了反对。在最保守的部长们和佛朗哥本人对这个新机构表现出蔑视的同时，"改良派"主业团的技术官僚们却非常关注一体化能为西班牙经济带来的机遇。尽管遭到佛朗哥派嫡子嫡孙们的大肆唾骂，但欧洲主义和共同意识形态已深入人心。至少从1959年起，西班牙人就确信，无论从长远还是短期来看，他们的命运非欧洲莫属。佛朗哥政府亮出经济牌，尽可能地掩盖其强制性反对政治和社会改革的立场。

决定贸易和经济开放的是国家严峻的财政状况，1957年，西班牙濒临破产。国内的主要金融指标失控，国家的货币政策也很糟糕，预算赤字不断攀升，而赤字又是通过不断发债来弥补的。政府决心抑制货币扩张，减少债务，并着手进行艰难的税制改革。这是达到收支平衡借以消除公共赤字的唯一途径。1957年的税制改革，包括打击欺诈行为和实行新的税收估算，大大增加了国家的常规收入。但是这次改革并没有改变不合时宜的税制，这种税制在向民主过渡之前几乎没有修改过。1970年，西班牙的税收水平在所有经济合作与发展组织国家（OECD）中是最低的。在政府的推动下，西班牙加入了欧洲经济合作组织（OECE）、国际货币基金组织（Fondo Monetario Internacional）和国际复兴开发银行（Banco Internacional de Reconstrucción y Fomento），并从它们那里获得的资金和建议转化为有效的货币和财政政策措施，以刺激新一轮的物质需求。

经济政策与西方世界接轨的时机已经到来，但必须首先通过稳定来完成技术官僚政府的自由化计划。从1959年起，除了技术官僚主义和经济增长之外，佛朗哥政权没有其他"经"可以念。一揽子稳定措施限制了公共开支，部分放开了对外贸易，重组了银行系统，并鼓励外国投资。1960年的保护主义关税安抚了害怕自由化的商人，鼓励了投资。国际收支很快出现盈余，通货膨胀率降低，获得了重要的国际信贷，旅游业也因比塞塔币贬值而颇具吸引力，成为西班牙经济进步的关键因素。然而，工人阶级因失业和工资冻结而受到了影响。新的社会分工没有出现，因为欧洲经济扩张导致大量移民向外输出。在1960年至1970年，有100万工人通过合法渠道移民到法国、德国、瑞士、比利时和荷兰，但非正式移民的人数几乎超过了这一数字。所有这些人都成为"奇迹"十年的主角，他们用相当于旅游业收入三分之一的外汇汇款为工业进步提供了资金。

稳定计划之后的经济衰退一结束，发展主义占上风的意识形态时期就开始了。这一时期主张将人均收入的增长作为国家的最高志愿：1963年人均收入超过了500美元，8年后超过了1000美元。1963年至1975年，"三个发展计划"（Tres Planes de Desarrollo）通过一系列对公共部门具有约束力、对商人具有指导意义的增长预测，引导着国家的经济生活。通过这些规划，许多属于主业团的政府技术官僚——洛佩斯·罗德（López Rodó）、乌拉斯特雷斯、洛佩斯·布拉沃（López Bravo）、纳瓦罗·卢比奥寻求国民生产总值的增长、充分就业、更公平的财富分配和与世界经济接轨的稳步推进。虽然并非所有目标都得到了实现，但从1960年到1965年，西班牙经济年均增长

8.6%，工业生产增长超过13%。在国际经济东风的助推下，西班牙摘掉了欠发达的帽子，加入了富国俱乐部，成为第十大工业国。

电力部门的生产能力与20世纪40年代的半手工业相比已不可同日而语。1972年，电力部门的总营业额达到了650亿千瓦时。钢铁产量在1973年接近1000万吨，而水泥产量在1972年超过1950万吨，几乎是战后总产量的20倍。汽车工业的发展最为显著，成为大众消费的汽车在西班牙社会日益普及——1972年，西班牙生产了60多万辆轿车和9.4万辆卡车。目前，西班牙有五大汽车制造商，其中一些企业，如西雅特和雷诺（Renault）已跻身于西班牙最大的工业企业之列。西班牙造船厂在过去十年中取得了长足的进步，跻身于世界上最重要的造船厂之列，接收来自世界各地的订单。1972年，冰箱的产量接近150万台，洗衣机的产量超过75万台，电视机也受到了大多数人的追捧，产量达到70万台。由此，西班牙屋顶上的新型天线被视为一个稳固消费社会的标志。

西班牙经济发展的另一面，不仅是农业领域的浩劫，还有经济发展的地区间差异及分配不公。各省的人均收入排名没有变化：1955年生活水平最高的地区——吉普斯夸、比斯开、巴塞罗那、马德里、阿拉瓦在15年后依然保持着头部位置，而生活水平较低的省份——奥伦塞、阿尔梅里亚、哈恩、卡塞雷斯（Cárceres）、格拉纳达则没有摆脱垫底的位置。经过规划，维戈、巴利亚多利德、萨拉戈萨和布尔戈斯出现了一些工业特区，但在加利西亚、卡斯蒂利亚、阿拉贡、埃斯特雷马杜拉和安达卢西亚，落后状况依然存在。

在经济繁荣时期，对过于强大银行体系的担忧促使政府颁布立法，以保持对银行系统的控制。然而，随着金融市场变得越来越复杂，种种立法措施往往是无效的，如强制性准备金率、最低储备金或股息分配限制等。银行权力的增加受到秉持传统"反垄断"立场的佛朗哥派经济学家的谴责。然而，金融扩张正变得不可遏制，成为经济体系发展所固有和必需的部分。货币的不断创造、旅游和移民带来的外币流入、西班牙工业的首次出口以及大量外国资本的涌入所带来巨大的货币流是无法遏制的。另一方面，由于外资银行的渗透力还不够，而民族主义舆论又不愿意看到这种情况发生，因此西班牙本国银行的发展势头不可阻挡。由于财政更加灵活，投机性增资在股票市场上产生了巨大的资本收益，股东人数的增加提高了银行业在那些不习惯于冒险的投资者之中的声望。这些投资者购买了国家或西班牙电信公司的债券。

随着工业发展的加速，外国资本纷纷涌入，建立子公司或收购本土公司，尤其是在钢铁、化工和机械制造领域。美国人是赢家，他们的投资战略比20世纪初帝国主义鼎盛时期的英国人和法国人更加迅速。在其政府的保护下，跨国公司顺风顺水，只有反对派谴责外国资金掠夺西班牙的颠覆性言论才会让他们感到不安。

颠覆性福利

在工业不断发展、消费享受日益增多的同时，内部移民现象也在改变着城市的面貌，使"深度西班牙"（España profunda）的边缘化程度越来越高。在经济发展的年代里，有400多万人来到城市，放弃了传统的生活习惯，栖身于马德里、巴塞罗那、毕尔巴鄂或巴伦西亚的都市喧闹之中。因"工程国"称谓而广受赞誉的西班牙，实施了道路改善工程，促进了伊比利亚半岛与各处之间的联系，但彻底实现交通现代化仍是一个有待解决的问题。自1970年以来，教育预算超过了军备预算，这表明西班牙人的行为准则和期望发生了真正的变化，他们对世俗价值观的要求越来越高。自相矛盾的是，主业团的技术官僚们掀起的旋风使西班牙社会与重视福祉的文化相吻合：乐于接受世俗的激励，而较少受到超自然之力的诱惑。

西班牙终于成为一个世俗国家，公民道德以尊重个人权利为中心，并且在性关系方面更加宽容。

在教区会议的推动及神职人员和天主教左派的反抗下，自1969年起，教会与佛朗哥的关系严重恶化，分歧不断。合法化的游戏是要付出代价的，当代价对教会来说似乎过高时，它就准备收起笑脸了，比如在萨莫拉开设神职人员特别监狱。这是那个自诩为基督教政权的矛盾之一：在西班牙，被关押的牧师比欧洲任何其他国家（包括共产党执政国家）都要多。

为使自己百年之后，西班牙仍然保持现有体制的连续性，佛朗哥在1966年通过颁布一部《组织法》以及恢复君主制，为未来规划了蓝图。他认为通过这个规划，将让一切都回归正轨。三年后，议会秉承其主人佛朗哥的旨意，确认胡安·卡洛斯王子为继任者——他一直伪装成卡洛斯派。

这一切让向温和的佛朗哥主义和平过渡有了保障。然而，反对派和大多数亲佛朗哥的检察官，当然还有西班牙社会，实际上都不了解这位王子的个性和意图，也无法预见即将发生的变化。

1970年，反对佛朗哥政权的势力围绕"布尔戈斯审判"进行了大量宣传。这次对15名被控参与谋杀一名警官的埃塔组织成员进行了审判。政府希望给埃塔组织成员一个教训，并试图将这次审判作为对该组织的全面审判。结果却恰恰相反，佛朗哥主义成了主要被告：自内战结束以来，从未有任何案件能够就审判埃塔组织达成一致。反对派的鼓动并没有从根本上动摇该政权的根基。一次不寻常的信息开放（其起源至今仍不清楚）让公众舆论满怀激动和希望地关注着对几名埃塔组织成员的审判。在这次审判中，他们宣布自己为马列主义者，并认为这定会让佛朗哥派感到羞耻。与独裁统治的艰难时期一样，这的确在国际上引起了舆论的强烈反响，足以让佛朗哥相信赦免是明智之举。

从那时起，埃塔组织经历了最严重的分裂，但仍与劳工界的煽动者——各个"工人委员会"和共产党一起领导颠覆行动，他们希望团结所有反佛朗哥主义的力量。西班牙工人社会党的行动要少得多，该党长期以来一直坚信，政权的垮台要依靠外国的干涉，而不是国内混乱。1974年，随着费利佩·冈萨雷斯成为党首，西班牙工人社会党流亡领导层与内部反抗者之间的分歧得到了解决，后者接管了该党的行政机构。

自1967年以来，穆尼奥斯·格兰德斯（Muñoz Grandes）的继任者——政府副首相卡雷罗·布兰科上将一直被认为是强硬派的代表，其治下的政权徒劳地寻求将"有限多元化"制度化，以应对继任问题。这位被称为佛朗哥"智囊"的人物于1973年被任命为内阁首相，在他的帮助下，政府试图浇灭支持工会改革的"国民运动"左翼的愿望，冻结工会活动并加强镇压。

镇压的结果是，劳工界遭受了沉重打击，大学秩序混乱，新闻控制加强，反恐斗争失败。面对职业主义的冲击，一些政权家族采取了半反对立场，开始宣传改革派的替代方案，并将希望寄托在后佛朗哥主义上。

1973年的最后几天，埃塔组织的一支突击队暗杀了卡雷罗，从根本上改变了权力平衡，促进了"国民运动"新生代的诞生。从那时起，佛朗哥的健康状况日渐恶化，而他的体制开始全面加速解体，新首相阿里亚斯·纳瓦罗（Arias Navarro）也无力阻止这一进程。阿里亚斯倡导的"改革"虽然遭到了一党制模式最坚定捍卫者的强烈反对，但对于一个已经在很多方面要求与周边欧洲国家政治同质化的社会来说，改革还是不够的。在葡萄牙，由于不满萨拉查的继任者为政权提供的延续主义解决方案，军官们领导了一场不流血的革命，这场革命改变了葡萄牙的政治体制，开辟了一条自由之路，从而激发了人们对西班牙变革的期望。由于能源产品价格不断上涨，世界危机初露端倪，消费者物价指数飙升，比上一年增长了15.70%，这都意味着实际工资的降低。

罗马教廷趁马德里教区主教去世之际，出其不意地将红衣主教塔兰孔（Tarrancón）安排到了马德里教区，教会的政治转型取得了成功。随着佛朗哥政权进入末期，教会与一切反对力量一样，加快了要求承认个人权利、肯定某些民族的种族和文化特性以及要求大赦政治犯的步伐。佛朗哥政权在四面楚歌中断了气，当时的西班牙，国家陷入紧急状态，埃塔组织和革命反法西斯爱国阵线（FRAP）不断发动袭击，政府处决激进分子，逮捕反对组织成员，摩洛哥对撒哈拉——西班牙去殖民化前的最后堡垒提出主权要求。

这些，都意味着佛朗哥政权在社会福利基础之上谋求合法性的新努力失败了。

佛朗哥之后是什么

1975年11月，当佛朗哥最终在平静中离开人世之时，一些现在已经变得屡见不鲜的词汇——自由、大赦、自治、选举等，在随后的岁月里书写历史。独裁者死后，许多人认为他们"杀死了父亲"，同时也杀死了他们"家族中的魔鬼"，使他们很快就会意识到，私人生活和公共生活的自由需要对某种法令、宪法或条例进行修正，才能避免西班牙的新乱局。在国家的每个角落，政权总是输给民众的主动性，而民众的主动性并不止步于所谓的"生效的合法性"。佛朗哥政权的政治特点及其持续时间，对接替佛朗哥政权的民主政权在初始阶段所表现出的态度和愿望产生了相当大的影响。西班牙人厌倦了多年来的差异化生活，他们急于在政治变革使个人自由合法化之前实现这些自由。按照欧洲的文化范式，西班牙社会开始了一种生活方式，这种生活方式在佛朗哥时代的最后几年中就开始秘密上演，等待着即将上台政权的批准。

胡安·卡洛斯一世在他作为国王的第一次演讲中展现了一种新的风尚：对内战和"国民运动"只字不提。然而，以阿里亚斯·纳瓦罗为首的第一届政府很可能就是佛朗哥内阁的翻版。当一位名不见经传的佛朗哥派官僚阿道弗·苏亚雷斯一跃成为行政机构首脑时，国家出现了转机。现在看来，胡安·卡洛斯显然非常了解他的性格，对他的任命是王室的巨大成功：他是从疲惫不堪的独裁统治过渡到热情洋溢的民主制度的真正设计师。在佛朗哥去世后不到一年的时间里，这位年轻的首相已经成功地让佛朗哥派的人实现"切腹"——施行基于普选的两院制。

佛朗哥政权像武士一样死于自己的法律之剑下，实现了向民主的过渡。

希腊、葡萄牙和西班牙这三个欧洲国家几乎同时开始的转型，引起了学者们的兴趣。这些国家的相似之处在于缺乏宽容和多元化的传统，相反地，它们的军队倾向于干预政府事务。西班牙转型期的特殊性在于，大多数公民既不认为连续主义运动代表了他们，也不认为制度化的反对派代表了他们。西班牙转型的其他独特因素还包括国王所发挥的突出作用和自治主义的激进性。

大部分西班牙人希望这场变革没有风险，不会危及他们的社会经济地位；甚至在相关政策出台之前，他们就已经达成了共识。西班牙希望通过共同市场融入欧洲经济，同时也需要维持一个充满活力、不断发展的社会，而在这样的社会中，维持落后的政治体制无异于自杀。另一方面，民主反对派作为"和平决裂"诡辩的发明者，根基薄弱、组织不力、长期分裂，显然无法成为改良主义的替代品。正如所有政权更迭一样，大量的投机倒把者或胆小鬼纷纷涌向政治改革办公室，试图寻求反佛朗哥主义的实验。

随着改革的推进以及政党和工会合法化等措施的实施，西班牙的制度呈现出更加稳定的基调，君主制的政治体制帮助其从形式上摆脱了佛朗哥政权的影响，从而向民主西班牙的完全同质性跃进。在这一过渡时期，政治的主要舞台在街头，工人们举行抗议和暴动，要求赦免独裁政权时期裁定的罪行。警察与示威者之间的激烈冲突一再危及民主正常化，并敦促政府根除佛朗哥时代镇压部队养成的陋习。

从佛朗哥逝世的那一刻起，国家就把目光投向军队，虽然还不清楚该如何处理军队，但必须尽快让军队回归民主。军队不仅过时也不自由，人们不信任军队，担心一有机会，一场简单的军营政变就会阻断通往自由的道路。为了将军队纳入新的政治体系，阿道弗·苏亚雷斯顺势对军队进行了改革，使其更加专业化，建立了以国王为统帅的武装力量体系。埃塔组织和10月1日反法西斯组织（GREPO）都不会轻易罢休；他们对高级军官持续攻击且不断挑衅军队，导致了长时间持续不断地针锋相对。1977年春，苏亚雷斯在民主化进程中取得了巨大成功，共产党的合法化成为激怒军队的最后一根稻草。作为政府关注军队"文明化"的标志，国防部成立后立即委托一名文职人员负责领导军队并在军队中推广民主精神。

教会对过渡时期准备得更加充分，它凭借其等级制度欢迎全体西班牙人共享政治共存。不再有共和国时期发生的修道院被焚毁和教士被屠杀现象。从支持军事独裁到支持民主体制，教会从未在如此短的时间内实现过这么快的转变。教会吸取了在"国民运动"中失败的教训，支持佛朗哥政权中的改革派，鼓励自由反对派，打压对新民主体制虎视眈眈的右翼保守势力。乍一看，教会好像放弃了建立"天主教国家"的企图，但是在教会要求其在宪法、教育体系或婚姻中占有一席之地的倡议当中，其野心暴露无遗。多元主义及其势不可挡的世俗化成为对其民主忠诚度的巨大考验。西班牙人仍有许多天主教传统和习俗，西班牙社会充斥着宗教符号，但教会正在迅速失去其昔日在规范社会秩序方面的影响力。随着新人的减少，神职人员的平均年龄急剧上升，这表明这个机构已经衰老，无法阻止宗教活动的减少：1990年，只有27%的西班牙人认为自己奉行天主教。

在40多年的选举空窗期后，西班牙人于1977年6月选出了他们在议会中的代表。以阿道弗·苏亚雷斯为核心，由多个中间党派、社会民主党和自由党组成的民主中间联盟赢得了选举，紧随其后的是由费利佩·冈萨雷斯领导的工人社会党。在即将获得绝对多数的情况下，民主中间联盟保住了自己的权力，却受到了一系列协议的摆布，而这些协议为过渡时期的岁月定下协商一致的基调。在变革热情催生的政治团体中，出现了不完善的两党制，这也是西班牙当前政党制度的特点：中右和中左两大议会党团，两侧分别是曼努埃尔·弗拉加（Manuel Fraga）领导的保守右派和圣地亚哥·卡里略领导的欧洲共产主义左派。选举还揭示了另一个在佛朗哥政权中与民主复兴有关的政治现实：巴斯克地区和加泰罗尼亚地区存在民族主义意识，巴斯克民族主义党和民主联合党在这两个地区的议会中占有重要席位。

宪法村

除具体发生的历史事件之外，过渡时期的历史进程还以两个基本轴心为导向：一是建设一个分权国家，承认各地区在行政和政府方面的实质独立性；二是在不同的政治和社会力量之间寻求共识，以便为政权提供一部具有广泛参与性的宪法。一些在佛朗哥执政期间一直积极反对社会经济制度的党派，失去其主要的身份标志，并在政治领域的变革中被其他党派吸收。这是一些人（如共产党人）要付出的代价，为了回答卡里略在时间隧道中提出的问题。佛朗哥之后是什么？这个问题在宪法和协议中得到了解决。佛朗哥之后是国家。

在佛朗哥政权的最后几年，经济繁荣、生活水平提高、融入消费社会，这弥补了社会弱势群体对自由的向往。但事实是，尽管财富大规模增长，却没有得到更好或更公平的分配，资本主义却几乎是惯性地寻求扩大战利品的范围。与此相反，在西班牙向民主过渡的同时，20世纪70年代世界经济危机的影响也随之而来。经济萧条暴露了这种体制下的所有负面要素，如市场衰退、库存堆积、工厂倒闭、失业等，其中最严重的是石油和其他原材料价格的猛烈却又不成比例地上涨，而发达国家的经济增长得益于以低廉的价格获取了这些原材料。随之而来的是生产成本上升，政府赤字扩大导致的高通胀每天都在威胁着企业、雇主和工人。1977年，通货膨胀达到了第三世界国家的平均水平——25%。这在西班牙战后的经济史上是前所未有的，并且超过了所有工业化国家的通货膨胀率。这与共和国陷入危机之时的情形是多么的类似。然而，欧洲的民主文学对西班牙充满信心，并给予其支持和拥护，于1977年将诺贝尔奖授予诗人比森特·阿莱克桑德雷（Vicente Alexchandre），以表彰他在佛朗哥政权文化虚无浪潮中的逆流而上。

随着经济状况的恶化，为获取收入而引发的社会对抗愈演愈烈，达到了令人震惊的地步。过渡时期的最初几年对于确定社会遏制战略的内容至关重要。当时，商业经济处于低谷，失业率开始肆虐，虽然还能忍受，但预示着一个不确定却更加戏剧化时期的到来。由于忙于处理紧急政治事件，当局没有提出太多的替代方案，他们的建议多倾向于实施一个"分摊危机"的方案。从公布的解决方案中，可以看出，"社会协议"政策中应用的主要内容是由政府、商界和政党–工会三方实施的，其基石是内阁和各政党在1977年签署的《蒙克洛亚协定》（Pactos de Moncloa）。在此之前，比塞塔贬值。这项政策最重要的目标是通过工会、社会主义政党和共产主义政党来确认宪法规定的经济和社会模式。为了使经济体系符合市场经济的规则，政府计划进行税收、社会保障和公共事业改革。

在20世纪80年代，《蒙克洛亚协定》营造了一种社会和平的氛围，减少了冲突，引导了劳工的需求。抛开意识形态上的信念不谈，工人阶级在《蒙克洛亚协定》的帮助下，接受了宪法规定的社会经济制度。此后，选举合法化为政府的经济政策提供了几乎无限的回旋余地。根据这些政策，政府试图通过高失业率补贴、税收宽松和企业破产清算，尤其是通过控制最终价格中的劳动力附加值来摆脱危机。

由于议会的主要力量达成了共识，《1978年宪法》（*Carta Magna*）成为西班牙历史上第一部达成共识的宪法，这不是由占统治地位的集团强加给国家的。西班牙左翼有着深厚的共和传统，但现在，左翼本着务实的精神，承认君主制对于在佛朗哥废墟上崛起的国家来说，是最佳的解决方案。因此，胡安·卡洛斯国王的民主合法性缺失问题就随着这部宪法获得多数支持而消除了。与欧洲许多同类型宪法相比，《1978年宪法》更加自由。这部宪法支持恢复各地区的权力，以回应加泰罗尼亚民族主义者和巴斯克民族主义者自19世纪以来所提出的自治要求。在后佛朗哥时代的早期，反中央集权的共识使政治家们将国家的行政和领土改革视为一项不可推卸的任务。不仅共和国承认的"历史民族"——加泰罗尼亚、巴斯克和加利西亚可以拥有自己的政府，而且所有根据宪法程序提出要求的地区都可以拥有自己的政府。

尽管《1978年宪法》首次承认了巴斯克人的历史诉求，但只得到了巴斯克民族主义党的弃权回应。宪法确认了西班牙主权的不可分割性，而阿拉那的子孙试图用一个条款来规避这一点，这导致了他们的弃权。尽管巴斯克民族主义者急切地等待着这部宪法获得批准，以便推进他们梦想中的国度，但他们更愿意继续玩游戏，就像他们的卡洛斯派先辈一样，不会以支持宪法的西班牙人形象出现。对于民族主义者来说，姿态比现实更重要，因而千万不能放过排斥宪法这一机会。当巴斯克民族主义党人就主权问题争论不休的时候，埃塔组织负责"干脏活儿"，认为只有政府亲自跟他们接触，他们才会停下。在《1978年宪法》通过的那一年，埃塔组织杀害了65人，比其在整个佛朗哥政权统治时期杀的人还要多。巴斯克民族主义与其说是一种意识形态，不如说是一种社会共识，脱胎于巴斯克民族主义的埃塔组织也是共识的产物，它接受这一共识，而非与之斗争。正因为如此，任何一个巴斯克民族主义者都可以谴责埃塔组织的手段，但是他永远无法在不背叛自己的前提下拒绝该组织的终极目标——巴斯克独立。传统的巴斯克民族主义长期以来一直在目的与手段之间摇摆，其核心是马基雅维利主义。根据权力和利益转移的节奏来支持或谴责埃塔组织，双方的恩恩怨怨一直延续至今。相比之下，政府与加泰罗尼亚的关系则较为轻松，因为苏亚雷斯在塔拉德拉斯（Tarradellas）身上找到了理想的对话者，将其视为流亡加泰罗尼亚政府的象征，苏亚雷斯立即将其安置在巴塞罗那，以示官方承认加泰罗尼亚的独特性。

由于自治情绪几乎仅限于加泰罗尼亚和巴斯克地区，政治阶层试图培养一种地区意识，为自治制度的普遍化奠定基础。其他地区的人们效仿加泰罗尼亚人和巴斯克人，挖掘自己的历史权利。经过一段蜿蜒曲折的过程，最终在1983年形成了由17个自治区组成的西班牙。1979年大选后，新的塔拉德拉斯成立，负责监督权力向各地区的转移。第一波热潮过后，自治热逐渐消退，暴露出各地区之间权力分割的负面影响。这种人为的划分方式，更多的是依靠历史观点而非经济或地理观点，这无疑增加了官僚主义和公共开支。

《1978年宪法》一经批准，政府就举行了选举，选举结果与上次全民公决的结果几乎完全相同。在上台之前，苏亚雷斯有时间与巴斯克民族主义者就《1978年宪法》达成一致。在此之前，还从未有任何法律条文如此深入地承认巴斯克族群的个人和集体权利。1979

年夏天是过渡时期最令人兴奋的时刻之一，但埃塔组织立即表示要继续进行武装斗争，直到赢得巴斯克独立为止。苏亚雷斯受到了批评，因为他没有利用巴斯克人的热情来遏制民族主义，并使他们公开接受西班牙的统一以及明确表示与中央政府联手打击埃塔组织。

　　阿道弗·苏亚雷斯在政权更替的重大问题上取得的所有一致意见，在为西班牙人的日常生活带来民主变革时都土崩瓦解了。由于没有在议会获得多数席位，主要的市政府又掌握在左翼手中，民主中间联盟政府不仅要面对国家及其机构的改革，还要面对离婚、教育、就业等棘手问题的宪法立法。民主中间联盟是一个意识形态和个人政治倾向的混合体，并不是制定全面改革方案的最佳平台。一心想拖垮政府的工人社会党没有提供任何帮助。自从其放弃将马克思主义作为自己的标志性特征以来，不断强化自己的团结形象。由于受到党内基督教民主派的骚扰，苏亚雷斯（Suárez）更倾向于与社会民主党保持一致，他宁愿甩手走人，让位于莱奥波尔多·卡尔沃·索特洛（Leopoldo Calvo-Sotelo），而后者完全没有前任的个人魅力。

　　随着政治改革找到了一条较为平稳的道路，面对埃塔组织的威胁，各政党获得了相当大的选票支持，并一步步确立了各自在民主制度中的位置，这种制度既充满合法性，又可能出现分歧。恐怖分子对这种"合围"的反应是以越来越极端的手段挑衅国家的军事和警察机构，试图降低改革的可信度和加大改革的局限性，希望最反动的"右翼"行动能够破坏稳定，或者，起码促成可以接受的谈判。在格尔尼卡（Guernica），人民团结党（HB）激进的民族主义者拒绝迎接国王，加之一名埃塔组织成员在警察局死亡所引发的抗议，造成了一连串的袭击事件，最终导致1981年2月23日发生了反动政变，一排国民警卫队成员占领了众议院。虽然政变策划者并未得偿所愿，取代民主制度，但他们确实在政府部门和全国各政党中引发了对自治政策的怀疑。利用这些拖延，巴斯克民族主义者在同中央政府的斗争中再次找到了不满和不理解的理由，而"埃塔组织"获得了一个新的机会得以继续发表其西班牙民主牵引者的过时言论。

在未遂政变和工人社会党上台执政之间，《离婚法》获得批准引发了议会的第一次违纪行为，之后民主中间联盟政府无法在大学、私营电视台等问题上找到平衡点，在政治上日益走进了死胡同。每当卡尔沃·索特洛为了安抚一个反叛派别而明确党的纲领，使其偏左或偏右时，他总是会在另一个派别中引起分裂，以至于当他号召西班牙人投票时，民主中间联盟政府在议会中失去了第三大政党的席位。在乱局中，民主中间联盟把西班牙送进了北大西洋公约组织（OTAN）。这是在佛朗哥时期就确定的目标，但彼时因为遭到北约成员国的反对而没有成功。民主中间联盟在公众舆论中的形象大打折扣。公众舆论倒向了工人社会党，更加呼吁改变政策。卡尔沃·索特洛顺从了局势，并将选举提前到了1982年10月。

傲慢的民主主义者

在与马克思主义决裂之后，工人社会党希望获得足够多的选票以实现单独组阁的目标。因此，这不是一个代表单一阶级或单一社会阶层的问题，而是为争取多数人支持而战的问题。在发达的社会，大多数人与执政党的利益是一致的。地区主义的轻浮言论、激进主义、工人阶级言论甚至反美主义都可以在推翻苏亚雷斯的过程中发挥作用，但它们不利于在选举中赢得绝对多数支持。相比之下，工人社会党的"变革"和"现代化"口号是年轻政治家们提出的，没有受到佛朗哥主义的污染，并承诺在公共服务和收入方面达到欧洲标准，因此很容易与整个西班牙社会的愿望联系在一起。此外，再加上工人社会党的"荣誉"历史、创造80万个净就业岗位的承诺以及领导人的号召力，费利佩·冈萨雷斯的获胜就水到渠成了。在西班牙，从来没有任何政党取得过如此压倒性的胜利。近49%的选民将选票投给了温和且持中间立场的工人社会党，他们赢得了绝对多数选票。曼努埃尔－弗拉加作为人民联盟（Alianza Popular）的领导人，在与获胜者的较量中，以牺牲民主中间联盟作为代价，因为坚持不懈而赢得了支持，成为西班牙右翼力量的伟大守护神。西班牙共产党（PCE），作为屡次内乱的受害者，一败涂地；而各种阵营的民族主义者只在加泰罗尼亚和巴斯克地区获得了一些选票。

　　经过一番犹豫踟蹰后，工人社会党推行的预算紧缩和经济调整政策并不受欢迎，这些政策导致比塞塔贬值，也使佛朗哥时代建立的公共工业企业纷纷倒闭。这一外科手术式的做法被委婉地称为"再转换"，其要求关闭大量的企业，尤其是钢铁、造船及家用电器等领域的企业，这直接导致大批劳动岗位被削减。由于前几届政府推迟改造，再转换对工人社会党来说是暴力的，对社会造成了极大的破坏，现在他们成了向工人下手的刽子手。除了高压电网之外，工人社会党没有将任何东西国有化。从1986年第二次执政开始，工人社会党开始对独裁统治时期成立的国有公司实施私有化。国家紧急接管了巨型控股公司（Rumasa）是因其涉及欺诈行为，其实也只是为了将其化整为零，交到私人手中。

　　由于经济增长乏力，在第一个四年执政期，就业率持续下降。工人社会党上台时失业率为16%，而1984年上升到20%，1985年更是达到了22%。在经济合作与发展组织（OECD）当中，没有任何一个国家如此糟糕，这反映了西班牙就业的结构性问题。后来，随着经济好转和鼓励临时雇佣，就业增长速度超过了欧洲工业化国家。1986年1月，西班牙成为欧共体的正式成员，重新获得了过去两个世纪以来一直被剥夺的欧洲国家地位。此外，在七年内取消与欧共体其他国家关税的做法掩盖了过去的保护主义争论，使西班牙经济进入了一个更广大的市场。在这一共同的框架内，西班牙不得不改变其对通货膨胀的放任政策和对经济增长的宽松政策。西班牙加入欧洲货币体系后，比塞塔的稳定性得到了加强。加上高利率，1992年的西班牙外汇储备排名跃居世界第三。

从欧洲接收西班牙加入其专属俱乐部的那一刻起，外国资本就推动了经济的发展，促进了经济的高增长率，并使官方公开宣扬的言论与西班牙奇迹相得益彰。为了缓解因庞大地下经济而略有改观的边缘失业状况，工人社会党所采取的政策强调与通货膨胀作斗争，而油价下跌、美元贬值和国际市场的大幅改善则为此提供了不可估量的帮助。但是，对缓解企业经济压力影响最显著的是工资政策和裁员，尤其是从1985年开始，影响更加明显。有几年，实际工资下降了几个百分点，严重威胁到劳动者的经济状况，这引起了那些希望通过协议提高工资工会的恐慌。在经济领域，欧洲也成了工人社会党推行他们一直想推行的新自由主义政策的借口。从1987年起，最激进的工人对工人社会党的经济部长产生了怀疑和敌意，劳动者总工会和工人委员会（CCOO）指责工人社会党的经济部长以极高的社会代价恢复体制，却没有兑现投资或创造就业机会方面的补偿承诺。第二年，工人社会党政府创造了一项艰难的纪录，顶住了由自己的工会与"工人委员会"结盟发起的大罢工。这场罢工使国家陷入瘫痪，但这并没有阻止工人社会党在几个月后的选举中连续三次获得多数席位。

到1990年底，西班牙的好日子显然到头了——经济衰退。全国都准确地预测到了危机的爆发，并将其归咎于1992年的高额开销。这一年举办的塞维利亚世界博览会和巴塞罗那奥林匹克运动会都需要国家买单。一年后，这种欣喜已荡然无存，300万失业者是跻身欧洲行列幻觉的悲剧性反衬。西班牙经济困境的根源在于美国，因为美国的危机影响了美国的购买力和欧洲的商业。另一方面，根据《马斯特里赫特条约》，欧洲共同体各国，特别是西班牙都要进行额外的调整和紧缩。而欧洲共同市场经济的无情仲裁者——德国中央银行实施的紧缩货币政策，使西班牙的经济雪上加霜。

农业在西班牙的历史上长期处于主角的位置，其危机反映了劳动人口的老龄化和工人社会党的管理不善。他们在谈判加入欧共体时牺牲了农村的利益，以换取其他领域的优惠待遇。近100万人离开了劳动生产率极低、非资本化程度极高的农业。随着食品工业落入外资之手，西班牙农村陷入了痛苦之中，政府却匪夷所思地向农民提供资金，让他们放弃农业。这是"经济奇迹"作为基础的去农村化的新篇章，它使西班牙成为一个在大片人口稀少地区中散布着众多城市的国家。

在工人社会党的庇护下，投机和金融文化压倒了商业文化，催生了一代与快速商业运作挂钩的商人。他们通过这种方式获得了惊人的资本收益。投机者和暴发户是西班牙社会末期的新贵，他们的银行是欧洲利润最高的银行。现在，经济成功的基础不再是生产项目，而是依靠特权所提供的信息及与权力良好的关系，而且往往以牺牲道德原则为代价。在"还有你更多"的呼声中，各种颜色的政治家都受到了法官的审判。当他们在其他欧洲民主国家共享的奇观中揭开公共腐败的锅盖时，公民们真的是瞠目结舌。1991年，副首相阿方索·格拉（Alfonso Guerra）因家族势力操纵丑闻而被迫辞职。这种腐朽和赃款的味道严重威胁着政治家的形象，构成20世纪90年代绝大多数西班牙人对政治负面看法的基础。但最重要的是，它使工人社会党蒙羞，该党因腐败而受到谴责。当工人社会党在1993年春天决定提前举行选举时，其声誉跌至谷底。

各政党都只能置身事外，因为工人社会党最终只信任自己的客户、朋友和持卡党员：1984年，每3.8个西班牙工人社会党党员中就有一人担任公职。这种任人唯亲的做法使当前实行民主制度的西班牙可以与复辟时期的西班牙相媲美，在那时即使一位大臣把自己的理发师变成埃斯科里亚尔图书馆馆长，也没有人会感到惊讶。当工人社会党分发进步主义的专利证书并宣布废除特权证书时，社会却发现国家（各自治区也是如此）变成了家庭事务。在这样的代价下，西班牙人无法缓解政党建设薄弱的问题，而这通常被认为是当今体制的严重问题之一。就党员/选票比例而言，西班牙在欧洲垫底：每55个有选举权的西班牙人中，只有一人是议会政党的党员，而招募党员最多的是民族主义政党。在工会中，这一比例为四分之三。

在长达十年的时间里，绝大多数的法律规定使工人社会党不仅能执政，还能负责国家的整体管理。在这个民主化的项目中，法西斯主义的继承者与他们的被放逐者合作，工人社会党政府着手推动西班牙的现代化。在民主中间联盟执政时期，西班牙已经不再与众不同，接下来的目标就是让它变得更加相似。19世纪末，华金·科斯塔也认为，欧洲化使得国家找到通往社会福利和提高生活质量的道路。尽管工人社会党言辞激烈地抨击他们所继承遗产带来的负担，但他们还是能够利用之前民主中间联盟执政时所留下的许多施政措施。其中最主要的是财政改革，自1977年以来，财政改革的目标一直是为国家提供所需的资金，以扩大和改善公共服务。为了避免欺诈行为和提高法律效力，政府发起了一场税收战，采取说服和威胁相结合的方式，在1983年至1988年的五年间，增加了200万新纳税人。虽然税赋总体水平适中，没有达到欧洲的水平，但对于普通西班牙人来说，这却是一个沉重的负担，他们的工资因国家对大额资本和巨额收入的纵容而受到影响。与不足的公共服务相比，或者与其他欧洲国家相比，西班牙人的支出就显得更加沉重了。

现在，国家的公共资源比以往任何时候都要多，这也是公共部门不断扩大的原因。根据宪法，17个自治区都要配备相应的公共部门。工人社会党以牺牲私营部门为代价，提高了国家在教育、医疗等领域的参与度，但服务质量仍然不佳。现在，社会保障的受益人增加了600万，但医疗福利的普及程度仍然很低，并受到广泛批评。义务教育已经延长，但公共教育的物质条件没有任何明显改善。更令人不满的是政府无法为穷人提供廉价住房，西班牙平民只能无助地忍受着房价的疯狂上涨。

在工人社会党执政的整个十年期间，除了相互推诿责任和相互谩骂之外，教会与政府的关系恶化到了无法沟通的地步。在关系恶化的过程中，不仅是工人社会党的世俗主义计划会产生影响，而且教会当局的反对情绪也有很大的责任。自20世纪80年代初以来，教会当局就陷入了梵蒂冈领导层设计的"攻击性的天主教"之中。国家媒体对宗教问题的处理、堕胎（在某些情况下）的去罪化以及非大学教育的立法清单，都引发了两大势力之间的真正争斗。由于巴斯克教会高层对自治政府或埃塔组织的某些牧灵劝诫，一些斗争已经扩大到该地区范围之内。然而，教会内部对如何应对政府、斗争程度以及评估保守党派出于选举目的操纵教会战略的风险等问题并没有达成一致意见。另一方面，西班牙信徒没有资助教会的习惯，这迫使教会依赖政府预算，从而不得不寻求与政府达成某种妥协。

与1978年至1981的四年间相比，20世纪80年代，埃塔组织的恐怖袭击大幅减少。国家开始考虑采取具体措施，以迫使其通过谈判解决问题，但是没有考虑最终的政治变化或埃塔组织击败军队的可能性。工人社会党自上台以来，一直坚持所有的备选方案。一方面，其与埃塔组织建立了联系，如在阿尔及尔举行会谈，政府不仅没有公开也经常否认这种联系；另一方面，警方的行动日趋复杂和差异化。从1986年起，其开始依赖法国当局的援助，六年后，法国当局主动在比达尔（Bidart）逮捕了埃塔组织的主席。为了在与埃塔组织的博弈中获胜，工人社会党政府试图在该组织中制造分裂，为该组织的一些成员提供重新融入社会的机会。因为这个政策，几百名埃塔组织分子离开了监狱，他们的去向令人不安，一名投诚政府的前埃塔组织成员被杀害。

政府决定将这些囚犯分散关押在西班牙监狱中，以避免该团伙的强硬派对大批囚犯实施胁迫。尽管"埃塔组织"继续进行谋杀和勒索，但工人社会党政府在反恐斗争中还是取得了重大成就，许多西班牙人都盼望埃塔组织带来的噩梦能尽快结束。

佛朗哥逝世17年之后，西班牙发生了巨大变化，但在某些领域，如经济和政治变革却深陷泥潭。虽然人民政权只是一党独大的现实，弃权也威胁着民主模式，但民间社会仍未摆脱政治的束缚，任由贪婪的官僚机构吞噬自己。原始性与现代性并存的西班牙在21世纪仍然得面对多种历史疑难问题并存的局面，因为其继承了充满愚蠢因素的历史。在去意识形态化的堕落过程中，工人社会党抛弃了自由主义的伟大希望，背上了专制主义的包袱和不受约束的家长式作风。加入北约、投身海湾战争、与工会的斗争无一不是为了消灭左翼政治文化，以彰显"费利佩主义"的做法。在自取灭亡的现实社会主义火堆中，西班牙历届政府不仅焚烧了十月革命的价值观，还焚烧了法国大革命的一些价值观。在提高警方维护公民安全、打击税务欺诈和打击贩毒的效率借口之下，为个人自由的道路设置了障碍，而信息技术的威胁也笼罩着公民的隐私。

第十六章
世纪之交

难忘的时刻

两次货币贬值以及经济繁荣时期最大的外国投资者托拉斯－基奥（Torras KIO）跨国公司暂停付款对西班牙人造成了严重打击。1993年，当西班牙人还没从打击当中恢复过来之时，所有人的情绪被媒体的"不寒而栗"和"情绪泛滥"所牵动。当电台脱口秀节目通过争论人性和神性来吸引人们的情绪和理智之时，费利佩·冈萨雷斯因其政党的丑闻而风声鹤唳，只能在1993年6月6日举行选举，让公民在已知的坏人和未知的右派之间作出选择。最终，费利佩·冈萨雷斯的第六感及其巧妙利用对右翼恐惧的做法打破了预料中的平局，使本该属于左翼联盟（Izquierda Unida）的选票导向了工人社会党。在阿斯纳尔和冈萨雷斯之间，西班牙人选择有条件地原谅工人社会党，但没有让他们获得绝对多数选票。费利佩·冈萨雷斯没有按照选民的要求联合胡利奥·安吉塔（Julio Anguita），而是令人不解地在加泰罗尼亚和巴斯克的民族主义者面前跳起了回旋舞。

民主联合党在议会中对工人社会党的支持极大提升了时任加泰罗尼亚政府主席乔尔迪·普霍尔的政治地位，他一时风头无两，人们甚至忘记了加泰罗尼亚银行（Banca Catalana）破产的阴影。西班牙的治理模式也有相应的代价：按照加泰罗尼亚地区的要求，将个人所得税（IRPF）的15%划归给各个自治区。这种自治财政模式引发了人民党（Partido Popular）的强烈反对，他们指责这加大了富裕自治区和弱势自治区之间的差距。

为了履行"变革的变革"的竞选承诺，费利佩·冈萨雷斯将独立人士纳入了政府的行动之中，如法官贝洛奇（Belloch）和加尔松（Garzón），同时解雇了部长卡洛斯·索尔恰加（Carlos Solchaga），其因经济投机的失败而被牺牲，这引起了好战派和企业家们的议论。眼下，不讨人喜欢的尼古拉斯·雷东多（Nicolás Redondo）也退休了，他因PSV公司的房地产丑闻而受到困扰，被迫辞去了劳动者总工会的领导职务。

当西班牙银行介入西班牙信贷银行时，马里奥·孔德（Mario Conde）也难逃厄运。非法生意文化的巨头崩溃拖垮了该银行，其残余部分铸就了博蒂尼的桑坦德银行（Santander de Botín）在西班牙的金融霸权。在这凄惨时刻，只有米格尔·因杜兰（Miguel Induráin）不负众望再次赢得了环法自行车赛。

虽然产生了一些新变化，但政府无法让国家摆脱瘫痪状态，也无法让工人社会党摆脱法官的控制，因为这些法官决心揭开贪污腐败事件的真相。冈萨雷斯首相在民主联合党的授意下，试图通过低质量和低工资的工作，即各个工会抨击的"垃圾合同"，来缓解年轻失业者的困境。劳动者总工会和工人联盟的对策是举行第三次大罢工，但其只能动员一小部分工人。这一次罢工只有两个输家：一个是进步派政府，其破坏了与工会的沟通，让自己进一步颜面扫地；另一个是失职的工会领导人，他们没能正确地估计自己的势力，反而失去了群众基础，使得他们在社会经济的辩论中失去发声的能力。在西班牙历史上，左派从来没有给保守派送过这么大一份豪礼，他们让工会的反对声音偃旗息鼓，这有利于右派的人登上权力巅峰，实现社会和平。这就是第一届人民党政府唾手可得的成功。

欧洲的理念继续成为工人社会党的借口，使他们粉饰成功和掩盖失败。费利佩·冈萨雷斯是最亲欧的人，尽管"第一速度"让西班牙人民作出了牺牲，但他对自己的言论信心十足，甚至懒得就接受《马斯特里赫特条约》一事征求西班牙人民的意见。随着公民们勒紧裤腰带，原本以为已经消失的对欧洲悲观情绪又被重新燃起，而对西班牙的欧洲大陆伙伴是否曾是西班牙最好朋友的怀疑也一直存在。但真正让政治家和记者们夜不能寐的是腐败的爆发，它玷污了民主的形象，助长了政治的司法化和司法的政治化。由于工人社会党政府的眼中钉——《世界报》（*El Mundo*）的揭露，受苦受难的纳税人发现了国民警卫队司令和其他高级公务员是如何在创纪录的时间内积累了巨额财富的。随着路易斯·罗尔丹（Luis Roldán）的离奇逃跑和西班牙银行行长的被捕，工人社会党选举口号中的"百年诚信"变成了滑稽的"国民警卫队队长被两名卫兵夹在中间，卫兵队长卷钱逃跑"。在大西洋的另一端，获奖的是《美好时代》（*Belle époque*）。这次获奖让费尔南多·特鲁瓦（Fernando Trueba）本人也大吃一惊，他凭借奥斯卡奖让我们再次看到西班牙电影人打破了艰难的行业壁垒。

1994年7月，加尔松法官重启了对反恐怖主义解放团（GAL）的调查，这让全国上下人心惶惶。因为政客们接连不断的贪腐行为而变得异常敏感的公众舆论惊讶地发现，1983年至1987年，在法国和西班牙所发生的对埃塔组织及其亲属的谋杀，正是在马德里的部长办公室和情报部门的下水道里谋划的。为了结束政治混乱，用于资助这些行动的部分资金已经流入了这些公民保护者的账户，政府却无法了结这一事件，因为有人窃取了高级国防信息中心（CESID）的敏感报告并对政府进行勒索威胁。这些揭露导致了一段时期内，西班牙政治后果的不可预测，在随后的选举中对工人社会党产生了非常负面的影响。此外，对包括前内政大臣巴里翁努埃沃（Barrionuevo）在内的内政部前任官员的起诉，加剧了工人社会党与人民党之间的恶劣关系，并导致了阻碍法律行动的各种做法，损害了公共机构的声誉。从巴斯克地区来看，民族主义者对反恐怖主义解放团一案的解读动摇了国家的合法性，同时为人民团结党（Herri Batasuna）提供了喘息之机，因为此时该组织正因公民的反恐运动而感到困扰。

在这种情况下，与过渡时期的情况一样，埃塔组织的策略是尽可能多地制造凶杀案，以逼迫国家与之谈判。1993年夏天，在等待谈判期间，为了获取更多资金，埃塔组织成员绑架了吉普斯夸工业家胡利奥·伊格莱亚斯·萨莫拉（Julio Igleias Zamora），令他们没有预料到的是，在和平组织的推动下，巴斯克民众对这一事件的反应是组织抗议游行，要求释放萨莫拉。在这位商人被绑架的整个过程中，成千上万的巴斯克人站了出来，他们通过展示蓝色丝带来对抗暴力，这是对埃塔组织的拒绝。这是一个令人钦佩的公民示威活动，因为埃塔组织先前犯下的60起绑架事件都没有引起如此的反对声浪。

担心失去民心的人民团结党为了削弱巴斯克人的反恐力量，自1994年至1995年以来，展开了一种恐吓民众的战略，类似于第二次世界大战期间欧洲法西斯主义的"行动队"。他们对蓝色丝带携带者的攻击，对城市设施的袭击，以及恐吓性的涂鸦，都是为了在报纸上留下印记并恐吓那些抵制对"文明"民族主义实施野蛮行为的人。这种野蛮行为被不恰当地称为激进。每当市民集会谴责埃塔组织的罪行时，他们都必须忍受人民团结党的威胁性反对游行，而巴斯克政府对保护市民行使集会权利则漠不关心。这些激进年轻人的行为几乎不受惩处导致了政党之间的冲突，对于如何对待他们的侵犯性行为以及自治区警方的态度，各党派持有不同的观点，而自治区警方的消极态度令非民族主义者感到沮丧。

当民族主义者通过骚扰异见者来制造恐惧时，埃塔组织用杀人的方式表明他们是来真格的。因此，民族主义领导人的行动和宣言及其极权主义的性质本应令人不安，却在巴斯克社会的广大阶层中得到了平静的认可，因为恐惧已经让人们不敢对正在发生的事情有所批判。1995年1月，人民党因为其议员格雷戈里奥·奥多涅斯（Gregorio Ordóñez）而开始了受难。在所有的民意调查中，奥多涅斯都是下一届圣塞瓦斯蒂安市议会选举的绝对赢家，这对于那些秉持巴斯克主义的人来说是不可接受的。4月，首相候选人何塞·马里亚·阿斯纳尔躲过了一次暗杀，这要感谢他汽车的防弹护罩。当有人计划在马略卡岛的帕尔马市刺杀国王的消息传开时，整个夏天都笼罩在寒意之中，而年底的马德里爆炸则是由放置在一辆海军军车必经之路的汽车炸弹所引发的。在这一系列螺旋上升的恐怖事件中，工人社会党失去了冈萨雷斯的两位朋友——巴斯克社会主义的领导人费尔南多·穆尼加（Fernando Múniga）和前宪法法庭主席弗兰西斯科·托马斯·依瓦伦特（Francisco Tomás y Valiente）。很明显，这些人被谋杀是因为他们认为民主意味着行使"自由"这个词，但是，恐怖分子的罪行并没有打击政府的士气，政府反而通过一系列反恐行动提升了士气。

右翼逐渐壮大

在1994年的欧洲议会选举以及次年的市政和地区选举中，腐败事件都给工人社会党造成了巨大损失，也使费利佩·冈萨雷斯更加不愿意举行大选。别有用心的人民党喜气洋洋地要求提前举行大选，但遭到了冈萨雷斯的拒绝，他谴责人民党和左翼联盟（IU）对工人社会党的"夹击"，同时谴责街头小报的阴谋论。除了普霍尔（Pujol）之外，所有人都反对他。民意调查显示，保守派在城市阶层、年轻人和受教育程度较高的人群中日益得到支持，而工人社会党则在农村地区和退休人员中裹足不前。这种丧失中产阶级支持的趋势在市政选举中就已显现，工人社会党丢掉了国内三大城市。只有巴塞罗那保持了忠诚，因为左翼和非民族主义者的有效选票都投给了马拉加尔。

为了争取更温和的选民，人民党毫不犹豫地抨击了工人社会党内阁的施政失败，称其是各种腐败案和反恐怖主义解放团案的滋生温床。人民党也主张采取削减公共开支的做法，这种做法曾让工人社会党击败民主中间联盟。保守派的友好形象也在媒体上得到了宣传，人民党的上层也更加年轻化，并且精挑细选地为一些女性候选人安排了职位。通过这些改变，人民党让西班牙的保守势力与时俱进，能够争取更多的选票，这与其在佛朗哥时代的遭遇不同，人们不再对右翼充满恐惧。在离婚、特殊条件下堕胎去罪化、废除义务兵役制以及捍卫福利国家等妥协性问题上的克制，帮助该党打破了将西班牙右翼等同于专制主义的刻板印象，这与西班牙工人社会党在1982年将左翼视为革命和社会冲突同义词的做法如出一辙。

费利佩·冈萨雷斯被国内问题压得喘不过气来，又被媒体和法院逼得走投无路。他几乎无法对抗人民党的进攻，也无法让自己的党派洗心革面。他以高昂的姿态结束了欧盟轮值主席国的任期，并成功地将索拉纳（Solana）推上了北约秘书长的职位，同时还承诺提高已冻结两年的养老金和公务员工资。然而，西班牙人记性差，这使得工人社会党无法利用其在教育、医疗等巩固福利国家方面的成功以及其在缩小西班牙与欧洲在通信基础设施方面差距的努力来弥补他们的失误。

11月，民主联合党在加泰罗尼亚失去了绝对多数选票，这给工人社会党的选举前景蒙上了一层阴影。加泰罗尼亚选票的流失和人民党在此地的壮大，是普霍尔为支持声名狼藉的工人社会党政府所付出的代价。几天后，这位务实的加泰罗尼亚领导人抛弃了冈萨雷斯，迫使其不得不在1996年3月举行选举。面对人民党一再提出的复兴西班牙道德的主张，骄傲自满的工人社会党在选举活动中一再强调他们取得的社会成就。他们吓唬自己的选民说，保守势力会吞噬福祉国家。人民党同样不遗余力地抨击工人社会党，他们担心选民两极分化，形成两大全国性政党。与大多数人预测的结果相反，人民党的胜利微乎其微，距离绝对多数还差20个议会席位，而工人社会党则惨败，但其自认为是胜利者。尽管工人社会党执政时丑闻不断，但许多西班牙人还是很难将选票投给人民党，因为他们怀疑阿斯纳尔的政治立场，也不信任这个由专制者弗拉加（Fraga）创建的政党。人民党在人口众多的加泰罗尼亚和安达卢西亚大获全胜，这也是他们最终取胜的根本原因。

由于党内只有156个席位，阿斯纳尔别无选择，只能通过谈判才能就任首相。民主联合党和巴斯克民族主义党成为左右局势的力量，这使一些工人社会党领导人在失败后欣喜若狂，他们还抱有幻想，认为人民党的谈判失败会让冈萨雷斯接过权杖。然而，他们没有料到民族主义者（他们的前合作伙伴）的长袖善舞，也没有料到阿斯纳尔会以顽强的毅力完成谈判，即使这意味着他要放弃一些承诺。在长达两个月的时间里，人民党不得不忍耐曲折的谈判，而公众舆论也对为满足民族主义者的要求而付出的政治和经济代价感到不安。

鉴于普霍尔和阿萨柳斯（Arzalluz）不失时机地利用人民党在议会中的脆弱地位为自己的政党谋利，并希冀分别在加泰罗尼亚和巴斯克地区获得更大的自治权，但是达成这一协议对阿斯纳尔来说是一个真正的考验。通过民主联合党与候任经济部长罗德里戈·拉托（Rodrigo Rato）所达成的协议，加泰罗尼亚民族主义的要求暂时得到了满足，新的税收体制将30%的个人所得税让给了各个自治区，而普霍尔则通过承诺提供加入欧元区所需的稳定给足了人民党面子。巴斯克民族主义党不仅成功地推销了自己的商品，还获得了一项税收协议的奖励。根据这项协议，巴斯克地区财政部可以自由规定个人税和公司税税率，还可以征收中央财政专有的特别税。这是一个强有力的自治工具，同时也是一个"客户至上"的工具，因为其允许根据巴斯克民族主义党的国家建设项目来规划税收，并能够为巴斯克地区吸引新的投资，而邻近的自治区和布鲁塞尔都对此感到不满。

从议会投票的角度来看，人民党与巴斯克民族主义党达成的协议没有多大帮助，但是引起了加泰罗尼亚人的羡慕，他们认为应该凭借自己的实力，索求与其潜力相称的经济协议，或者至少可以要求中央政府提供必要的资金来资助他们的医疗保健赤字。因此，尽管现在最委屈的是工人社会党控制的自治区，尤其是安达卢西亚和埃斯特雷马杜拉，但是西班牙最富裕的地区——加泰罗尼亚又再次兴风作浪。人民党在批判工人社会党对加泰罗尼亚的施政措施时称其"是弃国家主权于不顾"，现在自己却将这种做法奉为现实主义和政治理念的典范。然而，部分舆论将人民党对加泰罗尼亚民族主义者和巴斯克民族主义者的馈赠和让步视为政府的公然投降，认为这危及国家的宪政架构，甚至是动摇了西班牙的根本理念。乔尔迪·普霍尔（Jordi Pujol）坚信其对人民党在议会中的支持会给他带来力量，他甚至呼吁对《宪法》进行新的诠释，以便从他所认为的"加泰罗尼亚差异性"中获得更大的利益。

人民党政府引发广泛不满的另一个因素是阿斯纳尔借国家之名，反对向法官递交情报部门的几份报告——它们让先前的反恐行动备受怀疑。在这个节骨眼上，政府甚至不知道如何兑现废除义务兵役制的承诺，而这一社会诉求在左翼各政党中根深蒂固——承诺本应该为西班牙按照其国际承诺建立一支职业军队铺平道路，以结束一个世纪以来困扰政府和议会的漫长军事改革之路。

随着时间的推移，人民党的初心与现实的矛盾逐渐显现出来——人民没有动力对军队进行职业化。年复一年，新组建的西班牙军队无法保持兵员数量，同时，因为军备老化和对外军事行动过多所引发的不安也与日俱增。

缺乏政治营销策略的做法使其在男女平等进程方面所取得的进展得不到重视。为了实现男女平等，西班牙放弃了那些不被看好的字眼。而为了反映这一变化，人民党政府通过了一项法律，允许职业妇女将部分产假让给配偶，并在2000年2月打破传统，允许将子女的姓氏颠倒过来。不过，在20世纪末，真正让西班牙男女站在同一起跑线上的是新服装形式的发明，使豪华服装几乎成为日常消费的对象。这就是阿曼西奥·奥尔特加（Amancio Ortega）所开创的飒拉（Zara）时代。飒拉在短短几年内就以其低廉的价格和易于搭配的设计征服了西班牙各大都市最好的橱窗，让数百万顾客感受到了穿着高档服装的感觉。

北方的叛乱

在经济领域，人民党与其巴斯克伙伴之间的关系看似和谐，但双方对恐怖主义及其附庸的反应则大相径庭。现在，分歧的焦点转移到了按照1987—1989年以来由西班牙工人社会党政府在巴斯克民族主义党支持下制定的战略，即对在西班牙60所监狱服刑的埃塔组织成员的分散政策上。在反对暴力的社会抗议声中，恐怖分子囚犯是人民团结党最好的资本，也是其赖以生存的根本。为了维护所谓的权利，巴斯克民族主义党更容易中断其与"西班牙主义"各政党的合作。面对内政部长马约尔·奥雷哈（Mayor Oreja）所支持的囚犯个性化对待措施，所有民族主义力量都要求停止分散囚犯，要求将他们集中到巴斯克地区的监狱中服刑。

在公务员奥尔特加·拉腊（Ortega Lara）被绑架期间，这场争论愈演愈烈。恐怖分子绑架拉腊的目的是敲诈国家，使埃塔组织的囚犯们回到巴斯克地区。1996年10月，巴斯克地区议会在向斯特拉斯堡法院（Tribunal de Estrasburgo）提出上诉之前，通过了一项支持将囚犯遣返巴斯克的动议，上演了一出令人脸红的闹剧。然而，这场争论却为《阿胡里亚埃内亚协议》（Mesa de Ajuria Enea）打入了楔子。面对立宪派，根据这个协议，民族主义者和"左翼联盟"站在了一起。尽管在巴斯克地区，马约尔·奥雷哈被民族主义者当作疯狂迫害的靶子，但是面对强大的压力和埃塔组织的攻击，他仍然坚定地捍卫法治，再加上他温和的形象，使他与所有政治家相比，获得的评价最高，挽救了阿斯纳尔政府几个月来的不利局面。

在整个1997年，恐怖主义一直是西班牙人关注的焦点，人们的情绪在乐观和气馁之间徘徊，政府打击埃塔组织的行动风波不断。在经历了从工人社会党政府就开始的一系列复杂外交程序之后，人民党得到了来自欧盟的帮助。根据新的规定，法国交还了扣押在其境内的一部分埃塔组织成员，同时承诺坚决打击分裂运动的头目，西班牙则瓦解了埃塔组织最危险的突击队。但即便如此，埃塔组织的行动力依然不减，将两起同时发生的绑架事件延长到了夏初。一起绑架事件是为了收取数百万美元的赎金，另一起是作为讨价还价的筹码，让埃塔组织的囚犯被重新集中关押。

1997年7月1日，奥尔特加·拉腊被营救出来，不仅打压了埃塔组织的嚣张气焰，对于国民警卫队来说也是一次巨大的成功。这次行动的戏剧性和被营救者疲惫不堪的形象（他看起来就像纳粹集中营的幸存者）引起了公众舆论的反感，促使有利于埃塔囚犯的宣传活动暂时告一段落——他们的同伙毫无人道地折磨了拉腊32天。为了重新夺回主动权，在7月10日，埃塔组织绑架了比斯开的埃尔穆阿市（Ermua）人民党议员米格尔·安赫尔·布兰科（Miguel Angel Blanco）并向政府放出话，要求他们在48小时内将埃塔囚犯转移到巴斯克地区的监狱。7月12日，当埃塔组织杀害这位年轻政治家的时候，对在这座巴斯克城市所发生暴行的愤怒情绪很快就席卷整个西班牙。

社会受够了恐怖主义的横行肆虐，更反感他们用"埃尔穆阿精神"进行胁迫。成千上万的巴斯克公民打破禁忌，自发走上街头，表达他们对民族主义野蛮行径的愤怒，并要求政治家团结一致，共同面对埃塔组织及其亲信的暴行。在几个小时里，恐惧改变了西班牙人民的立场，不得不摒弃模棱两可的态度，必须选择是站在受害者一边，还是站在刽子手一边。600多万示威者对巴斯克地区的戏剧性事件深感痛心，他们走向西班牙的街头和广场谴责埃塔组织的暴行，在政客们对民族良知的迷惑面前，清晰地展示了西班牙真正的活力。

米格尔·安赫尔·布兰科（Miguel ngel Blanco）被害事件促使各党派围绕《阿胡里亚埃内亚协议》达成了暂时的和解。这些党派迫于形势，公开表示要孤立人民团结党，但并不谴责杀人行为本身。这一计划看似有效，但很快就被巴斯克民族主义党给削弱。该政党不顾政治口号和策略，急于压制公民运动，这也让人对其一贯精心策划却又缺乏明确定义的做法产生了怀疑。巴斯克民族主义者害怕，巴斯克公民越来越多地举行示威及其谴责个人自由的缺失，最终会导致对民族主义的大审判，因为民族主义正是巴斯克地区民主缺失的罪魁祸首。

尽管起起伏伏，但1997年7月的公民示威活动标志着一个历史性的转折，打破了自过渡时期以来笼罩巴斯克社会大部分地区的可怕沉寂。

不过，社会和警察对埃塔组织的追捕也有血腥的一面，而埃塔组织成员则通过谋杀人民党市议会代表进行反击。埃塔组织企图通过暗杀吉普斯夸和塞维利亚的议员来使人民党屈服，但这只能证明它自身的残暴，并进一步加速人民团结党被孤立。巴斯克人对这种反反复复的暴行感到愤怒和疲惫。此外，埃塔组织的嚣张还加速了民族主义政党和立宪政党的分裂，最高法院于1997年12月决定以与武装团伙合作罪监禁人民团结党的领导人。

拨乱反正

法院开始审理针对工人社会党领导人的案件，这给工人社会党带来了压力，也使阿斯纳尔政府在议会中失去了劲敌。虽然形势非常有利，但事实证明，内阁在头两年里无法改善在公众心目中的形象。公众指责内阁缺乏经验，未能履行其在选举做出的某些承诺。真正的反对派已经从议会转移到了媒体。而在媒体领域，人民党一直处于劣势。此时，普瑞萨媒体集团（PRISA）想要在数字付费电视领域建立垄断地位，这将加剧其与人民党政府之间的对抗。在八年的时间里，行政部门与巨头波兰科（Polanco）之间的战争削弱政府的公众形象，阻碍政府的项目，甚至是打击其成员的民主立场。在西班牙进步的喝彩声中，普瑞萨媒体集团正在巩固其数字垄断地位，而言论自由的捍卫者们没有意识到这种垄断给民主所带来的负面影响。

阿斯纳尔和波兰科之间的斗争掩盖了一场更为激烈的西班牙媒体霸权争夺战。这场战争的参与者是西班牙的四大媒体公司，而人民党始终是这场战争的受害者。除了无处不在的普瑞萨媒体集团，还有《国家报》（El País）、赛尔广播电台（Cadena Ser）和"更多频道"付费电视台（Canal+）。邮报集团（El Correo）也在这几年苗壮成长起来，并在收购了历史悠久的《ABC报》之后，成为沃森托（Vocento）公司。之后，又收购了电视5台（Telecinco）。

在阿斯纳尔政府执政初期，西班牙电信公司（Telefónica）的加入及其在天线3电台（Antena 3）和零点电台（Onda Cero）的巨大资源投入刺激了视听新闻业的发展，这引发了私人公司的反对，因为它们担心政府正在推动建立一个巨大的电信集团，其中就包括《世界报》。由于这一计划不公开透明，人民党失去了强大的舆论支持，如左派所控制的《国家报》。这一缺陷迫使人民党在很大程度上依赖于公共电视台，为操纵媒体进行批评提供了一个机会，无法与私营频道以及加泰罗尼亚、安达卢西亚和巴斯克地区电视台的咄咄逼人之势相抗衡。在上述地区，这些电视台的节目宣传反人民党的策略，使其在选举中寸步难行。阿斯纳尔政府的孤独感愈发强烈，在其执政的最后阶段，甚至《世界报》和保守派的《沃森托》（Vocento）都弃之如敝履。而这个时候，阿斯纳尔政府最需要与媒体建立联系，以便向公众解释其所作出的那些最冒险的决定，并抵消左翼所制造的舆论。在这场媒体之争中，不仅政府损失惨重，整个西班牙社会也不得不忍受低俗、低级趣味和贩卖隐私的垃圾电视节目。

人民党执政后，计划于1999年1月1日第一批加入欧元区。由于20世纪90年代的危机和西班牙落后的经济结构，《马斯特里赫特条约》关于平衡预算的要求似乎无法实现。西班牙不想在始发站错失重新登上欧洲列车的机会，就必须进行调整。为了给政府留出足够的喘息空间，阿斯纳尔于1996年10月与工会签署了一项协议，以便确保在2000年前养老金的购买力都不变。他还承诺防止"垃圾合同"带来的最大负面影响。西班牙尽管经济繁荣，但失业率仍居欧盟之首，而在经济领域，许多工作岗位的不稳定阻碍了投资和消费。

尽管工会提出了抗议，但公务员的工资再次被冻结。最重要的是，各部委的投资受到了抑制。在经历了工人社会党"时代的推土机"把国家推得四脚朝天之后，现在到了让大型公共工程"刹车"

的时候了。但是，这并不妨碍西班牙完成两个最紧迫的交通项目：西班牙东南沿海地区高速公路（la autovía de Levante）和加利西亚高速公路（autovías de Galicia），前者缩短了首都马德里与巴伦西亚的距离，后者通过改善西北部与梅塞塔之间的道路，彻底打破西班牙这一地区与世隔绝的状态，平息一个在历史上被遗忘的地区的不安情绪。同样，在最初的摇摆不定之后，马德里和巴塞罗那之间的高铁（AVE）开始修建，但是阿斯纳尔在任期内不会看到这一西班牙新铁路网主干线路的完工了。

在控制公共赤字和通货膨胀率下降的双重压力下，政府利用货币当局不断下调利率的政策。在不到两年的时间里，西班牙银行已将利率降至3%的欧洲水平，减少了前几届议会中居高不下的公共债务。利率的下降给西班牙人的储蓄习惯带来了历史性的变化，受到存折和定期存款（尤其是广受欢迎的西班牙债券）收益过低的影响，人们现在必须寻找其他投资方式。为了吸引资金，银行大量推出投资基金，而股票交易也因企业获利的消息创下历史新高。

在这种大众资本主义的崛起过程中，拉托（Ratone）部长也开启了经济自由化的尝试，以便提振西班牙经济在欧洲的影响。在某些情况下，政府先于欧盟，打破了企业的垄断。这些垄断企业，尤其是能源和电信领域，是20世纪西班牙发展的基础。竞争的到来刺激了西班牙大型企业的更新换代；同时，在日常生活中，抵押贷款、电力、汽油、电话等基本服务价格也下降了。

经济自由化和反对公共赤字的斗争促使政府在1996年至1998年这三年中出售了大量的国有企业，这一举措由工人社会党发起，并得到了其合作伙伴——民主联合党的支持。佛朗哥政权推行的工业化模式就此终结了。当时通过发展强大的国有部门推行者模式，是为了改变工业落后的局面，满足自给自足的愿望以及结束基础部门私营企业的危机。出售国家工业遗产中的盈利资产，在国内和国际市场上找到了安全的新商业机会，也是西班牙电信公司、雷普索尔公司（Repsol）、西班牙国家电力公司（Endesa）和对外银行（Argentaria）股票大获成功的原因。收购结束后，许多西班牙人对股票市场的价格耿耿于怀，而工人社会党领导人则批评人民党将实力雄厚的公司交给了与自己关系密切的经理人。隐藏在这些攻击之后的是恐惧，工人社会党害怕自己重新夺回政府，无力再让他们的客户进入这些大型经济集团的董事会。

迫于国内竞争和市场的丧失，大型服务公司将触角伸向了海外，从而提高了西班牙经济的国际化程度。由于文化和经济原因，也由于西班牙政府掀起的私有化浪潮，拉丁美洲成为西班牙企业的天然市场，成为伊比利亚半岛资本主义的"黄金国"。其中尤为重要的是桑坦德银行（Banco de Santander）和毕尔巴鄂比斯开银行（BBVA）为争夺西班牙语世界国家银行王位而进行的殊死搏斗。西班牙领先的跨国公司——西班牙电信公司、雷普索尔公司、西班牙国家电力公司和伊比德罗拉公司（Iberdrola）的投资也非常重要。尽管对伊比利亚美洲公司的收购在这些公司的年度资产负债表上是一笔大生意，但它也引发了"兄弟"国家公众舆论的疑虑，他们对西班牙资本主义对美洲的新征服深感震惊，西班牙知道如何取代美国的公司。

在美洲这片新殖民地上，并非一切都是玫瑰色的。世纪之交，西语世界的巨头们遭遇了可怕的经济危机，荆棘也随之出现。墨西哥、巴西和阿根廷相继陷入了痛苦的经济和金融泥潭，西班牙公司的盈亏账目及其股东们的腰包很快就因此受到冲击，而他们的股票市场也濒临绝境。面对严重的危机，熟稔民粹主义言论的拉美国家领导人甚至威胁使用国有化作为获取资金的武器。西班牙政府很快发现，其大部分财富岌岌可危，必须找到保护这些财富的办法。欧盟的花言巧语在这里毫无用处；只有美国的力量及其自身的利益才能保证西班牙的投资。

在西班牙经济的全球化进程中，最令人意想不到的丰收在葡萄牙。许多西班牙企业家按照经济规律将他们的市场扩展到了这个邻国。很快，葡萄牙人便开始在英格列斯百货公司（Corte Inglés）或飒拉购物；在西班牙毕尔巴鄂比斯开银行和西班牙国家银行（BSCH）的子公司贷款；住在西班牙建筑公司建造的房子里；电视机里也不断播放西班牙的消息。在震惊之余，葡萄牙的一部分人感到自己被包围了，他们将由于历史上误解所产生的不良情绪抛向了西班牙，最狂热的葡萄牙民族主义中出现了对被西班牙吞并的恐惧。

阿斯纳尔首相总是说："西班牙做得很好。"就整个国家政策而言，这句话值得商榷，但就经济而言，这句话的确是合适的。经过三年的预算控制，西班牙达到了欧盟的要求，在1999年正式加入欧元区时得到了回报。在欧元的庇护下，大型金融机构成为统一欧洲的巨头之一，而在统一的欧洲，规模比效率更加重要。桑坦德银行在兼并西班牙信贷银行后再次一鸣惊人，兼并了西班牙中央银行（Banco Central-Hispano），成为西班牙和拉丁美洲最大的银行集团，也是欧洲最大的银行集团之一。强大的西班牙国家银行的诞生标志着旧一轮兼并浪潮的重生，在短短几年内，八大银行集团已减少到三家，其最直接的竞争对手西班牙毕尔巴鄂比斯开银行也不甘落后，由于其规模不足以加入桑坦德银行，唯一的选择就是合并对外银行。

由经济部长罗德里戈·拉托任命的弗朗西斯科·冈萨雷斯（Francisco González）是对外银行的负责人。事实证明，启动两家银行巨头的合并工作非常困难。西班牙毕尔巴鄂比斯开银行和对外银行之间的谈判持续了几个月。即便如此，事实证明，西班牙毕尔巴鄂比斯开银行和对外银行也不可能在短时间内达成一致，二者都渴望保持自己的位置并在新的组织架构中安排自己的棋子。无论是在西班牙毕尔巴鄂比斯开银行还是在西班牙国家银行，合并都导致了董事会成员的数量激增，在未来几年内引发了很多的竞争和权力斗争问题。而在西班牙国家银行，埃米利奥·博廷（Emilio Botín）在慷慨地让前西班牙中央银行（Central Hispano）的竞争对手退位之后，实现对银行的绝对控制。西班牙毕尔巴鄂比斯开银行的演变则更为奇特。西班牙毕尔巴鄂比斯开银行的一些神秘不透明海外账户的曝光，以及向某些董事分配百万美元养老金的行为，促使巴斯克大资产阶级的代表们纷纷离去，将银行交到了冈萨雷斯和他的团队手中。小资产阶级吃掉了大资产阶级，巴斯克民族主义党控制毕尔巴鄂最大银行的可能性正在消失。

自1999年以来，持续的经济增长和失业率下降促使西班牙出现了一种全新的现象：拉丁美洲和非洲移民不可阻挡地来到西班牙。西班牙不再是通往其他欧洲国家的桥头堡，而成为他们永久定居的地方。电视新闻中充斥着成百上千的男男女女在安达卢西亚和加那利群岛海岸被拘留或精疲力竭的画面，这只是偷渡者偷越边境或将西班牙机场作为通往发达国家的门户的冰山一角。在不到十年的时间里，移民改变了西班牙各大城市的人口结构，尤其是已成为21世纪西班牙大都市的马德里。移民人口增加的一个直接后果就是某些种族主义的死灰复燃，这种偏见在2000年埃尔埃希多（El Ejido；阿尔梅里亚）事件中达到了悲剧性的程度，并助长了一些加泰罗尼亚民族主义领导人的排外言论——他们认为移民是对加泰罗尼亚的威胁。甚至政府本身也对这股蜂拥而至的"新西班牙人"浪潮感到头疼，不得不根据这些事件调整1999年的《外国人法》（*Ley de Extranjería*），以便适当规范这股浪潮。

不过，西班牙社会重新焕发出活力，突破了4200万的人口门槛。

西班牙的中心

阿斯纳尔及其幕僚即使手握大权，在经济利好消息的推动下，也无法在民意调查中取得任何进展。其政府存在信息化之争、对尚未解决的国家恐怖主义问题的制度性立场以及与欧盟委员会的斗争等问题，这让政府的拥护者们感到紧张。一些部长的不拘小节也对提升政府的形象起到了负面作用，政府的许多举措都未能得到很好的推广。部长罗梅·贝卡里亚（Romay Becaría）计划减少由社会保险资助的药品数量，埃斯佩兰萨·阿吉雷（Esperanza Aguirre）则因失误而未能推进其《人文教育改进计划》（*Plan de Mejora de la Enseñanza de las Humanidades*），这些都给反对党提供了足够的理由来破坏人民党的声誉。为了打击政府，工人社会党不负责任地抵制了在青少年教育中第一次恢复历史作用的尝试，甚至不惜助长民族主义者的受害者意识和他们对过去的怀念。因此，国家失去了改正在过渡时期初期所犯政治错误的机会。在过渡时期初期，国家放弃了将意识形态民族化和作为培养公民主要工具的机会，将历史这一意识形态杠杆移交给了自治区。在其他人的手中，看似中立的教育系统不再"培养"西班牙人，而是"培养"加泰罗尼亚人、阿拉贡人、巴斯克人、安达卢西亚人、巴伦西亚人、加利西亚人等，有时付出的代价却是将这些身份对立起来。

　　环境部部长伊莎贝尔·托希诺（Isabel Tocino）也无法全身而退：波立登（Boliden）矿业公司在阿斯纳科利亚尔造成的大坝垮塌引起了生态灾难，在这种情况下，由工人社会党控制的安达卢西亚自治区也应该承担一定责任。这些含有剧毒污泥的垃圾毁坏了瓜迪亚马尔河（Guadiamar）的河岸，威胁着多尼亚那保护区。除了公共当局因为疏忽允许在流入保护区的河流流域修建沉淀池之外，部长的形象也因为在灾难面前表现出的反复无常而每况愈下。然而，这一教训并没有促使阿斯纳尔政府在2002年"威望"号（Prestige）沉没事件中及时作出反应，结果是大西洋的海滩被染成了黑色。

　　由于工人社会党在参选人遴选机制现代化方面所做的努力，人民党难以扩大领先优势。1997年，费利佩·冈萨雷斯辞职，华金·阿尔穆尼亚（Joaquín Almunia）接过了权力。1998年则是西班牙各政党历史上的初选之年。尽管看起来有些自相矛盾，但对基层民众的呼吁却是对政党官僚体制的一次真正革命，因为政党内部缺乏民主，这一直是人们对政治进行批评的理由。工人社会党鼓励党员参与决策，意味着向社会开放，这也得到了公众舆论的支持，他们对这一举措给予了非常积极的评价。然而，由于其中涉及的风险过大，其他党派因为不愿承担这些风险而没有效仿这种做法。工人社会党启动这一进程甚至对内部团结产生了令人不安的影响。出乎意料的是，初选的幕后推手华金·阿尔穆尼亚被何塞普·博雷利（Josep Borrell）击败了。何塞普·博雷利以民粹主义言论捍卫了国家干预主义。博雷利在西班牙社会中获得的支持在民意调查中得到了反映，工人社会党在几个月后成功超越了阿斯纳尔的人民党。由于该党的双首脑形象和内部分裂危险，良好的前景很快就消失了。工人社会党需要几个月的时间来适应这种局面，而阿尔穆尼亚和博雷利之间的角色分工最终解决了这一问题。

工人社会党开始冒险进行内部结构革新，人民党在争取民意的竞赛中也没有停滞不前。人民党紧密团结在领导人周围，将变革集中在选举主张的现代化方面，这是在民主中间联盟解散之后留下的荒漠。1999年1月，在人民党第十三次代表大会期间解决了这一问题。多年来，人民党的政治活动一直受到法院的调查，现在，人民党呼吁将政治和司法领域分开，认为这对于安抚西班牙的公共生活是必要的。同样，人民党的纲领也支持拖延已久的国家官僚机构改革，以满足公务员制度现代化的迫切需要，并结束因各自治区所造成的西班牙机构重复的问题。但这并不意味着贬低作为现代社会特征的公共服务，相反在人民党所倡导的新"充满机遇的西班牙"主张中，国家的行动被认为是至关重要的，人民党还承诺继续推进政治和经济权力下放。

民族主义的眩晕

1998年，保守民族主义面对社会对暴力的反抗深感不安，试图从政府和社会手中夺取"和平化"的主动权，以维持其对巴斯克的垄断，其始终以巴斯克地区的独立为目标。阿萨柳斯的政党之所以改变政策，是因为担心暴力事件给巴斯克地区带来的声誉损失会导致选举支持率下降。而且，欧洲不仅不支持巴斯克独立，反而愈发强调国家的结构。21世纪团结的欧洲不反对民族国家，而且要与各国密切协作。欧盟开始怀疑巴斯克组织的特殊性，尤其是在财政方面的独立性。

此外，尽管执政党受到了残酷的讹诈，但打击埃塔恐怖主义斗争的发展预示着暴力事件即将结束，而埃塔组织的支持者们没有取得任何的胜利。巴斯克民族主义党希望保持一个高姿态，以便博得民族主义者的同情。这场赌注是非常冒险的，因为这是自过渡时期以来，巴斯克民族主义者第一次放弃含糊的立场。在过去的20年中，他们的这一立场是很奏效的。因为一旦打破恐怖主义所造成的沉默局面，部分民众便会公开表示不满，他们已经厌倦了民族主义恬不知耻的种种做法。这种民族主义践踏了《宪法》和《宪章》所承认的个人权利。这是巴斯克公民在判断自由和思想勇气方面的一次实践，民族主义对此毫无准备。立宪派政党的一些领导人也是如此，他们在多年的左右逢源和修修补补之后，在意识形态上已经彻底失去了力量。

为了利用暴力终结的契机，巴斯克民族主义党将攻击的重点放在了反恐政策上，以便在极端民族主义阵营中赢得更大的公信力。当民意调查显示人民党因其打击恐怖主义的坚忍不拔而获得广泛支持时，巴斯克民族主义党的愤怒致使他们嘲讽受害者意识，而完全不顾有人遇害的事实。

民族主义世界与非民族主义世界之间的斗争使巴斯克民族主义党成为民族主义喉舌，同时也使人民党成为其对手。人民党把失去公信力的巴斯克社会党（PSE）赶出了巴斯克政府，因为其一直阻止人民党与民族主义的暴行作斗争。然而，尼古拉斯·雷东多·特雷罗斯（Nicolás Redondo Terreros）担任总书记之后，巴斯克社会党改变了多年来一直奉行的共存政策。这项政策未能使巴斯克民族主义党向《宪法》靠拢分毫。1998年2月17日，当全国各政党的反对使巴斯克自治区政府主席阿尔坦萨（Ardanza）向巴斯克政府提交的和平计划失败时，再次对暴力形成不同看法。

该计划包含自决问题这块硬骨头。尽管在提议的措辞中有所掩饰，并提议一旦埃塔组织放下武器，就与人民团结党进行无限制的对话，这给那些为恐怖主义辩护的人带来了好处。巴斯克社会的一部分人抨击了这个计划，他们谴责以民族主义理论为交换条件为和平开辟道路的企图，牺牲了巴斯克地区和纳瓦拉公民的宪法权利。在阿尔坦萨的计划在维多利亚搁浅而民族主义为阿胡里亚埃内亚会议写下墓志铭之前，一群公民围绕"埃尔穆阿论坛"（Foro de Ermua），谴责了民族主义者以停止暴力的诱惑来实现自己目标的伎俩。之前，他们未能通过民主手段实现自己的目标。

"埃尔穆阿论坛"的学者、艺术家和作家们认为，面对恐怖主义，唯一明智的战略就是如下的战略：所有民主人士联合起来，在政治上孤立极权民族主义。巴斯克民族主义党对这种批评不以为然，仍然像在其他场合一样，以民族主义者的惯用口吻对巴斯克地区大多数持不同政见的知识分子表达了不满和蔑视。即便如此，这种不宽容也没有使那些致力于捍卫民主的公民气馁。他们关切地看着资产阶级民族主义者滑向法西斯分子。所有这一切都损害了巴斯克人的团结，并推广了一个虚伪中立的言论，将暴力受害者置于施虐者的政治野心之下，把巴斯克社会带入了一种集体的"斯德哥尔摩综合征"，成为施虐者的辩护者。

幸运的是，在1998年上半年，由于社会对每一次袭击的反应，野蛮行径有所收敛，尽管巴斯克民族主义党一直指责阿斯纳尔因为害怕失去选票而不想进行和平谈判，但是社会的反应还是使其陷入了尴尬的境地。解散埃塔组织最血腥的突击队，大大降低了其行动能力，巴尔塔萨·加尔松（Baltasar Garzón）法官则摧毁了埃塔组织及其伙伴的商业和金融网络，并关闭了为恐怖主义事业提供各种服务的《埃金报》(*Egin*)。经济和媒体结构的崩溃对民族主义造成了沉重打击，民族主义现在被愤怒的公众舆论所包围，这让新领导人感到恐惧，甚至怀疑暴力反对是否有效。抗议逮捕人民团结党国家局(Mesa Nacional de Herri Batasuna)的示威活动规模极小，这表明公众对那些支持恐怖活动的人已经变得非常冷漠，预示着埃塔组织的末日到来了。

埃塔组织和人民团结党(ETA-HB)在政治上被逼入了绝境，唯一的出路就是参加巴斯克民族主义党推动的谈判，以停止暴力，并获得多数民族主义者的支持。这才能弥补可预见的选举支持损失及与工人社会党的分裂。民族主义者的目标组合最终促成了巴斯克工人联盟(ELA)和巴斯克劳工联盟(LAB)的统一行动，并导致了在过去12年里执政的巴斯克民族主义党和巴斯克社会党联合政府的解体。与此同时，巴斯克民族主义党、民主联合党和加利西亚民族主义集团(BNG)在巴塞罗那召开会议，公开呼吁与《宪法》决裂。对于民族主义者来说，已经到了"有好大家分"的尽头，必须超越自治政府，建立主权国家。他们选择了一个再好不过的时机来发布他们的宣言。面对合作伙伴的攻势，人民党在理论上毫无头绪，而工人社会党则因"马雷案"(caso Marey)的裁决以及其加泰罗尼亚附属机构的"不对称联邦制"等不平等建议而削弱了应对能力。

在得到所有外围民族主义意识形态的支持后，随着大区选举的临近，巴斯克民族主义党决定在反对《宪法》和《宪章》的旗帜下团结自由主义大家庭。他们通过这种方式，试图阻止立宪派政党增加选票，因为民意调查预测立宪派政党会获得选举胜利。巴斯克民族主义党还想对内加强其作为巴斯克人民权利谈判者的形象。与此同时，它还将自己塑造成整个民族主义运动在马德里的唯一对话者，以免被排除在即将到来的谈判进程之外，而在谈判进程中，政府和人民团结党似乎发挥主导作用。

1998年9月，埃斯特拉建立了新一轮的民族主义联盟。通过《利扎拉协定》（*Pacto de Lizarra*），巴斯克民族主义党、巴斯克团结党（EA）、伪装成巴斯克公民党（EH）的人民团结党以及巴斯克左翼联盟同意建立无限制的对话，以压制巴斯克地区的武装，打破人民团结党的孤立状态。这个协议不仅是对国家和非民族主义政党施压的工具，也是对巴斯克社会中不愿意为暴力实施者的政治野心而牺牲自身权利的那部分人施压的工具。在埃斯特拉，在卡洛斯派蒙特胡拉传说的阴影下，各资产阶级民族主义政党曾因害怕失去自治制度的管理权而置身事外，他们现在却不顾巴斯克地区的社会分裂，谩骂这种制度。

《利扎拉协定》为同情埃塔组织的人续了命，埃塔组织决定回报巴斯克民族主义党和巴斯克团结党。条约签订的四天后，埃塔组织宣布暂时停战，因为其认为在埃斯特拉举行的集会是巴斯克走向独立的关键步骤。埃塔组织的宣言以对和平的集体渴望为基础，但其残酷的极权主义性质令人震惊。这是一份支持种族清洗的宣言，认定只有那些民族主义者才是巴斯克人，而巴斯克地区的其他居民则不是，他们是外来压迫者。埃塔组织曾一度承诺不对持不同政见者发动致命袭击，但它以西班牙与巴斯克之间的虚假冲突为名，建议对那些忠于《宪章》和《宪法》的政党和组织进行社会迫害。为此，他们在几个月的虚假和平期间，不遗余力地恐吓远离民族主义阵线的公民并打击他们的士气。作为停战的主要组织者，巴斯克民族主义党并没有利用其在《利扎拉协定》各方中的权威来制止法西斯团伙，它对暴行的口头谴责也总是因其与挑起暴行者的友好态度而贬值。不过，它知道如何在即将到来的选举中利用平静的局面。

依照在埃斯特拉串通好的剧本，胡安·何塞·伊巴雷特（Juan José Ibarretxe）当选为巴斯克政府首脑。维多利亚的行政机构则完全由民族主义者组成，这符合巴斯克民族主义党在与埃塔组织谈判时作出的承诺。从埃塔组织宣布停战的那一刻起，民族主义宣传机器就把埃塔囚犯的处境当作巴斯克地区的主要政治问题，将囚犯转移到巴斯克的监狱一跃成为不可剥夺的"权利"，而马约尔·奥雷哈部长则被指责过于保守，并称其危及埃塔组织的休战。

阿拉那子孙们的暴行所导致的最深远影响之一，就是将非民族主义者变成了"立宪派"。人民党和巴斯克社会党开始寻找共同点，很快就将巴斯克民族主义党视为"你就是你"。民族主义的侵略性将巴斯克社会党从巴斯克民族主义党的寓言状态中解放出来，在制度稳定的幌子下远离了巴斯克民族主义党，并使人民党成为未知的主角，使其从半秘密地位转变为政府的替代者。两个宪政政党也发现自己团结在一起，安抚恐怖主义受害者的家属，随着和平的想法渗透到巴斯克社会，他们开始要求尊重被谋杀者的记忆。

1999年期间，两党与巴斯克民族主义党在民族主义者对街头暴力的态度问题上出现分歧。10月，巴斯克民族主义党、巴斯克团结党与埃塔组织在《利扎拉协定》基础上签署的秘密协定曝光后，分歧加剧了。恐怖分子以支持民族主义政府为条件，要求各民族主义政党承诺与人民党和工人社会党断绝一切关系，并在争取巴斯克主权的道路上继续前进。民族主义者非但没有因这一秘密协定的证据而感到尴尬，反而发起了新一轮的攻击，他们背弃了《自治法》（*Estatuo de Autonomía*），宣布要起草另一份包括巴斯克自决权在内的自治法。

虽然埃塔组织维持停战给民众带来了一些安慰，但新的民族主义主张扰乱了本不平静的国家政治。为了给阿斯纳尔制造麻烦，《埃斯特拉条约》的各签署方激进地开展了反政府运动，指责政府不支持向和平过渡。此时，政府与恐怖组织之间的秘密谈判在瑞士受阻。这次谈判以西班牙教会的一名成员萨莫拉主教胡安·玛丽亚·乌里亚尔特（Juan María Uriarte）作为中间人，几个月后他在圣塞瓦斯蒂安接替了备受争议的塞蒂恩（Setién）。

不幸的是，1999年11月，埃塔组织在停止活动14个月后宣布重启武装斗争，认为在此期间各民族主义政党在巴斯克独立议程上没有取得任何进展。如内政部长马约尔·奥雷哈所说，埃塔组织的策略实际上是一个"停战陷阱"，其目的是趁着政坛的混乱等待时机再次进行武力夺权。在米格尔·安赫尔·布兰科被暗杀后，西班牙社会行动起来，有350多名极端分子被捕，17个突击队被解散。

2000年1月，佩德罗·安东尼奥·布兰科（Pedro Antonio Blanco）中校在马德里被一枚汽车炸弹暗杀，休战期被打破。第二天，100万人走上街头表达抗议，但民众还不足以让巴斯克民族主义党打破与巴斯克公民党签署的立法协议，只有左翼联盟党（EB-IU）认为有必要在一段时间内放弃《利扎拉协定》。

袭击发生后，政府和司法部门重新制定了打击埃塔组织的战略，并在未来几年取得了丰硕成果。除了预测未来的恐怖行动外，还必须摧毁巴斯克民族主义运动的整个媒体、政治和金融网络，这是埃塔组织的温床和支柱。干预行动成倍增加，以至于在不到三年的时间里，恐怖分子自《宪法》被批准以来建立的整个组织几乎被彻底瓦解。2000年1月29日，警方逮捕了埃塔组织–人民团结党

（ETA-Batasuna）国际关系机构的八名成员。此后，加尔松法官宣布埃金组织（EKIN）为非法组织，解散了大赦委员会（Gestoras Pro-Amnistía），对左翼民族主义者经常光顾的各个人民酒吧（Herriko Taberna）进行了司法控制，监禁了哈卡（Haika）组织（一个不符合法律规定的青年组织）的领导人，停刊了《杂志》（*Egunkaria*）……

　　人民党和工人社会党的和解促进了与埃塔组织斗争的进展。2000年12月，人民党和工人社会党在蒙克洛亚宫（Moncloa）签署了《反恐怖主义条约》（*Pacto Antiterrorista*），该条约的序言部分规定，两党需要与巴斯克民族主义党疏远，但是不能直接废除《埃斯特拉条约》。两党之间的良好关系给很多人带来了期望，他们指望在2001年5月的大选中立宪派政党能够击败巴斯克民族主义党和巴斯克团结党。但是，巴斯克民族主义党和巴斯克团结党在"极端情况下"授予伊巴雷特（Ibarretxe）主席权力，使其成为协商的真正赢家，因为他设法吸引了巴斯克公民党的一部分支持者。

　　现在，与民族主义者对抗的战略已经失败，人民党和工人社会党的关系也冷却了下来。特别是在马德拉索（Madrazo）的左翼联盟的支持使伊巴雷特得以连任巴斯克自治区主席之后，巴斯克社会党开始考虑需要采取更多的和解政策，并与巴斯克民族主义党缓和关系。尼古拉斯·雷东多·特雷罗斯于2002年1月被解除了巴斯克社会党总书记的职务，由帕特西·洛佩斯（Patxi López）接替了他的位置。巴斯克社会党忘记了巴斯克民族主义党的侮辱，包括在为被埃塔杀害的领袖布埃萨（Buesa）举行葬礼时支持伊巴雷特的即兴示威，开始寻求平等的距离，对人民党和巴斯克民族主义党一视同仁，指责他们在巴斯克社会造成了不可预知后果的裂痕。面对无处不在的巴斯克社会党，人民党继续坚定不移地捍卫《宪法》和《宪章》，将其作为巴斯克公民权利和自由的保障，以对抗巴斯克民族主义党的分裂欲望，宣称要捍卫西班牙及其《宪法》，既不是出于情结，也不是出于意识形态的束缚，而是出于一种新的爱国主义，一种宪法爱国主义的力量，这种爱国主义能够限制外围民族主义的独立倾向。

然而，人民党和工人社会党在巴斯克问题上的疏远并不能阻止他们在打击恐怖主义的斗争中团结起来。《政党法》（*Ley de Partidos Políticos*）通过对人民团结党的继承者巴斯克公民党造成打击，使其有可能被宣布为非法政党，失去在市政府和议会中的影响力。2002年6月，巴斯克的牧师群体对新法令的反对最为激烈，他们的《主教声明》认为巴斯克社会的主要矛盾在于政党之间的冲突，而不在于埃塔组织的存在。他们对埃塔组织和人民团结党的关系无动于衷，甚至反对宣布亲埃塔阵营为非法。新闻媒体强调了牧师立场的道德偏差、思想贫乏和不科学性，以及对语言的操纵和宗教与政治词汇之间的混淆。但比巴斯克主教们的咆哮更为严重的是主教会议（Conferencia Episcopal）的傲慢态度，他们声援的是自己的同事，而不是因批评主教声明而几乎受到侮辱的信徒。

在准备纳税申报单的日子里，主教团主义引起了真正的恐慌，并在信徒中造成了巨大的丑闻，再次表明教会没有能力进行自我批评和请求宽恕。面对压力，主教会议发表了《西班牙恐怖主义、其原因和后果的道德价值》（*Instrucción Pastrol Valoración moral del terrorismo en España, de sus causas y de sus consecuencias*）牧函，首次将恐怖主义背后的民族主义意识形态绝对化视为偶像崇拜。

2002年8月，在圣波拉（Santa Pola）发生血腥袭击事件后，众议院敦促政府取缔巴斯克公民党。巴尔塔萨·加尔松法官先于政府宣布暂停该组织的活动，并对其总部和银行账户进行了查封。与那些认为这一举措会助长街头暴力的人相反，民族主义左派显然无力动员巴斯克社会，而巴斯克人大多无动于衷地看着人民团结党被取缔。巴斯克公民党阻止法治进步的努力失败了，这表明2001年和2002年的巴斯克地区发生了变化。恐怖组织的软弱无力和巴斯克公民党基层民众因司法程序而产生的绝望情绪使其大部分选民感到不安，他们开始质疑武装斗争的益处，认为其政治边缘化不可避免，尤其是巴斯克民族主义党试图将整个民族主义运动收入其翼下之时开始。

尽管巴斯克民族主义党出于自身利益提出了批评，但阿斯纳尔政府的强硬政策不仅使埃塔组织束手无策，而且还推翻了过去25年来污染反恐思想的三个假设，而这三个假设正是民族主义本身所提倡的。人民党和工人社会党达成的战略协议表明，可以通过警察和司法措施终结埃塔组织，这场斗争可以在没有巴斯克民族主义党支持甚至反对的情况下进行，终结巴斯克恐怖主义不仅不会导致社会更加紧张，反而有利于由法治国家重新征服社会。

在巴斯克公民党的政治、社会和经济基础设施解体的同时，街头恐怖主义行动和埃塔组织的袭击也随之消失。2001年的"9·11事件"后，国际社会对恐怖主义的态度发生了变化，对参与恐怖活动的年轻人采取了法律行动，从而结束了有罪不罚的时代。美国和法国在打击埃塔组织的斗争中提供了帮助，这对于在第二届人民党政府执政的四年内，摧毁埃塔组织在法国的避风港至关重要。埃塔组织领导人和活动分子在邻国不断被捕，导致大批准备在西班牙发动袭击的突击队员脱离组织，领导机构被瓦解，大量资金、武器和基础设施流失。此外，启动临时引渡政策和移交在法国缴获的文件，有助于加快西班牙对被指控的恐怖分子的司法程序，并加大对在西班牙的埃塔同情者采取政治行动的力度。

在西班牙和法国的联合打击下，埃塔组织的势力一步步衰弱，甚至在巴斯克和西班牙社会中出现了认为埃塔组织将会迎来末日的观点。在这个关键时刻，巴斯克民族主义党感觉自己气数将尽，于是给阿斯纳尔政府下了最后通牒，要求中央政府给予巴斯克更大的自治权，否则便要反对《宪章》，推动巴斯克地区和西班牙之间建立新的关系框架。2002年9月27日，伊巴雷特提出了将巴斯克地区变成西班牙"自由附属国"的方案，公然违背了《宪法》和《自治宪章》。尽管政府主席为争取巴斯克议会的必要支持投入了大量时间和金钱，但除了巴斯克政府中的民族主义政党外，该方案没有得到任何其他支持。人民团结党的选民甚至都不喜欢这个项目，因为这个方案太胆小了。政府主席为讨好这些选民，试图拒绝执行最高法院解散左派议会党团的命令。政府主席还宣布将在未经巴斯克议会（Cortes generales）允许的情况下举行公民投票。

尽管伊巴雷特发出了威胁，并在2003年10月正式推出了主权方案，但是西班牙的政治发展形势（加泰罗尼亚选举、马德里袭击、政府更迭等）、埃塔组织衰落、阿萨柳斯的退出以及民族主义者难以吸引工人社会党加入其阵营，都使得巴斯克问题被搁置一旁。

千年效应

2000年3月的选举标志着经济整顿和巩固政策的意外逆转。在人民党执政期间，阿斯纳尔出人意料地赢得了议会的绝对多数席位。与1996年大选相比，工人社会党损失了超过150万张选票，无可挽回地沉沦下去，唯一令人欣慰的是其在安达卢西亚再次取得了胜利。人们立即感受到了这些结果所带来的政治地震，在选举结果公布的同一天，华金·阿尔穆尼亚辞去了工人社会党的职务。尽管选举结果不佳与其无关，与虚假封闭的过去、何塞普·博雷尔不明不白下台以及工人社会党与左翼联盟为选举商定的左翼计划成果甚微等因素有关，但他承担了选举失败的责任。华金·阿尔穆尼亚的离任使工人社会党掌握在曼努埃尔·查韦斯（Manuel Chaves）领导的管理团队手中。

工人社会党组织了一次特别代表大会，选举新的党领导人。2001年夏天，何塞·路易斯·罗德里格斯·萨帕特罗（José Luis Rodríguez Zapatero）笑纳了这一惊喜，他担任了党主席，并任命了一个由在冈萨雷斯时代没有承担过任何职务的年轻政治家组成的行政班子。

人民党的胜利证实了何塞·马里亚·阿斯纳尔上台以来所倡导形象战略的有效性，即更加注重日常工作而非表面措施。政府在社会和经济结构中赢得了良好的信誉，在平衡西班牙经济方面也做出了艰苦的努力。一些更具民粹主义色彩的措施，如减税或承诺取消小企业和自营职业者的企业所得税（IAE），也为政府的成功做出了贡献。

3月选举的胜利推动了一项广泛的经济和政治复兴计划，并打破了以往只有无为才能持有的固定做法。这场小型变革并不总是能被社会和舆论所接纳，在公共生活领域引发了一场久违的动荡。这场骚乱是多种因素的混合产物，包括人们的无知、不受人民党控制的各自治区政府的羁绊、新的工人社会党领导人需要站稳脚跟（他们借助议会力量削弱一个拥有大量议会支持的政府）以及人民党一些领导人对反对派的粗暴态度。

2000年3月，腾出手来的阿斯纳尔，试图吸引民主联合党和加那利联盟（Coalición Canaria），以消除人民党在议会中的过山车形象。谈判开始后，巴斯克民族主义党被排除在总统的议程之外，这是对其在上届议会期间不断施压以及在休战陷阱期间丑行的惩罚。对于巴斯克地区来说，一个新的政治舞台正在开启，阿斯纳尔试图孤立阿萨柳斯的追随者，并以民主方式将他们赶出自治权力机构，以便将他们重新纳入宪政体系。

在加泰罗尼亚与民主联合党达成最低限度的协议比较容易，这不仅是因为普霍尔（Pujol）主席历来愿意与中央政府合作，还因为1999年10月在加泰罗尼亚举行的自治选举改变了这里的政治结构。继上次选举之后，虽然约尔迪·普霍尔赢得了六连胜，但由于帕斯夸尔·马拉加尔（Pasqual Maragall）的加泰罗尼亚社会主义者党（PSC）崛起，民主联合党在加泰罗尼亚自治区的权力垄断地位岌岌可危。约尔迪·普霍尔第一次发现自己必须依靠其他党派人民党或卡罗德·罗维拉（Carod Rovira）的加泰罗尼亚左翼共和党（ERC）来保证稳定的多数席位，换句话说，他和他的政党在西班牙议会中面临着同样的局面。最后，在1999年11月，人民党承诺在本届议会期间不会改革《加泰罗尼亚自治章程》（*Estatuto de Autonomía catalán*）。此举被视为是在争取时间，希望3月的选举能迫使人民党拼命寻求民主联合党的帮助，从而重新平衡协议。然而，选举结果使这种可能性化为泡影。

与加那利联盟达成的立法协议使首相得以将其新政治计划付诸实践，与此同时，工人社会党正在筹备选举其总书记的大会，而在北部，阿萨柳斯正在降低《埃斯特拉条约》的影响力。由于缺乏其他有效手段，普霍尔试图转移人们的视线，在国家政治舞台上大张旗鼓地收回存放在萨拉曼卡内战历史档案馆的加泰罗尼亚文件。因此，加泰罗尼亚民族主义的拜物教狂热危及卡斯蒂利亚文化中心的存在，激起了萨拉曼卡人民的愤怒，他们对民族主义的狂热感到恐慌。

2000年是互联网年。在轻松致富的诱惑背后，世界上的大公司都在努力寻找自己在即将到来的巨大市场中的位置，它们往往为良好的商业期望付出天文数字的代价。西班牙在这一领域也不甘示弱，世界各地都在进行公司之间的联合，无论是在电话、电力还是银行业。2000年2月，西班牙电信公司和西班牙对外银行（BBVA）决定交换董事和资本，共同促进其网络业务的发展，这是最令人惊讶的联盟。由此产生的经济力量集中引起了左翼人士的批评，他们对这样一个工业和金融集团的影响能力感到恐惧，并认为其在媒体中具有长期的影响力。政府恪守其自由主义原则，被迫进行干预，甚至违背了自身的政治利益，要求西班牙电信公司和西班牙对外银行出售旗下一些媒体，才能批准这桩联姻。然而，随着时间的推移，这种联盟关系逐渐淡化。

从2001年起，许多大型电话公司濒临破产，因为已经证实所谓的交易并不划算，数十亿欧元被投入突然变得毫无价值的计划和公司中。这种海市蜃楼现象的一个明显例子就是特拉公司（Terra），其将股份出售给西班牙电信公司导致了西班牙股市的繁荣。几个月来，股票持续上涨，价值增加了四倍多，股票市值超过了许多电力公司或银行公司，然而从2001年2月起，就开始自由落体式的下跌了，许多小额储蓄者被套牢了。

电信热潮还影响到相距甚远的运动领域。为了争夺新的媒体内容并使付费电视频道具有吸引力，音像公司造成了足球比赛转播权价格的飞涨。随着俱乐部现金流的增加，他们开始疯狂地以天价高薪签下欧洲最优秀的球员，但从体育角度来看，这并不总是有回报的。在体育场出现这种情况的同时，对健康的崇拜也对西班牙社会造成了影响，西班牙社会效仿美国，开始禁止吸烟：伊比利亚航空公司禁止在飞机上吸烟，包括跨大西洋航班。

与吸烟一样，西班牙的饮食失调问题也让该国的医生和政治家们夜不能寐，关于青少年厌食症和贪食症增加的报道令人震惊。据估计，1999年，约有2%的14—24岁青少年患上了饮食失调症，部分原因是时尚和广告的炒作，将极度消瘦的男女形象作为世纪之交美的象征。为了消除这种错误的审美观，一些大型时装公司比如高迪（Salón Gaudí）同意对模特的身材进行一些限制，以促进正常身材形象的传播。这是在国家发展中最大的悖论之一：50多年来，西班牙人从因生活拮据而挨饿到因审美而挨饿。

快乐的经济

在1999年至2004年的五年间，西班牙经济发展表现优异，缩小了与其他欧洲国家之间的差距，并有望在几年后成为欧洲大陆的主要枢纽之一。在这一演变过程中，最引人注目的因素是西班牙经济的持续增长能力，即使是在周边强国（德国、法国、意大利）受负面周期影响的时期，西班牙经济也保持了持续增长。

西班牙经济的实力反映了政府政策的智慧，它特别强调国家的财政平衡。阿斯纳尔政府执政的最后四年里，在拉托（Rato）和蒙托罗（Montoro）两位部长的监督下，西班牙的财政趋向于消除预算赤字，并依法要求自治区和地方议会在各自的财政中也这么干。

2002年和2003年的财政平衡和持续增长与法国和德国的严重赤字和经济衰退形成了鲜明对比。两国根本达不到《稳定公约》

（*Pacto de Estabilidad*）所要求的标准，不得不在欧洲进行游说，以逃避自己为其他欧洲伙伴所设立的惩罚措施。现在轮到他们了，两国同意互相帮助，逃避责任，以沙文主义的方式攻击对方，或者对"低等"的伙伴毫无怜悯之心，就像阿斯纳尔政府的西班牙一样，他们认为有必要上一门经济课。柏林与巴黎的串联开始形成，希拉克（Chirac）和施罗德（Schroeder）将在未来四年中试图绝对控制欧盟，甚至不惜在外交政策、经济法规、未来欧洲宪法等敏感问题上与其他伙伴对抗。

随着西班牙加入货币联盟，2002年，拥有百年历史的比塞塔从西班牙人的生活中消失了，尽管他们在私人领域仍将比塞塔作为记账单位和比较货币。欧元诞生之初，人们对其防止物价上涨和稳定家庭财富的能力充满期待，但很快人们开始怀疑，价格的趋同（而非工资的趋同）正在损害弱势群体的利益。随着欧元和四舍五入法的推行，这几年通货膨胀飙升，迫使政府推出严厉的紧缩计划，降低基本服务价格。

即便如此，物价上涨也会产生心理影响，因为人民党执政期间的物价上涨水平是近年来西班牙经济史上最低的，而且在此期间，西班牙家庭的收入有了显著提高。就业率的提高、抵押贷款利率的下降以及人民党不顾工人社会党的批评而实施的减税政策，都为经济的改善做出了贡献。矛盾的是，减税改善了财政部的业绩，因为虽然财政部停止征收大量所得税，但增值税和其他消费税的增加足以弥补这一损失。

在政府采取的有利于竞争和促进增长的最重要措施中，2000年6月批准了营业时间改革，目的是为公共节假日营业提供便利。这项法律有局限性，并遭到小商人的反对，也对加泰罗尼亚当局产生特

别的影响。加泰罗尼亚当局随时准备倾听小商人的呼声，并向宪法
法院提出上诉。2004年年中，关于营业时间及其"世界末日"后果
的争论像瓜迪亚纳河一样被重新点燃。萨帕特罗的工人社会党政府
及其部长蒙蒂亚（Montilla）再次缩短时间表，以有利于加泰罗尼亚
社会主义者党（PSC）的观点及其选举利益。

　　延长商业部门的营业时间不仅是一项现代化措施，而且在这些
年里，面对西班牙社会经过多年勒紧裤腰带后释放出的消费欲望，
延长营业时间似乎成了一项真正的必要措施。突然之间，家庭消费
开始以前所未有的速度增长，直至成为西班牙经济的主要动力。在
公共工程重新招标的刺激下，尤其是在势不可挡的住房热潮的推动
下，建筑业也迎来了黄金的五年。房地产开发以前所未有的规模成
倍增长，但这并不妨碍房价飙升到与建筑质量和西班牙人购买力完
全不相称的水平。在低利率和股票市场价格上涨的年代，住房从基
本必需品变成了投资和投机的主要对象，成为资金的避风港。

　　消费和建筑业也带动了就业，使失业率大幅下降。经过多年的
低迷之后，1999年6月，西班牙政府首次宣布，西班牙的失业率已
降至劳动力总数的10%以下。西班牙经济仅在2000年就创造了50万
个就业岗位，更重要的是，参加社会保险的人数增长迅速，在2002
年4月达到历史性的1600万人之后，每月都在刷新纪录。

　　社会保障账户有所改善。从那时起，参保人数（其中许多是居
住在西班牙的外国人）的持续增长只会使社会保障盈余不断增加，
而社会保障盈余已成为国家财政平衡的关键因素。这笔巨额盈余使
阿斯纳尔政府能够支付《托莱多协议》中规定的应急基金，该基金
在不到四年的时间里已经积累了2万多亿比塞塔，用于在危机或紧急
情况下保护养老金。

西班牙的经济和政治影响力在欧盟中不断扩大。1999年7月，随着欧盟新委员会的成立，西班牙成功地在布鲁塞尔的两个最高经济部门中安排了两名委员：洛约拉·德帕拉西奥（Loyola de Palacio）负责能源和运输，而工人社会党人佩德罗·索尔贝斯（Pedro Solpes）则负责经济和货币政策。这两个职位在未来都起到关键作用，因为阿斯纳尔政府不得不与德国和法国展开斗争，因为这两个国家都执意要削减西班牙急需的结构性援助和农业援助。

资金的充足和加强西班牙绿化的愿望促使政府推出了一项雄心勃勃的公共工程政策，铁路和水利是其中的两大明星项目。马德里至塞维利亚的西班牙高速铁道（AVE）的成功证实了人民党的想法，即建立一个密集的高速列车网络，将马德里与西班牙的主要城市连接起来，这无异于将铁路作为21世纪交通的重要战略赌注。人民党的这一项目旨在缩短西班牙主要城市与马德里之间的交通时间，使乘坐火车到达马德里成为可能。这样一来，在伊比利亚半岛，将飞机作为城市间的交通工具就没有必要了。

人民党的铁路政策在马德里—萨拉戈萨—巴塞罗那铁路线、马德里—巴伦西亚铁路线和马德里—巴利亚多利德铁路线上迈出了第一步，但执政者的良好意愿却遭遇了工程造价高昂的问题，尤其是不同地区政府的急躁情绪，它们要求在工程中给予优惠待遇或改变计划线路。工人社会党以拥有一条通往马拉加的西班牙高速铁道作为借口，拉曼恰的同僚们则以同时经过昆卡和阿尔巴塞特为借口，推迟了通往巴伦西亚的线路。连接北部首府项目的拖延，也是对西班牙经济发展的不利影响。

连接西班牙北部各自治区首府的"Y"计划因为延期而被巴斯克民族主义者视为一种侮辱，并促使维多利亚政府对宪法规定属于中央政府的工程进行招标。最后，还有一些人，尤其是在加泰罗尼亚，认为高速铁路网的建设是19世纪新中心主义的一种表现形式，再次偏袒了马德里，损害了周边地区的利益。在这些人中，马拉加尔的观点最为突出，他提出了将放射状交通网络转变为网状交通网络的想法，这加强了外围地区的交流，而无须通过中心地区。与来自同一阵营的许多建议一样，这是一个宏伟的虚拟计划，但也仅此而已，因为它既没有考虑到地理因素，也没有考虑到21世纪西班牙的经济现实。这两个因素都有利于放射状网络，因为从潜在客户的角度来看，这项计划是最有利可图的，同时其也更能适应西班牙的经济现实，因为西班牙的经济中心已经开始从工业发展的先驱地区向首都马德里、东南沿海地区和埃布罗河谷地区转移，应该让这些地区成为最先连接起来的地区。

高速铁路网项目存在冲突，《国家水文计划》（*Plan Hidrológico Nacional*）则更甚。这一计划于2000年7月获得批准，政府希望通过其缓解伊比利亚半岛东南沿海地区的常年干旱问题。该计划的预算高达数十亿，其中包括运河网络、管道网络以及多个蓄水池和调节水库，旨在将埃布罗河下游与流入巴伦西亚、穆尔西亚和阿尔梅里亚自治区的河流相连。这条水渠的目的是将埃布罗河的部分剩余水量输送到巴塞罗那大都会区和地中海干渴的农业区和旅游区，因为这些地区越来越需要珍贵的水资源。

尽管水资源属于所有西班牙人，但阿拉贡和加泰罗尼亚却批评《国家水文计划》，要求获得决定水资源命运的权利。在"阿拉贡水资源"的呼声中，萨拉戈萨执政的地区联合政府找到了加强其地位和削弱人民党的手段，在萨拉戈萨和马德里举行了大规模示威游行。阿斯纳尔内阁曾计划投资数百万美元，将数千公顷荒芜的土地改造成灌溉地，但内阁承诺的补偿没有任何用处。阿拉贡的政治家们会利用人们对所谓财产剥夺的假象，因为在此之前，他们还没有探索过集体表达不满的道路。

加泰罗尼亚的农民们也很快加入了这一行列，他们迅速批评了民主联合党领导人，认为他们为换取巴塞罗那市的用水才支持该项目。环保组织也不甘示弱，他们迅速站出来支持反对者，声称该计划将导致埃布罗河三角洲生态系统的死亡，而工人社会党则在布鲁塞尔施展阴谋诡计，企图破坏该项目并阻止其获得欧盟资助。经过一番周折、打官司和实施替代项目之后，2004年初，备受争议的调水工程奠基了。《国家水文计划》、伊比利亚半岛东南沿海地区的希望等，都随着民选政府的倒台和萨帕特罗的上台而付诸东流。新上任的环境部长克里斯蒂娜·纳博纳（Cristina Narbona）取消了已采取的行动，并承诺利用一个海水淡化方案为伊比利亚半岛东南沿海地区提供廉价清洁的水资源。

横幅和路障

《国家水文计划》不会是人民党在其第二个执政期遇到的唯一挫折。促进经济现代化和降低失业率的愿望促使政府准备对劳动力市场进行影响深远的改革。由于在议会拥有绝对多数席位，阿斯纳尔相信其有足够的力量圆满解决西班牙经济中这一悬而未决的问题。在多年的成功之后，他犯下了一个严重的错误，并因此严重影响了自身形象。即使是为了给公共养老金制度提供保障以及向寡妇等最弱势群体提供支持而与工人联盟达成协议，也无法弥补这一错误。2002年4月，政府表示要控制南方的农业补贴，并改革失业保险，不让那些拒绝接受适当工作的人领取失业保险。在多年的沉默之后，工人委员会（CCOO）和劳动者总工会发出了总罢工的战斗号角，并得到了工人社会党总书记何塞·路易斯·罗德里格斯·萨帕特罗的热情支持，而在议会当中，被吓坏了的民主联合党和加那利联盟只能任由人民党独自批准改革方案。

最后，在2002年6月20日举行了罢工。可以说，所有人——工会、政党、政府，都在这次挑战中受伤。工会发现，由于西班牙的转型，专业人士和小商人的地位越来越重要，而工人却日渐式微，因此对罢工的支持率也越来越低。虽然国家没有陷入停滞，但政府在冲突中受到了伤害，因为人民党与工会自1996年以来达成的社会共识不复存在了。在马德里和塞维利亚发生抗议新失业救济金模式的大规模示威之后，新任劳工部长爱德华多·萨普拉纳（Eduardo Zaplana）恢复了与工会的对话。

失业改革的反对者占领了街头，而政府为了"社会和平"拒绝让步，这让阿斯纳尔的星光黯淡了下来。突然之间，左翼各政党、民族主义者和所有想要削弱政府的人都离开了议会，人民党在议会中拥有绝对多数席位，反对派无从下手，转而使用标语牌作为骚扰政府的手段。政府的漠不关心和一些媒体的所作所为让剩下的事情变得顺理成章。在这场骚乱中，人民党被指责凭借绝对多数席位危及民主，给人感觉绝对多数席位只有在左派手中才是合法的，否则就会危及《宪法》规定一样。

考虑到2003年春季各自治区和各城市的选举，反对政府的示威游行从去年秋天就开始了。反对派很快就为公民的反抗找到了借口。政府批准了部长皮拉尔·德尔·卡斯蒂略（Pilar del Castillo）的《教育质量法》（*Ley de Calidad de la Enseñanza*）。这部法律的目标是遏制失学率上升以及提高学生培养质量，其得到批准标志着行政部门与街头之间的对抗开始了。然而，2002年11月，"威望"号（Prestuge）油轮在加利西亚海岸沉没，在大西洋和坎塔布里亚海岸的西班牙和法国海滩上留下了大量的浮油，这给工人社会党提供了机会。在最初的日子里，阿斯纳尔政府和曼努埃尔·弗拉加的加利西亚省政府都没有能力应对这场灾难。尽管政府对这场灾难没有直接责任，但他们的反对者首先在加利西亚继而在整个西班牙批评政府应对失当。在加利西亚民族主义者和左翼人士的巧妙煽动下，示威游行轰动了西班牙社会，在全国各地掀起了声援加利西亚渔民的浪潮。

在最初几天的混乱过去后，政府便能迎难而上了。在副首相拉霍伊（Rajoy）的领导下，政府动员军队并从该地区雇用了7000名工人，以加快清理工作，同时向加利西亚提供了大量经济援助，使许多受影响者的情绪得以平复。尽管如此，这几个月仍使人民党的形象大打折扣，因为在大城市和首都接二连三地出现了反对阿斯纳尔政策的示威游行：今天是受《教育法》影响的人们上街游行，明天又是"再也不"（Nunca Mais）平台的示威，而在南部，安达卢西亚和埃斯特雷马杜雷的日工们通常也会举行示威游行。

2002年底，由于街头示威游行的压力和通货膨胀率的飙升，再加上巴斯克地区紧张局势的加剧，使许多左翼舆论界人士认为，人民党执政时期即将结束，反对声的增加在各自治区和市政选举中对人民党造成致命的后果。由于政府在美国与伊拉克的冲突中支持美国，因此在各种集会和示威游行中，罗德里格斯·萨帕特罗和利亚马萨雷斯（Llamazares）就此展开了煽动性的演讲，这也引发了反对战争的新示威游行。左翼的立场在法国总统希拉克和德国总理施罗德的政治态度中得到了有力的支持。法德两国自1月以来就结盟了，坚决反对美国在没有联合国授权的情况下对伊拉克进行干预。

伊拉克战争代表着西班牙和旧大陆外交政策共识的破裂。在欧洲，由于法国和德国在没有欧洲伙伴支持的情况下结盟，使英国、西班牙和波兰不得不支持美国，并在巴黎–柏林轴心的独立魅影面前捍卫跨大西洋关系的可行性，而巴黎–柏林轴心只是在掩盖自己的利益。在西班牙，由于政府与主要反对党之间的关系破裂，外交政策已成为人民党和工人社会党之间的又一个摩擦点。这种情况在2003年春季恶化。阿斯纳尔对美国和英国的支持立场越来越明确，美国在反恐斗争中对西班牙的援助也因此得到了解释。工人社会党对此作出了回应，在各个市议会中提出了动议，并在街头进行了长期的煽动。正是由于这些举措，以及所谓的"反战文化平台"的知识分子和艺术家们的宝贵帮助，工人社会党才得以向社会传达这样的信息：伊拉克战争是一场不公正的战争，是不善言辞而又缺乏教养的布什总统所造成的咄咄逼人结果，西班牙支持美国的干涉是一个历史性错误。

西班牙对卷入亚洲冲突的抵触情绪既是因为西班牙在国际事务中的传统孤立主义，也是因为害怕自己会陷入危机，这与西班牙近年来的中等强国地位是相称的。无论错误与否，西班牙政府都非常清楚西班牙应该采取的行动，并不顾一切地为之辩护。西班牙的地缘战略和政治利益包括对美国的支持，美国是一个可靠的盟友，这一点在2002年夏天的佩雷吉尔危机（crisis de Perejil）中已经得到了证明。当时，西班牙和摩洛哥陷入了对立，但是欧洲邻国背叛了西班牙。伊拉克战争于2003年3月爆发，但在此之前，布什（Bush）、布莱尔（Blair）和阿斯纳尔在亚速尔群岛举行的一次联合会议上向巴格达发出了最后通牒。西班牙首相留下了冲突幕后推手的形象。

人民党尚未从"威望"号惨案中恢复过来，又因两名西班牙记者在战火中丧生而遭遇了反战浪潮，似乎注定要在5月举行的市政和各自治区选举中遭受挫折。然而，民意测验所预示的凶兆并没有出现，这让那些计划采取骚扰和推翻政府策略的人感到绝望。人民党失去了力量，但实际上在各地保留了权力，并随着获得巴利阿里群岛的支持而壮大。工人社会党最显著的成功是获得了马德里自治区的支持，但整体结果是惨败。马德里议会两名工人社会党成员的反水迫使该自治区重新举行选举，最终选举胜利天平倒向了人民党人——埃斯佩兰扎·阿吉雷。尽管有人试图将人民党与一个不为人知的房地产腐败案件泄密事件联系到一起，但调查只能揭露马德里社会主义联合会（Federación Socialista Madrileña）的丑恶嘴脸，该联合会最终也会像工人社会党领导层一样，因为没有要求让将叛逃者列入选举名单的人承担责任而声名狼藉。

人民党在选举中大放异彩，而工人社会党则在几个月的兴奋之后对其糟糕的表现感到气馁，政治生活随之平静下来。何塞·马里亚·阿斯纳尔在第二个任期结束时，表达了退休的打算，并利用这个时期考虑任命人民党和政府的继任者。2003年8月底，阿斯纳尔选择马里亚诺·拉霍伊担任人民党领导人。几天后，他被一致推举为该党总书记和首相候选人。

虽然这为人民党解决了继任者的问题，但这一转变并不能改善西班牙所处的国际环境，因为西班牙军队所参与的对伊拉克的占领陷入了袭击的汪洋大海中，并使许多士兵丧命。这一悲剧加剧了反对派对政府的批评，并将士兵的伤亡归咎于政府。工人社会党开始坚持要求士兵返回西班牙。

与此同时，法国和德国对阿斯纳尔与布什的结盟行为进行抨击，并一致支持一部将使西班牙丧失在《尼萨条约》(*Tratado de Niza*)中取得好处的《欧洲宪法》。阿斯纳尔不但没有退缩，反而站出来与巴黎和柏林抗争，并与波兰结盟，威胁说西班牙的愿望得不到考虑，他们就阻止该宪法的通过。似乎这还不够，新一轮恐怖袭击的爆发使局势进一步恶化，袭击摧毁了卡萨布兰卡 (Casablanca) 的西班牙大厦，造成41人死亡。十天后，一场可怕的空难夺走了62名从阿富汗回国士兵的生命，使国防部长的形象一落千丈。(P666)

第十七章

21 世纪可疑的现代性

意外获得权力

　　地方成了2003年到2004年过渡时期的焦点。工人社会党在市政和自治区选举失败后，11月举行的加泰罗尼亚地方选举为其提供了第二次机会。然而，他们的愿望最终还是落空了。民主联合党领导人阿图尔·马斯（Artur Mas）在接替担任党领袖20年的约尔迪·普霍尔之后，打败了始终跃跃欲试的候选人帕斯夸尔·马拉加尔（Pascual Maragall）。与此同时，卡罗德·罗埃拉（Carod Rovira）的加泰罗尼亚左翼共和党实力明显增强。然而，由于人民党的势力减弱，也无法与工人社会党结成联盟，马斯（Mas）入主加泰罗尼亚政府已经不可能，加泰罗尼亚社会主义者党、加泰罗尼亚左翼共和党和"加泰罗尼亚绿色倡议"（IcV）从他们手中夺走了加泰罗尼亚政府。

　　失去权力的民主联合党人开始了他们在沙漠的艰难跋涉。预算不足使得生活难以为继，数百名成员被迫寻找除进入政府以外的出路，而民主联合党对于共和左翼的独立论调日益恐惧。与此相反的是加泰罗尼亚社会主义者党的现状，当马拉加尔凭着加泰罗尼亚左翼共和党的选票成为加泰罗尼亚主席后，他安排卡罗德·罗埃拉成为二号人物。

加泰罗尼亚的新政治格局形成了，既充满了伟大的计划，也有不为人知的内部骚动。这种政治格局源于马拉加尔和卡罗德·罗埃拉想要对自治区制度进行深度的改革，以赋予自治区政府更大权力，使加泰罗尼亚享受更多资金上的优惠。工人社会党批判了这些举措，认为这是在破坏国家金融体系的平衡，会打破富有地区和贫困地区之间的团结，但是他们很快因为行政部门的指示和有利于他们收入的一个《税收条例》的承诺而噤声了。

2004年初，当加泰罗尼亚左翼共和党总书记和加泰罗尼亚政府二号人物——卡罗德·罗埃拉与埃塔组织在法国的秘密会面被公开的时候，阿斯纳尔的西班牙政府和马拉加尔的加泰罗尼亚政府，其关系相互猜疑变成了公开的敌对。这一政治丑闻因所谓的谈判承诺和宣布加泰罗尼亚地区部分休战而愈演愈烈，不但会损害民族主义领导人的信用，也会损害整个自治政府和工人社会党的信用。来自媒体和工人社会党领导人的压力迫使罗埃拉退出了政府。虽然这场危机看似结束了，但加泰罗尼亚左翼共和党依然在自治区政府之中，并将3月的下一次大选变成了其与埃塔组织谈判寻求结束暴力的公民投票。

然而，2004年的春天在西班牙历史上留下了可怕的回忆。3月11日在马德里发生了可怕的袭击事件。几枚炸弹在首都郊区火车上的爆炸，除了造成人身伤亡和财产损失之外，还引发了西班牙政坛的革命。爆炸事件使得三天后的大选活动停摆。多年来的经济繁荣，巴斯克主义的销声匿迹以及西班牙在全世界范围内形象的改善都于事无补。由于发生骚乱以及政府面对新闻报道和示威活动时的束手无策，人民党在选举中的胜算付之一炬。雪上加霜的是，在爆炸发生的最初几个小时后，一些别有用心的媒体将此事归咎于埃塔组织，掩盖了其为基地组织所制造的事实。

令人惊奇的是，由于加泰罗尼亚左翼共和党的上位以及其他地区政党和左翼政党的支持，工人社会党上台了。现在问题来了，与人民党的连续性政策相比，工人社会党曾想要进行一次大刀阔斧的改革，并作出一系列的经济和政治承诺，让人难以相信这是政府经过深思熟虑才推出的项目。

刺眼的外围

经过四年的拉锯战，2004年12月30日，巴斯克议会在维多利亚三党和现已解散的人民团结党部分成员的投票支持下，批准了伊巴雷特主席提出的有争议的《共存计划》（*Plan para la convivencia*）。投票结果令政府大吃一惊，因为其发现自己正处在一个十字路口，要么按照人民党的主张，通过司法途径阻挠计划的实施；要么按照巴斯克社会党领导人和萨帕特罗本人的主张，在议会中阻止计划的实施。面对拉霍伊的反对立场，行政部门最后选择议会作为解决问题的途径，在人民党同意投反对票之后，该计划获得批准的可能性为零。2005年2月1日，众议院全体会议以压倒性多数否决了该计划。这正是伊巴雷特主席希望看到的结果，以便提前举行地区选举，马德里的否决使其觉得提高民族主义凝聚力会有利可图。

萨帕特罗深信，巴斯克社会党有可能取代人民党成为巴斯克地区议会第一大党，并会击败巴斯克民族主义党，因此他避免与民族主义者直接对抗。帕特西·洛佩斯沾沾自喜，希望用新《宪章》的提议吸引温和的民族主义选民。但是其冒险以满足巴斯克民族主义党的愿望作为赌注，实际上使得极端主义主张合法化了，并破坏了巴斯克人民党在玛丽亚·圣吉尔（María San Gil）手中继续维持的议会阵线。然而，巴斯克民族主义不再是西班牙政治议程的标志，而加泰罗尼亚的民族主义成为西班牙的政治议程。加泰罗尼亚社会主义者党和左翼联盟决定打加泰罗尼亚语牌，加泰罗尼亚民主联合党放弃了最初的"普霍尔主义"（pujolismo）提议，而加泰罗尼亚左翼共和党的身份讹诈加剧了加泰罗尼亚选举的民族主义，并侵犯了所有西班牙人的主权。

公众舆论将工人社会党和萨帕特罗所采取的息事宁人策略视为政府为继续执政而向加泰罗尼亚左翼共和党和马拉加尔做出的让步。正是由于这种立场，内阁在《国家水文计划》、电信市场委员会总部迁往巴塞罗那以及将存放在萨拉曼卡内战档案馆的加泰罗尼亚文件归还加泰罗尼亚政府等棘手问题上向加泰罗尼亚政府屈服了。

2004年7月举行的加泰罗尼亚民主联盟大会（Convergencia Democrática Cataluña）所提出的口号是"为了一个没有限制的加泰罗尼亚"，后来也成为座右铭。这种渴望充满了愤慨和责难，只能被理解为对被剥夺主权的肯定和对失去自由的追索。这一信息渗透到非严格意义上的民族主义领域，颠覆了过渡时期的共识，通过废除国家主权原则，旨在将西班牙带入一个修正主义阶段，其目标至少是邦联国家。因此，要求制定新的《加泰罗尼亚宪章》成为西班牙政治生活中的焦点，但是，加泰罗尼亚各机构的运行或25年的宪政自治都无法证明这一要求的合理性。出现的问题实际上是1978年国家变动所带来的结果。

遥控打击

工人社会党在2004年大选中出人意料的胜利，对随后几年的西班牙政治生活产生了反常的影响。人民党的部分激进分子和领导人陷入了集体抑郁之中，他们无法消化这场惨痛的失败，也无法将其归咎于改变选举结果的外在因素。这种迷失在"3·11"事件的伤痛在愈合过程中表现得尤为明显。而在这场旷日持久的审判过程中，保守派领导人要求澄清事件真相的呼声遭到了工人社会党、各民族主义政党和亲政府媒体铁壁铜墙般的阻挠。他们不失时机地攻击人民党所谓的阴谋论。尽管保守派的舆论认为工人社会党人是真相的敌人并且阻碍了对大屠杀的澄清，但是2007年对此案的判决以及对人民党的日常围堵，大大损害了人民党的形象。在这四年当中，政府决心一雪前耻，并为孤立人民党而启动了必要的政治机制和意识形态机制，将人民党宣传成佛朗哥主义的继承人，不仅顽固不化而且还反民主。

在削弱人民党合法性的过程中，萨帕特罗知道如何利用自己在媒体中的特权地位，而大多数媒体都同情或依赖于权力的好处。在这几年当中，萨帕特罗将广播执照交给了普瑞萨媒体集团（该集团将按次付费的执照转变为开放式执照，推出了四频道（Cuatro）和梅迪播〔Mediapro，该集团于2006年3月开始运营电视6台（La Sexta）〕，不久后又发行了《公众报》（Público），从而加强了其对媒体的实际垄断。这么多的特许经营权为萨帕特罗扩大宣传提供了一个巨大的平台，并有助于巩固反人民党的言论。这种言论在工人社会党的八年执政期间广泛传播，西班牙国家广播电视台（RTVE）和其他持有反对态度的私有媒体也参与了对人民党的围剿，只有行星集团的电视3台（Antena 3 del grupo Planeta）置身事外了，也只有依靠由人民党控制的自治团体的媒体，使拉霍伊的人民党才保住了与选民的沟通渠道。

除了媒体之外，工人社会党还计划在国会和各自治区政府孤立人民党。在第一届议会期间，无论是议会对"3·11"事件的调查和法院对其的审判，还是讨论《加泰罗尼亚自治章程》（*Estatuto de Autonomía de Cataluña*）及与埃塔组织的对话政策，工人社会党依靠民族主义政党的支持，在所有场合宣传人民党的"孤立"。加泰罗尼亚三党的推进、加利西亚社会党（Partido Socialista de Galicia）与加利西亚民族主义集团（Bloque Nacionalista Galego）所达成的协议以及帕特西·洛佩斯的巴斯克社会党从2006年起靠近巴斯克民族主义党都有助于这种战略。加利西亚社会党与加利西亚民族主义集团于2005年7月所达成的协议是为了从老弗拉加手中夺回加利西亚自治区政府（Xunta）。

尽管受到骚扰，人民党仍能在整个立法机构中保持令人羡慕的内部力量，将其激进分子团结在一套坚决捍卫的理念和价值观周围。政府自身的政策是源于许多议会提议，人民党能够通过街头的公民动员来宣传这些提议。右翼自由派和保守派群众从左翼手里夺取了对街头的控制，定义了罗德里格斯·萨帕特罗的第一个任期。在人民党高层领导的带领下，成千上万的市民走上西班牙各自治区首府的街头，或是反对政府的反恐或教育政策，或是捍卫宪法。这种场面屡屡出现，使人民得以在困难重重的时刻保持其社会影响力和良好的选举前景。这些良好前景在2007年5月的市级选举和大区选举中得到了证实。虽然工人社会党通过选后协议，扩大了在地方的影响力（巴利阿里群岛、坎塔布里亚），但是由于埃斯佩兰萨·阿吉雷和阿尔贝托·鲁伊斯·加利亚东（Alberto Ruiz Gallardón）的组合，人民党在横扫巴伦西亚和马德里大区之后，赢得了选举。

对话的陷阱

为了寻求选举后的合法性，罗德里格斯·萨帕特罗领导的工人社会党着手实施在整个立法机构当中最有争议、最令人失望的两个项目：试图通过"谈判"结束埃塔组织的恐怖主义和实施新的《加泰罗尼亚自治章程》。尽管恐怖袭击持续不断，但在2005年到2007年的两年任期内，与该恐怖组织的谈判却成为政府行动的黑洞之一。在萨帕特罗上台之前，通过巴斯克社会党和人民团结党领导人之间的对话，与巴斯克民族主义组织的和解就已经秘密开始了，并且不惜违背《反恐怖主义条约》（El Pacto Antiterrorista）的规定，而与工人社会党的对话规模则更大。

萨帕特罗的工人社会党奉行将反对派逼入绝境的政策，在如此重要的问题上不与人民党达成任何形式的协议，从而给那些在"谈判"中明显持有民族主义论调和在恐怖面前放弃法治的人插上了翅膀。两大政党之间的对抗达到了前所未有的激烈程度，腐蚀了政治体系，阻碍了国家机器的正常更替。当工人社会党以"善意的"话语攻击人民党，鼓吹对话并在议会的支持下进行尽可能多的会谈时，人民党则指责工人社会党迫使国家卑躬屈膝，要将纳瓦拉拱手让给巴斯克，忘却了那些受害者。

2006年3月，埃塔组织宣布停火。在公众的想象中，这似乎与几个月前，爱尔兰共和军（IRA）上交武器的事有关。停火使人民党和工人社会党兴致高昂。检察院在起诉前人民团结党（Batasuna）领导人时，政府围绕对其继承人——巴斯克地区共产党（EHK）、巴斯克民族主义行动（ANV）的政治活动该采取何种态度出现了意见分歧。巴斯克地区呼吁停止对埃塔组织所处环境进行大肆攻击。巴斯克社会党和巴斯克民族主义党领导人与巴斯克地区左派代表的会面、萨帕特罗在没有人民党支持的情况下公开固执地要求开始谈判、人民团结党成员要求召开巴斯克各党派圆桌会议讨论纳瓦拉的未来等，这些都是两党之间的分歧和对抗点。一个月后，工人社会党任命阿尔弗雷多·佩雷斯·鲁瓦尔卡巴（Alfredo Pérez Rubalcaba）为内政部长，这被人民党视为无端挑衅。尽管萨帕特罗拼命保持与恐怖分子沟通渠道的畅通，但在毕尔巴鄂郊外发现袭击性爆炸物再次说明了工人社会党人乐观情绪的不堪一击。这种脆弱性在年底达到了凄凉的地步，当时首相重申了他对"和平进程"的希望，而就在前一天，埃塔组织在巴拉哈斯机场的新航站楼引爆了一枚威力巨大的炸弹，炸毁了部分建筑群并造成两人死亡。

2007年6月，埃塔组织宣布重新开始"武装斗争"，这断送了所有和平的希望，政府也随之宣布了新的强硬政策，奥特吉（Otegui）被捕、埃塔组织成员在法国被捕、人民团结党领导人被逮捕等事件都宣告了政府政策的改变。2007年12月，恐怖分子又开始了暗杀行动，这让政府的处境变得更加复杂，既要承担与埃塔组织谈判失败的风险，又要面对这些谈判被曝光的风险，同时大选也即将来临。在2008年3月大选前夕，恐怖主义甚至控制了巴斯克社会党本身。

条条大路通巴塞罗那

萨帕特罗第一个任期内的第二大失败是新的《加泰罗尼亚自治章程》，关于这个章程的谈判演变成了一出肥皂剧。根据帕斯夸尔·马拉加尔的构想，这个章程是一个利益最大化的提案，能够使加泰罗尼亚社会主义者党成为新祖国的代表，一举消除民主联合党和人民党赢得选举的可能性，让自己的党派在西班牙国家结构中获得特权地位，但由于起草者的野心，章程的起草工作很快就搁浅了。萨帕特罗曾承诺在议会中完全接受加泰罗尼亚议会批准的内容，但是《加泰罗尼亚自治章程》却令其头疼不已，因为加泰罗尼亚民族主义的野心已在西班牙其他地区面前昭然若揭了。

这个引发争论的《章程》将加泰罗尼亚定义为一个国家，承诺进行国家投资，并剥夺了加泰罗尼亚的税收权，此外还有许多其他难以纳入宪法的条款。该《章程》最终获得了自治区议会90%的赞成票，只有人民党表示反对，该党被视为与真正的加泰罗尼亚文化格格不入的力量。

宪法委员会和国会于2006年春季批准了该《章程》，但新《章程》并没有说服加泰罗尼亚左翼共和党和人民党，这两个党派投了反对票，并在2006年6月的全民公决中主张否决新法规。在工人社会党内部，对加泰罗尼亚民族主义者让步的不满导致批评家何塞·博诺（José Bono）离开政府，而在加泰罗尼亚社会主义者党中，紧张局势导致党员要求提前举行地区选举。马拉加尔的这一决定相当于自掘坟墓。他很快就被何塞·蒙蒂亚（José Montilla）部长所取代，后者成为加泰罗尼亚自治区政府首脑的候选人。

在2006年6月18日的全民公决中，新《章程》的荒唐言行达到了顶峰。在全民公决中，该《章程》获得通过，但投票参与率未达到50%，这表明在推动改革上，政治家的期望与社会的实际需求相背离。这种糟糕的认可也会促使人民党和一些邻近自治区向宪法法院（Tribunal Constitucional）对新《章程》提出上诉，要求废除其最具争议性的内容，如融资或控制位于加泰罗尼亚的各个河流上游的企图。

抛开政治角度来看，《章程》进入司法领域将污染宪法法院，因为工人社会党政府和人民党都把支持和反对新秩序的斗争转移到宪法法院，严重损害法院的公正形象。同样的情况也会发生在两个候选人身上，他们都想让不太支持自己观点的法官回避，这将过度拖延对西班牙政治和行政体制至关重要的判决。在加泰罗尼亚地区要求更大程度自治的大门敞开之后，那些没有坚持要求制定全新章程的西班牙自治区就坐不住了。这些自治区相互竞争，与国家对抗，扩大转移支付，并设计出始终有利于各自地区而不考虑整体利益的融资模式。

外交失误

随着罗德里格斯·萨帕特罗就任首相，人民党执政期间所推行的国际政策被推翻了。工人社会党领导人采取的第一项措施就是让驻扎在伊拉克的西班牙军队回国，甚至在竞选期间确定的日期之前就回国，而不是等待本可以让他们继续驻扎在那里的联合国决议。对于上届内阁所捍卫的大西洋主义政策来说，这些士兵的回国是一个重大挫折。尽管撤军得到了国内舆论和那些反对干预伊拉克内政的欧洲伙伴的赞扬，但非常不受美国领导人和人民党的欢迎，他们将其描述为西班牙放弃其国际义务和推行过时的反美模式。

两个月后，披着和平主义言论外衣的撤军行动与批准向阿富汗派遣新部队的行动自相矛盾。无论工人社会党如何试图以联合国的名义对向阿富汗派兵进行宣传掩饰，都难掩尴尬。2004年11月，随着布什在总统大选中击败了民主党候选人克里（Kerry），在阿斯纳尔时代精心策划的特殊沟通渠道最终被关闭了，因为巴黎–柏林–马德里轴心毫不掩饰地将赌注押在了克里身上。工人社会党政府采取了种种措施促进与美国的关系，包括胡安·卡洛斯国王访问美国总统在得克萨斯州的牧场，但这些努力都以失败而告终。2005年初，反对在伊拉克冒险的希拉克和施罗德通过与美国总统握手化解了美国的疑虑，但西班牙却在美国的新一轮欧洲外交接触中被孤立了。

随着跨大西洋联系的中断，西班牙的外交政策陷入了公然追随巴黎和柏林的泥潭。首先，尽管因为法国和德国的态度，萨帕特罗首相在谈判中无法获得西班牙每年都能得到的资金，使得一些自治区的处境非常微妙迅速，但是他放弃了上届政府在《欧洲宪法》（ *Constitución Europea* ）草案上的立场。尽管如此，在希拉克和施罗德为建立一个适合他们的欧洲而不断玩弄花招的情况下，2004年10月29日，萨帕特罗在罗马签署了《欧洲宪法》草案，并坚持他的决定，即西班牙将成为欧洲大陆上第一个将该宪法提交全民公决的国家。全民公决的结果是苦乐参半，因为虽然《欧洲宪法》以75%的选票获得通过，但投票率却是民主历史上最低的。

萨帕特罗对法德控制欧洲的坚定承诺在随后几年逐渐消失了，使他失去了国际支持。此外，欧盟向欧洲东部和巴尔干地区的扩大模糊了西班牙在欧洲大陆的角色，而西班牙胆小的外交政策在其欧盟核心的决策过程中没有保持最低限度的存在。

工人社会党政府的外交政策与其前任截然相反，在经历了阿斯纳尔时代的误解和因为摩洛哥（Marruecos）国民参与3月11日马德里爆炸事件所造成的不信任之后，工人社会党政府开始与摩洛哥达成和解。国王和王后对摩洛哥的访问以及穆罕默德六世（MohammedⅥ）参加3月11日周年纪念活动都证实了这一点。这使得政府在西撒哈拉（Sáhara Occidental）问题上倾向于拉巴特（Rabat）和巴黎（París）的立场，让许多支持西撒哈拉自决的左翼人士感到震惊。来自街头的压力，包括在马德里举行的要求政府承担对西撒哈拉人民承诺的大型示威活动，使萨帕特罗收回成命，并向他们的代表敞开蒙克洛亚（Moncloa）的大门。

西班牙对与西班牙语美洲关系的处理也是灾难性的，只有与巴西等新兴大国的关系取得了重大进展。委内瑞拉、玻利维亚和厄瓜多尔民粹主义政权的胜利，以及西班牙政府在应对左派挑战方面的困难，削弱并破坏了西班牙在美洲的形象。尽管西班牙对拉美的发展援助不断增加，西班牙公司的巨额投资也促进了拉美的经济发展，但新的"玻利瓦尔式"领导人不断批评西班牙公司的新殖民主义角色，从而在拉美公众舆论中造成了一定的影响。这种诋毁政策和没收威胁，甚至是直接的经济讹诈，严重影响了西班牙公司的发展，而政府却无法做出有力的回应。

西班牙一心想在世界大国中占据一席之地，并在国际关系中取得突破。萨帕特罗开始全力维护多边主义，认为有必要在西方和东方之间建立富有成果的对话。这一幻想的成果就是他在2004年联合国大会上提出的"文明联盟"（Alianza de Civilizaciones），以此来避免两个世界对抗的风险，并为发达国家和穆斯林国家之间的顺畅交流奠定基础。

新心情

　　工人社会党在第一届议会期间的调整表明了竞选期间的承诺与政府行动之间的不一致。不过，罗德里格斯·萨帕特罗还是凭借左翼民粹主义的想象力赢得了舆论的支持，他提出了建立男女机会均等政府、提高跨行业最低工资标准、批准《反性别暴力法》等设想，但很快事实就证明法律无法有效消除西班牙社会的这一顽疾。为了让《国家官方简报》（BOE）成为西班牙社会改革的先锋，政府还推动了《离婚法》改革，加快了离婚程序，支持共同监护子女，批准了同性恋婚姻，并为干细胞研究开了绿灯。在卫生部长的领导下，政府发起了一场反对烟草和垃圾食品的运动，以挽救西班牙人的健康。

　　政府的一些举措具有深远的伦理意义，却给其与天主教的关系蒙上了阴影，而教育部改革宗教教育的愿望早已严重损害了这种关系。教皇本人甚至公开谴责萨帕特罗政府鼓吹世俗主义和宗教冷漠的做法。尽管在2005年初教会和政府代表举行会议并选举毕尔巴鄂主教里卡多·布拉斯克斯（Ricardo Blázquez）为西班牙主教会议主席之后，事态暂时恢复了平静。工人社会党的一些领导人对教会高层提出批评，明确谴责与罗马教廷达成的协议，并试图向所有学生强加一门具有世俗伦理性质的新课程（有争议的《公民教育》），为政府与教会的对抗火上浇油。

　　在重新启动和调整西班牙教会在公共生活中的作用方面，罗马教廷也不会停滞不前。红衣主教的披肩被授予了托莱多主教安东尼奥·卡尼萨雷斯（Antonio Cañizares），他是主教团中最保守派的代表；巴斯克主教区的革新进程正在淡化当选主教的民族主义色彩；

好斗的鲁科·瓦雷拉（Rouco Varela）重新担任主教会议主席，这些都表明了梵蒂冈态度的转变和不向不友好政府让步的坚定意愿。

在教会殷切希望占据的社会改革领域，萨帕特罗政府在整个执政期间都取得了良好的成绩。特别值得称赞的是使最低养老金与最低工资保持一致的执法；颁布《养老金法》（*Ley de Dependencia*）——这个法案承诺为数以千计的西班牙病人家属提供一个有尊严的解决方案，但最终却因缺乏资金而搁浅；颁布有争议的《平等法》（*Ley de Igualdad*）；引入驾驶执照记分制度以及推行旨在提高老年人生活质量的新法律。在意识形态方面，批准了一项不必要的《历史记忆法》（*Ley de Memoria Histórica*），该法以医治内战创伤为幌子，却沦为分裂西班牙人的危险工具。

在进行社会改革的同时，萨帕特罗还开展了另一项同样积极的工作，那就是废除人民党执政期间激怒了工人社会党的思想家或其政府伙伴的所有项目。《国家水文计划》《教育质量法》《商业时间表法》（*Ley de Horarios Comerciales*）和《预算稳定法》（*Ley de Estabilidad Presupuestaria*）相继下马。《刑法》的改革将非法召集全民公决定为犯罪，而《国家水文计划》的废除则引发了公众大量不满，这严重损害了政府在西班牙东南沿海地区的形象。

政府在移民问题上也采取了类似的摇摆和纠错态度。随着经济的增长，移民人数也在不断增加。对持有工作合同的非法外籍人士实行的新的合法化期限产生了连锁反应，使南部和加那利海岸涌入了成千上万渴望进入第一世界天堂的人们。

面对这样的雪崩，恐惧感在西班牙舆论中蔓延，而对政府随机应变的批评也与日俱增，导致工人社会党突然改变主意，在打击非法移民的斗争中选择了更为激进的政策，启动了遣返机制，并努力制定共同法规，使欧洲成为防御失控人口流动的坚不可摧堡垒。

变戏法

2007年即将结束，搅动加泰罗尼亚伊甸园平静水面的不仅仅是新自治法的制定。在加泰罗尼亚，人们一方面渴望更大程度的自治，另一方面又痛苦地感到，由于马德里和巴伦西亚大区的强大，加泰罗尼亚在全国的排名正在下降。西班牙贪婪的国库压垮加泰罗尼亚的景象，对三党和民主联合党的主权主义者产生了强烈的影响，他们认为这正是造成加泰罗尼亚基础设施破烂不堪的理由。2006年落成的马德里巴拉哈斯机场（Barajas）航站楼规模宏大，在投入使用的第一年就接待了2800万名旅客，取代阿姆斯特丹，成为欧洲第四大机场，而此时又宣布减少巴塞罗那布拉特机场（El Prat）的航班，进一步激发了人们的不满情绪。

2008年3月10日，工人社会党再次在大选中获胜，但没有达到其认为应该获得的绝对多数。萨帕特罗的169个席位并不够，因为人民党的席位增加了。

相反，人民党的惨败立即引发了对马里亚诺·拉霍伊（Mariano Rajor）领导能力的质疑，并使党内地区领导人之间的关系紧张，他们面临着更新管理团队和更改意识形态路线的压力。这场斗争的结果是阿斯纳尔时代守旧派的离开——领导层的代际更替与工人社会党的情况类似，拉霍伊的地位得到了加强，并形成了一种旨在吸引温和民族主义政党选民的分散言论，甚至不惜以罢黜吉普斯夸人——玛丽亚·圣吉尔等人民党元老为代价。

从欣喜到危机

萨帕特罗政府在第一届议会期间保持了上届政府的增长惯性，从而将失业率降至 1978 年以来的最低水平，并维持了适度的公共赤字，后来又将其转化为盈余。然而，2007 年初，一些指标已经预示着人民党在八年前开启的以内需和建设为基础的经济周期即将结束，因此政府推出了一系列措施。这些措施的目标与国际收支不平衡、与新兴国家相比生产力不足、美元兑欧元疲软以及油价上涨势不可挡等经济现实相冲突。

2007 年 3 月，风云突变，西班牙股市首次出现下滑迹象。受房地产泡沫破灭和全球危机初露端倪的拖累，股市降至年度最低点。西班牙经济的引擎——建筑业的繁荣戛然而止，无论是开发商、银行，还是政府本身，都无法阻止这一切的发生。房地产公司的危机只是近年来困扰西班牙经济问题的冰山一角。房贷利率的野蛮增长摧毁了数百万公民的经济能力，他们为了买房而过度举债，或者根据市场预期，将房地产作为国内最常见的储蓄手段之一，其结果就是自 2008 年春季以来政府就实施重新拉动消费的举措。

2008 年，让西班牙人夜不能寐的不仅仅是房地产危机。石油价格超过每桶 140 美元，谷物、食品和其他基本必需品（牛奶、葵花籽油、水果和蔬菜、汽油和柴油等）的价格也在无节制地上涨。因此，购物篮成本的增加扰乱了社会最贫困阶层（失业者、养老金领取者、年轻的“里程主义者”、有抵押贷款的家庭等）的经济能力，他们发现生活越来越困难，政府却无法控制通货膨胀，到 2008 年年中通货膨胀率飙升至 5%。

在危机动摇西班牙企业的同时，《京都议定书》（*Protocolo de Kioto*）的签署使情况变得更加困难，因为它迫使西班牙企业进行代价高昂的转型，以减少向大气中排放污染气体。在保护地球生态平衡方面取得的这一进展，与破坏地球生态平衡的火灾频发形成了鲜明对比。里奥廷托山区2.6万公顷的森林被烧毁，这是西班牙近25年来最大的自然灾害。然而，与2005年瓜达拉哈拉省几个村庄的森林被大火烧毁、造成11名工人死亡的影响相比，或与次年烧毁半个加利西亚而加利西亚自治区政府又无能为力的大火相比，这场大火的影响小得多。

尽管一些公司处境艰难，劳动人口处境困难，但许多西班牙公司在2004年至2008年的四年中，利润创下了历史新高，这也推动了它们的国际化进程。随着桑坦德银行（Banco Santander）收购英国阿比国民银行（Abbey National），法罗里奥集团（Ferrovial）收购英国机场管理公司（BAA；英国最大的机场管理公司），西班牙电信公司投资英国电信公司（O2）以及索斯–古埃塔拉（SOS Cuétara）收购几家意大利和美国石油公司，西班牙资本进入了国际市场。2005年，西班牙对外银行和桑坦德银行宣称，其从美国子公司赚取的收入与它们从本土分行赚取的收入相同。面对经济周期的变化，一些建筑公司和房地产公司开始寻求改变盈利模式，将投资重点放在能源公司上，从而实现投资多元化。政府急于使西班牙集团在国际金融大鳄面前变得坚不可摧。在政府的注视下，萨维地产（Sacyr-Vallehermoso）参股了雷普索尔石油公司（Repsol），西班牙建筑服务集团（ACS）参股了费诺萨集团电力公司（Unión Fenosa）和伊比德罗拉公司，安迅能（Acciona）参股了西班牙国家电力公司。

残酷的现实

面对严峻的经济形势，萨帕特罗犹豫不决和无所适从的态度似乎并不是最有效的对策。2007年期间，很多人发出了警告，认为困难迫在眉睫，需要进行深入改革以放开市场、促进创新和提高生产力，政府却只是满足于将这些人说成是末日论者和不爱国者。次年，大选临近——民调显示工人社会党和人民党几乎打成平手，这迫使萨帕特罗和经济大臣索尔维斯（Solbes）承认了国家面临危机的现实，而这一危机是由于不实的语言所造成的，政府总是避免直面问题。

工人社会党在2008年大选中获胜后，严酷的现实开始显现。生产增长放缓，社会保险参保率下降，国际收支不平衡，即所谓的经济危机，迫使政府通过向生产领域注入公共资金并通过减税增加家庭流动资金等方式刺激经济。

所有尝试过的措施都无法阻止经济活动的恶化。在2008年最后一个季度，西班牙陷入了自1959年以来从未有过的严重衰退，并持续到了2010年。政府所采取的措施很快就耗尽了预算，使2009年的赤字达到了国内生产总值的11%。在是否必要以违背一些竞选承诺为代价来减轻财政负担的问题上，索尔贝斯经济大臣和萨帕特罗首相之间首次出现了分歧。萨帕特罗制止了副首相兼经济大臣索尔贝斯重新平衡收支的努力，这位副首相充满了无力感，在2009年4月的政府改组中离开了政府，将自己的工作交给了埃莱娜·萨尔加多（Elena Sagardo）。

一位经济大臣从未面对过如此灾难性的局面，他的手脚被变幻莫测的全球金融市场所束缚，无法阻止失业率的飞速增长。失业人数达到了西班牙近代经济史上前所未有的水平，2009年4月突破400万大关，2011年底达到500万，占就业人口的22%。"没有未来"的年轻人们，很快就会将不满情绪付诸"五月十五日"（15-M）之类的抗议活动。

从2008年起，西班牙房地产泡沫的破裂使许多储蓄银行陷入毁誉参半的交易中，消耗了大量资本和储备金，其中一些银行被推向了破产边缘。尽管政府对西班牙各银行的稳健性进行了宣传，但很快就发现损失比人们了解到的情况要严重得多，各种操作也被揭露出来，尤其是地区政客们实施的破坏性项目。卡斯蒂利亚·拉曼恰银行（Caja de Castilla-La Mancha）就是如此，它为雷阿尔城一个荒唐的机场提供了资金。面对这些灾难，西班牙银行决定采取行动。将受到怀疑的银行与健康的银行合并，似乎是清理资产负债表并解决分支机构和员工数量过多问题的最稳妥政策。由于采取了这一战略，2010年，西班牙储蓄银行的数量从45家减少到15家，其中尤为重要的是各机构的合并，由此产生了西班牙第三大金融企业（按管理资金计算）——班基亚银行。

参与拯救金融机构，使国家在经济方面和在政府形象方面都付出了沉重的代价。由于资金困难，行政部门无法彻底救援金融行业，而这是重拾市场信心和调动信贷的基本步骤。此外，公布破产机构管理人员工资和养老金所引发的丑闻，加剧了公众对银行和国家承担救援费用的反对意见。

舆论巨匠

虽然其根源可以追溯到更早的时候，但自2009年以来，西班牙开始经历书面报刊的深度衰退，并由此产生了政治和社会影响。报刊危机是两种有害现象叠加的直接后果：经济衰退导致的广告收入下降和报刊亭销售的崩溃。问题的核心是免费报纸的入侵和数字报纸不可阻挡的竞争，后者以其即时性取胜，并免费为读者提供多样化的信息来源。这将导致报业公司的业务无法抵挡的下滑。2008年至2011年，政府还进行了一系列伤筋动骨式的人员重组，解雇了近3000名媒体专业人员。

　　几乎与印刷媒体的困境同时发生的是，萨帕特罗政府的最后两年也给西班牙视听领域带来了一场革命。随着广告资金的枯竭，新成立的电视频道开始面临流动资金匮乏的困境，而疯狂购买体育赛事转播权又加剧了这一困境，但这又是提高收视率的必要条件。更为复杂的是，这几年恰逢地区性电视频道大量涌现，从2005年起，这些频道的数量还在继续增长。到四频道和电视6台开播时，私营公司和公营公司之间的竞争达到不可持续的地步，资源消耗达到真正荒唐的地步。

　　2010年，盈亏账目的恶化迫使政府和商人承认，唯一的解决办法是合并频道，以创建有偿付能力的集团。在这一战略的推动下，电视5台的所有者梅地亚赛特公司（Mediaset）收购了四频道，而电视3台的所有者行星集团（Planeta）则收购了电视6台。

　　除了这种商业演变之外，作为一种社会现象，萨帕特罗的第二个任期也是"垃圾电视节目"大获全胜的年代。这些节目甚至以淡化道德和公民意识为代价，成功地麻醉了试图暂时脱离残酷现实的公众。这些娱乐节目没有任何知识含量，以病态、喧哗和八卦为主，或者以真人秀的形式拍卖刻板的和小丑式的粗俗人物，每天录制24小时。那是电视脱口秀的年代，政治家、记者、自学成才者、随性而为者等在节目中激烈争论，就时事提出自己的观点，对神性和人性滔滔不绝。

民族主义攻击

在第一个任期，萨帕特罗首相颠覆了西班牙的政治生活，试图最终结束过渡时期以来最棘手的两个篇章：在宪法秩序内最终满足加泰罗尼亚民族主义者的愿望，以及结束埃塔组织的恐怖暴力活动。这两个目标都是西班牙公众舆论的主要关注点，在第二个任期的最后几年里，这两个目标都成为工人社会党的头疼问题，但没有取得首相梦寐以求的政治成果。

经过四年的审议，2010年6月，宪法法院以微弱多数批准了《加泰罗尼亚自治章程》。虽然宪法法院批准了大部分文本，但删除了一些最有争议的内容，不承认将加泰罗尼亚定义为一个国家的法律条文，并宣布其中14项条款违宪。

加泰罗尼亚舆论的失望之情溢于言表，以至于作为加泰罗尼亚自治区首脑的蒙蒂亚率先回应了这一裁决，并将起草决议的责任推卸给了人民党，指责人民党是决议被删减的罪魁祸首。就这样，《加泰罗尼亚自治章程》不仅没有获得任何掌声，这部草草出台的混乱法律，为今后加泰罗尼亚自治区政府与国家之间的冲突埋下了隐患，成为加泰罗尼亚与西班牙其他地区关系中的一个不稳定因素。加泰罗尼亚经济危机的严重后果大大降低了加泰罗尼亚社会主义者党和蒙蒂亚的选举期望值。在2010年11月的大区选举中，厄运很快就降临了，民主联合党成功夺取了加泰罗尼亚的政府。

在巴斯克地区，面对显然不可能与萨帕特罗首相达成任何协议的情况，巴斯克自治区政府主席迫使巴斯克议会批准了一份包含巴斯克地区居民"决定权"的文本。西班牙政府随后向宪法法院提出上诉，以合法的名义使伊巴雷特精心策划的整个计划瘫痪了。在民族主义动员的氛围中，2009年巴斯克议会选举举行。由于人民团结党及其后继者已被最高法院宣布为非法，巴斯克民族主义党对巴斯克议会选举寄予厚望，但获胜后并没有上台执政，不得不将阿胡里亚埃内亚宫让给巴斯克社会党，因为其在人民党的支持下，驱逐了巴斯克民族主义党。

在巴斯克地区经历了近30年的极端民族主义政党执政之后，社会党人的上台带来了一股新鲜空气。由于新政府不敢对巴斯克人所谓的民族主义主张进行大幅度的修正，也不质疑其与萨比诺主张的一脉相承关系，这在一定程度上挫伤了人们的期望。恐怖主义结束后，一条新的道路出现了。萨帕特罗政府与埃塔组织之间的谈判至少在官方层面上已经破裂，而在马德里和维多利亚的联合反恐行动中，犯罪团伙的所有突击队员一个接一个地倒下。法国当局的合作尤为有效，在不到两年的时间里，法国当局成功抓获了2007年强行破坏停战协定的恐怖组织领导层的所有成员。此外，法院下令解散人民团结党的各个基层组织，并让他们退出各个机构，这使得民族主义运动的社会影响力荡然无存，削弱了其在政治上应对警方持续打击的能力。在2006年的巴拉哈斯袭击之后，只有保持行政部门与最倾向于放弃暴力的民族主义领导人之间的秘密沟通渠道，似乎才是民族主义运动走出迷宫的出路。

整个2010年，埃塔组织都在警察的打击下受到削弱，面对那些主张严格政治路线的人，埃塔组织逐渐失去了在整个民族主义运动中的领导地位。2010年2月，巴斯克团结党（Batasuna）提交了第一份文件，主张没有暴力的民主进程，不久后又提交了重新融入民族主义运动的计划。《布鲁塞尔宣言》（*Declaración de Bruselas*）是一份要求埃塔组织永久停火的文件，它为对话之路注入了新的活力。这实现了民族主义一直追求的目标，即把巴斯克问题国际化，认可平等之间冲突的有效性，而不是恐怖组织对完全民主与和平社会的罪恶攻击。

无论是迫于形势还是出于政治策略，埃塔组织在2010年全年和2011年前几个月宣布逐步放弃暴力活动。然而，这些声明给西班牙社会带来巨大欣慰的同时，政府和各政党也对其持怀疑态度，怀疑埃塔组织在玩弄新把戏，其目的是支持民族主义左翼重返政治生活，或在其极度虚弱的情况下呼吸一口新鲜空气。民族主义左翼最初试图以索图（Sortu）的名义参加5月的市政和地区选举，但以失败告终，随后他们成立了一个名为"比尔多"（Bildu）的新联盟，该联盟获得宪法法院的支持。在这一决定中，许多人看到了工人社会党的黑手，其是为了履行在秘密谈判中达成的某些协议，但这些协议一直遭到否认。该联盟在5月22日取得了难以逾越的成果，从一直备受争议的奥东·埃洛（Odón Elorza）手中夺得了圣塞瓦斯蒂安市市长的职位，并赢得了吉普斯夸省议会主席职位，这证明了该组织的政治豪赌，但同时也迫使其不得不应对机构日常管理中的问题。

经过数月有关该恐怖组织意图和可能通过调解人进行谈判的大量谣言之后，2011年10月20日，埃塔组织发动了新一轮政治攻势，在大选前一个月宣布彻底放弃"武装斗争"。在许多人看来，这是该帮派又一次精心策划的行动，试图通过掩饰失败来获得政治优势，从而增加阿迈乌尔联盟（Amaiur）的选举希望。虽然经历了50年的恐怖主义和857起谋杀案，其公报中仍没有承诺解散组织和交出武器，但可以说这是民主战胜了毫无意义的暴力和极权主义的明证。

在太阳门扎营

由于长期的经济危机和西班牙左翼期望的破灭，2011年5月15日运动——又称"愤怒者"运动在西班牙全国兴起。这场民众运动采取了占领西班牙各首府最重要广场的非暴力抗议方式，其媒体中心位于马德里太阳门广场，并从那里通过互联网发布信息。

运动爆发后，民众的愤慨被引向对政治制度的激进批判，以及对那些被认为对肆虐全国的严酷经济危机负有责任的人——政客、银行家和大企业的批判。"五月十五日运动"以集会为基础，并利用社交网络作为传播思想和汇集同情者的手段，在竞选活动高峰期占领了马德里太阳门广场、巴塞罗那加泰罗尼亚广场等代表性中心，取得了显著的宣传效果。但这也是因为左翼媒体自作主张地大量传播了信息。在"政治家不代表我们"的口号下，运动发表了一系列宣言和声明，建议修改选举法，限制统治阶级的特权，实行参与式民主，并坚决反对充斥日常生活的腐败现象。

在市级选举之后，人民党大获全胜，该运动的力量开始减弱，但在巴塞罗那事件（一些头脑发热者试图袭击议员）对其形象造成沉重打击之后，这个运动就和平解散了。其自发性和缺乏明确的目标使其付出了代价：一旦它发出了自己的声音，抨击了罪恶，剩下的就是将自己组织成一个政党或加入一个现有的政党。他们的机会很快就会到来。

黑暗政客

愤怒者运动的爆发反映了公众对统治阶级日益增长的不满情绪，这是在经济极度困难时期发现多起腐败丑闻所造成的直接后果，也是在2006年马尔贝拉市政府的丑闻充斥报纸版面以及相关法庭案件占据小报之后，公众的敏感度达到了顶峰。

在巴尔塔萨·加尔松法官开始调查并下令逮捕其头目时，所谓的居特勒（Gürtel）案因其多重衍生问题和媒体报道而声名大噪。加尔松的行动一如既往地具有韬略，却为不可预见的后果埋下了伏笔。首先，同情工人社会党政府的媒体报道了这一"秘密"调查，谴责为政客收取佣金的行为以及可能存在的对人民党的违规资助。当调查范围扩大到巴伦西亚大区主席弗朗西斯科·坎普斯（Francisco Camps）时，这起看似简单的贿赂案演变成了一场严酷的政治与司法对抗。

2010年，加尔松法官下令在监狱中对被告及其辩护律师进行窃听，使案件变得更加复杂。由于违反了法律原则，最高法院受理了对法官推诿的投诉，并宣布这种窃听是非法的。除了这起新的控诉之外，还有两起控诉也指控推诿和贿赂罪。其中一项是针对桑坦德银行（资助的纽约大学（Universidad de Nueva York）某些课程的指控；另一项则源于法官的顽固不化，自2008年9月起，地方法官将推动对内战和佛朗哥政权期间被枪杀和类似情况的人员进行普查和调查。

就在加尔松备受煎熬的同时，2011年，居特勒案件也开始发酵，并拖累了坎普斯，尽管坎普斯受到了指控，但他在地区选举中仍保住了自己在巴伦西亚议会中的多数席位。尽管取得了胜利，2011年12月，坎普斯还是在巴伦西亚高等法院出庭受审，该案揭露了这位政治家与涉案公司所有者之间不为人知的家庭关系，但由于缺乏令人信服的证据，陪审团宣布他无罪。

就在居特勒案在马德里和巴伦西亚碾压人民党的同时，另一场风暴也在巴利阿里群岛掀起——对所谓的帕尔马竞技场案（Palma Arena）进行了起诉，该案是对马略卡岛帕尔马体育中心（Palacio de Deportes en Palma de Mallorca）建设超支过多的调查。2008年8月，检察院以贪污、贿赂和推诿为由提起诉讼，下令逮捕与巴利阿里群岛前人民党政府有关的数人，并指控前主席马塔斯（Matas）。

巴利阿里群岛政府的一个组成党派——马略卡联盟（Unió Mallorquina）在指控前主席时表现突出，而媒体试图打击人民党的做法也与该党派的腐败经济关系爆炸事件如出一辙。该联盟的丑闻非常严重，其主席玛丽亚·安东尼娅·穆纳尔（María Antonia Munar）及其两位继任者在受到正式指控后不得不辞职。因违规融资和非法敛财，甚至在地区选举中利用公共资金吸引选票，这些指控的累积导致该党于2011年2月解散。

然而，与巴利阿里群岛和巴伦西亚腐败案有关的最令人惊讶的结果是，他们揭露了克里斯蒂娜公主（Infanta Cristina）的丈夫伊纳基·乌丹加林（Iñaki Urdangarín）不正当的私人商业交易。在整个2011年，这些报告都是零零散散地发布的，只是在这一年的最后几个月才被披露出来。这些信息显示，公主的丈夫——帕尔马公爵通过各种体育赛事组织公司和一些非营利基金会进行交易，以获得丰厚的补贴和合同。中饱私囊、洗钱、逃税等指控对王室的形象造成巨大损害。在这场旋涡中，王室采取了两个极具象征意义的措施：

公开账目，并因其不太模范的行为而解除公爵所从事的所有官方活动，以保护自己免受因公爵被起诉而不断高涨的批评浪潮影响。

腐败案件并不只影响人民党，一旦禁令解除，这些案件就会对工人社会党造成冲击，如梅卡塞维拉（Mercasevilla）案，以及在2011年11月竞选期间，部长何塞·布兰科（José Blanco）与一名加利西亚制药商之间令人费解的关系，后者指控部长收取非法献金。就这样，在批评人民党的居特勒案时，工人社会党的声音最为突出，如今自己却因类似的原因而成为风暴的焦点。

在工人社会党的所有诡计中，最令人发指且影响最深远的是安达卢西亚一些公司的假提前退休计划。在这些计划中，地区政府纳入了从未为其工作过的家庭成员和支持者。其中一些提前退休被宣布为违规，受益人被勒令偿还所领取的补助。此案损害了工人社会党的形象，在整个西班牙传播安达卢西亚缺乏控制的形象，而这种形象只有在经过30年不可动摇的工人社会党政府统治之后才能得到解释。

市场的奴隶

自2009年以来，在支出增加和税收减少的夹缝中，中央政府和各自治区政府的国家赤字不断飙升，因此，教育、医疗等繁重基本服务的账单不断累加。这为萨帕特罗在第一届工人社会党议会期间实施多年的福利画上了句号，也让人们质疑萨帕特罗疯狂增加昂贵社会福利而不是减少公共债务或在经济困难时期节省开支的做法。

为了缓解财政失衡，政府在历史上最糟糕的时期求助于国际信贷市场，这使得西班牙的公共债务成倍增长，三年内已达到令人不寒而栗的7000亿欧元。在这一总额中，有很大一部分是各自治区的债务，其中加泰罗尼亚、巴伦西亚和马德里的债务尤为严重，这三个自治区的债务加起来占所有自治区债务的55%以上。这对西班牙的信誉是一个真正的负担，因为它超过了与欧元诞生相关的《欧洲稳定与增长公约》（*Pacto de Estabilidad y Crecimiento*）所允许的上限，这意味着需要进行重大调整。

由于债权人担心这个旧大陆上最弱小的国家之一可能无法履行其承诺，自2009年中以来，西班牙一直处于债务旋涡之中。在西班牙身陷债务困境的同时，欧洲当局也无法找到持久解决希腊、葡萄牙和意大利经济困境的办法。由于默克尔（Merkel）领导的德国不愿帮助陷入困境的国家，债务危机还造成了欧元在货币市场上的不稳定。这凸显了欧洲的一个主要问题：欧洲无法在货币、财政和经济政策领域采取协调一致的行动。结果，由于缺乏真正的一体化，欧盟的决策中心从布鲁塞尔转移到了巴黎–柏林轴心：德国和法国掌握了应对危机的缰绳，让其他国家服从这两个最强大国家的决定，西班牙对此无能为力。

为了避免落入受到欧洲干预的境地，萨帕特罗政府必须承诺制定一项非常艰难的调整计划，并在2010年至2012年三年内减少赤字。情况如此紧急，政府减少了对公共工程的部分投资，并从2013年起逐步将退休年龄从65岁提高到67岁，这一计划在工会中引起了轩然大波。接着是劳工改革，这是西班牙政府难以完成的事业，其关键在于减少遣散费的支出。国会打算在2010年9月批准这项改革。这项改革激怒了工会，他们以总罢工作为回应，与萨帕特罗的蜜月期就此结束了。

首相纠正了他的"社会主义"言论，并在各自治区政府的压力下实施了一系列措施，这在几个月前是不可想象的。他削减了公务员的工资，冻结了养老金，增加了增值税，取消了婴儿支票。即使采取了这些措施，也无法按照布鲁塞尔制定的目标实现收支平衡。

萨帕特罗政府在面对经济危机时采取的反复无常政策已经损害了政府的声望，现在又因为削减福利国家的基本部门而严重受损，这与其左翼言论背道而驰。

然而，西班牙民众作出的巨大牺牲未能平息市场情绪。2011年，市场再次躁动不安，继爱尔兰和葡萄牙陷入困境之后，意大利和西班牙成为市场关注的焦点。欧洲央行（BCE）试图通过购买这两个国家的公共债务来灭火，但无论是这一无奈之举还是意大利政府的计划都未能平息事态，导致风险溢价在9月失控，并迫使西尔维奥·贝卢斯科尼（Silvio Berlusconi）下台。西班牙也受到了极大的冲击，萨帕特罗政府在人民党的帮助下，没有征求民众意见就批准了对宪法第135条的快速改革，其中包括公共行政部门预算平衡的义务。提前举行选举的呼吁成为国际银行家压力的逃生之门，国际银行家的进攻已经激怒了葡萄牙，希腊和意大利政府的政治管理者。只有欧洲央行改变策略才能使人们暂时喘口气，因为市场在12月就被廉价和长期的资金淹没了。

即兴创作的终结

在过去几年中，西班牙工人社会党政府无力应对经济危机，该党空洞无物的意识形态理论导致萨帕特罗在西班牙的权威迅速下降。工人社会党的这一特殊转折始于2009年3月举行的加利西亚和巴斯克议会选举。虽然巴斯克地区的选举结果令人鼓舞，因为他们接管了政府，但在加利西亚，阿尔韦托·努涅斯·费霍奥（Alberto Núñez Feijóo）领导的全新的人民党，击败了自2005年以来一直统治该自治区的加利西亚社会党–加利西亚民族主义集团（PSG-BNG）。圣地亚哥的政权更迭和巴斯克地区的政变，以及对非民族主义巴斯克自治区政府主席的重要支持，让保守派的精神为之一振，因为他们意识到，不满的情绪正开始弥漫整个社会。随着上届任期一些令人痛苦章节的结束，人民党正在社会主义的小船上打开一个缺口，而工人社会党只剩下利用腐败案件余波的伎俩，以损害人民党的形象和选举预期。

2010年11月，加泰罗尼亚大选使工人社会党遭受了新的挫折。加泰罗尼亚民主联合党扩大了其在2006年的战果，战胜了社会主义者党（PSC）。社会主义者党因在加泰罗尼亚议会中失去9个以上席位而遭遇惨败。其竞选伙伴的溃败也将加泰罗尼亚政府拱手让给了阿莉西亚·戈麦斯·凯萨（Alicia Gómez Caixa）的人民党所支持的民主联合党人，从而打破了民族主义者和工人社会党人所达成条约造成的孤立。这次溃败可能部分归因于政府主席对《加泰罗尼亚自治章程》使用上的糟糕做法，但也与三方无法管理日常问题有很大关系。

在2011年的市政府选举中，加泰罗尼亚社会主义者党在巴塞罗那（第一次民主选举以来最大的一次）、赫罗纳和塔拉戈纳的政府选举中败给了加泰罗尼亚民主联合党，而拉霍伊的保守派则夺走了巴达洛纳的市长职位。这是加泰罗尼亚乃至整个西班牙正在发生变化的一个征兆，而这一变化也体现在加泰罗尼亚社会主义者党在巴塞罗那的工业区失去了此之前一直享有的绝对多数。在西班牙其他地区人口较多的城市，主张对移民进行更广泛控制的言论开始占据上风。这种新的社会学现象正在加泰罗尼亚的舆论中占据一席之地，这也解释了为什么一些政党成功地发展出一种被左翼和民族主义者打上仇外标签的言论，却还能深入到深受经济困难打击的劳动大众之中。

然而，工人社会党在加泰罗尼亚的溃败与西班牙其他地区的溃败相比还是有差距的。在其他地区的选举中，人民党再次以超过10%的领先得票率取得胜利。这一压倒性的结果使人民党赢得了34个省会城市、圣地亚哥－德－孔波斯特拉市和梅里达市的支持，而工人社会党只获得了九个省会城市以及维戈市和奥斯皮塔莱特（Hospitalet）（居民人数超过25万）的支持。人民党是西班牙除加泰罗尼亚、巴斯克地区、纳瓦拉和阿斯图里亚斯之外得票最多的政党，其中马德里的阿尔贝托·鲁伊斯·加利亚东、巴伦西亚的丽塔·巴贝拉（Rita Barberá）和加的斯的特奥菲拉·马丁内斯（Teófila Martínez）的连任尤为关键。

13个自治区在选举当天产生了政府。尽管腐败案可能会损害其形象，但人民党还是在其传统领地重新掌权，甚至成功保住了巴伦西亚大区。人民党还在巴利阿里群岛和坎塔布里亚获得了绝对多数席位，打破了在前几次选举中夺走政府席位的工人社会党－人民革命党组合。该党在巴利阿里群岛和坎塔布里亚获得了绝对多数席位，打破了在前几次选举中夺走政府席位的工人社会党——坎塔布里亚地区主义党（PRC）阵营。这还不够，在玛丽亚·多洛雷斯·德·科斯佩达尔（María Dolores de Cospedal）的领导下，其还控制了卡斯蒂利亚－拉曼恰，这对保守党的政治抱负来说是一次真正的政变，因为它从工人社会党手中夺走了其一直统治的一个自治区。阿拉贡和埃斯特雷马杜拉在选举后达成的协议使这场雪崩达到了极限，最令人惊讶的是，在埃斯特雷马杜拉，独立联盟的弃权也使人民党获得了胜利，而人民党在选举中以简单多数获胜。只有纳瓦拉、阿斯图里亚斯和加那利群岛被排除在了这股人民党的浪潮之外，这股浪潮几乎将工人社会党从西班牙领土的所有机构中抹去，从而实现了民主时代最大程度的政区控制。但安达卢西亚和巴斯克地区除外，两个地区的选举于2012年春季举行。

5月的投票结果使萨帕特罗政府无法将议会任期延长至2012年春季，尤其是在首相本人公开宣布不再竞选新一任首相之后。地方权力的丧失、财政的不稳定以及2012年国家预算的难以推进，迫使萨帕特罗在仲夏宣布解散议会两院，并要求在夏季举行选举，将于2011年11月20日举行。

萨帕特罗放弃竞选连任——这或许是首相摆脱其内阁在危机面前缺乏控制形象的最后机会，已经动摇了该党。其必须匆忙寻找一名候选人参加大选。两名杰出的激进分子进行了角逐：阿尔弗雷多·佩雷斯·鲁瓦尔卡瓦和国防部长卡梅·查孔（Carmen Chacón）。后者是即将离任首相最信赖的人。尽管初选尚未举行，但是两者可预见的摩擦已经见诸报端，因为副首相——阿尔弗雷多·佩雷斯·鲁瓦尔卡瓦要求在不经过公开投票程序的情况下当选，迫使他的对手为他让路。

2011年11月20日，工人社会党彻底垮台。在前几次选举中，保守派的浪潮席卷了工人社会党，左翼选民大量外逃，其中许多人弃权或将希望转向左翼联盟（IU），工人社会党因此成为孤儿，因为其在危机期间缺乏明确的定位，也缺乏有吸引力的理念。该党戏剧性地呼吁选民团结起来捍卫福利国家，将削减教育、卫生及社会服务等隐藏的不正当意图归咎于右翼，但无济于事。

　　人民党获得的选票与2008年相比几乎没有增加，各保守党派在11月获得了186个议席的绝对多数（历史上最多议席），在除加泰罗尼亚、吉普斯夸、比斯开和塞维利亚之外的所有西班牙省份都非常轻松地取得了胜利。工人社会党则失去了400多万张选票，只能以110个席位的最差成绩聊以自慰。工人社会党选民的外逃也导致众议院出现了前所未有的分裂，政党和可能的议会党团数量大幅增加。卡约·拉腊（Cayo Lara）的左翼联盟以11个席位重新成为该国第三大党，其强势崛起是顺理成章的，但最大的惊喜来自进步与民主党（UPyD）、加泰罗尼亚民主联合党和阿迈尤尔。

　　罗莎·迪埃斯的政党赢得了114万张选票和五个席位，其复兴计划的基础是修改《选举法》、净化政治和行政生活以及改革《宪法》，以便将教育和卫生领域的权限下放给国家。进步与民主党（UPyD）将当前地区格局中的一些禁忌问题推到了风口浪尖，但它在选举中的胜利却稍显昙花一现，因为它未能达到进入议会所需的得票率。其与"阿斯图里亚斯论坛"（Foro Asturias）的议员结成联盟，在12月两院组成时为进步与民主党提供一个渴望已久的职位。

　　加泰罗尼亚地区的结果也同样令人吃惊，民主联合党的席位从10个增加到16个，取代了加泰罗尼亚社会主义者党，成为该地区得票最多的政党。在经济危机中，民族主义言论抛弃了神秘的身份认同和过度的文化亢奋，转而捍卫杜兰·伊·莱里达（Durán i Lleida）等演讲者自己称之为"钱包"的东西，这是对心灵和头脑的补充。现在，胜利的民族主义建立在为经济福祉平反的基础上，经济福祉不是被危机掠夺，而是被西班牙人掠夺。人民解放的抒情性远不如30年前：正因为如此，它才取得了胜利。

　　最后，第三个令人吃惊的事件是"阿迈乌尔"在议会中的出现，这是一个由老牌民族主义政党"巴斯克团结党"和"阿拉拉尔"
（Aralar）以及"联合左翼"（Ezker Batua）的一些残余分子和比勒杜
（Bildu）中的民族主义左翼分子组成的联盟。该联盟的纲领以捍卫
巴斯克地区的自决权为中心，得到了工人社会党的支持，并获得了
六个代表席位，从而在巴斯克人骚动的政治框架中打开了一个缺口，
预示着在民族主义世界的主导地位及其在马德里的对话问题上可能
会与巴斯克民族主义党发生冲突。

危机中的西班牙

2011年12月20日选举获胜后，马里亚诺·拉霍伊宣誓就任西
班牙首相。隔天，拉霍伊宣布任命索拉娅·萨恩斯·德·桑塔玛丽亚
（Soraya Sáenz de Santamaría）为副首相，由经济部长路易斯·德·金
多斯（Luis de Guindos）和财政与公共管理部长克里斯托巴尔·蒙托
罗（Cristóbal Montoro）组成的内阁十分耀眼。

新政府刚刚组建，拉霍伊就向全体西班牙人宣布，实际的经济
状况比上届政府承认的还要更加糟糕，公共赤字逼近国民生产总值
的10%，这导致西班牙难以履行对欧盟成员国的承诺。面对这种有
损西班牙在国际金融市场上信誉的局面，政府被迫搁置选举承诺，
批准了一项强硬的财政调整方案，这将疏远大部分公众舆论甚至丧
失自身选举基础的支持。第一步做法是破例增税和削减公共开支，
包括冻结公务员工资和最低工资，以及再次对养老金进行最低限度
的评估。

吸取了意大利和希腊的教训，政府的动作也在很大程度上展示
了拉霍伊希望向市场表达的意愿，即为了控制公共账目，他愿意接

受任何牺牲。而市场也明白这一点，因为财政部成功地以合理的利率发行了几笔债务，而且数额比最初计划的要高得多。收支平衡的快速稳定只是佐证了西班牙经济的瘫痪状况。截至2011年底，活跃人口调查数据（EPA）显示失业人数为527万人，损失了260万个工作岗位。失业率接近23%，是欧洲平均水平的两倍，青年失业率几乎达到50%。约25%的就业是临时性的，更致命的是，经济活动指标显示，第二次经济衰退已经开始。

在这种经济背景下，面对布鲁塞尔当局的干预以及类似爱尔兰、葡萄牙和希腊那样的紧缩调整，政府只能采取紧缩政策，否则就会面临破产。为了寻求财政减支，2012年1月，政府宣布了一项新的《打击税收欺诈计划》，以便筹集新的资金和推行备受争议的《预算稳定性和财政可持续性法案》。该法案旨在管理公共账目，设定了所有管理机构的支出上限，这引起了各自治区的强烈抗议。这些自治区不太愿意交出账目。在西班牙债务面临评级机构的压力，迫使拉霍伊向其盟友安格拉·默克尔（Angela Merkel）请求欧洲央行的援助时，该法案的目标在于遏制资金流失加剧的局面。

为了说服贷款人及其欧洲同行，拉霍伊政府推出了一系列新措施：批准金融改革，要求银行增加捐赠以增强偿付能力；劳动大臣法蒂玛·巴涅斯（Fátima Báñez）提出了备受争议的《劳动改革法》，左翼政党和工会严厉批评该法削减了工人的权利并减少了解雇的遣散费。中央政府和支持人民党的各自治区政府采取的严厉措施，激发了左翼的反政府言论，他们指责行政部门解散了福利国家，并于3月29日组织了民主时代的第七次大罢工。

除经济方面的决定外，其他政治性决定也勾勒出了行政部门的新方向。内政大臣对其部门的组织结构进行了调整，撤换了所有工人社会党警察局长的职务，包括那些与费桑（Faisán）案有某种关系的人。这样做的目的是避免重蹈阿斯纳尔政府的覆辙，因为阿斯纳尔政府保留了许多上届政府的任命，无法保证下属的完全忠诚。拉霍伊的首次国际交往也非常重要：他首次正式访问拉巴特，会见了摩洛哥君主和政府首脑。不久后在西班牙接见了来访的法国总统萨科齐（Sarkozy），双方就西班牙债务危机和欧洲推进经济和财政一体化的议程进行了会谈。

拉霍伊政府正试图让西班牙人的日常生活恢复一些秩序感，而工人社会党也正试图在党内建立同样的秩序，召开第三十八届代表大会。2011年12月，查孔和鲁巴尔卡巴之间的总书记之争呈现出反常的声音。两位候选人为了竞选，跑遍了全国，以争取各地区对自己的支持，而鲁巴尔卡巴则主张建立一个"全国性"的工人社会党，这显然是将其对手定性为加泰罗尼亚的工人社会党代表，并借此手段使其对手失去支持。塞维利亚代表大会的最终对决结果是，鲁巴尔卡巴获胜，以微弱优势当选为工人社会党总书记。

反对挥霍之战

政府所有举措最终体现在缩短2012年总预算上，萨帕特罗政府为了避免背上稳定的污名而不敢编制总预算。在浪费了与危机作斗争的六个月宝贵时间之后才开始对教育和卫生方面的开支进行巨大削减，并对隐藏资产进行正规化管理。这种变相的税收大赦使公众舆论哗然，并被反对党巧妙地加以宣传。政府的这些做法并没有挽救自身形象的恶化。虽然所有这些举措都在人民党占绝对多数的议会中获得了批准，但它们引发了一场声势浩大的街头抗议和动员运动（教育总罢工、马德里反对医疗改革的白色游行、阿斯图里亚斯 – 莱昂工人罢工等），工会和反对党希望借此摧毁拉霍伊总统的意志。这种呼声成为其执政期间出现的政治运动的温床。

　　在所有这些问题中，银行的可怕金融震荡（在此前数年，其中大部分银行都出现了类似情况），使得其财政状况岌岌可危。罗德里戈·拉托因对银行资本重组方式的意见分歧辞去了银行董事长一职。面对受到惊吓的储户撤走资金的情况，政府不得不将银行国有化，以确保其生存能力。然而，这一措施并不能为西班牙马德里证券交易所的基准股市指数（IBEX35）止血，因为银行救助的巨额开销、一些自治区债务成为"垃圾债券"以及西班牙风险溢价的泛滥，都导致了该指数的下挫。

　　班基亚银行危机对西班牙岌岌可危的财政状况造成的损害似乎是市场无法承受的，这迫使欧盟委员会采取行动，设立了总额为1000亿欧元的欧洲救助基金，以帮助班基亚银行和其他国有化机构。在这笔贷款中，政府总共只动用了410多亿欧元，被拯救的机构则处于布鲁塞尔专家的严格控制之下。西班牙政府从未承认过欧洲的救助行动，但这是经济危机中最严重的时刻之一，因为西班牙第二次濒临干预的边缘，但由于欧盟伙伴对其政府的信任而避免了干预。在各自治区（加泰罗尼亚、巴伦西亚、巴利阿里群岛、卡斯蒂利亚 – 拉曼查等）的支出偏离正常轨道，使债务占国内生产总值的比例上升到72.1%的情况被公众所知后，政府再次采取一系列举措，包括提前上调增值税，压低公务员的圣诞奖金，并推动减少小城镇议会的议员人数。

　　由于缺乏资金和贷款人，许多自治区目前正通过财政部的《中央政府自治区流动基金计划》（FLA）向国家寻求资助：这是一种由行政部门设立的内部救助计划，目的是避免各自治区政府暂停付款。巴伦西亚自治区是第一个提出要求的自治区，穆尔西亚和坎塔布里亚紧随其后，紧接着是卡斯蒂亚－拉曼查，巴利阿里、加那利和安达卢西亚。这清楚地表明，多年来的大肆挥霍和危机所引发的财政问题并不分地区或政治阵营。

在反对浪费的斗争中，政府还开始封锁药品开支，公布了一份不再享受社会保障补贴的药品清单，并收紧了罗德里格斯·萨帕特罗向没有福利的失业者发放400欧元补贴的条件。该法案还扩大了西班牙银行对有偿付能力问题的银行的监管权力，并设立了一个"不良银行"（Banco malo）来清理这些银行的资产负债表。在做出这些决定的同时，欧洲央行宣布购买有困难国家的债务。结果，西班牙如愿以偿地放宽了利息溢价，使其能够以1%的利率发行债券，从而缓解了国民账户的压力，减缓了资本外逃的速度。尽管作出了牺牲，但西班牙第一年的资产负债表仍然暗淡无光，600万人失业，赤字失控，经济衰退对经济造成了严重打击。

在经历了2011年至2012年的严厉调整和增税之后，政府在2013年集中精力进行一系列国家和市场改革，以加快西班牙经济的复苏。西班牙经济正处于1975年以来最严重的衰退之中；西班牙家庭收入比2008年经济困难开始时减少了5.5%，据明爱会（Cáritas）称，贫困已影响到300多万西班牙人，成千上万的西班牙人因无法支付抵押贷款而被迫放弃家园。驱逐房客数量的增加势不可挡，每天的电视新闻中都充斥着这样的画面，这迫使政府批准了一项皇家法令，旨在加强对抵押贷款债务人的保护。

不过，这几个月的一些宏观经济数据似乎已经让人感到某种乐观：据报道，3月，由于出口增加和进口放缓，西班牙的贸易平衡在数十年来首次出现好转；到年底外债实现下降；风险溢价低于意大利。此外，一些在劳工领域获得批准的改革似乎开始产生一些成果：由于旅游业的蓬勃发展，失业率在8月有所下降，截至7月，旅游业接待了3400万名游客，打破历史纪录。到年底，失业人数比2012年减少了近10万人（470万人），但加入社会保障体系的人数有所减少。

在街头抗议活动非常激烈的情况下，政府利用这几个月的好转时机，实施一系列旨在促进经济复苏的立法改革：2月23日，市民"浪潮"在多个城市举行抗议活动，以"是的，我们能做到"为口号，反对削减开支、腐败和拆迁。4月25日，即2013年至2016年的三年期《新稳定方案》（Programa de Estabilidad）提交议会的前一天，马德里爆发骚乱，15人在"围攻国会"的示威中被捕。在来自街头的压力和众多媒体的批评下，政府和工人社会党达成了一项协议，以减轻因银行破产和所谓的"优先股"（participaciones preferentes）而陷入资金困境的众多小额储蓄者的痛苦。

阿达·科劳（Ada Colau）领导的"受抵押贷款影响者平台"（La Plataforma de Afectados por la Hipoteca）也在国会提出一项得到140万个签名支持的民众立法倡议，呼吁起草一部新的《抵押贷款法》（Ley Hipotecaria）。这项倡议得到了社会压力恐吓运动的支持。这项法律也引发欧盟法院一再作出裁决及给予高度关注。欧盟法院认为这部西班牙法律面对银行滥用条款，无法提供足够的保护。

中产阶级的困扰

作为经济危机的一个不良后果，西班牙人口在2013年至2015年出现萎缩，当时的居民人数为4660万，与2008年基本持平。人口减少的主要原因是，有许多外籍工人离开了西班牙，他们因失去工作而决定返回原籍国。此外，近年来还有一大批西班牙青年由于缺乏机会，选择到其他欧美国家寻求职业发展。

自20世纪下半叶以来，西班牙人口的预期寿命就没有停止过增长，与此同时，西班牙的出生率却在1977年至1998年急剧下降。自1941年有年度数据以来，2015年的死亡人数首次超过了出生人数。人口的相对老龄化使人怀疑西班牙社会是否有能力通过税收和社会保障缴款来维持养老金制度，因为人口基数正在缩小，而且在20世纪50—60年代婴儿潮中出生的大量西班牙人在几年后加入领取养老金的队伍。

高失业率和工资紧缩意味着许多西班牙家庭的收入在2008年至2012年下降了约15%。虽然贫困化和收入减少的过程对最弱势阶层的打击最大，但对传统的工人阶级（随着减税力度的加大，他们的经济状况也随之恶化），尤其是对中产阶级造成了痛苦的影响，因为他们对阶级跃迁的期望受到了削弱和阻碍。

令人担忧的不仅是中产阶级在这些年的危机中遭受了明显的物质困扰，承受着相对不符的税收负担和打折扣的公共服务，而中产阶级几十年来一直在为这些服务提供资金。这不仅是一种社会状况，更重要的是一种生活方式，一种理解家庭责任的方式，一种捍卫生存的方式，是一套需要确立和遵循的价值观和原则。中产阶级所接受的教育使他们能够拥有幻想，但不是空想；能够要求公正，但不是蛊惑人心；能够要求机会均等和努力就有回报，但不支持任何社会顺从主义，也不支持无偿的且必须通过每天的辛勤劳动才能获得的东西。

独立主义的崛起

在2012年"民族日"（Diada）运动期间，主权主义浪潮席卷了巴塞罗那的大街小巷。"加泰罗尼亚，欧洲的一个新国家。"阿图尔·马斯与拉霍伊在蒙克洛亚会面，要求政府签订与巴斯克地区类似的《财政协议》（*Pacto Fiscal*）。拉霍伊出于政治和经济原因拒绝给予加泰罗尼亚自治区这一优惠待遇，这意味着两个政府之间的彻底决裂。出于利用加泰罗尼亚民族主义动乱的想法，马斯要求在2012年11月25日举行新的选举，却在投票中遭遇严重挫折，议员人数从62人减少到50人，而两年前由于承担着继承马拉加尔和蒙特利亚的社会主义三方遗产重任而前途暗淡的加泰罗尼亚左翼共和党却在不断壮大。加泰罗尼亚语区议会选举对加泰罗尼亚社会主义者党来说也没有什么值得炫耀的，因为除了支持率明显下降（八个席位）外，随着主权主义主张在加泰罗尼亚公共生活中的推进，西班牙主义派和加泰罗尼亚主义派〔以欧内斯特·马拉加尔（Ernest Maragall）为代表〕之间的内部争执也在加剧。

选举结果是加泰罗尼亚自治区主席马斯的第一次重大失败，马斯曾坚信他与中央政府的紧张关系战略会对加泰罗尼亚经济面临的严重经济困难和削减支出起到麻醉作用。选举结果的下滑使民主联合党明显依赖于加泰罗尼亚左翼共和党的席位，因此其与加泰罗尼亚左翼共和党签署了一项治理协议，保证马斯的地位，以换取加泰罗尼亚进一步走主权主义道路，包括就自决问题举行全民公决。

在加泰罗尼亚国民议会召集的2013年"民族日"活动中，支持独立的人们再次走上街头，这表明主权主义的论调已经超越了加泰罗尼亚政治的传统和平主义立场，民主联合党将与马德里关系紧张的战略委托给了加泰罗尼亚国民议会，以维持自治政府中立的谬论，并在国际上宣传一个诞生于社会基层而非公共机构的运动形象。但这种主权主义的亢奋并不妨碍与马德里在金钱问题上的对话，尤其是在由于缺乏收入和无法从国际投资者那里获得贷款，自治政府的债务对他们来说就像"垃圾债券"一样，自治政府的财政困难已经达到了令人震惊的地步。

在窒息的情况下，加泰罗尼亚政府不得不承认，除了中央政府表示愿意通过为防止自治政府破产而设立的流动性基金来帮助它之外，自己别无其他融资手段。在一手拿钱的同时，另一只手又重返战场，以破坏宪法为威胁，要求获得财政优惠待遇。在这种情况下，"民族日"再次成为加泰罗尼亚社会这些年来激烈对抗所引发的深刻分歧的最佳时机。一段时间以来，加泰罗尼亚自治区主席的讲话似乎不是由加泰罗尼亚的最高国家权力机构发表的，而是由一个被占领国家主张独立的领导人发表的，他从几个地方向他的追随者发表讲话。但他的语气和旋律都与加泰罗尼亚左翼共和党领导人奥里奥尔·容克拉斯（Oriol Junqueras）的胡言乱语没有区别，后者公开承认："现在是打破西班牙合法性的时候了"。

在这些风向的推动下，加泰罗尼亚议会在亲主权派和左派（包括加泰罗尼亚社会主义者党）的投票支持下，从袖子里掏出了一部《协商法》（Ley de Consultas），作为举行伪全民公决的工具。在政府的授意下，宪法法院以创纪录的速度禁止了计划中的协商。随着举行公投的法律途径被关闭，马斯明确了自己的计划：2014年11月9日，他举行一次"替代活动"，为了规避法律，这次活动被称为"有开放场所、投票箱和选票的参与过程"。政府不断向法院提出申诉，每次都得到了有利的解决，但这并不妨碍加泰罗尼亚政府继续执行其计划，因此，尽管已经同意了所有的上诉和暂停，在预定日期，选定的投票站开放了。宪法学教授弗朗切斯克·卡雷拉斯（Francesc Carreras）将这种情况描述为香蕉共和国：投票是在没有保障、没有法律依据、没有人口普查、不知道投票是否正确的情况下进行的，违反了规范投票过程的法律本身，官方通信机构变成了纯粹的宣传工具，提出了令人费解的双重问题。当天总共有2236806名加泰罗尼亚人投了票，相当于选民名册的37.02%，80.76%的选票赞成独立。

那几天的政治气氛非常活跃：政府正在推动通过一项法律，赋予宪法法院要求行政部门强制执行其裁决的能力；加泰罗尼亚左翼共和党呼吁举行紧急选举，以利用主权主义动员的拉力；工人社会党再次迷失在其联邦化宪法改革的迷宫中，而很少有人对此感兴趣；人民党仍然坚决反对任何不维护西班牙主权和统一的宪法修改。最后，马斯将加泰罗尼亚选举提前到9月27日举行，从而消除了人们的疑虑。而加泰罗尼亚民主联合党、加泰罗尼亚左翼共和党和一群主权组织（由自治政府精心组织）加入了独立联盟（Junts pel Sí）名单，并商定了路线图，其中包括在18个月内单方面宣布独立。这种"破裂主义"路线人士与那些为避免违反法律而和国家达成谅解支持者之间的内部斗争，导致民主联盟（Unió Democrática）离开加泰罗尼亚政府，并结束自过渡以来一直在引导加泰罗尼亚的民主联合党联盟。

在竞选期间，2015年的"民族日"成为打着"加泰罗尼亚共和国"新旗号的民族主义势力的新奇观，他们在任何时候都没有考虑到分离进程可能带来的巨大政治代价，尤其是经济代价。面对基于身份的妄想，人民党和工人社会党都竭力表明，独立隐含地导致加泰罗尼亚退出欧盟，随之而来的很可能是其经济的破产。这一点并没有得到主权主义支持者的理解，他们抛开"西班牙从我们这里偷走了东西"这一老掉牙的口号，对着四面八方宣称，欧洲绝不会让加泰罗尼亚这样一个富饶和人口众多的地区置身事外，而欧盟主席或英国首相卡梅伦（Cameron）的相反警告却毫无用处。

加泰罗尼亚公司面临的风险现在变得如此真实，以至于许多商人和公司，包括有影响力的《先锋报》（*La Vanguardia*）、实力雄厚的西班牙储蓄银行（la Caixa）和萨瓦德尔银行（El Banco de Sabadell），在对独立进程保持冷淡态度近两年后，开始站出来反对马斯的计划，并要求进行谈判。他们开始意识到这样一种危险：对全国市场分裂的恐惧会加速企业和资本从加泰罗尼亚逃往西班牙其他地区，而独立联盟所推销的"无削减、无腐败"的独立和富裕的加泰罗尼亚的田园诗般的梦想最终会成为一个地区的噩梦，这个地区被政治不稳定、经济和社会危机以及反体制的人民团结候选人党（CUP）的嵌合体所主宰。

腐败爆发

伴随着经济危机的到来，腐败的毒瘤已经侵袭了西班牙社会，破坏了政治阶层和国家最重要机构的根基。正如我们所看到的那样，腐败以前并非不存在，但是现在改变的是社会对被起诉罪行的看法。危机及其社会负担意味着，新腐败案件的发现或对已知案件的调查进展都会引发前所未有的愤怒浪潮，因为大多数人的经济困难与少数人的贪得无厌形成了鲜明对比，每一次逮捕或起诉都成为新兴政党用来反对旧政治阶层、政府甚至是自1977年以来建立的宪法制度的武器。

在西班牙的众多丑闻中，对普霍尔家族过度致富的谴责是影响最大的丑闻之一，它严重伤害加泰罗尼亚民族主义的优越感，以及几十年来耐心建立起来的加泰罗尼亚作为一个现代、欧洲化和进步民族的形象，它之前与西班牙社会一贯的恶习相去甚远。普霍尔家族的财富在加泰罗尼亚一直是谣言的主题，但当一些报纸公布前总统及其子女在瑞士有一个秘密账户，并在那里积累了一笔可观的资金时，引起了人们的怀疑。普霍尔受到了同阵营人士的批评，他们担心其行为将会对独立事业造成负担。2013年1月，普霍尔否认自己在瑞士有任何钱财，但他的声明和对其支持者的"迫害"投诉都不足以制止消息的传播。这些信息详细揭露与普霍尔家族相关的利润丰厚的商业交易，以及在国外的逃税行为。几乎其每个孩子都被调查或起诉，这迫使约尔迪·普霍尔承认在34年来，在安道尔隐藏了一个账户，据说是从他父亲那里继承而来。他的父亲在2012年的税收大赦中将其资本正规化，并分配给了他的后代。

为了让批评者闭嘴，普霍尔的政治助手马斯主席亲自向媒体宣布，这位前主席已经放弃了他的薪水和特权，包括荣誉头衔。经过数月的调查、搜查和申报，2015年12月30日，主审法官决定以洗钱罪起诉乔尔迪·普霍尔及其妻子，彻底粉碎了他作为祖国救赎者、人民解放者、民族抵抗精神的肉身英雄形象。

普霍尔案对民主联合党及其独立事业的信誉造成的损害还不够，帕劳案（Palau；围绕巴塞罗那文化中心的腐败和掠夺计划）的结案则在同一时间暴露了该党存在欺诈性融资渠道，这导致加泰独立政党民主联盟（CDC）的15个总部被查封。3%的回扣，即该党在公共工程招标中收取的佣金，这一点已毋庸置疑。

就在加泰罗尼亚陷入普霍尔家族和3%贿赂沼泽的同时，在马德里，人民党又爆出了一桩惊天丑闻，《世界报》刊登了该党前财务主管路易斯·巴尔塞纳斯（Luis Bárcenas）在瑞士的一个秘密账户中藏匿了2200万欧元的消息。随着在欧洲、加勒比海和美国的避税天堂发现新的存款，这笔巨额资金在随后的几个月里有增无减。这对人民党的打击是巨大的，尤其是《国家报》转载了财务主管提供的一些所谓文件，其中提到了不透明的捐款以及用黑钱向保守派领导人支付高额奖金的情况。新闻界的披露不会被忽视：反腐败检察官办公室已开始调查，在此情况下，对所称的付款和该党派的阴阳合同进行调查。

由于巴尔塞纳斯的敛财行为可能源于收取工程承包佣金，鲁兹（Ruz）法官于2013年6月下令将其监禁并没收了他的财产。这就是这位被告人改变策略的原因，他向人民党施压，要求其支持或至少不交战。当他未能获得支持时，他在《世界报》上接受佩德罗·J.拉米雷斯（Pedro J. Ramírez）的采访时透露，人民党一直在用他管理的捐款非法资助自己。在他公开认罪的同时，拉霍伊的一系列短信还被泄露了。在这些短信中，拉霍伊鼓励他，并要求他在案件爆发后立即冷静下来。

罪恶已经发生。巴尔塞纳斯的声明是在反政府谈话节目和电视报纸上对人民党的猛烈抨击，这为左翼联盟和鲁巴尔卡巴领导的工人社会党的指控行动提供了便利，他们要求拉霍伊出席国会，并在谴责动议的威胁下作出解释。鲁兹法官结束了调查，将人民党前财务主管送上被告席，指控其18年来都在做假账。

人民党还没有从巴尔塞纳斯案的风暴中恢复过来，就又遭受了另一次打击，因为有消息称，破产的马德里−班基亚银行（Caja

Madrid-Bankia）的董事和高级管理人员多年来一直以该机构的名义使用财务不透明的信用卡，并用这些信用卡开具了数百万的个人消费账单。人民党对这一事实难以接受，甚至连蒙托罗部长不久后也站出来严厉批评他们"欺骗西班牙人民"。

新旧腐败案件继续吸引着公众的目光。尽管对乌丹加林（Urdangarín）的调查开始得更早，但在2012年2月，克里斯蒂娜公主的丈夫被传唤出庭做证，交代他与巴利阿里群岛、巴伦西亚和马德里公共机构之间的商业交易。此外，地方预审法官卡斯特罗还采取了另一项重大举措，起诉克里斯蒂娜公主帮助其丈夫贿赂当局以获得合同。这一决定在全国引起了轩然大波。

卡斯特罗法官继续对乌丹加林进行越来越有力的调查，他再次传唤了这位公爵。有关其出庭的消息充斥着新闻头版，在乌丹加林的新声明中，将努力为他的妻子开脱罪责。

帕尔马法院免除了克里斯蒂娜与诺斯（Noós）公司有关的指控，使她取得了一场惨胜。但不包括税务罪。在长达十个多月的时间里，以米克尔·罗卡（Miquel Roca）为首的律师采取一切可能的法律手段，以避免公主出庭受审。

在检察院和税务机关的大力协助下，所有的努力都是徒劳的，最后公主不得不出庭解释。她支支吾吾的回答引起了大半个西班牙和审理法官的愤慨。这将乌丹加林和托雷斯（Torres；罪行较轻的被告）因挪用公款罪推上了风口浪尖，而克里斯蒂娜公主也被指控逃税罪和洗钱罪。在此基础上，调查人员将乌丹加林和托雷斯（以及其他次要被告）以挪用公款罪和克里斯蒂娜以税务罪和洗钱罪起诉。从费利佩六世（Felipe VI）登上王位的那一刻起，王室与这位公主的瓜葛就越来越少，国王与其保持了谨慎距离，以免损害王室形象。

当克里斯蒂娜公主被起诉的消息传出后，国王取消了其帕尔马公爵夫人（Duquesa de Palma）的头衔。

同样，工人社会党不会免于法律案件，安达卢西亚的梅塞德斯·阿拉亚（Mercedes Alaya）法官重新启动安达卢西亚的就业监管文件案。法院的工作证实，这不是一起个人腐败案，而是各自治区当局策划的一个系统，目的是偏袒与该党有关联的某些个人和公司，尤其是安达卢西亚自治区政府的政治领导人——何塞·安东尼奥·格里尼昂（José Antonio Griñán）别无选择，只能辞职。然而，这一策略并没有阻止格里尼昂和政府前任主席曼努埃尔·查韦斯最终被最高法院起诉。

挑战两党制

由于这场危机在西班牙达到了令人恐惧的水平，只通过采取经济措施应对危机所造成的损害显然是不够的。因为西班牙人希望解决他们的生活水平问题，但希望在一个反思的框架内实现这一目标，而包括政府和工人社会党反对派在内的领导人宁愿逃避这一框架。其中一些人认为，他们以冷静的技术官僚作风所展示的自以为是的专业优势，能够使他们将意识形态问题留给美好时光去解决。另一些人则以机会主义式蛊惑人心的谩骂代替了对影响1978年民主建国承诺问题的沉思和对话。西班牙人想要的是严厉、苛刻而又充满希望的国家批判。他们希望得到与怀疑和轻浮作斗争的理由。他们希望进行艰苦的反思，不仅限于对腐败分子的谴责，而且要达到大规模拨乱反正的程度。

甚至是唐·胡安·卡洛斯所代表的王室在这几年也处于动荡之中，

他的女婿伊纳基·乌丹加林不择手段进行商业交易所引发的指控、在博茨瓦纳不幸发生的狩猎事故所造成的公众影响、复杂的家庭关系以及使他难以履行其公共职责的一系列问题，都让这位君主备受困扰。所有这一切导致公众对王室的信心锐减，民意调查也反映了这一点，这促使其于2014年6月决定退位，让位给儿子费利佩六世，其他同代的欧洲国王也已经这样做了。

当时对改革的恐惧有时会导致革命，那么对思想的蔑视现在则带来了民粹主义和考迪罗主义式乌托邦的推崇。在西班牙人生活条件日益恶化的情况下，共存和领导模式的瓦解、民族团结面临的挑战、腐败案件的浪潮，以及对共同生活和共同计划的能力丧失信心等问题都在不断显现。在危机的推动下，垮掉的西班牙人正在崛起，他们混淆了西班牙人的合理性。他们沉溺于不负责任的青春浪漫主义和无意识的可耻发泄。他们利用在经济危机时期，正常化社会关系的崩溃，试图用对想象中的集体身份的遐想和对人造天堂的追寻来补偿自己。

在2014年5月25日的欧洲大选中，西班牙人民的不满和局促不安显露无遗，人民党和工人社会党在大选中遭受重挫，两党的得票率总和下降了30%以上，在民主制度下首次未能达到50%。但是，欧洲议会中出现了一个新的政党——"我们能"，该党在成立不到三个月的时间里就取得了巨大的成就，获得了125万选民的支持和五个席位。成功的关键是什么？在这场可怕的危机中，西班牙人民经受住了社会压力的考验，他们堪称楷模，没有动摇1978年制度建立的政治文化基础。西班牙代表们令人难以忍受的道德轻浮，西班牙领导人缺乏活力的言论，与这一榜样形成鲜明对比。在几乎所有人的牺牲与某些人的厚颜无耻之间的矛盾中，迸发出了看似新颖、公平和合理的东西。

"我们能"不是西班牙人批判能力提高的结果，也不是对民主质量要求更高的公民所希望的工具。它是危机的产物，但不仅仅是几年前开始的金融灾难所造成的破坏。它是绝望与乌托邦主义混合的产物，而在欧洲，最腐朽的非自由主义式民粹主义往往就是这种混合的产物。它是智力密度下降、放弃复杂分析和官方即时通信效率的直接结果。

"我们能"并非来自政治工作的直接经验，也不是来自捍卫公民权利的持续努力，这绝非偶然。"我们能"党的侧写很简单，他们最大的优点就是年轻。他们的突然出现、他们对形象的高度重视、他们话语的简短快速、他们的个人化以及他们的个人化体现在电视领袖巴勃罗·伊格莱西亚斯的随机应变上。

当然，"我们能"是社会在苦难面前疲惫不堪的结晶，尤其是那些本应率先接受这场危机所强加的紧缩条件的人，他们的行为远非楷模。但这并不是道德优越感的体现，也不是民主所依赖的信念力量的体现。这是一个充斥着傲慢的政党，这种傲慢来自它的名字，仿佛权力意志和强加欲望是应对西班牙人所有问题的最便利手段。

在欧洲选举取得结果后，对未来的美好预测激起了西班牙左翼的波澜。工人社会党试图通过提前举行安达卢西亚选举来阻止南部选票的流失，而左翼联盟内部也开始出现呼吁进步政党联合的声音。这股新的潮流将阿尔贝托·加尔松推上了领导岗位，他是一位年轻的政治家，在5月15日运动期间非常活跃，并支持与巴勃罗·伊格莱西亚斯的政党合并。在这种兼并中，"我们能"开始将触角伸向中左翼，并缓和了自己的言论，以吸引那些对工人社会党不满的人和没有政治阵营的广大民众。

但一切似乎都表明，为时已晚。自2015年安达卢西亚大选以来，这位"我们能"的政治新星不得不与阿尔伯特·里维拉（Albert Rivera）和西班牙公民党（Ciudadanos）的崛起展开竞争，后者不仅被视为旧霸权政党硬化的温和替代者，也是"我们能"激进主义追随者的替代者。其在全国迅速崛起的原因，除了得到反对"我们能"新闻媒体的明确支持之外，还有其提出了在不危及国家现有社会经济模式的情况下重振公共生活的计划，而且还因为在加泰罗尼亚问题加剧了当地与西班牙之间关系之际，该党多年来一直反对加泰罗尼亚民族主义的急功近利，这一点令人钦佩。这足以让两个主要政党出局。

西班牙公民党诞生于加泰罗尼亚，正是因为在那里，民族主义在危机的可怕环境和腐败的可耻新闻面前，表达了民主受到污染和共存受到不可弥补的损害的根源。它产生于少数加泰罗尼亚人对道德沦丧的抗议，同时也是公民权利的丧失和代议制的倒退。它的诞生是为了捍卫一个现代的、世界性的、独特的加泰罗尼亚在一个统一和宪政的西班牙中的连续性，拒绝接受千篇一律的文化贫乏和贿赂主义的粗野侮辱。西班牙公民党的活动家们先知先觉地指出，在温和的加泰罗尼亚主义占据加泰罗尼亚政治话语中心的霸权地位之后，激进主义取而代之。

新演员，老问题

2014年伊始，经济利好消息开始接踵而至，尽管其利好效应尚未惠及广大民众，但这仿佛是一个周期的变化。此时，资本市场的紧张局势似乎正在缓和，风险溢价开始下降，从而改善了国家的财政状况。在这些因素的共同作用下，西班牙经济似乎正在开启一个新的良性周期，在整个2014年和2015年这种趋势得到了巩固。这种增长在2015年加速了，因此在12月马里亚诺·拉霍伊狂喜地宣称，由于出口、旅游业的活力和石油价格下跌，西班牙经济以每年3.2%的速度增长，国际收支实现了大幅盈余。

经济前景的改善也影响西班牙的大量外国投资，尤其是来自中国、南美和英美国家的投资。由于房地产价格暴跌，金融机构需要处理大宗法拍屋、建筑用地和金融机构的不良贷款，加速了众多"秃鹫"基金的登陆，因为经济的复苏促进很容易获得利润。

许多西班牙公司受困于私人消费和公共投资的抑制，甚至受困于繁荣时期的过度负债政策。一些公司别无选择，只能允许新的投资者入股，让出西班牙股东和高管所享有的部分控制权，具有象征意义的西班牙营建集团（FCC）和英格列斯百货公司（El Corte Inglés）就是这种情况。更糟糕的是，油价下跌也重创了国内最大的能源公司雷普索尔（Repsol），而随着克里斯蒂娜·基什内尔（Cristina Kirchner）被毛里西奥·马克里（Mauricio Macri）取代，阿根廷政局发生变化，投资阿根廷的西班牙各公司受到沉重打击，几乎三分之一的利润消失了。欧洲和安达卢西亚选举的所有迹象似乎都在2015年5月的市政和自治区选举中得到了证实，人民党的失败带有戏剧性的色彩，这与其说是由于选票的实际损失，不如说是由于在许多城市和自治区失去了有效的权力。虽然人民党在全国范围内仍然是得票最多的政党，但失去了对巴伦西亚、卡斯蒂利亚－拉曼查、埃斯特雷马杜拉、巴利阿里群岛、阿拉贡等大多数地区的控制。尽管人民党呼吁管理危机，但是面对腐败问题及该党部分领导人缺乏明确的意识形态，选民还是选择了惩罚性的投票，这使西班牙公民党从中渔翁得利。

在西班牙向左翼转移的过程中，工人社会党取得的结果也不理想，但该党新领导人佩德罗·桑切斯却将其失败说成是胜利，这要归功于他与在"我们能"阴影下出现的各种公民候选人达成的协议。多亏了他们，人民党的霸权被夺走，西班牙主要城市落入极左派之手。西班牙社会民主承担着巨大的历史责任，因为其将宪法权力赋予了这些党派。而鉴于市政府选举和大多数自治区议会选举的结果，这些党派无法提出他们真正想要的东西：打破1978年民主的创始协议，并因此开始宣布新制宪期的征程。西班牙社会主义与全欧洲的政府为敌，却与西方社会民主不受欢迎的政治势力同流合污，这是西班牙政治良知漂移的又一个插曲。

2015年的秋天为西班牙打开了一幅充满不确定性和危险的政治全景图。主权属于西班牙人民，这是宪法确认的无可辩驳和令人欣慰的事实，它保证没有人可以凌驾于公民的意志之上进行统治，在影响现行政治制度存在的问题上，必须征求所有公民的意见。然而，在所有西方国家，伴随着这一庄严宣言的是一种共同的良知、一种共同的理念、一种成为并保持一个国家的集体意志。无论是美国、法国、德国还是意大利，都没有将对其建国价值观的永久肯定交由公众情绪的异想天开，使之成为其不断推进国家化进程的动机。这些国家的公民不必时刻挥舞着国家主权的原则，也不必警告说现行法律决定了祖国统一的无形持久性。他们不需要这样做。因为他们正生活在其中。

另一方面，在西班牙，政治领导人始终认为要避免被指责为干涉主义，获得爱国意识，进而形成真正的民族国家，是次要的和不合时宜的事情；或者现在看来具有讽刺意味的是，一小撮怀有部落热情的外省人会感到被冒犯。毫无疑问，培养西班牙人的艰巨而必要任务被忽略了，从不会在任何地方自发地产生合格的公民。

在2015年9月27日举行了期待已久的各自治区选举之后，加泰罗尼亚社会被分成了两半。在未来几年内，和解的可能性微乎其微。那些宣称"过渡时期"制度已经结束的人，正是为了赞美这个旨在废除那些保障长期自由制度的基本协议的新时代。最让他们高兴的是，他们在加泰罗尼亚人中间灌输的全民公决的冲动，使西班牙最开放、最欧化和最先进的自治区之一，完全丧失了文化多元性、身份多样性和丰富的意识形态情感。选举结果，甚至是选举过程中出现的痛苦和过分简单化的情景，都让加泰罗尼亚人感到悲哀，而对其他人来说，则是公民活力、拒绝身份认同和自由氛围的永久典范。支持独立的进程在投票中取得了胜利，这体现在"独立联盟"和人民团结候选人党的选票上，而在立宪派中，西班牙公民党的选票增加了，人民党和加泰罗尼亚社会主义者党的选票却减少了。然而，为了让"独立联盟"获得绝对多数，人民团结候选人党的反资本主义者拉拢了具有远见卓识的阿图尔·马斯。2016年1月，赫罗纳市市长——记者卡莱斯·普伊格德蒙特（Carles Puig de Mont）成为加泰罗尼亚自治区主席。

总有一天，无法理解的遗弃档案被打开，使国家能够直面那些长期以来一直要求西班牙政府向所有加泰罗尼亚人提供《宪法》保障的人。因为，之前没有按照现在的部署介入某些冲突，就进入了这个困难的阶段。在此，让我们仅举几个错误而未被改正的例子：谴责强加的语言干扰、学校对西班牙历史的歪曲、将民族主义作为一种优越价值观的传播与对自己自治区的热爱混为一谈、媒体残暴的宗派主义或持不同政见的知识分子被边缘化的丑闻。

另一方面，西班牙的理念在支持独立的争论中也没有得到有力的支持。当其他国家诉诸一个国家历史成熟的深度时，提及法律是一种可怜的方式，为西班牙的挑战者提供了他们妄想的最大借口。提及《宪法》的这一条或那一条并不能为西班牙辩护。这样做的目的是引导冲突局势，而不是确定我们国家存在的根源。当西班牙于1978年成为一个民主法治国家时，它所做的不过是采取了一种制度形式，建立了一个法律保障和愿望网络。但作出这一决定的是西班牙，一个更早的西班牙，一个已经活着的西班牙，一个只能以这种方式安排政治秩序的西班牙，因为它存在于历史的进程中。西班牙就是西班牙，而不只是在加泰罗尼亚令人厌恶的、不合时宜的、中世纪的"顽固不化"。西班牙是一个漫长的领土和人民一体化进程的成果，这个进程致力于建设一个单一的国家，一个完整的国家，一个多元的国家，一个意识到其多元遗产的国家。自进入现代以来，任何历史时刻都离不开所有地区参与国家缓慢而不断衰退的形成过程，现在却被一些人的狂热特殊主义或另一些人的傲慢中央主义所否认。另一方面，捍卫西班牙的统一也不能脱离西班牙人的凝聚力。

9月27日的选举结果表明，独立进程的豁口令人士气低落，尽管这些结果在某些方面也带来了令人振奋的希望。这些方面应该得到特别的同情，因为它们是在最恶劣的环境下、在最绝对的孤独中、在政府最震耳欲聋的沉默中、在西班牙知识界最公然的缺席中进行的一场公民战斗。现在发生的是对巴塞罗那的最后攻击。1714年9月11日，这座爱国之城在神话般的闹剧中落入加泰罗尼亚的敌人之手，现在可以从另一个角度来看待这一事件。

巴塞罗那及其大都市区一直是民族主义言论的死敌。它们一直是普霍尔主义无法忍受的制度力量和社会空间。加泰罗尼亚首府及其周边的一连串城镇对民族主义的胁迫呐喊一直保持着堪称典范的免疫力。巴塞罗那及其周边地区的加泰罗尼亚主义始终融合了世界性的、有文化的、欧洲的和白垩化的中产阶级文化，以及工人运动的传统。这种工人运动是反对一个希望消灭其根源的政权自由幻想的。几十年来，巴塞罗那资产阶级的自由文化和工业阶级的自由主义或社会主义文化一直是政治对抗的根据地，同时也是用公民和道德的原则替代民主主义外省原则的地方。这种抵抗在民族主义时代再次表现出来，认为这是对35年选举屈辱的光荣的失望。巴塞罗那的投票避免了这场灾难，这些年来的强烈抵抗再次爆发出来。

　　加泰罗尼亚的迷宫并没有转移西班牙人对拉霍伊首相要求于2015年12月20日举行大选筹备工作的注意力。这场危机足以让数百万公民陷入困境，足以让意识形态薄弱的右翼分子决定不再发动一场思想斗争，足以让绝望情绪和抗议行动因腐败这一令人厌恶的丑恶现象蔓延，足以让11年前因马德里爆炸事件而揭开的伤口再次溃烂。与当年一样，西班牙在应对危机时并没有强化政治体制，也没有强调保护主权的宪法保障，更没有允许因管理不善而受到批评或不再被信任的政府进行变革。竞选活动的结果恰恰相反，西班牙人被告知，他们必须在真诚的民主派和那些只是在法律上看起来像民主派的人之间作出选择。一个大契约被摆在了桌面上，其内在逻辑实际上就是一个新的制宪进程。工人社会党未能意识到这一点，只能说它的政治眼界太高，而道德洞察力不足。由于无法像所有欧洲社会民主党那样，在宪法上划出一条明确的忠诚线，他们宁愿在水中划出一条线，将自己与反制度团体短暂而肤浅地区分开来。

　　这次选举让西班牙的新政府变得悬而未决：人民党以不足多数（123席）和新的选票流失获胜；工人社会党取得了历史上最差的成

绩（90席）；"我们能"在马雷阿斯党及其他左翼和民族主义力量盟友在加泰罗尼亚、巴伦西亚、加利西亚等地的拉动下，取得了令人惊讶的第三名（69席）；而西班牙公民党虽然获得了40席，但由于在加泰罗尼亚的希望落空，他们的期望值大幅下降。

拉霍伊意识到自己在议会明显处于弱势，因此拒绝了国王提出的进行议会投标辩论的提议。相反地，佩德罗·桑切斯接受了这一提议。尽管佩德罗·桑切斯（PedroS á nchez）付出了很多辛苦，但也只是获得了阿尔伯特·里维拉的政党所提供的支持。工人社会党对"我们能"的严厉指责和里维拉对马里亚诺·拉霍伊的攻击是可以预料的，这开启一段等待期，各政党为政府的难产和不得不在6月26日举行新选举而相互指责，这在西班牙现代民主史上是不寻常的。在这段等待期内，备受推崇的全民利益言论让位于政府候选人日益明显的党派和个人利益，尤其是当左翼联盟和"我们能"结成选举联盟，威胁到工人社会党在西班牙左翼的首要地位时。

在经历了一场平淡无奇的竞选活动之后（内政部长的一些非常暴露的录音丑闻为竞选活动增色不少），在西班牙国内政治不确定性和英国脱欧胜利引发的国际恐慌导致经济开始出现放缓迹象的情况下，大选如期举行。与大多数民意调查的预测相反，人民党的地位得到了巩固，工人社会党维持了作为主要反对党的地位，并证实了"我们能"的衰落。西班牙人已经开始对"我们能"在各市政府的表现有了一些了解。由于阿尔伯特·里维拉在媒体上与工人社会党沆瀣一气，许多人民党的选民拒绝支持他们。然而，这些选举所产生的席位计算结果也并不能保证国家的可治理性，它重复着政治自私的可耻景象，将不同党派的立场置于西班牙执政者的整体利益和困惑的民众的利益之上，而民众并不理解为什么自己会被推向一场虚幻的第三次选举。

不稳定的国家

拉霍伊在选举中获胜后，经过几个月的临时政府以及来自经济机构和欧盟伙伴的微妙压力，他在整个2016年夏天都在努力启动组建新政府的谈判。然而，鉴于行政当局与加泰罗尼亚独立主义者的对抗，政治环境似乎并不最有利于达成协议。由于巴斯克选举的临近以及佩德罗·桑切斯拒绝为拉霍伊的“大联合政府”提供支持，巴斯克民族主义党拒绝与人民党达成协议。工人社会党总书记在其《不，就是不》当中的固执己见在其党内造成隔阂，许多自治区领导人——其中许多是因中央政府瘫痪而财政负担沉重的地区主席，都主张让人民党组建少数派政府。8月底，拉霍伊与阿尔伯特·里维拉签署了一份包含150项措施的《投资协议》。这让工人社会党领导人完全失去了方向，其在同月底的首次首相选举中成功地将自己的拒绝意见强加给了他的同事们。

在紧张的等待期中，桑切斯寄予厚望的加利西亚和巴斯克地区选举以工人社会党的耻辱性失败而告终。在加利西亚，努涅斯·费霍（Ñúnez Feijoo）重新确认了他的绝对多数地位；在巴斯克地区，乌尔库卢（Urkullu）提高了巴斯克民族主义党的成绩，但没有获得多数席位；在这两个地区，工人社会党都失去了阵地，被“我们能”和“涨潮”（En Marea）从左翼的领导地位上赶了下来，这揭开尚未愈合的旧伤疤。公众知道了桑切斯为了在“我们能”的支持下，利用加泰罗尼亚主权党派的弃权，组建一个替代人民党的政府而举行了秘密谈判，这无疑加剧了不利选举结果所引发的不安情绪，进一步激怒了以安达卢西亚工人社会党主席为首的地区实力派。苏珊娜·迪亚斯（Susana Díaz）开始瞄准了未来的总书记职位。

9月29日，工人社会党内部的动荡局势急转直下，半数行政人员辞职，迫使该党召开特别代表大会。两天后，在一次紧张的联邦委员会会议后，佩德罗·桑切斯宣布辞职，并任命了一个由阿斯图里亚斯自治区主席哈维尔·费尔南德斯（Javier Fernández）领导的管理团队，在新一届代表大会召开之前负责管理该党。桑切斯的下台在人民党和工人社会党中最务实的派别之间开辟了一条谅解之路，10月29日，马里亚诺·拉霍伊在人民党和公民党的170票支持下，宣誓就任政府主席。大多数工人社会党代表选择了弃权。

大选之后，"我们能"的发展停滞不前，无法在左翼超越工人社会党，这使其内部矛盾浮出水面，而此时西班牙社会正开始对其追随者统治的一些大城市所遭受的混乱感到厌倦。意识形态立场的冲突很快就在其最高领导人巴勃罗·伊格莱西亚斯和伊尼戈·埃雷洪（Íñigo Errejón）之间爆发了。他们之间的分歧在媒体和社交网络上引起了巨大反响。经过几个月的争斗、诋毁、指责和"人身攻击"，2017年2月在马德里比斯塔雷格雷（Vistalegre）广场举行的大会上，伊格莱西亚斯支持者们最极端的政治主张获得了绝对和无可争议的胜利，埃雷洪派失败了，被迫退居幕后。

在这一切发生之前，2016年11月4日，马里亚诺·拉霍伊推出了他的新政府，尽管与公民党达成了协议，但里维拉放弃了派人参加组阁。在行政部门，索拉娅·塞恩斯·德·桑塔玛丽亚（Soraya Saénz de Santamaría）仍是关键人物和唯一的副首相，而金多斯（Guindos）和蒙托罗的组合则被认为是面对欧洲合作伙伴，延续上届政府经济政策的保证。这种公信力在国际市场上也是至关重要的，尽管西班牙处于政治过渡期，但国际市场仍然对西班牙经济充满信心，以至于政府在最近几个月里以负利率获得了700多亿欧元的贷款。

当年年底，政府在经济方面取得了一些成就，失业率自2010年以来首次降至20%以下，出口额达到创纪录的2543亿欧元，国内生产总值增长3.2%，在欧洲主要国家中名列前茅。但其他指标却不尽如人意，尤其是临时工比例很高，社会保障养老基金长期赤字，迫使国家不得不一次又一次地动用经济增长时期建立的微薄基金。

为了解决西班牙的严重问题，新政府及其在议会中的少数派必须推动达成重要的多边协议。在寻求支持的过程中，依靠与公民党签订的协议这一生命线，人民党往往会寻求工人社会党的合作——该党也非常热衷于让新兴党派失去活力。人民党与工人社会党达成社会意义深远的协议，如签署《反对性别暴力的协议》、按照新教育法修改学制以及在2017年前将最低工资提高8%。然而，这种和解并不妨碍工人社会党利用政府在议会中的弱势地位，试图将自己的一些要求强加给政府。因此，在"我们能"和公民党的弃权帮助下，工人社会党试图在议会中推翻人民党在上届议会中实施的劳动改革。

近几个月来，行政部门和工人社会党的合谋也被证明是可行的，他们试图阻止加泰罗尼亚地区独立势力的崛起。面对主权主义的不断挑衅，行政部门让正义得到伸张，不再助长民族主义者的受害者形象，并在其所有行动中保持严格的合法性形象。宪法法院对改革的支持加强了这一政策，改革赋予了宪法法院中止那些不遵守其决定的人的权力。几乎就在报纸和法院不断揭露普霍尔家族和现已解散的加泰独立政党民主联盟（Convergencia Democrática de Cataluña）腐败问题的同时，宪法法院关闭了主权主义者为加泰罗尼亚设想的税收机构、社会保障和其他独立机构的大门。

尽管加泰罗尼亚独立支持者不断向中央政府挑衅，但加泰罗尼亚自治区察觉到人民主权主义的兴奋情绪正在缓慢消退，因此试图利用一切可以利用的宣传手段和政治手段为独立进程注入新的活力。普伊格德蒙特打破不成文的传统，领导了巴塞罗那的"民族日"示威游行。几周后，他承诺人民团结候选人党将于2017年9月举行独立公投，从而获得了议会的信任；11月底，在阿图尔·马斯和其他民族主义政客因不服从命令而被起诉后，聚集在一起的主权主义者在巴塞罗那街头高呼反对司法系统。"独立联盟（JxSi）"和人民团结候选人党在他们的"嵌合体"中被点燃，通过推动起草一系列与西班牙脱钩的法律火上浇油，但这并没有阻止加泰罗尼亚政府向中央政府索要74亿欧元以维持2017年的公共服务，并拒绝参加1月举行的旨在为各自治区确立新筹资模式的自治区主席会议。

加泰罗尼亚占据了整个西班牙的政治舞台，在这里，主权主义的最高立场在拉霍伊的和平主义政策中找到了可能的结合点，人民党部门指责他是个骗子。特别好斗的是那些在阿斯纳尔的分析和社会研究基金会（FAES）周围活动的人，阿斯纳尔通过辞去党的名誉主席而与党的领导层脱钩。独立主义者的侵略性和对国家的残酷骚扰使人变得无法忍受，并促使各种政治派别的主要人物提出，议会敢于举行全民公决，政府就启动《宪法》第155条，并中止自治。

支持独立的人欺骗性地辩称，他们的提案允许加泰罗尼亚人民自由表达自己。恰恰相反，他们的提案迫使大多数加泰罗尼亚人参与投票，这种投票将他们纵向分割开来，破坏了他们的社交形式、意识形态亲缘关系、政治亲缘关系、文化和领土纽带。加泰罗尼亚人并不是每天都生活在这种无情的两极分化中，他们将来也不想忍受这种两极分化。分裂主义领导人自以为是的道德优越感是建立在极端虚假的基础上的。正如在欧洲过去最糟糕的事件中一再发生的那样，它试图让公民相信，历史被整整几十年的沉默和蔑视所打断，民族主义是在经历了可怕的占领和抢劫、物质和文化掠夺、镇压和苦难之后，以被侮辱的祖国回归的形式出现的。分离主义所证明的是，它并没有违反合法性，而是向公民揭示了任何合法统治的不存在，因为现有的国家和支撑它的法律框架是在敌对的情况下，在胁迫下达成一致并投票通过的，加泰罗尼亚人在敌对的情况下受到欺骗、恐吓或被迫接受在不利于其充分自由的情况下可能取得的成果。

　　在加泰罗尼亚取代巴斯克地区成为西班牙人关注中心的同时，巴斯克地区也开始进入一个新的阶段，巴斯克民族主义党正试图重新定位自己，并利用人民党在议会中占少数的时机。在各自治区选举之后，实用主义大行其道，面对巴斯克公民党和比勒杜暗藏杀机的甜言蜜语，民族主义者在19年后与伊道伊亚·门迪亚（Idoia Mendia）的巴斯克社会党重新建立了联合政府，后者通过也不得不捐弃前嫌接受这个事实。2017年的国家总预算为铁路投资、经济协议配额分歧的解决以及自治警察部队晋升的解禁提供了可能性；人民党与巴斯克民族主义党之间的和解成为第一个政治牺牲品，巴斯克地区的政府代表卡洛斯·乌尔基霍（Carlos Urquijo）被解职，他曾在法庭上对维多利亚政府、巴斯克省议会和地方议会的过激行为进行了激烈的斗争，而这些行为往往得到了中央政府的默许。

　　就在政治寻求更高的透明度和代表性的同时，在挥金如土年代肆虐西班牙的腐败后果也逐渐在法庭上被揭开。足球运动员里奥·梅西（Leo Messi）因税务欺诈被判处21个月监禁；最高法院对巴伦西亚前市长丽塔·巴贝拉涉嫌洗钱一案立案调查，而她在做证后意外去世，令她的政党震惊不已；塞维利亚高等法院确认查韦斯和格里尼昂在就业监管文件案中出庭受审；巴伦西亚法院对巴伦西亚居特勒案作出判决，马德里法院对拉托和布莱萨（Blesa）以及其他62名被控欺诈使用班基亚黑卡的人作出判决。在马略卡岛帕尔马，人们对近年来最翘首以盼的判决之一充满期待：伊纳基·乌丹加林因多项腐败罪被判处六年监禁，而他的妻子克里斯蒂娜公主则被宣告无罪。经过八年的调查，对巴塞罗那音乐宫抢劫案责任人的审判开始了，该案因其象征意义而震惊了资产阶级。据说，该建筑及其在加泰独立政党民主联盟的影响获得了大笔佣金。

在西班牙之外，这也是充满不确定性的几个月。国际形势突然发生了深刻的变化，这要求西班牙政府和整个国家对当前的局势进行紧急反思。英国"脱欧"的胜利，威胁到众多西班牙公司和工人在英国的经济利益，危及欧盟的生存；民粹主义者唐纳德·特朗普（Donald Trump）于2016年11月就任美国总统，其言论预示着国际秩序面临严重动荡的危险。而在法国、荷兰、奥地利等极端传统主义、排外主义和反欧洲政党的发展势不可挡，给这个古老的大陆带来了新的风险，西班牙必须为此作好准备，因为其现在和未来都岌岌可危。

第十八章

在混乱的时代，我们还有语言

在2022年，历史进入了一个颇为混乱的阶段，让我们继续续写这本《西班牙史》的努力显得更困难，并且很难不落入现在主义的窠臼或者走入一个陷阱：将一些在短短五年内便会灰飞烟灭的人或事赋予重大意义。瓦尔特·本雅明（Walter Benjamin）说，历史的真正意义只有在危难中才显现出来。逆境使我们看到了这个社会的无助，它竟然可以忘掉自身的伦理基础，以及经济赖以腾飞和繁荣的因素。那个拥有可以指导年轻一代的道德修养、指出依靠个人努力克服种种障碍并各司其职的社会已经被一个新的社会所吞噬，它以缺乏文化修养为荣，自满于缺少文明感的生活模式。

我们见证了许多宣称要改革国家宪法体制的政党和领导人的诞生，可我们怎么也没想到他们会在短短五年内烟消云散。我们谈论着政客们的庸碌，评论他们的能力不足、效率低下，甚至可以说他们缺少职业道德，忠诚度令人质疑。政治方面的沦落也受到了各领域头目和实干家个人膨胀的影响，这是西班牙的自治制度所带来的必然后果，其缺点是显而易见的。正是这些政治家，他们对前任同僚们的工作嗤之以鼻，毫无尊重之意。这样的诋毁随着政党的更迭而增加，那些新掌权的人冲他们的前任发难，把他们继承而来的烫手政治遗产归罪于前者。这一现状因为西班牙缺乏真正的辩论文化而愈演愈烈，政见上的分歧最后甚至升级为人身侮辱。

任何捍卫民主理念的人，在超出狭隘的选举程序框架，真正落实到行使日常权力时，都无法逃避现实的严重性。电视辩论节目为公共讨论定下道德基础，政治冲突不再表现为观点的争锋，而成了态度的比较和公共形象的较量，能人们输出粗俗的语言，被要求为一切负责。在这个时代，真理的价值要用分贝来衡量，确定性的价值在于是否投射出震撼人心的目光，而政治主张的尊严只在于手势和号叫的规模。电视政客才是我们虚弱的社会中真正的有机知识分子。

2011年从马德里太阳门上响起的呼声——"政客不代表我们"席卷全国，但长远来看它的影响力只是昙花一现，不过是民粹主义运动的一时兴起，交织着绝望和乌托邦主义，要求用一种野蛮建立在激愤上的文化取代反思文化。曾经使我们国家屈服的轻浮和道德沦丧让我们付出了沉重的代价。我们看到的混乱感是一种对完美概念空洞设计的结果，这使我们失去了我们的首要资源，那些能让我们成为自由人的东西：拥有话语权，表达的权利和命名权。

无论外部环境如何变化，我们始终要相信福音派教士圣·胡安（San Juan）说的：一切从语言开始。教义的洗牌、被灌输的傲慢、失控的民粹主义以及进入政府文盲们的欢呼。更不必提我们胆大妄为的政府和西班牙皇家语言学院展开的战争——后者是这场滑稽的语言革新的反对者，"男发言人"和"女发言人""男性成员"和"女性成员"，这样的说法不仅毫无必要而且十分造作，因为阳性结尾的名词已经涵盖了两种性别。我们这些人知道上述提案导致了什么样的后果，这些提案也是从嘲讽老式语言、愚弄治学的谨慎态度和抹黑对思想的崇拜开始的。我们绝不会被欺骗。

我们的文化建立在语言之上，建立在我们描述事情经过、定义概念、说出感情的能力之上。因而也就不奇怪，当欧洲处在存亡之际时，那些最卓越的哲学家们不再探寻事物的本质，而是质询语言、思想和我们生活中事物的恰当关系。

很少有人能想到，针对我们的文明最猛烈残忍的暴行恰恰是对于语言的篡夺，压制言论使得言辞不再具有意义。在这样一个愤怒的时代，戾气根植于我们的社会意识之中，极权主义拥有自己的语言，一种奇怪的语言。在这种语言之中，自由、民主和团结自相矛盾。《圣经》中针对巴别塔的建造者们最著名的惩罚便是语言的多样性断绝了交流的可能，我们这个时代最大的不幸就是掌权者定义了语言的意义。

《爱丽丝梦游仙境》（*Alicia a Través Del Espejo*）这本令人喟叹的政治学书中充满了悖论和比喻，能让我们更方便地看到词汇是由当权者定义的。他们对爱丽丝说："话语是有主人的。"彼时，爱丽丝正准备验证常识是用来防止意识形态分歧的最好策略。我们当下的混沌和瘫痪正是对语言鄙视的恶果，我们说了毫无根据的话，并用语言来操纵一切。就如同一开始我们对于动词的侵犯，我们一个接一个地消耗了我们语言的储备，达到了混乱的深处，在这里没有任何有意义的词汇可以来指导我们的知识。问题不再是我们用同样的方式看待我们的问题，而是我们甚至不能在如何称呼这些问题这件事上达成一致：恐怖主义要求被称作巴斯克冲突；对西班牙宪法的挑战被要求称作人民主权；选举的裙带关系被称作对于公民的捍卫；道德上的淡漠被称为进步的世俗主义；本国文化的流失被称为尊重多元化；对功劳的蔑视被称为机会平等；对深刻知识的拒斥，称之为尊重观众；对教育的毁灭，被称为教育学。

在20世纪上半叶欧洲人经历道德滑坡后进行的长期挽救过程中，恢复文字的重要性占据了首要地位。这样的文明裂缝只能从内部进行修补，用当初建立裂缝的原料进行修补。我们以为自己摆脱了某种偶像崇拜以及对语言被歪曲的恐慌。然而，我们今天看到新的一批人，被冠以年轻人或创新者的名号，带着他们的空洞、骄傲的和不甚明确的字眼回来了，并且故意说毫无意义的话。他们想要打破民主的制度，就从对语言的蔑视和使用浮夸空洞的说辞开始。既没有灵魂，也没有思想。他们的声音刻在那些只想说而不想听的人的高调中，他们的语调就像极权主义的讯息一样臃肿，总是准备着给那些折磨着国民的各种问题献出唯一的锦囊妙计。

我们所说的一些年轻人，从这个痛苦的西班牙中迸发出来，就像春天的绽放，他们占据了各种媒体渠道，高高在上，如同曾经的浪漫主义者一样散发出想要用他们的新主张让世界为之倾倒的气场。他们想要与曾经为自由付出的漫长努力作战，而这一切都是从50年前开始的，我们在其中见证了许多人的英勇无畏。他们总是强调对话，但是拒绝任何辩论。他们把思想强加于人，认为那些与他们想法相左的人是在煽动仇恨，他们的言辞无耻且有侵略性，以致天真的人被他们蒙骗。

对于西班牙的民主来说没有什么是比分裂主义更大的威胁。当有人将恐怖主义称为武装斗争的时候，我们应该知道事情的本质并且捍卫词语的意义。当现代一些无知者宣扬西班牙的主权已经不复存在，西班牙已经同他的几百万国民离心，加泰罗尼亚的人的意志只能归属于国家之外时，我们必须让语言回到它本来的位置。因为没有任何沉默是比内容空洞的喧闹更为糟糕。

我们无须为我们的健忘程度而感到吃惊，在这样一个国家里，不同于地球上任何一个地方。所谓历史记忆的错误主张，即左派在右派的球门上打进的欺骗性进球，不仅享有声望，而且不会被科学所惩罚。过去的恐怖主义分子在国家和政府机关任职，当我们斥责那些为佛朗哥政权招魂的罪行时候，我们对埃塔组织的暴行却格外宽厚，这些组织的成员一旦出狱，便会受到来自家乡人民的热情欢迎。我们每天都在目睹一样的事情。过去是容易煽动的，可以被操纵用来滋养集体的自恋主义。奥威尔（Orwell），这个富有社会责任的知识分子，在经历了西班牙内战的血腥之后，认清了现实。他所得出的结论是，放弃了以真实书写历史的立场，这个世界将变成一场噩梦，任何一个独裁者都可以轮番控制过去以及未来。

"如果推翻历史研究，"伏尔泰（Voltaire）对他的同时代的人说，"那么你们就会见到一个新的法国圣·巴托洛缪（San Bartolomé）和一个新的英国的克伦威尔。"历史是有必要的，可以用来打破政客们的谎言，在人们的心中种下政治、道德和公民责任的种子，说明一切在过去发生的事情不是不可避免的，发生在昨日和当下的事情不是被一种盲目且无情的命运所掌握，而是取决于人类的美德、机敏和智慧，当然有时候也是出于一些人的堕落、愚蠢和无知。这样的教育在我们国家是急缺的，因为这样关于最轻微的历史常识的教育同那些认为西班牙的历史不过是伪造的观点相冲突。持有这样观点的人主张，任何一个地方、任何一个自治区都应该努力幻想出一个同自己的邻居不同且互相排挤的昨天。

诚然，近些年来频发的贪污腐败案例让公民对这一事态有了更深刻的认识，这加强了对政客的管理，严防贪腐。然而，改变大纲的后果和历史修正主义的叫嚣使得文化领域深受其害。20世纪是所谓的知识分子命名起源的时代，但也是这个时代，极权主义伸出他的毒舌，在意识形态的恐怖领域驻扎。加缪（Camus）将那个时代称为"恐惧时代"，这显示了思想的腐败将整个人类文明置于炭火之上。但是，同样在这个时代，有对于真理最执着的追求和对于存在意义的探求。他们渴求知识，参加话剧演出，电影的发明比一般的娱乐更为高级，他们尊重那些提供多年所研究结果的人们。

我们的时代已经不一样了。虽然不想显得过于悲观，但是我们必须承认新的世纪正在经历一场彻底而又没有回头路的危机，在其他的时代这被视为知识的阶级性、思想的领导力或文化的霸权。曾经追求卓越的教育体制已经大大降低了其要求，对人文和科学知识的掌握被语言和技术能力所取代。不再听从那些花费数年时间形成世界观的人们，而是跟从涌现的观点。那些曾经坚定不移的信念被昙花一现的激情所取代。那些曾经驻扎着思想和信仰的地方已经被怀疑和冷漠所取代。为了在权力的阴影下进行调整，文化世界被过多地局限于企业的歇斯底里、机会主义的宣言和家庭照片。

在过去的几十年里，我们经历了知识的滑坡，引以为傲的无知和冰冷的相对主义，背弃了我们的原则。与文化相比，现在的人们更喜欢娱乐；与努力相比，更喜欢快感；与坚韧的工作相比，更喜欢短暂的愉悦，我们已经删掉了国家在文明之镜前自我承认的价值观。《教学大纲》中已经无可救药地缩减了哲学的比重，将文学贬入无法与现实世界相比的角落，把历史缩水为地方故事的汇编。当我们面临西方社会的危机时不应该忘记保罗·瓦莱里（Paul Valéry）的话，"毁灭是很容易的"，这也是我们能够从历史中吸取的最宝贵的教训。发展、进步和文化都是很脆弱的东西，也是极其容易被丢掉和损坏的。

我们必须铭记，在度过了20世纪的危难之后，我们的文化曾经为之反叛过的一些悲剧事情。这不是出于思想的过量，而是出于对一些思想的质疑。欧洲的闹剧来自情绪的傲慢和一时间民族主义的煽动。那个超越理智的一跃标记了我们的文化处在被丢弃到历史垃圾桶的边缘。只有那些最可怕的污蔑后果，只有那些在极权者手中死去的无辜人们能够还给我们已经失去的东西。

我们的文明意识到极权主义的不人道，并谴责他们在一个无助和绝望的社会中引起的热情时，它就成功地起飞了。民主总是会消失于他认为自己不比极权主义更有代表性的时刻。在臣服显得更恰当的时候，自由便死去了，当公民认为他自己不如那个不允许提自己名字的集团道德的时候，公民便死去了。在过渡时期，我们西班牙开始了民主之路，但没有人要求我们要放弃我们所从属的传统，也没有人削弱我们追求自由的激情。我们应当做到的是不要让前进道路与情绪宣泄混为一谈。我们从历史中学到的是不要被思想的热忱和理智的缰绳之外的东西所控制。

现在西班牙国内的争端是严重和痛苦的。他们背叛了我们曾经确立的所有原则——我们曾以为不可撼动并能使我们的观点共存的更高级和合理的秩序。这种对理性的颠覆和对政治的误解，在疫情肆虐和居家隔离的脆弱时刻，在俄乌冲突带来不安和恐惧之时，显得格外凶狠。

除了政客们在面对这场卫生危机中表现出的持续对抗局面之外，我们必须要求政府更加廉洁，以表示对受疫情影响而被迫失业的几百万西班牙人的深刻同情。政府部长人数由14个扩展到23个，这显示政客们除了说教之外毫无任何社会敏感性。设立新的高级职位所造成的浪费是巨大的，发给高薪顾问团的费用也是巨大的，他们的任务不是应对经济危机而是建立选民的客户网络，使得他们的政党可以继续执政。有不少人认为，在这方面浪费的资金可以用于解决那些一时困顿的人们的燃眉之急。

我们不应该任由我们的领导人被权力所蛊惑，比起启发性的思想，他们更青睐充满雄心的发言。我们也不应该默许他们毫无依据且无法预测的政治身份。一个真正的政治领导人不是接受煽动性言论的容器，不应该将法律依据赋予胡言乱语，不应该依赖街头幽默，而应该将国家的理性引入所有国民的永久利益。

现在是我们的困难时期，因为民族主义的大炮中装满了无耻、拖延、喧嚣、滑稽的平等主义的炮弹，从四面八方向这个体制开火，甚至深受傲慢的大男子主义所害而愈演愈烈的女权主义和仰仗青春的年轻人也难以幸免。无论是我们体制威信的丧失，还是我们文化所依据原则的化为灰烬，还是我们公民行为基本准则的灰飞烟灭，都无法通过简单的文化复兴来实现。对年轻人的膜拜源自他们转瞬即逝的青春，这是我们文化崩裂的结果，也是对于当下局势的过分评估以及对于传统的憎恶。

出于对极端主义的蔑视，右派最终呈现出一种中立的意识形态，好像扎根于我们文化最深处的世界观现在成了对话的限制。他们的反对者早就察觉到了他们政治文化中的这一缺陷。他们成功地在公众舆论中造成这样一种印象：右派只是旁观各种观点的交锋，都只有在紧急时刻才诉诸某一观点，而这只是既不自由又不保守的陈词滥调而已。

在西班牙以及其他国家——比如我们的邻居法国，一种面对社会变化十分刻板的"思想警察"扩散开来，我们民主制度当中的那些核心政党也深受其害。每天我们都会目睹这些"警察局"阻止健康的民主制度所要求的思想辩论，代之以陈词滥调以确保大众对于政治事件毫无所知。只需要看看充斥着我们时事版面上的一些问题，就可以确定必须遵循的道德和公民礼节的标准，以便不辜负那些宣称自己是真正掌权者的命令。在诸如移民问题、世俗主义、性别认同、机会平等、捍卫自由和功绩、和平主义等议题上，那些思想警察毫不犹豫地告诉我们应该如何去思考，什么是符合我们时代或判断的果实，什么是属于国家或个人的狭窄区域。

这些推进合法化"警察局"非常成功，成功地在西班牙人心中植入了这样一种观点：左派信奉思想，而右派只拥有实用主义和常识。又比如，当左派坚守对于正义的原则和想象并拥护工人的时候，右派以保守主义自居，他们满足地拥护一切现存的事物，躺在钱堆里。

发生在西班牙的所有这一切，都使得相对主义和对话能力被混淆，没有什么是真实的，没有什么是值得保存的，没有什么道德上的标杆是永远的，没有任何文明的标志是无法摧毁的。他们试图让我们相信，没有任何传统还在我们之中存活着，也没有任何可以称之为我们文明的基石的存在。有的只是不断被怀疑论、讽刺漫画和辛辣的讥讽所填充的真空。话语简单化的优势是适应通信技术发展的表现，同样还有对于知识的否认。为了能够站在坚实的论据和严谨的阐述上沉淀下来，在西班牙群英荟萃的公共辩论的外部，存在一个巨大的空洞，二者已经成为我们的性格，这意味着我们不相信几个世纪的社会经验。我们已经失去了建立在我们幽深的历史长河中的民族性格，并把它换成了一个多文化的面具，在其中我们不知道谁是现代化的一个标志。

今日的西班牙缺乏这样一种眼光——能够赋予过去发生的事情以意义，能够将我们所经历的磨难注入民族记忆之中。这些我们在磨难中仰首向前的记忆本可以使我们具有振兴国家的期望。执政即领导，承担历史责任，担负起令国民炫目的雄心。执政并不是承担例行的管理，而是想象一个更美好的未来。我们在社会中，那个本来应当建立起我们的文化身份、我们的性格和处事方式的空间正命悬一线。

当20世纪开启它狂乱历史旅程的时候，西班牙生活在良心被锤炼的氛围中。受教于改革派传统的一批知识分子，汲取了"1898年一代"文人所提供的文学和批评范例，向世界发出了呐喊，就如奥尔特加所说："我的上帝啊，什么是西班牙？"这个推崇文化的阶层，这些完全沉浸在他们时代逻辑中的前卫公民，鼓励对这位来自马德里哲学家所质疑的各个方面进行高水平的辩论。西班牙的存在被细致地分析，人们寻求相似的知识谱系以确认在不同的政治和意识形态中界定一个国家良知的准确价值。在一个个令人感动的不安中，为确定一个古老国家的特征，推动其与新世纪的西方文明保持一致，教授、散文家和政党首领们的辩论纷至沓来。

那一批思想家和作家的共同特征是公开的爱国主义，他们对西班牙怀着热烈的爱，他们不惧怕批评，具有知识分子的勇气，丝毫没有轻浮冷漠。所有的争端都是为了同一种爱国的雄心，从同情自由主义运动或社会主义意识形态的极左派，到传统的西班牙主义或整合的地区主义，再到共和主义和阿方索君主主义，他们争论得异常激烈，因为他们都想提出一个西班牙形象。百年前的知识分子，无论他们的政治方案如何，都会对今天的思想家们对祖国沉默的态度感到羞耻，并为我们文化的力量和历史的活力遭到毁坏而感到震悚。在历史的深渊中，我们距离他们的时代只有100年。我们的国家是唯一不容置疑的，他们为我们的国家提供了一些计划、遗产、传统，也提出了把握命运信念的伟大召唤。

西班牙这些年到底发生了什么？为什么在这个国家，曾经的精英阶层热情地询问着她的前途，而如今却对文化的衰败袖手旁观？不仅是经济危机为潜在的文化感染提供了环境条件，使其可怕的症状在白天爆发。我们民族意识的恶化和我们历史感的腐蚀在很久之前就已经开始了。这是过渡时期双方达成协议的光辉历史所产生的完全可以避免的副作用。

在佛朗哥死后的几个月，不仅仅是有一个行将就木的政体和他的反对派，还存在着一种关系着所有的道德要求，就像加布里埃尔·塞拉亚（Gabriel Celaya）在他的诗句中说的："我们既不活在过去，我们也不被回忆所控制。我们是混乱而清澈的水。"这种安排既不是单纯的沉默协议，也不是遗忘，而是我们国家历史中最好的篇章。在这段岁月中，国家的救世主或煽动者，总是愿意吸取血的教训，最终向那些拥有政治想象力并能克制自己的男男女女让步。这些人努力让人们相信一个民主制度的可行性，在这个制度中每个人都有空间。我们善良的共识不是建立在对冷漠或肤浅价值观的排斥上，而是建立在这样的肯定上：一种责任的伦理，对于为西班牙服务的良好政府和良好的反对派来说是必不可少的，必须与同样必要的信念伦理相结合。

在那些过渡时期死灰复燃的地区，有太多的冷漠和太少的公民意识。这是一个巨大的谎言，从我们的年轻人那里抢走了我们历史中不可缺少的部分。我们正在目睹一场名副其实的文化掠夺，其后果使得我们的生活染上了内战的色彩，这就好像对于一个国家来说最好的环境就是那个令其分裂的环境，那些挑战它的共存和中断其延续的环境。当我们听到关于新过渡期讨论的时候，千万不要天真，过渡到什么？过渡到一个多元化的西班牙？这个西班牙属于那些相信他的人。没有一个分离主义的政党希望他得到巩固。要不然，他们怎么在未来实现任何民族主义的目标，实现独立，建立自己的国家。

西班牙不能再次成为一个例外，虽然我们中的有些人使得我们的欧洲伙伴不能十分严肃地看待我们。过去的40年不是一个新的转折点，而是我们决定彻底解决我们的国家意识问题的句点。我们想为民族建立一个国家，但是我们从来不希望让这个国家成为一个空壳。在西班牙充满艰辛和磨难的历史当中，我们发现了同时作为现实主义者和梦想家以及同时作为实用主义者和理想者的可能。过渡时期没有开启一个新的转折点，而是永远地在世界国家之林中终结了我们奇怪的状态。在40年前，我们摆脱了由游客的供养、人类学家的好奇和知识分子的忧郁所定义的例外状态。尽管有些人想通过审美冲动恢复这个万花筒的无序状态，有些人想以会计般的热情指出西班牙是一家股份制公司，当国民经济低迷时，一些股东可以离开该公司，但是实际上，我们曾经是或者说仍然是一个例外。

我们在20世纪所经历的动荡引发了对国家本质的过多讨论，这在如今变成了对于西班牙的漠然。好像他们只关心我们在佛朗哥政权之后赋予公民的制度框架。西班牙不是一个在1978年完成的法律程序，也不是一个可以在原告要求下撤销的国内伙伴关系。他是西方社会公正、机会平等和个人自由实现价值得以具体实践的地方。他是我们的现代性，我们的权利和我们作为一个先进社会整合的地方。

　　但是，西班牙无法提供让我们继续共同生存的理由，这个国家本身就只是一座历史遗迹。在我们的国家一切都姗姗来迟，包括法西斯主义，当自决权在欧洲多年的发展中被认为是过去式的时候，在西班牙，人们还在为其互相残杀，也在民族主义者中激起了不可抑制的魅力。正是在20世纪西班牙过度的折磨意识，在行使爱国主义时起了不好的作用，好像有了这个爱国主义，那些从未怀疑过在其拥有自治权限的陆地、海洋和天空传播独立理论的人们深受其扰。我们对爱国主义的图景感到恐惧，我们对民族神话感到异常的反胃，以至于我们在鼓励对西班牙的理想和感性方面过于谨慎。

　　这种短视行为阻碍了人们对我国的成就以及其在世界上领先地位的认识。这与西班牙历史的动荡有关。在我们的地球上，西班牙是唯一一个在20世纪中叶经历了摧毁政治框架的内战和长期独裁统治的国家。在欧洲，自由主义、基督教民主和社会民主共存，有相同的文明、文化和民族国家的理念。在左右之争中，西班牙的民族主义来得很晚也很糟糕，其可怕的内战和独裁文化阻碍了自由主义和中间派的发展，在西班牙那些自由文化广泛发展的地方，它已经被民族主义的一致意见吞噬了。人们总是说，历史是由胜利者创造的，但是在西班牙，失败者在谈论内战和佛朗哥政权的弊端时，他们的阐述和感情更受欢迎，也更能引起共鸣。

　　近年来，人们默许了民族主义的傲慢无礼，分离主义在其统治区内通过教育系统和媒体肆无忌惮地进行洗脑。任何文明国家都没有先例，任何明智的国家都不会容许我们正在经历的现实。我们正在经受西班牙历史上最严重的挑战，这不仅与民族主义者的努力有关。我们也要归咎于那些背叛了自己创始人的左派，把这个国家交给了渴望摧毁他的人。有趣的是，这不是以阶级斗争的名义或寻找无产阶级天堂的名义，而是受其为地区寡头政治的自私主义者服务的病态心理。

加泰罗尼亚民族主义陷入了顽强的且日益增长的意识形态侵略性和侮辱性的话语中。这是对恢复一个准备相信自己多元化和一体化的西班牙的最严重威胁。随着大量宣传材料的分发和故事资源的短缺，国家解体的威胁已经解除。这些民族主义者必须树立国家主权已遭遇巨大挫败的形象，建立对加泰罗尼亚人的排他性运动的崇拜。他们还必须解除一个社会的能量，直到那时才能对权力进行批判。这种批评经过了严格的分析，继承了世俗的自由主义传统和公民倡议。他们还必须传播一个愤怒的自治区神话。这个自治区在沙漠中开始了漫长的朝圣，从西班牙的法老囚禁处到了应许的独立之地。为此，支持独立的加泰罗尼亚主义需要国家将所有资源交到他的手中，而在意识形态的危急时刻，面对民族主义的狂妄自大，左派却以其难以言喻的自卑感为之喝彩。

一些人天然地以为，在加泰罗尼亚或巴斯克地区发生的事情仅仅与加泰罗尼亚人和巴斯克人有关，好像我们已经身处这样的民族主义逻辑之中——尽管没有人赋予他们独立的权力，却不把这些地方视为西班牙的一部分，而好像是一个独立的国家。选举结果毫不重要，这些自治区的非民族主义者不重要，独立热潮情绪显著回落的消息也不重要，问卷或者是投票更不重要。在一场滑稽的杂耍中，那些认为加泰罗尼亚的政治前途由议会决定而西班牙不得干涉的人，坐在座位上，通过对国家预算进行投票的简单程序来干涉索里亚、莱昂和安达卢西亚的日常生活。因此，那些否认西班牙并承认从压迫他们的继母那里取得独立是他们命运的人，按下了影响所有西班牙人的投资、失业救助和养老金命运的按钮。

近几十年来，国家认同的削弱绝不仅仅是由于巴斯克、加泰罗尼亚或加利西亚民族主义者的阴谋。他们对西班牙最无耻的谎言负有责任，因为他们在膜拜自己的地区仪式传统的同时，还必须对其他部落的文化加以嘲笑才能获得实际意义。但是，从过渡时期开始，西班牙就开始进入地方主义的深渊。这种地方主义不仅分配权力，还阻止国家在公民中建立家园意识过程中发挥作用。相反地，政治演讲、学校课程、电视广播，挥舞旗帜和唱赞美诗在西班牙全国范围内形成了各种荒唐的地区主义和狭隘的民族意识。孩子们接受的教育是对本地区的崇拜和对国家的遗忘，而本地区的政客们则持续地将当地的利益置于国家利益之上。自治区的新领导人提倡符号、颂歌和抒情剧，这样一来，西班牙的概念在人们的意识中消失，完全只是对宪法框架和领土的单纯提及。

有些人认为，随着西班牙人在佛朗哥主义的统一妄想症中治愈了反中央主义的麻风病，各个自治区的集体自恋便会消失。然而，现实并非如此，随着民族主义为自己改写历史，我们的共同身份也失去了，我们的民族甚至“西班牙”这个名字都将消失，取而代之的是西班牙国家——这个令人不快的术语。我们伟大的民族象征——西班牙的美丽图标已经失去了，共同的历史被拆散了，而这之前早已经成为我们民族身份的基础。几个世纪以来激励我们共同生活的价值观烟消云散了。

最可悲的莫过于忍受重现我们以为随着熙德一起被埋葬的一切：血统、种族、语言和领土的纯洁性，对我们自己的特殊性和社会文化特征的崇拜，在国民之间划分界线，根据出生地区分我们，迫使我们陷入忠诚。当我们已经从其他奴隶制度中解脱出来的时候，这无疑又是一种奴隶制度。更让人绝望的是，在全世界范围内，西班牙语使用者以惊人的速度增长，而在本国领土上却在减少，这看起来是自相矛盾的。

语言不像一些诗人所说是灵魂，语言是桥梁、市场和交通。在西班牙，这样显而易见的事情没有被理解，根据民族主义原则，语言不是公民话语而是领土话语，而领土也被授予话语权力。保护本土语言成为一个人格义务，作为民族主义者在新兴祖国祭坛前不经讨论就要求的一种快乐的牺牲，因此任何反常的手段都是合理的。

利用区域性语言向中央行政部门索取特殊待遇，给民族主义者带来了额外的好处。这使他们可以招募一个由教授、语言学家和宣传性翻译组成的多重官僚机构。这些人蛰伏在公务员队伍中，靠公共预算生活，他们的职业前途无奈地与民族主义的胜利联系在一起。为此而使用的大量资金结交了大量支持政府的客户，在选举到来时会为执政党辩护。传统上，滥用西班牙语及其说话者权利的坏消息主要来自加泰罗尼亚，在较小程度上来自巴斯克地区，但这种流行病已以不同的强度和症状蔓延到其他自治区。尽管巴勃莱方言还没有取得官方地位，但是巴利阿里群岛、巴伦西亚和阿斯图里亚斯的政府更迭导致这些地方加入了对西班牙语的怪异攻击。

我们生活在一个不连贯的时代，一个误解知识的时代。在这个时代，过去被扭曲，现实被偷走，纪念和遗忘之间脆弱的边界被打破，对死者的记忆和哀悼的戏剧被模糊。我们必须知道，过去是可以被掠夺的，历史将成为战场，没有一个国家像西班牙一样在当下布满了殖民主义暴行的地雷，没有其他国家遭遇如此多的困境。

我们所看到的一切：所有的模式被打破、所有的雕塑倒塌、所有美国政客愤世嫉俗的废话、所有后现代宗教的新祭坛、所有撕裂我们文明的企图和所有无耻的游行，都建立在被记忆操纵的扭曲历史上。这也是西方社会长期以来的病症：忏悔的暴政，在殖民化的迷雾中寻找心灵净化的受虐狂。欧洲反对自己。过于执着的反思性迫使我们像偏执狂一样审视历史，不是像某些知识分子和政治左翼所宣称的那样，是为了探明幽暗历史中的真相和在失忆后苏醒，而是为了树立起一种扭曲的历史观。最冷静的人面对这样的一种史观也会愤怒，因为其证明了黑色传说继续使人感到震惊。将美洲的伤痛归因于西班牙，就好比一个索里亚人在努曼西亚的悲剧面前无法自抑，执着地把一切罪行归于罗马人。

在流亡中，犹太人祈祷："耶路撒冷，若我忘记了你，就让我的右手干枯，舌头粘在颚上。"当西班牙处在道德流放的边缘之际，历史应该向我们展示我们的祖先是如何建立起一个共同的家园。她被所有意识形态所宣扬，被所有文化所捍卫，被所有传统所承认。我们的西班牙是一个穷尽许多人一生理想的国家，一个建设中的不完美国家；一个不太招人喜欢，但是作为一片可以实现抱负的热土，且被深爱着的国家。

如今，数百万的西班牙人要求他们的政治家不带任何情结地捍卫西班牙，要求他们意识到自己所代表国家的一致性，而不是羞辱她。我们是欧洲的居民，这个大陆激发了赋予人类历史意义的大多数原则，并在现代化中得到充分展现。现在，我们的后代作为历史的见证者，他们不得不面临经济的不稳定和社会关系被破坏的现状，并且已经失去了能够在磨难中指导他们的文化资源。

现在，我们西班牙人能做的就是努力重建一切，为那些在最灰暗时刻捍卫被分离主义腐蚀民族思想的人辩护。记住，当一个人为一个文明而战的时候，他不会将他的命运交给那些试图毁灭这个文明的人。与欧洲其他地方发生的情况不同，我们怎么会允许这样的情况发生？我们怎么会放任确保在欧洲文化框架内进行治理的两种力量彼此之间缺乏理解？我们的政府怎么能被一个不相信国土完整，甚至不相信西班牙作为主权国家存在的人所治理？我们怎么能和那些以分裂西班牙为目标的人达成一致呢？

今天，在现代、自由和包容的爱国主义精神下，我们应该以一种从容不迫的爱国主义，改正错误的道路，公开宣扬西班牙的理念和情感，宣扬西班牙标志，宣扬圣胡安和巴勃罗·聂鲁达（Pablo Neruda）的语言之美，表明我们能够战胜任何困难的决心。西班牙的行动从这种态度开始，拒绝让属于我们的一切化为虚无。从话语中，而不是从呐喊中；从争论中，而不是从口号中。我们要不懈地学习本国坚韧的历史，而不是相信那些将西班牙置于黑暗的神话。我们将不遗余力地投身于西班牙的复兴伟业。西班牙存在的合理性在于其对被康德（Kant）视为人类最高理想——"永久和平"的贡献。

附　录

西班牙君主

西哥特国王

阿塔乌尔夫，410—415年

西泽里克，415年

瓦利亚，415—418年

狄奥多里克一世，418—451年

图里斯蒙多，451—453年

狄奥多里克二世，453—466年

欧里克，466—484年

阿拉里克二世，484—507年

狄奥多里克，"阿马洛"（摄政王），510—526年

阿马拉里克，526—531年

特乌迪斯，531—548年

特乌迪塞洛，548—549年

阿吉拉，549—555年

阿塔纳希尔多，551/555—567年

柳瓦一世，567—568年

柳瓦一世和莱奥比希尔多，568—571/572年

莱奥比希尔多，571/572—586年

雷卡雷多，586—601年

柳瓦二世，601—603年

维特里克，603—610年

贡德马洛，610—612年

西塞布托，612—621年

雷卡雷多二世，621年

苏因蒂拉，621—631年

西塞南多，631—636年

欣蒂拉，636—639年

图尔加，639—642年

钦达斯文托，642—649年

钦达斯文托和雷塞斯文托，649—653年

雷塞斯文托，653—672年

万巴，672—680年

埃尔维希奥，680—687年

埃希卡，687—698/700年

埃希卡和威蒂萨，698—700/702年

威蒂萨，702—710年

阿吉拉二世，710/711—716年

罗德里戈，710—711年

穆斯林国王

倭马亚王朝：科尔多瓦酋长国，756—929年；哈里发国，929—1031年

阿卜杜勒—拉赫曼一世，756—788年

希沙姆一世，788—796年

哈卡姆一世，796—822年

阿卜杜勒—拉赫曼二世，822—852年

穆罕默德一世，852—886年

阿尔穆迪，886—888年

阿卜杜拉，888—912年

阿卜杜勒-拉赫曼三世，912—929年；埃

米尔，929—961年，哈里发

哈卡姆二世，961—976年

希沙姆二世，976—1000年和1010—1013年

穆罕默德二世，1009年

苏莱曼-穆斯塔因，1009年和1013—1016年

阿卜杜勒-拉赫曼四世，1018年

阿卜杜勒-拉赫曼五世，1023—1024年

穆罕默德三世，1024—1025年

希沙姆三世，1027—1031年

阿尔摩拉维德王朝

塔素芬·优素福，1061—1106年

阿里·优素福，1106—1146年

塔素芬，1143—1145年

阿尔摩哈德王朝

阿卜杜勒-穆明，1146—1163年

优素福一世，1163—1184年

叶尔古白-曼苏尔，1184—1199年

穆罕默德-纳西尔，1199—1213年

优素福二世-穆斯坦西尔，1213—1224年

阿卜杜勒-瓦希德-马吉鲁，1224年

阿卜杜拉-阿迪勒，1224—1227年

叶海亚-穆塔西姆-比-阿拉，1227—1229年

伊德里斯-马蒙，1227—1232年

伊比利亚五国、加泰罗尼亚-阿拉贡联盟

巴塞罗那伯爵

贝拉，801—820年

兰波，820—826年

贝尔纳特，826—832年

贝伦盖，832—835年

贝尔纳特（第二次），835—844年

苏尼弗雷德，844—848年

纪廉，848—850年

阿利兰，850—852年

奥达利奇，852—858

胡姆弗里德，858—865年

伯纳特·德·戈蒂亚，865—878年

吉弗雷一世，878—897年

吉弗雷二世（伯雷尔），897—911年

苏涅尔，911—947年

米罗，947—966年

伯雷尔二世，947—992年

拉蒙·伯雷尔，992—1017年

贝伦格尔·拉蒙一世，1017—1035年

拉蒙·贝伦格尔一世（"老拉蒙"），1035—1076年

贝伦格尔·拉蒙二世，1076—1082年

拉蒙·贝伦格尔三世，1096—1131年

拉蒙·贝伦格尔四世，1131—1162年

阿拉贡国王

拉米罗一世，1035—1063年

桑乔一世，1063—1094年

佩德罗一世，1094—1104年

阿方索一世，1104—1134年

拉米罗二世，1134—1137年

佩特罗尼拉，1137—1162年

阿拉贡国王和巴塞罗那伯爵

巴塞罗那家族

阿方索二世，1162—1196年

佩德罗二世，1196—1213年

海梅一世，1213—1276年

佩德罗三世，1276—1285年

阿方索三世，1285—1291年

海梅二世，1291—1327年

阿方索四世，1327—1336年

佩德罗四世，1336—1387年

胡安一世，1387—1396年

马丁一世，1396—1410年

过渡期，1410年5月3日—1412年6月30日

特拉斯塔马拉家族

费尔南多一世，1412—1416年

阿方索五世，1416—1458年

胡安二世，1458—1479年

费尔南多二世，1479—1516年

纳瓦拉王室

伊尼戈·阿里斯塔，810年至820年—851年至852年

加西亚·伊尼格斯，851年至852年—870年

福图恩·加尔塞斯，870—905年

桑乔·加尔塞斯，905—926年

加西亚·桑切斯，926—970年

桑乔·加塞斯二世，970—994年

加西亚·桑切斯二世，994—1000年

桑乔·加塞斯三世，1000—1035年

加西亚·桑切斯三世，1035—1054年

桑乔·加塞斯四世，1054—1076年

阿拉贡政府，1076—1134年

加西亚·拉米雷斯，1134—1150年

桑乔六世，1150—1194年

桑乔七世，1194—1234年

香槟家族

特奥巴尔多一世，1234—1253年

特奥巴尔多二世，1253—1270年

恩里克一世，1270—1273年

胡安娜一世，1274—1305年

法国腓力一世，1284—1305年

法国路易一世，1304—1316年

法国腓力二世，1316—1322年

法国卡洛斯一世，1322—1328年

胡安娜二世，1329—1349年

埃夫勒家族

菲利普三世，1329—1343年

卡洛斯二世，1349—1387年

卡洛斯三世，1387—1425年

布兰卡，1425—1441年；胡安一世，1425—1479年

福克斯家族

弗朗西斯科·菲波，1479—1483年

阿尔布雷特的凯瑟琳，1483—1516年

格拉纳达的纳扎里王国

穆罕默德一世，1237—1273 年

穆罕默德二世，1273—1302 年

穆罕默德三世，1302—1309 年

纳斯尔，1309—1314 年

伊斯玛仪一世，1314—1325 年

穆罕默德四世，1325—1333 年

优素福一世，1333—1354 年

穆罕默德五世（第一次），1354—1359 年

伊斯玛仪二世，1359—1360 年

穆罕默德六世，1360—1362 年

穆罕默德五世（第二次），1362—1391 年

优素福二世，1391—1392 年

穆罕默德七世，1392—1408 年

优素福三世，1408—1417 年

穆罕默德八世（第一次），1417—1419 年

穆罕默德九世（第一次），1419—1427 年

穆罕默德八世（第二次），1427—1429 年

穆罕默德九世（第二次），1429—1431 年

优素福四世，1431—1432 年

穆罕默德九世（第三次），1432—1445 年

穆罕默德十世（第一次），1445 年

优素福五世（第一次），1445—1446 年

穆罕默德十世（第二次），1446—1447 年

穆罕默德九世（第四次），1447—1453 年

穆罕默德十一世，1453—1454 年

萨德（第一次），1454—1462 年

优素福五世（第二次），1462 年

萨德（第二次），1462—1464 年

阿布–哈桑–阿里–穆莱–哈肯（第一次），1464—1482 年

阿布–阿卜杜拉–博阿迪勒（第一次），1482—1483 年

阿布–哈桑–阿里–穆莱–哈肯（第二次），1483—1485 年

阿布–阿卜杜拉–博阿布迪勒（第二次），1486—1492 年

葡萄牙王室（1640 年最终分离）

阿方索–恩里克斯（王子及王储），1128—1139 年

阿方索–恩里克斯（国王），1139—1185 年

桑乔一世，1185—1211 年

阿方索二世，1211—1223 年

桑乔二世，1223—1248 年

阿方索三世，1248—1279 年

迪尼什，1279—1325 年

阿方索四世，1325—1357 年

佩德罗一世，1357—1367 年

费尔南多一世，1367—1383 年

比阿特丽斯（埃莉诺·特勒斯，摄政王），1383 年

若昂（阿维斯之主，摄政王），1383—1385 年

若昂一世，1385—1433 年

杜阿尔特，1433—1438 年

阿方索五世，1438—1481 年

若昂二世，1481—1495 年

曼努埃尔一世，1495—1521 年

若昂三世，1521—1557 年

塞巴斯蒂安，1557—1578 年

恩里克，1578—1580 年

里斯本大主教主持的五位总督，1580 年

安东尼奥，1580 年

奥地利家族

腓力一世（西班牙费利佩二世），1580—1598 年

腓力二世（西班牙费利佩三世），1598—1621 年

腓力三世（西班牙费利佩四世），1621—1640 年

卡斯蒂利亚—莱昂王室

阿斯图里亚斯和莱昂国王

佩拉约，718—737 年

法维拉，737—739 年

阿方索一世，739—757 年

弗鲁埃拉一世，757—768 年

奥雷利欧，768—774 年

希罗，774—783 年

莫雷加多，783—788 年

贝尔穆多一世，788—791 年

阿方索二世，791—842 年

拉米罗一世，842—850 年

奥多尼奥一世，850—866 年

阿方索三世，866—911 年

加西亚一世，911—914 年

奥多尼奥二世，914—924 年

弗鲁埃拉二世，924—925 年

阿方索四世，925—931 年

拉米罗二世，931—951 年

奥多尼奥三世，951—956 年

桑乔一世，955—958 年

奥多尼奥四世，958—960 年

桑乔一世（第二次），960—966 年

拉米罗三世，966—984 年

贝尔穆多二世，984—999 年

阿方索五世，999—1028 年

贝尔穆多三世，1028—1037 年

卡斯蒂利亚伯爵

努诺·努涅斯，824 年—？

罗德里戈，852 年？—873 年？

迭戈·罗德里格斯，873 年？—890 年？

努诺·拉苏拉，900 年—？

贡萨洛·努涅斯，889—920年

费尔南·冈萨雷斯，930年？—970年

加西亚·费尔南德斯，970年—995年

桑乔·加西亚，995—1017年

加西亚·桑切斯，1017—1029年

卡斯蒂利亚和莱昂国王

纳瓦拉家族

费尔南多一世，1037—1065年

桑乔二世，1065—1072年

加西亚，1065—1071年

阿方索六世，1065—1109年

乌拉卡，1109—1126年

勃艮第家族

阿方索七世，1126—1157年

卡斯蒂利亚的桑乔三世，1157—1158年

莱昂的费尔南多二世，1157—1188年

卡斯蒂利亚的阿方索八世，1158—1214年

卡斯蒂利亚的恩里克一世，1214—1217年

莱昂的阿方索九世，1188—1230年

卡斯蒂利亚和莱昂的费尔南多三世，

1217—1252年

阿方索十世，1252—1284年

桑乔四世，1284—1295年

费尔南多四世，1295—1312年

阿方索十一世，1312—1350年

佩德罗一世，1350—1369年

特拉斯塔马拉家族

恩里克二世，1369—1379年

胡安一世，1379—1390年

恩里克三世，1390—1406年

胡安二世，1406—1454年

恩里克四世，1454—1474年

伊莎贝拉一世，1474—1504年

西班牙国王及国家元首

卡斯蒂利亚的伊莎贝拉一世，1474—1504年；阿拉贡的费尔南多二世及卡斯蒂利亚的费尔南多五世，1474—1516年

卡斯蒂利亚的胡安娜一世，1504—1555年；费利佩一世，1504—1506年

奥地利家族

胡安娜一世和卡洛斯一世，1516—1555年　　费利佩三世，1598—1621年

卡洛斯一世，1555—1556年　　费利佩四世，1621—1665年

费利佩二世，1556—1598年　　卡洛斯二世，1665—1700年

波旁家族

费利佩五世，1700—1724年和1724—1746年　　卡洛斯四世，1788—1808年

路易斯一世，1724年　　费尔南多七世，1808—1833年（约瑟夫·波

费尔南多六世，1746—1759年　　拿巴，1808—1813年）

卡洛斯三世，1759—1788年　　伊莎贝拉二世，1833—1868年

临时政府

弗朗西斯科·塞拉诺，1868—1871年

萨伏依家族

阿马德奥一世，1871—1873年

西班牙第一共和国

埃斯塔尼斯劳·菲格雷斯，1873年2月11日—6月11日　　尼古拉斯·索尔莫隆，1873年7月18日—9月7日

弗朗西斯科·皮－马加尔，1873年6月11日—7月18日　　埃米利奥·卡斯特拉，1873年9月7日—1874年1月3日

波旁家族

阿方索十二世，1875—1885年　　阿方索十三世，1886—1931年

西班牙第二共和国

尼塞托·阿尔卡拉-萨莫拉，1931—1936年　　曼努埃尔-阿萨尼亚，1936—1939年

国家元首

弗朗西斯科·佛朗哥，1936—1975年

波旁家族

胡安·卡洛斯一世，1975—2014年　　　　费利佩六世，2014年至今

19—21世纪的政府及首相

费尔南多七世统治时期

1808年10月15日	佩德罗·塞瓦略斯·格拉
1809年10月30日	弗朗西斯科·德·萨维德拉
1810年1月31日	欧尔马萨斯侯爵，代理
1810年3月20日	尤塞比奥·巴尔达希-阿萨拉
1812年2月6日	何塞·加西亚·德莱昂-皮萨罗，代理
1812年5月12日	伊格纳西奥·德拉佩苏埃拉，代理
1812年6月23日	卡洛斯·马丁内斯·德·伊鲁霍，伊鲁霍侯爵
1812年9月27日	佩德罗·戈麦斯·拉布拉多尔
1813年7月11日	安东尼奥·卡诺·曼努埃尔，代理
1813年10月10日	胡安·奥多纽，代理
1813年10月17日	费尔南多·德拉塞尔纳，代理
1813年12月3日	何塞·卢扬多，代理
1814年5月4日	何塞·米格尔·德·卡尔瓦哈尔-曼里克，圣卡洛斯公爵

1814年11月5日	佩德罗·塞瓦略斯·格拉
1816年10月30日	何塞·加西亚·德莱昂－皮萨罗
1818年9月14日	卡洛斯·马丁内斯·德·伊鲁霍，伊鲁霍侯爵，代理
1819年6月12日	曼努埃尔·冈萨雷斯·萨尔蒙，代理
1819年9月12日	何塞·梅尔加雷霍－索林，圣费尔南多公爵
1820年3月9日	何塞·梅尔加雷霍－索林，圣费尔南多公爵
1820年3月18日	埃瓦里斯托·佩雷斯·卡斯特罗
1821年3月2日	华金·安杜阿加，代理
1821年3月4日	尤塞比奥·巴尔达希－阿萨拉
1822年1月8日	拉蒙·洛佩斯·佩莱格林，代理
1822年1月24日	何塞·加布里埃尔·德·席尔瓦－巴赞，圣克鲁斯侯爵
1822年1月30日	拉蒙·洛佩斯·佩莱格林，代理
1822年2月28日	弗朗西斯科·马丁内斯·德拉罗萨
1822年7月11日	尼古拉斯·马里亚·加雷利，代理
1822年8月6日	埃瓦里斯托·圣米格尔
1823年3月2日	阿尔瓦罗·弗洛雷斯·埃斯特拉达
1823年4月24日	何塞·玛丽亚·潘多
1823年5月27日	安东尼奥·瓦尔加斯·拉古纳，代理
1823年8月7日	维克多·达米安·萨埃斯
1823年9月4日	何塞·卢扬多
1823年12月3日	卡洛斯·马丁内斯·德·伊鲁霍，伊鲁霍侯爵
1824年2月9日	纳尔西索·埃雷迪亚－贝希内斯，奥法利亚伯爵
1825年7月11日	弗朗西斯科·塞亚·贝尔穆德斯
1825年10月24日	佩德罗·阿尔坎塔拉·托莱多，英凡塔多公爵
1826年8月26日	路易斯·玛丽亚·萨拉萨尔
1830年11月10日	曼努埃尔·冈萨雷斯·萨尔蒙
1832年2月20日	路易斯·玛丽亚·萨拉萨尔
1832年10月1日	弗朗西斯科·塞亚·贝尔穆德斯，科隆比伯爵（费尔南多七世最后一届政府，由玛丽亚·克里斯蒂娜王后批准）

伊莎贝拉二世统治时期

1834年1月15日	弗朗西斯科·马丁内斯·德拉罗萨
1835年6月7日	何塞·米格尔·里卡多·德·阿拉瓦（未接受；缺席时由胡安·阿尔瓦雷斯·门德萨贝巴代理）
1835年9月19日	胡安·阿尔瓦雷斯·门德萨贝巴，代理
1836年5月15日	弗朗西斯科·哈维尔·伊斯图里斯，代理
1836年8月14日	何塞·玛丽亚·卡拉特拉瓦
1837年8月18日	巴尔多梅罗·埃斯帕特罗（未就职；缺席时由尤塞比奥·巴尔达希－阿萨拉代理）
1837年10月1日	尤塞比奥·巴尔达希－阿萨拉
1837年12月16日	纳尔西索·德·埃雷迪亚－贝希内斯，奥法利亚伯爵
1838年9月6日	贝尔纳迪诺·费尔南德斯·德·韦拉斯科，弗里亚斯公爵
1838年12月9日	埃瓦里斯托·佩雷斯·德·卡斯特罗
1840年7月20日	安东尼奥·冈萨雷斯－冈萨雷斯
1840年8月12日	巴伦丁·费拉斯
1840年8月29日	莫德斯托·科尔塔萨尔，代理
1840年9月11日	比森特·桑乔（由女王摄政任命，因马德里委员会反对，未能就职）
1840年9月16日	巴尔多梅罗·埃斯帕特罗
1841年5月20日	安东尼奥·冈萨雷斯－冈萨雷斯
1842年6月17日	何塞·拉蒙·罗迪尔，罗迪尔侯爵
1843年5月9日	何塞·玛丽亚·洛佩斯
1843年5月19日	阿尔瓦罗·戈麦斯·贝塞拉
1843年7月23日	何塞·玛丽亚·洛佩斯
1843年11月20日	萨卢斯蒂亚诺·奥洛萨加
1843年12月5日	路易斯·冈萨雷斯·布拉沃
1844年5月3日	拉蒙·玛丽亚·纳瓦雷斯
1846年2月11日	曼努埃尔·潘多，米拉弗洛雷斯侯爵

1846年3月16日	拉蒙·玛丽亚·纳瓦雷斯
1846年4月5日	哈维尔·伊斯图里兹
1847年1月28日	卡洛斯·马丁内斯·德·伊鲁霍，索托马约尔公爵
1847年3月28日	约阿金·弗朗西斯科·帕切科
1847年9月12日	弗洛伦西奥·加西亚·戈耶加
1847年10月4日	拉蒙·玛丽亚·纳瓦雷斯
1849年10月19日	谢拉芬·玛丽亚·德索托，克利奥纳德伯爵
1849年10月20日	拉蒙·玛丽亚·纳瓦雷斯
1851年1月14日	胡安·布拉沃·穆里略
1852年12月14日	费德里科·龙卡利，阿尔科伊伯爵
1853年4月14日	弗朗西斯科·莱尔苏迪
1853年9月19日	路易斯·何塞·萨尔托里乌斯，圣路易斯伯爵
1854年7月17日	费尔南多·费尔南德斯·德科尔多瓦（辞职未组阁）
1854年7月18日	安赫尔·萨维德拉，里瓦斯公爵
1854年7月19日	巴尔多梅罗·埃斯帕特罗
1856年7月14日	利奥波尔多·奥唐奈
1856年10月12日	拉蒙·玛丽亚·纳瓦雷斯
1857年10月15日	弗朗西斯科·阿梅罗和佩尼兰达
1858年1月14日	弗朗西斯科·哈维尔·伊斯图里兹
1858年6月30日	利奥波尔多·奥唐奈
1863年3月2日	曼努埃尔·潘多，米拉弗洛雷斯侯爵
1864年1月17日	洛伦佐·阿拉佐拉
1864年3月1日	亚历杭德罗·蒙
1864年9月16日	拉蒙·玛丽亚·纳瓦雷斯
1865年6月21日	利奥波尔多·奥唐奈
1866年7月10日	拉蒙·玛丽亚·纳瓦雷斯
1868年4月23日	路易斯·冈萨雷斯·布拉沃
1868年9月19日	何塞·古铁雷斯·德拉孔查

临时政府及第一共和国时期

1868年10月8日	弗朗西斯科·塞拉诺－罗德里格斯
1869年6月18日	胡安·普里姆
1870年12月27日	胡安·鲍蒂斯塔·托佩特
1870年12月29日	普拉赛德斯·马特奥·萨加斯塔
1871年1月4日	弗朗西斯科·塞拉诺－多明格斯
1871年7月24日	曼努埃尔·鲁伊斯·索里亚
1871年10月5日	何塞·马尔坎波－蒙赫
1871年12月21日	普拉赛德斯·马特奥·萨加斯塔
1872年5月26日	弗朗西斯科·塞拉诺－多明格斯
1872年6月13日	曼努埃尔·鲁伊斯·索里亚
1873年2月11日	埃斯坦尼斯劳·菲格雷斯
1873年6月11日	弗朗西斯科·皮－马加尔
1873年7月18日	尼古拉斯·萨尔梅隆－阿隆索
1873年9月7日	埃米利奥·卡斯特拉
1874年1月3日	弗朗西斯科·塞拉诺－多明格斯
1874年2月26日	胡安·德·萨瓦拉·伊·德拉·普恩特
1874年6月29日	普拉赛德斯·马特奥·萨加斯塔
1874年12月31日	安东尼奥·卡诺瓦斯·德尔·卡斯蒂略（由阿方索十二世于1875年1月9日确认）

阿方索十二世统治时期和玛丽亚－克里斯蒂娜摄政时期

1875年9月12日	华金·霍韦拉尔
1875年12月2日	安东尼奥·卡诺瓦斯·德尔·卡斯蒂略
1879年3月7日	阿尔塞尼奥·马尔蒂尼斯·坎普斯
1879年12月9日	安东尼奥·卡诺瓦斯·德尔·卡斯蒂略
1881年2月8日	普拉赫迪斯·马特奥·萨加斯塔
1883年10月13日	何塞·波萨达·埃雷拉

1884年1月18日	安东尼奥·卡诺瓦斯·德尔·卡斯蒂略
1885年11月27日	普拉赫迪斯·马特奥·萨加斯塔
1890年7月5日	安东尼奥·卡诺瓦斯·德尔·卡斯蒂略
1892年12月11日	普拉赫迪斯·马特奥·萨加斯塔
1895年3月8日	安东尼奥·卡诺瓦斯·德尔·卡斯蒂略
1897年8月8日	马塞洛·德·阿斯卡拉加
1897年10月4日	普拉赫迪斯·马特奥·萨加斯塔
1899年3月4日	弗朗西斯科·席尔维拉
1900年10月23日	马塞洛·德·阿斯卡拉加

阿方索十三世统治时期

1901年3月6日	普拉赫迪斯·马特奥·萨加斯塔
1902年12月6日	弗朗西斯科·席尔维拉
1903年7月20日	莱蒙多·费尔南德斯·维拉韦尔德
1903年12月5日	安东尼奥·毛拉·蒙塔内尔
1904年12月14日	马塞洛·德·阿斯卡拉加
1905年1月27日	莱蒙多·费尔南德斯·维拉韦尔德
1905年6月23日	尤金尼奥·蒙特罗·里奥斯
1905年12月1日	塞吉斯蒙多·莫雷蒂·普伦德加斯特
1906年7月6日	何塞·洛佩斯·多明格斯
1906年11月30日	塞吉斯蒙多·莫雷蒂·普伦德加斯特
1906年12月4日	安东尼奥·阿吉拉尔·科雷亚，阿尔米霍侯爵
1907年1月25日	安东尼奥·毛拉·蒙塔内尔
1909年10月21日	塞吉斯蒙多·莫雷蒂·普伦德加斯特
1910年2月9日	何塞·卡纳莱哈斯·门德斯
1912年11月12日	曼努埃尔·加西亚·普里托，临时政府
1912年11月14日	阿尔瓦罗·德·菲格罗亚–托雷斯，罗马诺内斯伯爵，临时政府
1912年12月31日	阿尔瓦罗·德·菲格罗亚·托雷斯，罗马诺内斯伯爵

1913年10月27日	爱德华多·达托·伊拉迪尔
1915年12月9日	阿尔瓦罗·德·菲格罗亚·托雷斯，罗马诺内斯伯爵
1917年4月19日	曼努埃尔·加西亚·普里托
1917年6月11日	爱德华多·达托·伊拉迪尔
1917年11月1日	曼努埃尔·加西亚·普里托
1918年3月22日	安东尼奥·毛拉·蒙塔内尔
1918年11月9日	曼努埃尔·加西亚·普里托
1918年12月5日	阿尔瓦罗·德·菲格罗亚·托雷斯，罗马诺内斯伯爵
1919年4月15日	安东尼奥·毛拉·蒙塔内尔
1919年7月19日	曼努埃尔·阿连德萨拉萨尔（未组建政府即辞职）
1919年7月20日	瓦金·桑切斯·德·托卡
1919年12月12日	曼努埃尔·阿连德萨拉萨尔
1920年5月5日	爱德华多·达托·伊拉迪尔
1921年3月8日	加比诺·布加利亚拉乌霍，临时政府
1921年3月12日	曼努埃尔·阿连德萨拉萨尔
1921年8月13日	安东尼奥·毛拉·蒙塔内尔
1922年3月8日	何塞·桑切斯·格拉
1922年12月7日	曼努埃尔·加西亚·普里托
1923年9月15日	米格尔·普里莫·德·里维拉－奥尔巴内哈
1925年12月3日	米格尔·普里莫·德·里维拉－奥尔巴内哈
1930年1月30日	达马索·贝伦格尔·富斯特
1931年2月18日	胡安·巴蒂斯塔·阿斯纳尔－卡瓦纳斯

第二共和国时期

1931年4月14日	尼塞托·阿尔卡拉－萨莫拉，临时政府
1931年10月14日	曼努埃尔·阿萨尼亚·迪亚斯，临时政府
1931年12月16日	曼努埃尔·阿萨尼亚·迪亚斯
1933年9月12日	亚历杭德罗·莱鲁格斯·加西亚
1933年10月8日	迭戈·马丁内斯·巴里奥

1933年12月16日	亚历杭德罗·莱鲁格斯·加西亚
1934年4月28日	里卡多·桑佩尔·伊巴涅斯
1934年10月4日	亚历杭德罗·莱鲁格斯·加西亚
1935年9月25日	瓦金·恰帕普里埃塔·托雷格罗萨
1935年12月14日	曼努埃尔·波尔特拉·瓦利亚雷斯
1936年2月19日	曼努埃尔·阿萨尼亚·迪亚斯
1936年5月13日	圣地亚哥·卡萨雷斯·基罗加
1936年7月19日	迭戈·马丁内斯·巴里奥（未上任）
1936年7月19日	何塞·希拉尔·佩雷拉
1936年9月3日	弗朗西斯科·拉尔戈·卡巴列罗
1937年5月8日—1939年4月1日	胡安·内格林·洛佩斯（西班牙共和国）
1936年7月24日	米格尔·卡巴内利亚斯·费雷尔（国家防御委员会）
1936年10月3日	费德尔·达维拉·阿龙多（国家技术委员会）
1937年6月3日	弗朗西斯科·戈麦斯·霍尔达纳（国家技术委员会）
1938年1月30日	弗朗西斯科·佛朗哥·巴哈蒙德（第一届政府）

佛朗哥统治时期

1939年8月10日	弗朗西斯科·佛朗哥·巴哈蒙德（第二届政府）
1940年10月16日	弗朗西斯科·佛朗哥·巴哈蒙德（第三届政府）
1941年5月19日	弗朗西斯科·佛朗哥·巴哈蒙德（第四届政府）
1942年9月3日	弗朗西斯科·佛朗哥·巴哈蒙德（第五届政府）
1945年7月20日	弗朗西斯科·佛朗哥·巴哈蒙德（第六届政府）
1951年7月19日	弗朗西斯科·佛朗哥·巴哈蒙德（第七届政府）
1957年2月25日	弗朗西斯科·佛朗哥·巴哈蒙德（第八届政府）
1962年7月11日	弗朗西斯科·佛朗哥·巴哈蒙德（第九届政府）
1965年7月7日	弗朗西斯科·佛朗哥·巴哈蒙德（第十届政府）
1969年10月29日	弗朗西斯科·佛朗哥·巴哈蒙德（第十一届政府）
1973年6月8日	路易斯·卡雷罗·布兰科

1974年1月3日　　　　卡洛斯·阿里亚斯·纳瓦罗

胡安·卡洛斯一世统治时期

1975年12月12日　　　卡洛斯·阿里亚斯·纳瓦罗

1976年7月7日　　　　阿道夫·苏亚雷斯·冈萨雷斯（第一届政府）

1977年7月4日　　　　阿道夫·苏亚雷斯·冈萨雷斯（第二届政府）

1979年4月5日　　　　阿道夫·苏亚雷斯·冈萨雷斯（第三届政府）

1980年9月8日　　　　阿道夫·苏亚雷斯·冈萨雷斯（第四届政府）

1981年2月25日　　　　莱奥波尔多·卡尔沃－索特洛·布斯特洛（第一届政府）

1981年12月1日　　　　莱奥波尔多·卡尔沃－索特洛·布斯特洛（第二届政府）

1982年12月3日　　　　费利佩·冈萨雷斯·马尔克斯（第一届政府）

1985年7月5日　　　　费利佩·冈萨雷斯·马尔克斯（第二届政府）

1986年7月25日　　　　费利佩·冈萨雷斯·马尔克斯（第三届政府）

1988年7月7日　　　　费利佩·冈萨雷斯·马尔克斯（第四届政府）

1989年12月6日　　　　费利佩·冈萨雷斯·马尔克斯（第五届政府）

1993年1月1日　　　　费利佩·冈萨雷斯·马尔克斯（第六届政府）

1993年7月13日　　　　费利佩·冈萨雷斯·马尔克斯（第七届政府）

1994年5月5日　　　　费利佩·冈萨雷斯·马尔克斯（第八届政府）

1995年6月30日　　　　费利佩·冈萨雷斯·马尔克斯（第九届政府）

1996年5月5日　　　　何塞·玛利亚·阿斯纳尔·洛佩斯（第一届政府）

1999年1月18日　　　　何塞·玛利亚·阿斯纳尔·洛佩斯（第二届政府）

2000年4月28日　　　　何塞·玛利亚·阿斯纳尔·洛佩斯（第三届政府）

2002年7月10日　　　　何塞·玛利亚·阿斯纳尔·洛佩斯（第四届政府）

2003年9月4日　　　　何塞·玛利亚·阿斯纳尔·洛佩斯（第五届政府）

2004年4月18日　　　　何塞·路易斯·罗德里格斯·萨帕特罗（第一届政府）

2006年4月7日　　　　何塞·路易斯·罗德里格斯·萨帕特罗（第二届政府）

2006年9月8日	何塞·路易斯·罗德里格斯·萨帕特罗（第三届政府）
2007年2月12日	何塞·路易斯·罗德里格斯·萨帕特罗（第四届政府）
2007年7月6日	何塞·路易斯·罗德里格斯·萨帕特罗（第五届政府）
2008年4月14日	何塞·路易斯·罗德里格斯·萨帕特罗（第六届政府）
2010年10月20日	何塞·路易斯·罗德里格斯·萨帕特罗（第七届政府）
2011年7月11日	何塞·路易斯·罗德里格斯·萨帕特罗（第八届政府）
2011年12月21日	马里亚诺·拉霍伊·布雷（第一届政府）
2014年4月28日	马里亚诺·拉霍伊·布雷（第二届政府）

费利佩六世统治时期

2014年9月29日	马里亚诺·拉霍伊·布雷（第三届政府）
2014年12月2日	马里亚诺·拉霍伊·布雷（第四届政府）
2015年6月25日	马里亚诺·拉霍伊·布雷（第五届政府）
2015年12月21日	马里亚诺·拉霍伊·布雷（临时政府）
2016年11月4日	马里亚诺·拉霍伊·布雷（第六届政府）
2018年6月2日	佩德罗·桑切斯·佩雷斯－卡斯特洪（第一届政府）
2020年1月8日	佩德罗·桑切斯·佩雷斯－卡斯特洪（第二届政府）

《西班牙史》大事记

公元前1200年	骨灰瓮文化。塔特苏斯的神话起源。
公元前1100年	印欧族群进入半岛。根据传统，腓尼基人在直布罗陀海峡地区建立加迪尔。
公元前1000年	伊比利亚半岛铁器时代开始。
公元前800年	来自罗达诺河谷的凯尔特人群体进入伊比利亚半岛，并定居在北部地区。
公元前750年	塔特苏斯的历史王国出现在半岛南部。

公元前700年	铁器文化在梅塞塔高原地区出现（拉斯科戈塔斯文化）。
公元前630年	塔特苏斯的阿甘索尼奥斯国王统治时期。希罗多德描述了来自萨摩斯岛的科莱奥斯的旅行。
公元前600年	新一波凯尔特人移民到梅塞塔高原地区。
（约）公元前580年	建立了安普里塔邦城。
（约）公元前480年	埃尔切夫人雕塑标志着伊比利亚雕塑达到了顶。
公元前350年	出现埃尔西加拉莱神庙（穆拉，穆尔西亚）。
公元前300年	建立凯尔特伊比利亚城市－努曼西亚。
公元前237年	哈米尔卡·巴卡将迦太基的军事扩张基地转移到伊比利亚半岛南部。
公元前226年	罗马人和迦太基人签订《埃布罗条约》。
（约）公元前225年	在西部建立了巴卡帝国的首都新迦太基。
公元前206年	汉尼拔的军队围攻并占领萨贡托，引发第二次布匿战争（公元前218—前201年）。罗马在伊利帕取得胜利。
公元前197年	罗马征服加的斯，结束了迦太基在伊比利亚半岛的统治。西班牙成为罗马的一部分。
公元前155年	卢西塔尼亚－罗马战争开始，维里阿修斯成为土著各部族领袖，直至公元前139年被杀。
公元前133年	罗马继续夺取埃布罗河流域和高原，并摧毁努曼西亚。
公元前83年	塞尔托里安战争在西班牙爆发。
公元前72年	帕平纳在奥斯卡（韦斯卡）消灭塞尔托里安，庞培收降了帕平纳和忠于塞尔托里安事业的城市。
公元前49年	凯撒在伊莱尔达击败庞培的支持者，并几年后（公元前45年）最终在蒙达击败了他们。
公元前29年	通过对坎塔布里亚人和阿斯图尔人的战争（公元前29—前19年），罗马控制了西班牙。
公元前25年	罗马殖民城市——埃美利塔奥古斯塔（梅里达）建立。

公元元年后

65年	罗马皇帝尼禄下令处死哲学家吕齐乌斯·安涅·塞涅卡（公元前4年出生于科尔多瓦）和他的侄子——诗人卢卡努斯（39年出生）。
74年	帝国皇帝韦帕芗赐予西班牙人公民权。
98年	西班牙出生的图拉真被任命为罗马皇帝。
166年	瘟疫席卷西班牙，来自北非的土著人袭击（173年）伊比利亚半岛南部城市。
258年	法兰克人和日耳曼人入侵伊比利亚半岛，并在此停留了十年。
306年	西班牙教会的第一个会议——埃尔韦拉会议召开。
380年	尽管直到波尔多大会（384年）才被定为异端，但是凯撒劳古斯特大会（萨拉戈萨）明确反对普利斯西利阿诺教派。
409年	蛮族进入西班牙（包括汪达尔人、苏维汇人和阿兰人）。
411年	西哥特人由其国王阿陶尔夫率领抵达半岛，支持罗马。
425年	汪达尔人穿越直布罗陀海峡，在北非建立王国。
441年	苏维汇国王雷奇拉征服塞维利亚，控制利西亚、卢西塔尼亚、贝梯卡和卡塔赫纳，同时巴高达运动焚烧了埃布罗河谷。
456年	西哥特的狄奥多里克二世对苏维汇人进行远征。
475年	欧里科打破了与罗马帝国名存实亡的联盟，西哥特人开始占领伊比利亚半岛。
506年	颁布《阿拉里克辑要》。
507年	西哥特人在武耶战役中失败，阿拉里克二世丧生。
522年	拜占庭皇帝查士丁尼派遣军队支持阿塔纳希尔多，在西班牙东南部形成了拜占庭省份。
542年	大瘟疫暴发，对塔拉戈纳地区造成灾难性影响。

575年	莱奥比希尔多铸造第一批金币，象征王权统治。
579-585年	埃尔梅内希尔多反抗其父。
585年	莱奥比希尔多入侵加利西亚，苏维汇王国灭亡，伊比利亚半岛统一重建。
589年	托莱多第三次会议。哥特人全面皈依天主教，主教会议成为政治组织的支柱，会议上通过的教会法规成为民法的一部分。
612年	圣胡安德巴尼奥斯教堂（巴伦西亚）建成。
615年	西塞布托命令犹太人皈依基督教，这是反对犹太人措施的关键一步。
620年	圣伊西多罗为西塞布托撰写首部《词源》。
654年	雷塞斯文托颁布《审判法典》。
711年	罗德里戈与威蒂萨家族为争夺王位而内讧。国王对巴斯克人进行军事行动。塔里克在直布罗陀登陆，支持威蒂萨人，罗德里戈在瓜达莱特战役中失败。阿拉伯人开始占领伊比利亚半岛。
718年	西哥特人佩拉约在阿斯图里亚斯组织基督教徒进行抵抗，在此被推举为首领，并在722年的科瓦东加战役中获胜。
730年	贝亚托·德·列巴纳诞生，他是在中世纪广泛传播的一些《启示录注释》的作者。
750—755年	饥荒袭击伊比利亚半岛。柏柏尔人离开北部，返回非洲，阿斯图里亚斯的阿方索一世趁机占领加利西亚、阿斯托加等地。
756年	阿卜杜勒·拉赫曼一世抵达科尔多瓦，在大清真寺自封为埃米尔。
778年	查理曼大帝远征潘普洛纳、韦斯卡和萨拉戈萨。在龙塞斯瓦耶斯遭遇伏击。
785年	加洛林王朝占领赫罗纳。
807年	发现圣雅各墓地的消息开始传播。

810年	巴斯克各部族共同选举伊尼戈·阿里斯塔为领袖（810—851年），这是潘普洛纳王国的起源。
834年	阿卜杜勒·拉赫曼二世统治时期，科尔多瓦清真寺扩建。
844年	诺曼人袭击希洪、里斯本、加的斯等地。
848年	圣玛利亚德纳兰科教堂祝圣。
880年	穆拉迪人乌马尔·伊本·哈夫孙开始了反抗活动。
917年	纳瓦拉–莱昂联军在圣埃斯特万–德戈尔马斯战役中取得胜利，开始重新定居杜罗河谷的土地。
929年	阿卜杜勒·拉赫曼三世称"哈里发"，并迫使叛乱区域屈服科尔多瓦统治，惩罚基督教诸王国。
936年	哈里发权力达到巅峰，他下令建造梅迪纳亚萨拉宫。
939年	西曼卡斯战役。阿卜杜勒·拉赫曼在基督教联军的合力下失败。
948年	拜占庭皇帝君士坦丁七世派遣使节访问科尔多瓦，献上由伊本·沙普鲁特翻译的狄奥斯科里迪斯的《药物学》。
975年	埃乌德在赫罗纳大教堂为贝亚托绘制壁画。
979年	阿尔曼苏尔允许整理哈卡姆二世的图书馆，在这位哈里发去世时，这个图书馆拥有约40万卷书。
985年	阿尔曼苏尔摧毁并洗劫巴塞罗那，随后又侵略莱昂、萨莫拉、奥斯马、圣地亚哥等地。
1000年	桑乔三世·加尔塞斯，即"长者"，成为纳瓦拉国王。在其统治时期，大部分基督教地区都臣服于他，1035年他将领土分给了自己的儿子们。
1009年	阿尔曼苏尔王朝的最后一位后裔——桑乔埃洛去世。科尔多瓦市民摧毁梅迪纳亚萨拉。
1017年	莱昂的圣伊西多罗大教堂建成。
1031年	科尔多瓦贵族反抗希沙姆三世。哈里发制度结束。
（约）1067年	《加泰罗尼亚惯例法》编纂完成。

1085年	卡斯蒂利亚的阿方索六世征服托莱多，并在1088年由教宗乌尔班二世恢复为首席大主教主管教区。
1118年	萨拉戈萨向阿拉贡阿方索一世的军队投降。
1135年	卡斯蒂利亚的阿方索七世在莱昂加冕。
1137年	阿拉贡的佩特罗尼拉与巴塞罗那的雷蒙·贝伦格尔四世结婚。
1139年	阿方索·恩里克斯自封为葡萄牙国王。
1151年	阿方索七世与雷蒙·贝伦格尔四世签订《图德林条约》，划分伊比利亚半岛南部和东南沿海地区势力范围。
1160年	阿威罗伊的《医药全书》出版。
1171年	阿尔摩哈德哈里发——优素福一世登陆西班牙，定居在塞维利亚，随后推动清真寺和吉拉尔达塔的建造（1195年）。
1188年	在莱昂召开了一次特别的国王法庭，首次有各城市代表参加，这是国会的起源。与此同时，建筑大师马特奥完成了他的巅峰之作——光荣之门。
1195年	阿方索八世在阿拉科斯被阿尔摩哈德人击败，但基督教国王们很快在托洛萨之战（1212年）中得以复仇。
1213年	西蒙·蒙福特在米雷摧毁了阿拉贡国王佩德罗二世的野心。
1230年	费尔南多三世统一了卡斯蒂利亚-莱昂王国。
1236年	科尔多瓦在卡斯蒂利亚军队的进攻下投降；两年后，巴伦西亚也向阿拉贡的海梅一世投降。
1240年	颁布巴伦西亚法典，新联合王国召开第一议会会议。
1254年	阿方索十世颁布了《萨拉曼卡大学章程》，这是其统治时期文化复兴的证明。莱昂大教堂建成（1255年）。
1264年	安达卢西亚和穆尔西亚的穆斯林发动叛乱，这为阿拉贡贵族强行让国王接受阿拉贡民意代表提供了契机（1265年的埃热亚议会会议）。
1273年	颁布牧主公会的第一批法令。

1275年	拉曼·鲁尔写成《骑士规则全书》。
1300年	毕尔巴鄂建城，成为与北欧商业往来的战略要地。
1306年	马略卡帕尔马大教堂建成。
1315年	成立了卡斯蒂利亚市镇同盟及骑士与调解人行会，以保护阿方索十一世。
1328年	阿拉贡的阿方索四世宣布王国不可分割。
1330年	埃夫勒的费利佩三世改进了纳瓦拉的旧法典。
1335年	胡安·曼努埃尔完成了《佩特罗尼奥书》(又名《卢卡诺伯爵》) 一书，与同时代胡安·鲁伊斯的《真爱之书》（1343年）完全不同。
1340年	阿方索十一世在萨拉多战役中击败马林人的胜利。
1356年	颁布卡斯蒂利亚的旧法典。
1369年	佩德罗一世在蒙铁尔被谋杀。恩里克二世建立了特拉斯塔马拉王朝。
1377—1391年	修建格拉纳达的狮子中庭。
1380年	萨拉戈萨议会承认阿拉贡领主们对其臣民的约束权。
1381—1384年	瘟疫波及伊比利亚半岛所有王国。巴塞罗那发生金融危机。
1391年	在卡斯蒂利亚和阿拉贡爆发反犹骚乱（对犹太人社区的袭击）。
1393年	卡斯蒂利亚的恩里克三世宣誓遵守比斯开省的法典。
1412年	费尔南多·德安特克拉在卡斯佩被选为阿拉贡国王。
1415年	葡萄牙人征服了休达。
1420年	那不勒斯进入阿方索五世的势力范围。
1421年	梅迪纳集市法令颁布。
1444年	胡安·德·梅纳撰写《命运的迷宫》，又叫《三百段》。
1458年	布尔戈斯大教堂的窗格和尖顶建成（胡安·德·科洛尼亚）。
1461年	经过与阿拉贡国王胡安二世十年的对抗后，卡洛斯——维亚纳亲王及纳瓦拉和阿拉贡王位的继承人

去世。

1462年	阿拉贡的农奴起义。同时，加利西亚很快成为第二次兄弟会战争（1467年）的战场。
1472年	巴塞罗那投降。加泰罗尼亚内战结束。
1475年	伊莎贝拉一世和胡安娜公主的支持者之间爆发卡斯蒂利亚王位继承战争。
1476年	神圣兄弟会成立。豪尔赫·曼里克写下《悼念亡父堂·罗德里戈》。
1478年	按照西斯都四世颁布的一项教皇诏书，在卡斯蒂利亚建立了新的宗教裁判所。三年后，在塞维利亚举行了第一次宗教审判。
1482年	格拉纳达战争开始。
1484年	杰伦达的农奴起义。
1486年	"天主教徒"费尔南多通过瓜达卢佩裁决释放了加泰罗尼亚的农民。
1490年	《白骑士提兰特》在巴伦西亚首次出版。
1492年	格拉纳达陷落。颁布驱逐西班牙犹太人的法令。内布里哈的《卡斯蒂利亚语语法》出版。颁布新的牧主公会法令。哥伦布进行第一次跨大西洋航行。
1494年	布尔戈斯商会建立。教皇亚历山大六世授予伊莎贝拉和费尔南多"天主教双王"的称号以及永久的什一税收入。《托德西利亚斯条约》（卡斯蒂利亚和葡萄牙之间的条约）签订。
1495年	在宫廷和教廷的推动下，托莱多大主教西斯内罗斯开始教会改革。
1497年	货币改革：铸造了杜卡特，并建立了双金属平价制度。
1501年	在塞维利亚首次出版《塞莱斯蒂纳》。
1503年	塞维利亚贸易署成立。贡萨洛·费尔南德斯·德·科尔多瓦确保了西班牙在那不勒斯的主导地位（塞里格诺拉，加里利亚诺）。

1506年	在勃艮第的费利佩去世后，卡斯蒂利亚陷入政治混乱。因其女儿无法视事，阿拉贡的费尔南多进行摄政，而马克西米利安以年幼的卡洛斯一世的名义领导弗兰德斯。
1508年	西班牙设立关于在印地安教会的皇家总管制。
1511年	蒙特西诺斯神父在圣多明各布道，并支持土著印第安人，激怒了西班牙殖民者。
1514—1522年	康普顿斯多语种《圣经》问世。
1515年	卡洛斯一世成年后，成为荷兰统治者，并在一年后成为卡斯蒂利亚和阿拉贡国王。
1518年	王室允许在殖民地引入黑奴。
1520年	各地反对阿德里亚诺·德·乌得勒支。
1522年	胡安·塞巴斯蒂安·埃尔卡诺完成了全球首次环球航行并返回西班牙。
1525年	西班牙步兵团在帕维亚取得了决定性胜利。富格尔家族因向皇室提供贷款而获得管理军团司令部和阿尔马登汞矿的特许权。
1530年	西班牙禁止进口路德宗书籍。卡洛斯一世在阿尔罕布拉宫建造了宫殿。
1532年	皮萨罗征服了秘鲁的印加帝国。
1542年	颁布了新的印地安法案。
1543年	国家命令将所有官僚机构的文件存放在西曼卡斯。
1547年	在米尔贝格的战斗，提香为皇帝创作了最著名的肖像之一。
1548年	依纳爵·罗耀拉的《神操》问世。
1549年	罗德里戈·希尔·德·翁塔尼翁建立了阿尔卡拉大学。
1550年	在古巴引入甘蔗。皇帝设立了一个委员会，以解决巴托洛梅·德拉斯·卡萨斯神父和希内斯·德·塞普尔韦达修士有关印第安人的争议。
1554年	《托梅斯河上的小拉撒路》的出版丰富了西班牙语

文学。

1556年	卡洛斯一世退位，费利佩二世继位。
1557年	军队在圣昆廷取得胜利，但是哈布斯堡王朝却发生了首次破产。
1559年	在巴利亚多利德和塞维利亚进行宗教审判。大主教卡兰萨被逮捕。新的禁书名单出台，并限制到外国大学进行学习。
1561年	费利佩二世将王宫设在马德里，同时确定了埃尔埃斯科里亚尔修道院的建设地点。
1568年	在布鲁塞尔处决了埃格蒙特和霍恩，引发威廉·奥兰治亲王的叛乱。格拉纳达的摩尔人起义。卡洛斯王子和伊莎贝尔·德·瓦洛瓦王后相继去世。
1571年	基督教联盟在莱班托战役中击败奥斯曼帝国。
1581年	费利佩二世成为葡萄牙国王。安达卢西亚暴发瘟疫。联合省宣布与西班牙决裂。
1586—1588年	埃尔·格雷考为托莱多的圣托梅教堂绘制了《奥尔加斯伯爵的葬礼》。
1588年	无敌舰队覆灭。
1591年	皇家军队入侵阿拉贡，追捕国务秘书安东尼奥·佩雷斯，并处决总民意代表。圣胡安·德·拉克鲁斯和路易斯·德·莱昂修士去世。
1599年	马里亚纳写作《论国王和王家机构》。
1605年	《堂吉诃德》第一部问世。
1609年	国务委员会决定将伊比利亚半岛的摩里斯科人驱逐出境（1609—1614年）。
1621年	奥利瓦雷斯伯–公爵开始掌权。
1631年	列加内斯的高炉改善了西班牙的钢铁工业。
1640年	加泰罗尼亚和葡萄牙爆发起义，安达卢西亚发生社会动荡（1641年），西班牙王国的统一受到质疑。
1643年	西班牙军队在罗克鲁瓦遭遇羞辱性的失败；法国入侵

佛兰德斯。

1656年	委拉斯开兹在他的画作《宫娥》中展现了对形态和光线的高超运用技巧。
1668年	奥地利的莱奥波德一世与法国的路易十四签署了关于西班牙王国继承权分配的秘密条约。
1673年	卡尔德隆·德·拉·巴尔卡创作《人生如梦》。
1687年	加泰罗尼亚爆发了无檐帽起义。
1691年	法国舰队炮轰巴塞罗那和阿利坎特，加剧了巴伦西亚地区对法国的仇视。
1700年	卡洛斯二世在马德里去世，他是哈布斯堡王朝的最后一位君主。在他的遗嘱中，他任命安茹公爵—费利佩为继承人。
1702年	西班牙王位继承战争爆发。
1704年	哈布斯堡王朝的继承者查理大公在半岛登陆，同时盟军部队以武力夺取了直布罗陀。
1707年	废除了巴伦西亚和阿拉贡王国的特权。
1709年	教皇承认查理大公作为西班牙国王，导致了教廷与马德里之间的外交关系中断。
1713年	《乌得勒支和约》签署：西班牙失去了在欧洲其他地区的领土，但很快镇压了巴塞罗那的分裂行动（1714年）。
1714年	费利佩五世推动成立西班牙皇家语言学院。
1715年	对马卡纳兹的宗教裁判开始，他是西班牙王权至上理论的主要代表人物。
1717年	西班牙通过法令将海关搬迁到海港及与法国和葡萄牙的边境。
1718年	西班牙采取第一批贸易保护主义措施，禁止从亚洲进口丝绸以支持国内纺织品。
1724年	赫罗尼莫·德·乌兹塔力兹著《商业、海军理论与实践》。
1726年	费霍父（Feijoo）著《普遍批判性戏剧》。
1728年	建立加拉加斯皇家吉普斯夸公司。

1734年	依靠伊莎贝拉·德·法尔内西奥所支持的一系列昂贵的战争政策，卡洛斯王子被加冕为那不勒斯和西西里国王。马德里五大行业公会成立。
1737年	与教廷签订宗教协议。并于1753年更新。
1743年	恩塞纳达侯爵的政治地位不断提升。
1749年	开始编制恩塞纳达人口登记册，以整顿国家财政并让大地主纳税。
1759年	颁布宗教法令，禁止阅读法国百科全书。
1761年	政府计划在首都和周边重要城市之间建设道路网络，但未能实现。
1763年	彭那弗洛里达伯爵提出"巴斯克国家之友协会"。
1765年	开放桑坦德、希洪、塞维利亚、加的斯、马拉加、卡塔赫纳和巴塞罗那的港口，以便与美洲进行贸易。
1766年	埃斯基拉切骚乱爆发。
1767年	因被指控参与前一年的骚乱，耶稣会被驱逐。由巴勃罗·德·奥拉维德负责的莫雷纳山脉移民项目。
1770年	关于城市公有土地和税收分配的法令颁布。
1775年	政府颁布反流浪法令。
1780年	发行皇家债券。现代纺织机械在加泰罗尼亚开始出现。
1782年	圣卡洛斯银行成立。
1783年	《凡尔赛条约》和《巴黎条约》结束了美国独立战争以及西班牙在北美的干预。
1786年	莱昂·德·阿罗亚尔出版《给莱雷纳伯爵的政治经济信件》。
1787年	政府结构重组，确定了秘书处的数量和职能。弗洛里达布兰卡进行人口普查。霍维利亚诺斯（Jovellanos）受托撰写《关于农业改革方案的报告》，但是直到1795年才公布。
1789年	由于担心受到法国大革命的影响，政府命令对来自法国的消息进行审查；宗教裁判所负责维持国家信息的

	不透明化。
1792年	凭借与后宫的良好关系，戈多伊（Godoy）被任命为首相。
1796年	卡洛斯四世与法兰西共和国签订《圣伊尔德丰索条约》，此前几年曾经历了军事挫折。
1798年	由于债务困扰，国家决定出售属于宗教的财产，这标志着在旧制度时期出现了出售财产的现象。
1801年	与葡萄牙爆发战争。整个王国统一重量和度量衡标准。
1805年	在特拉法加战役中，西班牙因其与拿破仑的联盟付出了昂贵代价，尼尔逊将军摧毁了西法联军。
1806年	莫拉廷（Moratín）出版了《姑娘们的同意》。
1807年	未来的费尔南多七世，即阿斯图里亚斯王子，因涉嫌密谋反对卡洛斯四世和戈多伊而被逮捕。
1808年	根据《枫丹白露条约》，谬拉率领法军入侵西班牙。发生阿兰胡埃斯之变。卡洛斯四世和费尔南多退位，拿破仑任命约瑟·波拿巴为国王。马德里人民爆发起义，萨拉戈萨发生围城战。巴约讷议会提出了西班牙的第一部宪法文本。
1809年	反叛分子与英国签署友好合作条约。威灵顿在半岛进行了多次进攻。
1810年	加的斯议会举行首次会议。拿破仑将西班牙埃布罗河流域各省份并入法国。
1811年	委内瑞拉和巴拉圭宣布独立。封建领主封地被废除。
1812年	颁布《加的斯宪法》。
1813年	加的斯议会废除宗教裁判所。西班牙和英国在维多利亚取得了胜利。《瓦朗赛条约》结束了法国和西班牙之间的敌对关系。
1814年	费尔南多七世返回国内。戈雅通过他的《枪杀起义者》和《5月2日》向西班牙爱国者致敬。
1818年	普拉多博物馆建立。

1820年	拉斐尔·德尔·里埃戈的起义成功，恢复了被国王废除的1812年的宪法。
1823年	"路易十万子弟"终结了宪政时期。设立内阁。
1824年	建立警察机构。
1828年	阿尔瓦罗·弗洛雷斯·埃斯特拉达出版著作《经济学课程》，同时拉腊的第一批文章付印。
1829年	《商业法典》颁布。
1830年	马拉加的钢铁厂初露头角。《萨利克继承法》废除。
1833年	费尔南多七世去世。卡洛斯战争爆发。哈维尔·德·布尔戈斯对各省份进行了现代化的划分。霍乱疫情暴发。
1834年	摄政女王玛丽亚·克里斯蒂娜，颁布了《皇家章程》。祖玛拉卡吉在北部领导卡洛斯派军队。
1836年	第一个征收法令颁布。梅索内罗·罗马诺斯创办了《风景如画周刊》。废除了牧主公会。
1837年	颁布进步宪法。
1839年	《贝尔加拉协议》结束了巴斯克地区的卡洛斯战争。
1840年	颁布了市政府的温和法令。一场进步派起义使埃斯帕特罗（Espartero）上台。
1841年	埃斯帕特罗成为摄政。颁布了适应宪法的地方自治法令。
1844年	建立了国民警卫队。颁布了有关铁路特许经营权的皇家命令。纳瓦埃斯内阁上台。何塞·弗朗西斯科·帕切科出版了《政治法学课程》。
1845年	亚历杭德罗·蒙恩进行了货币改革。颁布了新的温和宪法。巴尔梅斯著有《判断标准》。
1848年	股份公司法通过。巴塞罗那—马塔罗铁路线开通。
1849年	西班牙引入了公制体系。
1851年	与教廷签订《宗教协议》。
1854年	建立了自由联盟。萨埃斯·德尔·里奥在马德里的讲座上推广了克劳泽主义。

1855年	马多斯全面推行征收工作。加泰罗尼亚工业举行大罢工，抗议政府的自由贸易计划。
1856年	颁布进步宪法。埃斯帕特罗下台。西班牙银行和西班牙通用信贷公司成立。
1857年	银行业格局扩展，成立了桑坦德银行和毕尔巴鄂银行。莫亚诺颁布了有关公共教育的法令。
1859—1860年	摩洛哥战争爆发，西班牙在得土安取得胜利。阿拉尔孔著有《非洲战争见闻录》。
1863年	罗萨莉亚·德·卡斯特罗出版了《加利西亚歌谣集》。
1864年	两幅历史主义绘画巨作——萨多·德尔·阿里萨的《拜伦投降》和罗萨莱斯的《女王伊莎贝拉立遗嘱》诞生。
1865年	圣丹尼尔之夜学生起义。巴塞罗那举行工人大会。经济深度萧条。
1866年	政府关闭马德里文化协会的讲座。进步派与民主派在奥斯坦德达成协议，反对伊莎贝拉二世。
1868年	加的斯舰队哗变。普里姆和托佩特迫使伊莎贝拉退位。财政大臣菲格罗拉将比塞塔定为国家货币。
1869年	召开制宪议会。通过关税法。
1870年	阿马德奥一世成为西班牙国王。福尔图尼创作《西班牙式婚礼》。
1872年	第二次卡洛斯战争开始。
1873年	第一共和国成立。爆发地方分裂主义起义。贝雷斯·加尔多斯开始创作他的《民族轶事》。
1874年	帕维亚将军解散议会，马丁内斯·坎波斯在萨贡托宣布阿方索十二世为国王。西班牙银行获得货币发行的垄断权。
1876年	第二次卡洛斯战争结束。通过新宪法，这是西班牙历史上持续时间最长的宪法。
1879年	巴勃罗·伊格莱西亚斯成立西班牙工人社会党（西班牙工人社会党）。

1880年	政府批准在殖民地废除奴隶制,九年后完全实施。
1881年	在主教的支持下,亚历杭德罗·皮达利-蒙恩成立天主教联盟,其目标是在君主制框架内,动员天主教徒参与政治。
1885年	霍乱疫情暴发。《帕尔多协定》签订。阿方索十二世去世。
1887年	通过结社法。卡斯蒂利亚的小麦种植者创建了农业联盟。伊萨克·佩拉尔研制出潜艇。
1888年	巴塞罗那世界博览会召开,同年成立了劳动者总工会。
1889年	颁布《民法典》。守旧分子公开与卡洛斯主义者决裂。
1890年	实行男性普选权。
1891年	通过新的关税,恢复时期强化保护主义。
1895年	巴斯克民族主义党成立。何塞·马尔蒂在古巴登陆,不久后在一场战斗中去世;古巴独立战争爆发。
1898年	美国向西班牙宣战,在古巴的圣地亚哥和菲律宾的甲米地击败西班牙,导致西班牙失去古巴、波多黎各和菲律宾。
1900年	成立独立的教育部。
1901年	佩雷斯·加尔多斯的戏剧《埃勒克特拉》首演,全西班牙爆发反教会示威。在加泰罗尼亚成立了地方主义同盟(Lliga Regionalista)。
1903年	实行周日休息制度。毕加索的黄金时期开始。
1904年	位于巴塞罗那的西班牙-瑞士汽车公司成为西班牙第一家汽车制造厂。小说家皮奥·巴罗哈创作了他的三部曲《为生活而斗争》。
1906年	通过了司法管辖法。实施保护主义关税。在阿尔赫西拉斯召开了关于摩洛哥问题的会议。
1909年	规定了罢工权利。巴塞罗那发生了悲惨周,无政府主义者弗朗西斯科·费雷尔被处决。
1910年	允许妇女获得大学学位。通过了《锁定法》。与教廷关

	系紧张。马德里学生宿舍落成开放。
1911年	无政府主义者成立了全国劳工联合会。
1912年	西班牙在摩洛哥建立了保护国。坎弗兰克隧道开通。
1913年	安东尼奥·毛拉退出保守党领导层，并领导毛拉派。
1914年	普拉塔·德拉·里巴被选为新近创立的加泰罗尼亚联合会主席。西班牙在第一次世界大战中宣布中立。法雅的《短暂的生命》在巴黎首演。
1917年	国防军事委员会。议员大会在巴塞罗那召开。爆发革命性的全国大罢工。胡安·拉蒙·希梅内斯开始新的文学方向，《小银和我》问世。
1919年	巴塞罗那加拿大公共事业公司发生大罢工，恐怖主义活动升级。实行每周工作八小时制度。西班牙加入国际联盟。
1920年	西班牙共产党和君主主义行动联盟成立。创建劳工部。
1921年	摩洛哥悲剧：阿努瓦勒战役。国家恐怖主义:《逃跑法》。
1923年	普里莫·德里维拉将军发动政变。军事指导委员会掌权，1925年过渡到民事政权，开展大规模公共工程。
1927年	试图将独裁统治制度化。建立石油专卖租赁公司。《安达卢西亚的狗》上映，这是超现实主义电影的杰作，由路易斯·布努埃尔与萨尔瓦多·达利合作完成。
1928年	何塞·玛利亚·埃斯克里瓦·德·巴拉格尔创立圣十字主教团与主业会。安东尼奥·马查多的《新歌集》、洛尔迦的《吉普赛谣曲》和豪尔赫·纪廉的《圣歌》出版。
1929年	学生暴动及教授辞职导致马德里和巴塞罗那的多所大学关闭。塞维利亚举办伊比利美洲博览会，巴塞罗那举办世界博览会。
1930年	普里莫·德·里维拉辞职。哲学家奥尔特加-加塞特出版《大众的反叛》。建立了西班牙促进当代建筑发展建筑师技师协作委员会。《圣塞巴斯蒂安盟约》签订。

1931年	共和国宣布成立。马德里发生火烧修道院事件。《宪法》得到通过。阿尔卡拉–萨莫拉担任共和国总统，曼努埃尔·阿萨尼亚担任总理。
1932年	解散耶稣会。规定离婚制度。桑胡尔霍的政变失败。《加泰罗尼亚自治章程》通过。《农业改革法》通过。作家何塞·波尔加明创办了《十字架与线条》杂志。
1933年	卡萨斯维耶哈斯发生血腥镇压事件。何塞·安东尼奥·普里莫·德里维拉创办了西班牙长枪党。右翼在选举中取得胜利，首次实现妇女参选。诗人米格尔·埃尔南德斯出版了《了解月亮的人》。
1934年	勒鲁政府恢复死刑。阿斯图里亚斯、加泰罗尼亚和巴斯克地区爆发革命运动。拉米罗·德·马兹图出版了《捍卫西班牙》，诗人佩德罗·萨利纳斯出版了《向你倾诉》。
1936年	人民阵线在选举中获胜。大赦政治犯。土地争端和社会冲突升级。阿萨尼亚成为共和国总统。梅利利亚驻军叛乱。军事叛乱在整个半岛蔓延。西班牙内战爆发。
1939年	西班牙内战结束。西班牙宣布在第二次世界大战中保持中立，随后改为"非交战"。成立高等科学研究委员会（CSIC）。清洗教育系统。
1940年	颁布《统一工会法》。设立特别法庭打击共济会和共产主义。创建青年阵线。佛朗哥与希特勒在汉达牙会晤。迪奥尼西奥·里德鲁埃霍创办了《埃斯科里亚尔》杂志。
1942年	通奸被纳入《刑法》。《教会免税法》通过。法西斯分子在毕尔巴鄂举行的传统主义仪式中发动了一次袭击。通过了《疾病强制保险法》。塞拉出版了《帕斯夸尔·杜阿尔特一家》。
1947年	通过了打击匪徒和恐怖主义犯罪的紧急法令。比斯开湾发生大规模罢工，这是战后首次发生的大罢工。举

	行关于《王位继承法》的公民投票。
1950年	弗朗西斯科·哈维尔·萨恩斯·德·奥萨设计了阿兰萨苏圣殿，雕塑家豪尔赫·奥特伊萨也参与了其装饰工作。
1952年	结束了面包配给制度。食品自由流通。推行巴达霍斯计划。巴塞罗那举办国际圣体大会。
1953年	中学教育改革。与梵蒂冈签订了宗教协议。与美国达成了军事合作协议。巴登和贝尔兰加的电影《马歇尔，欢迎你》首映。
1955年	西班牙加入联合国。布拉斯·德·奥特罗出版了《我请求和平和说话》，加布里埃尔·塞莱亚出版了《伊比利亚之歌》。
1956年	马德里中央大学发生冲突事件。摩洛哥宣布独立。西班牙的电视台首次开播。胡安·德·奥尔杜尼亚的电影《最后一支民歌》获得了商业成功，两年前，拉迪斯劳·瓦赫达的《稚情》也获得了同样的商业成功。
1957年	西班牙政府开始技术专家治国模式。西班牙在联合国正式提出对直布罗陀的要求。伊夫尼冲突爆发。
1959年	西班牙埃塔组织成立。宣布实施稳定化计划。《公共秩序法》通过。艾森豪威尔总统访问西班牙。烈士谷纪念碑完工。
1962年	政府要求与欧洲经济共同体开始谈判。工人和学生发生骚乱。工人委员会首次亮相。反佛朗哥派在慕尼黑举行会议。
1963年	制定第一个发展计划。颁布规定最低工资为60比塞塔的法令。国际社会抗议对共产主义者格里莫的处决。公共秩序法庭成立。
1964年	"克罗尼卡小组"在巴伦西亚成立。
1966年	《弗拉加新闻法》通过。在蒙特胡拉，超过十万名卡洛斯派分子举行仪式，要求立洛斯·乌戈·德·波旁-帕尔马为王。《国家组织法》通过。

1968年	埃塔组织第一次制造死亡事件。制定第二个发展计划。赤道几内亚宣布独立。马德里、巴塞罗那和毕尔巴鄂的各自治大学开始运行。教会组织举行抗议活动反对政府。《宗教自由法》通过。
1969年	全国进入紧急状态，加强警方镇压。胡安·卡洛斯·德·波旁被指定为王位继承人。马泰沙丑闻爆发，被卷入其中的一些技术官僚是圣殿骑士团成员。
1970年	在布尔戈斯设立的军事法庭审判埃塔组织成员。社会冲突和罢工增加。《普通教育法》颁布。
1973年	国家元首与政府首脑职务分离。卡雷罗·布兰科遭暗杀。对工人委员会成员展开审判。维克多·埃里塞导演的电影《蜂巢的精神》首映。通货膨胀率达到17.6%。
1975年	颁布《反恐紧急法令》。处决五名反佛朗哥人士。佛朗哥病逝。胡安·卡洛斯一世登基。西班牙撤出西撒哈拉。作家爱德华多·门多萨出版《萨博尔塔事件真相》。
1977年	阿托查大屠杀。颁布大赦令。西班牙共产党地位获得合法化。民主中间联盟在大选中获胜。签署《蒙克洛亚协议》。加泰罗尼亚和巴斯克地区获得准自治地位。比塞塔贬值20%。
1978年	全国掀起自治热潮。宪法通过公投并获得国王批准。
1979年	议会选举中民主中间联盟再次获胜。首次民主市政选举。达马索·阿隆索获得塞万提斯文学奖。
1981年	苏亚雷斯辞职，民主中间联盟选择卡尔沃-索特洛作为继任者。发生未遂政变。通过《离婚法》。恐怖活动急剧升级。毕加索的《格尔尼卡》回到西班牙。
1982年	西班牙加入北约。议会通过《自治进程协调组织法》，激怒民族主义各政党，这些政党向宪法法院提出上诉。工人社会党在议会选举中获绝对多数，费利佩·冈萨雷斯组建第一届政府。
1983年	西班牙地方自治区划基本完成。对巨型控股公司实施

征收。《钢铁重组法令》通过。何塞·路易斯·加尔西的《重新开始》获得奥斯卡最佳外语片奖。

1984年　　军方权力削弱：国防部重组。西班牙电影在国际上获得多个奖项，尤以马里奥·卡穆斯执导的《圣洁无辜的人》（根据米格尔·德利贝斯的同名小说改编）为代表。为埃斯特雷马杜拉和安达卢西亚的农民推出乡村就业计划。《海军重组法令》通过。

1986年　　西班牙加入欧洲共同体。开始征收增值税。政府在有关北约的公投中获胜。拉斐尔·莫内奥完成梅里达罗马艺术博物馆。工人社会党在议会选举中获绝对多数。西班牙经济进入扩张阶段。爱德华多·奇利达的作品回顾展举办。

1988年　　第一次大规模银行合并：形成毕尔巴鄂比斯开银行。爆发反对政府政策的全国大罢工。电影导演佩德罗·阿莫多瓦凭借《崩溃边缘的女人》在国际上获得认可。《私营电视法》通过。

1989年　　西班牙在欧洲共同体担任六个月的轮值主席国。联合人民党改名为人民党。议会批准妇女加入军队。工人社会党第三次获得绝对多数胜利。西班牙比塞塔加入欧洲货币体系。塞拉获得诺贝尔文学奖。

1991年　　在马德里举行了中东和平会议。政府副总理阿方索·格拉辞职。自行车选手米格尔·因杜兰赢得他的第一个环法自行车赛。

1992年　　庆祝哥伦布发现美洲新大陆500周年。塞维利亚世界博览会和巴塞罗那奥运会举行。马德里伊比利亚美洲峰会举行。通过了《公民安全保护法》。高速列车开通。比塞塔贬值。西班牙贸易逆差创下历史新高。马德里的蒂森博物馆开馆。

1993年　　经济停滞。根据活跃人口调查数据，失业使350万西班牙人失去了工作。工人社会党在提前举行的大选中

获胜，但未获得绝对多数席位。加泰罗尼亚自治区要
求中央政府将个人所得税收入的15%转移给自治区。
PSV公司破产，尼古拉斯·雷东多辞去劳动者总工会领
导职位。西班牙银行介入西班牙信贷银行。

1994年　　　　　巴塞罗那歌剧院发生火灾。政府通过了新的《租赁
法》。劳动者总工会和工人联盟举行大罢工，抗议政府
的经济政策。特鲁瓦凭借《美好时代》赢得奥斯卡奖。
西班牙国民警卫队司令路易斯·罗尔丹因涉嫌挪用公款
逃离西班牙。工人社会党在欧洲选举中输给了人民党，
并失去了安达卢西亚的绝对多数地位，而巴斯克民族
主义党则在巴斯克地区再次获得权力。秘密基金丑闻
爆发。博诺和博雷利就东南沿海地区高速公路问题发
生冲突。西班牙电信垄断体制结束，巴蒂电信公司获
得了移动电话许可证。

1995年　　　　　反恐怖主义解放团案件再次引发关注。西班牙银行获
得自治权。人民党候选人格雷戈里奥·奥多涅斯在圣塞
巴斯蒂安市遇刺，引发大规模反对暴力的示威。西班
牙各市市长开始推动民事结婚仪式。西班牙与加拿大
之间爆发了所谓的"庸鲽鱼战争"。埃塔组织试图暗杀
何塞·玛利亚·阿斯纳尔。人民党赢得了地方和自治区
选举。普霍尔放弃了加泰罗尼亚地区的绝对多数席位。
西班牙担任欧盟轮值主席国。社会党成员哈维尔·索拉
纳当选北约秘书长。民主联合党终止对政府的支持，
迫使冈萨雷斯提前举行选举。巴斯克民族主义党批评
梵蒂冈任命非巴斯克人为毕尔巴鄂主教。

1996年　　　　　在经历了多年的干旱后，伊比利亚半岛南部的降雨结
束了水资源的紧张局面。前内政部长何塞·巴里翁努埃
沃因与反恐怖主义解放团案件有关而被起诉。人民党
赢得了大选，但与工人社会党的竞争非常激烈，被迫
与民族主义政党达成协议，提出将个人所得税的30%

转移到自治区的新自治财政模型。通货膨胀得到控制，利率下降。巴斯克政府和省议会决定在中央政府征税之外减少公司税。首次实行陪审团审判。阿斯纳尔宣布结束义务兵役制度。政府开始系统出售所有盈利的公有企业。委拉斯开兹的《教皇英诺森十世像》被运往马德里。

1997年　　政府在电力、电信、自来水等行业推行自由化政策。消费者价格指数下降到历史低点，不足1.5%。更新了《巴斯克经济协议》和《特殊税制法》，将特殊税的征收归巴斯克管辖。通过了新的《劳动改革法案》。费利佩·冈萨雷斯辞去工人社会党总书记职务，由华金·阿尔穆尼亚接替。将毕加索的《格尔尼卡》转移到毕尔巴鄂新设立的古根海姆博物馆引发争议。国民警卫队成功地解救了奥尔特加·拉腊，他被绑架了532天。埃尔穆阿市议员米格尔·安赫尔·布兰科被暗杀；社会上发生了强烈反对暴力和埃塔组织的示威活动；公众支持政府强化恐怖主义法律。西班牙电信公司通过控制天线3电台增强了其在媒体领域的地位。加利西亚民族主义集团崛起，曼努埃尔·弗拉加第三次赢得绝对多数选票。教育部长埃斯佩兰萨·阿吉雷的人文学科统一计划失败。民主联合党和加泰罗尼亚社会主义者党之间的协议促成了《加泰罗尼亚语法案》的通过。23名人民团结党国家局成员因与埃塔组织合作被判刑并入狱。

1998年　　巴斯克地区警察将在巴斯克地区保护人民党的所有当选官员。工人社会党启动了初选制度：前外长博雷尔取代阿尔穆尼亚成为党首。橄榄油改革引发西班牙橄榄种植者的抗议。《公务员职能法案》通过。巴斯克民族主义党决定抨击政府的监狱政策。西班牙达到了马斯特里赫特收敛标准。人民党和社会党拒绝接受阿尔坦萨的和平计划：阿胡里亚埃内亚委员会陷入僵局。语言学院推出了西班牙语数据库。西班牙国家电力公司的出售成为西班牙证券交易所最大的私有化项目。多尼亚那生态灾难。法官加尔松解散了埃塔组织的资金网络并关闭了《埃金报》。加泰罗尼亚自治区要求将一半以上的票房电影翻译成加泰罗尼亚语。民主联合党、巴斯克民族主义党和加利西亚民族主义集团在巴塞罗那召开会议。巴里翁努埃沃和维拉因反恐怖主义解放团案件被判刑并入狱。西班牙电信公司通过其在巴西的最新收购成为西班牙企业的领导者。失业率降至自1980年以来的最低水平。埃塔组织宣布全面停火。在巴斯克地区选举中，人民党和巴斯克公民党崛起。恐怖主义受害者表示感到政治和教会代表遗忘了他们，而阿拉贡地区反对人民党选举的压力越来越大。普霍尔要求设立加泰罗尼亚税务局。

1999年	西班牙加入欧元区，结束了比塞塔长达130年的历史。各民族主义派市长在潘普洛纳举行会议。德国施压，以减少其对欧盟预算的贡献，这对西班牙相当不利。桑坦德银行和西班牙中央银行合并。好莱坞大片公司反对加泰罗尼亚自治区电影法令。人民党在党的第十三次全国代表大会上展示了其向中间派转变的姿态。巴斯克自治区政府主席伊巴雷特宣布任命新政府，但是仅仅获得民族主义政党的支持。欧盟质疑巴斯克的税收优惠。工人社会党的候选人何塞普·博雷尔退选，由华金·阿尔穆尼亚接替。人民党赢得了欧洲议会选举和地方选举。雷普索尔公司收购阿根廷石油和天然气公司，成为世界第八大石油公司。阿斯纳尔在柏林成功争取到直到2006年的结构基金增加。政府与埃塔组织在瑞士举行会议。埃塔组织、巴斯克民族主义党和巴斯克左翼联盟的秘密协议被公开。西班牙烟草公司

和法国塞塔烟草公司合并成立了阿达迪斯集团。乔尔迪·普霍尔在加泰罗尼亚自治区选举中获得第六次胜利。毕尔巴鄂比斯开银行和阿根廷银行达成协议，组建欧洲第十大银行。拉斐尔·阿尔贝蒂——1927年一代的最后一位代表去世。埃塔组织中断了长达14个月的停火。胡利奥·安吉塔退出政界。

2000年　　梵蒂冈更换了主教塞蒂恩。埃塔组织在马德里用汽车炸弹暗杀了上校佩德罗·安东尼奥·布兰科。国家购买了《钦琼伯爵夫人》画作，放置在普拉多博物馆。警方摧毁了埃塔组织的国际关系机构。一名年轻女子在埃尔埃希多的死亡引发了西班牙居民和北非雇工之间的激烈冲突。工人社会党领导人费尔南多·布埃萨在一次恐怖袭击中身亡。人民党在3月12日的选举中获得绝对多数席位。房价开始了不可阻挡的上涨。剧作家安东尼奥·布埃罗·瓦列霍去世。荷兰皇家电信和西班牙电信公司的合并失败，其总裁维拉隆加被迫辞职。加泰罗尼亚议会要求索回在萨拉曼卡档案馆的文件。《国家水文计划》正式启动。罗德里格斯·萨帕特罗当选工人社会党总书记。人民党和工人社会党达成一致，加强对恐怖主义罪行的刑罚。十万人在圣塞巴斯蒂安参加"够了！"集会，以声讨埃塔组织。萨拉戈萨举行大规模示威活动，反对《国家水文计划》。埃布罗和普埃尔瓦组建了西班牙首个农业食品集团。部长蒙托罗推行了《零赤字法》，遭到工人社会党掌权各自治区的反对。加斯帕·利亚马萨雷斯被任命为左翼联盟的协调员。西班牙传播"疯牛病"。《反恐协议》签署。西班牙在尼萨峰会上签署了能够提供大量好处的协议。

2001年　　西班牙股市因伊比利亚美洲危机而暴跌。国内生产总值突破了10万亿比塞塔的大关。特拉公司市值急剧下跌，困扰了众多投资者。加尔松下令逮捕哈卡组织的领导人。西班牙与摩洛哥的渔业协议破裂。巴斯克民族主义党–巴斯克团结党在巴斯克自治区选举中获胜。政府与工人社会党达成司法改革协议。"9·11事件"导致旅游业受挫。法国开始对埃塔组织成员采取临时引渡政策。弗拉加在加利西亚第四次获得绝对多数性连任。在数月的争端之后，摩洛哥撤回驻西班牙大使。英格列斯百货公司在葡萄牙开设首家中心。

2002年	欧元开始流通。尼古拉斯·雷东多·特雷罗斯辞去在巴斯克社会党的职务。诺贝尔奖得主卡米洛·何塞·塞拉去世。西班牙与英国之间的谈判进程引发直布罗陀居民的愤怒。工人社会党启动反对教育部长德尔·卡斯蒂略的教育法案。电视节目《成功之路》取得前所未有的成功。毕尔巴鄂比斯开银行秘密账户丑闻爆发。西班牙电信公司和普瑞萨媒体集团达成数字平台整合协议。劳动者总工会和工人联盟发起总罢工，抗议失业改革。《伊巴雷特计划》正式提出。摩洛哥入侵佩雷希尔小岛，迫使西班牙军队奋起维护主权。加尔松中止了巴斯克公民党的活动。《欧洲宪法》正式提出。"威望"号油轮沉没。西班牙官方人口普查显示人口增加到4183万7894人。
2003年	爆发强烈反对支持美国对伊拉克战争的示威活动。西班牙经济增长超过欧洲平均水平。马德里—萨拉戈萨—巴塞罗那高速铁路的第一段推迟开通。60万人在巴伦西亚示威支持《国家水文计划》。帕斯夸尔·马拉加尔提出改革《加泰罗尼亚自治章程》，可能需要修改宪法。西尔维奥·贝卢斯科尼收购了电视5台，行星集团公司购买了天线3电台。两名西班牙记者在伊拉克遇害。教皇约翰·保罗二世在马德里的集会上聚集了100万名天主教徒。西班牙作为"占领国"开始进驻伊拉克部分地区。卡萨布兰卡的西班牙大厦发生袭击

事件。最高法院合法判决解散巴斯克公民党，但巴斯克议会拒绝执行判决。地方和自治选举几乎未改变领土权力分布。两名议员的叛变阻止了工人社会党在马德里自治区获胜。何塞·玛利亚·阿斯纳尔选择马里亚诺·拉霍伊作为他的继任者。马拉加开设了毕加索博物馆。王储费利佩与记者莱蒂西亚·奥尔蒂斯宣布订婚。马拉加尔在加泰罗尼亚左翼共和党的支持下赢得了加泰罗尼亚主席选举。

2004年　公众得知埃塔组织领导人在法国与卡罗德·罗维拉进行秘密会谈。罗德里格斯·萨帕特罗提出了一项政治和社会重建的选举纲领。3月11日马德里发生恐怖袭击，造成191人死亡。在混乱的气氛中举行了大选，西班牙工人社会党获胜。萨帕特罗组建首次实现男女性别平等的政府。西班牙撤回了派驻伊拉克的部队。宣布废除《教育法》和《国家水文计划》。王储费利佩的婚礼在马德里举行。政府批准了《欧洲宪法》草案，改变了《尼萨协议》。西班牙工人社会党以微弱优势赢得了欧洲议会选举。负责调查"3·11事件"的议会委员会未能弄清袭击的一些情况。教皇和教会批评政府的各项方案。推动《司法机构组织法》的改革。"威望"号油轮油污清除工作完成。法国逮捕了埃塔组织的高级领导人。桑坦德银行收购了英国阿比国民银行。外交部长莫拉蒂诺斯指责阿斯纳尔支持委内瑞拉的政变。参议院否决了国家预算方案。暴风雪和严寒使得伊比利亚半岛北部陷入瘫痪。巴斯克议会通过了《伊巴雷特计划》。

2005年　国会以压倒多数的票数否决了《伊巴雷特计划》。巴斯克自治区主席宣布提前举行选举。房地产公司萨维地产试图控制西班牙第二大银行西班牙毕尔巴鄂比斯开银行的多数股份失败。西班牙著名女高音歌唱家维多利亚·德洛斯·安赫莱斯去世。国王夫妇访问摩洛哥。博诺部长在反恐示威中遭遇抗议。电影《深海长眠》获得奥斯卡奖。巴塞罗那卡梅尔区几栋房屋倒塌，马拉加尔指责民主联合党收取回扣。马德里接待国际奥委会评估委员会。西班牙最高建筑之一的马德里温莎大厦起火。政府与通讯公司就预计开设法国电视四台的问题发生冲突。欧洲宪法在公投中获得通过。选举委员会阻止人民团结党参加巴斯克地区选举。西班牙工人社会党与主张巴斯克独立的左翼之间争端加剧。萨帕特罗受希拉克邀请与普京一起参加法德峰会。人民党失去了象征性的加利西亚自治区政府控制权。伊巴雷特在巴斯克共产党的支持下，当选自治区主席。《加泰罗尼亚地区自治章程》获得通过。在瓜达拉哈拉发生的一场严重火灾造成11人死亡。17名西班牙军人在阿富汗直升机事故中丧生。天然气发起对西班牙国家电力公司的并购，引发激烈争斗。巴伦西亚和穆尔西亚的地方政府动员成千上万人要求为莱万特盆地提供水资源。西班牙建筑服务集团购买了费诺萨集团电力公司的控制权。军队被派往休达和梅利利亚控制边境，以应对非洲撒哈拉地区移民的连续袭击。西班牙电信公司收购了英国电信公司。政府将第四个私营电视频道授予电视6台（梅迪播）。工人社会党与巴斯克民族主义党在经历了数年的对峙之后，就巴斯克预算问题达成协议。

2006年　　《反吸烟法案》生效。加泰罗尼亚自治区索要的西班牙内战档案离开萨拉曼卡。马德里巴哈斯机场T4航站楼投入使用。受害者支持者协会在马德里组织大规模示威活动，要求萨帕特罗不要与埃塔组织谈判。《平等法案》得到通过。埃塔组织宣布停火。一起城市规划丑闻导致马尔贝拉市长入狱，并牵扯到知名的娱乐新闻界人士。人民党在国会提交了400万人的签名，要求就《加泰罗尼亚自治章程》进行全国公投。据称，西班牙收藏品公司和集邮论坛因涉嫌诈骗遭到调查。在获得议会支持后，萨帕特罗开始与埃塔组织对话。法罗里奥集团收购英国机场管理公司。尽管投票率极低，但还是公投通过了新的《加泰罗尼亚自治章程》。西班牙银行发出警告：房地产市场价值处于高估状态。本笃十六世访问巴伦西亚。欧洲银行间同业拆借利率开始以不可阻挡的趋势上涨。加利西亚发生多场火灾。朝加那利群岛航行的大量独木舟超过了政府的预测。布鲁塞尔称西班牙在西班牙国家电力公司收购德国电力公司——意昂过程中所施加的条件是非法的。政府将国家警察和国民警卫队整合为同一指挥系统。西班牙建筑服务集团购买了伊比德罗拉公司10%的股份。费尔南多·阿隆索赢得他的第二个F1车手世界冠军。失业率降至进入民主阶段的最低水平。尽管阿图尔·马斯在选举中获胜，但是何塞·蒙蒂亚仍然控制了加泰罗尼亚政府。对来自撒哈拉以南非法移民的遣返增加。马德里航空停止运营，使成千上万的旅客滞留在西班牙机场。埃塔组织在巴哈斯机场引爆炸弹，造成两人死亡。

2007年　　人民党向政府施压，要求政府中断与埃塔组织的所有联系。卫生部开始制定一个真实的尺码标准，以统一服装尺寸。伊巴雷特通过组织大规模示威向法官挑战。埃塔组织成员德胡安娜·查奥斯通过鼓动绝食对政府施加舆论压力。安达卢西亚通过新的自治章程。意大利国家电力公司与安迅能合作收购西班牙国家电力公司。西班牙股市因美国次贷危机而显出疲态。国家法院撤销了对阿尔纳尔多·奥特吉的指控，他被释放。吉玛·门瓜尔（Gemma Mengual）在墨尔本世界花样游泳锦标赛上获得六枚奖牌。巴伦西亚举办了美洲杯帆船赛。星空地产公司在股市暴跌,成为西班牙第一个受到地产危机影响的受害者。西班牙国家证券市场委员会主席因指责政府干预而辞职。毕尔巴鄂比斯开银行退出对伊比德罗拉公司的历史性股权。第四届国际西班牙语言大会在哥伦比亚的卡塔赫纳举行。政府通过国家律师事务所对参加市政和自治区选举的近300个主张巴斯克独立人士的名单提出异议。在地方和自治区选举中,工人社会党获得更多权力,而人民党则以选票数取得胜利。建筑商警告房地产繁荣期的结束。埃塔组织宣布停火结束。西班牙人口达到4500万。由于工人社会党的弃权,纳瓦拉人民联盟在纳瓦拉重新掌权。基地组织在黎巴嫩杀害六名西班牙驻军士兵。"3·11"案件审判开始。由于石油和食品价格上涨,通货膨胀加剧。巴塞罗那由于供电系统故障而陷入黑暗。最高法院要求巴斯克政府升起西班牙国旗。巴塞罗那市郊列车陷入混乱。巴斯克民族主义党主席伊马斯(Imaz)辞职,而伊巴雷特则在"巴斯克人决定权"的问题上与中央政府发生冲突。巴斯克团结党领导层被捕。通过《历史记忆法案》。拉巴特因西班牙国王访问休达和梅利利亚而撤回驻马德里大使。国王在智利伊比利亚美洲峰会上与乌戈·查韦斯发生冲突。房地产部门销售急剧下滑。西班牙人均财富超过意大利。高速列车到达塞戈维亚、巴利亚多利德和马拉加。

2008年　　工人社会党在3月的大选中再次获胜。为抗议燃油价格不断上涨,发生一场激烈的卡车司机罢工,使得国家陷入严重供应不足的边缘。经济危机摧毁了房地产行业,同时通货膨胀、信贷困难和失业率飙升,暴露了政府的乐观主义。西班牙足球队赢得欧洲锦标赛,激发了全民的热情。伊巴雷特推动了自治法律,启动了其主张的全民公投。3月的失败引发了人民党在形象和言论上的改变。索斯－古埃塔拉收购了橄榄油集团佰多力，使其在全球橄榄油市场占有22%的份额。西班牙国民警卫队粉碎了比斯开司令部，该司令部造成了停火以来最血腥的袭击。拉斐尔·纳达尔成为世界网球第一。西班牙斯班航空公司在马德里巴哈斯机场发生空难，造成154人死亡，震惊了整个西班牙。西班牙的失业率上涨在整个欧盟中最为严重。法官加尔松开始要求各机构提供西班牙内战和法西斯主义时期失踪和被处决者名单。股市跌至两年来的最低点。宪法法院否决了伊巴雷特的公投主张。萨拉戈萨世博会举办。最高法院解散了巴斯克民族主义行动，国家法院判定大赦委员会非法。宪法法院的更新受阻。危机迫使国家制定了十年来最为紧缩的总预算。天然气公司收购了费诺萨集团。桑坦德银行利用危机在英国和美国进行收购。人民党与纳瓦拉人民联盟的历史性联盟破裂。在萨科齐的帮助下，萨帕特罗参加了华盛顿的金融峰会。西班牙赢得第三个戴维斯杯。汽车行业的就业大幅削减。

2009年　《国家官方简报》停止纸质版发行。最高法院取消了D3M和自由组织参加巴斯克自治区议会选举的候选资格，因此巴斯克左翼联盟无法参与地方选举。居特勒案爆发。加尔松法官和贝尔梅霍部长在哈恩打猎被曝光，引发了丑闻，部长辞职。佩内洛普·克鲁斯成为首位获得奥斯卡奖的西班牙女演员。人民党在加利西亚选举中获得绝对多数。巴斯克社会党、人民党和进步与民主党的议员联合击败了巴斯克民族主义党，选出了第一位非民族主义者的自治区主席。马德里爆发大规模示威，抗议新的《堕胎法》。政府接管了卡斯蒂利亚－拉曼查银行。根据活跃人口调查数据，失业人数达到了四百万。根据政府的预测，年初的国内生产总值下降了近3%。墨西哥超过西班牙成为西班牙语国家最大的经济体。普瑞萨媒体集团放弃了在安达卢西亚的地方电视许可。由于价格持续下跌，存在通货紧缩的风险。最高法院取消了巴斯克新的爱国主义倡议党参加欧洲选举的资格，但最终宪法法院批准了该党的资格，并在选举中获得了超过178000张选票。人民党在欧洲选举中再次取得胜利。停火结束后恐怖袭击继续发生。人们担心甲型流感的传播。政府提出援助计划以帮助无保障的失业者。巴塞罗那布拉特机场的新T1航站楼正式启用。帕尔马岛遭遇了灾难性的大火。加泰罗尼亚的民族主义者开始进行关于独立的民调。通过法律结束西班牙国家电视台的广告。伽罗娜核电站的关闭被推迟。西班牙结束在科索沃的军事任务。警方在巴斯克民族主义工会——巴斯克劳工联盟逮捕了几个人，他们被指控试图重建巴斯克团结党领导层。国家的财政赤字失控。阿尔萨苏阿宣言：100多人支持旨在"超越暴力"的进程文件。伊比利亚航空公司和英国航空公司达成合并协议。

2010年　西班牙第四次担任欧盟轮值主席国。电视台停止播放广告，公共场所禁止吸烟。加泰罗尼亚通过电影法案，要求将50%的电影配音或字幕翻译成加泰罗尼亚语。政府提出将退休年龄从65岁提高到67岁的改革方案。巴斯克左翼的良好意图与埃塔组织试图将其行动基地转移到葡萄牙的行动矛盾。通过新的《堕胎法案》。埃斯佩兰萨·阿吉雷宣布马德里的斗牛活动为文化遗产。达成协议以减少药品开支。在瓦尔帕莱索举行的国际西班牙语言大会，因为地震在开幕前夕取消。《布鲁塞尔宣言》：20位人士要求埃塔组织永久停火并接受国际监督。经济出现第一丝好转迹象：年初国内生产总值增长了0.1%。模拟信号停播。电视垃圾现象得到巩固。加尔松因其对法西斯主义时期罪行调查而被指控渎职，被撤销在国家法院的职务。由于危机的影响，萨帕特罗对公共财政实施了深刻的财政紧缩措施。西班牙银行介入南方储蓄银行。加泰罗尼亚政府通过了一项严格的财政赤字应对计划。通过了将每工作日的最高赔偿日数定为33天的劳动改革法案。宪法法院对《加泰罗尼亚自治章程》的裁决。萨帕特罗宣布对金融系统进行改革，并对储蓄银行半私有化。西班牙电信公司收购了巴西主要移动运营商——比沃。埃塔组织宣布停止"攻击性行动"。新的劳动改革引发了9月29日的全国大罢工。通过《格尔尼卡宣言》。西班牙足球队首次获得世界杯冠军。西班牙债务风险溢价创下加入欧元区以来的记录。空中交通管制人员的隐性罢工使西班牙在12月的假期陷入瘫痪，并迫使政府宣布紧急状态。高速列车马德里至巴伦西亚线开通。普瑞萨媒体集团－梅地亚赛特公司达成协议，将四频道与电视5台合并。

2011年　　新的《反吸烟法案》生效。埃塔组织宣布永久停火。电影学院院长亚历克斯·德拉·伊格莱西亚因反对《辛德法》而辞职。反腐败检察部门指控巴伦西亚大区主席弗朗西斯科·坎普斯犯有贿赂罪。国会以压倒性多数通过了《辛德法》。新拉马萨集团破产。巴斯克分离组织联盟——比勒杜成立。最高法院对加尔松非法监听一案开庭。洛尔卡发生地震。"五月十五日"运动在西班牙多个城市举行抗议游行和露营活动。西班牙参与了国际联军在利比亚的军事干预。人民党赢得了地方和自治区选举。阿尔弗雷多·佩雷斯·鲁瓦尔卡瓦被选为工人社会党大选候选人。各自治区的债务激增。集体谈判和养老金制度改革。圣地亚哥大教堂的卡利克斯蒂努斯手稿被盗。警方因腐败逮捕了几名西班牙作者和出版商总会的高管。西班牙美食殿堂——阿布衣餐厅关闭。西班牙的风险溢价跟随意大利的步伐飙升。本笃十六世访问马德里参加世界青年日。工人社会党和人民党达成协议，修改宪法并设立公共支出限制。巴塞罗那著名斗牛场进行了最后一场斗牛表演。部长何塞·布兰科与制药企业家何塞·多里博之间的不当关系曝光。评级机构下调了西班牙债务评级。债务危机和股市下跌使得银行股的股价降至最低点。圣塞巴斯蒂安和平会议举行。埃塔组织宣布永久停止使用武力。帕尔玛公爵的企业活动丑闻爆发。人民党在大选中获得压倒性胜利。西班牙银行将西班牙地中海储蓄银行卖给了萨瓦德尔银行。西班牙王室避免参加伊纳基·乌丹加林的官方活动。对弗朗西斯科·坎普斯的审判开始。拉霍伊成为政府首相。电视3台和电视6台的合并巩固了电视媒体的双寡头地位。人民党新政府实施了严格的经济调整计划。

2012年　因为缴费人数减少，社会保障在经历了长达13年的盈余后出现亏损。《公共报》宣布破产，几周后停刊。"还有很多要做"平台发布宣言，支持卡梅·查孔竞选工人社会党总书记。国库出手帮助巴伦西亚自治区偿还一笔贷款。前巴利阿里群岛主席豪梅·马塔斯因贪污罪被告上法庭，法官巴尔塔萨·加尔松也因多起渎职罪被起诉。人民党创始人和主席曼努埃尔·弗拉加去世。关于2012年可能陷入新衰退的警报纷纷响起。坎普斯在礼服案件审判中被判无罪。比勒杜提议在吉普斯夸制作巴斯克语使用者名册。鲁瓦尔卡瓦在工人社会党总书记选举中击败了查孔。西班牙斯班航空公司破产。加尔松因监听案被判处11年的禁职。政府提出新的《劳动法案》，降低解雇成本。司法部长加利亚东推出改革项目以对司法进行变革。伊纳基·乌丹加林在马略卡帕尔马法院出庭。安达卢西亚自治区前劳工局局长弗朗西斯科·哈维尔·格雷罗被拘留并被拒绝保释。欧盟将西班牙2012年的财政赤字目标定为5.3%。卡斯特罗法官指控帕尔马公爵领导了诺斯公司。安达卢西亚选举：人民党获得50个席位，与绝对多数相差5个席位。工人社会党和左翼联盟党达成协议，确立何塞·安东尼奥·格里尼昂为安达卢西亚自治区主席。发生反对劳动改革的全国大罢工。对总预算进行273亿欧元的调整。禁止超过2500欧元的现金交易。国王因在博茨瓦纳的狩猎事故接受手术。阿根廷从雷普索尔收回石油和天然气公司51%的股权。医疗按收入分层收费和大学学费上涨。《财政稳定法》通过。国家统计局确认西班牙已经陷入衰退。班基亚银行董事长罗德里戈·拉托辞职。愤怒者在"五月十五日"运动周年日重新聚集在太阳门广场。政府与各自治区达成协议，将各地区赤字控制在国内生产总值的1.5%。煤矿工人大罢工。班基亚银行向国家申请190亿欧元。路易斯·林德成为西班牙银行新总裁。据称居特勒案主要幕后操纵者弗朗西斯科·科雷亚从监狱获释。穆迪下调西班牙债务评级三个级别，西班牙债券利率超过7%。宪法法院判定索图合法。人民党和工人社会党就宪法法院的更新达成协议，并任命索莱达德·贝塞里尔为院长。卡利克斯蒂努斯手稿在圣地亚哥被找回。政府实施新的紧缩措施，包括增值税上涨和取消公务员的圣诞额外工资。阿尔特埃姆波尔达发生大规模火灾，造成四人死亡和13000公顷土地烧毁。批准2013—2014年的预算，预计将实施近900亿欧元的调整。监狱管理机构将埃塔组织成员伯里纳卡转为三级监禁，引发了受害者组织的深切不满。加泰罗尼亚向《中央政府自治区流动基金计划》申请50.23亿欧元资金。随后安达卢西亚和加那利群岛也提出类似请求。埃斯佩兰萨·阿吉雷辞去马德里自治区主席职务。圣地亚哥·卡里略去世。在马德里举行的"包围国会"游行期间发生了数名示威者被拘留和受伤的事件。内阁批准了《刑法》改革，其中包含可审查的终身监禁。展开针对中国黑帮的警方行动。"威望"号沉没案宣判。人民党在加利西亚地区选举中扩大绝对多数优势；在巴斯克地区选举中，巴斯克民族主义党获得了胜利。加泰罗尼亚各药店因加泰罗尼亚政府支付延误而举行大罢工。在马德里万圣节派对上，五名年轻人丧生。宪法法院驳回人民党针对同性婚姻的上诉。发生反对拉霍伊政府的第二次全国大罢工。暂停驱逐的紧急法令生效。工会和消费者反对新的司法费用。埃塔组织发表声明，要求就囚犯、解除武装和解散进行谈判。尽管未获得绝对多数，但民主联合党在加泰罗尼亚选举中获胜。法官针对诺斯案件，向乌丹加林设定了巨额保释金。阿尔韦托·努涅斯·费霍奥被选为加利西亚自治区主席。西班牙获得394.68亿欧元用于银行资本重组。成立了"坏账银行"。伊尼戈·乌尔库卢宣誓就任巴斯克地区主席。伽罗娜核电站停止运行。

2013年　马德里自治区实施每张处方支付1欧元的措施，但被宪法法院暂停。媒体披露路易斯·巴尔塞纳斯在瑞士的财富。加泰罗尼亚议会批准主权宣言和举行民调。拉霍伊否认B账户的存在。伊纳基·乌丹加林的合伙人迪亚戈·托雷斯在法庭上表示，克里斯蒂娜公主和王室知道他们的活动。各地掀起反对削减、腐败和驱逐的抗议浪潮。国会否决加泰罗尼亚的民调决议。政府提出对议会宣言的质疑。养老金制度改革获批。奥里奥尔·普霍尔辞去所有在民主联合党的职务。通过将优先股转换为股票的计划。经历几十年后，西班牙首次实现贸易顺差。卡斯特罗法官因诺斯案件指控克里斯蒂娜公主。在"包围国会"抗议中，马德里发生大规模受伤和逮捕事件。《2013—2016年稳定计划》获批。宪法法院暂时中止加泰罗尼亚的主权宣言。教育界罢工反对削减教育投入和新的《沃特法》。马德里储蓄银行前董事长米格尔·布莱萨因管理不当被捕。欧盟委员会放宽了2013年和2014年西班牙的财政赤字目标。国家法院就班基亚银行的优先股启动刑事诉讼。巴塞罗那足球俱乐部的梅西及其父亲因逃税而受到起诉。人民党前财务主管路易斯·巴尔塞纳斯因逃逸被关进监狱。烟草和酒精税率上调获批。安达卢西亚自治区前部长玛格达莱纳·阿尔瓦雷斯因为就业监管文件案被指控。《世界报》公布了拉霍伊首相致巴尔塞纳斯的丑闻短信。马德里到费罗尔的高速列车在圣地亚哥发生事故，造成79人死亡。《地方改革法案》通过。拉霍伊就巴尔塞纳斯案在国会做证。在索菲亚王后博物馆举办达利展览。安达卢西亚自治区主席何塞·安东尼奥·格里尼昂辞职。8月失业率自2000年以来首次下降。苏珊娜·迪亚斯当选为安达卢西亚自治区主席。马德里失去举办奥运会的另一次机会。法官指控前安达卢西亚自治区主席曼努埃尔·查韦斯和何塞·安东尼奥·格里尼昂以及五名前委员。大规模的加泰罗尼亚国庆日活动。女孩阿苏恩塔·巴斯特拉在圣地亚哥被杀害。马拉亚案首脑被判入狱11年。法官梅赛德斯·阿拉亚指控前部长玛格达莱纳·阿尔瓦雷斯。巴斯克自治区前警察局长和首席检察官因费桑案被判有罪。欧洲人权法院推翻了巴洛特原则。法格公司暂停支付。工人社会党举办政治会议。教育部长维尔特提出结束伊拉斯谟奖学金，但因为遭到批评，不得不改变这一做法。14名埃塔恐怖分子因执行斯特拉斯堡判决而被国家法院释放。巴伦西亚的公共电视台第九频道关闭。西班牙公共债务达到国内生产总值的93.4%。阿图尔·马斯宣布在2014年11月9日举行民调，询问加泰罗尼亚公民对可能独立的立场。通过引入"可持续性因素"的《养老金改革法》。经济开始显示复苏迹象。

2014年　　风险溢价大幅下降。巴拉克·奥巴马称赞西班牙在马里亚诺·拉霍伊领导下所取得的成绩。克里斯蒂娜公主在帕尔马法院作为被告出庭。穆迪改善主权债务评级。拉霍伊宣布促进就业措施。民主转型时期首任首相阿道夫·苏亚雷斯去世。养老金基金大幅减少。学生举行示威游行反对《沃特法》。国会否决加泰罗尼亚的主权民调。人民党和工人社会党在欧洲选举中减少代表，新政党"我们能"崛起。胡安·卡洛斯国王退位，费利佩六世即位。马里奥·德拉吉制定计划以重振欧洲经济。西班牙机场航空管理局私有化。欧洲投资银行副总裁玛格达莱娜·阿尔瓦雷斯因就业监管文件案辞职。阿尔弗雷多·佩雷斯·鲁瓦尔卡巴辞去工人社会党总书记职务，退出政坛。杜兰·伊·莱里达辞去民主联合党总书记一职。西班牙摆脱经济衰退。约尔迪·普霍尔承认曾在国外保留资金。佩德罗·桑切斯当选工人社会党总书记。巴利阿里群岛前主席豪梅·马塔斯入狱。从利比里亚因埃博拉感染而回国的宗教人士米格尔·帕哈雷斯去世。加泰罗尼亚议会通过民调法案。由于政府撤回堕胎法案改革，阿尔贝托·鲁伊斯·加利亚东辞去司法部长一职。约尔迪·普霍尔被迫在议会解释其财富来源。阿图尔·马斯签署了召集民调的法令，但被宪法法院暂时中止。西班牙各银行均通过欧洲央行的压力测试。加泰罗尼亚举行马斯发起的游行。最高法院决定调查查韦斯和格里尼昂涉嫌的就业监管文件案。巴勃

罗·伊格莱西亚斯当选为"我们能"的总书记。阿尔瓦
公爵夫人去世。歌手伊莎贝尔·潘托哈入狱。卫生部长
安娜·马托因埃博拉危机和居特勒案件的调查而辞职，
由阿方索·阿隆索接任。根据欧盟法规，国家法院释放
了埃塔组织成员桑蒂·波特罗斯和阿尔贝托·普拉扎奥。

2015年　2014年就业的数据看好。法国《查理周刊》遭遇袭击。
卡斯特罗法官将克里斯蒂娜公主送上被告席。财政部
发现奥列格·普霍尔在加勒比海的财富。马斯和加泰罗
尼亚左翼共和党达成秋季选举协议。检察官要求对巴
尔塞纳斯和居特勒案进行严厉惩罚。苏珊娜·迪亚斯导
致安达卢西亚提前选举。欧洲央行通过大规模购债，
推动欧洲经济。巴尔塞纳斯在19个月后出狱。人民党
在大会上承诺2016年降税。普霍尔未能证明其父亲的
遗产来源。安德烈法官指控班基亚银行79名高管使用
隐藏的银行卡。民意调查显示"我们能"成为左派的
热门。佩德罗·桑切斯干预了马德里社会主义联合会并
解除了托马斯·戈麦斯的职务。普霍尔的大儿子因为安
道尔遗产分配问题而被起诉。普霍尔在议会令人尴尬
地接受质询。宪法法院取消了马斯提议的民调。《二次
机会法案》通过。西班牙银行接管了马德里银行。巴
斯克分离组织恐怖分子阿尔贝托·普拉萨拉逃跑。萨帕
特罗前往撒哈拉激怒了西班牙政府。安达卢西亚选举：
工人社会党险胜，"我们能"和公民党得票上升。法官
鲁斯因巴尔塞纳斯的B账户对其提起诉讼。进步与民
主党由于罗莎·迪斯拒绝与公民党合作而分裂。法官
阿拉亚认定安达卢西亚政府利用培训资金进行利益输
送。西班牙银行将国内生产总值增长率提高到2.8%。
加泰独立政党民主联盟、加泰罗尼亚左翼共和党、加
泰罗尼亚国民会议和加泰罗尼亚文化协会达成协议，
要在16个月内通过加泰罗尼亚宪法。格里尼昂和查韦

斯在被法院传唤，为就业监管文件案做证。拉托案爆发。胡安·卡洛斯·莫内德罗因其来自委内瑞拉的收入而辞职。失业率低于萨帕特罗政府时期的水平。对加泰罗尼亚民主联盟大会的15个办公室实施查封。"五月十五日"运动重新活跃，支持"我们能"。地方和自治区选举促成政治变革，使人民党付出代价。对国王杯决赛中在演奏西班牙国歌时发出嘘声的人进行审查。马德里的统一左派联盟与政府在政治上分裂。乌尔库卢承认巴斯克民族主义党在面对恐怖主义受害者时缺乏团结性。西班牙工人社会党与安达卢西亚的公民党、"我们能"和巴伦西亚的其他左翼政党合作。联合党退出民主联合党。最高法院起诉查韦斯和格里尼昂。加泰罗尼亚社会主义者党和西班牙工人社会党在加泰罗尼亚问题上存在分歧。蒙托罗扼杀了各自治区试图逃避赤字的企图。加泰独立政党民主联盟和加泰罗尼亚左翼共和党达成协议，推举马斯为未来的领导人。《堕胎法》改革。8月被设定为提交2016年总预算的立法期。数千移民通过东欧和巴尔干前往德国。加泰罗尼亚国民会议承认，如果独立，加泰罗尼亚将退出欧盟。西班牙国民警卫队因加泰独立政党民主联盟和其基金会被指控涉及3%的案件而进行搜查。人民党要求宪法法院执行其裁决。西班牙获得第三届欧洲篮球锦标赛冠军。在法国逮捕了埃塔组织领导人。在加泰罗尼亚选举中，马斯和独立联盟遭受挫折。高等法院就11月9日的独立公投对马斯进行指控。标准普尔提高了西班牙的信用评级。赫诺瓦要求巴斯克人民党远离比勒杜的接近，并导致其主席阿兰查·基罗加辞职。人民团结候选人党要求马斯立即与西班牙决裂，并表示会支持他。为形成一个统一阵线，"我们能"和左翼联盟之间分裂了。阿拉亚被撤出就业监管文件案。伊雷妮·里高、琼娜·奥尔特加和阿图尔·马斯在高等法院因独立公投而受审。解除了一家涉嫌非法资助民主联合党的企业网络。加泰罗尼亚议会成立，人们高呼加泰罗尼亚共和国。"我们能"聘请了胡里奥·罗德里格斯将军。加泰罗尼亚议会通过主权宣言。艾滋病病例在西班牙年轻人中增加。因为空气污染问题，不得不对马德里的交通施加严格限制。巴黎发生新的恐怖袭击。加泰独立政党民主联盟在成立27年后解散。宪法法院叫停加泰罗尼亚的主权决议。欧洲辩论暂停申根协议两年。西班牙驻印度大使收受佣金的丑闻爆发。选举问题使国家政治前途处于悬而未决的状态。巴勃罗·伊格莱西亚斯要求在加泰罗尼亚举行公投以支持西班牙工人社会党，桑切斯因示意愿与"我们能"合作而激怒了其支持者。在人民团结候选人党的会议上，支持者和反对者在支持马斯问题上打成平手。拉霍伊宣称西班牙2015年国内生产总值增长率为3.2%。

2016年　　由于市场对中国经济的担忧，基准股市指数在四天内大幅下跌，损失超过280亿欧元。容克拉斯要求阿图尔·马斯退出或进行谈判，以避免新的选举。西班牙在2015年结束时，失业率下降幅度为16年来最大。西班牙工人社会党拒绝支持拉霍伊政府。桑切斯提议效仿葡萄牙的联合政府模式，并表示如果"我们能"撤回公投要求，也愿意与他们进行大联合。豪梅·马塔斯因诺斯案与检察官达成协议。主权主义者为了挽救独立进程而疏远了马斯。赫罗纳市长卡莱斯·普伊格德蒙特接替了他。巴尔塞纳斯对拉霍伊提出了严重的指控。普伊格德蒙特当选为加泰罗尼亚自治区政府主席，并承诺推动独立计划。在帕尔马开始审理诺斯案，王室成员因此出庭受审。布鲁塞尔担心政治不稳定会妨碍与西班牙的协议。拉霍伊为达成共识，向桑切斯提出了一项《改革计划》。帕特希·洛佩斯（西班牙工人社会党）当选为国会议长，开启新的立法会期。对马德里竞技俱乐部体育馆悲剧进行审判。西班牙工人社会党借给加泰罗尼亚左翼共和党和加泰独立政党民主联盟四名参议员以组成参议院团体，引发了公众和工人社会党的不满。反腐机构要求对拉托和布莱萨的信用卡案件判刑。"我们能"在国会分裂成四个小组的企图失败。地中海水资源公司和巴伦西亚自治区的腐败丑闻波及了人民党。欧洲央行宣布无限制援助以恢复经济。比斯开联合钢铁厂关闭，这是内尔维昂河历史悠久钢铁业的最后余脉。伊格莱西亚斯自荐为与桑切斯组成联合政府的副首相，而拉霍伊因缺乏足够的支持向国王表达了放弃就职的意愿，使西班牙工人社会党感到措手不及。佩德罗·桑切斯就职的想法遭到了国会的否决。卡洛斯·斯利姆接管了西班牙营建集团。政府对评级机构施加干预，以支持加泰罗尼亚。欧洲央行将货币价格降至零。伊格莱西亚斯与埃雷洪在"我们能"内部爆发了隐秘斗争。布鲁塞尔发生严重的恐怖袭击。人民党让其在巴伦西亚市政府的委员停止履行职务。塞萨尔·阿利埃塔辞去电信公司的主席职位。巴拿马文件丑闻爆发，使得政治、艺术、体育和经济界许多知名人士的税务状况遭到质疑。马里奥·孔德因洗钱被捕。由于与离岸公司有关联，何塞·曼努埃尔·索里亚部长辞职。奥斯班克和清洁之手工会的腐败和勒索丑闻爆发。面对国家财政赤字的增长趋势，政府要求各自治区进行新的开支调整。阿尔贝托·加尔松和巴勃罗·伊格莱西亚斯达成协议共同参加选举。拉霍伊政府和普伊格德蒙特初次会谈。议会解散并将于6月26日举行新的选举。马德里市政府阻止了查马尔廷行动，这是21世纪首都北部的重大改革计划。西班牙工人社会党将一些老政治家，如何塞普·博雷尔和玛格丽塔·罗夫莱斯加入选举名单。塞塞尼亚的一个废弃轮胎堆放场发生严重火灾，导致严重的生态事故。

加泰罗尼亚社会主义者党加入了艾达·科劳的巴塞罗那政府。格拉西亚区一处"占领者"被驱逐引发了严重事件。西班牙因2015年财政赤字超支面临欧盟委员会的罚款。加泰独立政党民主联盟决定解散。皇家马德里在冠军联赛决赛中击败了马德里竞技。查韦斯和格里尼昂因就业监管文件案而出庭受审。奥里奥尔·普霍尔与检察机关达成认罪协议。人民团结候选人党未通过加泰罗尼亚自治政府的预算，使其陷入困境。竞选活动开始，里维拉和桑切斯警告不会允许拉霍伊组成政府。"我们能"提出包括大幅增税和加泰罗尼亚公投的选举提案。四位首相候选人在电视上进行了首场辩论。对英国脱欧的担忧使欧洲市场陷入困境。内政部长的录音公开。英国以微弱多数通过脱离欧盟决议，最终实现了脱欧。6月26日的选举加强了人民党的胜利，西班牙工人社会党保持第二大党地位，新兴党派实力下降。人民党的安娜·帕斯托尔和皮奥·埃斯库德罗分别当选为国会和参议院的主席，开启新的议会任期。拉霍伊向桑切斯提议建立一个大联合政府。约20万西班牙居民担心脱欧对他们的影响。交通运输部因伏林航空公司在西班牙机场造成的混乱对其进行了调查。宪法法院叫停了独立主义者在加泰罗尼亚设立的税务局、社会保障局和其他机构。新的腐败丑闻揭示了普霍尔家族和加泰独立政党民主联盟牵涉其中。政府要求宪法法院对议会主席不服从其判决案件的行为提起诉讼。尼萨发生了严重的恐怖袭击。佩德罗·桑切斯再次重申拒绝支持拉霍伊。拉帕尔马岛上的一场火灾摧毁了4863公顷土地。宪法法院暂停了加泰罗尼亚议会关于独立路线的计划。哲学家古斯塔沃·布埃诺去世。米雷娅·贝尔蒙特在里约奥运会获得金牌。拉霍伊和里维拉达成了投票协议。吉普斯夸省选举委员会确认了禁止奥特吉参加巴斯克选举的决定。潘普洛纳市政府将莫拉将军和桑胡尔霍将军的遗体挖出。普伊格德蒙特参加了独立游行。最高法院指控丽塔·巴贝拉。加泰罗尼亚高等法院因阿图尔·马斯在2014年9月公投中的违法行为而对他进行审判。加利西亚和巴斯克地区选举：费霍和巴斯克民族主义党取得了胜利。在马德里举行的"我们能"领导层的选举显示了伊格莱西亚斯和埃雷洪之间的权力斗争。对马德里竞技场悲剧负有责任的人被判四年监禁。中国团队收购了西班牙建筑服务集团的乌尔巴塞尔公司。西班牙工人社会党内部动荡：佩德罗·桑切斯被免去总书记职务。埃塔组织试图与法国政府展开对话，法国政府回应要收缴该组织的武器。在阿尔萨苏阿发生对两名西班牙国民警卫队成员及其伴侣的攻击事件引发丑闻。西班牙音乐著作权协会发布报告，指出文化活动观众数量急剧下降。前西班牙首相费利佩·冈萨雷斯在马德里自治大学遭遇激烈抗议。失业率降至20%以下。马里亚诺·拉霍伊以170票支持被任命为首相，社会劳动党决定弃权。马德里因污染水平过高，而不得不限制道路交通。马里亚诺·拉霍伊新政府成立。宪法法院支持改革，赋予其权力可以暂停未遵守其决定政客的职务。法国打击埃塔组织，逮捕其最高领导人米克尔·伊拉斯托尔扎。唐纳德·特朗普在美国总统选举意外胜出。独立主义者在街头对法院进行抗议。"我们能"和民族主义者在新议会开幕日对国王表达不满。在巴斯克地区，达成巴斯克民族主义党-巴斯克社会党政府协议。丽塔·巴贝拉在向最高法院做证两天后在马德里去世。泰尔戈公司赢得了西班牙国家铁路公司的高铁合同。政府在加泰罗尼亚采取政治攻势。提高税收以达到控制财政赤字的目标。国际学生评估项目报告显示教育质量有所改善，但各地区差异显著。安达卢西亚发生大规模抗议活动，抗议医疗系统质量恶化。福卡德尔在加泰罗尼亚高等法院作证时，受到了独立主义政治家的集会支持。何塞·玛丽亚·阿斯纳尔离开人民党的名誉主席职务。欧盟法院要求银行退还所谓的地板条款收费。独立联盟和人民团结候选人党通过法案，推动加泰罗尼亚脱离西班牙。

2017年　西班牙工人社会党与加泰罗尼亚社会主义者党关系的回顾。因加泰罗尼亚政府试图将维克市政府三王节游行政治化而引发强烈争议。国务委员会公布了关于YAK–42事故的批评性报告，事故中有62名军人遇难。苏珊娜·迪亚斯对是否参加西班牙工人社会党初选表明了不确定态度。审计法院批评了各储蓄银行的重组，在重组中国家已经投入了900亿欧元。帕特西·洛佩斯宣布竞选西班牙工人社会党总书记，使佩德罗·桑切斯的支持者感到不安。法院因以管理不善的罪名将新加利西亚储蓄银行前领导人送入监狱。各自治区主席第六次会议举行，讨论地区财政改革问题。电力价格达到2013年以来的历史新高。普伊格德蒙特试图在欧洲推动其项目。加泰罗尼亚左翼共和党参议员圣地亚哥·比达尔声称加泰罗尼亚政府正在编制纳税人数据库。拉霍伊警告加泰罗尼亚政府挑战国家会带来危险。"我们能"创始人卡罗琳娜·贝斯坎萨辞去职务。公民党在大会上向自由主义空间转变。对阿图尔·马斯、琼娜·奥尔特加和伊雷妮·里高因11月9日违规公投问题而启动诉讼程序。在布鲁塞尔的压力下，政府启动了港口装卸系统改革，码头工人威胁要举行罢工。西班牙法院对居特勒案做出严厉裁决。人民党举行第十八次代表大会。"我们能"召开大会确认了伊格莱西亚斯的地位，导致伊尼戈·埃雷洪的边缘化。国家法院因为班基亚银行公开募股案判决萨帕特罗时代的西班牙银行和西班牙国家证券市场委员会领导层有罪。人民党通过调查自2009年起救助储蓄银行事件，对工人社会党施加压力。加泰罗尼亚首席检察官因马斯案而对主张加泰罗尼亚主义者进行公开追捕。前首相费利佩·冈萨雷斯和何塞·玛丽亚·阿斯纳尔均要求释放委内瑞拉的政治犯。马杜罗对拉霍伊的侮辱引发了与委内瑞拉的新外交危机。伊纳基·乌丹加林因诺斯案件被判处6年零3个月监禁；克里斯蒂娜公主被宣判无罪。"我们能"开始清除埃雷洪的支持者。佩德罗·桑切斯和帕特西·洛佩斯启动竞选活动，以便在工人社会党初选中集聚支持力量，而苏珊娜·迪亚斯则继续持观望态度。超过800名撒哈拉以南非洲的移民在两天内越境进入梅利利亚，令这个城市不堪重负。佩德罗·桑切斯谋划的一个激进方案使工人社会党的地方领导感到不安，因为该方案包含取消宪法第二条，以承认西班牙为多民族国家。拉霍伊和普伊格德蒙特之间的秘密会议泄露。左翼政党称一些检察官的更换是政治迫害。年初，家庭暴力事件频发：53天内发生15起谋杀案。布莱萨和拉托因班基亚银行的"黑卡"被判有罪。因11月9日事件而对加泰罗尼亚代表霍姆斯的审判开始。埃马纽埃尔·马克龙当选法国总统。在巴塞罗那发生恐怖袭击。一辆货车在拉布拉大道上撞倒行人，造成14人死亡和152人受伤。安格拉·默克尔连任德国总理。加泰罗尼亚独立公投被政府和法院宣布为非法和违宪。巴塞罗那举行大规模示威反对加泰罗尼亚独立。宪法法院叫停了加泰罗尼亚的独立宣言。尼加拉瓜作家塞尔吉奥·拉米雷斯获得塞万提斯奖。公民党成为加泰罗尼亚地区选举中最受欢迎的政治力量。

2018年3月8日	马德里发生了历史性的妇女平等大游行。天文物理学家史蒂芬·霍金在剑桥去世。弗拉基米尔·普京连任俄罗斯总统。恐怖组织"埃塔"宣布解散。

通过对马里亚诺·拉霍伊的不信任动议，佩德罗·桑切斯当选为西班牙首相。梅迪纳亚萨拉被联合国教科文组织宣布为世界文化遗产。歌剧女高音歌手蒙特塞拉特·卡巴列去世。安德烈斯·曼努埃尔·洛佩斯·奥夫拉多尔当选墨西哥总统。

2019年　西班牙经历了两次全国大选以及地方、自治区和欧洲三重选举。本雅明·内塔尼亚胡连任以色列总理。鲍里斯·约翰逊成为英国首相。马德里举办了世界气候峰会。北京庆祝中华人民共和国成立70周年。西班牙前外交部长何塞普·博雷尔出任欧盟外交与安全政策高级代表。

2020年　佩德罗·桑切斯组建了自西班牙第二共和国成立以来的首个联合政府。世界卫生组织宣布新冠病毒爆发为国际重大公共卫生事件，西班牙确诊了首例病例。英国正式脱离欧盟。世界卫生组织宣布新冠疫情为全球大流行。西班牙实施了紧急状态。乔·拜登在美国总统选举中击败唐纳德·特朗普当选总统。

2021年　美国国会大厦发生骚乱事件。暴风雪"菲洛梅娜"使得西班牙大部分地区停摆数日。乔·拜登成为美国第46任总统，卡玛拉·哈里斯成为美国历史上首位女副总统。佩德罗·桑切斯重组政府。美国及其盟国从阿富汗撤军。大约8000名非法移民从摩洛哥大规模进入休达，加剧了马德里和拉巴特之间的外交危机。西班牙电力价格达到历史最高点。加那利群岛拉帕尔马岛火山喷发。

| 2022年 | 俄乌冲突爆发。佩德罗·桑切斯支持西班牙旧日殖民地——西撒哈拉的自治计划，以解决与摩洛哥的外交危机。西班牙各地运输工人罢工导致商品短缺。运输工人和农民因汽油、电力和生活必需品价格上涨而举行抗议活动。 |

我们感谢米格尔·阿尔托拉及其团队在《西班牙历史百科全书》第6卷和第7卷中所做的工作，他们为本书附录的编写提供了指导。

致读者

本书受到许多历史学家和著作的启发。由于我们的《西班牙史》具有解释性，而且我们不想让读者被繁琐的参考文献所淹没，所以我们在尾注中只提及了几位重要作者。读者可以在这些作者的著作（几乎都是多次再版）中找到大量书目，以补充我们的脚注。这样，在撰写前几章时，对内容的删减就与历史学的选择相对应了，这也是考虑到由于公共图书馆，甚至是大学图书馆的贫乏，普通业余爱好者很难接触到评论家出版的许多作品。如果您有幸拥有西班牙为数不多的电脑化图书馆的钥匙，那么请不要怀疑，下面提出的任何一个名字都会在您的电脑屏幕上为您提供我们不愿意复制的一长串作品、出版日期和出版商。

M.阿尔马格罗、A.布兰科·弗雷耶罗、J.马尔克斯和M.戈麦斯·莫雷诺等人的工作使得伊比利亚半岛的史前时期和早期文化得以重现。与此同时，A.加西亚·贝利多、博斯-吉佩拉 和M.尤金妮娅·奥尤金妮娅·奥贝特致力于恢复殖民和前古罗马时期土著民族的世界，这一领域也引起了J.卡罗·巴罗哈等学者的学术兴趣。何塞·M.布拉斯克斯、胡里奥·曼卡斯、J.M.罗尔丹、塔拉德利及哈维尔·阿尔塞则专注于罗马人和帝国纪念碑，以解释罗马时期伊比利亚的繁荣、矛盾以及其权力的衰落，J.奥兰德斯和E.A.汤普森将研究焦点转向罗马的西哥特继任者。

伊斯兰和哈里发时期的科尔多瓦对安瓦尔·G.切赫内、E.莱维-普罗旺斯和托马斯·F.格利克产生了吸引力，而对北部基督教控制区域自由斗争和日常艰苦生活的研究则吸引了克劳迪奥·桑切斯-阿尔博尔诺斯、P.博纳西、J.M.拉卡拉、A.巴尔贝罗和M.维希尔。而从事伊比利亚半岛光复和梅塞塔高原人口再迁入研究的有：何塞·路易斯·马丁、拉莫斯·洛斯·塞尔塔尔、杰苏斯·拉林德、P.伊拉迪尔、M.冈萨雷斯·希梅内斯、J.A.塞斯马和J.A.加西亚·德科尔塔萨尔，与此同时，J.高蒂尔-达尔谢分析了城市的复兴；J.克莱因研究了养羊业的发展；J.瓦尔德翁和雷纳·帕斯托尔研究了社会冲突；L.G.德瓦尔德阿维亚诺则探讨了制度。

拉蒙·卡兰德、阿尔瓦罗·拉德罗·凯萨达、路易斯·苏亚雷斯、阿方索·多明格斯·奥尔蒂斯和罗贝托·加西亚·卡尔塞尔专注于伊莎贝拉和费尔南多以及哈布斯堡王朝时期的西班牙，得到了一大批法国和英国西班牙专家的支持，他们查阅了王朝所提供的大量文件。约瑟夫·佩雷斯、H.卡门、F.布劳德尔、P.沙努、B.贝纳萨尔、E.J.汉密尔顿、J.林奇、H.拉佩雷、J.艾略特、G.帕克及P.维拉尔揭示了西班牙"天主教双王"和哈布斯堡王朝内外政治不为人知的一面，审视了宗教裁判所的未知面貌，探讨了大西洋和地中海贸易的活跃，分析了帝国的兴衰，评估了城市生活的活力和商业资产阶级的兴起，以及物价上涨和各地区经济与社会生活的挑战。J.A.马拉瓦尔因其扎实的学术研究而在17世纪末深入分析了现代西班牙的政治和思想，与L.迪斯尔·德尔·科拉尔的研究互为联系；而在西班牙法律史领域，F.托马斯-瓦连特也有所贡献。马塞尔·巴蒂永、M.弗尔诺和佩塞特深入探讨了哈布斯堡王朝和波旁王朝的大学教育，科学研究的历史以及审查制度；马丁·德·里克研究了加泰罗尼亚语文学；D.安古洛、加莱戈、A.佩雷斯·桑切斯和P.布朗则分析了巴洛克艺术，这是一幅美丽的画卷，掩盖了由J.佩雷斯·莫雷达、P.莫拉斯和N.索罗蒙分析的复杂社会关系，还有其他专注于这一时期作者所做的贡献；吉列尔莫·塞斯佩德斯则为我们带来了一部关于西班牙美洲的综合性著作。

　　许多这些历史学家将他们的研究延伸到18世纪，这在历史学研究中曾经是被广泛忽视的时期。在多明格斯·奥尔蒂斯的先驱性作品之后，J.林奇为克里蒂卡出版社撰写的作品让人们感到惊讶，部分受到了之前G.阿内斯、R.赫尔、V.帕拉西奥、D.R.林格罗塞以及经典作品J.萨拉伊关于启蒙运动的影响。甚至一些研究西班牙当代历史的专家也深入研究了启蒙运动，比如米格尔·阿尔托拉和J.丰塔纳，他们的研究涉及古代制度危机、财政破产和自由革命的胜利，还有A.埃洛萨和M.C.伊格莱西亚斯，他们则关注政治思想。A.贝尔纳尔和巴哈蒙德·马格罗的工作深入研究了资产阶级社会；J.纳达尔、G.托尔特拉、N.圣佩德罗罗－阿尔博尔诺斯、L.普拉多斯·德·拉·埃斯科苏拉、R.阿内斯和P.特德则致力于挖掘工业化、经济和铁路建设的成就与失败；P.戈麦斯·阿帕里西奥、M.D.赛斯和C.塞瓦内重新审视了新闻事业的角色；而J.瓦雷拉·奥尔特加通过分析政治强人统治完成了M.图尼翁·德·拉腊和C.塞科·塞拉诺在恢复时期政治与社会历史方面的无与伦比工作。然而，是外国作者雷蒙德·卡尔最终完成了对现代时代的不可或缺的综合性总结，在其著作《西班牙1808—1975年》中详尽描述了这段历史。

　　对于20世纪的研究，有不少学者关注了其中既有兴奋时刻又有沮丧时刻的历史。经济领域吸引了J.L.加西亚·德尔加多和R.塔马梅斯；军事方面有R.萨拉斯·拉拉萨巴尔、G.卡尔多纳和F.费尔南德斯·巴斯特雷切；教会历史引起了J.M.库恩卡、J.安德烈斯·加列戈以及西班牙历史学家F.兰农和A.博蒂的兴趣；而社会和政治方面则吸引了S.G.佩恩、J.图塞尔、S.朱利亚、V.佩雷斯·迪亚兹、A.德米格尔、P.普雷斯顿、J.P.富西、H.托马斯和A.维尼亚斯等学者的研究兴趣。

尽管有着出色的研究工作和不断增加的出版物，但是除了面向高中教育的教科书外，关于西班牙的通史并不多见。在可获得的选项中，我们首先要提到的是经由门内德斯－皮达尔发起，如今由何塞·玛利亚·霍韦尔主持的《西班牙历史》（埃斯帕萨出版社）。尽管其篇幅对于非专业读者来说可能有些难以读完，但是在这部长达30来卷的作品中，展示了丰富的学术知识和文献资源。由于自第一卷问世以来已经过了相当长的时间，一些内容可能显得有些过时。

在商业上非常成功且在当时学术环境中产生深远影响的是阿尔法格拉出版的《西班牙历史》七卷本，后来由同一作者在阿连萨出版社再版。其中，我们特别推荐由历史学家M.比赫尔、J.A.加西亚·德·科尔塔萨尔、A.多明格斯·奥尔蒂斯、G.阿内斯和M.阿尔多拉执笔的部分，他们在各自的领域内享有公认的学术地位。

在作者名单上可能有所补充，但内容上很少重叠的是劳动出版社委托先驱M.图尼翁·德·拉腊执笔的作品。他的最后三部文献汇编在教学当中十分使用，同时我们期待着克里蒂卡出版社未完成的《西班牙历史》。最后，在米格尔·阿尔多拉指导下所出版的《阿连萨西班牙历史百科全书》（阿连萨出版社）因其新颖性和可读性，也是一部不可忽视的作品。

　　除了这些厚重的通史之外，我们还推荐几部解释性和综合性的作品，尽管它们篇幅不大，却能引人深思和增长学问。在经典作品中，有阿梅里科·卡斯特罗的《西班牙的历史现实》，桑切斯－阿尔博诺斯的《西班牙：一个历史谜团》，萨尔瓦多·德·马达里亚加的《西班牙》，以及胡安·维森斯－维维斯的《西班牙历史概论》，以及更接近我们的作品，如皮埃尔·维拉尔的《西班牙历史》和贝尔纳尔·贝纳萨尔的《西班牙人的历史》。此外，叙述清晰的还有乌比托、雷格拉、乔韦尔和塞科的《西班牙历史导论》，以及《历史16之西班牙历史》，汇集了著名专家如瓦尔德翁、多明格斯·奥尔蒂斯、图尼翁·德·拉腊和胡安·佛西等人的作品。

　　我们也不能忽视历史学家的其他作品，它们如同向导，引领我们走向对过去进行全面重构的旅程。比如，文森斯·比维斯的《西班牙经济史》，西班牙高等学术研究委员会的《西班牙教会史词典》，阿柏亚恩的《西班牙思想批判史》，阿尔罕布拉出版社的《西班牙艺术史》，以及文学领域由弗朗西斯科·里克指导的《西班牙文学的历史与批评》和卡洛斯·布兰科·阿吉纳加指导的《西班牙文学社会史》。

　　最后，我们也不应低估通过街头报摊销售的历史期刊，在其大胆对待历史的方式中，有助于普及"历史动力学"的冒险：《历史16》《西班牙考古学杂志》《西班牙艺术笔记》等。

＊＊＊

　　与任何经典著作一样，《西班牙史》在西班牙出版了20多年之后也可以被归为经典著作，或许有必要扩充1994年第一版中的"致读者"部分。不过，我们并不认为这是不可或缺的。每部作品都是时代的产物，也是作者先前读书和创作的产物。就这部作品而言，也不例外。我们当年收录的"致读者"，不仅仅是参考书目，更是对历史学家的致敬，我们当时和现在都对这些历史学家心存感激，因为他们对于这本书和其他许多书籍具有指导作用。因此，我们希望这些部分保持原貌。

如今，任何稍有兴趣的读者都可以使用计算机工具，在西班牙历史这个海洋中畅游，而无需借助本书所提到的那些作者来开辟道路。然而，从1995年至今，随着时间的推移，这部著作的内容也在不断扩充。在增加了西班牙人近23年的生活史之后，本书只需要一个确切的参照物：这些作者在历史学专业内所做的长期细致工作，将美丽而又充满坎坷的西班牙的过往岁月都记录在自己的作品当中了。

我们希望在这些书目中添加费尔南多·加西亚·德·科塔萨尔自上一版《西班牙史》出版以来的最新著作：《西班牙的心脏之旅》《西班牙，在愤怒与思想之间》《混乱时代的天主教徒》《当我说西班牙的时候》和《西班牙的历史图景》。

作者们，

2022年春于毕尔巴鄂